高等学校经济与工商管理系列教材

财政与税收

（第 7 版）

陈昌龙　主编

清 华 大 学 出 版 社
北京交通大学出版社
· 北京 ·

内容简介

全书分为上篇和下篇两个部分，共11章。其中，上篇是财政篇，包括导言、财政概述、财政支出、财政收入、政府预算和财政政策；下篇是税收篇，包括税收概述、商品税、所得税、财产和行为税、税收征收管理。

本书内容新颖、体例规范、结构严谨，具有很高的可读性，适合在经济、管理领域内学习和研究的师生及从业人员选用。

图书在版编目（CIP）数据

财政与税收／陈昌龙主编．--7版．--北京：北京交通大学出版社：清华大学出版社，2024.10．--（高等学校经济与工商管理系列教材）．-- ISBN 978－7－5121－5376－9

Ⅰ. F812

中国国家版本馆CIP数据核字第2024ZQ8702号

财政与税收
CAIZHENG YU SHUISHOU

责任编辑：黎　丹
出版发行：清华大学出版社　邮编：100084　电话：010－62776969　http://www.tup.com.cn
　　　　　北京交通大学出版社　邮编：100044　电话：010－51686414　http://www.bjtup.com.cn
印 刷 者：北京鑫海金澳胶印有限公司
经　　销：全国新华书店
开　　本：185 mm×260 mm　印张：28.5　字数：730千字
版 印 次：2008年4月第1版　2024年10月第7版　2024年10月第1次印刷
印　　数：1—2 000册　定价：79.00元

本书如有质量问题，请向北京交通大学出版社质监组反映。对您的意见和批评，我们表示欢迎和感谢。
投诉电话：010－51686043，51686008；传真：010－62225406；E-mail：press@bjtu.edu.cn。

前　　言

《财政与税收》在阐述公共财政基本概念、基本原理与税收制度构成要素的基础上，探讨公共财政活动的基本规律，分析财政活动与税收行为对社会经济活动产生的影响，研究政府经济活动的内在规律，以及政府经济活动与市场经济活动的内在关系。

本书在编写过程中以市场作为分析起点，以市场经济与政府经济的内在关系作为主线，着重研究宏观经济领域内的相关政府行为，如公共财政、财政职能、财政收入、财政支出、政府预算、税收制度、税收政策等。本书在编写过程中注重吸收财政税收理论的优秀研究成果，结合中国市场经济高质量发展阶段的特征进行深入细致的分析，并对中国税收制度的最新研究成果和最新税收政策进行阐述。本书在编写过程中以习近平新时代中国特色社会主义思想为指导，以高质量发展为主题，坚持以马克思主义的科学立场、方法解决理论与实践问题，强化社会主义核心价值观在财政与税收课程思政教学中的引领作用，积极融入中华优秀传统文化思想，以“润物细无声”的方式传递先进的思想引领与正确的价值追求，培育为国理财的职业素养、为民谋福的专业精神，助力培养德智体美劳全面发展的高素质应用型财税专业人才。

本书具有理论系统性、内容前瞻性、操作可行性的特点。本书自 2008 年 4 月出版第 1 版以来，被国内很多高校选为财政与税收课程的教材，受到广大读者的喜爱。众多师生在使用中对本书结构、内容等提出了许多宝贵的意见和建议，这使我们受益匪浅，同时也激励我们对本书进行进一步修订完善，以不辜负使用者对本书的厚爱和良好的期望。

本书在编写过程中，参阅了大量国内外专家学者的最新理论研究成果，同时借鉴了相关专著和论文中的一些观点和素材，在此致以诚挚的谢意。

本书共分 11 章，由安徽工业大学陈昌龙担任主编，其中陈昌龙修订第 1、9、10 章，汪洁修订第 2、4 章，刘倩修订第 5、6 章，孟齐霞修订第 3、8 章，张红侠修订第 7 章，李海香修订第 11 章，全书初稿的修改、补充、统纂和定稿由陈昌龙负责。

由于能力有限，书中可能存在不足与不当之处，敬请专家和读者批评指正。

编者

2024 年 10 月

目录

上篇　财　政　篇

下篇　税　收　篇

上篇

财 政 篇

第1章

导　言

【本章导读】

现实经济生活中存在着许多财政税收现象，面对一系列重大财政与税收问题时却又表现出很多困惑。财政与税收主要研究政府经济活动的内在规律，以及政府经济活动与市场经济活动的依存关系。财政与税收研究的方法主要包括规范分析与实证分析结合、历史继承与发展创新并重、相关学科知识全面掌握。财政与税收既属于经济范畴，也属于历史范畴。

西方传统财政与税收思想发展和理论形成表现在4个方面：一是重商主义和重农学派的财政与税收思想和理论；二是古典经济学派的财政与税收思想和理论；三是历史学派的财政与税收思想和理论；四是新古典学派的财政与税收思想和理论。现代西方财政与税收思想发展和理论形成表现在3个方面：一是凯恩斯学派的财政与税收思想和理论；二是供给学派的财政与税收思想和理论；三是公共选择学派的财政与税收思想和理论。我国财政与税收思想发展和理论形成大致可以分为3个阶段：一是我国财政与税收思想和理论形成阶段；二是我国财政与税收思想和理论的发展阶段；三是我国财政与税收思想和理论创新阶段。

本章教学思政视角：一是财政是国家治理的基础和重要支柱；二是正确认识中国特色和国际比较，全面客观地认知当代中国，看待外部世界；三是继续推进实践基础上的理论创新，把握好习近平新时代中国特色社会主义思想的世界观和方法论，坚持好、运用好贯穿其中的立场、观点和方法；四是聚焦构建高水平社会主义市场经济体制，充分发挥市场在资源配置中的决定性作用，更好发挥政府作用。

通过本章学习，要求掌握财政与税收的研究对象、研究内容与研究方法，了解西方财政与税收思想的发展和理论形成的几个关键阶段，了解我国财政与税收思想发展和理论形成各阶段的特点，具有关注财税现象的意识，具备挖掘并解决财税问题的能力。

1.1　财政与税收的研究对象

1.1.1　财政与税收的现象和问题

1. 财政与税收现象的存在

现实经济生活中存在着许多财税现象，社会成员在其生产和生活的过程中经常会涉及财政问题。例如，人们对于依法纳税、购买公债、税收减免、政府预算等，都已经非常熟悉和习惯。对于所有社会成员来说，政府是不可或缺的。离开了政府提供的各种公共服务，整个社会经济是无法正常运转的，如社会秩序维护、国家安全防务、外交事务处理、交通设施建设、大型水利项目施工、生态环境改善、公众利益保护等。而所有的政府公共服务活动，又总是或多或少地需要财力的支持，即伴随着一定量的政府财力的安排和使用。社会成员必须把特定的权力让渡给特定的公共组织，由这个公共组织通过特定的途径和方法为社会成员提供共同消费所需要的物品和服务。社会成员所让渡的权力的总和即为公共权力，被赋予公共权力的公共组织是国家，国家所代表的公共权力是由不同的职能部门或政府机构行使的。于是，公共权力分别表现为立法权、司法权和行政权三个基本方面，行使行政权力的机关总称为政府。通常将一个社会中属于政府所有，并贯彻执行政府方针政策的各种实体①的总和称为公共部门。公共部门通常具有以下两个共同点：一是都具有公办的性质，它们是政府出资设立的，它们的营运依赖于公共资产；二是都受到政府不同程度的控制，政府是它们的所有者，它们的活动直接体现为政府的行为，执行政府的意志。政府部门是指公共部门中不从事产品或服务的销售，不依靠销售取得主要收入来源，免费或部分免费地向公众提供产品或服务的单位的总和。

2. 财政与税收问题的提出

尽管人们对于各种财政与税收现象司空见惯，可是当人们面对一系列的重大财政与税收问题时却又表现得非常困惑，如财政收入占 GDP（国内生产总值）的比重多大才是适度的？这个比重上升或下降对国家经济发展和人民生活带来什么样的影响？如何提高这个比重？企业的税收负担确定在什么样的水平上，才可以既保证政府各项支出的需要，又不会使企业失去应有的发展动力？如何加快我国的税制改革，真正建立起符合社会主义市场经济内在要求的税收体系？政府耗费巨资兴建大型基本建设工程，对经济发展和结构优化发挥了什么样的作用？它们的经济效益和社会效益究竟如何计量？给老百姓带来了哪些实惠？为筹集财政资金或弥补财政赤字，政府连续多年发行国债，会不会造成债务危机的爆发？……可以说，人们日常生活中所认知的财政与税收，实际上只是对于一系列财政与税收现象所做的基于长期实践而形成的一个约定俗成的称谓。因为这些财政与税收现象的发生客观上涉及政府、企业、家庭等多方面的关系，研究这些关系是回答所有财政与税收问题不可避免的前提条件。

社会公众共同需求的满足是借助对公共物品和服务的消费进行的，而为了保证公共物品和服务的提供，政府代表公共权力依法占有一部分社会资源，形成一定时期的政府收入，再由政府按照一定的程序把这些收入用于满足社会公共需要的各个方面，于是就形成了该时期的政府支出。为了管理政府的收入和支出活动，需要设立专门的政府机构，即财政部门、税务部门等。当然，公共权力中的立法权和司法权的行使也需要政府提供相应的经费才能进行，而立法权和司法权的有效行使也会对政府的行政权力发挥监督和保障作用。所以，国家的存在和运行都是围绕着政府提供满足公共需求的公共物品和服务而展开的。由于现代政府所具有的庞大规模、众多机构、繁杂职能等因素，导致政府必须通过自身的收入和支出支配与使用其 GDP 中相当大的份额，如西欧、北欧国家政府所占用的 GDP 常常达到 40%～

① 各种实体，如行政机关和事业单位等。

50%。即使是在广大发展中国家，政府所占用的GDP也经常徘徊在30%左右。

从逻辑关系上说，财政与税收是财税现象和财税本质的有机统一体。财政与税收和国家或政府的关系、财政与税收和社会经济的关系，都属于财政与税收本质研究的范畴，当然也是财政与税收研究的核心问题，是研究财政与税收理论与实务的出发点和归宿。可以这么说，财政与税收是国家政治经济活动的综合反映。

1.1.2 财政与税收的研究对象

不同的社会发展时期，财政与税收的研究对象是有所不同的。早期的代表人物是亚当·斯密，基于自由放任的经济思想，他认为财政与税收仅需要研究政府收入和支出本身，且政府支出也只限于政府正常的行政活动开支，如国防、司法、教育、宗教、公交、公共工程等；同时他系统提出著名的税收四原则：能力原则、确定原则、便利原则和节约原则。亚当·斯密的财政与税收理论影响西方的财政与税收思想达150年之久。直到20世纪30年代，被称为财政学派的凯恩斯提出政府要运用财政与税收等政策干预经济活动的主张。该学派认为，政府执行财政与税收政策，通过公共支出和税收收入可以促进经济稳定增长。到了20世纪60年代，现代财政与税收的研究对象已超出收入和支出管理的范围，而扩大到公共部门经济的整个领域，即研究怎样通过财政与税收体制的设计和政策选择消除通货膨胀、失业和经济衰退，以实现国民经济可持续高质量发展的政策目标。

财政与税收活动是社会再生产过程和国民经济运行的一个环节或一个组成部分，政府的财政与税收行为必须执行国民经济系统所赋予的职能，服从社会经济运行和发展的总目标。因此，财政与税收研究的主要问题是：分析和评估政府财政与税收活动所占有和使用资源的数量对社会经济的影响程度，特别要正确判断其对社会公平、效率和经济稳定增长目标实现的效应如何。从这一意义上说，财政与税收主要研究政府经济活动的内在规律及政府经济活动与市场经济活动的依存关系。

财政与税收和国民经济的关系是本书研究的一条根本线索：国民经济运行决定财政资金运行的范围、目标和方式；财政资金的运行反过来影响国民经济的运行，财政资金收支总量上的平衡与否影响着社会总供求的平衡关系。财政与税收在学科体系中起着衔接一般经济、管理理论课程和财政与税收业务课程的中介作用，它一方面将经济学、管理学的理论研究引向政府经济领域；另一方面对财政与税收现象进行理论层面的分析。作为一门应用性理论学科，财政与税收力图透过种种财政与税收现象，揭示支配这些现象的客观规律。

1.1.3 财政与税收的研究目的

在现代经济社会中，政府财政与税收活动有着举足轻重的作用。政府财政与税收政策实施的强有力的工具[①]深刻影响着社会中的每一个消费者、投资者、储蓄者、借款人、雇主或雇员的经济行为，一个社会中所有的企事业单位和公民都是生活在国家或政府财政与税收活动影响的环境中且绝非单纯处在被动接受影响的地位上。当大家都意识到政府所花费的资金来自每一位公民——纳税人的口袋，它所带来的利益或弊端都与每一位公民的切身利益有直

① 工具，如税收、支出、借款、管制等。

接关系时，就自然渴望了解政府在“干什么”“怎样干”“干得如何”；也自然会思考：这些事政府“该不该干”或者应该如何“干得更好”；纳税人的权利与义务的内涵与外延如何界定、有无保障等。

综上所述，财政与税收研究的目的就是要讨论如何将经济分析的一般工具有效地运用于分析政府财政与税收活动及其政策的实施。学习财政与税收就是要使经济管理类各专业学生，除了具有本专业的专门知识和技能之外，还知晓政府所制定的各项财政与税收制度和政策，同时能够具有一定的分析、评价和预见政府财政与税收活动可能产生的结果的能力，进而使其具有为增大自身整体利益而主动、事前作出选择和决策的能力。

1.2 财政与税收的研究内容和研究方法

1.2.1 财政与税收的研究内容

财政与税收活动是政府对社会资源的占有、支配和使用。政府选择一定的方式获取资源筹集收入，并按社会的公共需求支配、使用其占有的资源，这是属于对社会资源配置和再配置的过程。在此过程中，政府需要占有多少资源、占有哪些资源、怎样占有资源？如何在各种社会公共需求之间进行分配和使用这些资源？政府的财政与税收活动对私人部门在整个资源配置中的份额有何影响？对不同社会成员的不同利益关系有无影响？对于这些问题的研究和分析就构成了财政与税收活动的核心内容。也就是说，财政与税收是研究政府通过公共部门所从事的生产、消费和分配活动的学科。

在一个经济社会中，消费者取得消费权的方式有两类：一是市场提供，二是公共提供。所谓市场提供，是指消费者通过购买方式取得对产品或服务的消费权。现实生活中通过市场提供方式进行消费的对象主要是日常生活用品和服务；一些公共项目也可以采用市场提供方式，如公共交通设施通过收取养路费筹集资金、高等教育通过收取学费弥补成本等。所谓公共提供，是指消费者可以免费地从政府部门获取产品或服务的消费权。政府之所以能够免费向消费者提供产品或服务，是因为政府可以通过税收手段取得主要收入来源，以补偿所提供的产品或服务的生产成本。因此，公共提供必须依赖于税收，公共提供的范围越大，通过税收从个人收入中扣除的份额也就越大。现实中的消费方式不一定以纯粹的形式存在，有些产品或服务的消费是公共提供与市场提供的混合运用，而两者各自所占份额的大小取决于政府在多大程度上为消费者付账。就可能性而言，一切产品和服务都可以采用公共提供的方式，但并非所有产品和服务都可以采用市场提供的方式。研究财政与税收要回答的是：哪些产品和服务必须或者应该采用公共提供，哪些产品和服务不适合于公共提供，以及由公共提供或公共提供与市场提供混合的规模与比例怎样确定等。

从整个社会分析，生产方式也有两类：一是私人生产，二是公共生产。所谓私人生产，是指以私人为生产资料所有者，所生产出来的产品或服务属于私人所有的生产方式。所谓公共生产，是指以政府为生产资料所有者，其生产组织形式是各种政府所属的行政和企事业单位。就可能性而言，一切产品和服务都可以采用公共生产方式生产，但绝大多数的产品和服务也都可以采用私人生产方式生产，两类生产方式各有利弊。研究财政与税收要回答的是：

哪些产品和服务适合采用公共生产方式生产，哪些产品和服务适合采用私人生产方式生产，采用不同生产方式生产的效率如何等。公共生产与私人生产组合的结构实质上是在生产领域进行公私分工协作的问题，现实生活中的生产方式与消费方式可以存在四种组合，如表1-1所示。

表1-1 生产方式与消费方式组合

生产方式与消费方式		生产方式	
		公共生产	私人生产
消费方式	公共提供	①	②
	市场提供	③	④

社会产品或收入的分配有两种基本形式：一是市场分配，二是政府再分配。所谓市场分配，是指按照市场竞争价格和个人对生产所做贡献的大小①进行的初次分配。所谓政府再分配，是指政府通过其收支活动，对市场初次分配形成的收入格局进行的调整。这就是说，财政与税收要研究两种分配问题：一是社会产品或收入如何在公共部门和私人部门之间的分配问题，该分配问题的解决需要通过对公共提供与公共生产的讨论得出结论；二是政府公共部门所占有、支配和使用社会产品或收入所带来的利益如何被各个社会成员所分享的比例问题。

1.2.2 财政与税收的研究方法

1. 规范分析与实证分析结合

作为一门应用经济理论学科，财政与税收不仅要研究财政与税收分配关系变化的规律性，还要研究体现这种规律性作用的财政与税收分配的机制和功能。在这种研究过程中，规范分析与实证分析的结合是不可缺少的。规范分析要回答财政与税收应该是什么、财政与税收活动应当遵循哪些准则、财政与税收活动过程是否符合这些准则；而实证研究则要说明和描述财政与税收活动的全貌，分析财政与税收对经济的影响，以及财政与税收制度的结构和政策选择。

2. 历史继承与发展创新并重

作为一门历史范畴的学科，在财政与税收的研究过程中，必须注重辩证唯物主义和历史唯物主义的统一，按照辩证的和历史的双重要求，既要保持古今中外财政与税收理论研究的优秀成果，又要用发展的观念考虑市场经济条件下财政与税收理论的创新问题；既要从中国具体国情出发研究当代中国的财政与税收，又要充分借鉴和汲取西方财政与税收理论的研究成果。

3. 相关学科知识全面掌握

作为一门经济范畴的学科，财政与税收和其他相关学科②关系非常密切。例如，研究财政收支会涉及资源配置、收入分配及经济稳定增长等问题，税收制度的制定会涉及会计核算、财务管理等问题，税收负担的转嫁和归宿会涉及市场价格和供求关系等问题，公债的发行和偿还会涉及货币供应和利率等问题，财政管理体制的设计会涉及各级政府财权与事权划分等问题，政府预算的编制、审批和执行会涉及法律程序的安排等问题，财政与税收政策的

① 个人对生产所做贡献的大小，需要区分个人所提供的生产要素的数量和质量差异。
② 其他相关学科，主要有经济学、会计学、财务管理、统计学、金融学、管理学、政治学、社会学、法学、心理学等。

选择会涉及通货膨胀、失业、经济周期、国际收支及与货币政策等的配合问题……因此，财政与税收的根本问题不在于自身，而在于与市场、政府的关系。财政与税收问题的研究具有综合性、整体性的特点，必须以先修完一定的经济基础理论和各相关学科知识为前提。

1.3 财政与税收的思想发展和理论形成

财政与税收既属于经济范畴，又属于历史范畴。若从经济范畴角度分析财政与税收，它的存在是以整个社会经济为前提，是社会经济活动的一个组成部分；而从历史范畴角度讨论财政与税收，它是随着国家的产生而产生，与国家或政府的经济制度和经济运行机制相依存的。社会经济制度变迁、政府职能变化等都会深刻地影响着财政与税收活动的内容、范围等。

1.3.1 西方财政与税收的思想发展和理论形成

西方财政与税收的思想发展和理论形成有几个重要的阶段。

1. 传统财政与税收的思想发展和理论形成

一是重商主义和重农学派的财政与税收思想和理论。重商主义萌芽于15世纪初，到17世纪达到极盛。它是从流通领域出发考察社会生产方式，认为国家经济政策和活动的目的是获取货币，主张实行包括税收政策在内的政府干预经济，鼓励出口、限制进口以换取更多的金银，积累货币财富。重农学派形成于18世纪的法国，它把理论研究从流通领域转向农业生产，认为农业是物质财富的真正源泉。在财政与税收方面，主张实行“单一的土地税”，并由占有“纯产品”的地主承担全部税负，取消其他课税，同时反对行业限制和国家干预经济，提倡减轻人头税负担，反对包税制的征收制度。

二是古典经济学派的财政与税收思想和理论。古典经济学派产生于17世纪中叶，形成于19世纪初，是代表新兴资产阶级利益的一种经济理论体系。以威廉·配第1662年的《赋税论》为形成标志，而以1776年亚当·斯密的《国富论》为主要理论代表①，又以大卫·李嘉图的《政治经济学及赋税原理》为补充。

三是历史学派的财政与税收思想和理论。历史学派产生于19世纪40年代的德国，它反对古典经济学的自由主义，强调国家活动的生产性，主张扩大财政职能和财政收支，主张国家干预社会生活。1872年的阿道夫·瓦格纳出版的《财政学》对各国政府活动的影响持续至今。

四是新古典学派的财政与税收思想和理论。新古典学派是指在19世纪末20世纪初，英国剑桥大学马歇尔教授把边际效用理论和当时经济学的一些其他理论融合，建立了一个以均衡价格为核心的经济学体系。马歇尔把价格理论运用于财政学，用私人经济的市场运行的局部均衡分析法，分析了税收与市场经济中的价格与产量之间的关系，并用消费剩余分析税收对市场经济运行的效率损失，提出了税收中性理论。1902年，庇古出版《福利经济学》一书，主张国家干预经济，重视财政在资源配置和收入分配方面的作用；1928年，庇古出版《公共财政研

① 亚当·斯密（1723—1790），英国古典经济学集大成者，西方财政学的开山鼻祖。亚当·斯密主张：政府少干预经济，要让价值规律这只“看不见的手”自动调节经济运行，强调“廉价政府”“量入为出”的财政思想。

究》一书，对税收理论进行了更深入的阐述。例如，他主张由国家通过累进税制度将富人缴纳的一部分税款举办社会福利事业，供低收入者享用，为此他提出了最小牺牲税收原则等。

2. 现代财政与税收的思想发展和理论形成

现代财政与税收的思想发展和理论形成，以 20 世纪 30 年代的凯恩斯革命为起点，主要有凯恩斯学派、供给学派、公共选择学派等。

一是凯恩斯学派的财政与税收思想和理论。虽然凯恩斯本人并未对财政基本理论和财政收支决策进行系统的论述和分析，但他对财政与税收理论的贡献在于把财政政策作为宏观经济学研究的主要部分，他的宏观经济政策就是需求管理政策，认为经济危机的发生是由于有效需求不足。他提出要加强国家对经济的干预，通过扩大政府开支，推行赤字财政政策，配合货币政策，刺激消费和投资，提高社会有效需求，实现充分就业。在理论上，以政府支出乘数理论说明政府扩大支出对国民收入增长的乘数作用；同时，以温和的通货膨胀政策配合扩张性的财政政策，以解决由于发行公债弥补赤字财政所引起的对私人投资和消费的“挤出”效应。

二是供给学派的财政与税收思想和理论。供给学派兴起于 20 世纪 70 年代，本身并没有形成完整的理论体系。主张通过供给管理摆脱经济滞胀的局面，并以“供给能自动地创造需求”的萨伊定律作为其理论基础，他们反对赤字财政政策，主张实行紧缩性的财政政策，恢复预算平衡。在具体政策措施上，主张减税以鼓励人们的工作积极性，刺激投资，增加供应。他们提出了“拉弗曲线”，以此描述税收和生产之间的关系，认为低税率有利于经济发展，有利于扩大税基，有利于增加财政收入；另外，他们还提出在实施全面减税政策的同时，应大幅度削减政府开支，特别是社会福利开支，最终达到平衡预算的目的。

三是公共选择学派的财政与税收思想和理论。公共选择理论并不是纯粹的经济学和财政学理论，但它却产生于对财政问题的研究。詹姆斯·布坎南是在公共选择研究领域著述最多的学者，他致力于经济学和政治学决策理论的契约及宪法基础的研究，财政问题一直是他研究的中心。

除了上述主要流派的财政与税收思想和理论外，新制度经济学派对现代财政与税收也做出了重要贡献。其主要特点是研究资源配置效率和政府支出效率，财政支出微观化就是在这一基础上发展起来的。

1.3.2 我国财政与税收的思想发展和理论形成

中华人民共和国成立以来的中国财政与税收的思想和理论的发展大体表现为三个阶段。

1. 财政与税收的思想和理论形成阶段

从新中国成立到 20 世纪 50 年代，我国学者是以引进和研究苏联的财政与税收的思想和理论，继承和发展革命根据地财政与税收的思想、理论和方针政策为主要内容。在总结我国国民经济恢复和第一个五年计划时期工作经验的基础上，提出了众多关于我国财政与税收发展的重要观点和思想，如“发展经济、保障供给”的财税工作方针，“统筹兼顾、全面安排”的财税工作原则，兼顾国家、集体和个人三者利益的财税分配思想，财税、信贷和物资综合平衡的理论，国家基本建设规模应与政府财力相适应的考虑等。这些财税思想、理论和观点为奠定新中国财政与税收的基础做出了贡献。

2. 财政与税收的思想和理论的发展阶段

在 20 世纪 60 至 70 年代，我国的财政与税收实务工作者和理论学者通力协作，在进一步总结我国经济建设实践的前提下，加强对财政与税收基础理论的探索，开始由财政与税收政策方针层面的分析深入到财政与税收内涵和本质的研究，如对财政与税收本质、职能和作用的讨论；财政与税收与社会再生产各环节关系的讨论；财政与税收与国有企业财务管理关系的研究；财政与税收与银行信贷之间关系的研究等。这些研究和探索进一步完善了我国财税、信贷和物资综合平衡的理论体系，逐步形成了具有中国特色的社会主义财政与税收学科理论体系。

3. 财政与税收的思想和理论创新阶段

20 世纪 70 年代末至 80 年代初，我国开始实行经济体制改革开放的探索，在对财政与税收理论的研究上，如对一些基本原理和政策实践有了一定的拓展，不同的学术观念更加空前活跃。随着多年经济体制改革成就的不断取得和社会主义市场经济体制的发展，对我国财政与税收理论的发展提出了更高的要求。从过去高度集中的计划经济体制向市场经济体制的转变是一个历史性的巨大转变，如何适应这一转变设定我国财政与税收体制改革目标？在社会主义市场经济体制下，财政与税收的职能如何界定？新旧体制的转轨过程中，财政与税收应该有什么样的历史作用？这些问题正成为我国财政与税收理论研究中的热点和难点问题。此阶段我国财政与税收理论研究的最大特点就是开始大量引进和借鉴西方发达市场经济国家的财政与税收理论成果，尤其是公共财政理论中的现代税收理论、财政宏观调控理论、财政与税收运行机制和效率研究理论、财政与税收竞争和分权理论等。这些理论对我国财政与税收制度建设和管理体制创新，以及社会主义市场经济体制的完善等都起着重大的推动作用。

【课程思政】

2023 年 12 月 21 日至 22 日，全国财政工作会议在北京召开。

会议指出，2023 年以来，面对严峻复杂形势，在以习近平同志为核心的党中央坚强领导下，各级财政部门以深入开展学习贯彻习近平新时代中国特色社会主义思想主题教育为先导，贯彻落实党中央、国务院决策部署，扎实推进积极财政政策落实，强化税费政策供给，防范化解地方政府债务风险，切实保障基层“三保”，严肃财经纪律，有力促进经济回升向好。一是加大财政政策调节力度，打好政策“组合拳”。完善税费支持政策，降低经营主体税费负担。管好用好专项债券资金，推动一批交通、水利、能源等利当前惠长远的重大项目建设。加大对地方转移支付，保障基层财政平稳运行。二是强化重点领域投入保障。推动制造业高质量发展，大力支持科技创新，促进乡村全面振兴，推进区域协调发展，助力提升经济发展质量。三是加强民生保障。全力支持防汛救灾，增发 1 万亿元国债，专项用于支持灾后恢复重建和提升防灾减灾救灾能力。加大教育发展支持力度，支持卫生健康事业发展，提高社会保障水平，强化生态环境保护治理，切实办好民生实事。四是坚持化存量遏增量，推动制定一揽子化债方案，扎实推进地方政府债务化解。五是加大财会监督力度，进一步提升财政管理水平。开展财会监督专项行动、预算执行监督专项行动和重点民生资金专项整治行动，预算管理一体化系统实现全覆盖。六是深化国际财经合作。牵头成立中美经济工作组，深入参与 G20、金砖等多边机制，完成世贸组织信息技术协定扩围协议全部降税承诺，我国关税总水平进一步降至 7.3%。七是扎实开展主题教育，纵深推进全面从严治党。

会议强调，2024 年积极的财政政策要聚焦高质量发展，着力推进中国式现代化。重点做好八方面工作。一是支持加快现代化产业体系建设。推进产业结构优化升级，加大产业科技创新支持力度，支持提升企业竞争力。二是支持扩大国内需求。推进全国统一大市场建设，促进消费稳定增长，强化专项债券资金使用管理，继续用好增发国债资金，巩固外贸外资基本盘，支持增强内需主动力。三是支持深入实施科教兴国战略。提高义务教育经费保障水平，多渠道增加普惠性学前教育资源，支持改善县域普通高中基本办学条件，推动高质量教育体系建设。全力支持打赢关键核心技术攻坚战，保障好国家重大科技项目等资金需求，深化财政科技经费分配使用机制改革，推动高水平科技自立自强。四是支持保障和改善民生。实施好就业优先政策，多渠道支持企业稳岗扩岗、个人创业就业。完善医疗卫生保障制度，着力减轻人民群众看病就医负担。健全社会保障体系，深入实施养老保险全国统筹制度。支持加强文化建设，健全现代公共文化服务体系。五是支持抓好“三农”工作。提高高标准农田建设投入标准，保障农民种粮收益，完善产粮大县奖励政策，提升粮食安全保障能力。加强产业和就业帮扶，切实巩固拓展脱贫攻坚成果。有序推进乡村发展和建设。六是支持推进城乡融合、区域协调发展。完善促进城乡融合发展的体制机制，推进新型城镇化建设。进一步完善支持东北全面振兴、京津冀协同发展、雄安新区建设等重大区域战略的财税政策，促进区域协调发展。七是支持加强生态文明建设。加大生态环境保护力度，全力支持打好三北工程攻坚战。落实完善相关财税政策，稳妥推进碳达峰碳中和。落实和完善环境税收政策、政府绿色采购等制度机制。八是支持扩大高水平对外开放。推动全球经济治理改革完善，支持建设更高水平开放型经济新体制，推动高质量共建“一带一路”。

会议要求，狠抓财政管理改革，提升财政治理效能。要厉行节约树牢过紧日子理念，健全过紧日子制度，严格过紧日子执行，强化过紧日子监督。要始终将基层“三保”摆在财政工作的最优先位置，健全和落实分级责任体系，研究建立范围清晰、标准明确、动态调整的“三保”清单制度，完善基层财政运行监控，筑牢兜实基层“三保”。要严格落实既定化债举措，加大存量隐性债务化解力度，坚决防止新增隐性债务，健全化债长效机制，有效防范化解地方债务风险。要进一步加大财会监督力度，完善财会监督体系和工作机制，更好发挥各地监管局作用，扎实开展财会监督专项行动，切实提升财会监督效能。要加强财政管理，深入推进财政法治体系建设，加快预算管理一体化建设，完善预算绩效管理体系，加强会计和国有资产管理，强化政府投资基金管理，提升财政管理水平。要积极稳妥谋划推进新一轮财税体制改革，健全现代预算制度，优化税制结构，完善财政转移支付体系。

会议强调，财政部门要更加紧密地团结在以习近平同志为核心的党中央周围，深入学习贯彻习近平新时代中国特色社会主义思想，进一步深刻领悟“两个确立”的决定性意义，增强“四个意识”、坚定“四个自信”、做到“两个维护”，开拓进取、真抓实干，努力开创财政工作新局面，为强国建设、民族复兴伟业作出新的更大贡献。

复习思考题

1. 财政与税收研究的对象是什么？
2. 财政与税收研究的内容是什么？
3. 财政与税收研究的方法有哪些？
4. 西方财政与税收的思想发展和理论形成经历了哪几个阶段？
5. 我国财政与税收的思想发展和理论形成经历了哪几个阶段？
6. 财税与我们日常生活有关吗？举例说明。

练习题1

第2章

财政概述

【本章导读】

经济运行中客观存在着政府分配活动。财政，是指以国家为主体，凭借政治权力，为满足社会公共需要而参与社会产品分配所形成的政府经济活动。财政由财政主体、财政客体、财政形式和财政目的四个要素构成。财政本质是以国家（或政府）为主体的分配活动。一般情况下，财政具有公共性和利益集团性（或阶级性）这两种基本属性。

财政模式，是指在一定的社会经济环境中，为了界定财政活动的范围和领域而确立的某种形式。在自然经济基础上形成的是家计财政模式，在计划经济基础上形成的是国家财政模式，而在市场经济基础上则必然形成公共财政模式。

公共财政，是指在市场经济条件下，政府为了满足社会公共需要，通过收支活动实现对一部分社会资源的配置。公共财政的理论基础：一是公共产品；二是市场失灵。公共财政的基本特征：一是弥补市场失灵的财政；二是一视同仁的财政；三是非市场盈利的财政；四是法治化的财政。

财政职能，是指财政在社会经济活动中内在固有的功能。市场经济体制下的财政是公共财政，这是由市场经济体制本身所决定的。研究公共财政职能必须以政府与市场的关系为基础，公共财政具有资源优化配置、收入公平分配、经济稳定发展三大职能。

本章教学思政视角：一是经济体制改革是全面深化改革的重点，核心问题是处理好政府和市场的关系；二是高水平社会主义市场经济体制是中国式现代化的重要保障；三是必须更好发挥市场机制作用，创造更加公平、更有活力的市场环境，实现资源配置效率最优化和效益最大化，既“放得活”又“管得住”，更好维护市场秩序、弥补市场失灵，畅通国民经济循环，激发全社会内生动力和创新活力；四是围绕实施国家发展规划、重大战略促进财政、货币、产业、价格、就业等政策协同发力，优化各类增量资源配置和存量结构调整。

通过本章学习，要求掌握财政要素、公共财政与财政的三大职能，了解财政模式，具有解释财税现象的理论基础知识。

2.1 财政与财政模式

2.1.1 经济运行中客观存在着政府分配活动

所谓经济运行，是指社会生活中的无数个人、家庭、企事业单位、团体和组织围绕着经济利益及相关的其他各种利益所形成的相互影响、交互作用的错综复杂的运作和活动过程。在经济学中，为了便于描述经济运行的概貌，通常对经济系统进行抽象和简化处理。

首先，假设存在一个没有政府的两部门经济循环过程。在这一经济循环体系中，经济决策主体只有两个：一个是家庭（或个人），另一个是企业（或厂商）。从某个家庭方面看，它必须作出两项决策：其一是为了生存等需要，家庭总是要消费一定数量的消费品。这些消费品可以是家庭自产的，也可以是他人生产的。当一个家庭需要消费他人生产的产品时，它通常就会成为市场上的购买者，于是为了获得购买他人产品所必需的款项，家庭又必须拥有其可以支配的资源。决策之二便是何时何地出卖何等数量的资源。从某个企业方面看，它总是在把各种投入不断转换成产出，所以人们又将其称为厂商。虽然各个企业有着自己的经营目标，但是通常又都是以追逐利润为直接目的。在利益动机驱动下，企业必然不断进行能够使自身利润最大化的生产经营决策。上述两大主体的经济决策是通过两大市场作用而发生紧密联系的，如图 2-1 所示。

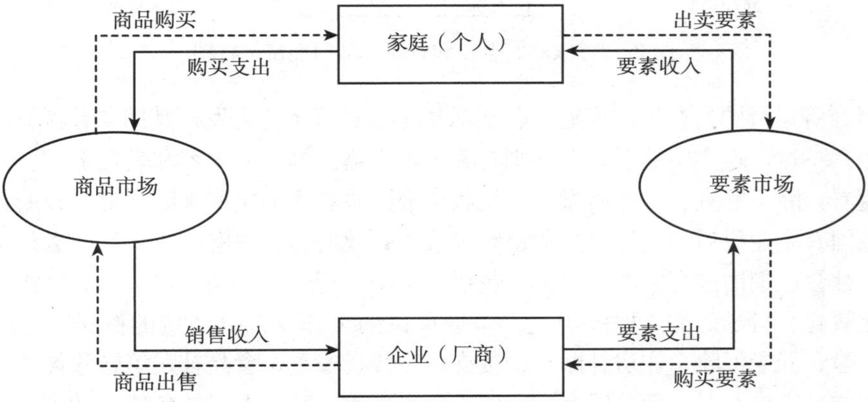

图 2-1　家庭和企业两部门经济运行图

在商品市场中，家庭购买商品时，企业为了获利通过商品市场向家庭提供商品，并相应收取家庭支付的货币；另外，企业利用家庭支付的货币购买生产商品所需投入的各种生产要素，同时将各种要素进行一定的组合生产出市场需求的产品；而家庭则必须出卖自己所拥有的一定数量的要素获取收入，于是通过要素市场的运作，企业购买要素所支付的货币再次流回到了家庭。至此，经济系统完成了一个循环过程并不断循环往复，这里包含着两种运动：商品运动和货币运动。两部门经济运行图展示了整个经济系统的基本构成及其运行概貌。

随着政府的产生，政府作为一个决策部门，在经济运行中充当着重要的角色，这就必须考察一个既包括家庭、企业，又包括政府在内的三部门经济运行关系，如图 2－2 所示。

与两部门经济运行关系相比较，在政府介入经济生活后，整个经济运行发生了相应变化：家庭此时不仅通过提供要素资源获得企业支付的货币收入，而且还可以获得一部分政府补贴等转移支付作为其收入来源之一；同时，家庭除了必须支付商品价款外，还必须以税收的方式将一部分收入上缴给政府。企业则在向家庭和政府提供商品以取得销售收入的同时，它还要向要素提供者支付报酬，并向政府纳税。当然，家庭和企业又都享受着政府提供的公共产品。而政府一方面可以通过税收形式获得财政收入；另一方面又可以通过购买商品，提供公共产品，并通过转移支出安排给一些家庭作为收入。

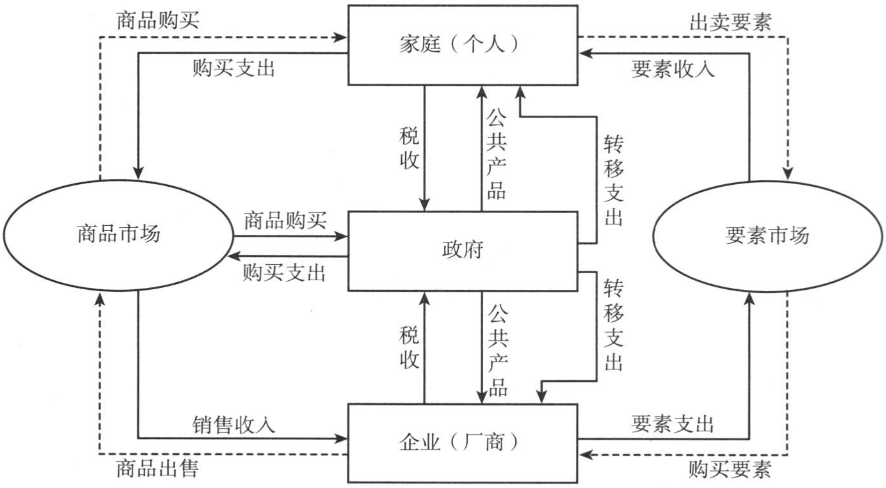

图 2－2　家庭、企业和政府三部门经济运行图

三部门经济运行图勾勒出政府通过收支活动参与经济生活，发挥其用“看得见的手”干预经济的功能。不过，现实中的财政活动则有着更加丰富、具体的内容和表现形式。从政府取得收入的角度看，除了家庭、企业所缴纳的税收构成财政收入的主要来源之外，政府还会通过收费、举债及国有企业税后利润等形式取得财政收入；政府在取得财政收入后，必须采用财政支出形式在全社会范围内进行资源再分配，包括对国防、行政、立法、司法等国家机关经费的拨付，对文化教育、科学研究、医疗卫生等事业单位的全部或部分经费的拨付，对居民医疗补助、失业保险、养老保险、住房补贴、扶贫支出、优抚安置、食品补贴等转移性支出，对政府债务的还本付息支出及对一部分国有企业的投资支出等。政府上述的各项活动支出，主要是用于满足社会成员或组织对于某些公共产品或公共服务的需求，如对于国防、公安、基础教育、基础研究、公共设施等的需要。而这些公共产品或公共服务由于其自身的特点，是私人企业或家庭所不愿提供、无力提供或无法有效提供的。此外，现代经济生活还时常伴随着经济波动、失业、通货膨胀或紧缩、国际收支不平衡、贸易保护等影响整个国民经济正常运行的一些宏观经济现象。这些就是所谓的市场失灵，需要政府采取相应的政策手段加以调控，而财政政策[①]正是政府最常用的政策手段之一。所有这些活动的实质，就是政府分配。

① 财政政策，是指一国政府为实现预期的经济社会发展目标，对财政收支关系进行调整的指导原则和措施。

2.1.2 财政的含义

如同世间所有的事物一样，只要它存在着，人们为了认识、把握和了解它，就必须用一个概念或名词去界定它，对于经济运行中的政府分配活动这么一类广泛存在并发挥着重大作用的经济现象更是如此。“财政”一词，就是人们用以概括和描述各种政府分配活动的一个概念。

1. 财政概念

所谓财政，是指以国家为主体，凭借政治权力，为满足社会公共需要而参与社会产品分配所形成的政府经济活动。

然而，“财政”一词并不是自古以来就有的，更不是由某个先知或先哲预先设定好的。在人类社会发展史上，政府本身是社会发展到一定历史阶段才产生的。相应地，“政府分配活动”也是在社会发展进程中逐步形成的。在漫长的历史发展过程中，人们曾使用了多种多样的概念去描述和概括这类政府分配现象，只是到了现代社会才逐渐稳定在用少数几个甚至一个词汇上。

在我国古代，就曾经用“度支”等词汇表述政府分配活动。在明清时期，政府主管收支的部门被称为“户部”等。至于“财政”一词，则至19世纪末才开始使用，而且还是借鉴和引进日本的术语。1898年，清政府的户部在呈送给皇帝的奏章中就使用了“财政折”的名称，这可以算作我国使用“财政”一词的若干事例之一。从此以后，“财政”一词逐步成为我国形容政府分配活动的专用术语。虽然20世纪上半叶我国在引进西方财政理论过程中，曾使用过“国计”“公计”等名词描述政府分配活动，但是这些概念的应用就如昙花一现，很快就被人们放弃了。

2. 财政要素

财政由财政主体、财政客体、财政形式和财政目的四个要素构成。

所谓财政主体，是指财政分配是由国家或政府发动、组织和承担的。在财政分配行为的参与主体中，主导的一方是国家。因为任何社会的分配活动都不可能自发产生，而厂商、家庭、团体或组织、国家或政府等的一方或多方都可以作为分配主体在某种特定的分配活动中出现，但财政分配活动的主体只能是国家或政府。国家或政府作为财政分配活动的主体，与财政有着非常密切的关系。因为不仅财政分配的对象、数量、范围和方式等都主要由国家或政府这个主体决定，而且国家或政府与财政相依为命、共存共荣、相辅相成、缺一不可。

所谓财政客体，也称财政对象，是指一定期间内的一部分社会产品与服务，或一部分国民收入①。因为任何分配行为都是人作用于物的活动，财政分配也不例外。财政分配不仅有主体，还必然有客体，否则财政分配就会成为无源之水、无本之木，也就不能称其为财政。社会产品和服务（即国民收入）是国家或政府取得财政收入的根本源泉。

所谓财政形式，是指国家或政府组织财政分配活动所采用的具体形式。财政分配形式既可以是实物形式或力役形式，也可以是价值形式。因为财政分配是整个国民收入分配的一个特定组成部分，它的形式主要取决于当时占支配地位的国民收入分配形式。在自然经济条件下，如奴隶社会和封建社会时期，财政形式主要采取实物和力役形式；在商品经济或市场经济条件

---

① 国民收入是指一个国家在一定时期内所生产的最终产品和所提供的全部服务的市场价值的总和。

下，如资本主义社会和社会主义社会时期，财政形式则以价值分配为主，表现为货币收付。

所谓财政目的，是指财政分配是为了提供公共产品，满足社会公共需要。因为任何一个国家或政府都具有社会管理和经济管理两大基本职能，前者是指其具有维护国家政权、保障公民安全和维持社会秩序等职能，即要向社会提供公共产品以满足公共需求；后者是指其所具有的调控宏观经济、促进国民经济可持续发展的职能。为了实施上述两大基本职能，国家或政府需要耗费相应的财力、物力。由于国家一般不直接从事物质资料的生产，因此凭借政治权力而进行的财政活动就成为国家或政府财力的主要来源。

3. 财政本质

上述分析似乎已经较为具体，但是仍然还只停留在财政这一事物的表层，尚未触及财政背后所隐藏的内在东西，即财政本质。

财政是一个经济范畴，研究财政这一事物就应该遵循经济学的基本方法，经济学关注的是人类社会经济生活中常见的各种两难冲突问题。所谓两难冲突，一般是指两种因素可以相互替代，二者之间此消彼长。经常讨论的个人利益与集体利益、局部利益与整体利益、当前利益与长远利益等之间的矛盾，表达的就是这一层意思。表 2－1 所示的“污染博弈”的事例对两难冲突问题给予了很好的解释。

表 2－1　污染博弈①

单位：万元

甲	乙	
	低污染	高污染
低污染	A（100，200）	D（－30，120）
高污染	B（120，－30）	C（100，100）

假设某个地区有甲和乙两家化工厂，它们的生产经营行为不受政府的管制。同时，假定它们之间只有竞争，没有合作。化工厂的产品生产往往会伴生一些对环境不利的污染物。假如两家化工厂各自从自身利益最大化考虑，它们可能不会愿意采取措施消除污染，因为购买安装污染处理设备会大大增加它们的生产成本。在这种环境里，如果其中有一家企业采取利他主义的态度，想要采取措施消除污染，那么由于生产成本的急剧上升，产品价格将会提高，顾客就会变少。如果成本增加到足够的高度，企业甚至会破产。例如表 2－1 中的 D 格，如果甲厂采取消除污染的措施，而乙厂无动于衷，此时虽然该地区的环境改善使两家化工厂的产品更具有竞争力，但是甲厂由于生产成本增加而亏损 30 万元，乙厂在免费搭车的情况下可以有 120 万元的利润。这显然对甲厂来说是个不利的结果，理性的厂家是不会作出这样的选择。表中 B 格的情形与此类似，只是它表明的是乙厂采用污染处理设施而甲厂却对污染问题不闻不问的情形。同样，乙厂也不愿看到这样的情形发生。于是，市场竞争可能会导致两家企业都进入表中 C 格的状态（高污染，高污染）。此时，甲、乙两家企业总共可以获得 200 万元的利润。但这比较起两家都采取利他主义态度，同时进行污染处理的情形来说，并不是一个最佳方案。因为如表 2－1 中 A 格所示，在一个“低污染，低污染”的环境中，两家企业共可获利 300 万元。

① 萨缪尔森，诺德豪斯．经济学：第十六版．萧琛，等译．北京：华夏出版社，1998.

污染博弈的例子说明，假如缺少合作，各自仅从自身利益出发独自进行决策，其最终结果对各方都未必是最有利的，且这是一种缺乏效率的情形。在这里，个人利益与集体利益、局部利益和整体利益、当前利益与长远利益等发生了冲突，而这类冲突在社会经济生活中比比皆是，如军备竞赛、不守信用、损公肥私等。那么，如何通过政府干预和财政介入解决此类两难冲突问题，就是财政领域研究的重要问题。

从财政活动所体现的经济关系分析，财政本质是以国家（或政府）为主体的分配活动。这种分配活动又可以分解为两个层面：一是在社会经济系统中的个人、企业与国家（或政府）之间的分配活动，二是在国家（或政府）机构系统中的各级政府之间的分配活动。

在现代经济生活中，个人、企业和政府是经济活动的主要参与者。但是对不同的经济主体来说，它们却有着各自的利益：个人在消费决策上侧重于既定收入的约束，追求自身福利的最大化；企业在生产决策上，倾向于追求利润最大化；而政府在经济决策时，则可能更注重于增进全社会的福利。因此，虽然个人和企业也可能关心社会利益、全局利益和长远利益，但是更多地会关注自身利益、局部利益和眼前利益。这里有一个十分关键的理由，就是像国防、公共设施、环境保护等这样一些公共产品对于私人经济生活来说虽然不可缺少，但它却和污染博弈的例子一样，难以排除别人免费获利。公共产品的这种易于免费搭车的特性，无疑损伤了私人提供公共产品的积极性，从而导致这些公共产品难以通过私人经济活动有效提供。

由于政府具有社会管理和经济管理职能，政府及其财政收支活动主要是协调现实生活中各种利益之间的矛盾。基于企业和家庭决策侧重于个人利益、局部利益、当前利益的特点，财政则更注重于通过支持公共产品的生产与提供等方面的活动，以弥补私人经济活动的缺陷，促进集体利益、全局利益、长远利益的提高。然而，政府的存在毕竟有令私人经济部门不愉快的地方，因为政府全部开支的财源最终来自私人经济部门。这就导致了在财政活动中经常存在着难以协调的矛盾：一方面，家庭和企业都能够享受到政府提供的各种公共产品；另一方面，家庭和企业向国家纳税意味着当前福利的降低，纳税显然不是一件令人愉快的事情。由于现实财税制度的限制，各个家庭和企业所能享受到的公共产品与它们各自的纳税数量很难对称，从而不可避免地出现“几家欢喜几家忧”的情形。但是，毕竟社会经济生活一刻也不能没有公共产品，毕竟在多数场合下由国家统一提供公共产品更有效率，于是国家利用其特有的政治权力，强制性地从家庭和企业所创造的国民收入中取走一部分，用于满足实现其职能的需要，以增进社会利益、全局利益和长远利益，这一点构成了财政活动存在的理由。然而，由于存在着前述各种利益间的相互影响和相互作用，强调国家在财政分配中的主体地位非常有必要。

当然，在国家这一财政分配活动的主体内部也存在着错综复杂的分配关系，主要是因为政府系统内部也交织着各种复杂的利益矛盾。在一个分权式的国家机构体系中，中央政府主要承担全国性的事务，而地方政府则主要承担地方性的事务，不同的事权自然要求有相应的财权与之相匹配。然而，在一定时期内，由于受到现实的经济水平、财税制度等因素的影响，一个国家所能集聚的全部财力是有限的。这样，如同对一块已做好的“蛋糕”进行分割，对于有着不同胃口的人来说，很难有一个皆大欢喜的结果。对于承担着不同事务的各级政府而言，由于行政区域、人口数量、自然资源、发展水平等诸多因素的影响，各级政府对于财力的需求是有现实上的差别的。于是，到底中央政府应当拥有多少财力、地方各级政府又该拥有多少财力，就成为一个非常重要的问题，其间必然交织着多种复杂的利益矛盾。可以认定，中央政府与地方政府之间、地方各级政府之间的财政分配关系构成了财政关系的另一个重要组成部分。

4. **财政属性**

所谓财政属性，是指财政所具有的共同性质或特征。一般情况下，财政具有公共性和利益集团性（或阶级性）两种基本属性。

所谓公共性，是指财政活动所具有的提供公共产品、满足社会成员的公共需求的属性，它是财政活动的共性，是不同社会形态下财政所共同具有的性质。事实上，自从人类社会建立，人们的生活、生产活动除了满足自身生存的需要外，就逐渐有了单靠私人活动难以胜任的一些公共事务，如社区秩序管理、引水灌溉工程等。在阶级出现、国家建立之后，一国政府就具有了专门行使政治权力、保护该国公民免受其他国家的暴力侵犯和维护社会稳定的社会管理职能；另外，像道路、桥梁和大型水利设施建设等公共工程项目，是社会成员出于个人利益所不愿提供或无力提供的，而由于这些活动是用来满足社会公众公共需求的，因此服务于此类活动的财政活动就具有了区别于私人财务的公共性。理解财政的公共性，要注意区分公共性的具体内容，即政府职能范围在不同社会、不同时期所存在的差异。由于生产力发展水平及各国社会历史、风俗习惯的不同，财政活动满足社会公众需求而提供的公共产品是有历史阶段性的。例如，在生产力水平极其低下时，修建一条水渠往往需要由社会集中人力、物力才能完成，这就只能作为社会公共需求得到满足和实施，从而这样的工程就有了公共性，通常就属于财政分配的范围。然而，随着生产力的发展，这类工程可能只要一个社会基本单位甚至一个人就可以独立完成，因而它就不再具有公共性，就可以从财政分配范畴中退出来了。当然，随着经济的发展和社会的变迁，还会有一些新的公共需求产生而加入到财政分配范围之内，如现代社会中的环境保护问题就显得比以往任何时期都要突出。公共产品的这种历史性，还意味着另外一个问题，即处于不同经济发展阶段的国家，其公共产品的内部构成也是不一样的。在多数发达国家已经基本上不属于公共产品之列的事物，在许多发展中国家却可能仍然是公共产品，如电力、铁路等。此外，公共产品还具有地域性，如在具有不同历史文化传统、社会风俗习惯的国家和地区，公共产品的结构也是不同的。

所谓利益集团性（或阶级性），是指财政作为政府经济活动，必然要符合统治阶级的整体利益，政府必然要通过财政收支活动使统治阶级的最高利益得以实现。由于国家一般反映着在经济上和政治上占统治地位的那个集团的利益，即统治阶级的利益，所以财政从根本上看反映的是统治阶级的利益。例如，在奴隶社会和封建社会两种社会形态下的财政，虽然也在一定程度上服务于全社会的公众利益，但这时财政公共性的属性极不突出，因此可以说，这时的财政是以阶级性为其主要属性的。不过，当今世界尽管统治阶级与被统治阶级之间的对抗性矛盾已经退居次要位置，但毕竟利益冲突依然在社会生活中无处不在，社会上的各种利益集团为了自身的经济利益及其他相关利益而时刻发生较量，财政的阶级性是淡化了，但其利益集团性却是处处得到了充分体现。

2.1.3 财政模式

财政作为国家或政府的分配活动，它的起源和发展是与国家或政府的演变相一致的。在不同的经济体制基础上，存在着不同的国家和政府模式，有着不同的经济关系，也相应地形成了不同的财政模式。所谓财政模式，是指在一定的社会经济环境中，为了界定财政活动的范围和领域而确立的某种形式。在自然经济基础上形成的是家计财政，在计划经济基础上形成的是国家财政，而在市场经济基础上则必然形成公共财政。

1. 自然经济与家计财政

财政作为政府的分配行为，是随着国家的产生而产生的。

人类社会发展到一定历史阶段，出现了剩余产品，产生了私有制，产生了阶级，进而国家应运而生。国家不是为产生而产生的，而是顺应着社会经济发展的需要而产生的。国家通过履行自身的职能，满足社会和经济对自己提出的要求。国家履行职能需要耗费一定量的资源和要素，但国家作为政权组织，它本身并不拥有资源和要素，这就需要从国家之外去获取所需要的资源和要素。国家或政府对于资源和要素的索取和使用，就构成了财政分配活动，因而国家的产生也就是财政的产生。

国家产生在人类社会的“童年”，当时社会经济发展水平十分低下，国家的活动范围和内容相对简陋，规模也相对狭小。这些就决定了当时财政活动的内容和规模相对粗糙、狭小。

在自然经济时期，商品货币关系非常不发达，于是当时的财政收支活动主要采用实物和力役形式。例如谷物、布帛等，曾经是我国古代财政的基本收入和支出形式之一；而征发徭役去完成军事行为和建筑工程等，也是我国古代非常普遍的财政收入和支出形式。但是，由于当时商品货币活动已经存在，所以财政活动也不同程度地采用了货币收支的形式。尤其是到了封建社会后期，随着商品货币关系的发展，货币收支在财政活动中的地位和比重逐步上升，而且随着社会从自然经济向市场经济的过渡，最终成为财政收支的唯一形式，直至将实物和力役形式完全驱逐出了财政分配领域。

在自然经济时期，世界上存在着形形色色的君主制国家。对于君主们来说，整个国家都是自己的私人财产，决定了此时的财政收支就是君主的私人收支。君主个人收入性质的王室的私产收入和特权收入、附庸的贡纳收入等，就构成了当时财政收入的主要来源；军事支出、王室费用、宗教费用等，则构成了当时财政支出的主要内容，而且所有的支出从根本上看都是为君主的私人目的服务的。于是，尽管就所有时期所有国度的财政而言，财政是“国家的财政”，但是就不同经济体制下的财政特殊性来说，存在着不同的财政模式。这种具有私人性质的财政模式，就是“家计财政”。

由于自然经济的自给自足特点，决定了此时国家财政对经济活动基本上是不干预的。此时私人性质的财政一般是以收抵支，追求年度收支平衡。如果出现财政赤字，往往是政治经济出现危机的表现，公债此时并不是弥补财政赤字的经常性手段。但是，此时的财政也要为社会经济提供应有的服务，如当时的财政除了王室和军事的支出等非经济性支出外，还有一些经济性的支出，如江河治理、水利设施修建等。当时的财政就是通过实物和力役的征调服务于此类建设的。

2. 计划经济与国家财政

新中国成立后，很快就建立起了计划经济体制。在这一经济体制下，我国社会经济取得了较快的发展，但也逐步暴露出了自身的根本缺陷。

在计划经济体制下，国家或政府以计划方式直接配置整个社会的资源和要素。也就是说，此时基础性的资源配置功能不是由市场机制承担，而是由政府的计划机制承担的。

1）财政是国家配置资源的基本手段

计划经济体制的本质是国家对社会资源的计划配置，即国家直接以指令性计划安排、控制和调节整个国民经济的运转和活动状况。当然，此时国家对社会资源的计划配置在相当程度上是借助于商品货币形式完成的。也就是说，国家计划配置社会资源的过程，仍表现为政府取得货币收入和安排货币支出的活动。于是，财政就直接从财力上服务于国家对整个社会经济生活的计划安排，成为国家计划配置资源的基本手段。可以说，当时几乎所有的社会经济活动，或是直接由财政提供财力，或是受到财政的间接决定和制约。

为此，财政集中了当时几乎全部的剩余产品，甚至有时还集中了全部的折旧基金。整个社会扩大再生产的财力，大部分是直接以预算拨款的方式提供的，财政鲜明地表现为生产建设性的财政，仅基本建设投资支出就大体上占了国家预算总支出的40%或者更多；同时，财政还包揽了企业定额流动资金的全部供应任务，还安排了其他各种经济建设支出。当时的财政不仅配合着国民经济计划的安排和实施，还直接决定和影响着整个国民经济的发展方向和比例结构。显然，当时经济发展的速度和经济结构是否正常，取决于财政基本建设投资支出的规模是否适中，其结构是否符合客观比例关系的要求。经济建设中的失误，往往直接表现为财政的基本建设投资的失误；而对经济建设失误的克服和纠正，首要的也是从财政的基本建设支出的调整入手，或是削减其规模，或是改变其结构，进而重新恢复国民经济的综合平衡。

2）财政直接服务于公有制经济

在计划经济体制下，国家以国家所有制的形式直接掌握了全社会大部分的生产资料，直接拥有了绝大部分的企业。此时的企业是国家的行政附属物，个人是企业的行政附属物，企业和个人都不能成为独立的经济实体。在这种经济基础之上，几乎全部的财政收入都直接来自国有企业，因而原本就是国家的收入；而财政支出除了用于行政事业等非生产领域外，相当部分直接投资到生产领域，直接扩大国有经济的规模和范围。整个国有经济就是在财政的年复一年的投资下不断发展壮大起来的。不仅如此，国家还依靠财政手段，如税收的“区别对待”政策，直接抑制非公有制经济成分，直接促使集体经济向国有经济过渡。

3）财政收支形式的计划性

计划经济体制还决定了特殊的财政体制和活动形式，尽管当时曾实行了多种财政体制形式，但却都有着统收统支的实质，都是高度集中统一的经济体制在财政上的具体化。从财政收入看，税收和利润上缴是最主要的和最基本的形式，两者各自都占了整个财政收入的40%以上。在计划经济时期的大部分年份，先是把公债作为财政的直接收入形式，然后又取消和否定了公债。从财政支出看，经济建设支出（主要是基本建设支出）占了主要比重。此时的财政强调奉行年度收支平衡的原则，并且能否实现财政年度收支平衡，关系着当年整个国民经济是否能够实现综合平衡的大问题。而所有这一切，都是财政计划性的具体体现。

总之，这一时期存在的是计划经济型的财政。此时的财政收入是国家从原本就属于自己的国有企业取得的，财政支出则是国家为自己承担的经济建设任务提供资金。这种计划经济型财政，即以国家的自我服务为直接目的的财政，就是“国家财政”。

3. 市场经济与公共财政

在从自然经济向市场经济、封建社会向资本主义社会的转化过程中，财政相应地完成了从家计财政向公共财政的转变。与此变化相类似，我国在逐步否定计划经济而转向市场经济建设的过程中，我国财政在改革中已经呈现出公共化的趋势。

1）西欧各国市场经济的发展与公共财政

随着商品货币关系的发展，西欧各国到了封建社会末期，社会经济与国家及其财政的状态发生了越来越大的变化，经济规模迅速扩大，商业和金融活动日益活跃，人口和城镇到处涌现。在这一过程中，专制君主制开始形成，现代意义的民族国家也开始在西欧社会出现。这些又相应地引起了西欧财政的改变。

随着市场和资本因素的日益壮大，作为市场和资本对立面的西欧专制君主日益陷入了内外交困之中，财政状况恶化，赤字规模扩大，并导致公债规模的迅速增长。在新兴的市场和资本的基础之上，此时的公债无论在规模上还是在内容上，都是以往的公债所无法比拟的。于是，现代意义上的公债逐步形成。

这一时期西欧财政最显著的变化是政府预算制度在英国逐步形成。1215 年，英国的贵族和骑士以武力强迫国王签署了《大宪章》，同意今后不经贵族和骑士组成的“大咨政会”赞同，国王不得征收某些直接税。以此为开端，在其后数百年中，英国议会逐步将对财政的控制权扩大到所有的财政收支和公债上，甚至连国王的私人收入和支出也全部置于议会的控制之下。在这一过程中，英国议会为了确保对财政权的控制，要求国王及其政府将财政收支状况向议会做陈述，并接受议会的监督，迫使国王及其政府每年预先提出年度收支计划，并只有在被议会批准后才能执行。这种财政年度收支计划，就是政府预算。

政府预算制度是在市场和资本因素的共同作用下形成的，它的出现反过来又对财政模式的公共化和经济体制的市场化起了关键性的作用。

在政府预算制度下，国王及其政府的收支活动被直接置于议会和社会公众的决定、规范、约束和监督之下。没有议会的批准，政府既不能征税收费，不能支用财力，也不能举债借款。议会审议通过的政府预算具有法律效力，违背已确立的政府预算属于违法行为，无论是谁（包括国王）都要受到法律的制裁。此时的财政活动也相应发生了巨大变化，依法征收的税收逐步取代其他收入形式，成为唯一的财政收入基本形式，占据整个财政收入绝大部分的比重，并且税收鲜明地表现出是直接取走资本和私人的收入。此时的财政支出也集中到国防、行政、公共管理和公共工程等方面。君主的私人收支逐步被淘汰，财政收支鲜明地表现为公共性质的收支。这样一来，西欧的财政就借助于政府预算制度，转化为公共财政模式。

市场和资本因素的发展壮大，是政府预算制度和公共财政模式得以形成的根本因素；反过来，政府预算制度和公共财政模式的逐步确立，又对市场经济体制的形成起了关键性的促进和保护作用。

在市场经济条件下，是市场而不是政府在起着基础性的资源配置作用。封建专制君主尽管对市场和资本的发展起过一定的积极作用，但由于其本性是市场经济的对立物，因而封建社会末期的专制国家日益成为市场和资本发展的桎梏。如何有效地控制和约束君主及其政府，使之不仅不能危害市场，而且保护和促进市场的发展，就成为市场经济体制确立过程中必须解决的首要问题。

财政作为政府的分配行为，它直接提供政府活动的一切经费，是政府存在和发展的基本前提和经济命脉。从这个意义上说，没有财政，就没有政府；掌握了财政权，就控制了政府。政府预算制度的建立，意味着市场和资本掌握了政府的财权，其实质就是市场和资本对政府的根本控制。这样，通过每年对政府预算的审议、批准、监督和执行，市场和资本就确保了政府不仅不能危害自己，而且还必须保护自己的根本利益，必须按照自己的意志要求行事。因此，政府预算制度确立的过程，也就是市场和资本为自己的发展开辟道路，进而最终掌握自己命运的过程，也是市场经济体制逐步确立的过程。

在市场经济数百年的形成和发展过程中，西方社会依靠政府预算制度的直接约束和决定，形成了“小政府”和“小财政”的状态，顺应了自由放任时期市场和资本充分发展的客观需要，从而确保了这一时期西方社会经济的迅猛发展。到了19世纪末20世纪初，市场经济的发展客观上要求政府从不干预转向干预，西方社会又通过政府预算迅速地扩大了财政收支规模，为政府实施宏观经济政策、稳定经济提供了基本财力资源，从而财政为西方社会经济的发展继续发挥着重大的作用。

西欧社会在其公共财政实践的基础之上，公共财政思想日益丰富。1776年，亚当·斯密《国富论》的出版，标志着财政学的诞生，也标志着系统的公共财政理论的诞生。在此后的200余年间，公共财政论在西方社会有了很大的发展，逐步形成了现代西方财政理论体系。19世纪末，西方公共财政理论开始传入我国，并渐渐地影响着我国的财政学。

2）市场化改革时期的中国财政

40多年来，中国财政在改革中日益呈现出公共化的趋势。改革开放打破了原有的国家将企业所有利润都取走的状态，同时国家大幅度地从传统活动范围退出，也不再需要财政进行那么多的集中，这就导致了国家预算收入占GDP的比重大幅度下降，这是财政向公共性转化的基本表现之一。

改革伊始，我国财政来自利润上交的份额就开始下降。20世纪80年代上半期利改税之后，利润上交不再是财政收入的主要来源，而只在财政总收入中占了很小的份额，某些年份在弥补企业亏损之后甚至出现负值。此后，20世纪90年代中期的税制改革，税收占了财政总收入的80%以上，成为财政唯一的基本收入形式。而公共财政就是以税收为其主要的收入形式。

计划经济时期我国进行了几次税制改革，尤其是1973年的税制改革之后，我国逐步形成单一税制，此时的国有企业几乎只上缴一种税，即“工商税”。其后的多次税制改革引起了我国税制模式的巨大变化，各种税种纷纷出台，以适应我国市场化进程中政府对日益复杂的社会经济间接调控的需要，从而使得我国从单一税制转向了复合税制。这种变化也是与公共财政的税制结构要求相吻合的。

另外，“建设财政”和“吃饭财政”是我国财政工作中的通俗用语，这里并不能仅仅依据其字面意思加以理解。所谓“建设财政”，是指以经济建设为基本或主要目的的财政。这里并不等于说这种财政丝毫不包括“吃饭”问题，即安排行政事业支出等内容。由于行政事业支出天然就是财政活动的内容，即使是在计划经济时期它也必须包含在以建设为基本目的的财政活动之中。所谓“吃饭财政”，是指以行政事业支出为主要活动内容的财政。这是沿袭了战争年代“人吃马喂”的术语，因为当时几乎没有什么投资性支出，但这也并不意味着财政丝毫不安排投资支出。实际上，即使在200年前的亚当·斯密时期，公共工程也是财政必须承担的基本支出任务。改革开放使得国家或政府可以从原先大量承担的各种职责任务中脱身出来，财政所直接承担的经济建设任务也越来越多地为各种经济主体所取代。经济建设已不再是财政活动的主要内容，这就发生了所谓的从“建设财政”向“吃饭财政”转化，这些也是公共财政所要求的变化。

改革开放打破了国家预算支出垄断固定资产投资的局面，银行、企业、外资和私人资本很快成为固定资产投资的主体，在固定资产投资总额中所占的比重越来越大。相反，国家预算投资所占比重越来越小，甚至降到了10%以下。这种变化也是与市场经济要求发挥企业乃至个人的独立经济主体作用的客观要求相一致的。但是，尽管财政投资比重大幅度下降，但并不等于财政对于整个经济的影响和作用也同等程度下降了。事实上，20世纪80年代我国财政投资主要集中在能源、交通等重点建设领域。在当时的价格体系下，企业、个人乃至银行的投资是无法进入这些领域的。财政对这些领域的投资，缓解了经济发展的"瓶颈"，开始带有很大的提供公共服务的性质。此后，财政投资越来越集中在非营利性投资领域，这是财政在改革中向弥补市场失灵转变的具体表现。

在计划经济时期，职工保障是由用人单位直接承担的。当时诸如医疗保险、养老保险等，是由企业从成本或利润中直接安排的，只有少量的抚恤和救济才是由财政直接支出，并且只能占到整个财政支出的1%～2%。然而，改革带来的经济日益市场化，使得这种单位保障机制越来越不适应。在这种背景下，财政开始越来越多地直接承担起社会保障的职责，于是原来的单位保障制度开始向社会保障制度转变。

新中国成立初期，我国就建立起政府预算制度。在改革开放过程中，政府预算制度也在不断进行变革。除了在20世纪90年代采用复式预算的编制方法外，各级人民代表大会也在国家预算的编制、审议、执行、决算中拥有了越来越多的发言权。从20世纪90年代末开始，我国对政府预算制度进行了较大幅度的改革，试编部门预算，建立国库单一账户制度等，从而逐步向着现代意义的政府预算制度过渡。如同西欧国家历史表明的那样，我国的预算制度改革也将对财政的公共化和经济的市场化起着巨大的推动作用。

在计划经济时期，我国一直坚持预算平衡原则，甚至认为这是社会主义优越性的具体表现，只有资本主义的腐朽性才会导致预算赤字。改革开放以来，我国几乎年年都安排了赤字预算，即使在这种状态下，政府也一直否定自己在奉行赤字财政政策。然而，1998年出现了需求不足引起的经济增长幅度严重下降的现象，迫使政府采取"积极的财政政策"，政府正式宣布了赤字财政政策的实行。在计划经济条件下，只有财政平衡了，才能实现国民经济的综合平衡，才能确保国民经济的正常稳定增长。相反，在市场经济条件下，当社会总供求失衡时，通过财政赤字的安排，能在一定程度上克服或缓解经济发展中的矛盾。因此，这种财政政策的转变也是顺应市场化改革趋势的。

20世纪50年代末，随着计划经济体制的确立，公债也从我国消失了，当时曾将这种既无内债又无外债作为社会主义制度的优越性进行宣传。改革开放伊始，我国很快恢复了公债，先是以行政手段发行，后又转为以市场通行的方式发行。现代公债及其市场发行、偿还，都是经济市场化的结果。

1994年，我国进行了分税制的财政体制改革，这是一种市场经济国家通行的财政体制模式。此外，财政体制改革一方面引起预算内资金占GDP比重大幅度下降，另一方面却导致预算外资金的大规模膨胀，还有制度外资金的出现和迅速扩张，以至于出现了预算内资金、预算外资金、制度外资金规模大致相等，三者鼎足而立的局面。预算外资金和制度外资金的存在，违背了财政收支都应纳入政府预算的公共财政的基本要求，是与市场经济的本质相背离的，因而这表明公共财政尚未真正在中国建立健全。

上述变化使得我国财政在形式上、制度上和结构上正大踏步地向西方市场经济国家的财政模式，即向公共财政模式靠拢，向着公共财政模式转化。因此，我国20余年来的财政改革，呈现出了鲜明的公共化财政的色彩。尤其是在1998年的全国财政工作会议上中央政府确立了建立公共财政基本框架的改革目标，就是对这种客观转变的一种肯定。经济体制和财政模式的改革在我国尚有很长的路要走。

2.1.4 公共财政及其特征

所谓公共财政，是指在市场经济条件下，政府为了满足社会公共需要，通过收支活动实现对一部分社会资源的配置。公共需要包括两类需要：一是纯公共需要，即保证国民基本素质和生存安全需要的纯公共产品①；二是准公共需要，即介于纯公共需要与私人需要之间的准公共产品②。

1. 公共财政理论基础

1） 公共产品

公共产品，是指增加一个人对该产品的消费，并不同时减少其他人对该产品消费的那类产品。与公共产品相对应的是私人产品。公共产品的这一定义是由美国著名的经济学家保罗·萨缪尔森首次提出来的，奠定了现代财政学的基础。从此，公共产品才被纳入与私人产品一样的经济学分析框架，从而使分析公共产品的最优配置成为可能。公共产品是西方经济学中一个具有特定意义的概念，它与私人产品的区别主要是就消费该产品的不同特征加以区别，并不是指产品的所有制性质。与私人产品相比，公共产品具有以下 4 个特征。

第一，效用不可分割性。公共产品具有共同受益与消费的特点，其效用为整个社会成员所共同享有，不能分割，如国防。根据受益范围的大小，可以将公共产品区分为全国性公共产品和地区性公共产品两类。

第二，消费非竞争性。公共产品一旦被提供，增加一个人的消费并不增加任何额外成本，强调集体提供公共产品的潜在收益。

第三，受益非排他性。某个人或者集团对公共产品的消费，并不影响或妨碍其他个人或者集团同时消费该公共产品，也不会减少其他个人或集团消费该产品的数量和质量，即公共产品一旦被提供，要排除一个额外的消费者在技术上不可行。公共产品的这一特征表明通过市场机制提供公共产品的潜在困难，如航海中的灯塔。

第四，目的非营利性。提供公共产品不以营利为目的，而是追求社会效益和社会福利的最大化。

公共产品的上述 4 个特征是密切联系的，其核心是消费非竞争性和受益非排他性。

2） 市场失灵

所谓市场失灵，是指由于市场机制不能充分发挥作用而导致的资源配置缺乏效率或资源配置失当的情况。导致市场失灵的原因主要有垄断、外部性、公共产品、信息不对称等。

（1） 垄断

一般认为，只有在完全竞争的市场上，企业的生产成本从长期来看才是最低的，市场机制才能实现资源的有效配置，资源得到充分利用，产量最低，价格最低，消费者获取最大满足。

但是，在现实生活中，完全竞争市场只是一种理论假设。大部分产品都是处于不完全竞争市场，或完全垄断市场，或寡头垄断市场和垄断竞争市场。在这些不完全竞争市场上，生

---

① 纯公共产品是指具有完全的非竞争性和完全的非排他性的产品。纯公共产品一般通过纳税间接购买而被动消费，消费时无法分割，只能由政府提供，如国防、治安等都是最典型的纯公共产品。

② 准公共产品是指具有有限的非竞争性和有限的非排他性的产品。准公共产品可以部分间接购买，部分直接购买，消费时可以部分地分割，政府和私人都可以提供，如教育、医疗卫生、收费公路等。

产者不再是完全的价格接受者，而是完全的或不完全的价格决定者，存在着各种各样的进入障碍，资源已不可能在部门之间自由流动。生产者生产的产量不是最大的产量，市场价格也不是最低的价格，长期来看成本也比完全竞争市场条件下的生产成本要高，消费者将不再可能获取最大满足。例如，在完全垄断市场上，企业按照边际成本等于边际收益的原则选择最优产量，并按照这一最优产量制定销售价格，有时垄断企业还要对不同的买主实施价格歧视，即差别定价。这样垄断企业的产量就会低于社会的最优产量，而它所制定的价格却会高于市场均衡价格，使消费者的剩余减少而生产者的剩余增加，社会福利受到损害。

（2）外部性

所谓外部性，是指某个人或某个企业的经济活动对其他人或其他企业造成了影响，但却没有为此付出代价或得到收益。这里所说的影响是指一种活动所产生的成本或利润未能通过市场价格反映出来，而是无意识强加于他人。施加这种成本或利益的人并没有为此付出代价或得到收益。外部性可以分为外部经济和外部不经济。所谓外部经济，就是某人或某企业的经济活动会给社会上其他成员带来好处，但该人或该企业却不能由此得到补偿，如企业培训雇员、家庭绿化周围环境等。所谓外部不经济，就是某人或某企业的经济活动会给社会上其他人带来损害，但该人或该企业却不必为这种损害进行补偿，如企业排放污染物、个人吸烟等。根据经济活动的主体是生产者还是消费者，外部性可以分为生产的外部性和消费的外部性。

由于外部性或外部影响的存在，市场机制就不能有效地进行资源配置。对于产生外部经济的生产者来说，由于其私人收益小于社会收益，因而缺乏生产积极性，其产出水平就会低于社会最优产出水平。而对于那些产生外部不经济的生产者来说，由于其边际私人成本低于边际社会成本，于是倾向于扩大生产，其产出水平就会大于社会最优产出水平。外部性可能导致资源配置失当。即使是在完全竞争条件下，由于存在外部性的影响，整个经济的资源配置也不可能达到帕累托最优状态。

（3）公共产品

由于公共产品存在非竞争性和非排他性，消费者更愿意采取搭便车行为，低报或隐瞒自己对公共产品的偏好，社会无法知道每个消费者的需求曲线，从而造成市场失灵。

（4）信息不对称

完全竞争的市场中，作为经济活动参与者的生产者和消费者对影响其选择的相关经济变量都拥有充分的并且是完全相同的信息。但现实经济中，往往存在这样一种情况：在某项经济活动中，某一参与者比对方拥有更多的影响其决策的信息，这就是信息不对称现象。例如，劳动力市场的求职者对自己的能力比雇主拥有更多信息，因此劳动力市场上供求双方之间也会出现信息不对称。

信息不对称的表现形式可以归结为两类：逆向选择和道德风险。所谓逆向选择，是指由于公共产品买方和卖方之间信息不对称，市场机制导致某些商品或服务的需求曲线向左下方弯曲，最终结果是劣质商品或服务驱逐优质商品或服务，以致市场萎缩，如旧车、保险、劳动力市场等。所谓道德风险，是指由于信息不对称，市场中的一方不能观察到另一方的行动，则另一方就可能采取不利于对方的行动。

由于信息不对称，使得实现资源帕累托最优配置的功能受到影响，进而导致市场失灵。

2. 公共财政的特征

公共财政主要有以下 4 个基本特征。

1）公共财政是弥补市场失灵的财政

市场经济是市场机制在资源配置中发挥基础性作用的经济形式。在完全竞争的市场环境中，追求自身利益最大化的理性经济主体，依据市场价格信号，自发从事经济活动，使得社会资源在此过程中能够得到有效的配置。而市场能够有效运行或正常发挥作用的领域，是无需政府及其财政干预的。但是，市场经济还存在着许多市场无法有效配置资源或正常发挥作用的场所，即会出现市场失灵问题。这些市场失灵问题需要由政府及其财政插手加以解决或纠正，否则社会经济体系将难以有效运转。在市场经济体制下，市场能做的，政府就不应该去做；而市场不能做或不愿做的，政府就应当去做。这就是对公共财政弥补市场失灵原则的形象表述，对于市场经济体制下的财政来说，也是必须遵循的。

应当指出的是，公共财政的这一弥补市场失灵的特征，事实上也对政府及其财政与企业、个人之间的活动范围做出了原则性的划分，即企业和个人活动于市场有效的范围内，而政府及其财政则活动于市场失灵的范围内。由于政府和财政通过弥补市场失灵，为社会公众提供公共产品和公共服务，满足社会公众的共同消费需求，因而具有了鲜明的公共性特征。

2）公共财政是一视同仁的财政

公共财政应当为市场经济活动的各个主体提供一视同仁的服务。市场经济的效率性，是通过经济主体之间自愿对等的交换行为实现的。而要达到自愿对等的交换，各个经济主体必须置身于公平竞争的外部环境中。政府及其财政活动直接作用于市场活动主体，直接影响着它们的市场行为。因此，政府及其财政就必须一视同仁地对待所有的市场活动主体；如果对不同的市场主体予以不同的待遇或政策，那就意味着政府支持了某些经济主体的市场活动，而同时又抑制了另一些市场主体的市场活动。这样政府就是在以非市场的手段，直接介入和干预了市场的正常运转。这显然是违背市场经济的根本要求的。

而从“一视同仁”角度，在财政支出方面，就意味着政府财政提供的服务是适用于所有的市场活动主体的，或者说是服务于所有的市场活动主体的根本利益的。例如，政府投资的高速公路，就不能是只有国有经济主体才能使用；政府提供的公共卫生服务，就不应该只为国有企业服务，而不清除非国有企业门前的垃圾等。在财政收入方面，对于某些经济成分征收较高的税率，而对另一些经济成分却征收较低的税率，这就造成了纳税人不同的税收负担，这样就会人为地破坏公平竞争原则，营造不公平的市场竞争条件。

可见，财政必须采取一视同仁的政策，才能避免政府活动对于市场公平竞争条件的破坏。

3）公共财政是非市场营利的财政

营利是人们从事市场活动的直接动力。之所以会产生市场失灵问题，其根本原因就是因为无法确保市场活动主体应有的或正常的市场盈利。这样，只能活动于市场失灵领域的政府及其财政，就不能直接进入市场去追逐盈利，而只能以社会利益为活动目标，只能从事非营利性活动，从而使得公共财政是非营利性的财政。

尽管企业活动于市场有效领域内，而政府活动于市场失灵领域内，这只是划分二者活动范围的基本准则。然而，现实的经济活动是错综复杂的，大量的活动是需要企业和政府共同介入和承担的。为此，非营利性就提供了一个标准，可以界定两者在共同活动中的参与程度。当某些行业的活动为社会公众所需要，并且可以有一定的市场收入，但又达不到市场平均利润水平的时候，政府和企业是可以共同承担此类活动的。政府通过财政投资或补贴等方式，使得投资该行业的企业具有获得平均利润的能力。这样，政府就是通过自身的财政投入，支持了该行业的发展，从而为整个社会的利益服务；与此同时，企业由于可以获得平均利润，因而承担起了部分或主要的投资任务，从而大大减轻了财政的负担。这样，公共财政的非营利性活动，就直接与为市场提供公共产品和公共服务相联系了。

4）公共财政是法治化的财政

市场经济本身就是法治经济，对于政府来说，其活动和行为也应当置于法律的根本约束规范之下。财政作为政府直接进行分配活动的工具，在市场经济体制下显然也是必须受到法律的约束和规范的，从而公共财政必然具有了法治性。

财政的法治化，就意味着社会公众通过相应的法律程序，具体表现为通过政府预算的法律权威，决定、规范、约束和监督政府的财政行为，从而使得此时的财政鲜明地体现出是社会公众的财政，此时的税收是依法征收的税收，没有授权批准，有关税收是不能征收的；而且，此时的政府预算必须是获得批准的政府预算，否则政府无权随意使用。这实际上表明，政府是代表社会公众在使用他们的“钱”，此时的财政具有了公共性。

2.2 财政职能

2.2.1 财政职能历史演变和混合经济

所谓财政职能，是指财政在社会经济活动中内在固有的功能。这种职能在不同的财政模式中有着不同的表现。现代财政所承担的各项职能及其相应的内涵，是随着市场经济的发展而演变的。

1. 财政职能历史演变

从历史上看，现代财政所承担的职能及其内涵经历了一个不断变化的过程。

自由放任市场经济时期，存在的是“小政府”“小财政”状态。此时西方的公共财政履行的职能只有一个，即效率职能。总体来看，它集中在斯密和穆勒等人学说的内容上，即如何维持政府机构的存在，履行国家的对外防御或扩张，对内维护社会治安或镇压各种破坏和扰乱现存秩序的行为；提供各种基础设施，如道路、桥梁、港口、堤坝、灯塔、消防等。这些职责是西方社会自中世纪末现代意义上的国家形成伊始，政府就已经具有的，也是现代国家所必不可少的。只是后来随着西方市场经济的发展，政府的公共职能才逐步扩大，无论是其规模、内容，还是其具体形式等，都比亚当·斯密时期有了极大的变化。在亚当·斯密时期，政府财政所承担的只是其效率职能的原始内容。

在其后200余年的历史进程中，西方公共财政以此为基础，大大拓展了自己所承担的财政职能及其具体内涵。从效率职能来看，其范围和规模均有了很大的扩张，如对环境污染问题是从放任不管到全力干预和管制；而公平和稳定职能，则是随着西方市场经济从自由放任向政府干预的转化，到19世纪末才逐步产生，尤其到了20世纪30年代后才表现得更为明显。西方公共财政职能的这种扩张，使得西方社会抛弃了传统的“小政府”“小财政”的主张和政策，而表现出急剧扩张其活动范围和规模的态势，开始了政府和财政几乎是全面干预社会经济生活的时期。但不管如何改变，西方的公共财政仍然遵循着一条基本准则，即它所进行的只能是为市场提供公共服务，始终都保持了原有的“公共性”。所以，存在于现代市场经济基础之上的就是“公共财政”，即现代财政就是公共财政。

2. 混合经济

财政履行其职能，必须是在特定的经济环境下展开的。现代公共财政的活动环境，就是混合经济。因而认识和探讨现代财政职能的问题，只能立足于政府与市场经济关系这一基点进行。在市场经济下，存在着公共经济①和私人经济②两大部门，它们共同构成了统一的现实经济环境，即现实的市场经济。可以说，现实的市场经济总是表现为混合经济③，是上述两大部门经济的混合体。现代财政的职能问题，从根本上看，就是如何处理财政与混合经济的关系问题。

混合经济将原本相互对立的私人经济和公共经济包含在市场经济统一体中，由市场机制和计划机制共同配置社会资源，但一定是市场机制在其中起着基础性的配置作用。在混合经济中，既有市场机制这只“看不见的手”对私人经济部门的直接作用，引导和左右着市场竞争，通过市场价格去配置资本、劳动和土地等生产要素；又有非市场机制在起作用，即公共部门以计划方式和行政手段等这只“看得见的手”去配置社会资源，并且还介入到社会分配公平和宏观经济稳定等方面。简而言之，这是一种既有市场力量又有非市场力量相互作用的经济模式。

由于这些区别，使得公共经济和私人经济不能相互替代。这样不仅存在着市场失灵需要政府活动的补充完善，也存在着“政府失灵”现象。所谓“政府失灵”，是指政府弥补市场失灵的行为未能符合市场效率准则的根本要求或未能发挥正常作用，从而对市场造成了不应有的危害。这就需要市场发挥基础性的资源配置功能，需要市场的根本约束和决定作用防范政府失灵的出现。因此，公共经济和私人经济在相互交融的同时，又有各自相对独立的活动领域。整个社会的资源要素和产品分布在公共经济和私人经济两个部门，既在各自部门内部流动，也会经过多种渠道相互向对方流动，共同构成了一个完整的经济运行体系，完成统一的经济进程。

混合经济建立在市场经济基础之上，这不仅表现在私人经济直接受到市场机制的支配，而且表现在公共经济也必须彻底遵循市场效率准则，也受到市场的根本支配，同时还表现在公共经济和私人经济之间的基本联系是通过市场渠道进行的。政府的征税收费尽管是属于非市场行为，但它只是解决了政府能够拥有一定量货币收入的问题，政府还是必须通过市场交换活动，才能最终获得自己所需的资源和要素。

一般认为，混合经济产生并成长于20世纪。在此之前，尽管公共经济甚至混合经济实质上已经存在了，但是人们并没有提出混合经济的问题。原因就在于当时的公共部门的活动规模太小，整个市场经济的运行从总体上看处于自由放任的状态，主要表现为市场力量在发挥作用。此时存在的只是“小政府”和“小财政”，市场经济很大程度上表现为私人经济。到了20世纪，情况发生了根本的变化，西方政府对市场已经从不干预转变到大规模的介入和干预，从而公共部门的活动范围大为扩张，其中政府收入占GDP的比重则有了巨大的增长，在整个市场经济中已不再是消极无为而是积极有为了。此时的市场经济已经转而表现为私人经济和公共经济的统一体，这就是混合经济提出的客观经济背景。

---

① 所谓公共经济，是指政府和其他公共机构的经济活动。

② 所谓私人经济，是指企业或个人的经济活动。

③ 所谓混合经济，是指公共经济与私人经济的有机混合体。

在混合经济中，公共部门和私人部门的相互作用和联系，是通过要素和收入在两大部门之间多渠道、全方位的流动构成的。政府征税和发行公债，引起货币流从私人部门向公共部门的转移，政府财政的各类转移性支出则导致货币流从公共部门向私人部门转移；政府财政安排的购买性支出，引起产品和服务从私人部门向公共部门流动，私人部门通过缴纳使用费和规费等方式，获得政府提供的服务。正是在两大部门的这种相互交往和联系中，在货币和产品、服务的相互易位易形的过程中，形成了统一的市场经济。而双方这种犬牙交错、纷繁复杂的交往，很大部分是通过公共部门在产品市场和要素市场，依据等价原则的购买实现的。这些又都充分地表明了此时的政府及其公共财政是立足于市场经济履行其职能的。

在市场经济下，财政与公共经济之间存在着以下3个方面的关系。

① 公共经济活动并不等于政府活动。除了政府及其附属机构之外，公共企业的活动和其他集体性活动也都属于公共活动，也都具有公共经济的性质。

② 政府活动是公共经济的基本内容。由于公共活动基本上是无法索取相应的市场回报的，大部分的公共活动人们难以自愿参加，而常常是通过政府的强制方式才得以开展，而公共财政是政府强制性活动的集中体现。

③ 财政活动是公共经济的中心内容。公共经济的主要活动是依靠政府收支提供财力的。这就是通过政府的投资支出，或者形成政府附属机构和公共企业，或者通过政府对私人企业的补助和税收优惠等，完成政府的公共活动。换言之，这是通过政府收支推动整个公共部门的活动，从而完成为市场提供公共服务的目的。

因此，人们对于公共经济实践活动的分析、把握和考察，主要是围绕政府的收支活动展开的。在政府收支的过程中，贯彻财政政策，有意识地对社会资源进行配置、对市场经济活动进行干预和调控，财政由此成为政府活动的中心。

市场经济下的财政是公共财政，这是由市场经济体制本身所决定的。研究公共财政职能必须以政府与市场的关系①为基础，研究在市场经济体制中财政内在固有的功能。现代著名经济学家萨缪尔森在《经济学》第十四版中明确指出，市场经济下政府对经济的干预主要是出于三个方面的考虑：一是力图矫正市场失灵，提高效率；二是利用税收向特殊群体进行分配，促进公平；三是依靠税收和货币进行调控，支持宏观经济稳定发展。这不仅表明政府调控经济的必要性，而且还揭示了政府干预经济的主要目标，即资源优化配置、收入公平分配、经济稳定发展②。

2.2.2 资源配置职能——效率职能

现代财政弥补市场失灵，首先要克服和纠正各种市场低效和无效配置的状态。因此，确保政府配置资源的效率性，就成为现代财政的首要职能。

---

① 党的十八届三中全会指出："经济体制改革是全面深化改革的重点，核心问题是处理好政府和市场的关系，使市场在资源配置中起决定性作用和更好发挥政府作用。"中国共产党第十九次全国代表大会上的报告《决胜全面建成小康社会 夺取新时代中国特色社会主义伟大胜利》明确指出："使市场在资源配置中起决定性作用，更好地发挥政府作用。"中国共产党第二十次全国代表大会上的报告《高举中国特色社会主义伟大旗帜 为全面建设社会主义现代化国家而团结奋斗》再次明确指出："坚持和完善社会主义基本经济制度，毫不动摇巩固和发展公有制经济，毫不动摇鼓励、支持、引导非公有制经济发展，充分发挥市场在资源配置中的决定性作用，更好发挥政府作用。"

② 在资源配置、收入分配和经济稳定发展各项职能中，都隐含了监督管理职能。在市场经济条件下，由于利益主体的多元化、经济决策的分散性、市场竞争的自发性，都需要财政的监督和管理，以促进社会主义市场经济健康发展。

1. 资源配置职能的含义

所谓资源配置职能，是指通过财政收支活动对现有人力、物力、财力等社会经济资源的合理调配，实现资源结构的合理化，使其得到最有效的使用，获得最大的经济和社会效益。资源配置问题是经济学的核心问题，经济学所要讨论的问题归纳起来就是资源的使用效率问题。资源的使用效率有两层含义：一是资源的充分利用，因为资源总是有限的，或者说是稀缺的，能否做到资源的充分利用，决定了一国的实际产出和物质福利水平；二是被充分利用的资源是否真正被用得恰到好处，即是否达到最优配置。在资源总量配置一定的情况下，资源总量越接近充分利用，资源的使用效率就越高。若资源总量利用程度一定时，资源越接近于最优配置效率就越高。资源总量的利用问题是宏观经济总量的问题，与此相关的问题将在财政的稳定经济职能等章节中讨论，这里讨论的财政资源配置职能是假定在资源利用程度一定的前提下，或者是在预算应该平衡的前提下。

资源配置有多种形式。马克思当年所提出的按一定比例分配社会劳动，实质上指的是一种资源配置，不过是一种计划式的配置。在市场经济条件下，市场在资源配置中起着基础性作用，但它不是排斥财政对资源的配置。因为市场经济理论要求提高资源配置的效率，即达到资源配置的最优状态，西方学者通常称这种最优状态为帕累托效率。按照帕累托效率的标准，当资源的配置达到这样的状态时——资源的重新配置将使一部分人的境况变得更好的同时使另一部分人的境况变坏，则原有的资源配置最优状态①；如果可以通过资源的重新配置使一部分人的境况更好，又不会使另一部分人的境况变坏，那么说明原有的资源配置没有达到最优，就有必要通过财政进行干预，以达到资源配置最优。

对于私人产品来说，其个人消费性决定了产品可以由市场提供，并直接获取相应的市场价格。通过市场购买与价格支付，就能充分体现出其个人的真实偏好。在市场价格信号的指引下，社会资源将处于最佳配置状态，即帕累托效率最大化。因此，私人产品的效率配置是依靠市场机制解决的。

对于公共产品来说，由于公共产品的共同消费性，使得消费者即使没有支付相应的价格，但是只要政府提供了公共产品，他就能够享受到该公共产品的消费效应，这就产生了“搭便车”和“囚徒困境”的问题。所谓“搭便车”，是指人们坐享其成的心理和行为。所谓“囚徒困境”，是指人们为了追求眼前利益，不顾长远危害的短视心理和行为。

由于不同的消费者对于同一公共产品有着不同的消费偏好，如果公共产品的价格直接依据消费者的个人偏好确定，则应该是偏好越强烈者缴纳税收就越多，反之则越少。因为在市场经济中，政府之所以可以向全体公民征税，是由于其向社会公众提供了公共产品。于是，税收就是公共产品的特殊价格，即人们消费了政府所提供的公共产品而必须支付的价格。“税收价格”的确定，从根本上看也应该遵循市场效率准则，即按照消费者的边际偏好确定每位消费者所应缴纳的税款数额。这样一来就会导致理性的消费者产生“免费搭车”的心理和行为，并且自然会低估自己对于公共产品的边际偏好程度。一旦隐瞒偏好的现象普遍存在，就会带来税收不足的后果。但是，如果不将税收与公共产品的价格挂钩，而仅仅考虑公共产品的供应数量，则消费者又必然高估自己对公共产品的需求程度，从而导致公共产品的

① 实现帕累托效率最大化的条件：经济主体是完全理性的；信息是完全的；市场是完全竞争的；经济主体的行为不存在外部影响等。

过量供应。所以，公共产品是不能通过市场竞争得以有效提供的。因为市场规则是等价交换，更要求精确确定利益边界和所有权边界，而公共产品却具有非排他性和非竞争性的特征，这些使得公共产品的消费是不可分割的，即公共产品的消费者所享受的份额是无法精确计算的，所以不能由市场提供，只能由政府利用财政进行配置。

公共产品的共同消费性决定了需要将无数个人的偏好汇总成为公共需求。这就使政府并不能分别对每一公共产品去征收税款以获得相应的经费来源，而是以一个总的税收体系（税收制度）满足整体公共支出的需要。因而也就无法有效地通过将单项公共支出与税收挂勾的办法解决消费者隐瞒自身对公共产品的偏好问题。尽管政府税收是强制征收的，但这只能解决资源配置的手段问题，而不能解决资源配置是否符合效率准则的问题。

完全的自由竞争市场只存在于理论的假设之中。当市场出现垄断、信息不对称、外部效应、不完全竞争等经济现象时，单靠市场机制的自我调节是难以实现资源的有效配置，只能由政府通过财政手段减少市场失灵所造成的资源配置的无效或低效，这就是财政资源配置职能的内涵所在。

2. 资源配置职能机制

所谓资源配置职能机制，是指政府通过财政手段减少市场失灵所造成的资源配置的无效或低效状态的具体途径或方式，是政府通过财政税收制度的选择、实施，即通过税收收入和其他非税收入方式将一部分资源转移到政府手中，再通过政府财政支出的安排将所掌握的资源分配用于各种公共产品的生产和提供，由此实现有限资源的合理流动。为此，现代财政就必须在基本遵循市场效率准则的基础上，依据自身的特点寻求相应的实现资源配置效率的解决办法。具体可以从以下 3 个方面表述财政资源配置职能机制的运行。

1）最佳配置资源于公、私两大部门问题的解决

这里是指在资源总量既定的前提下，如何将资源和要素有效配置于公、私两大部门之间的制度选择和设计。

私人部门对于资源与要素的索取，表现为付出货币与获得产品和服务，即通过市场交换完成。此时企业和个人的活动不会导致资源和要素流向公共部门，不存在引起资源和要素过多或过少地配置于公共部门问题。相反，政府的活动却不同。政府的税收直接来自私人部门，即来自企业和个人，会直接导致资源和要素从私人部门向公共部门流动。而且由于税收的强制征收，一旦政府的行为不符合市场效率准则的要求，企业和个人是很难有效抵制的。因此，如何约束和限制政府的行为，将财政活动限制在适度的规模和范围内，就直接决定着政府对于社会资源和要素的攫取是否合理，从而决定着整个社会资源和要素在两大部门之间的分配比例是否最佳。

政府财政取走的资源和要素应该既不能过多也不能过少，过多就意味着过重的税收负担，过少则意味着公共产品供给不足。这两种情况都意味着公共部门未拥有适度份额的资源。所以，社会资源和要素在两大部门之间的最佳分布，就不仅只以政府从市场取走的份额衡量，而且还必须以政府向市场提供公共产品的数量衡量。

2）有效配置政府部门拥有资源问题的解决

在确定了社会资源总量在两大部门的配置比例后，现代财政面临的将是如何有效配置政府部门拥有资源的问题。

现代社会经济是一个错综复杂的有机整体，无数社会经济主体从事着各种活动，相应地

要求政府提供多种多样的公共产品，这种要求不但涉及公共产品总量，而且涉及公共产品的构成。在资源总量既定的约束下，政府具体提供多少公共产品，提供哪些公共产品，都必须是社会公众所迫切需要的，即必须达到公共产品效用的最大化。因为任何一类公共产品供应规模的过量，都意味着另一类公共产品供应规模的不足。或者说，都意味着资源配置没有能够处于效率状态之中。为此，政府通过征税收费而拥有了相应的资源和要素的占有量之后，就面临着如何把握和汇总整个社会的私人偏好与欲望，并据此从全局出发安排整个政府预算支出，以求达到资源的最佳配置。然而，这又是一个极为复杂的系统工程性问题，依据市场效率准则，政府公共预算的安排必须以各项财政支出的边际效用相等为最佳。

3）市场效率损失最小化问题的解决

财政收支活动，除了直接配置社会资源外，还影响着私人部门的活动，从而间接影响着社会资源配置的效率，于是就要求政府财政活动所带来的对私人市场效率的损失尽可能小。

财政收支活动所引起的资源和要素的单方面取走或给予，必然或多或少地引起企业和个人的市场行为偏离原有的轨道，产生资源配置的扭曲，带来市场效率的损失。政府的这种单方面的取得或给予有着明显的“无偿性”特征，似乎与“税收价格”的概念，即税收作为政府提供公共产品与消费者消费公共产品之间交换的价格理论相矛盾。其实，这里是从不同的角度分析所得出的不同结论。

公共产品与税收价格之间的等价交换关系的“有偿性”是从本质上考察得出的结论，而政府对于纳税人的资源和要素的单方面的“无偿”拿走，则是从直观意义上考察所得出的结论。两种结论都具有重要的现实意义：政府财政收支活动也就是政府征税与提供公共产品的活动之间，从本质上说必须符合等价交换市场准则的要求，这是确保社会经济按照市场效率准则运行的关键；但是就税收的具体征收过程来看，它却总是表现为一种不需要支付等价物的取得与给予，带来的必然是纳税人的财产或收益的直接减少或损失，进而又会引起纳税人行为和决策的扭曲，改变了资源和要素原有的配置状态，即发生了市场效率的损失。

解决问题的关键是要提高财政活动的效率，避免有限资源的浪费：一是正确确定财政收入占 GDP 的合理比重，以保证财政资源配置的顺利实现；二是尽可能优化财政支出结构，贯彻国家总体规划的产业政策，保证重点建设的资金需要；三是妥善处理中央政府与地方政府的财政分配关系，以保证中央政府掌握实行宏观调控所必需的财力；四是积极运用财政手段引导和调节私人部门的投资方向和结构，同时引导私人消费的方向和结构。

3. 资源配置职能范围

在市场经济体制下，政府根据自身事权范围适度介入资源的配置过程，资源配置的范围应当是市场失灵而社会又需要的公共产品和公共服务领域。

1）国家防务

任何一个国家，都应该具有一定的国防能力和实力，它关系到一个民族是否有资格保留“球籍”的问题。如果没有强大的国防，就没有和平安宁的建设和生活环境，甚至尽管经济建设取得了巨大成就，也无法保证建设的成果归自己所有。所以，每个国家的政府都必须将相当份额的资源和要素用于国防建设上。由此可知，国家防务从古到今都是政府财政支出的最重要的内容和项目。国家防务是最典型的纯公共产品，国防费用开支基本上都是由政府财政预算安排。

2）公共安全

正常的社会秩序对于市场和资本的存在与发展，都是必不可少的。财政为政府提供维持正常秩序、保证公共安全所需要的基本财力，也是为整个市场和资本的正常运转创造了最基本的条件。因而公共安全的提供也是财政支出最重要的内容和项目。例如，维持社会治安、提供消防服务、垃圾清理消毒等都是财政所提供的公共安全的主要表现，这些也是最典型的纯公共产品。这类公共产品的费用来源，大部分应当由公共财政提供。但是有一些直接服务于为数不多的城乡居民的项目，如日常生活保洁等，也可以通过直接收取服务费的方式予以补偿。而且，政府在市场经济中还扮演着社会管理者的重要角色，制定和颁布各种法律、法规和制度以规范市场秩序，进行信息的管理和提供，如出台各种质量认定标准、发放营业执照等；政府还负有保护文化遗产、珍稀资源等的义务，为这类活动提供的费用也主要由财政负担。

3）公共工程

为市场发展所需要的公共工程主要有三类。第一类是公共设施，如道路、桥梁、路灯、排污管道、港口码头、公园绿地等。这类公共设施的大部分投资将由政府的公共支出满足，少数情况下也可以由私人投资提供，如港口码头的建造。因为这类设施具有很强的“混合产品”属性。那么，其所具有的私人产品的属性决定了它可以部分地由私人投资建造。第二类是交通基础设施。虽然此类设施具有一定的个人消费性，可以采用收取使用费的方式补偿建造成本，所以可以由私人投资兴办。但是此类设施又是可以垄断的，即具有可排斥性，因而又不能完全交由市场提供，而需要政府适时介入以矫正其垄断性的一面。故此类设施的投资有其特殊性：或者政府全额投资，或者政府和私人共同投资，或者私人全额投资。但是此类设施的建设规划必须由政府审批认定，其收费标准也必须由政府通过法定程序确定。而且无论投资方是谁，其定价都只能以不获取垄断利润为前提。第三类是大型水利基础设施。现代财政必须提供相当的财力，以确保政府对防洪堤坝和调水灌溉等水利基础设施的投入。水利问题从来都是国家必须重视和努力解决的问题，其投资当然应该由政府通过财政预算安排。但是，政府也从来未曾排斥私人投资其中。

4）外部效应

外部效应是在私人提供私人产品的过程中相伴随而发生的，因此外部效应的防范和纠正，基本上只能靠政府的介入。政府纠正和防范外部效应的行为主要有两类：一类是防止、阻止或减弱外部负效应的发生，如将治理环境污染的各种费用强制性地加入该行为实施者的成本范围内，这可以通过政府征收相应的税费解决；另一类是支持、鼓励或褒奖外部正效应的发生，如对个人植树造林的奖励、城市绿化的维护、自然野生动植物的保护等，这些常常是以财政补贴形式实现的。还有对基础产业和新兴产业的直接介入，这是政府实行国有化的主要领域。

5）自然垄断行业

在各国的自然垄断行业或领域内，如果没有政府的控制或介入，投资此类领域的私人部门就总是能获取垄断利润，进而影响市场竞争的公平性，甚至会导致社会资源和要素的巨大浪费。对于此类领域，政府有多种介入方式，如可以采用直接投资、提供财政补贴，还可以通过政府定价政策实施相应的影响力。

2.2.3 收入分配职能——公平职能

在市场经济下，政府有义务和责任遵循社会认可的“公平”和“公正”标准，通过财政收支对国民收入、财富及社会福利进行再分配，以实现整个社会相对公平的状态。

1. **收入分配职能的含义**

所谓收入分配职能，是指通过财政收支活动对各个社会成员的收入在社会财富中所占份额施加影响，以公平分配收入。收入或财富的分配本身是市场资源配置过程的结果，而对这个结果进行调整或纠正，是财政收入分配职能的表现。

财政意义上的公平仅仅是诸多公平含义中的一个方面，它只是讨论社会公平问题。社会公平涉及的则是国民收入等的分配状态，即社会成员之间的贫富分布状态及其差距问题。其一，它仅指国民收入、财富和社会福利在社会各阶层之间的分布状态问题。当这种分布形成贫富差别，才产生了社会的公平与否的问题。其二，公平与否依据特定时期内和不同国家的标准确定。不同时期、不同国家有着不同的社会公平标准，甚至在同一国家的不同区域间也存在着某种公平标准的差异。例如，我国近年来开始实行的“最低工资水平”，各个地区的标准就不同，沿海地区就高于内陆地区。

在市场经济中，收入和财富的分配首先取决于生产要素的“生产能力”或其“贡献”的大小，即取决于每个分配主体所拥有的生产要素的状况及人们所提供这些要素的市场价格。生产要素的状况决定竞争的分配结果。竞争会带来高效率，但又往往产生不公平的分配结果，因为各分配主体拥有的生产要素数量不同、禀赋不同。生产要素占有数量的多少，决定了它们在市场竞争中的价格。而且，由于不完全的市场竞争也可能导致市场价格的不同，据此进行分配也会出现偏差。这就需要由政府进行调整和再分配，这也就是现代财政的收入分配职能。当然，对于不公平的收入分配结果可以有多种纠正或调节方式进行选择，如可以通过慈善事业进行收入和福利的私人之间的自愿再分配。但是如果将这种再分配用于大规模的社会分配是不可能的，因为它缺乏协调和统一，极容易产生混乱。而通过政府的有利地位，则可以在全社会范围内进行统一、协调和规范的收入再分配活动。

2. **收入分配职能机制**

财政在执行其收入分配职能时，首先要认识自身的运行机制，即在对收入分配过程进行调整和纠正时应该如何处理与市场收入分配机制的关系。

因为公平和效率是市场经济条件下任何一个国家都面临的一项重要抉择，它制约了政府的活动及财政对收入分配的干预。财政在调整个人收入分配问题时必须考虑公平与效率的得失，并在两者之间进行权衡。由于政府的财政再分配必然在一定程度上模糊了生产要素“贡献”与收入分配结果之间的对等关系，这种公平名义下的再分配就容易在一定程度上损伤分配主体的生产经营积极性，影响他们的生产和投资决策行为，造成资源使用的效率损失。所以，财政在进行公平收入再分配时，必须考虑这种调整对效率的影响，在再分配政策所引起的效率损失与公平分配的收益之间进行权衡，从而选择财政收入分配的方法和限度。从世界各国发展的经验看，发展生产力、提高资源配置效率一直是各国财政面临的首要问题。尤其是发展中国家，财政在调节收入分配政策取向上也是首先强调效率优先、机会均等、兼顾收入公平。也就是说，要把财政公平建立在竞争公平的基础之上，把公平竞争和机会均等作为财政分配中公平与效率的结合点。于是，界定财政收入分配职能时应当强调它的机制问题。

① 财政不应该过多干预劳动收入分配，即财政对于按劳分配的结果不应该大幅度介入。按劳分配原则体现的是“多劳多得，少劳少得，不劳无得”的精神，它本身就充分具有社会公平的含义，不属于财政收入分配机制的范畴。在实践中，由于征收个人所得税所引起的财

政收入再分配结果，应该通过体现量能负担等税收公平原则的税收制度的设计适度解决。

② 财政应该维持社会成员的最基本需要。这里主要是指对于那些无竞争能力、无劳动技能或者劳动技能低下的老、弱、病、残者，财政必须通过转移支付制度的设计和实施解决此类社会成员的生存与安全问题。

③ 财政应该把收入差距缩小到合理范围内。对于凭借生产资料的所有权参与收益分配所形成的收入及其他非劳务收入，财政应该适当调节，尽可能地把此类收入差距控制在一定的幅度内。

④ 财政应该规范公务员工资。因为一般企业员工工资实行的是按劳分配，其工资水平由劳动力市场价格和企业经营成果确定。而公务员工资却无法采用按劳分配原则，必须由财政予以保证和调控。

3. 收入分配职能范围

现代财政依靠强制性的税收收入，为社会提供了公共教育、福利服务、公共卫生、防疫保健、住房消费等公共产品，以减轻市场经济中收入分配不公平的程度。总体来说，这些主要是通过税收调节、转移支付和公共支出等完成的。

1）公平税负以保证公平竞争环境

财政在承认竞争起点不同的基础上，通过税收进行收入再分配活动，这是一种带有强制性的、在全社会范围内所进行的收入的直接调节。一方面是通过税收对不平等的经营权利和环境进行调节，如调节垄断经营和不正当竞争收入、调节自然资源差距带来的级差收入，尽量消除造成收入不平等的机会不平等；另一方面是对于在平等的竞争条件下所获取的收入则采用相对“中性”的税收政策保护其积极性。当然，在税制设计上要考虑不同税种的作用和特点，因为单一的税种不可能覆盖所有的财政政策目标。现实中各国实行的都是复合税制。

2）转移支付以保证公平竞争实现

通过财政转移支付进行的收入再分配是一种更直接的方式，它能将货币直接补贴给受益人，有明确的受益对象和范围，在实践操作上也有明确的政策选择性。所以对改变社会分配不公平程度有更为明显的作用。这时，界定财政转移支付的对象、范围和数量，就成为非常重要的选择。因为转移支付的滥用很容易形成平均主义，助长无效率。尤其是对待农业这类弱势产业的财政扶持，为了增强农民的竞争能力，达到收入分配公平目标，应该增加农村教育投入，提高农村劳动力本身的文化素质和接受科学技术的能力，再辅之以适当的农村税费减免优惠和农业补助、增加农田水利建设投资等。

3）公共支出以保证公共福利均等

一般来说，这是一种间接的财政方式，它减少了个人的选择机会，在受益对象方面有着明显的广泛性和普遍性。但是，这种财政方式很容易降低财政进行再分配活动的质量。为了达到收入分配公平的目标，对实现手段进行合理选择是非常必要的。

2.2.4 稳定经济职能——稳定职能

收入分配职能实施的具体办法

在市场经济条件下，由于市场机制的自发性作用，使得社会经济发展总是处于一种周期性的波动之中，即商业周期性循环的状态之中。

1. 稳定经济职能的含义

所谓稳定经济职能，是指通过实施特定的财政政策，实现充分就业、物价稳定、经济适度增长、国际收支平衡等目标。由于市场机制的作用，不可避免地造成社会总供给与总需求的不平衡，通货膨胀、失业、经济危机等时常发生，有时甚至还会出现通货膨胀和经济停滞并存的“滞胀”局面。这就需要政府对市场进行干预和调节，以维持社会生产、就业和物价的稳定。因此，稳定经济增长就必然成为财政的基本职能。

所谓“稳定经济”，有其公认的几个方面的含义：充分就业①、物价稳定②和国际收支平衡③。从根本上说，这些都是宏观经济总量平衡的问题。而对于“经济增长”的含义却有两种不同的意见：一种意见认为，经济增长就是经济持续、稳定地健康发展；另一种意见认为，经济增长的概念应该包括发达国家、发展中国家和不发达国家或地区，它不仅是指经济的适度增长，如GDP、NI及人均水平，还包含资源的利用效率、产出和收入结构的变化，以及社会生活质量的全面提高。关于资源利用效率问题在财政资源配置职能中已经讨论过，下面只需就稳定经济适度增长的层面加以分析。

2. 稳定经济职能机制

在传统的计划经济体制下，经济稳定增长的目标是由计划实现的，经济发展的不稳定也常常是由于计划的失误所造成的。所以，由政府用计划的调整和行政的办法解决，如压缩基建、削减支出，最终以效率损失和减缓经济发展的代价换取经济的稳定。在市场经济条件下，财政的稳定经济职能并不是由政府直接操纵，而是通过确立公共支出和税收机制，辅之以货币政策的协调，为经济的稳定增长提供必不可少的前提条件。

1）调节社会供求平衡的相机抉择机制

财政调节社会总供给和总需求不应仅仅着眼于政府财政收支的平衡，而应该从整个社会经济协调发展入手，直接影响物价水平，调节社会投资需求水平与结构和个人消费水平与结构，进而促成社会总供给与总需求的大体平衡。当供大于求时，政府应采取扩张财政政策：或扩大财政支出，或减少税收，或两者并用，以利于增加有效需求，促使总供给与总需求的平衡。当供不应求时，需求过旺，供应相对不足，政府则应采取紧缩的财政政策：或减少财政支出，或增加税收，或两者并重，以利于抑制过度的需求和通货膨胀，促使总供给与总需求平衡的形成。这种政府通过有目的、有计划的集中性收支活动调节微观经济主体不利于宏观经济协调发展的行为因素，就是所谓的相机抉择机制。

2）健全灵敏的政策自动传递机制

政府除了主动运用相机抉择机制稳定经济外，还会通过设计财政的自动传递机制实现稳定经济的目标。所谓财政的自动传递机制，是指财政分配本身所具有的自动实现稳定经济职能的制度安排。当社会经济出现萧条时，生产停滞，失业增加，财税制度会自动趋于提高总需求，恢复经济平衡；而当恢复经济繁荣时，如果物价上升迅猛，财税制度又会自动降低总需求，实现稳定目标。这种自动稳定的财政机制，是借助于累进的所得税制度和社会福利转移支付制度的确立形成的。换言之，稳定经济目标的自动实现，要求有健全的财税制度、完善的市场体系和灵敏的政策传递机制。

---

① 充分就业，是指有能力且愿意工作的劳动者能够找到工作，此处的“充分”就业并不等于就业人口100%的就业。

② 物价稳定，是指物价总水平基本稳定，即物价上涨幅度在社会可容忍的范围内，如年上涨率在3%～5%之间。

③ 国际收支平衡，是指一国在进行国际经济交往时，其经常项目和资本项目的收支合计大体保持平衡。

3）财政政策与货币政策的组合协调机制

市场经济是货币经济，每一项经济活动都与货币的运动有着密切的关系，政府的财政收支活动也都与政府的货币政策有着直接的关联。因此，稳定经济的财政机制中，必然需要财政政策与货币政策的鼎力相助。一方面，财政政策和货币政策各有所长，财政政策主要是通过财政收支规模和结构的变化、调整影响经济；货币政策主要是通过控制货币供应量以适应经济的不同时期的需求。所以，政府对现金储备、贴现率、公开市场业务、信用控制等货币政策的运用，就必然成为稳定经济目标实现的重要机制。另一方面，财政政策措施和货币政策措施只有相互配合、取长补短、形成合力，才能够使政府获取尽可能大的政策效应。

3. 稳定经济职能范围

西方市场经济国家的发展史表明，随着市场经济体制的培育和推进，各国经济周期的间距越来越短，经济波动的幅度越来越大，频率越来越快，经济危机造成的危害也越来越严重。其典型的表现是20世纪30年代的世界性经济危机的爆发，以至于到了如果不能有效解决该次经济危机，就将会从根本上否定西方市场经济体制的程度。财政稳定经济职能机制的建立，就是要求政府学会运用财政政策，再辅之以货币政策和其他政策，利用适度的各种政策组合实现社会总供给和总需求的相对平衡，以及平衡中实现经济增长的目标。经济稳定增长的目标集中表现在实现社会总供给与总需求的基本平衡。若总供给与总需求大体平衡了，物价就是大体稳定的，经济增长也大体是适度的，充分就业和国际收支平衡基本上就可以实现。

经济危机并不是表明市场机制无力配置资源，而恰恰是市场有效运行的结果。从某种意义上说，市场越是充分地配置社会资源，市场发展的状况越好，则社会生产相对过剩的可能性就越大，发生经济危机的规模也将越大，资源损失将越多，对市场经济的破坏力也将更严重。因此，市场经济尽管在微观上能达到资源最佳配置状态，但在宏观上却无力自我调节平衡以实现经济稳定的状态。

政府是调控宏观经济的唯一有效力量。因为政府作为掌握政治权力的社会机构，具有对全国范围内的宏观经济活动进行调节控制、施加影响的能力；而且只有政府才能直接掌握实施宏观经济调控的财政机制和手段。宏观经济运行的不稳定是由于私人经济部门的总供给与总需求的失衡，所以要想纠正这一情形，必须依靠政府的财政活动。其中，财政稳定经济机制的运行，就是财政履行稳定经济职能的具体表现。

需要强调的是，从短期效应看，政府的财政调控机制作用的重点应为社会总需求；但若从长期效应看，要实现社会经济稳定中的增长，财政调节的重点应该是社会总供给，如对资本积累的调整、劳动力供给及产业结构的调整等。也就是说，优质高效的产业结构是经济长期增长的一个基本条件。财政稳定经济机制的运行应该配合国家的产业政策，引导社会各个部门调整投资结构，优化产业结构，提高产品档次，实现高水平的经济增长。

2.2.5 财政三大职能之间的关系

在分别探讨了现代财政应当履行的各个主要职能之后，下面从各主要职能相互关联的角度描述它们之间的关系。简言之，它们之间存在着既一致又矛盾的对立统一的辩证关系。

1. 财政三大职能密切相关

财政三大职能之间首先是一致的。就效率与公平问题看，解决问题的前提条件是效率。只有解决了效率问题，社会才有可能真正解决公平问题，否则即使一时解决了公平问题，最终仍将会产生更严重的社会不公平问题。例如，在计划经济时期的“公平”，它是在缺乏效率的基础上通过平均主义解决公平问题的，最终结果是计划经济自身的被否定，当时所形成的所谓“公平”状态也随之而去。相反，当一个经济体大致处于效率状态中时，它就具备了解决公平问题的根本条件，只要处置得当，就能够较好地解决公平问题。正因为效率与公平之间存在着一致性，所以在现实中政府的收支活动可以兼顾两者，同时注重效率的提高和公平的改善。

只有解决了效率问题，才有可能真正解决稳定经济的问题。一个没有效率的社会，是没有前途的社会，是走向没落的社会，它也必然是充满社会危机和经济危机的社会，当然这时的稳定问题也就无从谈起。在计划经济时期，人们曾试图通过中央政府的控制和安排，确保社会经济高速稳定地运行，但是国民经济严重失衡却总是不时出现，直至整个计划经济体制被否定。

2. 财政三大职能相互对立

财政三大职能之间会存在矛盾和冲突。例如，当政府期望促进公平时所实施的财政政策，则可能损害效率；而为了提高效率所实施的财政措施，却又可能减少了公平。中国40多年来的改革开放，经济效率有了很大的提高，但是社会公平问题却相对尖锐起来。其关键原因就是相应的微观经济基础尚未在我国真正建成，从而缺乏应有的有效运行的市场支撑。这样，就使得政府在财政政策目标的抉择上处于两难困境，经常需要在权衡之后做出取舍，有时甚至是要做出痛苦的抉择。

因此，政府在开展财政收支活动时，对于现代财政的三大职能都应予以充分考虑，即政府应该综合考虑现代财政三大职能之间的辩证关系。政府税收收入和公共支出的有关法律法规制度等的确立，政府各项具体收入与支出的活动，都应该是综合考虑了社会资源的有效配置、国民收入的公平分配和宏观经济的稳定增长等目标后的一揽子安排，而不能是为了实现各个财政政策目标所形成的相互分离的三大收支系统。反之，任何一项税收收入和公共支出都可能直接或间接地影响财政政策的三大目标，所以政府的一切活动都不能也不应该单一针对某一目标设计和选择。

【课程思政】

2022年10月16日，习近平总书记在中国共产党第二十次全国代表大会上的报告《高举中国特色社会主义伟大旗帜　为全面建设社会主义现代化国家而团结奋斗》中指出：“分配制度是促进共同富裕的基础性制度。坚持按劳分配为主体、多种分配方式并存，构建初次分配、再分配、第三次分配协调配套的制度体系。努力提高居民收入在国民收入分配中的比重，提高劳动报酬在初次分配中的比重。坚持多劳多得，鼓励勤劳致富，促进机会公平，增加低收入者收入，扩大中等收入群体。完善按要素分配政策制度，探索多种渠道增加中低收入群众要素收入，多渠道增加城乡居民财产性收入。”

复习思考题

1. 什么是财政？财政要素有哪些？
2. 什么是财政模式？财政模式有哪些类型？
3. 什么是公共财政？公共财政的理论基础是什么？
4. 什么是公共产品？公共产品有哪些类型？

5. 什么是市场失灵？市场失灵有哪些表现？

6. 公共产品有哪些特征？

7. 公共财政具有哪些特征？

8. 什么是财政职能？财政职能有哪些？

9. 什么是财政资源配置职能？实现财政资源配置职能的机制有哪些？

10. 什么是财政收入分配职能？实现财政收入分配职能的机制有哪些？

11. 什么是财政经济稳定职能？实现财政经济稳定职能的机制有哪些？

12. 我国公共财政建设现状如何？如何推进我国公共财政建设？

13. 有人认为，现阶段企业、政府、市场之间的关系可以概括为“厂长不找市长找市场，市长不管厂长管市场。”如何理解？

14. 市场失灵的表现有哪些？基于财政视角，举例说明“黑天鹅”“灰犀牛”事件？

练习题 2

第3章

财政支出

【本章导读】

财政支出，是政府为履行职能、取得所需商品和服务而进行的资金支付，是政府行为活动的成本。财政支出原则包括政治性、财政性、经济性和社会性。按照财政支出与市场的关系，财政支出可分为购买性支出和转移性支出。经济发展到一定水平，客观上要求社会提供与之适应的一定资源提供社会公共事务，以满足社会的共同需要。面对财政支出的不断增长，经济学家试图从不同的角度给出解释，瓦格纳、皮考克、魏斯曼、马斯格雷夫、鲍莫尔等学者的观点最为典型。

我国财政支出总量快速增长、支出结构有所调整，但财政支出结构也存在一些问题。优化我国财政支出结构的措施主要包括严格控制一般性开支、支持教育事业发展、支持医疗卫生事业发展、支持社会保障和就业工作、支持生态环境建设。

财政活动本身是一个非常重要的资源配置过程，财政支出效益的经济分析方法主要包括机会成本分析法、成本效益分析法、最低费用选择法和公共服务收费法。

购买性支出主要包括国防支出、行政管理支出和文教科卫支出。转移性支出主要包括社会保障支出、财政补贴和税收支出。其中，社会保障主要包括社会保险（养老保险、医疗保险、工伤保险和失业保险）、社会救济、社会优抚和社会福利。财政补贴是政府以财政支出的形式对国民收入进行的一种再分配活动，具有政策性、可控性、特定性、灵活性、时效性等特征。税收支出，是国家为了实现特定的政策目标，通过制定与执行特殊的税收法律条款，给予特定纳税人或纳税项目以各种税收优惠待遇，以减少纳税人税收负担而形成的一种特殊的财政支出，具有法制性、宏观性、预算性、定量性等特征。税收支出应当坚持适度、贯彻国家政策、效益、遵从国际惯例等原则。

本章教学思政视角：一是加强财政资源统筹，推进财政支出标准化，强化预算约束和绩效管理；二是社会保障体系是人民生活的安全网和社会运行的稳定器，健全覆盖全民、统筹城乡、公平统一、安全规范、可持续的多层次社会保障体系；三是要牢固树立以人民为中心的发展思想，常怀忧民、爱民、惠民之心，采取针对性更强、覆盖面更大、作用更直接、效果更明显的举措，解决好同老百姓生活息息相关的教育、就业、医疗卫生、社会保障、社会稳定等民生问题，使人民获得感、幸福感、安全感更加充实、更有保障、更可持续；四是聚焦提高人民生活品质，完善收入分配和就业制度，健全社会保障体系，增强基本公共服务均衡性和可及性，推动人的全面发展、全体人民共同富裕取得更为明显的实质性进展。

通过本章学习，要求了解财政支出、国防支出与行政管理支出现状及财政支出、税收支出的内容，分析财政支出规模增长的原因、文教科卫支出与经济增长之间的关系及财政补贴的效益，掌握财政支出效益的经济分析方法、政府采购制度及社会保险法律制度，具备分析财税数据的能力，具有分析评价政府采购的能力，具有分析判断单位社会保险是否合理缴纳的能力。

3.1 财政支出概述

3.1.1 财政支出的概念

财政支出，也称公共支出或政府支出，是政府为履行职能、取得所需商品和服务而进行的资金支付，是政府行为活动的成本。在此有必要区分“财政支出”与“财政开支”两个概念：财政支出是指政府可以支配的资源，而财政开支是指政府在一定时期内实际消耗的资源。当财政支出大于财政开支时，政府预算表现为财政盈余；反之表现为财政赤字①。

财政支出是政府分配活动的重要内容，财政对社会经济的影响主要是通过财政支出实现的。因而财政支出的规模和结构，往往反映一国政府为实现其职能所进行的活动范围和政策选择的倾向性。可以从以下两个方面理解政府为市场提供公共产品而安排财政支出的意义。

一方面，财政支出有利于确保国家职能的履行。在市场经济下的资源和要素是属于资本和私人所有的，作为政权组织和社会管理者的政府并不天然拥有资源和要素，政府为了履行职能就必须获得相应的资源和要素。财政就是政府为了获得其所需要的资源和要素而进行的分配活动，只有当政府将所获得的资源和要素安排使用出去，形成政府的货币支出，才完成了资源和要素的索取与使用。因为在政府取得了税收等收入之后，虽然是掌握了相应份额的GDP中的分配权，拥有了一定量的货币，但是如果财政活动到此为止，则政府仍然没有真正行使已经拥有的资源配置权力，尚未真正提供公共产品。为此，政府必须将已经取得的货币收入安排使用出去，经由市场交换取得所需要的资源和要素，才能够完成其履行自身职能的一次循环过程。也就是说，没有财政支出，就没有财政活动任务的相对完成，政府也就无法现实地履行其职责和功能。可见，财政支出对于确保国家职能的履行是具有重大意义的。

另一方面，财政支出有利于支持市场经济的发展和壮大。随着改革的深入和市场经济体制的逐步建立健全，我国的财政支出产生了相对于市场经济的新意义：表现在市场化的过程中，我国财政正在向着公共财政模式转变，使得财政支出在制度、形式、运作机理等方面都逐步公共化——正在形成“公共支出”。财政支出的公共化对于市场经济体制在我国的形成有着重大的意义。因为在计划经济时期，社会资源的配置任务几乎全部由政府承担。具体来看，政府是通过国民经济计划直接提供相应的财力完成配置资源的过程。当时的财政支出基本上就是计划配置资源的体现，政府通过财政支出直接安排和形成了国民经济结构，甚至国

① 所谓财政赤字，是指财政年度中财政支出大于财政收入导致的财政失衡，它反映了财政年度内国家财政入不敷出的基本状况，财政赤字是一种世界性的财政现象。

民经济结构的调整，政府也是通过调整财政支出结构完成的。

目前，我国的财政支出，尤其是预算内支出发生了很大变化。首先是我国财政正在大幅度地退出“生产领域”，大幅度地减少了直接经济建设支出，从而相应地减少了政府直接干预经济活动的范围和程度，为市场因素的发展壮大留下了一定的空间。同时，财政大量减少了营利性投资，其投资主要投向公共支出方面。例如，20 世纪 80 年代的财政大力筹集资金安排“能源交通重点建设”项目的投资，其形成的基础设施和生产能力是为所有经济主体活动服务的，它具有很强的公共投资性质。此后 20 世纪 90 年代末政府实行了积极财政政策，财政支出更是以基础设施投资为主要内容，同时也为经济发展提供了诸如行政事业经费和基础设施方面的财政支出。我国的财政支出就在自身不断公共化的过程中，相应地以自己的公共服务支持和促进了市场经济体制的形成和壮大。

3.1.2 财政支出的原则

中国现阶段的财政支出原则

尽管市场经济下大量经济活动的职责是由市场承担的，但现代财政仍然对社会经济生活起着巨大的作用。与之相适应，现代财政支出规模庞大，涉及的内容和项目纷繁复杂。于是，如何正确合理地安排财政支出、提高财政支出的效率就是必须面对的一个重要问题。为此，财政支出必须遵循一定的原则。所谓财政支出原则，是指政府在安排财政支出时应当遵循的基本准则。

既然已经认识到现代财政具有效率、公平和稳定三大职能，而财政支出就是政府履行这些职能的最重要手段，因此政府安排财政支出也应该遵循效率、公平和稳定等原则，这是不言而喻的。但是，财政支出原则的具体体现也是随着国家和社会经济的发展及国家职能的变化而发展变化的。在自由资本主义时期，基于财政支出是非生产性支出的认识，学者们提出按照“节约”和“量入为出”的原则安排财政支出的“廉价政府”的口号。到了 19 世纪中叶，随着社会政治经济矛盾的激化，出现了“市场失灵”，需要政府干预经济、干预社会生活，以保证社会的稳定、经济的发展。由此，财政支出原则的表述也有了较大的变化。国外学者对此问题论述较多，其中日本学者井首文雄在其专著《日本现代财政学》一书中以“经费原则”为题，对财政支出应遵循的一系列原则作了较系统和全面的论述。他认为：“所谓经费原则，即决定经费的质量范围及支出办法时应遵循的原则。通常可举出四个原则，即政治性原则、财政性原则、经济性原则和社会性原则。”①

① 政治性原则。政治性原则是指政府只将企业办不到的事项、企业不应该办的事项、企业不想办的事项列入财政支出范围，除此之外，政府不应支出经费。

② 财政性原则。财政性原则包括经济节约原则和收支均衡原则。经济节约原则要求政府财政支出应以节约为宗旨，即以最小的财政支出取得最大的社会效益；收支均衡原则要求财政支出限于财政收入范围内，即量入为出。

③ 经济性原则。经济性原则要求财政支出应能促进国民经济发展，即通过财政支出实现充分就业、物价稳定和经济适度增长的目标。

④ 社会性原则。社会性原则要求财政支出实现平等、社会公平，即财政支出应成为给

① 井首文雄．日本现代财政学．北京：中国财政经济出版社，1990.

所有国民带来普遍利益的支出，而不能只限于国民中特定个人和特定阶层的利益。

3.1.3 财政支出的类型

在财政实践中，财政支出总是由许多不同的、具体的支出项目构成的。对财政支出进行分类，就是对政府是以什么样的形式向社会提供公共产品或服务进行考察，以便对政府财政支出的性质和费用作出评价，进而提高政府财政支出的效率。然而，国际上财政支出的分类并没有一致的标准。人们出于对财政支出进行分析研究及管理的不同需要，常常采用不同的方法或角度进行分类。总的来看，财政支出的基本分类方法有两种，即理论分类法和预算分类法。

1. 理论分类法

财政支出的理论分类法可以根据分析问题的不同需要按照不同的标准进行分类，具体如下。

① 按照财政支出与市场的关系，财政支出可分为购买性支出和转移性支出。所谓购买性支出，也称消耗性支出，是指政府在市场上购买履行职能所需要的商品和服务的支出，包括购买政府进行日常管理活动所需要的商品与服务的支出和购买政府进行投资所需要的商品与服务的支出，这类支出必须遵循等价交换原则。前者如政府用于国防、外交、行政、司法等方面的支出，后者如政府用于道路、桥梁、港口、码头等方面的支出。购买性支出的数额可以由政府购买的商品和服务的数量乘以其单位价格计算。虽然各个项目购买性支出的具体用途不同，但它们都具有两个明显的共同点：一是政府与其他经济主体一样，在安排此类支出时，是在市场上从事等价交换的经济活动，即政府支付的财政资金都获得了价值相等的商品和服务；二是政府通过消耗其购买的商品和服务向社会提供各种各样的公共产品履行其各项职能，这样政府就直接消耗了一部分社会资源。这些共同点正是将此类财政支出称为消耗性支出或购买性支出的理由所在。

需要说明的是，政府所消耗的这部分资源是整个社会资源的有机组成部分，政府对这部分资源的消耗就排除了市场经济中其他经济主体消耗此部分资源的可能性，这意味着政府对资源的消耗是有机会成本的。因此，西方国家在国民经济核算中将此类支出计入了国民生产总值或国民收入之中。正是由于这种机会成本的存在，如何确定适度的政府支出规模就成为市场经济下一个十分重要的理论和实践问题。这一问题的具体表现就是所谓的“挤出效应”。凯恩斯认为，只有当经济处于充分就业状态时，挤出效应才会发生。然而，近年来人们研究发现，即使在低于充分就业水平时，购买性支出的“挤出效应”也是可能存在的。

所谓转移性支出，是指政府按照一定形式，将一部分财政资金无偿转移给居民、企业和其他受益人所形成的财政支出，包括政府用于补贴、债务利息、失业救济、养老保险等方面的支出。政府安排此类支出时，既不存在经济交换，即政府获得等价物的问题，也不存在政府占有并消耗经济资源的活动。尽管此类支出也履行了财政的某些职能，但转移性支出所体现的是一种以政府和政府财政为主体，并以它们为中介者，在不同社会成员之间进行资源再分配的活动。因此，西方国家在国民经济核算中将此类支出排除在国民生产总值或国民收入之外。

按照这种标准对财政支出所做的分类，对于分析财政支出对国民经济运行所发挥的作用具有十分重要的意义。为此，这种分类也称为按照财政支出的性质分类。就购买性支出而言，政府以商品或服务需求者的身份出现在市场上，运用其所掌握的财政资金与其他经济主体所提供的商品和服务相交换，直接占有并消耗一部分资源，它本身就是当期社会总需求的一个有机组成部分。因此，这类支出对于整个社会的生产和就业会产生直接的影响。虽然它对于国民收入的分配也会产生影响，但这种影响是间接的。就转移性支出而言，政府将其所掌握的一部分财政资金无偿地转移给居民、企业和其他受益者，政府既不直接购买商品和服务，更不直接占有和消耗与该支出等价的经济资源。直接购买商品和服务，直接占有并消耗与该支出所对应的经济资源的是该支出的直接受益者，他们消耗经济资源的量将受其边际消费倾向的影响，这样转移性支出只能间接地、部分地列入当期社会总需求中。因此，这类支出对国民收入分配会产生直接影响，而对生产和就业产生的影响却是间接的。从总体上看，在财政支出总额中，如果购买性支出所占的比重较大，说明财政活动对生产和就业产生的直接影响较大，政府财政所直接配置的经济资源的规模也较大，此时的财政较多地执行着资源配置职能和经济稳定职能；如果转移性支出所占的比重较大，说明财政活动对国民收入分配产生的直接影响较大，此时的财政较多地执行着公平收入分配的职能。

② 按照政府职能，财政支出可分为投资性支出、文教科卫支出、行政管理支出、补贴支出和其他支出等。但是，据此分类各国并没有一个统一的结论。从西方学者的论著看，有的将财政支出分为国防支出、管理支出、经济支出和社会支出四类；有的将财政支出分为国防支出、外交支出、司法支出、教育支出、经济建设支出、医疗保健支出等；还有的将财政支出分为国防支出、国际事务支出、一般科学与技术支出、能源支出、自然资源与环境支出、农业支出、商业与住房信贷支出、社会保障支出、司法支出、一般政府支出、运输支出、社区与区域发展支出、教育培训就业与社会服务支出、保健支出、收入保障支出、退伍军人补助支出、利息支出等。我国学者在几十年的理论研究中，对财政支出按照政府职能的分类也有不同的表述。有的将财政支出分为国防支出、行政管理支出、文科教卫等事业支出、公共工程支出、社会保障支出、财政补贴支出、财政投资支出等；有的学者将财政支出分为经济建设支出、文教支出、国防支出、行政管理支出、债务支出、其他支出等。

按照政府职能对财政支出的分类，可以将财政支出与政府职能相联系，便于从财政角度了解、分析在整个社会经济生活中政府活动的范围、方向、目的及其深度。从纵向考察，可以揭示一国政府职能的发展变化；从横向考察，可以反映不同国家政府职能的差异所在。

③ 按照财政支出的受益范围，财政支出可分为一般受益支出和特殊受益支出。所谓一般受益支出，是指全体社会成员均能享受政府所提供利益的支出。这类支出主要包括政府用于国防、外交、司法、公安、环境保护、行政管理等方面的支出。由于此类支出具有共同消费或联合受益的特点，所以每个社会成员的受益量不能分别估计，受益成本不能分别核算。所谓特殊受益支出，是指仅有社会中某些特定居民或企业能享受政府所提供利益的支出。这类支出主要包括政府用于教育、医疗卫生、居民补助、企业补助、公债利息等方面的支出。由于此类支出所提供的利益仅由一部分社会成员享受，所以每个社会成员的受益量可以分别估计，受益成本可以分别核算。

按照受益范围对财政支出的分类，便于分析不同社会成员对不同财政支出项目或同一财政支出项目的不同支出金额的偏好，从而有利于政府比较准确地把握公共支出决策过程中不同社会阶层或不同利益集团所可能采取的态度，以保证公共选择过程在充分展示社会成员个人偏好的前提下，向着能够得出社会集体偏好的方向迈进。

2. 预算分类法

上述财政支出理论上的分类，都是根据分析问题的不同需要对政府财政支出的各项内容所进行的不同的排列组合。一般来说，政府预算中支出项目的编列与政府的具体职能和政府机构的设置密切相关。这样一来，由于各国在社会制度、政治体制、文化传统、宗教习惯、经济运行模式和经济发展水平等方面的差异，各国政府的具体职能和机构设置就不可能完全一致，由此导致了各国政府预算中所编列的财政支出项目也不会完全相同。

从财政实践上看，财政支出是一种业务性活动，是政府财政部门日常工作的一个很重要的方面。这种业务活动的具体表现就是政府预算中支出预算的编制与执行。所以，对财政支出可以依据政府预算所编列的支出项目进行分类，这就是财政支出的预算分类法，它可以将预算支出科目分为政府公共支出与国有资产经营支出两个部分。

政府公共支出，通常包括教育、科学、文化、卫生、农业等事业费支出，国家行政、国防、外交、公安、司法等项支出，价格补贴支出、抚恤和社会救济支出，其他社会公共支出，预备费列支，以及本级预算转移支付给下级的支出和上解上级支出。国有资产经营支出，通常包括基本建设国家资本金支出、企业挖潜改造国家资本金支出、科技三项费用、增拨企业流动资金、地质勘探费、支援农业生产支出、城乡维护建设支出、支援不发达地区发展资金、商业部门简易建筑支出和国内外债务还本付息支出等。

按照财政预算支出项目的用途所作的分类，是一种非常具体、实际和可操作的分类，它便于职能部门对于各项具体支出的安排、管理和监督。

3.1.4 财政支出的规模

经济发展到一定水平，客观上要求社会提供与之适应的一定资源用于社会公共事务，以满足社会的共同需要。虽然国民经济发展与社会公共事务需求之间并不存在固定模式，但总的趋势是，国民经济发展水平越高，对社会公共事务的需求量越大，财政支出规模也会逐步提高。财政支出的规模及其变化，直接关系到政府及其财政与市场关系的认识和分析，因而是必须关注的重要问题之一。

1. 财政支出规模衡量指标

财政支出规模，是一个财政年度内政府通过预算安排的财政支出总额，它反映了政府在一定时期内集中、占有和使用的经济资源数量，以及由此而形成的财政与其他经济主体之间的各种经济关系，体现了财政职能发挥作用的广度和深度。对财政支出规模的衡量通常可以使用绝对指标和相对指标。

所谓财政支出规模绝对指标，是指财政支出预算中的绝对金额，即财政支出总额，通常由按当年价格计算的财政支出总量反映，它能够比较直观地反映财政支出的现状和变化情况。因此，人们在提及财政支出规模及其变动时，一般都是指财政支出绝对额。例如，我国财政支出规模 1978 年为 1 122 亿元，2013 年达到 139 744 亿元，2023 年达到 274 573.81 亿元，2023 年是 1978 年的 244.72 倍、是 2013 年的 1.96 倍。

所谓财政支出规模相对指标，是指财政支出总额与其他相关经济指标的比值。因为财政支出总额与其他经济指标之间存在着密切的内在联系，分析、比较这些比值及其变化，更有助于对财政支出规模的了解和掌握。财政支出规模的相对指标一般有两个。一是财政支出总额与 GDP 的比值。这一指标反映了 GDP 中政府集中和支配的数额，表明社会经济资源在公、私部门之间配置的基本比例。二是主要财政支出项目金额与GDP的比值，其中主要是购买性支出与GDP的比值。购买性支出与GDP的比值可以用来反映：政府实际消耗的经济资源量；政府购买的商品和服务量；政府提供的公共产品的数量。其中，第一个相对指标是衡量财政支出规模的最基本的相对指标，表现出政府支配的财力对整个经济运行状态和效率的影响。例如，2013年我国财政支出占当年GDP的比重为24.6%，2023年我国财政支出占当年GDP的比重为21.78%，反映了政府干预经济的深度。

但是在具体工作中，财政支出规模的衡量都会遇到一定的困难。由于各国的统计口径不同，对外公布的财政支出数值、GDP数值总存在着或多或少的差异。为此，进行财政支出规模的国际比较时，应当注意国别的不同，分析时应当进行适当的调整。

2. 财政支出增长趋势

1）工业化国家财政支出规模的历史趋势

理论上讲，财政支出规模可大可小。但根据各国财政支出的实践看，自20世纪初期以来，工业化国家的财政支出规模先是持续增长，之后渐渐稳定在相对较高的水平上，这是一个普遍趋势。

在20世纪初期，各工业化国家财政支出占GDP的比重非常低，主要是因为那时政府干预的范围很小，财政职能也仅限于资源配置。两次世界大战期间，筹集战争经费的需要导致国防支出显著上升，并带动财政支出总规模的攀升。但那些没有受到战争太大影响的工业国家的支出规模仍然保持在较低水平。二战后直至20世纪60年代以来，凯恩斯主义盛行，政府调节收入分配及经济稳定的功能受到追捧，各主要工业化国家的财政支出规模出现前所未有的大幅度上升，并由此奠定了福利国家的基础。但20世纪70年代的经济“滞胀”让人们又开始重新思考国家在许多活动领域的职能，这一时期的政府政策既不能有效配置资源，即不能按照确定的目标再分配资源，也没有实现经济的稳定。20世纪90年代以来，一些国家开始了减少财政支出规模的尝试，从总体上看，近年来公共支出水平较为稳定，甚至有稍许的下降。但2008年全球性金融危机的爆发，使得工业化国家财政支出占GDP的比重又有所上升。

2）财政支出规模增长的理论解释

面对财政支出的不断增长，经济学家试图从不同的角度给出解释。在各种关于财政支出增长的理论中，瓦格纳、皮考克、魏斯曼、马斯格雷夫、鲍莫尔等学者的观点最为典型。

（1）政府活动扩张法则

瓦格纳是19世纪德国社会政策学派的代表人物，他在对19世纪80年代的英、美、法、德、日等国财政支出进行实证研究的基础上，指出财政支出规模不断扩大是社会经济发展的客观规律。他认为，财政支出之所以会不断增长，是因为伴随着工业化进程，社会和经济的发展增加了对政府活动的需求。首先，工业化所引起的市场的扩张，使市场中的当事人之间关系更加复杂，由此而产生的冲突和矛盾增多，引起对商业法律和契约的需要。因此，为维护社会和经济的正常秩序，需要政府增加财政支出。其次，为了纠正外部效应等市场失灵问题对资源配置效率的负面影响，客观上增加了政府参与资源配置的需要，这将引起财政支出增加。随着经济的增长，文化、教育、福利等财政支出项目的增长率将超过国内生产总值的增长率，这也要求增加财政支出。瓦格纳关于公共财政支出增长的结论，为许多国家经济发展的历史所证实。

（2）梯度渐进增长理论

20世纪60年代，英国经济学家皮考克和魏斯曼在对英国1890—1955年公共支出的历史数据进行研究的基础上，提出了“梯度渐进增长理论”。他们认为，英国的公共支出增长是“阶梯式的”“非连续的”，公共支出水平在正常年份表现出随着税收收入的增长而逐渐上升的趋势。当社会经历战争、危机或自然灾害等突变时，公共支出会急剧上升。但突变期结束后，公共支出水平虽然会有所下降，但不会低于原有水平。

① 公共支出增长的内在原因。正常年份公众所能接受的税收水平相对稳定，财政支出不可能有太大的增加。公众可以容忍的税收负担是财政支出的最高限度。一般情况下，政府公共支出增长与国内生产总值增长及税收收入增长呈线性关系。但随着经济增长，政府税收会自动增加，并且因所得税的累进税制还会使税收增长水平高于经济增长水平。公众可容忍税收水平的提高，是公共支出增长的内在原因。

② 公共支出增长的外在原因。当社会经济发展出现突变，财政支出逐渐上升的趋势将被打破，财政支出将表现出急剧增加，为此政府不得不提高税率或借债增加收入，这时公众所能接受的税收水平也因社会出现动荡而提高。其结果是政府支出的预算约束随之提高，使整个财政支出在逐渐上升过程中出现较大幅度的增长，这是导致财政支出增长的外在原因。虽然财政支出水平会因社会“突变”的结束而下降，但公众所能接受的税收水平不会下降到原有水平，使财政支出呈现梯度增长趋势。

（3）经济发展阶段增长理论

美国经济学家马斯格雷夫在《美国财政理论与实践》一书中系统地论述了用经济发展阶段论解释公共财政支出增长的原因。他在大量研究了不同国家不同阶段的财政支出状况后，指出财政支出数量的变化是随着不同时期财政支出作用的变化而变化的。

在经济发展初期阶段，由于基础设施落后制约着整个经济的发展，需要政府部门增加投资兴建交通运输、通信、水利等基础设施。在这一阶段，政府投资在总投资中所占比重较大。在经济发展中期阶段，私人部门获得很大发展，私人投资开始上升，政府投资在总投资中所占比重相对下降。在经济发展成熟阶段，人均收入水平大幅度提高，人们开始追求高质量生活，要求政府提供更舒适的环境、更发达的交通、更快捷的通信、更良好的教育等，使政府投资在总投资中的比重又进一步提高。同时，随着经济发展，市场失灵问题越来越突出，要求政府立法、增加投资、提供各种服务协调处理各种冲突和矛盾，也使财政支出进一步增长。

（4）非均衡增长理论

美国经济学家鲍莫尔通过分析公共部门平均劳动生产率的状况，对公共财政支出增长原因做出了解释。他将国民经济部门区分为生产率不断提高与生产率提高缓慢两类，前者被称为进步部门，后者被称为非进步部门。两个部门的差异来自技术和劳动发挥的作用不同。在进步部门，技术起着决定作用；在非进步部门，劳动起着决定作用。假设两个部门工资水平相同，且工资随劳动生产率提高而上升。由于劳动密集的公共部门是非进步部门，而该部门的工资率与进步部门的工资率呈同方向、等速度变化，因此在其他因素不变的情况下，生产率偏低的公共部门的规模会随着进步部门工资率的增长而增长。政府部门属于人力密集型部门，同时又是生产率发展水平较低的部门——技术进步对生产率的提高贡献较少。如要维持两个部门的均衡增长，政府部门的支出只能增加。于是，生产率偏低的政府部门的规模必然越来越大，政府部门的支出必然会快速增长。

（5）公共选择学派的解释

公共选择学派分别从选民、政治家、官僚行为及民主制度特征等方面，提出了理解政府支出规模的新视角。首先，选民在进行财政决策时，通常具有“财政幻觉”，即他们通常更为关心扩大公共支出能给自己所带来的好处，而忽视了税收负担也有可能同时增长。常规的财政决策过程往往是税收提案与支出提案分别表决，更加强化了这一幻觉，导致选民主动投票支持更大的财政支出规模。其次，政治家为获得公众拥护和赢得选票，总是倾向于以更大的财政支出作为争取选民的手段，在控制支出时通常也难以压缩那些耗费巨大的长期项目和法律规定的权利项目。再次，在很多公共事务上，往往是官僚机构掌握更精确的成本信息，出于自身利益的考虑，他们往往提出规模较大的预算供权力机关表决。最后，在任何一项具体的事务上，所谓的公共利益都很难界定，往往是选民各有其利益要求，为了使符合自我利益的方案获得通过，不同的利益方可能会“互投赞同票”，导致原本不可能通过的预算提案获得通过，从而增大了预算总规模。基于以上理由，预算软约束是各国政府的通病，无论多么完善的民主制度，都不可能根本性地解决这一问题，而必须在宪法层面对政府规模施加约束。

3. 我国财政支出结构

改革开放以来，随着我国经济的持续快速发展，财政收入快速增长，财政支出快速增加。同时，随着我国社会主义市场经济体制的逐步确立，特别是公共财政基本框架的建立，财政支出结构按照公共财政的要求不断调整优化。

1）财政支出总量快速增长、支出结构有所调整

我国始于20世纪70年代末80年代初的改革开放，极大地解放和发展了社会生产力，国民经济总体上保持了持续快速发展的势头，财政收入快速增长，财政支出也相应地呈现快速增长势头。全国财政支出从1978年的1 122亿元增加到2023年的274 573.81亿元，1979—2023年财政支出年均增长13.32%。1979—2017年财政支出年均增长14.26%。财政是政府全面履行职能和加强宏观调控的物质基础、体制保障和政策手段。随着市场经济体制改革的日益深化，政府公共管理和服务职能的不断加强，各项改革的推进、公益事业的发展、宏观调控的加强等都需要财政的大力支持。因此，我国财政支出规模的快速增长具有必要性和必然性。

在财政支出总量持续增长的同时，财政支出结构逐步优化。随着计划经济体制向社会主义市场经济体制的逐步转轨，市场在资源配置中的基础性作用日益加强，政府对经济管理逐步从过去的直接和微观管理向间接和宏观管理转变。与此相适应，财政支出重点也逐步由经济建设向提供公共物品和服务转变：一是政府用于经济建设的投资逐步从一般性生产经营领域退出，转向基础设施、基础产业、能源、交通、原材料、农业等制约国民经济发展的重点行业、重点产业；二是财政对教育、科学技术、文化、医疗卫生、社会保障与就业、环境保护等方面和中西部地区、少数民族地区等区域的投入增长较快，有力地支持了“科教兴国”“可持续发展”“资源节约型和环境友好型社会”“西部大开发”等重大战略的实施。

2）我国财政支出结构存在的问题

长期以来，我国财政制度饱受诟病的一个方面，就是政府承担的资源配置职能范围过广、比例过大，干扰了市场的运行，而政府应当承担的再分配功能则相应地受到了挤压。体

现在财政支出结构上，主要表现在三个方面：一是购买性支出占财政支出的比重长期偏大，转移性支出比重处于较低的水平；二是相对于消费性支出而言，投资性支出占财政支出的比重近年来虽然略有下降，但仍徘徊在较高的水平上；三是社会性支出的比重近年来虽有上升，但仍有待进一步增加数量和改善质量。

（1）购买性支出与转移性支出

目前，我国公共财政预算支出总额中约70%以上为购买性支出，明显高于发达国家45.2%的水平，更高于发展中国家61.5%的水平。转移性支出虽有上升趋势，达到公共财政预算支出的25%，超过了发展中国家的平均水平，但仍然低于发达国家35.4%的水平。

从动态角度看，1994年以来至“十三五”时期，我国财政购买性支出占公共财政预算支出的比重出现了缓慢下降的趋势，转移性支出比重则缓慢上升。在大多数年份里，购买性支出占公共财政预算支出比重是负增长的，而转移性支出占公共财政预算支出比重表现为正增长。这说明转移性支出的绝对增长快于购买性支出的绝对增长，二者之间的相对差距在缩小。特别是“十四五”时期以来，一系列重大社会政策的制定和实施，加快了二者差距缩小的进程。这从一个侧面反映了中国财政支出的再分配功能在不断强化，体现出政府运用财政政策的着力点开始偏离资源配置，而更加关注分配公平的问题；同时，这也表明“十四五”时期以来中国政府在转变政府职能、优化支出结构方面的努力是有成效的，虽然与国际上其他国家相比仍有进一步优化的空间。

相比之下，由于发达市场经济国家一般拥有与之相适应的社会安全网，对转移性支出的要求也相应比较高。不过，依其传统不同，那些历史上更多地依靠政府提供社会福利的国家，其转移性支出的比重最大。1995—2009年期间，欧盟15个主要成员国的转移性支出平均为其财政预算支出的45%。其中，主要的几个“大政府”国家中，转移性支出比例最高的是德国，约为60%，最低的西班牙也接近40%。转型国家转移性支出的水平整体上低于高福利的发达国家，但其中加入欧盟的主要转型国家的转移性支出基本上介于30%～45%之间。除此之外，发达市场经济国家中的那些“小政府”国家，其转移性支出比重相对较低，如美国为30%略高、韩国介于10%～20%之间。

可以说，“十四五”时期之前，我国转移性支出比重与发达市场经济国家中那些“小政府”国家的一般水平相当；进入“十四五”时期以后开始有所提高，但距离高福利发达国家的一般水平差距尚远，甚至未达到作为欧盟成员国的主要转型经济体的一般水平。这表明我国尚未建立起高水准的福利制度，在向市场经济体制转型的过程中，财政公共化进程和社会福利体系建设相对滞后。从横向比较看，可得出两点启示：一方面，我们要汲取高福利国家为其福利制度所拖累而导致债务危机的前车之鉴，应当谨慎选择适合中国国情的社会福利体系；另一方面，要未雨绸缪，加快社会事业发展，大力改善民生，提高人民生活水平，加强社会安全网建设，更好地适应社会快速转型期的发展变化需要，更好地实现经济社会的协调健康发展。

（2）消费性支出与投资性支出

目前，我国政府的购买性支出中，投资性支出与消费性支出的比例约为2：3，因而推定我国政府性投资占公共财政预算支出的比重约为20%。这个比重不仅高于发达市场经济国家，也普遍高于中东欧转型经济体。欧盟的政府性投资占预算支出比重多年来一直稳定在8%左右，其中大多数国家低于这一水平。作为新兴市场经济国家，中东欧转型国家的政府投资性支出自1995年以来一直在下降，虽然目前普遍高于欧盟主要成员国的水平，但总体上低于我国的水平。作为“小政府”典型代表的美国，该比例一直维持在15%～20%；韩国在20世纪90年代中期以前曾高达20%，目前保持在5%～10%。通过横向比较可以看出，我国投资性支出占财政支出比重近年来虽略有下降，但仍处于较高水平。

(3) 社会性支出与一般公共支出

从按功能分类的财政支出结构分析，改革开放以来，无论是从占财政支出的比重观察，还是从占GDP的比重观察，我国财政用于固定资产投资和城市维护建设的支出，总体上都远高于对医疗卫生、社会保障与就业、农业和科技等方面的投入。当然，“重经济发展和基建投资、轻社会发展和人力资本投资”的这种传统支出结构，随着基于自己国情的中国特色中国式现代化指导思想的提出和贯彻实施，正在逐步得到改变。

我国财政支出结构上的偏离，即重视经济服务（特别是经济建设服务）和一般公共服务，而忽视社会性支出的现状，是造成我国社会发展严重滞后于经济发展的关键原因之一。在我国经济持续增长40余年之后，社会发展滞后已经成为经济结构转型和人民福利改善最大的制约因素。因此，“十四五”时期财政支出结构向“社会发展和人力资本投资”转型的任务十分艰巨，加大社会事业投入，加快社会建设步伐，任重道远。

3) 优化我国财政支出结构

现代市场经济体制下各国政府履行的主要职能有三项：资源配置、收入分配和经济稳定发展。越是市场经济发达的国家，其资源配置的职能则越小，表现为购买性支出比例较低。我国的购买性支出所占比重，无论是与发展中国家比，还是与发达市场经济国家比，都比较高。这表明我国各级政府仍在很大程度上参与市场营利性活动。政府过多涉入市场活动，既占用了私人生产和消费的资源，又由于政府是规则的制定者，易于造成不公平竞争，妨碍市场和社会健康发展。因此，“转变政府职能，优化政府职责体系和组织结构，推进机构、职能、权限、程序、责任法定化，提高行政效率和公信力”。这是习近平总书记在中国共产党第二十次全国代表大会上的报告中对推进行政体制改革提出的明确要求。

从平衡财政职能和满足社会发展要求的角度，我国政府在“十四五”时期应当更多地关注再分配问题，相应压缩购买性支出，扩大转移性支出的比重，并使财政支出向人力资本和社会资本倾斜。在处理投资性支出与消费性支出的关系时，一方面要控制并调减投资性支出的规模，另一方面要注意投资性支出应当有保有压。新增财政支出的投向应更多投到最终需求，而不是中间需求上，也就是要弱化新增的投资性支出，重点强化在建的投资性项目和消费性支出，为积极财政政策的实施创造有利条件。在消费性支出上，要从严控制行政性公共消费，预算支出要保证重点支出需要，使有限的资金主要用于教育、医疗、社会保障与就业、“三农”、自主创新、环境保护、智慧城市、数字经济等社会发展的薄弱环节和与民生密切相关的支出方面。并通过财政支出决策机制、资金保障机制、行政激励机制、财政监督问责机制等方面的完善，为财政支出结构改革提供制度保障。

(1) 严格控制一般性开支

从我国经济社会发展阶段的实际出发，结合深化行政管理体制改革和政府职能转变，明确公共服务范围；加大对公益性事业单位的保障力度，支持具有经营性质的事业单位逐步走向市场；坚持勤俭办事业，严格控制一般性开支，降低行政成本。

(2) 支持教育事业发展

教育是国家发展的基石，教育公平是社会公平的重要体现。要保证财政性教育经费的增长幅度明显高于财政经常性收入的增长幅度，逐步提高财政性教育经费占财政支出的比重，确保财政性教育经费支出占国内生产总值比例达到4%。义务教育是最大的公共事业，要重点支持农村义务教育，将农村义务教育全面纳入公共财政保障范围，促进义务教育均衡发展；要完善城市义务教育经费保障机制；逐步完善高等教育、职业教育贫困生资助体系。

（3）支持医疗卫生事业发展

医疗卫生事业是造福人民的事业，关系到广大人民群众的切身利益，关系到经济社会的协调发展，关系到国家和民族的未来。财政要积极支持医疗卫生事业的发展：一是要增加财政对公共卫生体系建设的投入，逐步建立公共卫生经费保障机制，提高重大疾病预防控制能力；二是要支持建立新型农村合作医疗制度；三是要加大对城市社区卫生服务体系投入，完善社区卫生服务补助政策，建立稳定的社区卫生服务筹资和投入机制；四是要支持建设城镇居民基本医疗保险等；五是要运用各种财税政策手段，引导信贷和社会资金多元投入医疗卫生服务，共同推动医疗卫生服务事业发展。

（4）支持社会保障和就业工作

就业是民生之本，社会保障是经济社会发展的减震器和安全阀，支持就业和社会保障工作，对维护社会稳定具有重要作用。按照广覆盖、保基本、多层次、可持续方针，进一步增加社会保障投入，逐步提高社会保障支出占财政支出的比重，加快推进覆盖城乡居民的社会保障体系建设，稳步提高保障水平。一是要加大财政支持力度，逐步实现新型农村社会养老保险制度全覆盖。二是要全面落实城镇职工基本养老保险省级统筹，支持实现基础养老金全国统筹。三是要支持完善城乡最低生活保障制度，健全低保标准动态调整机制，合理提高低保标准和补助水平，支持加强社会救助体系建设。四是要积极支持发展社会福利和慈善事业，以扶老、助残、救孤、济困为重点，逐步拓展社会福利的保障范围，推动社会福利由补缺型向适度普惠型转变，逐步提高国民福利水平。五是要坚持把促进就业放在经济社会发展的优先位置，健全劳动者自主择业、市场调节就业、政府促进就业相结合的机制，大力支持实施更加积极的就业政策，支持加强公共就业服务，支持构建和谐劳动关系，创造平等就业机会，努力实现充分就业。

（5）支持生态环境保护

加强生态环境保护是实现人与自然和谐相处的内在要求。财政要大力支持发展循环经济和“绿色经济”，建设资源节约型和环境友好型社会。建立和完善环境保护长效机制和资金投入机制；结合主体功能区建设，按照“谁开发、谁受益、谁补偿”的原则，加快建立生态补偿机制；加大对重点生态功能区的均衡性转移支付力度，研究设立国家生态补偿专项资金；推行资源型企业可持续发展准备金制度；鼓励、引导和探索实施下游地区对上游地区、开发地区对保护地区、生态受益地区对生态保护地区的生态补偿。同时，大力支持推动建立健全能够灵活反映市场供求关系、资源稀缺程度和环境损害成本的资源性产品价格形成机制。按照价、税、费、租联动机制，适当提高资源税税负，优化计征方式，将重要资源产品由从量定额征收改为从价定率征收，完善环境资源价格形成机制，使资源性产品价格能够真实地反映价值，促进资源合理开发利用；支持建立健全污染者付费制度，保障环境保护税的实施工作。

4. 财政支出规模增长原因

关于财政支出规模增长的理论解释是不同学者从不同的角度，对财政支出规模总是呈上升趋势的举世共存的现实性问题所做的理论分析。然而，财政支出增长的现实性是财政支出增长的必要性和可能性相结合的必然结果。也就是说，政府财政支出规模的不断扩大，一方面是受到新经济理论的影响，另一方面更是由于市场经济的发展、社会的进步。为此财政支出规模增长的现实原因应该在综合各种理论解释的基础上，从必要性与可能性两方面分析。

1）财政支出规模增长的必要性

由于政府职能的扩张及与实现政府职能有关的一系列因素的变化引发了政府财政支出规模增长的必要性。

（1）政府职能扩张

正如瓦格纳所言，随着社会经济的发展，政府职能不论是在内涵上还是在外延上都呈扩张之势，主要表现在以下几个方面。

① 经济干预加强。在自由竞争资本主义时期，经济运行是依靠“看不见的手”自行调节的，政府仅仅是为社会经济的正常发展提供必不可少的外部条件，因而财政支出中很少有经济方面的项目。但是，20 世纪 30 年代的世界性经济危机表明，为了保证经济的稳定增长和社会的稳定发展，只是依靠市场的自发调节是很不够的。加之凯恩斯反危机经济理论的出现，为政府这只“看得见的手”对经济运行进行调节和干预提供了理论依据。政府干预经济的手段和方式多种多样，其中财政手段是最主要的手段之一。政府根据经济运行情况，灵活调整财政支出的范围、方向、结构和数量，以此实现保持经济和社会稳定发展的目的。例如，在市场经济条件下，虽然私人部门生产了大部分消费品和资本品，但是便利这种私人产品生产并使其不断发达的物质基础是政府提供的公共基础设施。基础设施对于私人产品生产的推动作用决定了政府财政中这部分开支的重要性不断提高，反映在政府预算上就是涉及公共投资项目支出的绝对数额和相对数额的同期上升。可以毫不夸张地断定：政府提供的基础设施完备与否有助于决定一个国家经济的成败。因为良好的基础设施能提高劳动生产率并降低生产成本。可以说，基础设施能力与经济产出量是同步增长的关系。① 由于各国政府对经济干预的不断加强，财政支出中用于经济方面的支出也在不断增加。

② 社会福利事业扩大。在市场经济体制下，随着经济的发展，社会财富日趋集中，贫富差距不断扩大，当收入和财产在不同阶层之间的差距扩大到一定限度时，财富分配不公的矛盾就会成为引发社会不稳定的重要因素。为此，各国政府纷纷举办社会保险、社会救济等社会福利事业。而且，社会进步对提高公共福利与改善收入分配状况的内在要求也越来越迫使政府关心其民众的福利水平。20 世纪初，人们工作的收入主要用于养家糊口，维持生计；20 世纪 40 年代，英国大主教坦普尔提出了“福利国家”的概念并为人们所接受；20 世纪 70 年代后，主要发达国家相继完成从“基本生存保障制度”向“全面社会保障制度”的过渡——扩大了社会保障（福利）的范围，提高了社会保障（福利）的标准。政府通过举办社会福利事业，一方面可以调节社会成员的收入差距，保证人们能够维持最起码的生活水平；另一方面可以提高社会成员的文化和健康水平，保证社会劳动生产率的不断提高。在不少国家，尤其是发达国家，政府主持的社会福利保障性支出的增长速度往往超过同期国民经济的增长速度，导致政府财政支出总额的迅速增加，甚至在某些国家社会福利支出已成为最大的财政支出项目。

① 1994 年世界发展报告。

③ 工业化和城镇化影响。与社会现代化相伴随的，是工业化和城镇化进程的发展。工业化过程中所形成的环境污染和对自然资源的破坏，增加了政府用于环境保护、自然资源保护、卫生防疫等方面的财政开支；而城镇化过程则大大增加了政府用于城市基础设施、劳动力生存和就业等方面的财政支出。

④ 政府机构扩增。政府机构扩增是政府职能扩张的直接结果。随着政府职能的不断扩张，国家需要设置相应的机构履行各项增加了的职能；机构的增加，带来的是各种办公设备及公职人员数量的随之增加，这样财政支出中的行政费用必然会相应增加。当然，这里还包括由于行政机构人浮于事、行政效率低下所造成的行政费用开支部分的增加。

⑤ 人口增长压力。人口增长是导致财政支出增加的又一重要原因。随着人口的增长，社会成员对于文化、教育、医疗、卫生、交通、住房、司法、公安、行政管理等事务的需求量就必然增加，政府用于行政管理和社会管理的费用也相应地增加。而且，考虑到随着社会经济水平的提高，人们的物质文化生活水平也相应提高，这些都会加大财政支出中用于满足此方面需求的支出数量。

(2) 科学技术进步

科学技术的进步对财政支出规模增长的促进作用主要是从以下两个方面体现的。一是科技进步能够创造出一些前所未有的新需求。例如，军事技术的变革，导致国防费用的迅速增加；民用技术的变革，带来的是相关类型的公共支出的增长。例如，汽车的普及增加了人们对高速公路的需求，火车的不断提速增加了人们对铁路数量和质量的更多要求，地铁的修建也是如此；数字电视的出现要求电视台、电视转播设备与之相配套；计算机及其网络的广泛应用，产生了许多经济安全的新问题，如知识产权的保护、克隆技术的发展等，都需要有与之相适应的管理手段、技术设施、法律制度等紧随其后。这些新需求中，有些可以通过市场满足，有些则只能或最好是由政府满足。政府为满足这些新需求而提供的产品和服务，必然会加大财政支出的数额。二是科技进步会增加政府提供产品和服务的成本。例如，过去政府机关里的办公用品主要有笔、墨、纸、砚、桌、椅等；而在科技高度发达的今天，政府办公用的是电话、计算机、传真机、打印机、复印机等，即使也还有用笔、墨、纸张的，但已非彼时的笔、墨、纸张了。在冷兵器时代，军队的武器装备主要有战车、马匹等运载工具和刀、枪、棍、棒等兵器；而现代军队的武器装备动辄有飞机、航母、导弹、坦克等攻击和运输装备，官兵手中的兵器更是今非昔比。甚至当人类遭遇天灾人祸时，政府动用的救生救援设施装备也是随着科技的进步日新月异。上述这些无不表明，科技进步也使得政府履行相同职能时所提供的公共产品的成本和数量大大增加，相应地使财政支出规模迅速增长。

(3) 通货膨胀拉动

历史数据显示，物价变动的总体趋势是不断上涨，通货膨胀是世界性的普遍现象。如果把工资薪金视为劳动力的价格，那么劳动力的价格也是在不断上升的。政府履行其职能，不断向社会提供公共产品的过程，同时也是不断消耗或使用各种物资和劳动的过程。由于财政支出具有"刚性"特点，物价上涨必然使政府购买商品和服务的价格总体上升、政府债务成本和管理费用等增加，进而导致政府财政支出规模名义上的增长。事实上，如果扣除通货膨胀因素，财政支出规模的实际增长并没有名义上增长得那么快。

2) 财政支出规模增长的可能性

财政活动是由收入和支出两个部分组成的，收入是支出的前提，没有收入就不可能有支出。显然，如果没有收入的增加就不可能有支出的增长。所以，那些能使财政收入增加的因素就是能使财政支出规模增长的可能性因素。

（1）经济不断增长

政府的财政收入归根到底来自国民收入，而随着社会经济的发展，国民收入总量的扩大，即使财政收入的形式和比例不变，财政收入的绝对量和相对量也会相应增加。只要财政收入增加了，财政支出规模就有了增长的可能性。

（2）税收制度完善

税收是政府取得财政收入的最主要形式。税收制度的不断完善使得政府有可能以税收这种规范的收入形式从经济运行的每一个环节取得财政收入；而随着税收征管工作的不断加强，政府以各种税、多种税率从国民收入流量和存量中取得的各项收入都会尽可能多地形成现实的财政收入。这些既为财政支出规模的增长提供了客观可能，也是刺激财政支出规模膨胀的重要原因。

（3）公债规模扩大

在凯恩斯经济学说出现之前，政府发行公债是要受到严格限制的。当时的学者们认为，政府的活动是非生产性的，政府活动的范围和财政支出规模应该越小越好。如果政府通过举债弥补财政赤字，就意味着政府非生产活动过多地消耗了国家用于生产的资源。然而，凯恩斯学说不仅认为政府活动是生产性的，而且认为政府运用财政调节经济是保证经济稳定发展的重要手段。为了解决社会总供给大于总需求的矛盾，凯恩斯主张实行扩张性财政政策，即赤字财政政策，通过发行公债弥补财政赤字。至此，公债的发行变得越来越便利，规模也越来越大。公债成为政府筹资的一种经常性手段，也就成为助长财政支出规模不断膨胀的又一个重要因素。

（4）财政性货币增发

当政府遇到财政亏空严重的情形时，常把增发货币作为又一种弥补财政赤字的方式。由于增发货币不会有还本付息的压力和负担，其发行成本甚至可以忽略不计，那就必然比发行公债更加容易。所以，增发货币就成为现代政府筹资最方便的手段之一，它显然对财政支出规模的膨胀也起到了一定的刺激作用。

综上所述，财政支出规模不断增长的客观现实，是政府财政支出增长的必要性与可能性共同作用的结果。

3.1.5 财政支出效益经济分析

财政活动本身是一个非常重要的资源配置过程，必须研究其资源配置的效率问题。通常是从三个层次考察财政资源配置的效率：一是资源在公、私部门之间的配置效率；二是资源在不同财政支出项目上的配置效率；三是资源在每一支出项目上的使用效率。其中，第一层次财政支出效率考察采用“机会成本分析法”，第二层次和第三层次财政支出效率考察采用“成本效益分析法”“最低费用选择法”“公共劳务收费法”。

1. 机会成本分析法

市场经济条件下，从宏观的角度看，整个社会资源配置的主体有两个，即市场和政府，或者说一个是私人部门，一个是公共部门。政府制定的财政收支政策，实质上是将私人部门的部分资源转移到公共部门集中使用。在经济总量一定的条件下，公共部门与私人部门配置资源的数量存在着此增彼减的关系，即公共部门配置资源数量的增加，必然导致私人部门配置资源数量的相应减少；反之，公共部门配置资源数量的减少，必然导致私人部门配置资源数量的相应增加。由于使用或消耗一定量的经济资源就可以向社会提供一定量的某种产品或服务，获得一定量的经济效益，所以公共部门的资源配置是有机会成本的。这种机会成本就是私人部门因公共部门配置资源而少占有和少使用这部分资源所少向社会提供的产品或服务数量、少获得的经济收益数量。如何确定公共部门配置资源数量的合理性，进而确定公、私部门配置资源比例的合理性，是事关整个社会资源配置效率高低的根本性问题。

如何才能判定公、私部门配置资源的数量和比例的合理与否？西方有学者认为，如果公共部门配置资源的机会成本与所得收益相等，或公共部门配置资源的机会成本与私人部门配置这部分资源的机会成本相等，或公共部门与私人部门的边际收益率相等，此时公共部门配置资源的数量和比例就是合理的，整个社会资源配置的效率也是最高的。如果上述等式不成立，就表明公共部门过多地或过少地配置了资源，这时通过资源在公、私部门之间的重新调整，可以使公、私部门都创造出更大的收益，从而使整个经济资源的配置实现帕累托改进。以上关系可用图 3－1、图 3－2 和图 3－3 表示。

图 3－1 表明，无论是公共部门还是私人部门，它们使用经济资源的边际收益率是递减的。当经济资源总量（$OA+OA'$）一定，且公、私部门的配置量分别为 OA 和 OA' 时，公、私部门的边际收益率是相等的（$OB=OB'$）。在这种情况下，资源配置的效率最高，公、私部门获得的总收益最大（$FOAH+F'OA'H'$）。

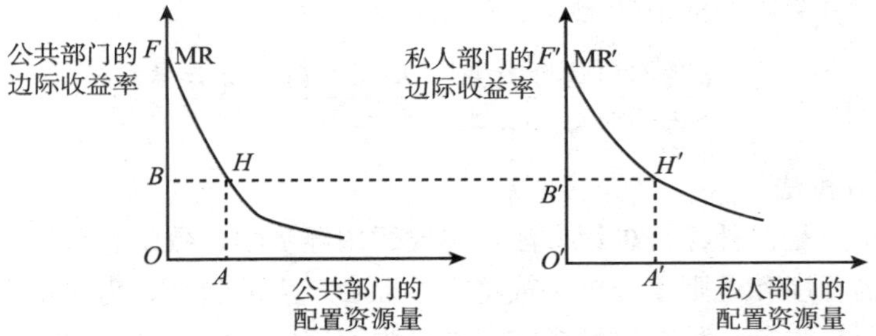

图 3－1　公、私部门边际收益率相等关系图

图 3－2 表明，当经济资源总量仍为图 3－1 的 $OA+OA'$，但公共部门配置的资源量减少为 OC，私人部门配置的资源量相应地增加到 OC'($OC+OC'=OA+OA'$)时，公共部门的边际收益率 OD 大于私人部门的边际收益率 OD'。公、私部门获得的总收益 $FOCE+F'OC'E'$ 与图 3－1 中公、私部门获得的总收益相比，减少了 $ECAH-H'A'C'E'$，资源配置效率没有图 3－1 所示的高。

图 3－3 表明，当经济资源总量仍为图 3－1 的 $OA+OA'$，但公共部门配置的资源量增加到 OC，私人部门配置的资源量相应地减少到 OC'($OC+OC'=OA+OA'$)时，公共部门的边际收益率 OD 小于私人部门的边际收益率 OD'，公、私部门获得的总收益 $FOCE+F'OC'E'$ 与图 3－1 中公、私部门获得的总收益相比，减少了 $E'C'A'H'-HACE$，资源配置效率没有图 3－1 所示的高。

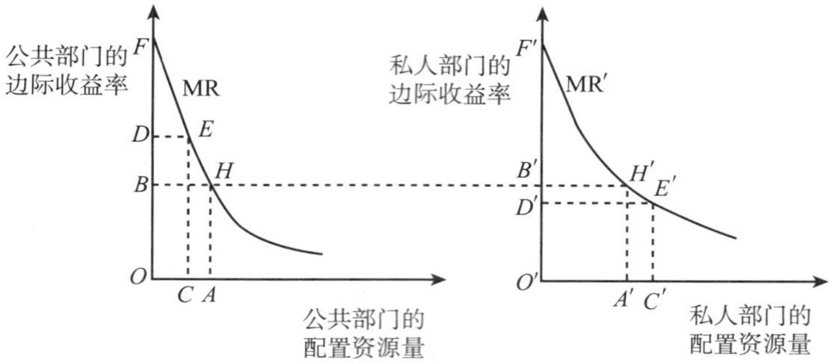

图 3－2　公共部门配置资源量减少关系图

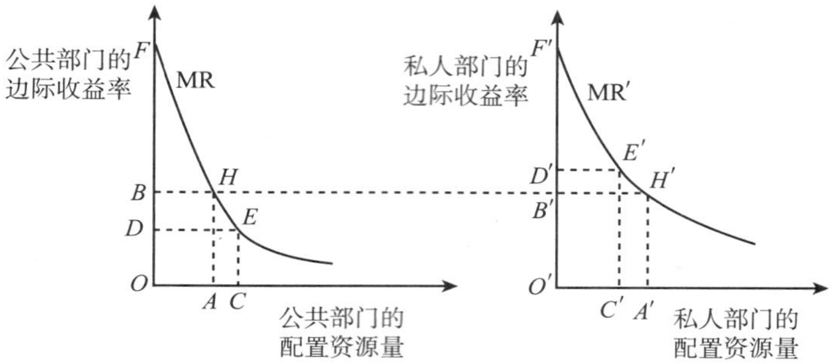

图 3－3　公共部门配置资源量增加关系图

由此可将整个社会资源的最佳配置条件表示为

$$\frac{\text{公共部门边际效益}}{\text{公共部门边际支出}}=\frac{\text{私人部门边际效益}}{\text{私人部门边际支出}}$$

2. 成本效益分析法

成本效益分析法是一种经济决策方法，主要运用经济学、数学、系统科学等方面的基本原理，按照一定的程序和规则，分析决策将会给社会产生的影响，为决策者提供科学的决策依据。成本效益分析法是一种在项目或方案选优中使用的经济决策方法，即针对政府确定的项目目标，提出实现项目目标的具体方案，分析比较各种方案的全部预期社会成本与社会效益，确定该项目或方案是否可行。如果项目目标只有一个，那么成本效益分析法就是一种判断方案是否可行的经济决策方法；如果是在若干项目目标中确定一个或数个方案，那么成本效益分析法就是一种项目选优的经济决策方法。

通过成本与效益的对比分析确定最优项目或方案，这种方法在企业投资决策分析中早已使用，并被称为财务分析法。财务分析法与成本效益分析法存在如下关系：第一，成本效益分析法是借鉴财务分析法发展起来的；第二，两者所要解决的问题是相同的，都是进行项目或方案选优，两者分析的过程也基本相同；第三，两者在进行成本与效益的对比分析中所使用的成本与效益的范围不同，由此决定了两者选优的标准也不同。财务分析法中分析的是项目或方案的直接的、有形的成本与效益，选优标准是经济效益或利润最大，不能将成本大于效益的项目或方案选为最优者；成本效益分析法中分析的不仅是直接的、有形的成本与效益，而且还有那些间接的、无形的成本与效益，选优标准是社会效益最大，即使是经济效益不好的项目或方案，如果其社会效益很好，也可能被选为最优。

运用成本效益分析法进行财政支出项目的选优，一般要经过以下 6 个步骤。

实际成本与效益类型

1）政府拟定备选项目和备选方案

政府根据国民经济和社会发展规划确定目标，提出若干达成这些目标的备选项目，组织各有关方面的专家就每一备选项目制定若干完成该项目的备选方案。需要指出的是，并非对所有实现政府职能的财政支出项目都可以进行成本效益分析，像国防、外交、司法、公安等财政支出项目因其效益无法由货币计量，因此无法对其进行成本效益分析。能够进行成本效益分析的主要是一些效益可以用货币计量的经济方面的支出项目。

2）成本与效益的列举

成本效益分析中所要分析的成本与效益分为两大类，即实际的成本与效益和金钱的成本与效益。实际的成本与效益，是指因该项目而实际消耗的人力、物力、财力，以及对社会经济和人民生活造成的实际损失，与因该项目而产生的更多的社会财富，以及社会经济的发展和人民生活水平的提高。金钱的成本与效益，也称金融的（虚假的）成本与效益，是指因该项目而使某些商品与服务的相对价格发生变化，导致某些人的收入发生增减变化，但一方之所得（或所失），正是另一方之所失（或所得），整个社会总的成本与效益并未发生增减变化。

3）成本与效益的计量

在列举出某一项目的所有成本与效益后，需要计算这些成本与效益。因为只有计算出成本与效益，才能在对比分析的基础上进行项目或方案的选优工作。然而，由于财政支出项目所分析的是包括经济方面和社会方面的全部成本和效益，这使成本和效益的计量具有一定的复杂性。

一般来说，对于有形的成本与效益，由于它们存在市场价格，计量相对容易一些。但是，有些市场价格不是通过自由竞争形成的，受政治、经济等因素的影响，价格已被人为地扭曲。如果以这种价格计量项目的成本与效益，就会使数据不可靠而失去可比性。在这种情况下，对这种价格就要进行调整，使用调整后的更符合实际的价格计算项目的成本与效益。

对于无形的成本与效益，因为不存在市场价格，只能用间接方法计量其近似值。在西方国家的成本效益分析中，间接计算项目成本与效益的方法主要有以下 3 种。

① 成本节约法。成本节约法是指政府财政支出项目给社会所提供的福利减少了某一社会成本，从而节约了社会人力、物力的消耗，这个节约额就是该项目的无形效益的近似值。例如，美化环境增进了人民健康的效益，可以近似地等于医疗机构费用的降低额；减少中小学退学率项目的效益，可以用社会教养费用的节约额近似表示。

② 成本有效性分析法。成本有效性分析法是指对各备选项目分别计算其可能提供的效益，通过分析比较得出何优何劣。例如，财政支出 10 亿元，备选项目为军事支出与教育支出，分别估算这 10 亿元增强军事实力的社会效益与降低退学率的社会效益，根据当时的社会政治、经济情况比较，作出最优选择。

③ 生命价值法。生命价值法是指对某些公共支出项目，如减少交通事故、降低疾病死亡率等项目的效益，可以用人们没有死亡或减少了疾病、能健康地工作而取得的收入表示。例如，国家投资建设一个癌症研究所，预计将解除 10 万人的癌症痛苦，这项投资的社会效益，可等同于这 10 万人不患癌症，能健康工作所挣得的收入。

4）成本与效益折现

许多财政支出项目的计算期都比较长，该项目的成本与效益就不是一个数额，而是项目计算期内每年发生的成本或效益所形成的“成本流”与“效益流”。由于货币时间价值的存在，在计算某个项目的成本与效益时就不能将每年的成本与效益简单地加总，而是按一定的折现率，将未来将要发生的成本与效益折算成现值，只有这样才能对不同项目或方案的成本与效益进行比较分析。项目成本与效益的现值计算公式为

$$\mathrm{PV}=\frac{R_1}{1+r}+\frac{R_2}{(1+r)^2}+\cdots+\frac{R_n}{(1+r)^n}$$

$$\mathrm{PV}=\frac{C_1}{1+r}+\frac{C_2}{(1+r)^2}+\cdots+\frac{C_n}{(1+r)^n}$$

公式中，PV 为现值，R_n 为第 n 年的收益，C_n 为第 n 年的成本，r 为折现率。

5）项目或方案选优

在计算出每个项目或方案的现值以后，要按照一定的标准将项目或方案按优先劣后排序，以供决策者选择。一般来说，项目或方案的选优标准有以下 3 个。

① 净现值（NPV）。净现值，是将不同项目或方案各年的效益与成本折算成现值后，计算出净现值，按净现值大小将项目或方案排序。净现值的计算公式为

$$\mathrm{NPV}=\left[\frac{R_1}{1+r}+\frac{R_2}{(1+r)^2}+\cdots+\frac{R_n}{(1+r)^n}\right]-\left[\frac{C_1}{1+r}+\frac{C_2}{(1+r)^2}+\cdots+\frac{C_n}{(1+r)^n}\right]$$

如果 NPV$\geqslant$0，则项目或方案可行；如果 NPV$<$0，则项目或方案不可行。当存在不止一个可行的项目或方案时，应按 NPV 大小将这些项目或方案排序。

② 现值指数（PI）。现值指数，是将不同项目或方案的效益与成本折算成现值，计算出效益现值与成本现值的比率，即现值指数，按现值指数大小将项目或方案排序。现值指数的计算公式为

$$\mathrm{PI}=\left[\frac{R_1}{1+r}+\frac{R_2}{(1+r)^2}+\cdots+\frac{R_n}{(1+r)^n}\right]\Big/\left[\frac{C_1}{1+r}+\frac{C_2}{(1+r)^2}+\cdots+\frac{C_n}{(1+r)^n}\right]$$

如果 PI$\geqslant$1，则项目或方案可行；如果 PI$<$1，则项目或方案不可行。当存在不止一个可行的项目或方案时，应按 PI 大小将这些项目或方案排序。

③ 内含报酬率（IRR）。内含报酬率，是指一项长期项目在未来若干年内的实际报酬率。这个报酬率能使项目的净现值等于零。该标准是根据项目内含报酬率高低来确定项目是否可行的。内含报酬率的计算公式为

$$\mathrm{NPV}=\left[\frac{R_1}{1+\mathrm{IRR}}+\frac{R_2}{(1+\mathrm{IRR})^2}+\cdots+\frac{R_n}{(1+\mathrm{IRR})^n}\right]-\left[\frac{C_1}{1+\mathrm{IRR}}+\frac{C_2}{(1+\mathrm{IRR})^2}+\cdots+\frac{C_n}{(1+\mathrm{IRR})^n}\right]=0$$

计算出 IRR 后，要将 IRR 与市场报酬率相比较。如果 IRR$\geqslant$市场报酬率，则项目可行；如果 IRR$<$市场报酬率，则项目不可行。

6）成本效益分析法评价

虽然成本效益分析法的适用范围有一定的局限性，但它仍不失为一种非常重要的财政支出项目选优的经济决策方法。西方经济学家认为，该方法的使用可以纠正两种在实践中广泛存在而肯定会带来不良后果的做法。一是只顾需要而不管费用的做法。由于财政资金是有限的，而财政支出的需求是无限的，这样一定时期的财政资金并不能满足所有财政支出项目的

需求。对于某些财政支出项目而言，尽管确有存在的必要，但考虑到其成本与效益的对比状况，也不得不放弃。二是只顾财政上的可能而不管财政支出需要的做法。在某些情况下，如财政资金比较宽裕可能会只管安排财政支出而不管该不该这样安排财政支出，结果是使财政支出未发挥其应发挥的作用。进行成本效益分析可使在安排财政支出时慎重决策，既要考虑财政资金的可能性，又要考虑财政支出的必要性。

因此，成本效益分析法一般只适用于那些具有经济性质的、有形的、可以用货币计量的财政支出项目的评价。

3. 最低费用选择法

最低费用选择法，是对每个财政支出方案进行经济分析时，只计算每项备选方案的有形费用，而不计算其社会效益，并以“费用最低”为标准选择最优方案。最低费用选择法主要适用于那些只有社会效益，其产品不能进入市场流通的支出项目，如军事、行政、文化、卫生等支出项目。

运用最低费用选择法进行方案选优不需计量项目的效益，故其分析步骤较成本效益分析法相对简单一些。首先，政府根据经济和社会发展规划，确定财政支出项目，同时对适用于最低费用选择法的每一项目拟定出若干完成该项目的备选方案。其次，对每一备选方案，分别计算其各种有形费用。在计算各备选方案的费用时，对于受各种因素影响而扭曲的市场价格，也要运用市场规则消除其包含的不合理价格因素；对于项目计算期较长的项目，也要用折现的方法换算出每年费用的现值，以使各方案的费用具有可比性。最后，按照费用最低原则选择最优方案。

与成本效益分析法一样，最低费用选择法的应用范围同样具有局限性。由于政府财政支出的许多项目都受政治的、社会的、心理的因素影响，如果在分析中不考虑这些无形的非经济因素的存在，只分析有形的经济因素，这难免会使决策的依据不够充分完整。尽管如此，最低费用选择法在使财政支出绩效评价走向科学合理方面仍发挥了重要的作用。

4. 公共服务收费法

公共服务，是指政府机构履行其职能而向社会提供的各种服务，如邮政电信、道路交通、城市供水、环境卫生、国家公园、文化教育等部门提供的服务。公共服务收费法，就是把商品买卖的等价交换规则引申到一部分公共服务的提供与使用中，通过制定和调整公共商品和公共服务价格，使公共商品和公共服务得到最有效、最节约的使用，从而达到提高财政支出效益的目的。公共服务收费法主要适用于那些通过这类支出所提供的公共商品和公共服务可部分或全部进入市场交换的领域。

公共服务定价方法

3.2 购买性支出

3.2.1 国防支出

国防支出是指用于国防建设和军队方面的支出。自从国家产生以来，防御外敌入侵、保卫国家安全、捍卫领土和主权的完整，始终都是财政必须履行的基本职责。在现代社会中，国防支出不仅为整个经济生活的有序进行提供良好的外部环境，而且具有特殊的经济调节功能，是影响社会经济稳定发展的一个十分重要的因素。因为数额巨大的国防支出是社会总需求的有机组成部分，而国防产品和国防服务还是社会产品和服务的重要组成部分。此外，提供国防产品和国防服务的军事工业更是一个国家工业体系不可分割的部分。

1. 国防支出的内容

国防是典型的纯公共产品，具备纯公共产品的所有特征。正由于此，国防产品一直由并且只能由政府提供。国防支出是任何一个主权国家维护其领土完整和主权独立所必不可少的开支。

一般来说，国防支出由直接国防支出和间接国防支出两部分组成。直接国防支出，是指政府预算中的国防支出，主要包括军事人员的经费与训练费、武器装备和军事活动器材的购置费、军事工程设施的建筑费、军事活动经费、军事科学研究与试验经费、军事院校教育经费等。间接国防支出，是指包括在政府预算其他科目中具有国防性质的支出内容，如西方发达国家政府预算中的国际事务支出、宇宙航行及其技术支出、战略与关键物资储备支出、退伍军人福利与服务支出、国防公路系统支出、国债利息支出等。在这些支出中，有的直接具有国防支出的性质，有的直接或间接对国家安全发挥作用，有的被立法机构认为是国家安全所必需的，有的则是过去战争或军事开支的延续。

根据财政部制定的《2020 年政府收支分类科目》（2020 年 1 月 1 日起执行）政府预算收支科目分类，我国的国防支出内容包括现役部队、国防科研事业、专项工程、国防动员和其他国防支出。

2. 影响国防支出的主要因素

从世界各国国防支出的实际情况看，影响国防支出的因素主要有以下 5 个方面。

1）国家地域范围

一般来说，国家的地域范围越是广大，其与其他国家接壤的边境线就越长，为了保护国家领土和主权不受侵犯，国家用于疆土保卫的防护性开支就会相应增加。

2）国家所处地位

在国际事务中发挥举足轻重作用的大国一般都较多地承担着维护地区或全球和平与稳定的责任（当然不排除一些大国是从自身私利出发而参与国际事务的可能），这样就客观上要求这些国家保持相对于其他国家而言较多的国防支出，以此保证当某些地区出现不稳定因素时能受联合国安理会之召出兵维和。

3）国际政治形势

国际政治形势紧张意味着局部冲突或全局冲突的发生具有很大的可能性，为了使自己在一旦爆发冲突时能有较强的实力，世界各国往往会增加国防支出以扩军备战。如果冲突真的发生了，为了打赢战争，冲突各方的国防支出还会迅猛增加。国际政治形势缓和意味着许多事情可以通过外交谈判方式解决而不必动武，此时的各国都会相互裁军，各国的国防支出也会相应减少。

4）军事现代化要求

随着科学技术的不断发展，国防活动已由过去的“人员密集型”转向“科技密集型”和“投入密集型”。冷兵器时代的“兵多将广”“人多取胜”的信条已被打破，在现代战争中武器装备的先进与否是决定战争胜负的一个重要因素。为此，必须加大国防投入以进行现代化武器的科研、开发与生产。

5）国家综合实力

国防支出的资金来源于国民经济创造的价值。所以，国防支出数额及国家军事力量的发达水平，是由一个国家的经济发展水平及由此而决定的综合实力决定的。有些发达国家的国防支出比许多发展中国家的整个财政支出乃至国民生产总值都要多。可见，没有强大的经济实力作后盾，国防支出就不会有真正的增长。

3. 国防支出合理限度问题

国防支出，尤其是现代化高科技的军事装备，是一项巨大的非生产性支出，负担过重就会减缓该国经济发展的能力和速度，进而造成无力支撑其高科技水平的国防支出需求。因而，需要对一个国家一定时期的国防支出数额究竟多大才是合理的问题进行探讨。

解决这一问题，实质上是要从理论上分析政府履行国防职能所需经济资源应占整个经济资源的合理比重。但是，确定国防产品的供求模式存在着实际的困难。其一，一国一定时期的国防总需求是不确定的。虽然，国防不仅是国家生存的必需，也是经济发展和人民安居乐业的必要，但是国家防务所具有的非竞争性和非排他性特征，使得它所产生的利益是全体社会成员所共享的，人们不会主动、真实地反映他们对国防的真正需求。而且，国防产品的不可分割性也使得全体社会成员无法准确地表达他们的真正需求。其二，一国一定时期的国防总效益是不确定的。由于每一位社会成员对国防产品的偏好或评价不同，每一位可以用于购买国防产品的收入不同，尽管每位社会成员都能获得相同的国防产品利益，但是就总体来说，国防产品究竟能够提供多大的效益却是不容易确定的。其三，一国一定时期的国防负担合理程度是不确定的。补偿国防产品成本的是税收。从理论上说，政府向每一位社会成员所征收的税收，应和每一位社会成员对国防产品的效益评价及由此而决定的愿意支付税收的数量相一致，这时的税收负担就是合理的。但现实中每个人对国防产品的评价不一，且每个人又不可能真实反映他从国防产品中所得到的利益，这使得每个人愿意支付的税收数量也不尽相同。加之任何一个国家的税制统一的内在要求本身表明，每一位社会成员所负担的国防费用可能是不合理的。

国防产品的提供及国防支出的数量合理与否是不能直接运用一般的市场供求模式确定的。各国对于如何提供国防产品，安排多少国防支出，几乎都是通过政治程序抉择的。以政治程序决定国防支出的合理数量界限，实质上仍是一种供求分析法，只不过这里的供求分析法与私人产品提供中使用的供求分析法相比基本上是一种定性的、粗略的分析方法。如果单从国防角度讲，国防支出当然是越多越好，因为国防支出多了，国家的军事实力就会增强，国家社会经济发展就有了坚实的外部环境。然而，国防支出不可能无限增加，这就是国防支出的供给因素。不管有多少种理由需要增加国防开支，但国防支出的增加不是由人的主观意志决定的，要受一系列因素的影响和制约，如一个国家的经济发展水平、财政支出结构、财政支出效率等。对此，西方财政学中关于“大炮和黄油”的选择、财政支出中不同项目的选择、不同武器装备的选择等都是就国防支出供给方面因素所做的分析。

从一个相对短的时期来看，影响国防支出供求方面的因素又是相对可以估计的。一方面，根据当时国际政治形势的状况、与邻国的军事政治关系、武器装备水平等可以大概地估计出入侵之敌来自何方，其入侵力量估计有多大，需要动用多大的军事力量方可遏制敌人的入侵，这些就是该时期影响国防支出需求方面的因素；另一方面，根据当时国民经济的发展水平、财政收入状况、人民生活水平等又可大概地估计出为满足遏制入侵之敌所能筹集的财政资金，即该时期影响国防支出供给方面的因素，以此为基础制订出还击敌人入侵的具体的军事计划，并为各个计划拟定相应的实施方案。最后可以对各备选方案进行财政支出效率分析，确定最优方案，据此编制该时期的国防支出预算。

3.2.2 行政管理支出

行政管理支出，是指国家财政用于各级权力机关、行政机关、审判机关、检察机关，以及外事机构、重要党派团体行使职能所需的经费支出。它直接为国家机器的存在和运转提供必不可少的外部条件，因而具有重要的意义。

根据财政部制定的《2020年政府收支分类科目》政府预算收支科目分类，行政管理支出主要包括一般公共服务支出，如人大事务、政协事务、政府办公厅（室）及相关机构事务、发展与改革事务、统计信息事务、财政事务、税收事务、审计事务、海关事务、人力资源事务、纪检监察事务、商贸事务、知识产权事务、民族事务、港澳台事务、档案事务、民主党派及工商联事务、群众团体事务、党委办公厅（室）及相关机构事务、组织事务、宣传事务、统战事务、对外联络事务、其他共产党事务支出、网信事务、市场监督管理事务、其他一般公共服务支出等经费；外交支出，如外交管理事务、驻外机构、对外援助、国际组织、对外合作与交流、对外宣传、边界勘界联检国际发展合作、其他外交支出等经费。

3.2.3 文教科卫支出

1. 文教科卫支出的含义

文教科卫支出，是指财政用于文化、教育、科学、卫生、出版、通信、广播、文物、体育、地震、海洋、计划生育等事业经费支出的统称。它由国家财政用于这些事业的日常经费支出和投资支出两项内容构成。

至于文教科卫支出是属于生产性支出还是非生产性支出，这是我国传统财政学研究的一个重要理论问题，研究这一理论问题对当时的财政实践具有重要的指导意义。我国传统财政学据以建立的理论基础是马克思主义的国家学说和经济学说，是计划经济体制环境下的产物。计划经济体制下的财政是经济建设型财政（或生产建设型财政）。政府财政作为整个社会经济资源的主要配置者之一，它要直接参与国家的经济建设活动，如投资建立国有企业，给国有企业提供流动资金、技术改造资金等。财政支出中用于经济建设的支出占很大比重。对经济建设支出的重视，客观上要求在安排财政支出时要区分每项财政支出的性质，以便在考虑支出的先后顺序或资金安排时有所依据。这种考虑并不意味着要将所有的非生产性支出全部安排在后面或资金安排不足，而是说在当时特定的经济体制和经济社会环境下，对生产性支出相对重视一些。

如何区分财政支出中的生产性支出和非生产性支出？其依据是马克思主义关于生产性劳动与非生产性劳动的理论，即凡是直接从事物质资料的生产、直接创造物质财富的劳动就是生产性劳动；除此之外的其他劳动，则为非生产性劳动。由于从事文教科卫等事业的劳动并未直接生产出物质资料，并未直接创造出物质财富，因此属于非生产性劳动。这样用于文教科卫事业的财政支出自然为非生产性支出。文教科卫支出为非生产性支出并不意味着这些支出与物质财富的创造毫无关系。事实上，文教科卫事业的发展，或者可以为社会生产提供有利的外部条件，或者可以促进劳动生产力的提高。例如，教育事业可以提高劳动者的素质，卫生事业可以保障劳动者身体健康，科研事业可以推动生产力水平的提高等。

我国理论界对文教科卫支出的性质一直存有争议。在建立社会主义市场经济体制过程中，随着西方经济理论和财政理论逐渐地、借鉴性地被引入到我国财政理论研究和财政实践中，财政支出中关于文教科卫支出的性质问题将可能转变为文教科卫等无形产品的政府提供问题，或者公共支出中用于提供文教科卫等无形产品的支出的安排问题。

2. 政府与文教科卫支出的关系

我国的文教科卫支出主要包括：科学事业费、教育事业费、文体广播事业费、卫生经费等。这里所讲的文教科卫支出实际上是整个社会用于政权运转和文化、教育、科学等事业的支出总额中由政府财政承担的部分。那么，政府财政为何要承担这些事业的经费支出？这些事业的经费支出中有哪些应由财政承担？这些事业的各项经费支出中财政应承担多大的比重？对于这些问题，只有在对政府与文教科卫事业之间的关系进行理论分析才能作出比较满意的回答。

人类要生存和发展，就会产生各种各样的正常需要，只有这些需要得到满足，人们的日常生活和社会生产才能顺利进行。一般来说，人们的这些正常需要是以获得或消费产品的方式得到满足的。就整个社会而言，能够提供满足人们各种正常需要的产品有两个系统：一是市场系统，提供的是私人产品；二是政府系统，提供的是公共产品。这两种产品的主要区别在于产品的消费特征不同，即私人产品在消费过程中具有竞争性和排他性，而公共产品在消费过程中具有非竞争性和非排他性。当然，私人产品和公共产品并非是满足人们各种需要的全部产品。在满足人们各种需要的全部产品中，除了私人产品与公共产品外，还有一类介于私人产品与公共产品之间，不完全具有公、私两类产品特征的产品，同时具有私人产品的竞争性特征与公共产品的非排他性特征，或同时具有公共产品的非竞争性特征和私人产品的排他性特征。人们一般将这类产品称为混合产品。需要指出的是，不论是公共产品、私人产品，还是混合产品，它们既包括有形的产品，又包括无形的服务。文教科卫事业基本上均属于提供满足人们各种需要的产品中无形服务的活动。根据以上理论，下面分析政府与文教科卫事业的关系。

就教育事业而言，教育产品从历史上看基本上都是由私人提供的。从性质上讲它具备私人产品的全部特征，即由于教育资源的有限性，一个人接受教育服务就会影响其他人接受教育服务的数量与质量；付费受教育的现实可以将那些未付费的人排除在接受教育服务的行列之外。而且，接受教育所带来的利益基本上完全由受教育者自己获得。按照这样的分析，教育是一种私人产品，它应由市场体系提供。然而，随着社会经济的发展，教育在具有私人产品特征的同时，也显现出某些公共产品的特征。例如，人们接受教育不仅对其本人有利，如可能找到好的工作、取得较高的收入等，而且还有利于提高劳动者的生产技术水平，从而提高整个社会的劳动生产率，促进经济的稳定发展。再如，整个社会成员接受教育的范围广了、程度高了，不仅有利于缩小收入和财富在社会成员之间分配不公平的状况，而且也有利于促进整个社会文明程度的提高和民主进程的加快。这样看来，教育事业就不仅仅是私人或市场的事情了，政府也应在发展教育事业上发挥应有的作用。当今世界各国，不论是初等教育，还是高等教育，政府都承担了相当比重的责任。与此相适应，政府财政支出中有相当一部分用于安排教育事业支出。

就科学事业而言，科学研究一般分为两种类型，即基础科学研究和应用科学研究。基础科学研究具有研究成果交易性差、存在外部效应的特征，其研究成果往往难以转化为市场所需的产品，对其进行交易比较困难，而且这些研究成果对相关的应用科学研究具有重要的意义。这意味着进行这部分研究的人员其研究工作虽然对社会而言非常重要，但他们并不能从市场中获取支持自己研究工作的经济资源。应用科学研究往往会导致新产品、新工艺、新技术、新材料的发明，在专利制度下从事应用科学研究的人员可以将其研究成果在市场上进行交易，从而获取相应的收入。这样，基础科学研究应由政府承办，基础科学研究经费应由政府财政承担，而应用科学研究则应由市场中的企业或个人承办，应用科学研究经费可由市场中的企业或个人承担。

就卫生事业而言，其中的医疗服务，如医院、诊所等，具有私人产品性质，即谁看病谁付费；而其中的公共卫生服务，如卫生防疫、流行性疾病预防、职业病研究等，它们是着眼于整个社会成员的身心健康而提供的服务，这些服务具有外部效应，市场中的个人或企业一般不愿提供或无力提供，这时只能由政府提供或由政府资助提供。

其他的文教科卫事业项目，如文化、广播、海洋等也可依上述方法进行分析。经过分析可以发现，在整个社会文教科卫事业中，有些属于公共产品的范围，如公共卫生、基础科研、地震、计划生育等；有些属于混合产品的范围，如基础教育、广播、公园、图书馆、科技馆等；有些则属于私人产品的范围，如文艺团体演出、应用科学研究、中介服务等。政府财政应当承担的是文教科卫事业中的那些具有公共产品性质的事业支出和一部分具有混合产品性质的事业支出。除此之外，其他文教科卫事业的支出均应由市场中的企业和个人承担。

目前，我国财政支出中文教科卫支出存在的主要问题是：由于计划经济体制下政府几乎全部承办了社会的文教科卫事业，这使得文教科卫支出中安排了不少应由企业和个人承担的具有私人产品性质的文教科卫事业支出。其结果是许多应由政府承办的文教科卫事业因财政资金不足而不能正常发展，如基础教育。财政资金的不足严重制约着政府提供应由它提供的文教科卫产品的能力，由此而导致了社会成员在教育、卫生、科技普及等产品上的消费不足。从长远来看，这种情况会影响我国经济发展的整体水平及国民的整体素质。为此，调整财政支出中文教科卫支出的结构，解决政府在文教科卫事业上的“越位”和“缺位”问题是摆在政府以及政府财政面前的一项紧迫任务。

3.2.4 政府采购制度

政府采购制度起源于欧洲，从 18 世纪末开始，西方国家逐步开始实施政府采购制度，制定相应的法律法规和建立管理机构，政府采购主体逐步由中央政府、地方政府向其他公共服务组织扩展，并成为政府干预经济的一种手段。近一个世纪以来，政府采购制度是大部分实行市场经济体制的国家管理政府直接支出的基本方式，并且已经推广到国际贸易领域。

2002 年 6 月 29 日，第九届全国人民代表大会常务委员会第二十八次会议通过了《中华人民共和国政府采购法》（以下简称《政府采购法》），自 2003 年 1 月 1 日起施行。《政府采购法》是我国政府采购法律制度中效力最高的法律文件，是制定其他规范性文件的依据。此后，国务院财政部门陆续颁布了《政府采购货物和服务招标投标管理办法》《政府采购信息公告管理办法》等。国务院于 2014 年 12 月 31 日公布《中华人民共和国政府采购法实施条例》，自 2015 年 3 月 1 日起施行。财政部于 2018 年 1 月 4 日印发了《政府采购代理机构管理暂行办法》，自 2018 年 3 月 1 日起施行。这些构成了我国现行的政府采购法律制度。

1. 政府采购的概念

政府采购，也称公共采购，是指各级国家机关、事业单位和团体组织，使用财政性资金采购依法制定的集中采购目录以内的或者采购限额标准以上的货物[①]、工程[②]和服务[③]的行为。为了规范政府采购行为，加强政府采购管理，提高财政资金使用效率，就有必要制定有关政府采购的政策、方法、程序等一系列的法律法规，这些法律法规的总称就是政府采购制度。

政府采购是相对于私人采购[④]而言的，两者的共同之处是都从市场上购买自己所需要的商品和服务。两者的不同之处如下。

① 资金来源不同。政府采购资金直接来自政府财政支出中的购买性支出，最终来源于政府的财政收入，具有公共性的特点；私人采购资金，或来自私人自己的收入，或来自私人向其他企业、组织、个人的借款，具有私人性的特点。

② 采购主体不同。政府采购主体是国家机关、事业单位和团体组织，具有特指性；私人采购主体是成千上万的企业和无数的个人，具有泛指性。

③ 采购目的不同。政府采购基本目的在于加强财政支出管理，提高财政资金使用效率，政府采购不是为卖而买的活动，不以营利为目的，具有非营利性特征；私人采购，特别是私人企业采购，其目的在于通过先买后卖而盈利，具有营利性特征。

④ 采购对象不同。政府采购对象范围非常广泛，既有生活资料也有生产资料，既有军用品也有民用品，既有商品也有服务，具有广泛性特征；私人采购，就某一具体的采购主体而言，其采购对象范围是有限的，具有有限性特征。

⑤ 规范程度不同。政府采购是在一系列有关政府采购的法律法规的约束下进行的，其行为具有规范性；私人采购完全是私人自己的事情，其行为具有非规范性。

⑥ 经济影响不同。政府采购因其采购对象的品种多、范围广、数量大、采购资金规模大而对经济总量和经济结构产生很大的影响；私人采购因其采购对象的品种少、采购资金规模小而对经济的影响要小得多。

另外，政府采购因其在购买商品和服务的过程中同时执行国家的有关社会经济政策而使它还具有政策性的特征；私人采购因其是私人行为，则不具备这一特征。

政府采购制度的基本内容由以下 4 个方面组成。

① 政府采购法律法规。它主要表现为各国制定的适应本国国情的《政府采购法》，该项法规包括总则、招标、决议、异议及申诉、履约管理、验收、处罚等内容。

② 政府采购政策。它包括政府采购的目的，采购权限的划分，采购目标的确立，采购的范围、程序、原则、方法、信息披露等方面的内容。

③ 政府采购程序。它是指有关购买商品或服务的政府采购计划的拟定、审批，采购合同的签订，价款确定，履约时间、地点、方式和违约责任等方面的内容。

---

① 所谓货物，是指各种形态和种类的物品，包括原材料、燃料、设备、产品等。

② 所谓工程，是指建设工程，包括建筑物和构筑物的新建、改建、扩建、装修、拆除、修缮等。

③ 所谓服务，是指除货物和工程以外的其他政府采购对象，包括政府自身需要的服务和政府向社会公众提供的公共服务。

④ 私人采购是指企业和个人的采购。

④ 政府采购管理。它是指有关政府采购管理的原则、方式，管理机构、审查机构与仲裁机构的设置，争议与纠纷的协调和解决等内容。

2. 政府采购的作用

建立政府采购制度的初始目的在于加强财政支出管理，规范政府采购行为，提高财政资金的使用效率。但是，政府采购对象的广泛性和采购资金数额巨大，使它对经济也会产生一定的影响。随着20世纪30年代以后政府对经济干预的加强和70年代以后政府采购的逐步国际化，政府采购对社会经济的影响进一步深化。

1）政府采购的财政作用

政府采购履行其职能所需要的商品和服务的活动，是随着财政收支的货币化而出现的。只有建立政府采购制度才可以达到加强财政支出管理、规范政府采购行为、提高财政支出效率的目的。因为政府采购活动涉及三个利益相关的主体，即财政部门、政府及其所属机构、企业或个人。政府及其所属机构履行政府职能，是商品和服务的需求者；企业或个人是政府及其所属机构所需商品和服务的供给者；财政部门是政府及其所属机构购买商品和服务的支付者。

在建立政府采购制度之前，财政部门先编制各部门的预算并按期拨付经费，各部门根据需要购买商品与服务。实际上，当各部门的预算确定后，购买什么、购买多少、购买价格基本上就成为各部门自己的事情而与财政部门没有多大关系了。这样的政府采购实际上成了采购部门和商品或服务提供者之间的事情。由于购买者在购买商品与服务时花的是公款，即政府财政的钱，他本身就不可能产生节约资金的内在动力，挥霍浪费成为司空见惯的事情；由于各部门分散采购，部门之间对某些可以共用的商品了解程度不够，往往会产生盲目购置、重复购置的情况；由于缺乏有效的监督机制，商品与服务的购买者与提供者常常合谋，共同侵吞国家资财，其结果是多花了钱、少办了事，或花了同样的钱，办了较少的事。

建立政府采购制度以后，财政部门、政府及其所属机构和商品与服务的提供者是在有关法律法规的约束下，在公开、公平、公正的竞争环境中完成政府采购活动的，即政府及其所属机构履行职能所需的商品与服务的购买是由采购机关与供应商以招标投标方式完成的。在采购合同签订之后，财政部门按有关规定或采购合同支付价款。这样，既可以降低交易费用，节约采购资金，防止浪费和腐败，又可以购买到物美价廉的商品与服务，财政资金的使用效率会因此大大提高。

2）政府采购的经济作用

首先，政府采购能调节经济。政府采购资金就是财政支出中的购买性支出。由于该支出数额巨大，一般占GDP的10%以上，这使得政府采购成为政府对国民经济进行宏观调控的一种重要手段。政府不仅可以根据市场总供求的对比状况，通过调节政府采购的规模、数量保持总量平衡，而且还可以通过政府采购对商品与服务的买与不买、买多买少调节经济结构；政府采购不仅可以直接地调节社会的生产、就业和物价水平，而且还可以间接地影响收入的公平分配。

其次，政府采购能促进就业。除了上述通过政府采购总量的增减影响社会生产从而影响就业外，还可以鼓励政府向一些特殊企业（如残疾人企业、少数民族企业等）购买产品，或者对参与政府采购竞争的企业进行资格审查，不允许存在歧视特殊群体就业的现象，以此促进特殊群体的就业；在经济衰退时期，政府还可以扩大公共投资，以增加投资品采购的方式增加就业。

再次，政府采购能保护民族产业。随着贸易自由化和经济全球化的发展，各种经贸组织纷纷签订协议，要求成员国相互开放政府采购市场。各国为了保护自己的特殊产业，如民族产业、关键领域、“卡脖子”产品等，纷纷制定法律法规要求购买或优先购买本国的某些产品或服务，强制本国政府采购本国产品或服务。

最后，政府采购能保护环境。工业化、城市化给人类带来丰裕物质财富的同时，也给赖以生存的环境造成了极大的损害。各国政府纷纷制定有关环境保护的法律法规，并采取有效措施开展环境保护工作，政府采购就是其手段之一。一方面，政府采购本身就要求尽量购买环保型产品；另一方面，政府采购对所要购买的产品或拟建的工程，提出有利于环境保护的标准和要求，凡不符合要求的产品不予购买，没有能力达到要求的企业不予考虑。

3. 政府采购的方式

1）政府采购方式的种类

政府采购方式有两种，即招标性采购和非招标性采购。一般而言，招标性采购方式适用于达到一定金额以上的采购项目，否则适用非招标性采购方式。

（1）招标性采购

招标性采购，是指采购方按照法定程序，通过发布招标公告，邀请所有潜在的不特定的供应商参加投标，采购方通过对各个供应商的资格[①]进行综合比较，从所有投标供应商中择优评选中标供应商，并与之签订政府采购合同的一种采购方式。招标性采购有以下 3 种具体方式。

① 竞争性招标采购。竞争性招标采购是指通过公开程序，邀请所有有兴趣的供应商参加投标。

② 选择性招标采购。选择性招标采购是指通过公开程序，邀请供应商[②]提供资格文件，只有通过资格审查的供应商才能参加后续投标，或者通过公开程序确定特定采购项目在一定期限内的候选供应商，作为后续采购活动的邀请对象。

③ 限制性招标采购。限制性招标采购是指不通过预先发布公告程序，直接邀请一家或两家以上的供应商参加投标。限制性招标采购方式只适用于一些特殊情况，如公开性招标或选择性招标后没有供应商参加投标或无合格标；供应商只有一家，无其他替代者可供选择；出现无法预见的紧急情况；向原供应商采购替换零配件；因扩充原有采购项目需要考虑到配套要求；属于研究用的试验品、试验性服务；追加工程，必须由原供应商办理，且金额未超过原合同金额的 50%；与原工程类似的后续工程，并在第一次招标文件中已作规定的采购等。

（2）非招标性采购

非招标性采购，是指除招标性采购以外的其他采购方式。达不到招标性采购金额的采购

① 供应商参加政府采购活动应当具备一定的资格：具有独立承担民事责任的能力、具有良好的商业信誉和健全的财务会计制度；具有履行合同所必需的设备和专业技术能力；有依法缴纳税收和社会保障资金的良好记录；参加政府采购活动前三年内，在经营活动中没有重大违法记录；法律、行政法规规定的其他条件。

② 邀请的供应商，不能少于 3 家。

活动要求采用非招标性采购，有时从经济的角度考虑不适合选择招标性采购的采购活动，如紧急性采购或单一来源采购等，也采用非招标性采购。非招标性采购的具体方法较多，通常使用的主要有询价采购、单一来源采购、竞争性谈判采购、自营工程等。

① 询价采购。询价采购，也称货比三家，是指采购方向国内外相关供应商（通常不少于 3 家）发出询价单让其报价，通过报价比较并确定最优供应商的一种采购方式。该方式只适用于采购的货物规格、标准统一，现货货源充足且价格变化幅度小的采购项目。

② 单一来源采购。单一来源采购，也称直接采购，是指采购人向唯一供应商进行采购的方式。这种采购方式适用于达到了竞争性招标采购的金额要求，但所购商品的来源渠道单一，如属于专利、首次制造、合同追加、原有项目的后续扩充等特殊情况。这种采购方式的最大特点是没有竞争性。

按照《政府采购法》的规定，符合以下情形之一的货物或服务，可以采用单一来源方式采购：

- 只能从唯一供应商处采购的；
- 发生了不可预见的紧急情况，不能从其他供应商处采购的；
- 必须保证原有采购项目的一致性或者服务配套的要求，需要继续从原供应商处添购，且添购资金总额不超过原合同采购金额 10%的。

③ 竞争性谈判采购。竞争性谈判采购，是指采购方通过与多家供应商（不少于 3 家）进行谈判，最后从中确定中标供应商的一种采购方式。根据政府采购法律制度的规定，符合下列情形之一的货物或者服务，可以采用竞争性谈判方式采购：

- 招标后没有供应商投标或者没有合格标的或者重新招标未能成立的；
- 技术复杂或者性质特殊，不能确定详细规格或者具体要求的；
- 采用招标所需时间不能满足用户紧急需要的；
- 不能事先计算出价格总额的。

④ 自营工程。自营工程，是土建项目中所使用的一种采购方式，是指采购方不通过招标或其他采购方式而直接使用当地的施工队伍承建土建工程。采用自营工程方式有其严格的前提条件：一是事先无法确定工程量；二是工程小而分散，或工程地点较远，承包商要承担过高的动员费用；三是必须在不干扰正在进行的作业情况下完成的工程；四是没有承包商感兴趣的工程；五是如果工程不可避免地出现中断，其风险应由采购方承担比承包商承担更为妥当。

2）政府采购方式的选择

政府采购的各种方式各有特点，各有自己的适用范围。目前，各国采用较多的是竞争性招标采购方式和竞争性谈判采购方式。从发展趋势看，虽然竞争性招标采购仍是主要的采购方式，但其地位在逐步下降，而竞争性谈判采购的地位则呈上升之势。

就竞争性招标采购方式而言，其优点主要体现在采购活动的公开、公平、公正和竞争方面，既有利于所有具备相关资格的供应商在公开的前提下展开公平竞争，确保交易公正，维护自己的经济利益，也有利于采购方购得物美、质高、价廉的商品或服务；其缺点主要表现为周期长、费时多、缺乏弹性。由于从准备招标文件到最后签订合同需要较长时间，一旦确定了供应商并签订了合同，采购方即使发现了更好的供应商，也不能更改合同。而且因为周期长，有些采购合同签订时或者合同中要购买的商品已是落后的了，其价格也会发生很大变化。更有甚者，有时在做了大量的招投标工作后，因某一方或双方在某些方面考虑欠全面，很可能放弃采购工作，宣布废标。

虽然竞争性招标采购是一种较为理想的采购方式，各国在有关政府采购的相关法律中规定达到标准金额以上的采购项目采用该方式，但在实际采购中采用该方式的比重并不大，一般占30%～40%，并且这一比例还在进一步下降。之所以出现这种情况，除了竞争性招标采购自身存在的上述缺点外，其他更好的采购方式，特别是竞争性谈判采购方式的使用也是重要原因。竞争性谈判采购既有竞争性招标采购的优点，又可克服其不足，并且采用非招标性采购方式，可以规避各种地区性和世界性经贸组织有关协议所坚持的国民待遇原则和非歧视性原则，为国内供应商提供更多的参与政府采购的机会，保护本国经济。

就竞争性谈判采购方式而言，采购方直接与供应商谈判，省去了大量的竞争性招标采购要做的准备招标文件和开标、评标工作，既减少了工作量，又节省了时间，缩短了采购周期；采购方可灵活地就其所要采购商品的性能、规格、数量、价格、售后服务等内容与供应商多次进行谈判，各个供应商为了争得向采购方提供产品的机会，纷纷将自己所掌握的最新科学技术应用到采购商品或服务之中，这可能使采购方购得超出自己预期的商品；采购方通过对供应商范围和数量实行限制，如选择国内供应商，可以达到购买本国产品，保护本国经济的目的。

4. 政府采购的程序

政府采购的规范性与国际化使政府采购过程有一套相对完整、统一的程序。一般来说，政府采购项目的完整采购程序包括以下几个阶段。

1）确定采购需求

确定采购需求，是指采购方提出自己所需要的商品或服务，并对这些商品或服务作出说明，包括商品或服务的功能或性能特点、采购总量、交货期、服务有效期等与该商品或服务价格密切相关的信息。采购方一般通过两种方式提出采购需求：一是“功能说明”方式。通过这种方式提出采购需求时，采购方向可能签约的供应商说明所需商品和服务的功能，供应商应在提议中向采购方表明其满足这些功能要求的方式；二是“设计说明”方式。通过这种方式提出采购需求时，采购方应在“设计说明”中详细说明如何进行采购。确定采购需求的主要任务是拟订总的采购计划。

2）选择采购方式

政府采购方式很多，从大的方面讲有招标性采购和非招标性采购两种。一般来讲，一个国家对政府采购可供使用的方式及其适用范围都有明确的规定，但由于政府采购项目的多样性，使得同一项目可能出现既可采用这种采购方式也可采用那种采购方式的情况。任何一种采购方式都不可能是完美无缺的，规定其适用范围只是相对而言的。为此，针对具体的采购项目选择适当的采购方式非常重要。如果选择得当，不仅可以加快采购速度，而且还可以节省采购资金。

3）执行采购方式

不同的采购方式有不同的执行程序。以竞争性招标采购为例，其采购过程由招标、投标、开标、评标、签订合同、履行合同、验收与结算等组成。

① 招标。招标是竞争性招标采购的第一阶段，是准备采购工作阶段。在这一阶段需要做大量的基础性工作，如准备招标文件、发布招标通告、发出招标文件等。具体工作可由采

购方自行办理，也可以委托社会中介机构办理。

根据政府采购法律制度的规定，招标文件的提供期限自招标文件开始发出之日起不得少于5个工作日。采购人或者采购代理机构可以对已发出的招标文件进行必要的澄清或者修改。澄清或者修改的内容可能影响投标文件编制的，采购人或者采购代理机构应当在投标截止时间至少15日前，以书面形式通知所有获取招标文件的潜在投标人；不足15日的，采购人或者采购代理机构应当顺延提交投标文件的截止时间。

采购人或者采购代理机构应当按照国务院财政部门制定的招标文件标准文本编制招标文件。招标文件应当包括采购项目的商务条件、采购需求、投标人的资格条件、投标报价要求、评标方法、评标标准及拟签订的合同文本等。

② 投标。招标工作完成以后，采购进入投标阶段。在标书发出后至投标前，招标单位要根据实际情况合理确定投标准备时间，以便为投标商提供充分的准备时间，提高投标文件的质量。在此期间，招标单位还要为投标商做一些必要的服务工作，如对大型工程和复杂设备组织开标前会议和现场考察，按投标商的要求澄清投标文件等。招标单位在规定的投标截止日之前接受投标商提交的投标文件，截止期后送到的文件拒收，并取消投标商的资格。在收到投标文件后，要签收并通知投标商文件已收到。在开标之前，所有的投标文件都必须密封，并妥善保管。

③ 开标。开标应按招标通告中规定的时间、地点公开进行，并邀请投标商或其委派的代表参加。开标前，应以公开方式检查投标文件的密封情况，当众宣读供应商名称、投标项目的主要内容、投标价格等有价值的信息。开标时，对于投标文件中含义不明确的地方，允许投标商做简要解释。开标要做开标记录，其内容包括项目名称、招标号、招标通告刊登日期、招标文件发出日期、投标商名称及报价等。

④ 评标。评标的目的是根据招标文件中确定的标准和方法，对每个投标商的标书进行评价、比较，以评出最低投标价的投标商。评标分为初评和详细评标两个阶段。初评的内容包括供应商资格是否符合要求、投标文件是否完整、是否按规定方式提交了履约保证金、投标文件是否符合招标文件要求、有无计算错误等。只有在初评中确定为基本合格的投标才有资格进入详细评标阶段。详细评标的具体方法在招标文件中规定。最后按评标价由低到高评定出各投标商的排列次序。

政府采购招标评标方法分为最低标价法和综合评分法。最低标价法，是指投标文件满足招标文件全部实质性要求且投标报价最低的供应商为中标候选人的评标方法；综合评分法，是指投标文件满足招标文件全部实质性要求且按照评审因素的量化指标评审得分最高的供应商为中标候选人的评标方法。按照规定，技术、服务等标准统一的货物和服务项目，应当采用最低标价法；采用综合评分法的，评审标准中的分值设置应当与评审因素的量化指标相对应；招标文件中没有规定的评标标准不得作为评审依据。

政府采购评审专家应当遵守评审工作纪律，不得泄露评审文件、评审情况和评审中获悉的商业秘密。评标委员会、竞争性谈判小组或者询价小组在评审过程中发现供应商有行贿、提供虚假材料或者串通等违法行为的，应当及时向财政部门报告。政府采购评审专家在评审过程中受到非法干扰的，应当及时向财政、监察等部门举报。

评标委员会、竞争性谈判小组或者询价小组成员应当按照客观、公正、审慎的原则，根据采购文件规定的评审程序、评审方法、评审标准进行独立评审。如果采购文件内容违反国家有关强制性规定的，评标委员会、竞争性谈判小组或者询价小组应当停止评审并向采购人或者采购代理机构说明情况。评标委员会、竞争性谈判小组或者询价小组成员应当在评审报告上签字，对自己的评审意见承担法律责任。对评审报告有异议的，应当在评审报告上签署不同意见，并说明理由，否则视为同意评审报告。

⑤ 签订合同。评标过程结束后，采购合同将授予最低标价的投标商。具体的采购合同签订方法有两种：一是在发出中标通知书的同时，将采购合同文本寄给中标商，让其在规定时间内签字退回；二是中标商收到中标通知书后，在规定时间内派人前来签订采购合同。在向中标投标商发出中标通知书的同时，也要通知其他未中标的投标商，并及时退还履约保证金。采购合同签字并在中标投标商按规定交纳了一定数额的履约保证金后，采购合同才正式生效。

⑥ 履行合同。供应商按合同规定的要求，向采购方提供合格的商品或服务。双方都不得单方面修改合同条款，否则构成违约。

⑦ 验收与结算。在采购合同执行过程中，采购方对合同执行的阶段性结果或最终结果进行检验和评估。采购合同验收一般由专业人员组成的验收小组进行。验收结束后，验收小组要做验收记录，并分别在验收证明书和结算验收证明书上签字。财政部门按验收证明书、结算验收证明书及采购合同的有关规定，与供应商进行资金结算。若采购合同执行情况基本上符合要求，在财政部门清理结算后，采购方应将事先收取的履约保证金退还给供应商。

3.3 转移性支出

3.3.1 社会保障支出

1. 社会保障的定义

社会保障，是指社会成员面临生、老、病、死、伤残、失业等情况而出现生活困难时，社会或政府给予金钱或物质的帮助，以保障社会成员能维持最基本的生活水平。社会保障理论和实践因各国、各地区政治、经济、文化等方面的差异而各具特色。在我国，社会保障是指国家和社会通过立法对国民收入进行分配和再分配，对社会成员特别是生活有特殊困难的成员的基本生活权利给予保障的社会安定制度。它既是一个生活保障系统，也是一个社会稳定系统；它既是公民依据宪法而应该享有的一种基本权利，也是政府对全体成员承担的社会责任。

社会保障是社会进步、经济发展的客观需要。因为社会的进步、经济的发展不仅要求有一个稳定的经济增长率，以使社会物质财富不断增加，而且还要求有一个安定的社会环境。虽然保持社会环境的安定有很多工作要做，但其中很重要的一个方面就是尽量地满足社会成员多方面的基本生活需要。

第一，满足社会成员生活需要的基本手段是社会成员作为劳动者在创造物质财富的过程中所获得的报酬。劳动者作为物质财富的创造者，他们有就业并取得报酬的权利，但是由于各种各样的原因，并非每个劳动者都可以找到工作、获取报酬。当劳动者找不到工作而处于失业状态时，他们应当得到一份收入以满足自己及其家庭成员在其找不到工作期间内的最基本的生活需要。

第二，作为劳动这一生产要素的提供者，劳动者在生产过程中可能生病、受伤、伤残乃至死亡。当发生这些情况时，劳动者不仅需要医疗、护理、照顾、善后等服务，而且还应当得到一定的收入以维持自己及其家人在其不能工作时的基本生活需要。

第三，对于女性劳动者而言，当她们生育子女以后，需要有一定的时间哺育小孩、恢复身体。这样，她们应当享受一定时间的产假，产假期间应当得到一定量的收入以维持其基本生活需要。

第四，劳动者没有劳动能力退出劳动岗位以后，他们应当获得一定的收入以维持其退休以后的基本生活需要。

第五，社会成员在日常生活和工作中难免因遇到意想不到的自然灾害等而使其生活面临困难，当这些情况发生时他们应当得到一定的钱财帮助以使其渡过难关。

第六，社会成员中常常存在一些生活能力弱的群体，如残疾人，他们或者完全丧失了工作能力，或者部分丧失了工作能力。与正常人相比，这部分特殊的人群在学习、就业等方面存在诸多困难，他们获取收入的机会要少得多，取得收入的数量要少得多。为了使他们能像正常人一样在社会中生活，社会需要对他们予以特殊的帮助和照顾。

从社会保障的发展历史来看，社会保障经历了非规范化和规范化两个阶段。在非规范化阶段，当出现社会保障需求时，某些社会组织和政府往往会以不同的形式向面临生活困难的社会成员提供帮助，如慈善机构的施舍活动，政府的开仓放粮、赈济灾民等。非规范化的社会保障有一些具体的社会保障措施，这些措施都具有临时应急性质，它们既不规范又不连续，而且保障范围也十分有限。这种社会保障与当时的经济发展形态是一致的。在自给自足的自然经济时期，人们主要从事农业生产劳动，劳动组织以家庭为单位，劳动成果归家庭所有且主要供自己消费，很少进行交换。劳动者的生产、生活几乎都是个人行为，他们所面临的生活困难也只能由他们自己解决。在规范化阶段，尽管一些非规范化的社会保障措施依然存在，如慈善机构的施舍活动，但此时的社会保障主要是制度化了的并由政府提供的。政府以法律形式确定满足社会成员各种社会保障需求的社会保障措施。这时的社会保障被称为社会保障制度。它不仅具有规范性，而且保障范围也十分广泛。这种社会保障是与生产的社会化和专业化相适应的。因为随着生产社会化与专业化程度的提高，整个社会生产成为一个相互联系、分工合作的整体。任何一个生产环节出现问题都可能直接影响到其他生产环节生产活动的顺利进行。为了保证社会经济的正常进行，必须保证社会生产过程有连续不断的劳动力供给。而要保证劳动力的连续供给，就必须以制度形式为劳动者提供各种社会保障措施以使其维持正常稳定的生活。据考证，最早的社会保障制度首创于19世纪80年代德国的俾斯麦政府，而这种制度的真正普及和发展则是20世纪30年代之后的事情了。

从上述分析可以看出，社会保障的提供主体一般有两个：一个是某些社会组织，另一个是政府。在现代社会中，政府是社会保障的主要提供者。与此相适应，社会保障支出也有政府安排的社会保障支出与某些社会组织安排的社会保障支出之分。这里所使用的“社会保障支出”一词，若无特别说明，仅指由政府财政安排的社会保障支出，是政府通过财政部门向由于各种原因暂时或永久性丧失劳动能力、失去工作机会或生活面临困难的社会成员提供保障其基本生活的支出。社会保障支出是世界各国政府财政支出的一个重要项目，它与该国的社会保障制度联系在一起，为政府实施社会保障制度提供财力保证。它对维持社会成员的基本生活、缓和贫富两极分化、保持社会稳定等都有着十分重要的作用。

2. 社会保障的作用

社会保障的产生是社会经济发展的必然，它在现代社会中所起的作用如下。

① 社会保障可以保持社会稳定。就一个国家而言，任何时期总有一部分人处于年幼年老、伤残疾病、失业等缺乏劳动能力或劳动能力不能发挥作用的状态，这些人或者没有收入，或者收入很低，如果社会或国家不对他们给予经济帮助，他们便无法维持最起码的生活水平。为了谋生，他们可能铤而走险，做出种种损人利己的不义之举。若如此，社会秩序必然会受到干扰，社会经济的正常运行必然会遭到破坏。如果社会或国家对他们给予一定的经济帮助，使他们能够维持最低限度的生活水平，这不仅有助于他们心理的稳定从而保持良好的社会经济秩序，而且还可以为经济发展储备必要的劳动力资源。

② 社会保障可以公平收入分配。在市场经济条件下，收入和财富分配依据的是生产要素准则，即生产要素数量多、质量高者获取的收入就多；反之，则少。这种收入分配制度与私有财产保护制度相结合，使得社会财富的分配出现两极分化，即贫者越贫，富者越富。当财富分配的不公平超过一定限度时就会导致严重的社会问题。社会保障制度的建立正是政府利用财政这一手段，实现“劫富济贫”、缓和财富分配不公平这一社会目标。其结果是在不影响富人生活水平的前提下，保证穷人也能享有最基本的生活。

③ 社会保障可以促进经济稳定增长。社会保障制度中的某些保障措施，如失业保险、社会救济等，素有经济增长“内在稳定器”的称誉。当经济衰退时，失业人数和贫困人口的增加使政府的失业保险、社会救济等支出增加，这些财政支出的增加必然会对经济起到刺激作用，从而有利于经济的复苏；当经济繁荣时，人们的就业率及人们的收入也往往上升，这时财政用于失业保险、社会救济等项目上的支出会相应减少，必然会对经济的扩张起到抑制作用，从而有利于通货膨胀的控制。

3. 社会保障基金的财政运行方式

如何以适当方式筹集到足够资金是社会保障制度得以顺利实施的前提条件。筹集社会保障资金，既要能满足社会保障的实际需要，又要充分考虑到国民经济的发展水平及国家、集体和个人的承受能力。纵观世界各国的社会保障资金，其筹资渠道主要有两种：一是征收社会保险税；二是财政预算安排转移支付。前者的社会保障支出主要由社会保险税所筹集的资金解决。例如，1983 年欧洲各国的社会保险税收入占 GDP 的比重平均达到 10%以上。其中，瑞典为 13.6%，法国为 19.56%，荷兰为 21.28%。后者的社会保障支出则主要由社会保险税和其他一般税收筹集的资金解决。例如，尽管芬兰、丹麦和加拿大等国的社会保障水平与其他发达国家不相上下，但这三个国家的社会保险税收入占 GDP 的比重均在 5%以下，这说明这些国家的社会保障资金主要来源于各类税收。

筹集社会保障资金就是为了安排各种社会保障支付。如何使社会保障资金的筹集和支付保持相匹配状态，一般有以下 3 种做法。

① 完全基金制。完全基金制，是指为社会保险设立一种基金，这种基金在数量上能够满足今后向投保人支付保险津贴的需要。这种做法是根据未来支出需要确定当前收入，在较长时期内保险费率保持稳定，是一种自我养老的保险模式。

② 现收现付制。现收现付制，是指社会保障完全靠当前的收入满足当前的支出，不为

以后年度的社会保险支出作资金储备。这种做法是完全依靠当前的收入支付当前的支出，保险费率会随保险支付的变化而经常调整，是一种后代养老的保险模式。

③ 部分基金制。部分基金制，是指缴费水平在满足一定阶段支出需要的前提下，留有一定的储备。这种做法，就每一阶段来看实行的是完全基金制，但由于不同阶段的保险费率因支付的变化而调整，从整个时期看又具有现收现付制的性质，是一种自我养老和后代养老相结合的保险模式。

目前，世界上有些国家的做法属于完全基金制，如新加坡、马来西亚等，但大部分国家实行的是现收现付制，如美国、德国、日本等。

4. 社会保障内容

由于不同国家的经济发展水平不同、人口数量与人口结构不同、实施社会保障制度的时间不同等原因，世界各国所实施的社会保障制度存在很大差异。综合比较不同国家的社会保障制度，主要包括社会保险、社会救助、社会优抚和社会福利四类。其中，社会保险是社会保障制度的核心，社会救助是社会保障制度的基础（被形象地称为“最后一道防线”或“最后一道安全网”）。

1）社会保险

社会保险是社会保障制度的核心。所谓社会保险，是指国家依法建立的，由国家、单位和个人共同筹集资金、建立基金，使个人在年老、患病、工伤、失业等情况下获得物质帮助和补偿的一种社会保障制度。这种保障是依靠国家立法强制实行的社会化保险[①]。

纵观全球，不同国家设立的社会保险项目也不尽相同，一般由医疗保险、工伤保险、养老保险、失业保险等项目组成。这部分由政府财政安排的社会保障之所以被称为社会保险，是因为这部分社会保障与私人保险有相似之处，即两者都是先筹集资金后安排使用资金。但社会保障是不以营利为目的的，而私人保险则是以营利为目的。政府财政筹集的社会保障基金一般要纳入国家预算中的专门基金管理，社会保障基金的使用也有统一的规定。如果社会保障基金收入大于支出，其余额往往认购政府公债；如果社会保障基金的收入小于支出，其差额由财政部门用其他收入弥补。

（1）基本养老保险

基本养老保险，是指缴费达到法定期限并且个人达到法定退休年龄后，国家和社会提供物质帮助以保证因年老而退出劳动领域者稳定、可靠的生活来源的社会保险制度。基本养老保险是社会保险体系中最重要、实施最广泛的一项制度。

① 基本养老保险的覆盖范围。

根据《中华人民共和国社会保险法》[②]（以下简称《社会保险法》）的规定，基本养老保险制度由三个部分组成：职工基本养老保险制度、新型农村社会养老保险制度（简称新农保）、城镇居民社会养老保险制度（简称城居保）。根据国务院于 2014 年 2 月 26 日发布了《关于建立统一的城乡居民基本养老保险制度的意见》，决定将新农保和城居保两项制度合并

① 所谓社会化保险：一是指资金来源的社会化，社会保险基金中既有用人单位和个人缴纳的保险费，也有国家财政给予的补助；二是指管理的社会化，国家设置专门机构，实行统一规划和管理，统一承担保险金的发放等。

② 《中华人民共和国社会保险法》由第十一届全国人民代表大会常务委员会第十七次会议于 2010 年 10 月 28 日通过、2018 年 12 月 29 日第十三届全国人大常委会第七次会议修正。

实施，在全国范围内建立统一的城乡居民基本养老保险制度。年满16周岁（不含在校学生）、非国家机关和事业单位工作人员及不属于职工基本养老保险支付覆盖范围的城乡居民，可以在户籍地参加城乡居民养老保险。这里以职工基本养老保险为例，介绍基本养老保险的相关规定。

职工基本养老保险费的征缴范围包括国有企业、城镇集体企业、外商投资企业、城镇私营企业和其他城镇企业及其职工，实行企业化管理的事业单位及其职工。按照规定，职工应当参加基本养老保险，由用人单位和职工共同缴纳基本养老保险费。无雇工的个体工商户、未在用人单位参加基本养老保险的非全日制从业人员及其他灵活就业人员可以参加基本养老保险，由个人缴纳基本养老保险费。公务员和参照公务员管理的工作人员养老保险办法由国务院规定。国务院于2015年1月14日发布了《关于机关事业单位工作人员养老保险制度改革的决定》，改革现行机关事业单位工作人员退休保障制度，逐步建立独立于机关事业单位之外、资金来源多渠道、保障方式多层次、管理服务社会化的养老保险体系。对于按照《中华人民共和国公务员法》（以下简称《公务员法》）管理的单位、参照《公务员法》管理的机关（单位）、事业单位及其编制内的工作人员，实行社会统筹与个人账户相结合的基本养老保险制度，建立职工年金制度。

② 基本养老保险基金的组成和来源。

基本养老保险实行社会统筹与个人账户相结合。基本养老保险基金由用人单位和个人缴费及政府补贴等组成。用人单位应当按照国家规定的本单位职工工资总额的比例缴纳基本养老保险费，计入基本养老保险统筹基金。职工应当按照国家规定的本人缴费工资的比例缴纳基本养老保险费，计入个人账户。无雇工的个体工商户、未在用人单位参加基本养老保险的非全日制从业人员及其他灵活就业人员参加基本养老保险的，应当按照国家规定缴纳基本养老保险费，分别计入基本养老保险统筹基金和个人账户。

个人账户不得提前支取，记账利率不得低于银行定期存款利率，免征利息所得税。个人死亡的，其个人账户余额可以全部依法继承。个人跨统筹地区就业的，其基本养老保险关系随本人转移，缴费年限累计计算。个人达到法定退休年龄时，基本养老金分段计算、统一支付。

③ 基本养老保险费的缴纳。

自2019年5月1日起，降低城镇职工基本养老保险（包括企业和机关事业单位基本养老保险）单位缴费比例。各省、自治区、直辖市及新疆生产建设兵团养老保险单位缴费比例高于16%的，可降至16%。

按照现行政策，职工个人按照本人缴费工资的8%缴费，计入个人账户。缴费工资，也称缴费工资基数，一般为职工本人上一年度月平均工资（有条件的地区可以本人上月工资收入为个人缴费工资基数）。月平均工资按照国家统计局规定列入工资总额统计的项目计算，包括工资、奖金、津贴、补贴等收入，不包括用人单位承担或者支付给员工的社会保险费、劳动保护费、福利费、用人单位与员工解除劳动关系时支付的一次性补偿以及计划生育费用等其他不属于工资的费用。新招职工以起薪当月工资收入作为缴费工资基数；从第二年起，按上一年度实发工资的月平均工资作为缴费工资基数。

个人养老账户月存储额＝本人月缴费工资×8%

本人月平均工资低于当地职工月平均工资 60%的，按当地职工月平均工资的 60%作为缴费基数。本人月平均工资高于当地职工月平均工资 300%的，按当地职工月平均工资的 300%作为缴费基数，超过部分不计入缴费工资基数，也不计入计发养老金的基数。各省应以本省城镇非私营单位就业人员平均工资和城镇私营单位就业人员平均工资加权计算的全口径城镇单位就业人员平均工资，核定社保个人缴费基数上下限。

个人缴费不计征个人所得税，在计算个人所得税的应税收入时，应当扣除个人缴费的养老保险费。

城镇个体工商户和灵活就业人员按照上述口径计算的本地全口径城镇单位就业人员平均工资核定社保个人缴费基数上下限，允许缴费人在 60%～300%之间选择适当的缴费基数。缴费比例为 20%，其中 8%计入个人账户。

【例 3-1】某企业职工李某的月工资为 9 000 元，上年度月平均工资为 8 000 元。当地职工上年度月平均工资为 2 400 元。要求：计算该职工每月应缴纳的基本养老保险费。

解 当地职工月平均工资的 3 倍：2 400×3＝7 200(元)

李某个人每月应缴纳的基本养老保险费：7 200×8%＝576(元)

【例 3-2】甲公司职工张某 2023 年度从公司取得的总收入为 110 000 元，其中工资、奖金共计 102 000 元，甲公司支付给张某的福利费为 8 000 元。已知 2023 年度当地职工月平均工资为 2 500 元。要求：计算张某个人 2024 年度每月应缴纳的基本养老保险费。

解 张某 2023 年度月平均工资：102 000/12＝8 500(元)

当地职工月平均工资的 3 倍：2 500×3＝7 500(元)

由于张某 2023 年度月平均工资高于当地职工月平均工资的 3 倍，应按照当地职工月平均工资的 3 倍作为张某缴纳基本养老保险费的缴费工资基数。

张某个人 2024 年度每月应缴纳的基本养老保险费：7 500×8%＝600(元)

---

④ 基本养老保险享受条件与待遇。

年龄条件：达到法定退休年龄。目前我国实行的法定的企业职工退休年龄：男年满 60 周岁，女工人年满 50 周岁，女干部年满 55 周岁；从事井下、高温、高空、特别繁重体力劳动者或其他有害身体健康工作的，退休年龄男年满 55 周岁，女年满 45 周岁；因病或非因公致残，由医院证明并经劳动鉴定委员会确认完全丧失劳动能力的，退休年龄为男年满 50 周岁，女年满 45 周岁。

缴费条件：累计缴费满 15 年。参加基本养老保险的个人，达到法定退休年龄时累计缴费满 15 年的，按月领取基本养老金。参加基本养老保险的个人，达到法定退休年龄时累计缴费不足 15 年的，可以缴费至满 15 年，按月领取基本养老金；也可以转入城乡居民基本养老保险，按照国务院规定享受相应的养老保险待遇。

职工基本养老保险待遇包括三个方面：一是职工基本养老金。对符合基本养老保险享受条件的人员，国家按月支付基本养老金。二是丧葬补助金和遗属抚恤金。参加基本养老保险的个人，因病或者非因公死亡的，其遗属可以领取丧葬补助金和抚恤金，所需资金从基本养老保险基金中支付。但如果个人死亡同时符合领取基本养老保险丧葬补助金、工伤保险丧葬补助金和失业保险丧葬补助金条件的，其遗属只能选择领取其中的一项。三是病残津贴。参加基本养老保险的个人，在未达到法定退休年龄时因病或者非因公致残完全丧失劳动能力的，可以领取病残津贴，所需资金从基本养老保险基金中支付。

（2）基本医疗保险

基本医疗保险，是指按照国家规定缴纳一定比例的医疗保险费，参保人因患病和意外伤害而就医诊疗时，由医疗保险基金支付其一定医疗费用的社会保险制度。

① 基本医疗保险的覆盖范围。

根据《社会保险法》的规定，职工应当参加职工基本医疗保险，由用人单位和职工按照国家规定共同缴纳基本医疗保险费。职工基本医疗保险费的征缴范围包括国有企业、城镇集体企业、外商投资企业、城镇私营企业和其他城镇企业及其职工，国家机关及其工作人员，事业单位及其职工，民办非企业单位及其职工，社会团体及其专职人员。无雇工的个体工商户、未在用人单位参加职工基本医疗保险的非全日制从业人员及其他灵活就业人员可以参加职工基本医疗保险，由个人按照国家规定缴纳基本医疗保险费。

国家建立和完善城乡居民基本医疗保险制度，国务院于 2016 年 1 月 3 日印发的《关于整合城乡居民基本医疗保险制度的意见》规定，整合城镇居民基本医疗保险和新型农村合作医疗两项制度，建立统一的城乡居民基本医疗保险制度。城乡居民基本医疗保险制度覆盖范围包括现有城镇居民基本医疗保险制度和新型农村合作医疗所有应参保（合）人员，即覆盖除职工基本医疗保险应参保人员以外的其他所有城乡居民，统一保障待遇。城乡居民基本医疗保险实行个人缴费和政府补贴相结合。享受最低生活保障的人、丧失劳动能力的残疾人、低收入家庭 60 周岁以上的老年人和未成年人等所需个人缴费部分，由政府给予补贴。这里以职工基本医疗保险为例，介绍基本医疗保险的相关规定。

② 全面推进生育保险和职工基本医疗保险合并实施。

根据国务院办公厅 2019 年 3 月 6 日印发的《关于全面推进生育保险和职工基本医疗保险合并实施的意见》，推进两项保险合并实施，统一参保登记，即参加职工基本医疗保险的在职职工同步参加生育保险。统一基金征缴和管理，生育保险基金并入职工基本医疗保险基金，按照用人单位参加生育保险和职工基本医疗保险的缴费比例之和确定新的用人单位职工基本医疗保险费率，个人不缴纳生育保险费。两项保险合并实施后实行统一定点医疗服务管理，统一经办和信息服务，确保职工生育期间的生育保险待遇不变。

③ 基本医疗保险费的缴纳。

基本医疗保险与基本养老保险一样采用“统账结合”模式，即分别设立社会统筹基金和个人账户基金，基本医疗保险基金由统筹基金和个人账户构成。

由统筹地区统一确定适合当地经济发展水平的基本医疗保险单位缴费率，一般为职工工资总额的 6%左右。用人单位缴纳的基本医疗保险费分为两部分，一部分用于建立统筹基金，另一部分划入个人账户。

基本医疗保险个人账户资金来源于两个部分。一是个人缴费部分，由统筹地区统一确定适合当地职工负担水平的基本医疗保险个人缴费率，一般为本人工资收入的 2%。二是用人单位缴费的划入部分，由统筹地区根据个人医疗账户的支付范围和职工年龄等因素确定用人单位所缴医疗保险费划入个人医疗账户的具体比例，一般为 30%左右。

个人跨统筹地区就业的，其基本医疗保险关系随本人转移，缴费年限累计计算。

参加职工基本医疗保险的个人，达到法定退休年龄时累计缴费达到国家规定年限的，退休后不再缴纳基本医疗保险费，按照国家规定享受基本医疗保险待遇；未达到国家规定年限的，可以缴费至国家规定年限。目前对最低缴费年限没有全国统一规定，由各统筹地区根据本地情况确定。

【例 3－3】 某企业职工赵某的月缴费工资为 5 000 元。已知当地规定的基本医疗保险单位缴费率为 6%，个人缴费率为 2%，单位缴费划入个人医疗保险账户的比例为 30%。要求：计算赵某个人医疗保险账户每月的储存额。

解 赵某每月工资存入医疗保险个人账户数额：5 000×2%＝100(元)

单位每月缴费中转入赵某医疗保险个人账户数额：5 000×6%×30%＝90(元)

赵某个人医疗账户每月储存额：100＋90＝190(元)

---

④ 基本医疗费用的结算。

参保人员符合基本医疗保险药品目录、诊疗项目、医疗服务设施标准及急诊、抢救的医疗费用，按照国家规定从基本医疗保险基金支付。参保人员医疗费用中应当由基本医疗保险基金支付的部分，由社会保险经办机构与医疗机构、药品经营单位直接结算。目前各地对职工基本医疗保险费用结算的方式并不一致。享受基本医疗保险待遇一般要符合两个条件。一是参保人员必须到基本医疗保险的定点医疗机构就医、购药或到定点零售药店购买药品。二是参保人员在看病就医过程中所发生的医疗费用必须符合基本医疗保险药品目录、诊疗项目、医疗服务设施标准的范围和给付标准。

参保人员符合基本医疗保险支付范围的医疗费用中，在社会医疗统筹基金起付标准以上与最高支付限额以下的费用部分，由社会医疗统筹基金按一定比例支付。起付标准，又称起付线，一般为当地职工年平均工资的 10%左右。最高支付限额，又称封顶线，一般为当地职工年平均工资的 6 倍左右。支付比例一般为 90%。参保人员符合基本医疗保险支付范围的医疗费用中，在社会医疗保险基金起付标准以下的费用部分，由个人账户资金支付或个人自付；统筹基金起付线以上至封顶线以下的费用部分，个人也要承担一定比例的费用，一般为 10%，可由个人账户支付也可自付。参保人员在封顶线以上的医疗费用部分，可以通过单位补充医疗保险或参加商业保险等途径解决。

⑤ 基本医疗保险基金不支付的医疗费用。

下列医疗费用不纳入基本医疗保险基金支付范围：

- 应当从工伤保险基金中支付的；
- 应当由第三人负担的；
- 应当由公共卫生负担的；
- 在境外就医的。

医疗费用依法应当由第三人负担，第三人不支付或者无法确定第三人的，由基本医疗保险基金先行支付。基本医疗保险基金先行支付后，有权向第三人追偿。

【例 3－4】 2021 年 7 月 1 日，王某大学毕业后到某企业工作，双方签订了为期 3 年的劳动合同。2024 年 5 月 20 日，王某患病住院。王某住院期间，用人单位停发王某全部工资，

并以不能适应工作为由，解除与王某的劳动合同。分析该单位的做法是否符合法律规定，王某应享有哪些权益？

解 根据《中华人民共和国劳动合同法》的规定，劳动者患病或者非因公负伤，在规定的医疗期内，用人单位不得解除劳动合同，并且应给予医疗待遇。如医疗期内劳动合同期满，则劳动合同应续延至医疗期满。因此，用人单位在王某患病住院依照规定应享有的医疗期内，解除与王某的劳动合同，不符合法律规定。王某可以要求该单位继续履行合同，补发其病假工资。

【例3-5】 某企业职工吴某在定点医院做外科手术，共发生医疗费用18万元，其中在规定医疗目录内的费用为15万元，目录以外费用3万元。已知：当地职工平均工资水平为2 000元/月，起付标准为当地职工年平均工资的10%，最高支付限额为当地职工年平均工资的6倍，报销比例为90%。计算哪些费用可以从统筹账户中报销？哪些费用需要由吴某自付？

解 医疗报销起付标准：2 000×12×10%=2 400(元)

最高支付限额：2 000×12×6=144 000(元)

吴某可以报销的费用：(144 000−2 400)×90%=127 440(元)

吴某本人自付的费用：180 000−127 440=52 560(元)

(3) 工伤保险

工伤保险，是指劳动者在职业工作中或规定的特殊情况下遭遇意外伤害或职业病，导致暂时或永久丧失劳动能力及死亡时，劳动者或其遗属能够从国家或社会获得物质帮助的社会保险制度。设立工伤保险制度的意义在于保障因工作遭受事故伤害或者患职业病的职工获得医疗救助和经济补偿，促进工伤预防和职业康复，分散用人单位的风险。

① 工伤保险费的缴纳。

根据《社会保险法》的规定，职工应当参加工伤保险，由用人单位缴纳工伤保险费，职工不缴纳工伤保险费。中华人民共和国境内的企业、事业单位、社会团体、民办非企业单位、基金会、律师事务所、会计师事务所等组织和有雇工的个体工商户（简称用人单位）应当依照《工伤保险条例》的规定参加工伤保险，为本单位全部职工或者雇工（简称职工）缴纳工伤保险费。中华人民共和国境内的企业、事业单位、社会团体、民办非企业单位、基金会、律师事务所、会计师事务所等组织的职工和个体工商户的雇工，均有依照规定享受工伤保险待遇的权利。

国家根据不同行业的工伤风险程度确定行业差别费率，并根据使用工伤保险基金、工伤发生率等情况确定行业内费率档次。行业差别费率和行业内费率档次由国务院社会保险行政部门制定，报国务院批准后公布施行。社会保险经办机构根据用人单位使用工伤保险基金、工伤发生率和所属行业费率档次等情况，确定用人单位缴费费率。用人单位应当按照本单位职工工资总额，根据社会保险经办机构确定的费率按时足额缴纳工伤保险费。用人单位缴纳工伤保险费的数额为本单位职工工资总额乘以单位缴费费率之积。工资总额，是指用人单位直接支付给本单位全部职工的劳动报酬总额。对难以按照工资总额缴纳工伤保险费的行业，其缴纳工伤保险费的具体方式，由国务院社会保险行政部门规定。

② 工伤认定与劳动能力鉴定。

职工有下列情形之一的，应当认定为工伤：在工作时间和工作场所内，因工作原因受到事故伤害的；工作时间前后在工作场所内，从事与工作有关的预备性或者收尾性工作受到事故伤害的；在工作时间和工作场所内，因履行工作职责受到暴力等意外伤害的；患职业病的；因工外出期间，由于工作原因受到伤害或者发生事故下落不明的；在上下班途中，受到非本人主要责任的交通事故或者城市轨道交通、客运轮渡、火车事故伤害的；法律、行政法规规定应当认定为工伤的其他情形。

职工有下列情形之一的，视同工伤：在工作时间和工作岗位，突发疾病死亡或者在 48 小时之内经抢救无效死亡的；在抢险救灾等维护国家利益、公共利益活动中受到伤害的；职工原在军队服役，因战、因公负伤致残，已取得革命伤残军人证，到用人单位后旧伤复发的。

按照规定，职工因故意犯罪、醉酒或者吸毒、自残或者自杀等导致本人在工作中伤亡的，不认定为工伤。

职工发生工伤，经治疗伤情相对稳定后存在残疾、影响劳动能力的，应当进行劳动能力鉴定。劳动能力鉴定是指劳动功能障碍程度和生活自理障碍程度的等级鉴定。其中，劳动功能障碍分为十个伤残等级，最重的为一级，最轻的为十级；生活自理障碍分为三个等级：生活完全不能自理、生活大部分不能自理和生活部分不能自理。劳动能力鉴定标准由国务院社会保险行政部门会同国务院卫生行政部门等部门确定。

自劳动能力鉴定结论作出之日起 1 年后，工伤职工或者其近亲属、所在单位或者经办机构认为伤残情况发生变化的，可以申请劳动能力复查鉴定。

③ 工伤保险待遇。

根据《工伤保险条例》的规定，职工因工作原因受到事故伤害或者患职业病，且经工伤认定的，享受工伤保险待遇。其中，经劳动能力鉴定丧失劳动能力的，享受伤残待遇。

职工因工作遭受事故伤害或者患职业病进行治疗，享受工伤医疗待遇。工伤医疗待遇主要包括以下 4 个方面。

● 治疗工伤的医疗费用（诊疗费、药费、住院费）。职工治疗工伤应当在签订服务协议的医疗机构就医，情况紧急时可以先到就近的医疗机构急救。治疗工伤所需费用符合工伤保险诊疗项目目录、工伤保险药品目录、工伤保险住院服务标准的，从工伤保险基金支付。

● 住院伙食补助费、交通食宿费。职工住院治疗工伤的伙食补助费，以及经医疗机构出具证明，报经办机构同意，工伤职工到统筹地区以外就医所需的交通、食宿费用按标准从工伤保险基金支付。

● 康复性治疗费。工伤职工到签订服务协议的医疗机构进行工伤康复的费用，符合规定的，从工伤保险基金支付。

● 停工留薪期工资福利待遇。职工因工作遭受事故伤害或者患职业病需要暂停工作接受工伤医疗的，在停工留薪期内，原工资福利待遇不变，由所在单位按月支付。停工留薪期一般不超过 12 个月。伤情严重或者情况特殊，经设区的市级劳动能力鉴定委员会确认，可以适当延长，但延长不得超过 12 个月。工伤职工评定伤残等级后，停止享受停工留薪期待遇，按照规定享受伤残待遇。工伤职工在停工留薪期满后仍需治疗的，继续享受工伤医疗待遇。生活不能自理的工伤职工在停工留薪期需要护理的，由所在单位负责。工伤职工治疗非因工伤引发的疾病，不享受工伤医疗待遇，按照基本医疗保险办法处理。

工伤职工因日常生活或者就业需要，经劳动能力鉴定委员会确认，可以安装假肢、矫形器、假眼、假牙和配置轮椅等辅助器具，所需费用按照国家规定的标准从工伤保险基金支付。

经劳动能力鉴定委员会鉴定，评定伤残等级的工伤职工，享受伤残待遇。伤残待遇主要包括以下 4 个方面。

- 生活护理费。工伤职工已经评定伤残等级并经劳动能力鉴定委员会确认需要生活护理的，从工伤保险基金按月支付生活护理费。
- 一次性伤残补助金。职工因公致残被鉴定为一级至十级伤残的，从工伤保险基金按伤残等级支付一次性伤残补助金。
- 伤残津贴。职工因工致残被鉴定为一级至四级伤残的，保留劳动关系，退出工作岗位，从工伤保险基金中按月支付伤残津贴，伤残津贴实际金额低于当地最低工资标准的，由工伤保险基金补足差额。职工因工致残被鉴定为五级、六级伤残的，保留与用人单位的劳动关系，由用人单位安排适当工作。难以安排工作的，由用人单位按月发给伤残津贴。伤残津贴实际金额低于当地最低工资标准的，由用人单位补足差额。

工伤职工符合领取基本养老金条件的，停发伤残津贴，享受基本养老保险待遇。基本养老保险待遇低于伤残津贴的，由工伤保险基金补足差额。

- 一次性工伤医疗补助金和一次性伤残就业补助金。五级、六级伤残，经工伤职工本人提出，可以与用人单位解除或者终止劳动关系；七级至十级伤残，劳动合同、聘用合同期满终止，或者职工本人提出解除劳动合同、聘用合同的，由工伤保险基金支付一次性工伤医疗补助金，由用人单位支付一次性伤残就业补助金。一次性工伤医疗补助金和一次性伤残就业补助金的具体标准由省、自治区、直辖市人民政府规定。

职工因工死亡或者伤残职工在停工留薪期内因工伤导致死亡的，其近亲属按照规定从工伤保险基金领取丧葬补助金、供养亲属抚恤金和一次性工亡补助金。

- 丧葬补助金，为 6 个月的统筹地区上年度职工月平均工资。
- 供养亲属抚恤金，按照职工本人工资①的一定比例发给由因工死亡职工生前提供主要生活来源、无劳动能力的亲属。供养亲属的具体范围由国务院社会保险行政部门规定。
- 一次性工亡补助金，标准为上一年度全国城镇居民人均可支配收入的 20 倍。

一级至四级伤残职工在停工留薪期满后死亡的，其近亲属可以享受丧葬补助金、供养亲属抚恤金待遇，不享受一次性工亡补助金待遇。

需要说明的是，工伤职工有下列情形之一的，停止享受工伤保险待遇：

- 丧失享受待遇条件的；
- 拒不接受劳动能力鉴定的；
- 拒绝治疗的。

④ 工伤保险待遇负担。

因工伤发生的下列费用，按照国家规定从工伤保险基金中支付：

- 治疗工伤的医疗费用和康复费用；

① 本人工资，是指工伤职工因工作遭受事故伤害或者患职业病前 12 个月平均月缴费工资。本人工资高于统筹地区职工平均工资 300%的，按照统筹地区职工平均工资的 300%计算；本人工资低于统筹地区职工平均工资 60%的，按照统筹地区职工平均工资的 60%计算。

- 住院伙食补助费；
- 到统筹地区以外就医的交通食宿费；
- 安装配置伤残辅助器具所需费用；
- 生活不能自理的，经劳动能力鉴定委员会确认的生活护理费；
- 一次性伤残补助金和一级至四级伤残职工按月领取的伤残津贴；
- 终止或者解除劳动合同时，应当享受的一次性医疗补助金；
- 因工死亡的，其遗属领取的丧葬补助金、供养亲属抚恤金和因工死亡补助金；
- 劳动能力鉴定费。

因工伤发生的下列费用，按照国家规定由用人单位支付：

- 治疗工伤期间的工资福利；
- 五级、六级伤残职工按月领取的伤残津贴；
- 终止或者解除劳动合同时，应当享受的一次性伤残就业补助金。

由于第三人原因造成工伤，第三人不支付工伤医疗费用或者无法确定第三人的，由工伤保险基金先行支付。工伤保险基金先行支付后，有权向第三人追偿。

需要说明的是，职工所在用人单位未依法缴纳工伤保险费，发生工伤事故的，由用人单位支付工伤保险待遇。用人单位不支付的，从工伤保险基金中先行支付，由用人单位偿还。用人单位不偿还的，社会保险经办机构可以追偿。

【例 3-6】李某与甲公司签订了为期 3 年的劳动合同，2024 年 6 月合同期满后，双方未续订，但公司继续安排李某在原岗位工作，并向其支付相应的劳动报酬。2024 年 8 月 10 日，李某上班时因履行工作职责不慎受伤，经当地社会保险行政部门认定为工伤。公司认为与李某的劳动合同已期满终止，公司不用再为其缴纳工伤保险费，也无须支付工伤保险待遇。李某则要求公司支付工伤保险待遇。分析双方的观点是否符合法律规定。

解　李某与甲公司的劳动合同虽期满后未续订，但公司让李某继续原来的工作，并向其支付相应劳动报酬，已构成事实上的劳动关系，同样受法律保护。李某在此期间发生工伤，享受工伤保险待遇，甲公司应支付工伤保险待遇。在甲公司不支付的情况下，从工伤保险基金中先行支付，由甲公司偿还。

（4）失业保险

失业，是指处于法定劳动年龄阶段的劳动者，有劳动能力和劳动愿望，但却没有劳动岗位的一种状态。失业保险，是指国家通过立法强制实行的，由社会集中建立基金，保障因失业而暂时中断生活来源的劳动者的基本生活，并通过职业培训、职业介绍等措施促进其再就业的社会保险制度。

① 失业保险费的缴纳。

根据《社会保险法》的规定，职工应当参加失业保险，由用人单位和职工按照国家规定共同缴纳失业保险费。失业保险费的征缴范围包括国有企业、城镇集体企业、外商投资企业、城镇私营企业和其他城镇企业（统称城镇企业）及其职工，事业单位及其职工。

根据《失业保险条例》的规定，城镇企业事业单位按照本单位工资总额的 2%缴纳失业保险费，职工按照本人工资的 1%缴纳失业保险费。为减轻企业负担，促进扩大就业，人力资源社会保障部、财政部数次发文[①]降低失业保险费率，将用人单位和职工失业保险缴费比例总和从3%阶段性降至1%，个人费率不得超过单位费率。

职工跨统筹地区就业的，其失业保险关系随本人转移，缴费年限累计计算。

② 失业保险待遇。

按照规定符合条件的失业人员可以从失业保险基金中领取失业保险金[②]。这些条件主要包括以下3个方面。

- 失业前用人单位和本人已经缴纳失业保险费满一年；
- 非因本人意愿中断就业[③]；
- 已经进行失业登记，并有求职要求。

用人单位应当及时为失业人员出具终止或者解除劳动关系的证明，将失业人员的名单自终止或者解除劳动关系之日起7日内报受理其失业保险业务的经办机构备案，并按要求提供终止或解除劳动合同证明等有关资料。根据人力资源社会保障部办公厅《关于进一步推进失业保险金“畅通领、安全办”的通知》，失业人员在失业期间，可凭社会保障卡或身份证件到现场或通过网上申报的方式，向参保地经办失业保险业务的公共就业服务机构或者社会保险经办机构（简称经办机构）申领失业保险金。经办机构认定失业人员失业状态时，不得要求失业人员出具终止或者解除劳动关系证明、失业登记证明等其他证明材料。失业人员申领失业保险金，经办机构应当同时为其办理失业登记和失业保险金发放。根据人力资源社会保障部办公厅《关于扎实做好失业保险待遇发放工作的通知》，要确保落实申领失业保险金同步办理失业登记或发放后办理失业登记。失业保险金自办理失业登记之日起计算。

按照规定，失业人员失业前用人单位和本人累计缴费满1年不足5年的，领取失业保险金的期限最长为12个月；累计缴费满5年不足10年的，领取失业保险金的期限最长为18个月；累计缴费10年以上的，领取失业保险金的期限最长为24个月。重新就业后，再次失业的，缴费时间重新计算，领取失业保险金的期限与前次失业应当领取而尚未领取的失业保险金的期限合并计算，最长不超过24个月。失业人员因当期不符合失业保险金领取条件的，原有缴费时间予以保留，重新就业并参保的，缴费时间累计计算。

根据人力资源社会保障部、财政部发布的《关于扩大失业保险保障范围的通知》，自

---

① 人力资源社会保障部、财政部于2015年2月27日发布《关于调整失业保险费率有关问题的通知》，从2015年3月1日起，失业保险费率暂由现行条例规定的3%降至2%。2016年4月14日，人力资源社会保障部、财政部发布了《关于阶段性降低社会保险费率的通知》，从2016年5月1日起，失业保险费率在2015年已降低1个百分点基础上可以阶段性降至1%至1.5%，其中个人费率不超过0.5%，降低费率的期限暂按两年执行。根据《国家税务总局关于进一步贯彻落实降低失业保险费率有关工作的通知》（税总函〔2017〕310号），要求继续适当降低“五险一金”有关缴费比例，允许失业保险总费率为1.5%的省（区、市）将总费率阶段性降至1%。2017年2月16日，人力资源社会保障部、财政部发布了《关于阶段性降低失业保险费率有关问题的通知》，从2017年1月1日起，失业保险总费率为1.5%的省（区、市），可以将总费率降至1%，降低费率的期限执行至2018年4月30日。在省、自治区、直辖市行政区域内，单位及职工的费率应当统一。

② 失业保险金的标准，不得低于城市居民最低生活保障标准，一般也不高于当地最低工资标准，具体数额由省、自治区、直辖市人民政府确定。

③ 非因本人意愿中断就业主要包括6种情形：一是终止劳动合同的；二是被用人单位解除劳动合同的；三是被用人单位开除、除名和辞退的；四是用人单位以暴力、威胁或者非法限制人身自由的手段强迫劳动，劳动者解除劳动合同的；五是用人单位未按照劳动合同约定支付劳动报酬或者提供劳动条件，劳动者解除劳动合同的；六是法律、行政法规另有规定的。

2019年12月起，延长大龄失业人员领取失业保险金期限，对领取失业保险金期满仍未就业且距法定退休年龄不足1年的失业人员，可继续发放失业保险金至法定退休年龄。

失业人员在领取失业保险金期间，参加职工基本医疗保险，享受基本医疗保险待遇。失业人员应当缴纳的基本医疗保险费从失业保险基金中支付，个人不缴纳基本医疗保险费。失业人员在领取失业保险金期间死亡的，参照当地在职职工死亡的规定，向其遗属发给一次性丧葬补助金和抚恤金，所需资金从失业保险基金中支付。个人死亡同时符合领取基本养老保险丧葬补助金、工伤保险丧葬补助金和失业保险丧葬补助金条件的，其遗属只能选择领取其中的一项。

③ 停止享受失业保险待遇的情形。

失业人员在领取失业保险金期间有下列情形之一的，停止领取失业保险金，并同时停止享受其他失业保险待遇。

- 重新就业的；
- 应征服兵役的；
- 移居境外的；
- 享受基本养老保险待遇的；
- 被判刑收监执行的；
- 无正当理由，拒不接受当地人民政府指定部门或者机构介绍的适当工作或者提供培训的；
- 有法律、行政法规规定的其他情形的。

【例3-7】孙某大学毕业后到甲公司工作。公司与其签订了2020年7月1日至2024年6月30日的3年期劳动合同，并为其办理了失业保险。因孙某严重违反单位规章制度，公司于2023年12月31日解除了劳动合同。此后孙某一直未找到工作，遂于2024年4月1日办理了失业登记。分析孙某领取失业保险金的期限。

解 孙某和甲公司累计缴纳社会保险费的时间为两年半，满1年不足5年，故领取失业保险金的期限最长为12个月；又因失业保险金领取期限自办理失业登记之日起计算，所以孙某领取失业保险金的期限最长为2024年4月1日至2025年3月31日。

2）社会救助

社会救助，是政府运用财政资金对生活确有困难的贫困者给予最低限度的生活需要，以使他们能维持最低生活水平的制度。这类社会保障实质上是一种贫困救济金。它与社会保险的区别主要是资金来源不同：社会保险是先缴纳社会保险费后领取相应的社会保险金；社会救助是对社会成员中收入低于特定水平的贫困者进行的，它不考虑这些人是否缴纳了必要数额的税费，社会救助的资金主要来源于税收收入。

发达国家的社会救助分为现金救助与实物救助两大类。现金救助包括对无收入或收入低于政府规定的贫困线的居民的救助，如对收入低的多儿童家庭的救助，对没有参加过工作的老人、盲人及其他丧失劳动能力的居民的救助等。实物救助包括食品救助，如美国政府对贫困家庭发放的食品券；住房救助，即向救助对象提供公共住房或住房补贴；医疗救助，即向救助对象免费提供医疗服务等。

3）社会优抚

社会优抚，是指国家和社会根据宪法及有关法律、政策的规定，对现役军人、退伍军人和军烈属等特定群体提供保障其一定生活水平的资金或物质的活动，是带有褒扬优待和抚恤性质的特殊社会保障制度。

4）社会福利

对社会福利的定义，国际上有三种不同层次的界定：一是广义上的社会福利，它为全体社会成员提供生活必需的各种设施、服务和环境等，给予各种社会津贴及采取各种保护性福利措施；二是中义上的社会福利，它包括除社会保险以外的所有社会保障活动，因此它将社会救济和社会优抚都涵盖在内；三是狭义上的社会福利，它仅为社会中特别需要关怀的弱势群体（如鳏、寡、孤、独、残、幼等）提供必要的社会援助，以提高他们的生活质量和自立能力。

可见，不论是哪一个层次的社会福利，都不仅仅局限于满足社会成员的基本生活需要，而是在此基础上进一步追求社会成员生活质量和水平的提高，也有学者将社会福利看成是社会保障制度中的最高层次。

5. 社会保障制度的公平与效率

西方财政学者认为，社会保障制度的公平问题，从经济角度讲，是指不同个人从社会保障项目中得到的收入与其所支付的保险费之间保持一致；从社会角度讲，是指较贫困的人从社会保障项目中得到的收入大于其所支付的保险税费。他们认为，依据这两种对社会保障制度公平的理解，西方国家现行的社会保障制度存在不公平问题。例如，低收入者一生从社会保险中得到的净收入要少于高收入者；寿命较长或提前退休的人得到的收入会超过其社会保险支付额；年轻一代会将其一部分收入转移给年老一代等。其实，关于社会保障制度的上述两方面的公平理解本身就存在矛盾。因为社会保障税费的缴纳数量往往与个人的收入水平成正比，而各社会保障项目收入的领取量也往往与其支付量成正比。这样，实现了经济上的公平，往往实现不了社会上的公平；实现了社会上的公平，又往往违背了经济上的公平。

西方财政学者认为，社会保障制度的效率问题是指社会保障制度对经济增长的影响。这种影响表现在两个方面。一是政府提供社会保障而征收有关社会保障税费减少了人们的储蓄。储蓄是投资之源，储蓄减少将导致资本积累减少，这会严重影响经济的扩张和增长。二是政府提供社会保障，一方面会引导人们提前退休，另一方面会导致劳动者不愿工作而甘愿失业。这两者都会影响生产过程中的劳动力供给，从而影响经济增长。

3.3.2 财政补贴

进入20世纪后，随着政府干预经济程度的加深，财政补贴逐渐成为一种全球性的财政现象。它作为一种特殊的财政支出形式，已为各国政府普遍重视，并成为各国政府管理与调节社会经济的重要手段。

1. 财政补贴的概念、性质与特征

1）财政补贴的概念

财政补贴，是指国家财政部门根据国家政策的需要，在一定时期内对某些特定的产业、部门、地区、单位、个人或事项给予的补助或津贴。它是财政分配的一种形式，是国家实现其职能的一种手段。从概念中可以看出，财政补贴这一分配形式的几个构成要素，即财政补贴主体是国家财政部门，其他部门或单位对其内部成员的补助或津贴都不能认为是财政补贴。财政补贴依据是国家在一定时期内社会、经济等方面的政策，或者说财政补贴是为了实现一定时期内社会、经济的目的。财政补贴对象包括三个层次：一是地区，即对国家领土范围内某一地区给予补贴；二是部门、单位和个人，即对经济活动中的不同主体给予补贴；三是事项，即对社会经济生活中的某些特定事项给予补贴。由此可见，财政补贴具有针对性。

需要指出的是，财政补贴不仅仅是一种特殊的财政分配形式，还是一种重要的经济调节手段。它通过对物质利益的调整调节国家、企业、个人之间的分配关系，由此达到促进经济发展、引导消费结构、保持社会稳定的效果。

2）财政补贴的性质

财政补贴可以通过补贴对象、补贴数量、补贴时间、补贴形式、补贴环节等的选择，影响不同经济主体的经济利益，从而对国民收入进行再分配。为此，财政补贴的实质是国民收入再分配。然而，既然财政补贴是由财政部门进行的国民收入的再分配，那么它究竟是属于财政收入还是属于财政支出呢？在我国财政实践中，有的财政补贴因直接冲减财政收入而被列为财政收入科目，如国有企业的政策性亏损补贴；有的财政补贴则直接列为财政支出科目，如1985年以后的价格补贴。从表面上看，似乎财政补贴[①]既可列为财政收入，又可列为财政支出，但是不论财政补贴在预算账户处理上是列支还是列收，从性质上讲它都属于财政支出范畴。

从财政补贴最终结果分析，所有的财政补贴都将减少国家的财政资金。财政补贴列支本身就是一项财政支出。而财政补贴列收，实际上是将企业上缴税利和国家对企业补贴这两个过程合二为一进行处理，它并未改变财政补贴属于财政支出这一事实。

从财政补贴目的分析，所有的财政补贴都是在执行国家的某些特定政策，而不是为了减少财政收入，财政补贴与财政收入减少之间没有必然的因果关系。我国将财政补贴（特别是国有企业的政策性亏损补贴）列为财政收入的减少，实际上是为了简化上缴（企业税利）与下拨（财政补贴）之间的手续，财政补贴属于财政支出的性质并未改变。

从世界各国财政补贴实践分析，尽管各国财政补贴的内容不尽相同，但它们一般都是将其列为财政支出的。可见，财政补贴是政府以财政支出形式对国民收入进行的一种再分配活动，它属于财政分配的第二阶段。

3）财政补贴的特征

财政补贴作为一种特殊的财政分配形式，与其他分配形式相比具有如下特征。

① 政策性。财政补贴的政策性来源于财政补贴的依据，即一定时期的国家政策。由于国家政策是多方面的，不仅有经济方面的政策，而且还有社会方面的政策。因此财政补贴不仅是国家调节经济的一个杠杆，也是国家协调社会各方面关系、保持社会秩序稳定的一种重要手段。

② 可控性。政策不同于制度，也不同于法律，财政部门根据国家特定时期的政策需要，灵活地掌握补贴对象、补贴数量、补贴方式、补贴环节等内容。因此，财政补贴是国家可以直接控制的经济手段，具有可控性。

③ 特定性。财政补贴的依据是国家一定时期的特定政策，因此财政补贴的对象、范围、数量、作用和效果也是特定的。

④ 灵活性。财政补贴的政策性、可控性和特定性，使其成为一个较灵活的经济杠杆。国家可以根据环境的变化和新的政策要求，适时地调整和修正财政补贴。

⑤ 时效性。财政补贴的时效性决定于国家政策的时效性。由于国家政策会随着政治经

① 本部分主要参考邓子基的《财政学原理》（修订本）第八章的内容。

济环境的变化而不断修正、调整和更新，此时出台的政策措施到了彼时可能就变得不适用或不完全适用。这样，为执行某些国家政策而进行的财政补贴，当社会经济环境发生变化从而政策效力减退时，财政补贴的量可能也会相应减少甚至完全停止。

2. 财政补贴的分类与作用

1）财政补贴的分类

财政补贴古已有之。我国春秋末期越国大夫范蠡提出的“平粜”思想就是利用财政补贴调节经济活动的较早例子。当今世界上有80%以上的国家都在实行财政补贴政策。然而，尽管财政补贴在世界各国普遍存在，但各国财政补贴的内容则存在很大差异。根据经济分析的不同需要，对财政补贴可以作不同的分类。

按财政补贴的内容分类，财政补贴包括价格补贴、政策性亏损补贴、财政贴息、税收支出和其他补贴。这种分类可以从不同角度分析财政补贴在现代社会经济发展中发挥的作用。所谓价格补贴，是指政府为弥补因价格体制或政策原因造成价格过低给生产经营带来损失而进行的补贴，它是财政补贴的主要内容。从补贴对象看，它包括生产资料价格补贴、生活资料价格补贴和进口商品价格补贴。所谓政策性亏损补贴，是指对生产经营那些从整个社会来说是必不可少的，而从企业来说又是价低利微会出现亏损的产品的企业给予的补贴。这种补贴的原因是国家政策允许某些企业亏损，它与因企业经营管理不善所造成的经营性亏损是有区别的。所谓财政贴息，是指为了鼓励企业开发优质产品、采用先进技术，国家财政对使用某些特定用途的银行贷款的企业，为其支付全部的或部分的贷款利息。所谓税收支出，也称税式支出，是指政府根据税收制度所设计的各种优惠规定，对某些纳税人或课税对象给予的减、免、抵、退税的待遇，包括减税、免税、退税、税收抵免等在内的税收优惠措施的总称。由于各项税收支出在资金安排上与财政补贴有相似之处，故将其纳入财政补贴范畴。

按财政补贴的用途分类，财政补贴包括生活补贴、生产补贴和其他补贴。生活补贴如对居民的粮油、副食品、煤炭、棉花等的补贴；生产补贴如对农业用的化肥、农药、农机农具、塑料薄膜等的补贴，对工业用棉花、煤炭等的补贴和企业亏损补贴；其他补贴如出口粮食价差补贴、粮食储备费用补贴、外贸亏损补贴等。这种分类有助于分析财政补贴在居民生活和社会生产等方面所发挥的作用。

按财政补贴的环节分类，财政补贴包括生产阶段补贴、流通阶段补贴和消费阶段补贴。生产阶段补贴是对生产者进行的，旨在增加生产要素投入，保持生产稳定发展的补贴，如对生产农业资料企业的补贴；流通阶段补贴是对商业企业进行的，旨在增加商品供给，使企业的经营能正常进行的补贴，如对粮食企业的补贴；消费阶段补贴是对消费者进行的，旨在满足居民的基本生活需求，保证人民生活稳定的补贴。这种分类有利于分析财政补贴在社会再生产各个环节所发挥的作用。

2）财政补贴的作用

从某种意义上讲，财政补贴的作用是财政补贴存在的理由或财政补贴成因的进一步引申。为此，分析财政补贴的作用也可以从分析财政补贴的成因入手。从我国财政补贴的长期实践分析，其形成原因主要表现在两个方面。一是传统经济体制的原因。传统的计划经济体制造成了整个价格体系的扭曲。为了减少各有关方面因价格扭曲所导致的损失，平衡经济利益关系，国家要对遭受利益损失的一方予以补贴。这种原因形成的补贴可称之为体制型财政补贴。二是社会经济运行机制的原因。为了实现国家的社会经济发展战略，协调各经济运行体的经济利益关系，国家要设置某些财政补贴。这种原因形成的补贴可称之为机制型财政补贴。下面分析这两种成因的财政补贴在我国社会经济发展中所发挥的作用。

就体制型财政补贴而言，其发挥的作用主要如下。

① 支持和促进生产发展，调整生产结构。当某些产品发生政策性亏损但又不宜提高价格时，国家给予适当补贴，可保证其正常生产；当某些产品需要提高收购价格，但又不宜提高销售价格时，国家可以对产品供应者进行补贴以保证产品供应；也可提高产品售价，由国家对消费者进行补贴，以保护消费者利益。财政补贴调整生产结构的作用主要表现在鼓励或限制某些产品的生产上。例如，对于生产资料中农用生产资料给予补贴，是为了使农用生产资料以较低的价格供应给农民，以此促进农业生产的发展；又如，对粮食和农副产品的收购，有的品种给予补贴，有的品种则不给；或某一品种某一时期给予补贴，另一时期则不给，以此调整农业生产结构。

② 稳定与提高人民生活水平。我国财政补贴，特别是价格补贴的目的主要是保障人民生活安定，逐步提高人民生活水平。目前我国财政的价格补贴支出每年有数百亿元之多。企业亏损补贴是为了保证企业生产经营活动的正常进行，而企业生产经营活动的正常进行是企业职工生活水平稳定的重要保证。可见，财政补贴对稳定和提高人民生活水平发挥着重要作用。

③ 稳定市场物价，减少经济体制改革可能引起的震荡。计划价格是计划经济体制的核心内容之一，不进行价格改革，社会主义市场经济体制改革就很难有实质性的进展。价格改革的中心问题就是在保持物价平稳的情况下，调整被扭曲的价格体系。价格改革可谓牵一发而动全身，它涉及方方面面的经济利益关系，弄不好会引发政治问题。我国通过财政补贴的方式，将因价格改革而使居民、企业遭受的经济损失由财政承担。虽然增加了财政负担，但对于减少价格改革引起的震动、保证人民生活的稳定和社会安定，都起到了不可忽视的作用。

就机制型财政补贴而言，在社会主义市场经济体制下，市场将在经济资源配置中发挥基础性和决定性作用。但市场不是万能的，它也有不足之处，这在西方经济学中被称为“市场缺陷”或“市场失灵”。市场缺陷主要表现在：市场不能提供公共产品，不能解决外部效应问题，不能解决收入分配不公平问题，不能保持宏观经济稳定等。对于市场缺陷，只有运用非市场的力量才能加以克服或解决，而这种非市场的力量只能来自政府。政府克服市场缺陷以保持社会经济稳定发展可使用的工具很多，财政补贴就是其中的一个。

① 财政补贴可以鼓励和扶持公共产品生产。公共产品在消费时具有非竞争性和非排他性的特征，这使得企业因其价低、利少甚至无利可图而不愿生产或提供。国家对从事公共产品生产的供应商给予财政补贴，一方面可以维持公共产品的生产或提供；另一方面可以保证消费者对公共产品的消费。

② 财政补贴可以克服外部效应问题。从社会角度讲，一个企业的成本和效益，不仅包括内在的成本和效益，而且还包括外在的成本和效益。企业生产经营者在从事产品的生产和经济活动时，往往只关心内在的成本和效益，而不关心外在的成本和效益。这样会导致外在效益高而内在效益低的产品无人愿意生产，结果是这类产品将出现供应不足的情况。如果财政对生产这类产品的企业给予补贴，一方面由于提高了企业的内在效益而增加产品的供应；另一方面它会满足社会对该产品的需求，提高整个社会资源配置的效率。

③ 财政补贴可以调节消费，实现收入再分配。针对产品的生产者或提供者进行补贴，是为了鼓励增加产品的生产与提供；针对产品的消费者给予补贴，是在增加购买力、鼓励消

费产品。可见，财政补贴是一种收入的再分配。国家根据一定时期社会经济环境的变化，通过补贴对象、补贴数量的灵活调整，可以促进收入分配的公平合理。

④ 财政补贴可以调节总供求，促进社会总供给与总需求保持平衡。财政补贴是财政支出的一种形式，财政补贴一旦实施，就代表着一定数量货币购买力的形成。用于生产方面的财政补贴形成一部分投资需求，用于生活方面的财政补贴形成一部分消费需求，因此国家通过改变财政补贴的数量和结构，可以调节社会总需求的总量与结构。另外，财政补贴在调节社会总需求的同时，还可以调节社会总供给，这使它在促进社会总供给与总需求保持平衡中能发挥独特的作用。

3. 我国财政补贴现状与改革

1）我国财政补贴现状分析

我国财政补贴开始于20世纪50年代初，当时仅有粮食补贴一项，且补贴数额也较少。经济体制改革以来，我国财政补贴无论在种类、范围上，还是在规模、结构上，都发生了显著变化。

① 财政补贴项目多、范围广、规模大。据不完全统计，目前我国财政补贴的项目多达160多种。从生产环节到流通环节再到消费环节，从吃的到穿的、用的、住的、行的，从企业到个人，从本国商品到进口商品，都有财政补贴。财政补贴的数额，1978年仅有11.14亿元，1980年突破百亿元（达117.71亿元），到1998年则达到1 045.61亿元。

② 财政补贴具有支出“刚性”，呈现出长期化趋势。政策性、灵活性和时效性是财政补贴的重要特征。然而，现在的财政补贴则是只能增不能减，呈现出“刚性”特征，由此也导致补贴成为长期的财政支出项目，其临时性、时效性几乎丧失。

③ 财政补贴环节多、形式多。我国目前的财政补贴几乎存在于社会再生产的各个环节，呈现出全方位发展之势。同时财政补贴形式也日趋多样化，既有“明补”，又有“暗补”；既有货币形式补贴，也有实物形式补贴；既有直接补贴，也有间接补贴。

④ 财政补贴积极作用减弱、消极作用增加。如前所述，财政补贴的存在是有其客观理由的，即正常的财政补贴应发挥积极作用。而我国目前的财政补贴已成为国家财政的沉重负担，严重制约着财政支出结构的优化，影响着财政支出效率的提高，并且越来越成为经济改革的拖累。

2）我国财政补贴改革

分析我国财政补贴存在的种种问题不难发现，这些问题几乎都是体制型财政补贴所存在的问题，与机制型财政补贴的关系不大。这样，改革我国财政补贴也主要是针对体制型财政补贴而言的。

（1）体制型财政补贴自身改革

第一，清理整顿现行体制型财政补贴。根据我国目前的社会经济发展状况和经济体制改革的进程，科学分析各项财政补贴存在的合理性，对于那些已无补贴必要的项目，要坚决予以取消；对于那些确有必要存在的项目，要客观分析，确定其补贴的标准和数量，严格加以控制；对于要新增的补贴项目，要从严审核，认真把关。

第二，调整补贴环节，改变补贴方式。从有利于理顺价格关系、防止财政补贴在中间环节的流失与浪费、更好地发挥财政补贴的功能出发，应将体制型财政补贴集中于消费环节，并将各种“暗补”改为“明补”。

（2）体制型财政补贴配套改革

对传统经济体制进行改革是建立社会主义市场经济体制的必然要求。20多年的经济发展表明，这样的改革在方向上是正确的，在经济上是合理的，在实践上是成功的。但是，新的经济体制不可能一夜之间就建立起来，新旧体制存在一个逐渐转换的过程。新旧体制的转换必然会产生一系列的摩擦、矛盾和冲突。为了减少改革的阻力，政府运用财政补贴这一过渡性手段协调改革中因上述摩擦、矛盾和冲突所引发的经济利益重新分配关系，这就是体制型财政补贴存在的理由所在。体制型财政补贴存在的种种问题也是因新旧体制没有转换到位，上述摩擦、矛盾和冲突依然存在所致。为此，进一步深化经济体制改革，建立比较完善的社会主义市场经济体制，就可以为我国财政补贴改革创造有利的外部条件。

第一，改革工资制度，建立健全社会保障制度。随着工资制度改革的深化，劳动者将依据其工作能力与贡献取得报酬。这时，提供给居民的粮、油、副食品等补贴大部分将名正言顺地列入工资项目；随着与市场经济相适应的社会保障制度的逐步建立，目前对企业的亏损补贴，特别是政策性亏损补贴，对居民的一些生活资料补贴等将并入到与社会保障制度有关的项目中去。

第二，改革外贸体制和外汇体制。过去的外贸补贴主要是因国内相对价格结构不合理及汇价制度不合理产生的。随着外贸体制和外汇体制的逐渐适应，国内产品的相对价格和汇价制度将趋于合理，外贸补贴也会因此而减少甚至取消。

第三，改革企业制度，重塑微观基础。目前我国对企业的亏损补贴，甚至一部分价格补贴主要是对国有企业的补贴。对国有企业进行补贴有经济方面的原因，更主要的还是出于制度方面的考虑，即国有企业是国家的企业。随着企业改革的逐步到位，绝大部分国有企业将按照建立现代企业制度的要求，成为自主经营、自负盈亏、自我发展、管理科学的微观经济主体，它们将不再享受国家财政的特殊照顾，财政用于国有企业的补贴将大大减少。

第四，进一步改革价格体制，完善市场体系。体制型财政补贴源于不合理的价格体制，随着价格体制改革的深化和市场体系的完善，产品价格的形成机制将更趋于市场化，由此而形成的产品价格将更趋于合理，这时体制型财政补贴将失去其存在的制度基础。

3.3.3 税收支出

1. 税收支出的概念与特征

1）税收支出的概念

尽管税收支出的实践早已存在，但税收支出概念的提出和理论的阐述则是 20 世纪 60 年代末 70 年代初的事情。1967 年，美国财政部税收政策助理、哈佛大学教授斯坦莱·S. 萨里在一次讲话中第一次使用了税收支出这个词。1968 年美国财政部将税收支出运用于财政预算分析，公布了美国的第一个税收支出预算。1973 年，萨里教授在其所著的《税收改革之途径》一书中，结合美国实践，第一次对税收支出作了理论上的探讨和阐述。从此，税收支出作为一种新的财政理论正式出现。1979 年萨里和另一学者桑利在研究美国所得税税收结构时指出：“构成税制结构的第一个因素必定是有关正规所得税的应用方面，诸如所得的确定、年度计算期的使用、纳税实体的确定、税率表及减免的水平；第二个因素由每一所得税中的特殊规定组成，这些特殊规定通常称为税收鼓励或税收补贴，是与正规税制结构相背离的，是为了鼓励特定的行业、活动和阶层而设置的。”也即美国的所得税税收制度包含了两部分内容：一部分是实施正常税收结构所必需的条款，包括征税对象、税率、纳税人、纳税期限、征收管理等一些基本要素的规定，这些条款构成了所得税的财政收入功能；另一部分则是减免税优惠等一些偏离正常税收结构的特殊条款，这些特殊条款构成了所得税的税收支出功能，它们可视为正常税收结构的补充。

税收支出这一概念虽然起源于美国，但现在已发展成为一个世界性的经济学范畴。绝大多数发达国家都编制了税收支出表，把税收支出分析应用到预算制度和税收制度中。许多发展中国家也在逐步接受税收支出的概念，并试图编制自己的税收支出表。然而，由于各国经济发展状况不同，税收制度存在差异，使得不同国家对税收支出概念的表述也不尽一致。例如，美国在1982年财政部长的税收支出报告中，把税收支出定义为："与现行税法的基本结构相背离的而通过税收制度实现的支出计划，它适用的范围有限，仅仅适用于交易和纳税人，因此它对特定市场的不同影响可以鉴定和衡量。"如何准确地把握税收支出的概念？我们认为应从以下三个方面理解。

第一，税收支出属于财政支出，是一种特殊形式的财政支出，属于财政补贴的范畴。税收支出与政府直接财政支出是有区别的，其中税收支出是采取税收豁免、优惠税率、纳税扣除、投资抵免、退税、加速折旧等形式减免纳税人的税款而形成的支出；而直接财政支出是将纳税人的税款收缴入库后，通过财政预算安排的支出。

第二，税收支出是税法体系的重要组成部分。任何国家的税收制度都可以分解为两个部分：一部分是确保国家财政收入而设置的税基、税率、纳税人、纳税期限等条款，西方称之为"正规"税制；另一部分是为改善资源配置、提高经济效益或照顾纳税人的生活困难而设置的税收优惠条款，它有别于"正规"税制，是以减少纳税人的纳税义务、主动放弃财政收入为特征的。后一部分就是税收支出。

第三，明确税收支出造成的税收损失与偷税、漏税造成的税收损失之间的区别。税收支出是国家为达到特定政策目标主动放弃的税收收入，而偷税、漏税是纳税人的一种违法行为，其结果是国家应收的税收收入没有收上来。

根据以上理解可以看出，税收支出是国家为了实现特定的政策目标，通过制定与执行特殊的税收法律条款，给予特定纳税人或纳税项目以各种税收优惠待遇，以减少纳税人税收负担而形成的一种特殊的财政支出。

2）税收支出的特征

税收支出作为一种特殊的财政支出形式，是对正规税制结构的一种背离。从内容上看，主要表现为各种税收优惠项目；从数量上看，主要是政府主动放弃的税收收入。税收支出具有如下特征。

① 法制性。税收支出的内容主要是各种税收优惠条款或项目，而这些优惠条款本身就是税法的重要组成部分。税收的法制性决定了税收支出也具有法制性。但是，构成税收支出的这些税收优惠条款因其是针对某些特定的纳税人或纳税项目的，故税收支出不具有普遍适用性。

② 宏观性。税收支出是一种政府行为，是政府实现其宏观政策目标的重要手段之一。政府负有从宏观上调节、控制、管理整个国民经济运行，保持社会经济稳定发展的职责，为了确保这些职责的完成，政府要制定各种宏观上的社会经济政策。从大的方面看，这些社会经济政策包括普遍性政策和倾斜性政策两种。税收支出则是贯彻执行政府倾斜性宏观政策的主要措施，它不是某个单位或某个部门的个体行为，具有宏观性的特点。

③ 预算性。税收支出既然是一项财政支出，它就应当纳入政府预算程序，成为政府预算的组成部分。由于税收支出的特殊性，即是一种以财政收入形式安排的财政支出，因此各国一般将税收支出单独编制预算，形成税收支出预算。税收支出预算与政府预算是一种局部

与整体的关系。

④ 定量性。税收支出包含定性与定量两方面的内容。定性内容是指各种税收优惠条款，定量内容是指这些税收优惠条款使政府财政放弃了多少税收收入。税收支出的定量性特征是指在估计放弃税收收入数量的前提下，对税收优惠总量和结构加以科学调整，并以预算形式确定下来，对各项指标进行逐级分解以进行数量化管理。我国对税收支出的管理，历来只注重定性方面的内容，而忽视定量方面的内容。

2. 税收支出的原则

税收支出作为政府执行其社会经济政策的一种手段，其作用的发挥应兼顾经济效率提高和收入公平分配这两个目标。税收支出应遵循如下原则。

1）适度原则

税收支出适度原则是指税收支出的形式要合理、数量要恰当。它要求税收支出既能实现国家特定的社会经济政策，又要考虑政府财政的负担能力和纳税人的税负水平。首先，税收支出是政府为了特定目标而给予特定纳税人或纳税项目的税收优惠。这意味着并非税收优惠越多越好。税收优惠形式的选择、数量的确定应以能达到政府所要实现的政策目标为限。税收优惠形式和优惠数量的过多或过少，都不可能实现既定政策目标，都是不适度的。其次，税收收入是政府财政收入的最主要来源，税收收入的变化直接决定着财政收入的状况。税收支出作为政府主动放弃的一部分税收收入，在财政年度内，它与政府征收入库的税收收入与财政收入存在此增彼减的关系。税收支出的量多了，财政收入的量就会相应减少；反之，则多。由于财政收入是政府实现其职能的物质基础，因此税收支出的量过多，就会影响政府职能的正常发挥。这就是说，税收支出的量必须限定在政府财力所能容许的限度内，以政府财政的承受能力为前提。最后，税收支出的形式和数量必须考虑从税收优惠中受益的企业和个人的实际状况。适度的税收支出，或者可起到刺激生产经营、提高经济效益的目的，或者可达到对某些纳税人进行照顾、使其摆脱困难的效果。税收支出过度了，则会使纳税人产生依赖想法而不思进取；税收支出不足了，则起不到应起的作用，达不到要达到的目的。

2）贯彻国家政策原则

一个国家为了促进本国社会经济的发展，出于公平与效率的考虑，在每个时期都有一定的社会经济发展目标，并制定出一系列相应的社会经济政策。税收支出作为实现国家特定社会经济目标而对某些纳税人和纳税项目给予的税收优惠，它必须贯彻国家一定时期的社会经济政策；否则，税收支出就不可能实现国家的社会经济发展目标，反而可能成为实现社会经济发展目标的障碍。如果税收支出没有贯彻国家的社会经济政策，就会出现该鼓励和该照顾的纳税人和纳税项目未得到鼓励和照顾，不该鼓励和照顾的纳税人和纳税项目却受到了鼓励和照顾，这样既不可能提高经济效益，也不会促进收入公平分配。

当前，我国经济已由高速增长阶段转向高质量发展[①]阶段，正处在转变发展方式、优化

① 高质量发展是全面建设社会主义现代化国家的首要任务。发展是党执政兴国的第一要务。没有坚实的物质技术基础，就不可能全面建成社会主义现代化强国。必须完整、准确、全面贯彻新发展理念，坚持社会主义市场经济改革方向，坚持高水平对外开放，加快构建以国内大循环为主体、国内国际双循环相互促进的新发展格局。我们要坚持以推动高质量发展为主题，把实施扩大内需战略同深化供给侧结构性改革有机结合起来，增强国内大循环内生动力和可靠性，提升国际循环质量和水平，加快建设现代化经济体系，着力提高全要素生产率，着力提升产业链供应链韧性和安全水平，着力推进城乡融合和区域协调发展，推动经济实现质的有效提升和量的合理增长。

经济结构、转换增长动力的攻关期，建设现代化经济体系是跨越关口的迫切要求和我国发展的战略目标。必须坚持质量第一、效益优先，以供给侧结构性改革为主线，推动经济发展质量变革、效率变革、动力变革，提高全要素生产率，着力加快建设实体经济、科技创新、现代金融、人力资源协同发展的产业体系，着力构建市场机制有效、微观主体有活力、宏观调控有度的经济体制，不断增强我国经济创新力和竞争力。① 为此，我国的税收支出应贯彻国家的有关政策，为实现这些目标服务。

3）效益原则

税收支出作为一种特殊形式的财政支出，它与直接财政支出一样也要注重效益。税收支出注重效益就是以尽量少的税收支出达到对特定纳税人和纳税项目的鼓励、扶持和照顾，实现政府特定的社会经济发展目标。如果说通过税收支出实现的社会经济目标为税收支出效益，那么税收支出所减少的税收收入则是税收支出成本。由于在一定时期政府的既定目标体系中，既有经济方面的目标，又有社会方面的目标；既有可用货币衡量的目标，也有不可用货币衡量的目标。税收支出的效益就是由经济效益与社会效益、微观效益与宏观效益组成的一个效益集。当不同的效益之间发生冲突时，一般应是经济效益服从社会效益、微观效益服从宏观效益。注重社会效益的实质就是在考虑了总成本与总效益的对比后，要求净效益最大。

4）遵从国际惯例原则

经过 30 多年的实践，税收支出在世界范围内形成了一些共同的经验，这些经验成为各国实行税收支出时的国际惯例。例如，各国实施税收支出的形式一般有税收减免、税收扣除、优惠税率、延迟纳税、加速折旧等。实行税收支出的税种一般以所得税为主，同时辅以其他间接税。对税收支出的具体内容，在个人所得税方面各国普遍实行个人扣除额，政府公债利息免税，慈善捐款免税，保险金、退休金免税，对军人、学生、残疾人收入实行减免税优惠等；在企业所得税方面，各国普遍对科研开发费用进行扣除，对某些固定资产进行加速折旧，对小型企业、涉外投资所得实行税收优惠，对鼓励发展的新产品、新技术、新工艺、新材料产业实行税收优惠，为扶持企业发展而准许设立特别准备金，对农业所得、向落后地区投资所得实行减免、亏损扣除等方面的税收优惠等；在增值税方面，对小企业、农业及某些生活必需品实行优惠等。在税收支出的执行上，发达国家一般在税法中明确规定具体项目及优惠办法，税务机关依法实行减免，征纳双方的税收争议通过法律程序解决；国与国之间因税收支出导致争端时，一般都通过签订税收协定的方式解决。我国在实施税收支出时，要借鉴和吸收这些国际经验，遵从税收支出的国际惯例。当然，在遵从税收支出的国际惯例时，必须以维护国家的主权和经济利益为前提。

3. 税收支出的形式

税收支出是国家运用税收优惠政策调节社会经济的一种手段。根据世界各国的税收实践，税收支出的具体形式主要有税收豁免、纳税扣除、税收抵免、优惠税率、延期纳税、盈亏互抵、优惠退税、加速折旧、准备金制度等。

1）税收豁免

税收豁免，是指在一定期间内免除某些纳税人或纳税项目应纳的税款。豁免期限、豁免

① 中国共产党第十九次全国代表大会上的报告《决胜全面建成小康社会 夺取新时代中国特色社会主义伟大胜利》.

对象、豁免项目依据当时的社会经济环境确定。税收豁免有部分豁免与全部豁免之分。部分豁免是指免除纳税人或纳税项目的部分应纳税款；全部豁免则是免除全部应纳税款。这在我国税收实践中称之为“减免税”。最常见的税收豁免有两类，即商品税税收豁免和所得税税收豁免。对商品税进行税收豁免，可以降低产品价格，从而降低企业生产成本、增加居民对产品的消费；对所得税进行税收豁免，一方面可以刺激投资、发展经济，另一方面可以促进某些社会政策的实现，稳定社会秩序。

2）纳税扣除

纳税扣除，是指准许纳税人把一些合乎规定的特殊开支，按一定比例或全部从应税所得中扣除，以减轻其税负。在累进所得税制下，纳税人的税收负担随着其应税所得额的提高而呈递增态势，即当纳税人的应税所得额有所增加时，累进税率就可能把他推到一个较高的纳税档次中。纳税扣除的结果是降低了纳税人的应税所得额，从而使其以较低的税率纳税。一般来说，纳税扣除有直接扣除和加成扣除两种。直接扣除是指允许纳税人将其某些合乎规定的费用全部或部分扣除。加成扣除是指允许纳税人对其某些规定项目的费用可以超支，以增加费用的方式减少应税所得。

3）税收抵免

税收抵免一般包括投资抵免和国外税收抵免两类。投资抵免，是指允许纳税人将一定比例的设备购置费从其当年应纳所得税税额中扣除。这相当于政府对私人投资的补助，故投资抵免也被称为“投资津贴”。投资抵免的目的在于刺激民间投资，促进资本形成，增加经济增长潜力。国外税收抵免，是指允许纳税人用其在非居住国（或非国籍国）已纳税款抵免其在本国的纳税义务。其目的在于避免对跨国纳税人进行国际重复征税，消除国际资本、劳务和技术流动的障碍，妥善处理有关国家间的税收利益分配关系。无论哪一种税收抵免，都会遇到是否允许抵免额超过应纳税额的问题。允许抵免额超过应纳税额的税收抵免称为“无限额抵免”或“完全抵免”；不允许抵免额超过应纳税额的税收抵免称为“有限额税收抵免”或“不完全抵免”。现实的税收抵免大多是“有限额抵免”，即各国政府通常都规定一个“抵免限额”，超过该限额的不予抵免。这样做是为了避免抵免限额大于应纳税额过多时加大政府的损失。

4）优惠税率

优惠税率，是指对特定的纳税人或纳税项目采用低于一般税率的税率征税。优惠税率适用的范围可视实际需要加以调整。适用优惠税率的期限可长可短。一般来说，长期优惠税率的鼓励程度大于短期优惠税率，尤其是那些投资巨大但获利较迟的项目，可从长期优惠税率中得到较大好处。

5）延期纳税

延期纳税，是指允许纳税人将其应纳税款延迟缴纳或分期缴纳。这种方法可适用于各种税收，特别是数额较大的税收。延期纳税表现为将纳税人的纳税义务向后推延，其实质上相当于在一定时期内政府给予纳税人一笔与其延期纳税数额相等的无息贷款，这在一定程度上可以帮助企业解除财务困难。对于政府而言，实行延期纳税相当于推后收税，其损失的是一定量的利息。

6）盈亏互抵

盈亏互抵，是指允许纳税人以某一年度的亏损，抵消以后年度的盈余，以减少其以后年度的应纳税款；或是冲减以前年度的盈余，申请退还以前年度已纳的部分税款。一般而言，盈亏互抵都有一定的时间限制，且只适用于所得税。例如，美国公司所得税法规定，公司当年的净经营亏损，可以从过去3年的盈余中扣除，并由此从税务机关得到相应的退税；若过去3年的盈余仍不足抵补，不足部分可结转到今后7年的盈余中抵补。可见，公司某一年的亏损额可以从前3年后7年的盈余中得到补偿。

7）优惠退税

退税的情况很多，如多征、误征的税款，都要通过退税解决。但这些退税属于一般的规范性退税，不属于税收支出形式的退税。作为税收支出形式的退税是指优惠退税，即国家为鼓励纳税人从事或扩大某种经济活动而给予的税款退还。它有两种形式：出口退税和再投资退税。出口退税，是指国家为鼓励出口，使出口产品以不含税价格进入国际市场而给予纳税人的税款退还，如退还进口税、退还已纳的国内消费税、增值税等。再投资退税，是指国家为鼓励投资者将获得的利润进行再投资，全部或部分退还其再投资部分已缴纳的税款。

8）加速折旧

加速折旧，是指政府为鼓励特定行业或部门的投资，允许纳税人在固定资产投入使用初期提取较多的折旧，以提前收回投资。由于累计折旧不能超过固定资产的应计折旧额，前期提取较多的折旧必然导致后期所能提取的折旧额相应减少，又由于折旧是企业的一项费用，它与企业应税所得的大小成反比，所以加速折旧从量上并不能减轻纳税人的税负，它所起的效果是使企业的纳税时间向后推延。对于纳税人而言，尽管其总税负未变，但推迟纳税的结果是相当于从政府那里得到了一笔无息贷款。

9）准备金制度

准备金制度，是指政府为了使企业将来发生的某些费用或投资有资金来源，在计算企业应纳税所得时，允许企业按照一定的标准将一定量的应税所得作为准备金处理，从应税所得总额中扣除，不必纳税。准备金的种类很多，有投资准备金、技术开发准备金、出口损失准备金、价格变动准备金、国外投资损失准备金等。

【课程思政】

就业是最基本的民生。强化就业优先政策，健全就业促进机制，促进高质量充分就业。健全就业公共服务体系，完善重点群体就业支持体系，加强困难群体就业兜底帮扶。统筹城乡就业政策体系，破除妨碍劳动力、人才流动的体制和政策弊端，消除影响平等就业的不合理限制和就业歧视，使人人都有通过勤奋劳动实现自身发展的机会。健全终身职业技能培训制度，推动解决结构性就业矛盾。完善促进创业带动就业的保障制度，支持和规范发展新就业形态。健全劳动法律法规，完善劳动关系协商协调机制，完善劳动者权益保障制度，加强灵活就业和新就业形态劳动者权益保障。

健全社会保障体系。社会保障体系是人民生活的安全网和社会运行的稳定器。健全覆盖全民、统筹城乡、公平统一、安全规范、可持续的多层次社会保障体系。完善基本养老保险全国统筹制度，发展多层次、多支柱养老保险体系。实施渐进式延迟法定退休年龄。扩大社会保险覆盖面，健全基本养老、基本医疗保险筹资和待遇调整机制，推动基本医疗保险、失业保险、工伤保险省级统筹。促进多层次医疗保障有序衔接，完善大病保险和医疗救助制度，落实异地就医结算，建立长期护理保险制度，积极发展商业医疗保险。加快完善全国统一的社会保险公共服务平台。健全社保基金保值增值和安全监管体系。健全分层分类的社会救助体系。坚持男女平等基本国策，保障妇女儿童合法权益。完善残疾人社会保障制度和关爱服务体系，促进残疾人事业全面发展。坚持房子是用来住的、不是用来炒的定位，加快建立多主体供给、多渠道保障、租购并举的住房制度。

推进健康中国建设。人民健康是民族昌盛和国家强盛的重要标志。把保障人民健康放在优先发展的战略位置，完善人民健康促进政策。优化人口发展战略，建立生育支持政策体系，降低生育、养育、教育成本。实施积极应对人口老龄化国家战略，发展养老事业和养老产业，优化孤寡老人服务，推动实现全体老年人享有基本养老服务。深化医药卫生体制改革，促进医保、医疗、医药协同发展和治理。促进优质医疗资源扩容和区域均衡布局，坚持预防为主，加强重大慢性病健康管理，提高基层防病治病和健康管理能力。深化以公益性为导向的公立医院改革，规范民营医院发展。发展壮大医疗卫生队伍，把工作重点放在农村和社区。重视心理健康和精神卫生。促进中医药传承创新发展。创新医防协同、医防融合机制，健全公共卫生体系，提高重大疫情早发现能力，加强重大疫情防控救治体系和应急能力建设，有效遏制重大传染性疾病传播。深入开展健康中国行动和爱国卫生运动，倡导文明健康生活方式。

复习思考题

1. 什么是财政支出？财政支出的原则有哪些？
2. 影响财政支出规模增长的主要因素有哪些？
3. 衡量财政支出效益的方法有哪些？
4. 我国财政支出规模现状如何？存在哪些问题？
5. 政府采购具有哪些经济作用？
6. 举例说明政府采购程序？
7. 财政补贴有什么积极意义？
8. 社会保障有哪些类型？
9. 社会保障有什么作用？
10. 社会保障基金的财政运行方式有哪些？
11. 什么是社会保障？社会保障有什么特征？
12. 什么是社会保险？社会保险项目包括哪些？
13. 什么是政府采购？政府采购具有哪些财政作用？
14. 什么是财政补贴？财政补贴有何特征？
15. 群众在就业、教育、医疗、托育、养老、住房等方面面临哪些难题？
16. 职工与城乡居民基本社会保险有何区别？

练习题 3

第 4 章

财政收入

【本章导读】

财政收入是指政府为了满足其支出需要而参与社会产品分配所取得的各种收入。财政收入规模是衡量一个国家财力和政府在社会经济生活中的职能范围的重要指标。保持财政收入持续稳定地增长、满足财政支出需求是各国政府所追求的主要财政目标。但是，财政支出的需求往往是无限的，而财政收入的供给却总是有限的。财政收入主要包括税收收入、公债收入和其他收入三种形式。

公债是指国家以其信用为基础，按照债的一般原则，通过向社会筹集资金所形成的债权债务关系。一般情况下，公债要比私债可靠得多，通常称为“金边债券”。公债收入与其他财政收入形式相比，具有有偿性、自愿性和灵活性的特点。公债发行方法主要包括公募法、承受法、公卖法和交付发行法。公债偿还方法主要包括买销法、比例偿还法、抽签偿还法和一次偿还法。正确选择公债偿还方法和偿债资金来源，是公债制度建设的主要内容。

本章教学思政视角：一是建设体现效率、促进公平的收入分配体系，实现收入分配合理；二是高质量发展是全面建设社会主义现代化国家的首要任务；三是建立权责清晰、财力协调、区域均衡的中央和地方财政关系。

通过本章学习，要求掌握财政收入的概念，理解财政收入与财政支出的内在关系，掌握公债的概念、发行方法、偿还方法及公债制度建设的主要内容，具有检索财政收入数据、分析财政收入趋势的能力，具有实现收入分配合理的意识。

4.1 财政收入概述

4.1.1 财政收入的定义和类型

1. 财政收入的定义

财政收入，又称公共收入，是指政府为了满足其支出需要而参与社会产品分配所取得的各种收入。财政收入的定义可以从不同角度加以描述，从而有了广义财政收入和狭义财政收入的区分。所谓广义财政收入，包括政府的一切进项或收入，主要有税收收入、公债收入、国有资产收入和各种行政收入等。所谓狭义财政收入，仅仅是指政府每年的“定期收入”，即被称为“岁入”的收入，只包括税收收入和除公债外的非税收收入，如各种规费、管理费、政府提供劳务的工本费、公产收入、国内外援助收入等。政府取得财政收入主要凭借公共权力，如政治管理权、公共资产所有权、公共信用权等，其中政治管理权是核心。

2. 财政收入的类型

为了深入研究影响财政收入的各种因素，探寻增加财政收入的主要途径，加强对财政收入的管理，需要根据各种财政收入的特点和性质，对财政收入进行一定的分类。常用的分类方法主要有下列几种。

① 按照财政收入取得有无连续性可分为经常性收入和临时性收入。所谓经常性收入，是指政府在每个财政年度连续、经常性获取的收入，主要有税收收入、行政收入、国有资产收入和国有企业收入等。所谓临时性收入，是指政府所取得的不经常或不规则的财政收入，主要是公债收入。

② 按照财政收入取得时凭借的权力可分为公法权收入和私法权收入。所谓公法权收入，是指政府凭借政权强制地从社会成员手中获取的财政收入，主要是税收收入和罚没收入等。所谓私法权收入，是指政府依据任意原则或自愿原则从社会成员手中获取的财政收入，如国有财产收入、国有企业收入和公债收入等。

③ 按照财政收入取得对国民经济购买力的影响可分为财政政策性收入和货币政策性收入。所谓财政政策性收入，是指政府通过征收现有购买力的一部分而形成的财政收入，主要有税收、公债、罚没款等。所谓货币政策性收入，是指政府采用铸造货币、发行纸币等方式创造购买力而获取的财政收入，如中央银行直接认购公债，就是在间接发行纸币。一般情况下，财政政策性收入仅仅是社会购买力的转移，不会增加整个社会的购买力总量；而货币政策性收入却是社会购买力的凭空增加，常常会伴随着通货膨胀的发生，所以是一种虚假性财政收入。

④ 按照财政收入的价值构成可分为来自 C、V、M 部分的财政收入。财政收入中来自 C 的部分，过去仅限于国有企业上缴财政的折旧基金部分。但是现在根据市场经济规律的要求，折旧基金属于企业经营管理权限的范围，价值 C 部分已经不再构成财政收入的来源。来自 V 的财政收入主要有：直接向个人征收的税、费、罚没收入，由个人认购的国库券、购买应税消费品及服务业和娱乐业消费所承担的税等。来自 M 部分的财政收入是最主要的来源，凡是影响 M 增减变化的因素，如生产、成本和价格等，就是影响财政收入的重要因素。

⑤ 按照财政收入的产业构成可分为来自第一、第二和第三产业的收入。第二产业对财政收入的贡献起决定性作用，而第三产业对财政收入的贡献比重会逐步增加。

⑥ 按照财政收入的经济成分构成分类。就目前情况看，我国财政收入主要来自国有经济成分，国有经济上缴的财政收入占整个财政收入的 2/3 左右。

另外，财政收入还可以按照国民经济部门分类、按照行政区域分类、按照复式预算编制要求分类等。

4.1.2 财政收入规模

1. 财政收入规模衡量指标

所谓财政收入规模，是指一国政府在一个财政年度内所拥有的财政收入总水平。财政收入规模通常用某一时期（一个财政年度）财政收入总额（绝对数额）或用财政收入占 GDP 的比重（相对数额）反映。财政收入规模是衡量一个国家财力和政府在社会经济生活中的职能范围的重要指标。保持财政收入持续稳定增长、满足财政支出需求是各国政府所追求的主要财政目标。但是，财政支出的需求往往是无限的，而财政收入的供给却总是有限的。

2. 影响财政收入规模的因素

一国一定时期财政收入规模有多大，财政收入增长有多快，不是或不仅仅是以政府的意志为转移的。财政收入的规模和速度受一国政治、经济等条件的影响和制约。所以财政收入的规模分析必须从一国的综合国力出发，从以下几个方面考察。

1）生产力发展水平的制衡

生产力发展水平通常表现为经济发展水平、生产技术水平等。生产力发展水平会直接影响一个国家的国民收入总量。生产力发展水平高，则国民生产总值或国民收入总量就大，提供给政府财政收入的能力就强。从世界各国政府财政收入规模的比较中可以看到，发达国家的财政收入规模大于中等收入水平的国家，中等收入水平国家的财政收入规模又总是大于发展中国家或低收入水平的国家。

2）价格水平变动的制约

财政收入是一定量的货币收入，是在一定的价格水平下在一定时点按现值计算。凡是价格水平变动引起的国民收入再分配最终都将影响财政收入规模。对应于通货膨胀的情况，经济学家在分析财政收入规模变化时，所提及的财政收入的“虚增”或者说名义上的增长而实际上的负增长，就是在讨论由于价格水平变动所导致的财政收入的“贬值问题”。

3）财政分配政策的影响

财政收入主要来自国民收入中的 M（剩余产品价值）部分，少部分来自国民收入中的 V（补偿活劳动耗费的价值）部分。当一定时期的国民收入总量既定时，V 的最低限度就是当期 M 的最高限度。因此，财政分配政策决定着 M 占国民收入的比重，而且 M 中的一部分必须留作企业扩大再生产的必备资金的份额也是由财政分配政策所决定的。因此，不同时期的财政分配政策也就成为制约财政收入规模的因素之一。

3. 财政收入规模确定

拉弗曲线是对税率与税收收入或经济增长之间关系的形象描述，因其提出者为美国经济学家阿瑟·拉弗而得名。该曲线的基本含义是：保持适度的宏观税负水平是促进经济增长的一个重要条件。拉弗曲线如图 4－1 所示。

拉弗曲线表明在较低的税率区间内，税收收入将随税率的提高而增加，但由于税率毕竟会对纳税人投资和工作的积极性产生影响，继续提高边际税率超过一定的限度，将对劳动供给与投资产生负激励，进而抑制经济增长，使税基减小，税收收入下降。拉弗曲线提示各国政府：征税有“禁区”，要注意涵养税源。这里的税源主要是指国民收入，即 GDP。

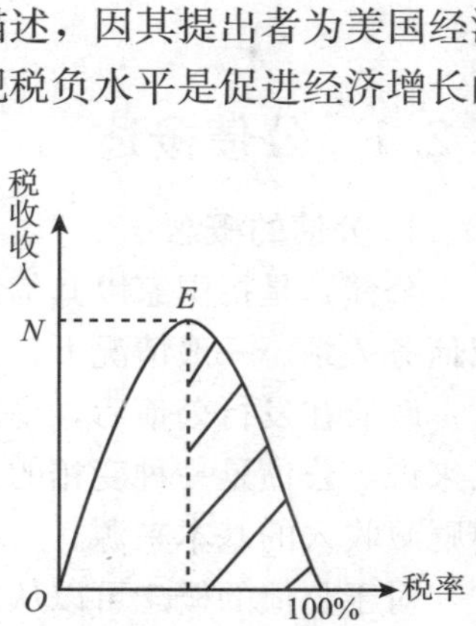

图 4－1　拉弗曲线

4.1.3 财政收入的形式

财政收入形式主要包括三类：税收收入、公债收入和其他收入。

1. **税收收入**

税收收入，是指政府通过征税方式取得的财政收入，是将纳税人的一部分收入无偿、强制地转移给政府使用。与其他财政收入形式相比，税收是政府取得财政收入的最佳形式。政府征税不会凭空扩大社会购买力，不会引发无度的通货膨胀；征税是政府的纯收入，不必支付任何等价物；征税是政府强制行为，依据法律经常性地取得收入，可以为财政支出提供较为充足的资金来源。因此，在各种可选择的财政收入形式中，各国学者最为推崇税收形式。税收事实上已经成为各国政府取得财政收入最直接、最有效、最可靠的形式，在各国财政收入总额中，税收所占比重通常都在90%左右，如美国为98%，英国为96%，日本为91%等。

2. **公债收入**

公债收入，是政府直接以债务人的身份筹集财政资金的一种形式。从某种意义上说，公债和税收并无本质上的区别，因为公债还本付息的资金最终来源于税收，公债只不过是延期的税收。但是债务收入和支出都不能视为政府经常性行为的结果，不能看成政府财政盈余或赤字的组成部分，只能作为弥补财政赤字的手段。政府通过举债取得的财政收入是要按期还本付息的，是以支付一定代价换取的临时性收入，虽然一般不会引发通货膨胀，但是要受到社会购买力和购买者意愿的限制。而且，政府发债的规模如果不适度，就会引发政府债务危机，严重时可能导致政府破产。

3. **其他收入**

其他收入，是指政府提供某种公共服务或为实现某一特定目的所收取的收入，包括规费收入、事业收入、国有资产收益、公产收入、罚没收入等。这些收入虽然也是政府经常性取得的收入，但是这类收入的规模非常有限，数额非常少，根本无法满足政府职能膨胀所带来的财政支出的不断增长。其中一些收入形式，如政府直接增发货币筹集的财政收入，经常会造成通货膨胀，给经济的稳定发展带来极其不利的影响。

4.2 公 债 收 入

4.2.1 公债概述

1. **公债的概念**

公债，是指国家以其信用为基础，按照债的一般原则，通过向社会筹集资金所形成的债权债务关系。一般情况下，公债要比私债可靠得多，通常称为“金边债券”。

政府在发行公债后，是需要偿还的。政府偿还公债的资金最终来源还是税收，从这个意义来说，公债是一种变相的、延期缴纳的税收。公债与税收没有本质上的差别，它们都是政府财政收入的基本来源。

对于公债的概念可以从三个方面理解。其一，公债是政府信用的主要形式。政府的财政分配活动一般采取无偿的方式，但不排除在一定情况下采取有借有还的信用方式。所谓政府信用，是指政府以债务人或债权人身份，运用信用方式筹集财政收入和安排财政支出。公债是政府信用的典型形式。除公债外还有国家财政向银行借款、基本建设投资“拨改贷”、财政支农周转金及财政部门直接发放的财政性贷款等。在我国，公债是国家信用的最主要形式。其二，公债是政府取得财政收入的特殊形式。因为不论是发行债券还是借款，都意味着财政收入的增加，所以公债是筹集财政收入的一种手段。其三，公债是政府掌握的重要经济杠杆。当今世界各国，公债的作用已经不仅仅局限于平衡财政预算，弥补财政赤字，它还是政府调节经济、实行宏观调控、促进经济稳定增长的一个重要经济杠杆。

2. 公债的特征

公债收入与其他财政收入形式相比，具有有偿性、自愿性和灵活性的特点。

① 有偿性。公债要还本付息，国家发行公债是向公债认购者借取资金的暂时使用权，而非资金的所有权。

② 自愿性。公债的发行或者认购一般建立在认购者自愿承担的基础上。公债的有偿性决定了公债的自愿性。除少数强制性公债外，认购者是否认购、认购多少，由认购者自己决定。

③ 灵活性。公债发行与否及发行多少，由政府根据国家财政资金的丰裕程度灵活确定，而不是通过法律形式预先规定。正是由于公债的有偿性和自愿性，决定和要求公债发行具有灵活性。

3. 公债的功能

1）弥补财政赤字

财政赤字可以通过向中央银行借款、增加税收和发行公债等方式弥补。通过向中央银行借款弥补赤字会造成中央银行货币供给增加，诱发或加剧通货膨胀。税收是按税法规定征收的，如果通过提高税率或增加新税种弥补赤字，会对经济发展带来不利影响，且增加税收一般受到立法程序制约，政治上存在一定风险，无法迅速筹集大量资金。比较而言，以发行公债方式弥补财政赤字对经济可能产生的负作用比较小，因而通过发行公债弥补赤字，实质是将属于社会支配的资金在一定时期内让渡给国家使用，是社会资金使用权的单方面、暂时性转移；认购公债的资金基本是社会资金运动中游离出来的闲置资金，一般不会导致通货膨胀，还可迅速、灵活、有效地弥补财政赤字，故通过发行公债筹集资金以弥补财政赤字是当今世界各国的普遍做法。

2）筹集建设资金

通过公债筹集建设资金是发行公债的重要目的之一。在市场经济条件下，政府应承担起对外部性很强的大型公共工程投资的职能，而这种投资往往具有规模大、周期长等特点，如果单纯依靠税收是无法满足需要的。通过发行公债的方式可以筹集到用于这种建设的资金。

3）调节货币供应量

公债是一种收入稳定、无风险或风险较低的投资工具，有“金边债券”之称。特别是短期公债，流动性强，被称为“有利息的钞票”。在金融市场上，公债是作为最基础的金融资产出现的，是银行、证券机构、企业、个人和各种基金的投资对象。特别是短期公债的发行及买入和卖出，在不少国家成为中央银行调节货币供应量和调节利率的重要手段。

4）调控宏观经济

市场经济条件下，公债已经成为国家调节经济运行的重要工具。如何使用通过发行公债筹集的资金、使用到哪些方面，对经济运行具有重要影响。例如，通过适度举借债务，筹集建设资金，将社会上的闲置资金、消费资金引导到国家重点建设上来，可以调节社会投资结构和产业结构，促进经济社会协调发展。通过举借债务，增加财政投资，用于生产建设，将扩大社会的积累规模，改变积累与消费的比例关系。

4. 公债的类型

公债类型较多，可根据研究问题的需要采用不同的分类标准。

① 按照发行方式，公债可分为自由公债和强制公债。通常，公债是不具有强制性的，大多数国家的公债都是自由公债，这一点是公债与税收的显著差别。此外，当国家面临财政危机或面临战争、自然灾害等特殊困难时，也可动用政治权力强制发行公债。

② 按照发行地域，公债可分为国内公债和国外公债。当其在国内无法筹措大量资金满足财政支出的需要而国外又有大量闲置资本时，可以向国外发行公债。国外公债是一个国家通过信用吸收外资的方式之一。

③ 按照有无利息报酬，公债可分为有息公债和无息公债。

④ 按照偿还期限长短，公债可分为短期公债、中期公债和长期公债。公债期限的划分并无统一的标准。在大多数西方国家，在一年以内偿还的公债通常称作短期公债，一年以上十年以内偿还的公债称作中期公债，偿还期限超过十年的就被称作长期公债。

⑤ 按照市场条件，公债可分为上市公债与非上市公债。上市公债具有“自由认购、自由买卖、自由转让”的特点，而其交换价格最终取决于证券市场上的供求关系。非上市公债一般具有期限长、利率高的特点，只能由政府用现金偿还或转为其他公债。

⑥ 按照公债形式，可分为凭证式公债、无记名公债、储蓄公债和记账式公债。凭证式公债，是一种储蓄债，可记名、挂失，以“凭证式公债收款凭证”记录债权，不能上市流通，在持有期内，持券人如遇特殊情况需要提取现金，可以到购买网点提前兑取。无记名公债，是一种实物债券，以实物券的形式记录债权，面值不等，不记名，不挂失，可上市流通。储蓄公债，是面向个人投资者发行、以吸收个人储蓄资金为目的，满足长期储蓄性投资需求的不可流通记名公债。记账式公债，是以记账形式记录债权，由财政部发行，通过证券交易所的交易系统发行和交易，可以记名、挂失，可上市转让。

4.2.2 公债的产生与发展

1. 公债的产生

公债最早起源于古希腊、古罗马。公债规模直到中世纪早期还是很小，主要是因为当时经济发展和信用制度水平都较低，现代意义上的公债是在 12 世纪商业比较发达的地中海沿岸国家首先出现的。在 16 世纪以后，发行公债已经成为政府解决财政赤字问题的常规方法而在欧洲推广开来。英国在 1688 年威廉·奥兰治登基以后，建立了比较完善的公债借贷制度，代表了近代国家公债管理的一种比较典型的方式。当时人们认为，公债是需要日后通过税收偿还的，即公债实际上是将政府支出的负担向后代分摊。若一项公共工程会使后代受益，那么后代承担一部分投入也在情理之中。

从历史上看，增举国债最一般的理由是突然出现的由战争造成的财务危机。除此之外，增加债务可用于以和平方式扩张国土，如美国购买路易斯安那。同样，公债也可作为公共工程的一种融资手段。

尽管公债的合理性得到了大多数人的赞同，然而大部分经济学家却都主张控制公债规模，并尽量实现财政收支均衡。亚当·斯密认为，公债规模的扩大会导致非生产性资本增加，进而造成经济发展的停滞。所以，直到20世纪30年代为止，除了战争、大规模扩张领土等特殊情况外，一般来说，政府的债务规模并不大。20世纪30年代经济衰退及凯恩斯革命以后，扩大公债又有了新的理由，主要是通过举债而使政府获得的开支可创造就业，刺激私人经济的发展。对一个国家而言，外债增加一国的负担，内债却可使其财富在国内重新分配。因此，这不一定是额外负担。随着人们对这一理论的逐步接受，政府在经济生活中作用的日益扩大，公债与赤字规模显著增加。到了20世纪80年代，随着一些国家中巨额财政赤字和公债对经济发展的巨大影响，有人认为政府应下决心削减财政赤字和尽早偿还公债。

2. 我国公债的发展

我国公债最早产生于清朝末期。清朝政府为弥补巨额财政赤字曾发行过国内公债，并大量举借外债。北洋政府和国民党政府也曾多次发行内债和外债。共产党领导的解放区也曾在江西发行过“战争公债”，在东北发行过“建设公债”。

中华人民共和国成立后，为了保证仍在进行的战争供给和国民经济的恢复，我国政府曾发行过302亿元的“人民胜利折实公债”。1954年到1958年，为了进行大规模的社会主义建设，国家又分5次发行了总额为3 546亿元的“国家经济建设公债”。1958年以后由于对公债的作用缺乏正确的认识，过分强调预算平衡，我国不再发行公债，并逐步偿清了全部公债，曾一度成为当时世界上唯一一个“既无内债，又无外债”的国家。

1981年，为了克服国家财政困难和筹集重点建设资金，我国又重新开始发行公债。到20世纪90年代末，我国已发行过国库券、国家重点建设债券、定向债券、财政债券、特种债券、转换债券、保值债券等7种不同的公债。实践证明，在中国这样的社会主义国家，通过发行公债筹集资金和调节经济是很必要的。公债不仅具有筹借资金克服财政困难的短期功能，而且具有抑制经济波动、刺激总需求、改善资源配置、促进经济发展的长期功能。

4.2.3 公债发行与偿还

1. 公债发行

政府发行公债首先需要有人愿意认购，认购公债的人称为公债投资者。美国公债的主要购买者是美国的中央银行、商业银行、州和地方政府、国外机构及个人。为了吸引公债投资者，理解不同的公债投资者的动机是非常重要的，因为这些债主认购公债的动机和考虑的风险因素往往不同。

中央银行一般不是为了获利而拥有公债，通常是为了实现对货币市场的操作和控制。公债市场是中央银行实施货币政策的一个重要场所。当中央银行想放松银根时，它会增加货币发行，此时它可在二级市场上购进一定数量的债券，以其对出售债券者的支付构成货币发行；反之，若中央银行想紧缩银根，便可把它拥有的部分公债在公债市场上出售，通过这样的方式就收回了一部分原来在社会上流通的货币。如果中央银行直接向财政部门购买公债，其直接经济结果是引起通货膨胀。在注重中央银行独立性的西方国家，每当政府出现财政赤字时，中央银行可自行决定是否向财政部直接购买债券。政府机构无权对中央银行施加压力。美国的联邦储蓄银行就是世界上最具有独立性的中央银行。

其他国债投资者，如私人投资者、州和地方政府、商业银行等购买公债一般是追求投资收益。公债与其他投资形式相比，具有显著优点。第一，公债利息一般高于银行存款。第二，公债投资风险相对于股票和其他金融投资而言较小。拉美高债务国家发生过公债到期时政府拒绝偿付的情况，这种情况是极为少见的。当今世界绝大多数国家没有拒偿过公债。第三，很多国家为公债投资提供免税等优惠条件，这是影响投资收益率的一个非常重要的因素。第四，公债具有良好的流动性，若持有公债时发生经济困难，可随时到证券市场出售公债。

经过长期发展，西方国家的公债市场已具相当规模，投资者可在市场上自由地买卖公债。对于商业银行与地方政府而言，它们也经常需要调节资金，公债的流动性对它们也非常重要。公债可在企事业机构、商业银行和地方政府由于现金周转不灵、需要互相拆借资金时作为抵押物，这样就避免了不必要的交易费用和市场波动带来的损失。

国外公债购买者一般与国内购买者的动机相似，不过国外投资者面临汇率风险。投资者购买公债时，还须考虑其将来出售或兑现公债时汇率的变动情况，这涉及一个升水、贴水的问题。如果预期对方国家的货币可能贬值，尽管公债现在支付的利率较高，或许会放弃这笔购买交易。

公债的发行情况与利率高低紧密相关。当对可贷资本的需求与供给相等时，就得到了市场的均衡利率。如果对可贷资本的需求大于供给，利率就会上升；反之，如果对可贷资本的供给大于需求，利率就会下降。引起利率变化的还有货币政策、财政政策的变动。货币政策和财政政策的变化直接影响一个经济周期中对可贷资本的需求与供给，进而引起利率的变化。若中央银行实行扩张性货币政策从而增加货币供给，则短期内对可贷资本的供给增加，利率会降低；而当中央政府奉行扩张性财政政策，财政预算连续出现赤字，若这一财政赤字又是用发行公债弥补，则意味着在中长期内对可贷资本的供给会减少，利率便有可能因此而升高。

公债中各兑现期（长期、中期、短期）的债券所占比重（即兑现期结构）是政府在发行公债时应慎重考虑的一个问题。简单的理论模型指出，最优的兑现期结构取决于利率水平和利率结构两大因素。当利率（包括短期和长期利率）水平普遍上升或当短期利率不变，而长期利率与短期利率的差额增大时，政府应缩短债务的兑现期而发行更多的短期债券。这是因为在这两种情况下，发行更多的短期债券能减少由于利率普遍升高或者由于长期利率升高而引起的利息支出。但同时应指出的是，在利率普遍上升的情况下，缩短债务兑现期的做法存在一定的风险，表现为债务兑现期变得相对集中，使投资者对政府的偿债能力产生怀疑。特别是当一国的债务已积累得较多时，这一现象会愈加明显。此时，短期债务的发行也变得困难重重，甚至会引发金融危机。

政府发行公债时还应考虑的另一个重要问题是公债积累到什么样的程度才算是到了上限。一般而言，公债的多少是不能只看绝对数额的，因为公债规模是与一国的经济规模紧密相关的。大国可以多借点债，小国只能少借些债。因此，只看公债绝对数量并没有多大意义，更有意义的是看公债利息与国民生产总值的比率及公债总额与国民生产总值的比值这两个指标。

在 20 世纪 80 年代，西方国家的公债利息支付占国民生产总值的比例达到了较高的数值。比利时、丹麦、希腊、爱尔兰和意大利在20世纪80年代末达7.5%～10.4%。经验表明，若公债利息占国民生产总值的比率如果超过5%，就会给政府财政造成很大的压力，并带来各种宏观经济上的问题，如高额利息支出迫使政府继续发债，并可能导致通货膨胀的压力，政府为了还债被迫减少其他社会福利支出和生产性支出。

20世纪80年代起，几乎所有西方国家，公债与国民生产总值的比率大多呈现一种迅速上升的趋势。例如在美国，这个比值从1980年的44%上升到1994年的69%；同一时期，德国从32%上升到129%。其原因主要是西方国家在这一时期内对健康保险项目和公共退休基金支出的迅猛增加。若这些国家政府维持现行的开支计划，则估计到2030年，公债总额与国民生产总值的比值在美国会增加三倍多，而在日本则会增加十倍。这些数字无不说明了公债问题在工业化国家已经到了相当严重的地步。

国际上公债发行的方法可以归结为四类：公募法、包销法、公卖法和交付发行法。

1）公募法

公募法，是指政府在金融市场上通过公开招标方式发行公债的方法。通常有以下3种具体方法。

（1）直接公募法

直接公募法，是指由财政部门或其他政府部门（如邮政部门）直接推销公债的方法。这里有两种可能：一是由财政部门或其他政府部门全额销售，由单位和个人自由认购；二是采用强制派购的形式，即在发行公债时，按地区、部门、企业单位和个人分配发行数，并要求按期完成。这两种方法都直接利用了政府部门的原有力量，免去了与银行等金融机构的交涉协调工作，可以普遍吸收社会资金，一般不会引起通货膨胀。但政府直接推销时间长、发行成本高，而且运用行政手段推销容易违反民意，降低公债声誉，造成后期债券推销困难，所以这种方法不宜多用。

（2）间接公募法

间接公募法，是指由政府委托银行或其他金融机构代为推销公债的方法。虽然由银行代售要收取一定的手续费，但至少有四个方面的好处。一是简化了发行手续，减少了财政部门的公债推销费用，并使财政部门（或其他政府部门）的工作人员从烦琐的公债推销事务中摆脱出来。二是能用经济手段迅速顺利地推销公债，使公债收入及时入库和运用。三是由金融机构经营政府公债，能较好地适应社会资金结构，灵活地调节市场货币流量和流向。四是金融机构本身并不认购政府债券，不会引起中央银行的变相发行货币。

（3）公募招标法

公募招标法，是指在金融市场上公开招标发行公债的方法。公募招标法是基于投资者自己的判断参加投标，通过竞争依次排列中标者名单，让其认购公债。这种方法具体包括3种形式。第一，竞争投标与非竞争投标。竞争投标是指政府按投资者自报的价格和利率，从高价开始或从低利率开始，依次决定中标者名单，直至完成预定的发行额为止。非竞争投标是指政府决定公债的发行价格和票面利率，使投资者就认购数额进行投标，当投标额超过预定发行额时，则按投标额决定投标者的认购比例。第二，价格投标与利率投标。价格投标是指政府事先规定公债的票面利率，由投资者以不同的价格投标，从最高的投标价格开始依次决定中标者名单，以达到预定发行额时的价格截止。利率投标是指事先规定认购价格，使投资者以各种利率投标，即由发行人从最低的投标利率开始依次决定投标者的名单，以达到预定发行额时的利率截止。第三，多种认购条件和单一认购条件。多种认购条件是指中标者按投标时自报的价格（利率）认购公债。单一认购条件是指中标者按投标后所形成的同一价格（利率）认购公债。

2）包销法

包销法，又称承受法，是指由金融机构承购全部公债，然后转向社会销售，未能售出的部分由金融机构自行承受的方法。这种方式适用于金融市场利率较稳定的国家。包销法与间接公募法不同。实行间接公募法，银行只是代理发行权和发行事务，最终应向政府负责，并受政府的指导和监督。实行包销法则是公债发行权的转让，通常情况下政府不再干预，银行可以自主执行发行权和发行事务。包销法有以下 3 种具体方法。

① 中央银行承受。中央银行承受，是指中央银行对政府发行的公债，按一定的程序全部承购。这种方法手续简便，费用少，甚至无须推销费用，公债收入可以提早入库使用，但难免引起货币的非经济发行，容易引起或加剧通货膨胀。所以中央银行承受公债往往有一定限制条件，如限额承受等，有的国家干脆不允许中央银行承受。

② 商业银行承受。商业银行承受，是指商业银行对政府所发行的公债，按照一定的程序承购全部或部分公债。这种方法在西方一些国家较为盛行。商业银行承购的公债构成其自身的资产，在商业银行资金短缺的情况下，它可以将债券抛售出去，也可以在政策允许的条件下向中央银行贴现或再贷款。商业银行承受和中央银行承受有许多相似之处，不同的是对市场货币流通量的影响程度。

③ 金融集团包销。金融集团包销，是指由一个承销公司牵头，若干承销公司参与包销活动，以竞争的形式确定各自的包销数额，并按其包销额承担发行风险，收取手续费。银团包销是目前国际市场上最常见的包销方式。采用这种方式可以保证完成公债发行任务，有利于广泛吸收社会资金，满足国家资金筹集的需要。我国从 20 世纪 90 年代开始，部分公债的发行采用这种方法，获得了较好的效益。

3）公卖法

公卖法，是指政府委托推销机构利用金融市场直接出售公债的方法。公卖法与公募法的不同之处在于，发行价格是由证券市场上资金供求状况所决定的，而不是像公募法那样其价格由政府财政部门确定或选定。公卖法的优点是具有较大的灵活性，政府可以根据财政资金需要，随时到证券市场上推销公债，吸收大量的社会游资获取所需资金，并且可以比前两种事先发行的公债少付部分利息，还能够调节社会资金的周转；但也存在着公债发行易受证券市场资金状况的限制，有时难以如数发行，同时也给证券交易造成较大的压力，或者受某些证券投机商的操纵，压低公债价格，抬高发行费用，致使政府受到损失。因而许多国家一般不采用这种方式发行公债。

4）交付发行法

交付发行法，是指政府对应支付现金的支出改为代付债券的方法。这是带有强制性色彩的一种特殊发行方法。例如政府用新公债换回到期的旧公债，政府用公债购买私人产业或土地使用权等。采用此种发行方法如果不影响债权人的当前消费水平，又能给其带来一定的利息收入，则是可行的；但是若违背债权人意愿，影响债权人的资金使用，则会导致债权人的不满或反抗，对政府的信誉产生不良影响。因而交付发行法不能成为公债发行的主要方法。交付发行法一般在两种情况下使用：一是国家暂时无力筹集大量现金；二是受款者无法拒绝非现金。

2. 公债偿还

公债偿还，是指国家依照信用契约，对到期公债支付本金和利息的过程，它是公债运行终点。公债的偿还主要涉及两个问题：一是公债偿还方法；二是公债偿还资金来源。

1）公债偿还方法

公债的偿还方法大致有以下 4 种。

① 买销法。买销法，又称买进偿还法，是由政府委托证券公司或其他有关机构，从流通市场上以市场价格买进政府所发行的公债。这种方法对政府来说，虽然要向证券公司等支付手续费，但是不需要支付广告宣传费用，偿还成本低，操作简单，而且可以以市场时价买进债券，及时体现政府的经济政策。

② 比例偿还法。比例偿还法，是指政府按照公债的数额，分期按比例偿还的方法。由于这种偿还方法是政府向公债持有者直接偿还，不通过市场，所以又称直接偿还法。比例偿还法包括平均比例偿还、逐年递增比例偿还、逐年递减比例偿还等具体做法。比例偿还法的优点是能够严格遵守信用契约；缺点是偿还期限固定，政府机动性较小。我国 20 世纪 50 年代发行的公债均采用逐年递增比例偿还法。

③ 抽签偿还法。抽签偿还法，是指政府通过定期抽签确定应清偿的公债的方法。一般是以公债号码为抽签依据，一旦公开抽签确定应清偿公债的号码之后，所有相同号码的公债都同时予以偿还，抽签偿还法也是一种直接偿还法。我国 1981—1984 年发行的国库券，就是采用抽签比例偿还法。

④ 一次偿还法。一次偿还法，是指国家定期发行公债，在公债到期后一次还清本息。我国自 1985 年以来发行的国库券就是期满后一次还本付息。

2）公债偿还资金来源

政府公债的偿还，需要有一定的资金来源。偿还公债的资金主要来源于预算盈余、发行新债还旧债、预算拨款及建立偿债基金等。

预算盈余偿还，是指以政府预算盈余资金作为偿债资金来源的做法。这种方法的前提是政府预算有盈余。从目前世界各国的财政收支状况看这个前提条件并不具备，因而这种方法不具有实践价值。发行新债偿还旧债，就是从每年新发行的公债收入中，提取一部分偿还公债的本息。从本质上说，这并不是一种偿还方式，其副作用较大，必须严格控制，只有在国家财政困难、无力按期偿还原先的债务时才可采用。预算拨款，即从政府预算中安排一笔资金用来偿还当年到期公债的本息，预算拨款的具体数额决定于当年到期公债本息的数额。建立偿债基金，即从预算收入中每年划出一定数量的专款，作为清偿债务的基金，这部分基金逐年累积，专门管理，以备偿债之用。设置偿债基金偿还公债有其明显的优点：为偿还债务提供了一个稳定的资金来源；从长远看，可以平衡各年度的还债负担；设置偿债基金可以把政府的正常预算和债务收入、使用和偿还分离开来，有利于掌握各类不同来源的资金结构、投向和使用效果。但这种方法在现实操作中有种种困难，因此很难得到实施。

正确选择公债偿还方法和偿还资金来源，是公债制度建设的主要内容。从理论上讲，偿债方法和偿债资金的取得必须符合信用原则，必须对政府和认购者双方都有利。从实践上看，各国政府必须选择适合本国国情的偿债方法和偿债资金来源。发达国家由于信用制度比较发达，证券市场比较健全，偿还公债一般以买销法为主；而发展中国家由于不具备完善的证券市场，往往采用直接偿还法。许多经济发达国家长期实行偿债基金制度，但由于奉行赤字财政政策，赤字连年不断，高居不下，不仅原有偿债基金被挪用，而且还不得不发行大量新债。因此，除日本等少数国家仍坚持偿债基金制度外，大都转而采用预算拨款和发行新债还旧债的办法。广大的发展中国家，由于资金匮乏和财政制度的不完善，尽管有各种各样建立偿债基金的计划，但真正付诸实施的并不多见。大多数发展中国家现在实行的是预算拨款和预算盈余偿还制度，也有部分国家开始采用发行新债还旧债的方法。

我国目前大多数公债是实行一次偿还法，部分采用发行新债还旧债方法。随着证券市场的完善和公卖法的采用，也将会部分地采用买销法偿还公债。近年来，我国关于建立偿债基金的主张时有所闻，其主要依据是建立偿债基金可以提高公债信誉，确保还债的资金来源，有利于财政收支平衡。有人还将偿债基金制度与实行复式预算结合起来，从更高的层次论证其必要性。很显然，建立偿债基金的优点是无可否认的，但现实性如何值得考虑。在我国当前财政资金紧张而且将持续一段时期的环境下，要从预算收入中拿出一笔资金作为偿债基金是几乎不可能的。因此，从目前情况看，建立偿债基金的现实意义并不大，而且有难度。现实的方法应是大力发展经济，提高债务资金的使用效益，提高整个经济效益。

4.2.4　公债市场

所谓公债市场，是指公债发行和流通的市场。公债市场是证券市场的重要组成部分，证券市场是有价证券进行交易的场所。政府通过证券市场发行和买卖公债，就意味着公债进入了交易过程。公债市场的存在对于债券的发行和营运具有重要意义，它能增强政府债券的流动性，能为社会闲置资金提供良好的投资场所，是中央银行进行金融宏观调控的重要手段。

1. 公债市场的种类

公债市场按照公债交易层次可分为一级市场和二级市场。一级市场是债券的发行市场，是以发行债券的方式筹集资金的场所。在此市场上需要具体决定公债的发行时间、发行金额和发行条件等，并引导投资者认购及办理认购手续、缴纳款项等。公债的发行市场是无形的观念性市场，没有集中的具体交易场所，是由政府、投资者和中介人三方构成。公债的二级市场即政府债券的交易场所，也可以称为流通市场或转让市场，它是买卖已经发行的公债的场所。交易市场一般是有形市场，具有明确的交易场所、中介人和经纪商。它为公债所有权的转移创造了条件，提供了方便。在此市场上，投资者可以根据对政府债券行情的判断，随时买进和卖出公债。

公债的一级市场与二级市场是紧密联系、相互依存、相互作用的。一级市场是基础和前提，一级市场上债券的发行条件、发行方式等对二级市场上债券的价格及流动性都有着重要影响，只有发行市场具备了一定的规模和质量，二级市场的交易才有可能进行；而二级市场的交易又能促进一级市场的发展，二级市场为一级市场所发行的债券提供变现的场所，使债券的流动性有了实现的可能，从而增大投资者的兴趣，有利于新债的发行，而且二级市场上形成的债券价格及流动性是决定一级市场上新债的发行规模、条件、期限等的重要因素。

2. 公债市场的功能

公债市场一般具有以下两个方面的功能。

1）实现公债的发行和偿还

国家可以通过公债市场完成公债发行和偿还的任务。

2）调节社会资金的运行

在公债市场中，公债承销机构和公债认购者及公债持有者与证券经纪人从事的直接交易、公债持有者和公债认购者从事的间接交易，都是社会资金的再分配过程，最终使资金需要者和公债需要者得到满足，使社会资金的配置趋向合理。若政府直接参与公债交易活动，以一定的价格出售或收回公债，就可以发挥诱导资金流向和活跃证券交易市场的作用。

近年来，随着公债规模的扩大和对社会资金运行调节的必要性增强，各国越来越重视公债市场的作用，并逐步建立了适应各国国情的公债市场。

4.2.5 公债管理

所谓公债管理，是指政府对公债的运行过程所进行的决策、组织、规划、指导、监督和调节等。公债管理一般都是由专门的政府部门负责。公债管理部门根据政府收支的需要和行政或立法部门确定的公债发行量的上限，制定出每年的公债发行计划并负责实施。在西方国家，一般政府每年都将包括财政赤字和发债规模在内的财政预算提交给国会并由国会批准。以美国为例，财政预算法案在经国会通过后，还须经总统批准方能生效。若国会所通过的公债规模较小，政府便不能额外透支，甚至有可能拖欠政府雇员的工资，造成极其恶劣的社会影响。但是，从根本上说，保证政府具有适度的偿债能力是公债管理的最基本也是最主要的要求。

1. 国内公债管理

保证政府具有适度的偿债能力是公债管理的最基本要求。有效的公债管理还要求努力减少公债的“挤出效应”，这就要求公债发行有一个限度。

在一定时期内，一个国家可以利用的资源是有限的。公共部门支配的资源增多就意味着私人部门可支配资源的减少。按照市场经济的要求，资源应该由效率较高的部门支配，因此政府在发行公债时必须注意到相关的负面影响，减少公债的“挤出效应”。

公债的“挤出效应”包括两个方面：一是直接的“挤出效应”，即公债的发行减少了私人部门可支配的资源，降低了私人部门的效率；二是间接的“挤出效应”，即公债的发行可能抬高市场利率，导致某些私人部门本来愿意进行的投资无法进行，导致社会经济效率下降。无论是哪种“挤出效应”，对经济的影响都是负面的。可见，公债管理中努力减少“挤出效应”是非常重要的。

由于要直接衡量是否存在“挤出效应”有一定的难度，因此一般通过设定部分指标进行：一是公债规模指标；二是公债结构指标。需要注意的是，这些指标更多的是从政府是否具备偿债能力的角度进行设置的，所以最多只能将它们看作是最基本的指标。

1）公债规模指标

公债管理的首要任务，就是确定合理适度的公债规模。国家借债有其必要性，但并非没有限度，因为借债最终是要还本付息的。如果一国的公债还本付息的负担超过了实际的偿债能力，那么就意味着公债负担过重，可能会对经济增长和政治稳定产生负面影响。我国在相当长的一段时间内，急需筹集大量的建设资金，有着举借公债的必要性，但我国的经济发展水平和财政收入的增长速度决定了我国能够真正用于债务支出的财力是极其有限的。这更加凸显出当前公债规模管理的重要性。政府确定合适的公债规模、制定公债政策时，必须考虑以下两个指标。

(1) 公债承受能力

公债承受能力也就是国内各种应债资金水平，它包含两个方面。一是应债客体，是指承购公债的资金来源，即国民收入或国民生产总值，这主要取决于一国的经济发展速度和经济效益水平。国民收入越多，应债能力就越强。二是应债主体，是指承购公债的企业、事业单位和城乡居民。应债主体的负担能力直接制约着公债规模。

(2) 公债偿还能力

公债偿还能力是一个由多种因素决定的综合指标，它在一定程度上代表着一个国家的经济实力。公债的偿还最终要依靠增加税收和财政收入，而财政收入的增加又依赖于国内生产总值的增加。因此，财政收入占国内生产总值的比重及财政收入中能拿出多少偿还公债，这两个指标就成了衡量偿债能力大小的主要指标。

公债对国内生产总值的依存度，可以用公债占国内生产总值的比重表示。在长期发行公债的情况下，国家的偿债能力取决于国内生产总值的增长量和增长速度。即增长量越大，增长速度越快，偿债能力越强；反之，偿债能力越弱。

公债对财政收入的依存度，即公债占财政收入的比重。在长期发行公债的情况下，国家偿债能力取决于财政收入的增长量和增长速度，即财政收入增加越多，增长速度越快，偿债能力越强；反之，偿债能力越弱。

无论如何，政府偿债支出不但不能影响社会再生产的正常进行，而且不能影响人民的正常生活，适合这两个方面条件的债务支出最高额也就是公债偿还能力的最高限额。

2) 公债结构指标

公债结构，是指一个国家各种性质债务的互相搭配，以及各类债务收入来源的有机组合。合理的公债结构，对于更好地吸收社会闲置资金、充分发挥公债的调节功能、减轻债务负担和避免还债高峰期具有重要的意义。建立合理的公债结构，需要注意以下几个方面的指标管理。

(1) 公债期限结构

合理的公债期限结构能促使公债年度还本付息的均衡化，避免形成偿债高峰，也有利于公债管理和认购，从而满足不同类型投资的需要。

政府公债有长、中、短期之分，而各种期限公债的搭配（即公债期限结构的形成）是十分复杂的。它不仅取决于政府的意愿和认购者的行为取向，也受到客观经济条件的制约。对国家来说，长期债券或长期公债占的比重较大是有利的。因为在这个较长期限内资金使用权完全掌握在政府手中，可以安排长期的、大型的建设项目，也可以更好地安排还债资金；反之，中、短期公债，特别是短期公债，主要是起弥补赤字和运筹资金的作用，在资金的使用方向上要受到限制。因此，政府在发行上必然倾向于长期化的公债期限结构。但对认购者来说，一笔收入用于购买长期公债就有可能丧失了它的流动性和变现力，特别是在公债流通受到一定限制的情况下更是如此，所以认购者更愿意购买中、短期公债。从社会经济条件对公债期限结构的制约看，当社会经济运转顺畅、整个经济形势较好、社会资金比较充裕时，发行长期公债的可能性较大，公债期限也可以趋向长期化；当通货膨胀严重时，发行长期公债的可能性则较小，公债期限结构必然趋向中、短期化。由于上述主客观因素的影响，公债期限结构的形成往往是一个复杂多变的过程。各国政府必须兼顾自身和应债主体两个方面的要求和愿望，同时考虑客观经济条件，对公债的期限结构做出合理的抉择。

(2) 公债持有者结构

应债主体的存在是公债发行的前提，而应债主体结构又对公债发行具有较大的制约作用，特别是对公债持有者结构具有决定作用。应债主体结构实际上就是社会资金在社会各经济主体之间的分配格局，即各类机构投资者和各阶层居民各自占有社会资金的比例。公债持有者结构则是政府对应债主体实际选择的结果，即各类机构投资者、企业和居民实际认购公债的比例，又可称为公债认购资金来源结构。一般来说，政府发行公债倾向于公债持有者相对集中，因为集中发行的成本较低，管理也比较容易。

目前，我国公债持有者结构的特点是个人、银行和金融机构持有多，基金持有少，外国机构基本上不持有国内的公债。这样的公债持有者结构使公债的发行潜力具有很大的局限性。近几年改革公债发行方式的同时，也注重了逐步改善公债的持有者结构，主要是由直接面向城乡居民、政府部门、企事业单位转变为通过证券中介机构和经纪人的机构投资者分销。公债直接向券商发行而不是向个人发行主要是为了提高效率，这种发行方式可以减少发行成本并缩短发行期。机构参与是市场专业化发展的必要条件。从发达市场经济国家的成功经验来看，公债的主要持有者是各种机构投资者，如养老保险基金、基金管理者、银行等。此外，还包括一些个人投资者和外国投资者。

(3) 公债利率结构

公债利率结构是否合理直接关系到偿债成本的高低。公债利率结构合理，可以降低偿债成本负担。因此，公债利率的选择和确定也是公债管理的重要内容。

公债利率的选择与公债发行和偿还密切相关。一般来说，公债利率越高，发行也就越容易，但利率升高意味着政府需要支付的利息增加。因此，利率的选择要考虑发行的需要，也要兼顾偿还的可能，权衡政府的经济承受能力和发行的收益与成本。通常情况下，公债利率确定的主要依据有市场利率、银行利率、公债信誉和社会资金余缺等因素。

在市场经济国家里，市场利率是制约公债利率的主要因素。市场利率一般是指证券市场上各种证券的平均利率水平。公债利率必须与市场利率保持大体相当的水平才能使公债具有吸引力，才能保证公债的发行不遇到困难。

在我国，由国家确定的银行利率起主导作用，市场利率在银行利率基础上受资金供求状况影响而有所波动。国家制定利率水平，考虑了利息负担占成本和利润中的适当比重，并体现国家经济政策的要求。公债利率主要以银行利率为基准，一般不低于或略高于同期银行存款的利率水平。

公债利率虽然在很大程度上受制于市场利率或银行利率，但二者并非是完全一致的。这是因为公债作为一种特殊的信用形式，它还受政府本身债务信誉的影响。一般而言，国家信用的保证性强于私人信用，特别是政府的信誉越高，公债的吸引力就越大，公债就可能在利率低于市场利率的条件下顺利推销出去；但如果公债利率低于市场利率的差距过大，政府的信誉再高，持币人也会避公债而趋向于私人借债。

公债利率还受制于社会资金的供求状况。若社会资金比较充裕，闲置资金较多，公债利率可能适当降低；若社会资金十分短缺，公债利率则必须相应地提高。

在正常情况下，政府确定公债利率时是以上述因素为依据的，但是有时政府为了实现特定的经济政策，打破常规，选择较高或较低的公债利率，以诱导社会资金流向，刺激或抑制生产与消费，也是十分必要的。在商品经济社会中利用公债利率调节证券市场运行和资金运转，也是政府实现宏观经济管理的重要手段。

此外，社会闲置资金多结构、多层次的复杂性，认购者对金融资产需要上的多样性，必然要求公债种类的多样性，以适应复杂的社会资金运动过程和满足认购者的多样化要求，从而增加吸引力。从发达国家的实践看，公债种类丰富多样是公债规模扩大的前提。我国目前的公债种类，不论是从公债形式上看，还是从公债期限或公债发行方式、公债利率等方面看都显得种类单一、结构不合理，这就影响了公债功能的发挥，也不能适应社会主义市场经济高质量发展的内在要求。因此，必须扩充公债种类，改进公债结构，把我国公债发展成为兼容各种债务的复合体，既有经济建设债券、财政性债券，也有国库券、保值公债等；既包括中、长期债券，也包括短期债券；既包括可上市债券，也包括不可上市债券等。

2. 外债管理

以上所分析的是公债管理的一般情况。对于外债，由于涉及问题的复杂性，必须专门予以分析。

1）外债的主要形式

（1）外国政府贷款

外国政府贷款是一国政府利用本国财政资金向另一国政府提供的贷款。这种贷款的利率较低，有的甚至是无息贷款，贷款期限也较长，一般可达 20～30 年，因此是一种带有经济援助性质的优惠贷款。但这种贷款往往规定有专门的用途，如某些对经济建设具有重要意义的项目等，且这种贷款一般是以两国政治关系较好为前提。20 世纪 80 年代以来，日本、丹麦、科威特、比利时、意大利等多个国家都曾向我国政府提供过这种贷款。

（2）国际金融机构贷款

这主要是联合国系统下几个世界性金融机构所提供的贷款。一是国际货币基金组织贷款。这是该组织对基金成员国政府提供的贷款。这部分贷款只能用来解决成员国国际收支出现的暂时不平衡，成员国借款额度取决于该国基金组织交纳的股份。一般交纳的份额越大，能获得的借款额度就越大。此外，贷款无论使用何种货币，均按特别提款权单位计算贷款额度。二是世界银行集团贷款。世界银行集团包括国际复兴开发银行、国际开发协会和国际金融公司。世界银行贷款提供的对象主要是发展中国家的政府、政府部门和由政府担保的公司。

（3）外国银行贷款

外国银行贷款是由国际上商业银行用自由外汇提供的商业性贷款。这种贷款一般都要签订信贷协议，有的还要求借款国的官方机构予以担保，其利率大多以伦敦银行间同业拆借利率为基础加上一定额度的差价。这种贷款金额与用途不受限制，资金期限以中、短期为主，利率较高，且大部分是浮动利率，借贷方式灵活多样。小额贷款由单家银行提供，大额贷款则往往由一两家银行牵头联合多家银行组成贷款财团共同承担，即银团贷款。

（4）出口信贷

出口信贷是国家专门机构或银行以利息补贴或信贷国家担保方式对出口贸易提供的含有官方补贴性质的贷款。其中，提供给本国出口商的称为卖方信贷；提供给外国进口商或进口方银行的称为买方信贷。它是国家支持商品出口（特别是支持那些金额大、交货期长的成套设备）、加强贸易竞争的一种手段。

（5）发行国际债券

这种形式近年来得到迅猛发展，并正成为国际信贷的主要形式。它是一国政府、政府机构、公司、银行或其他金融机构在国际或主要国家国内债券市场上，以各种可兑换货币为面值发行的国际债券。国际债券的特点是：对发行国和发行机构的资信要求较高，筹资金额较大，期限较长，资金可以自由使用，发行手续比较烦琐，发行费用和利率均较高。

2）确保适度外债规模

为了使债务负担与偿债能力相适应，避免出现债务危机，保证经济的顺利发展，必须确保适度的外债规模。严格控制适度的外债规模是加强外债宏观管理的重要内容。为了有效控制外债增长，国际上通常采用偿债率、经济债务率和出口债务率表示一个国家的外债规模。

（1）偿债率

偿债率，是目前国际上反映一国外债水平的一个中心指标，反映一个年度内对外债务还本付息支出与当年商品服务出口创汇收入之间的比例。偿债率的经济含义为当年还本付息额占当年出口收入的比重，即当年出口收入中有多少用于外债的还本付息。这个比率是作为判断外债清偿能力的高低和对它贷款风险大小的标志，同时也是用来显示未来债务偿还是否可能出现问题的一个“寒暑表”。按照国际惯例，这一指标的安全线为20%，危险线为25%。不过，各国的政治经济条件互不相同，而政治经济条件又是难以量化的，过于精确的数量指标很难适应各国的具体情况，所以这一指标是相对的，并不是绝对的。

（2）经济债务率

经济债务率，是指外债规模与国内生产总值之间的比例，反映当年外债余额占国内生产总值的比重。国内生产总值是综合反映一国经济发展水平的指标之一。外债还本付息与国内生产总值的比率说明一国新创造的价值中外国资本所占的比重。如果外债与国内生产总值比率过高，外债本息的偿还势必要挤掉国内的积累和消费，靠压制国内积累与消费还债，就会影响经济增长。因此，外债余额占国内生产总值的比率必须稳定在一定的水平上。目前国际上公认这一比值的安全线应该小于30%。

（3）出口债务率

出口债务率反映外债规模与出口收入之间的比例，其经济含义为当年外债余额占当年出口总收入的比重。按国际上公认的标准，这一比值应该小于100%。

外债规模需要考虑本国配套资源

3）建立合理外债结构

外债结构，是指债务自身的内部联系，表现为期限结构、借入者结构、来源结构、地域结构、币种结构和利率结构。外债结构科学合理，可以扩大本国借款的能力，维护国际信誉，减轻债务负担，避免出现偿债高峰期和在国际环境发生变化时产生债务危机。

（1）外债来源结构

外债来源结构有两层含义：一是债务资金的地区来源；二是债务资金的机构来源。合理、优化的外债结构要求债务资金的双重来源（地区与机构）分布广泛且比较均衡，以使债务国有可靠、稳定、均衡的外部资金来源，这样既可以满足国内多层次的外资需要，又可以避免因国际金融市场动荡而出现借入困难、偿还成本提高的情况。在债务资金来源上切忌把自己绑在一架战车上，而应采取多来源、多渠道、多方式的借债策略。

从债务资金的机构来源看，在所有外债中必须设法保持相当比例的政府贷款和国际金融组织贷款。政府贷款和国际金融组织贷款虽然大都附带一定的限制条件，但大多利率低、期限长，所以在外债总额中应努力提高这两种贷款的比重，这对于降低借债成本、优化外债期限是很有帮助的。而商业性贷款在借款时较简便，使用时也没有什么限制，但是它利率高、期限短，客观上加重了债务成本，且商业性贷款受金融市场波动的影响大，易造成风险，因此应尽量把这种借款控制在一定的比例范围内。

从债务资金的地区来源看，应尽量多样化，这样可以保证资金供应的连续性，避免世界经济、政治形势局部剧变的不利影响，以及对某些资金大国的依附。

（2）外债期限结构

外债期限结构，是指一国所欠的、不同偿还期限的债务之间的比例。债务一般分为短期债务、中期债务和长期债务。合理的外债期限结构就是要求各种期限的债务之间保持适当的比例，长、中、短期搭配合理，以便相互协调，满足经济发展多方位、多层次的需要。同时，在债务的期限分布上要求不同时间到期的外债数量要与本国在各个期限内的偿债能力相适应，即尽量避免出现还本付息过分集中在一个时期的现象，否则会形成偿债高峰。一旦出现了偿债高峰，本国外汇收入不能及时大幅度提高，外汇储备又比较少，就容易造成一国的偿债困难，严重时将陷入债务危机。

在外债期限结构问题上，短期、中期、长期债务之间的比例是最为重要的比例关系。短期债务比较容易筹集，而中期、长期债务的借入则相对较困难。但由于前者还本付息期限短，借到后马上又要筹划还款，因此短期债务借用过多会造成借入者回旋余地小，甚至导致外债结构恶化。目前国际通行的做法是：合理的外债期限结构应该以中期、长期为主，适当借用部分短期债务。从一些管理外债比较成功的国家的经验看，短期债务不应超过全部债务的25%。

（3）外债币种结构

外债币种结构，是指借入外债时所作的外币币种选择、不同外币在债务中各自所占的比重及这种比重的调整和变化情况。外债币种结构的安排与调整是外债管理的重要内容。

国际金融市场变幻莫测，各种货币之间的汇率也会随之产生很大的变化。由于外汇汇率的变动，对于升值的货币，偿还负担会加重，而对于贬值的货币，则偿还负担减轻。因此，外债币种结构的核心问题就是如何在汇率不确定的情况下，保持适当的币种结构，从而避免因不同币种汇率变化而导致损失。

为了避免损失，发展中国家常常根据实际情况实行币种多样化的策略，在自己对外债务的“篮子”中存有各种货币，结合汇率、利率、需要进口商品的轻重缓急，从总体上安排币种的选择，调整“篮子”中各种币种的比重，以降低借债的实际成本。1982年发展中国家出现债务危机后，一个重要的经验教训是：对外借债的币种结构、对使用外债资金的货币种类、本国出口货币种类三者之间一定要协调起来，保持三者相对的一致性，这样就可以在很大程度上减轻汇率风险。当国际金融市场出现波动，借入的币值升值时，它的对外汇率就上升，这时出口创汇的货币由于与借入货币是一致的，也会升值，这样就抵消了这种货币升值所增加的债务成本。当今世界上外债币种结构安排比较得当的国家和地区大体上都是遵循了上述借入、使用、出口创汇三者币种一致的那些国家和地区。

我国外债币种问题一直没有得到很好的解决。20世纪80年代中期，我国中、长期债务的币种结构为：美元占60%，日元占30%，其他占10%。到20世纪80年代末，日元债务比重进一步上升，达到42%。20世纪90年代初期由于种种原因，日元债务比重又有所提高，结果是原有的不合理结构没有得到调整，反而日趋失衡。1986年日元对美元大幅度升值，我国承受着出口美元收入的贬值与偿还外债日元升值的双重损失，损失金额达30多亿美元。

为了克服我国在外债币种方面的失衡与不足，应采取以下措施。一是调整外债币种，尽快改变目前过分依赖日元的状况，逐渐扩大其他币种的使用，积极开拓欧美市场，以外债来源多元化带动外债币种的调整和多样化。二是使借入外债的币种、外债资金使用的币种、出口创汇的币种三者之间尽快协调起来，多借入我国出口创汇主要货币币种的外债，以减轻债务币种升值所造成的损失。三是在促进币种多样化时，注意货币的软、硬搭配。软币是指货币币值总是趋于贬值的货币；而硬币则相反，是指货币币值趋于升值的货币。一般来说，硬币对外汇率是要上升的，但利率却往往要下降；反之，软币的对外汇率会下降，但利率却往往上升。因此，在债务货币的选择上应多方考虑，软、硬搭配以取得最佳的币种组合。四是在债务管理上应尽快掌握如货币掉期等套期手段，将一种货币的债务转换为另一种货币的债务，以避免汇率变动而造成的损失。总之，多来源、多渠道、多方式是分散债务风险的较好办法。

（4）外债利率结构

外债利率结构，是指外债中以固定利率和浮动利率计算的债务之间的比例关系。利率结构要均衡，浮动利率与固定利率的比重要适当控制。利率是构成债务成本的主要内容。债务利率是否均衡，直接影响债务利息的支付数额。如果控制不当，市场利率突然上升，债务偿还能力就会出现问题，其中对浮动利率债务的控制更是问题的关键。因为国际金融市场变化多端，如果借入过多浮动利率的债务，这部分债务很有可能在将来因为利率上升而加大债务负担，当然也有可能因市场利率下降而得到一部分好处，但风险相对大些；且浮动利率易使债务总额变化不定，不便于国家对外债进行宏观控制，也无法计算某年确切的偿还额。如果恰逢国内经济不景气，国际债务利率上升，债务负担加重，这样偿还债务时就会陷入困境。

固定利率与浮动利率相比，其优点是预先可以确定利息支付总额。在市场利率相对较低时，借入固定利率的资金，可能在当时情况下比浮动利率资金高些，但从长远来看，资金成本可能较为便宜，而且以固定利率借款，在利率下降时可以用新借款还旧借款的办法，在技术上弥补固定利率的弱点；还可以利用“利率调换”工具，用浮动利率的利息支付方式换取固定利息的支付方式。目前，不少发展中国家用这种方法改善总体债务结构，增加固定利率的债务比重。

（5）外债借入者结构

外债借入者结构，是指债务国内部借款人的构成及其比例关系。按照当前国际上通行的划分，一般将外债的借入者区分为公共部门、私人部门和金融机构三类。公共部门借款主要是指政府、政府部门、国有企业的借款；私人部门借款主要是指私营企业、事业单位的对外借债；金融机构借款主要是指各种银行和其他金融组织的对外借债。从实践看，外债借款人与外债的使用投向是紧密联系的，因此在一般情况下债务国内借款人结构合理，外债资金的投向就合理，外债资金的使用效益就会比较高，也就不太容易出现债务支付困难；反之，则容易造成还债困难。

从所有者角度看，我国所借外债基本上属于公共外债，是由国家负担的。国家必须在统一计划、统一管理的前提下适当地借入外债，以防债务负担过重。但从使用者的角度看，我国的外债借款人可以分为政府机构、银行与金融部门、企业三类。在我国借款人结构上，所有权与经营权分开的特点表现得非常明显。国家是债务的最终承担者，在经营上，如在借用、赚钱环节上放手让下面去干，国家自己却落了个独自还账的角色，形成了“大家借，中央还，好处在部门、地方，还钱在中央”的格局。

根据我国的具体情况，世界银行曾经建议我国对外借款的窗口不宜超过10个，以便加强控制。但在20世纪80年代末，我国对外筹资借款的窗口有170余家，既多又散，给外债管理工作造成了极大困难。外债借款人结构的混乱，是我国外债规模难以控制、外债资金投向不甚合理、外债资金使用效益不高的重要原因之一。其中投向不合理主要源于借款人结构的混乱，使得国家很难有效地引导和管理。随着社会主义市场经济的深入发展，国有企业经营机制的转换，“谁使用、谁受益、谁偿还”的机制应逐步建立起来。国家则从宏观上予以控制、引导，理顺外债借用与国民经济发展需要之间的关系，使之服务于经济建设的总目标。

4.3 其他收入

4.3.1 公有财产收入

1. 公有财产收入的概念和种类

公有财产收入，又称国有财产收入，是指国家凭借其拥有的财产和资源取得的租金、利息或变价收入。在历史上，公有财产收入曾一度是财政收入的主要来源。

公有财产分为有形资产与无形资产两类。其中有形资产主要包括公债、储金、股票、基金和资金等；无形资产包括商标权、专利权、著作权等。

公有财产又可分为行政财产和财政财产两类。其中行政财产仅供行政目的或作公共利益之用，如图书馆、道路、公园、机场；财政财产由政府利用，以取得财政收入，如公有土地、森林、矿山、河流等。

一般来说，各国公有财产的范围、种类、数量、保管、使用和处理方法及其收益都各不相同，但各国政府都在保护财产、坐收租息或收益的基础上积极对其加以经营或开发，牟取营业利润或投资收益。

2. 公有财产收入的内容

目前世界各国政府对公有财产都普遍采取积极态度予以管理和利用，并以此获得较多的财政收入。这些公有财产主要是公有土地、森林、矿山和水利资源等财政资产。

1）公有土地收入

历史上，世界许多国家一直是依靠公有土地使用权的转让、出售等收入作为国家财政收入的主要来源。因此，加强对公有土地有偿使用的管理，既有利于政府获得财政收入，又有利于提高土地使用效果、调整土地使用中的经济利益关系、加快土地开发和城乡一体化建设的速度。

2）公有森林收入

将森林全部收归国有或部分收归国有是世界各国的普遍做法。公有森林收入一般体现为森林伐木收入，也包括森林企业向国家缴纳的使用森林资源的使用费收入。此外，还有一些与森林相关的旅游、狩猎及其他副产品收入。对森林资源实行公有，除能增加国家财政收入外，还具有以下好处：一是有利于森林资源的均衡供应，避免乱砍滥伐，破坏森林资源；二是有利于系统管理森林资源，实现有关森林的地域分布、播种育苗、计划栽培、防火防虫、选材砍伐等工作的统筹规划；三是有利于保持良好的生态环境，造福子孙后代；四是有利于社会财富的合理分配，因为森林主要是天然长成，与资本或劳动投入的关系不密切，森林公有就可以避免私人独占。

3）公有矿山收入

第二次世界大战后，随着西方国有化的趋势，矿山公有制渐盛，许多国家纷纷将煤、铁、石油等矿山资源收归国有，由国家经营。公有矿山收入主要是国家自办采矿、加工选炼收入和将公有矿山租给民营、收取管理费或征税收入。

4）水利资源收入

江河水利资源可分为航行水利资源、灌溉水利资源、发电水利资源、渔业水利资源等。水利资源收入主要是由政府对某项水利资源的使用采取收取费用的形式实现的。

4.3.2 公有企业收入

公有企业收入，也称国有企业收入，就是国家以法人资格运用市场规则经营企业所取得的收入。它包括公有企业利润收入和价格收入。对于收支独立核算、只需向政府上缴利润的公有企业，这类收入仅包括其利润收入；如果国家对企业的经营完全不干预，也可将其视为公有财产收入。不过，为了真正体现所有权，国家一般不可能对国有企业完全放任不管。公有企业既可以是政府独资企业，也可以是政府控股的合资企业或控股公司。国家作为公有企业主要的出资者，按投入企业的资本享有所有者权益，同时也享有按资产受益的权利。

一般来说，各国公有企业的产生和发展主要基于以下原因：一是供应公共产品或准公共产品，满足公共需要；二是防止私人垄断；三是获取营业收入，弥补税收不足；四是巩固政府信用，挽救经济危机；五是私人不愿经营或无力经营的企业或工程由政府承担；六是加速经济发展，抵补私营经济的不足。

公有企业按其经营方式，可以划分为垄断经营企业和自由竞争企业。自由竞争企业与私人企业处于同等竞争的地位，垄断经营企业是国家控制某一生产部门的生产与流通，在该部门的经济活动中取得统治地位，操纵其产品或所经营商品的销售价格和某些生产资料的购买价格，以保证获得高额垄断利润和达到其他社会经济或政治的目的。这类垄断性公有企业按垄断方式可分为3种：财政垄断、行政垄断和经济垄断。

1. 财政垄断

财政垄断的目的在于为取得财政收入而以政治和法律力量，对于某几种产品垄断经营。由于垄断，其所经营产品的价格可能高于或低于竞争价格，这时垄断利润（或亏损）中就包含税款（或补贴）。财政垄断还因对产品生产、销售环节的垄断范围不同而不同。最典型的财政垄断如各国政府的专卖制。

2. 行政垄断

行政垄断是为了有助于国家完成某种行政职能而垄断经营某种产品或服务，如创建铸币厂以铸造硬币。

3. 经济垄断

经济垄断的目的在于使有关公共利益的企业独立于市场竞争，将其置于国家的控制之下，以达到一定的社会目标。例如，政府经营邮政、铁路、电信等，就属于经济垄断。

公有财产收入与公有企业收入的区别在于：公有财产无需经常的经营管理，而公有企业则全靠经营管理。公有企业如果未利用垄断权力以获取高于竞争水平的价格，那就是自由的价格收入，在性质上与税收强制收入不同。如果公有企业利用垄断权力以实现其超过正常利润的垄断利益，那么这种价格收入本质上是属于所售商品的税收。

4.3.3 行政事业收入

行政事业收入，是指各级政府行政机关或其他公共事业机构为公民提供特定服务、设施设备、某种特定使用权或行政管理的需要而向特定对象收取的费用。一般包括规费收入、特别课征收入、特许金收入与罚金收入 4 种。

1. 规费收入

规费收入，是指各级政府或公共机关为个人或者企业提供某种特定劳务或实施行政管理时，依照有关部门规定向特定对象所取得的特定报偿。规费数额的确定通常有两个标准：一是报偿主义，即以公民从公共机关劳务所得到的利益为准；二是填补主义，即根据公共机关提供劳务所需的费用而确定规费的数额。各类规费通常可分为两类，即狭义规费和广义规费。其中，狭义规费仅指行政规费和司法规费。所谓行政规费，是指附属于政府部门各种行政活动的收费，包括外事规费（如护照费）、内务规费（如户籍规费）、经济规费（如商标登记费、商品检验费等）、教育规费（如学杂费、毕业证书费等）、其他行政规费（如会计师费、律师费、医师执照费等）。所谓司法规费，包括诉讼费（如民事诉讼费、刑事诉讼费等）和非诉讼规费（如出生登记费、结婚登记费、财产转让登记费、遗产管理登记费等）。广义规费除上述两类外，还包括学校、医院、道路、港湾、公园等一切公共设施的使用费收入。

税收与规费都是强制性收入，但征收规费的机关或机构需要为纳费人提供一定的劳务，是有偿征收的；而税收是政府强加于公民的强制负担，政府无需对纳税人承诺任何报酬，是无偿征收的。

2. 特别课征收入

特别课征收入，也称公共工程受益费，是指政府为公共目的新增设施或改良现有设施，根据受益区域内受益人所受利益的大小按比例进行课征，以补充工程费用的不足。根据受益程度的大小征收的特别课征，一般有三种标准：一是面积标准，即按受益范围大小而征收不同的费用；二是财产价值标准，即按受益区内各个产业的价值大小确定征收的费用，如修建沟渠、公园等一切可以增加附近房地产等不动产价值的设施，其费用由房地产所有者分摊负担；三是距离标准，即以距离公共设施的远近作为征收费用的依据。

3. 特许金收入

特许金收入，是指政府公共机关给予个人以某种行为或营业活动的特别权利所收取的一定金额。特许金起源于政府维护公共秩序的权力。例如开设娱乐场所和在公路上行驶交通工具，当事人必须具备特别规定的条件，且需要在警察等部门的特别监护下才能正常进行，否则可能会造成社会秩序的混乱。未经特别许可，不得从事此类行为或活动，否则警察有权予以取缔；取得特许权的使用者必须按规定交纳特许金，不交纳者也会被取缔。

特许金含有税收和规费的性质。当公共机关给予特许权时，如果以特许权本身具有的价值为标准，则所征收的款项可称为特许税；如果政府需提供服务，而所征收的特许金额仅仅相当于公共机关开支的费用，则所征收的款项可称为特许费。

4. 罚金收入

罚金收入，是指政府公共机关对于个人或单位违反法律法规，以致危害国家利益或公共利益的行为给予处罚，课以罚金所形成的财政收入。罚金可以分为行政罚金和司法罚金。行政罚金是指行政部门强制违反行政法规的当事人缴纳一定数额的罚金；司法罚金是指司法部门强制违法者缴纳一定数额的罚金。

与税收不同的是，罚金是以管制或禁止某种行为为主要目的。

【课程思政】

完善收入分配制度，构建初次分配、再分配、第三次分配协调配套的制度体系，提高居民收入在国民收入分配中的比重，提高劳动报酬在初次分配中的比重。完善劳动者工资决定、合理增长、支付保障机制，健全按要素分配政策制度。完善税收、社会保障、转移支付等再分配调节机制。支持发展公益慈善事业。

规范收入分配秩序，规范财富积累机制，多渠道增加城乡居民财产性收入，形成有效增加低收入群体收入、稳步扩大中等收入群体规模、合理调节过高收入的制度体系。深化国有企业工资决定机制改革，合理确定并严格规范国有企业各级负责人薪酬、津贴补贴等。

复习思考题

1. 什么是财政收入？财政收入的形式有哪些？
2. 影响财政收入规模的因素有哪些？
3. 什么是拉弗曲线？拉弗曲线有何特征？
4. 什么是公债？公债有哪些功能？
5. 公债发行方法有哪些？
6. 公债偿还方法有哪些？
7. 偿还公债的资金来源有哪些？
8. 财政收入的原则有哪些？
9. 衡量适度公债规模的指标有哪些？
10. 其他收入有哪些类型？
11. 国债是财政杠杆吗？请说出你的理由。

练习题 4

第5章

政府预算

【本章导读】

政府预算是指按照一定的法律程序编制和执行的政府年度财政收支计划，是国家管理社会经济事务、实施宏观经济调控的主要手段。政府预算可分为政府预算收入和政府预算支出两部分。政府预算收入包括各项税收收入、国有资产经营收益、专项收入、其他收入等。政府预算支出包括公益性基本建设支出、事业发展和社会保障支出、国家政权建设支出、政策性补贴支出、专项支出及其他支出等。政府预算可以分为：总预算和部门单位预算，中央预算和地方预算，单式预算和复式预算，增量预算和零基预算，项目预算和绩效预算，年度预算和中长期预算，本预算、临时预算和追加预算。

根据《预算法》的规定，我国政府预算包括一般公共预算、政府性基金预算、国有资本经营预算和社会保险基金预算四个部分。一般公共预算、政府性基金预算、国有资本经营预算、社会保险基金预算应当保持完整、独立。政府性基金预算、国有资本经营预算、社会保险基金预算应当与一般公共预算相衔接。

政府预算原则是指政府选择预算形式应遵循的指导思想。政府预算应当遵循公开性、可靠性、完整性、统一性和年度性原则。根据统一领导、各级管理、权责结合的原则，我国《预算法》明确规定了各级人民代表大会及其常务委员会、各级政府、各级财政部门和各部门、各单位的预算管理职权。

政府预算组织程序包括预算编制、预算审批、预算执行和预算监督四个阶段。

政府预算管理体制，是指在特定的行政体制下，通过一定的方式调节政府间财力分配的基本制度。政府预算收支划分形式是政府预算管理体制的核心问题。世界各国政府基本上都是采用分税制和转移支付制度两种形式。

本章教学思政视角：一是坚持和完善社会主义基本经济制度，充分发挥市场在资源配置中的决定性作用，更好发挥政府作用；二是健全预算制度，加强财政资源和预算统筹，把依托行政权力、政府信用、国有资源资产获取的收入全部纳入政府预算管理；三是强化对预算编制和财政政策的宏观指导；四是统一预算分配权，提高预算管理统一性、规范性，完善预算公开和监督制度。

通过本章学习，要求了解政府预算管理职权，掌握政府预算内容及其管理体制，具有关注中央和地方政府预算的意识，具备比较分析政府预算数据的能力。

5.1 政府预算概述

在13世纪至17世纪间，随着封建贵族势力的日趋没落，新兴资产阶级逐渐成为社会财富的主宰。但是他们并未能控制政府政权，封建贵族仍利用财权滥收滥支，赖以维持封建政权。为了最终打击封建势力，资产阶级提出政府财政收支必须编列计划，并经议会批准方能生效。经过几百年的斗争，这一要求最终得以实现。英国最早进行资产阶级革命，政府预算也是最早出现在英国，并在17世纪编制了第一个政府预算。到19世纪，几乎所有的国家都建立了政府预算制度，政府预算成为财政体系中不可或缺的重要组成部分。

5.1.1 政府预算的概念

所谓政府预算，也称政府公共预算，是指按照一定的法律程序编制和执行的政府年度财政收支计划。政府预算是一个国家的中央政府和各级地方政府公共收支计划的总和，它是国家管理社会经济事务、实施宏观经济调控的主要手段。

政府预算可分为政府预算收入和政府预算支出两部分。政府预算收入包括各项税收收入、国有资产经营收益、专项收入、其他收入等。政府预算支出包括公益性基本建设支出、事业发展和社会保障支出、国家政权建设支出、政策性补贴支出、专项支出及其他支出等。

从具体形式上看，政府预算是一个具有法律地位和技术性的文件，它是所在财政年度预期收入和支出的一览表，反映政府在财政年度内进行财政收支活动所应达到的各项收支指标和收支总额之间的平衡关系。在所有政府活动中财政总是起着支配性作用，法律要付诸实施，政策要贯彻执行，都需要经过财政支付，财政资金的筹集和支出从根本上规定着政府的活动范围与方向。因此，政府预算反映了国家参与一部分社会产品或国民收入分配所形成的特定分配关系。

法治性是政府预算的根本特性。市场经济下政府预算的性质与内容，可用“法治性”归纳，因为此时的政府预算，体现的是以法律约束和规范政府的财政活动和行为，而政府预算的制定和执行过程本身就是法律的制定和执行过程。法治性是政府预算活动的灵魂。没有法治性，也就没有政府预算，就如自然经济时期那样；仅有法治形式，政府预算尽管也已存在，但也是一个空壳，无法发挥应有的作用，就如计划经济时期那样。只有兼备法治的形式和内容，才能真正称为政府预算。市场经济下政府预算的法治性又包括以下几个方面的内容。

1. 计划性

作为政府的基本财政计划，政府预算依据政府的施政方针编制，财政收支必须由预算安排并遵照执行，不得超越和违背预算行事。

2. 法律性

政府预算通过相应的法律程序确立，既受到法律的约束和限制，其本身又是国家法律的组成部分，具有法律的权威性。违反政府预算是违法行为，将受到法律的制裁。

3. 归一性

除某些特殊款项外，所有的财政收支都必须纳入政府预算，以确保社会公众对政府及其财政活动的约束与监督。而那些特殊款项也必须由法律授权，否则也将是违法的。

4. 程序性

政府预算的审议和批准权限属于立法机构，它通过一系列严格的政治程序完成，即政府预算从草案提出、批准、执行、调整到决算的全过程，都是在既定法律程序的监督和约束下进行的，要改变该程序只有先改变已有的法律条文。

5. 公开性

政府预算应成为公开的文件，其内容应能被全社会所了解，除少数机密外，其数据都应向社会公布，而不是少数人随心所欲的私下活动。

5.1.2 政府预算的功能

政府预算的功能主要有两个。

1. 反映政府活动范围和公共收支状况

政府预算是将政府的公共收支分门别类地记载在统一的表格中，全面反映了政府活动的内容、范围和方向，体现了政府政策的意图。也就是说，公共财政的效率、公平和稳定三大职能均在政府预算里得到体现。而且，政府预算是多层次的，有一级政府就有一级预算，分别体现了中央和各级地方政府对公共财政效率、公平和稳定三大职能的行使。

政府预算编制是政府公共收支的计划安排，反映了政府一段时间内的政策取向。政府预算执行是政府筹措公共收入、安排公共支出的过程，体现了政府对执行既定政策目标的力度；根据政府预算执行情况形成的政府决算，反映了政府执行政策的结果。

政府预算是中央和各级地方政府所有政务活动的计划，同时又是中央和各级地方政府所有政务活动的归宿。它犹如一面镜子，全面反映了政府的自身行为和介入社会经济发展的广度和深度。政府预算的编制、执行、决算和监督，是政府施政的经济保障。

2. 控制政府活动规模

所有有关政府的理论都把小而精、精而廉的政府看成是人们向往的最好的政府。然而，在实际社会生活中，由于官僚的行为和本能、政治家的理念差异等各种因素，公共权力有着不断扩大的趋势，公共权力的扩大必然伴随着公共机构的膨胀，公共机构的膨胀又必然伴随着公共支出的增长。针对公共权力的扩张只能用釜底抽薪的办法，从控制公共支出着手加以抑制。政府预算就是控制公共支出规模的最有效手段。政府预算的特点要求政府把其所有活动及为进行这些活动所需的经费全部记录在案，纳入计划。政府预算的法制性又使政府所有活动及其所需经费必须经过立法机关，也即民意代表的审议和批准才能生效。因此，政府的活动和收支就被置于国民的监督之下。

由于政府预算在国家政治经济生活中具有重要地位，世界各国十分重视用法律规范政府预算。例如德国宪法中有针对政府预算内容的规定，并据此制定了《预算原则法》《联邦预算法典》《促进经济稳定和增长法》。美国也制定有《国会预算法》《预算会计法案》《平衡预算法》。日本对预算的法律规范是《财政法》。中国在改革开放前于 1951 年由中央人民政府政务院颁布了《预算决算暂行条例》。改革开放后，国务院于 1991 年 10 月发布了《国家预算管理条例》。1994 年 3 月 22 日第八届全国人民代表大会第二次会议通过了《中华人民共和国预算法》，该法自 1995 年 1 月 1 日起施行。2014 年 8 月 31 日第十二届全国人大常委会第十次会议通过修订后的《中华人民共和国预算法》（以下简称《预算法》），该法自 2015

年1月1日起施行。2020年8月3日国务院发布修订后的《中华人民共和国预算法实施条例》（以下简称《预算法实施条例》），自2020年10月1日起施行。这就意味着我国的政府预算管理也进入了法制化和规范化的进程。

5.1.3 政府预算分类

1. 总预算和部门单位预算

按收支管理范围分类，政府预算分为总预算和部门单位预算。

1）总预算

总预算是国家各级政府的基本财政计划，由各级政府的本级预算和下级政府总预算组成。地方各级总预算由本级预算和汇总的下一级总预算组成；下一级只有本级预算的，下一级总预算即指下一级的本级预算。没有下一级预算的，总预算即指本级预算。

2）部门单位预算

部门预算由本部门及其所属各单位预算组成。单位预算是指列入部门预算的国家机关、社会团体和其他单位的收支预算，是各级总预算构成的基本单位。根据经费领拨关系和行政隶属关系，单位预算可分为一级单位预算、二级单位预算和基层单位预算。

2. 中央预算和地方预算

按照预算级次分类，政府预算分为中央预算和地方预算。

1）中央预算

中央预算，是指经法定程序审查批准的，反映中央政府活动的财政收支计划。我国的中央预算由中央各部门的单位预算、中央企业财务收支计划和中央税收计划组成，财政部将中央各部门的单位预算和中央直接掌管的收支等汇编成中央预算草案，报国务院审定后请全国人民代表大会审查。中央预算主要承担国家安全、外交和中央国家机关运转所需的经费，调整国民经济结构、协调地区发展、实施宏观调控的支出，以及由中央直接管理的事业发展支出，因而在政府预算体系中占主导地位。

2）地方预算

地方预算，是指经法定程序审查批准的，反映各级地方政府收支活动计划的总称。它是政府预算体系的有机组成部分，是组织、管理政府预算的基本环节，由各省、自治区、直辖市总预算组成。我国政府预算收入绝大部分来自地方预算，政府预算支出中也有相当大部分通过地方预算实现。地方预算担负着地方行政管理和经济建设、文化教育、卫生事业及抚恤等支出，特别是支援农村发展的重要任务，因此它在政府预算中占有重要地位。我国实行一级政府一级预算，设立中央、省（自治区、直辖市）、设区的市（自治州）、县（自治县、不设区的市、市辖区）、乡（民族乡、镇）五级预算。

3. 单式预算和复式预算

按照预算编制形式分类，政府预算分为单式预算和复式预算。

1）单式预算

单式预算是传统的政府预算形式，即将国家一切财政收支编入一个预算，通过统一的一张表格反映。这种预算形式简单清晰，审核时能一目了然，既便于控制和监督政府各部门的活动，又能够全面反映当年财政收入的总体情况，有利于全面掌握国家财政状况。但是，由于预算支出按性质分类，不能有效地反映财政收支的结构和经济项目的效益。

2）复式预算

复式预算，是将同一预算年度内的全部收入和支出按性质划分，分别汇编两个或两个以上的收支对照表，以特定的预算收入保证特定的预算支出，并使两者具有相对稳定的对应关系。复式预算虽然对总体情况的反映功能比较弱，但能明确反映出财政收支的结构和经济建设项目的效益。

4. 增量预算和零基预算

按照预算编制方法分类，政府预算分为增量预算和零基预算。

1）增量预算

增量预算，是指财政收支计划指标在以前财政年度的基础上，按新的财政年度的经济发展情况加以调整之后确定。世界各国的预算，无论是单式预算还是复式预算，通常都采用增量预算。

2）零基预算

零基预算，是指对所有的财政收支，只以对社会经济发展的预测为依据，完全不考虑以前年度的财政收支水平，重新以零为起点编制的预算。零基预算强调一切从计划的起点开始，不受以前各期预算执行情况的干扰，使未来年度的预算一开始就建立在一个科学、合理的基础之上，避免浪费。零基预算使各政府部门不再因为担心已分配资金在本年度内用不完永远丧失该部分剩余资金使用权而浪费财政资金。但是，零基预算事实上还未成为确定的编制预算的常用方法，通常只被用于具体收支项目预算的编制。

5. 项目预算和绩效预算

按照预算能否反映经济效果划分，政府预算分为项目预算和绩效预算。

1）项目预算

项目预算，是指只反映项目的用途和支出金额，而不考虑其支出经济效果的预算。

2）绩效预算

绩效预算，是指政府首先判定有关的事业计划或工程计划，并根据成本效益原则，分析确定其业绩状况，决定支出项目是否必要及其金额大小的预算形式。绩效预算重视对预算支出效益的考察，可明确反映出所产生的经济效益，是一种比较科学的预算方法。

6. 年度预算和中长期预算

按预算作用时间分类，政府预算可分为年度预算和中长期预算。

1）年度预算

年度预算，是指预算有效期为一年的财政收支预算。这里的年度是指预算年度，包括公历年制和跨历年制两类。所谓公历年制，即从公历 1 月 1 日起至 12 月 31 日止。目前采用公历年制的国家主要有法国、德国等。我国《预算法》规定，我国的预算年度也采用公历年制。跨历年制，即从上一个公历年某月某日起，到下一公历年某月某日止。实行跨历年制的国家各起止日期也不一样，如美国、泰国等国家从每年 10 月 1 日起，到次年 9 月 30 日止为一个预算年度；英国、日本、加拿大等国家从每年 4 月 1 日起，至次年 3 月 31 日止为一个预算年度。

2）中长期预算

中长期预算，也称中长期财政计划，一般 1 年以上 10 年以下的预算称为中期预算，10 年以上的预算称为长期预算。在市场经济体制下，经济周期性波动是客观存在的，而制定财政中长期预算是在市场经济体制下政府进行反经济周期波动，从而调节宏观经济的重要手段，是实现经济增长的重要工具。随着我国市场经济体制的日益完善和政府职能的转变，中长期财政预算将日益发挥其重要作用。

7. 本预算、临时预算和追加预算

按预算立法手续分类，政府预算可分为本预算、临时预算和追加预算。

1）本预算

本预算，又称正式预算，是指政府依法将每年度可能发生的财政收支加以预计，经立法机关通过后公布实施的预算。

2）临时预算

临时预算，是指基于某种原因，在预算年度即将开始前、预算草案尚未完成立法程序，为了解决预算成立前的预算开支，有必要事先编制的暂时性预算。

3）追加预算

追加预算，是指在本预算已经批准且付诸实施的情况下，由于某种原因需要增减正式预算收支数额而需要编制的一种修正性预算。

5.1.4 政府预算内容

根据《预算法》的规定，我国政府预算包括一般公共预算、政府性基金预算、国有资本经营预算和社会保险基金预算4个部分。一般公共预算、政府性基金预算、国有资本经营预算、社会保险基金预算应当保持完整、独立。政府性基金预算、国有资本经营预算、社会保险基金预算应当与一般公共预算相衔接。

1. 一般公共预算

一般公共预算，是指政府凭借国家政治权力，以社会管理者身份筹集以税收为主体的财政收入，用于保障和改善民生、推动经济发展、维护国家安全、维持国家机构正常运转等方面的收支预算。一般公共预算收入包括各项税收收入、行政事业性收费收入①、国有资源（资产）有偿使用收入②、转移性收入③和其他收入。一般公共预算支出按照其功能分类，包括一般公共服务支出，外交、公共安全、国防支出，农业、环境保护支出，教育、科技、文化、卫生、体育支出，社会保障及就业支出，其他支出。一般公共预算支出按照其经济性质分类，包括工资福利支出、商品和服务支出、资本性支出和其他支出。

中央一般公共预算包括中央各部门（含直属单位，下同）的预算和中央对地方的税收返还、转移支付预算。中央一般公共预算收入包括中央本级收入和地方向中央的上解收入。中央一般公共预算支出包括中央本级支出、中央对地方的税收返还和转移支付。地方各级一般公共预算包括本级各部门④的预算和税收返还、转移支付预算。地方各级一般公共预算收入包

---

① 行政事业性收费收入是指国家机关、事业单位等依照法律法规规定，按照国务院规定的程序批准，在实施社会公共管理以及在向公民、法人和其他组织提供特定公共服务过程中，按照规定标准向特定对象收取费用形成的收入。

② 国有资源（资产）有偿使用收入是指矿藏、水流、海域、无居民海岛以及法律规定属于国家所有的森林、草原等国有资源有偿使用收入，按照规定纳入一般公共预算管理的国有资产收入等。

③ 转移性收入是指上级税收返还和转移支付、下级上解收入、调入资金以及按照财政部规定列入转移性收入的无隶属关系政府的无偿援助。

④ 各部门是指与本级政府财政部门直接发生预算缴拨款关系的国家机关、军队、政党组织、事业单位、社会团体和其他单位。

括地方本级收入、上级政府对本级政府的税收返还和转移支付、下级政府的上解收入。地方各级一般公共预算支出包括地方本级支出、对上级政府的上解支出、对下级政府的税收返还和转移支付。中央预算与地方预算有关收入和支出项目的划分、地方向中央上解收入、中央对地方税收返还或者转移支付的具体办法，由国务院规定，报全国人民代表大会常务委员会备案。

目前我国每年统计公报公布的财政收入、财政支出、财政赤字的数字，是就一般公共预算而言的。

2. 政府性基金预算

政府性基金预算，是指对依照法律、行政法规的规定在一定期限内向特定对象征收、收取或者以其他方式筹集的资金，专项用于特定公共事业发展的收支预算。政府性基金预算收入包括政府性基金各项目收入和转移性收入。政府性基金预算支出包括与政府性基金预算收入相对应的各项目支出和转移性支出。

政府性基金项目由财政部审批，重要的政府性基金项目须报国务院审批。为加强对政府性基金的管理，财政部每年都向社会公布政府性基金项目目录，接受社会监督。所有政府性基金都纳入政府性基金预算管理，通过政府性基金收支表列示，按照法定程序接受人大审查和监督。

政府性基金预算应当根据基金项目收入情况和实际支出需要，按基金项目编制，做到以收定支、专款专用、结余结转下年继续使用。

3. 国有资本经营预算

国有资本经营预算，是指国家以所有者身份依法取得国有资本收益，并对所得收益进行分配而发生的各项收支预算，是政府预算的重要组成部分。国有资本经营预算收入包括依照法律、行政法规和国务院规定应当纳入国有资本经营预算的国有独资企业和国有独资公司按照规定上缴国家的利润收入、从国有资本控股和参股公司获得的股息红利收入、国有产权转让收入、清算收入和其他收入。国有资本经营预算支出包括资本性支出、费用性支出、向一般公共预算调出资金等转移性支出和其他支出。国有资本经营预算应当按照收支平衡的原则编制，不列赤字，并安排资金调入一般公共预算。

国有资本经营预算制度的核心是调整国家与国有企业之间的分配关系，是实现国有资本经营管理战略目标的重要手段。建立国有资本经营预算制度，对国有资本收益进行合理分配和使用，有利于完善国有企业收益分配制度，增强政府宏观调控能力，促进国有资本的合理配置，推进国有经济布局和结构的战略性调整，集中解决国有企业发展中的体制性、机制性问题。

2013 年 2 月 3 日，国务院批转了发改委等部门制定的《关于深化收入分配制度改革的若干意见》。该意见提出，建立覆盖全部国有企业、分级管理的国有资本经营预算和收益分配制度，合理分配和使用国有资本收益，扩大国有资本收益上缴范围，适当提高中央企业国有资本收益上缴比例，确保社会保障等民生支出的需要。①

4. 社会保险基金预算

社会保险基金预算，是指对社会保险缴款、一般公共预算安排和其他方式筹集的资金，

① 中国共产党第二十次全国代表大会上的报告《高举中国特色社会主义伟大旗帜 为全面建设社会主义现代化国家而团结奋斗》指出："深化国资国企改革，加快国有经济布局优化和结构调整，推动国有资本和国有企业做强做优做大，提升企业核心竞争力。"

专项用于社会保险的收支预算。社会保险基金预算收入包括各项社会保险费收入、利息收入、投资收益、一般公共预算补助收入、集体补助收入、转移收入、上级补助收入、下级上解收入和其他收入。社会保险基金预算支出包括各项社会保险待遇支出、转移支出、补助下级支出、上解上级支出和其他支出。

为加强社会保险基金管理，规范社会保险基金收支行为，明确政府责任，促进经济社会协调发展，2010 年国务院决定试编社会保险基金预算，经过 3 年试编后，2013 年正式提交全国人民代表大会审查并批准。社会保险基金预算应当按照统筹层次和社会保险项目分别编制，应当在收支平衡的基础上实现可持续运行，一般公共预算可以根据需要和财力适当安排资金补充社会保险基金预算。

5.1.5 政府预算原则

政府预算原则，是指政府选择预算形式应遵循的指导原则。政府预算原则是伴随着现代政府预算制度的产生而产生的，并且随着社会经济和预算制度的发展而变化。从各国财政实践看，政府预算的编制需要遵循以下 5 个原则。

1. 公开性原则

公开性原则，是指政府预算的全部收支必须经过审查批准，并向社会公众公布。根据《预算法实施条例》的规定，一般性转移支付向社会公开应当细化到地区，专项转移支付向社会公开应当细化到地区和项目；政府债务、机关运行经费、政府采购、财政专户资金等情况，按照有关规定向社会公开。

2. 可靠性原则

可靠性原则，是指政府预算的编制和审批所依据的资料是可靠的。政府预算是一种法律文件，是按法定程序形成的政府收支计划。因此，政府预算内的每一项收支数额不得假定、不得估算、更不得任意编造。

3. 完整性原则

完整性原则，是指政府预算应该包括政府的全部财政收支，反映政府的全部财政活动。由于政府预算是一切财政收支计划的总和，无论是中央政府的财政收支还是地方政府的财政收支均要反映在政府预算中，不可打埋伏、造假账，即使是法律允许的预算外收支也应在预算中有所反映。

4. 统一性原则

统一性原则，是指无论哪一级财政部门均要按统一设定的科目、统一的统计口径和计算程序填列政府预算。因为各级政府的财政部门是政府预算的主管机关，负有有效执行预算的责任。

5. 年度性原则

年度性原则，是指政府预算应该按照预算年度编制，不需要也不应该对本预算年度之后年度的财政收支作出任何事先的规定。由于各国政府预算均有时间界定，通常为一年（365 天），一般称预算年度或财政年度。

上述原则与早期资本主义国家的“廉价政府”和“预算是健全财政的最高原则”的观念相一致。此时，预算原则强调经费使用的节约化、制度化和效率化，着重于预算的可控性。到了垄断资本主义时期，西方政府奉行凯恩斯主义，国家干预经济成为一种政策选择，而且成为一种社会思潮。此时的政府预算原则也被修正，具有代表性的是 1945 年美国联邦政府预算局局长 Smith 提出的八项原则：一是预算必须反映行政计划；二是预算必须加强行政责任；三是预算的编制、审批和执行应当以政府各部门的财政与业务报告为依据；四是预算要具备适宜的“预算资源”支撑；五是预算程序必须多样化；六是预算要有适度的行政主动权；七是预算要有一定的弹性；八是预算机构必须在预算的编制及执行上相互联系和协调。这些原则的提出，反映了现阶段资本主义宏观经济理论和国家干预经济的实践过程。现代政府预算更多的是强调政府行政机构在预算上的主动性。

我国政府预算在坚持预算的公开性、可靠性、完整性、统一性和年度性编制原则的基础上，以党和国家的路线、方针、政策和国民经济总体规划作为预算编制的依据，遵循统筹兼顾、勤俭节约、量力而行、讲求绩效和收支平衡的原则，这是我国预算原则的特色。

5.2 政府预算管理职权

根据统一领导、分级管理、权责结合的原则，我国《预算法》明确规定了各级人民代表大会及其常务委员会、各级政府、各级财政部门和各部门[①]、各单位的预算管理职权。

5.2.1 权力机关预算管理职权

1. 全国人民代表大会及其常务委员会预算管理职权

根据我国《预算法》的规定，全国人民代表大会的预算管理职权主要包括以下 3 个方面。

① 审查中央和地方预算草案及中央和地方预算执行情况的报告。

② 批准中央预算和中央预算执行情况的报告。

③ 改变或者撤销全国人民代表大会常务委员会关于预算、决算的不适当的决议。

根据我国《预算法》的规定，全国人民代表大会常务委员会的预算管理职权主要包括以下 5 个方面。

① 监督中央和地方预算的执行。

② 审查和批准中央预算的调整方案。

③ 审查和批准中央决算。

④ 撤销国务院制定的同宪法、法律相抵触的关于预算、决算的行政法规、决定和命令。

⑤ 撤销省、自治区、直辖市人民代表大会及其常务委员会制定的同宪法、法律和行政法规相抵触的关于预算、决算的地方性法规和决议。

2. 县级以上地方各级人民代表大会及其常务委员会预算管理职权

根据我国《预算法》的规定，县级以上地方各级人民代表大会的预算管理职权主要包括以下 4 个方面。

① 审查本级总预算草案及本级总预算执行情况的报告。

② 批准本级预算和本级预算执行情况的报告。

① 各部门，是指与本级政府财政部门直接发生预算缴拨款关系的国家机关、军队、政党组织、事业单位、社会团体和其他单位。

③ 改变或者撤销本级人民代表大会常务委员会关于预算、决算的不适当的决议。

④ 撤销本级政府关于预算、决算的不适当的决定和命令。

根据我国《预算法》的规定，县级以上地方各级人民代表大会常务委员会的预算管理职权主要包括以下4个方面。

① 监督本级总预算的执行。

② 审查和批准本级预算的调整方案。

③ 审查和批准本级决算。

④ 撤销本级政府和下一级人民代表大会及其常务委员会关于预算、决算的不适当的决定、命令和决议。

3. 乡、民族乡、镇人民代表大会预算管理职权

根据我国《预算法》的规定，乡、民族乡、镇人民代表大会的预算管理职权主要包括以下5个方面。

① 审查和批准本级预算和本级预算执行情况的报告。

② 监督本级预算的执行。

③ 审查和批准本级预算的调整方案。

④ 审查和批准本级决算。

⑤ 撤销本级政府关于预算、决算的不适当的决定和命令。

5.2.2 政府部门预算管理职权

1. 国务院预算管理职权

根据我国《预算法》的规定，国务院的预算管理职权主要包括以下9个方面。

① 编制中央预算、决算草案[①]。

② 向全国人民代表大会作关于中央和地方预算草案的报告。

③ 将省、自治区、直辖市人民政府报送备案的预算汇总后报全国人民代表大会常务委员会备案。

④ 组织中央和地方预算的执行。

⑤ 决定中央预算预备费的动用。

⑥ 编制中央预算调整方案。

⑦ 监督中央各部门和地方政府的预算执行。

⑧ 改变或者撤销中央各部门和地方政府关于预算、决算的不适当的决定、命令。

⑨ 向全国人民代表大会、全国人民代表大会常务委员会报告中央和地方预算的执行情况。

2. 地方政府预算管理职权

根据我国《预算法》的规定，县级以上地方各级政府的预算管理职权主要包括以下9个方面。

① 编制本级预算、决算草案。

② 向本级人民代表大会作关于本级总预算草案的报告。

① 决算草案是指各级政府、各部门、各单位编制的未经法定程序审查和批准的预算收支和结余的年度执行结果。

③ 将下一级政府报送备案的预算汇总后报本级人民代表大会常务委员会备案。
④ 组织本级总预算的执行。
⑤ 决定本级预算预备费的动用。
⑥ 编制本级预算的调整方案。
⑦ 监督本级各部门和下级政府的预算执行。
⑧ 改变或者撤销本级各部门和下级政府关于预算、决算的不适当的决定、命令。
⑨ 向本级人民代表大会、本级人民代表大会常务委员会报告本级总预算的执行情况。

根据我国《预算法》的规定，乡、民族乡、镇政府的预算管理职权主要包括以下6个方面。
① 编制本级预算、决算草案。
② 向本级人民代表大会作关于本级预算草案的报告。
③ 组织本级预算的执行。
④ 决定本级预算预备费的动用。
⑤ 编制本级预算的调整方案。
⑥ 向本级人民代表大会报告本级预算的执行情况。

经省、自治区、直辖市政府批准，乡、民族乡、镇本级预算草案、预算调整方案、决算草案，可以由上一级政府代编，并依照《预算法》的规定报乡、民族乡、镇的人民代表大会审查和批准。

5.2.3 财政部门预算管理职权

1. 国务院财政部门预算管理职权

根据我国《预算法》的规定，国务院财政部门的预算管理职权主要包括以下5个方面。
① 具体编制中央预算、决算草案。
② 具体组织中央和地方预算的执行。
③ 提出中央预算预备费动用方案。
④ 具体编制中央预算的调整方案。
⑤ 定期向国务院报告中央和地方预算的执行情况。

2. 地方各级政府财政部门预算管理职权

根据我国《预算法》的规定，地方各级政府财政部门的预算管理职权主要包括以下5个方面。
① 具体编制本级预算、决算草案。
② 具体组织本级总预算的执行。
③ 提出本级预算预备费动用方案。
④ 具体编制本级预算的调整方案。
⑤ 定期向本级政府和上一级政府财政部门报告本级总预算的执行情况。

5.2.4 部门单位预算管理职权

1. 部门预算管理职权

根据我国《预算法》的规定，各部门的预算管理职权主要包括以下3个方面。
① 编制本部门预算、决算草案。

② 组织和监督本部门预算的执行。

③ 定期向本级政府财政部门报告预算的执行情况。

2. 单位预算管理职权

根据我国《预算法》的规定，各单位的预算管理职权主要包括以下两个方面。

① 编制本单位预算、决算草案。

② 按照国家规定上缴预算收入，安排预算支出，并接受国家有关部门的监督。

5.3 政府预算组织程序

5.3.1 政府预算编制

政府预算编制是政府预算组织程序的开始。

1. 政府预算编制一般情况

西方国家的政府预算一般是由行政部门编制的，由立法机关编制的情况是例外。由行政机关编制的预算，称为行政预算；由立法机关编制的预算，称为立法预算。预算的编制工作可分为草案编制和概算核定两部分。

预算草案的具体编制，根据编制工作机构的不同可以分成两种类型。一是由财政部门主持预算编制工作，内容包括收入和支出两部分，由政府部门负责指导政府各部门编制支出预算草案并审核和协调这些草案；同时根据各种经济统计资料和预测，编制收入预算草案；最后综合收入和支出两部分，形成预算草案，并将其提交给有法定预算提案权的机构或个人核定，如英国、德国、意大利和日本等。二是由政府特设的预算部门主持预算编制工作，而财政部门只负责编制收入预算，这种安排是为了保证支出和收入预算有更多的合理性和客观性，如美国等。

概算核定也有两种类型：一是由内阁核定概算，如英国、法国、德国、意大利、日本等；二是由总统核定概算，如美国。

根据实行市场经济国家的经验，以及我国《预算法》的有关规定，我国现行的政府预算编制采用部门预算作为基本组织形式。按照预算周期管理的要求，从我国现有的预算改革经验看，预算编制时间是上年3—12月。在这一阶段，财政部门作为预算编制的牵头单位，根据国务院下达的关于编制下一年度预算草案的指示，与各有关部门沟通、协作与配合，具体负责预算编制的组织、协调、审核，具体编制预算草案报政府审定，各地方政府应按国务院规定的时间，将本级总预算草案报国务院审核。预算草案经审核、汇总，报各级人民代表大会批准后，批复到各部门执行。

2. 我国政府预算编制

国务院应当及时下达关于编制下一年预算草案的通知，编制预算草案的具体事项由国务院财政部门部署，各级政府、各部门、各单位应当按照国务院规定的时间编制预算草案。

1）预算草案编制

预算草案，是指各级政府、各部门、各单位编制的未经法定程序审查和批准的预算。各级预算应当根据年度社会经济发展目标、国家宏观调控要求和跨年度预算平衡的需要，参考上一年预算执行情况、支出绩效评价结果[①]和本年度收支预测，按照规定程序进行编制。根据《预算法实施条例》的规定，各级政府财政部门编制收入预算草案时，应当征求税务、海关等预算收入征收部门和单位的意见；财政部门会同社会保险行政部门部署编制下一年度社会保险基金预算草案的具体事项。

各级政府依据法定权限作出决定或者制定行政措施，凡涉及增加或者减少财政收入或者支出的，应当在预算批准前提出并在预算草案中作出相应安排。各部门、各单位应当按照国务院财政部门制定的政府收支分类科目[②]、预算支出标准[③]、绩效目标管理等预算编制规定，根据其依法履行职能和事业发展的需要及存量资产情况，编制本部门、本单位预算草案。

中央一般公共预算收入编制内容包括本级一般公共预算收入、从国有资本经营预算调入资金、地方上解收入、从预算稳定调节基金调入资金、其他调入资金。中央一般公共预算支出编制内容包括本级一般公共预算支出、对地方的税收返还和转移支付、补充预算稳定调节基金。地方各级一般公共预算收入编制内容包括本级一般公共预算收入、从国有资本经营预算调入资金、上级税收返还和转移支付、下级上解收入、从预算稳定调节基金调入资金、其他调入资金。地方各级一般公共预算支出编制内容包括本级一般公共预算支出、上解上级支出、对下级的税收返还和转移支付、补充预算稳定调节基金。中央政府性基金预算收入编制内容包括本级政府性基金各项目收入、上一年度结余、地方上解收入。中央政府性基金预算支出编制内容包括本级政府性基金各项目支出、对地方的转移支付、调出资金。地方政府性基金预算收入编制内容包括本级政府性基金各项目收入、上一年度结余、下级上解收入、上级转移支付。地方政府性基金预算支出编制内容包括本级政府性基金各项目支出、上解上级支出、对下级的转移支付、调出资金。中央国有资本经营预算收入编制内容包括本级收入、上一年度结余、地方上解收入。中央国有资本经营预算支出编制内容包括本级支出、向一般公共预算调出资金、对地方特定事项的转移支付。地方国有资本经营预算收入编制内容包括本级收入、上一年度结余、上级对特定事项的转移支付、下级上解收入。地方国有资本经营预算支出编制内容包括本级支出、向一般公共预算调出资金、对下级特定事项的转移支付、上解上级支出。中央和地方社会保险基金预算收入、支出编制内容按照项目包括各项收入和支出。

各部门、各单位预算收入编制内容包括本级预算拨款收入、预算拨款结转和其他收入。各部门、各单位预算支出编制内容包括基本支出和项目支出。各部门、各单位的预算支出，按其功能分类应当编列到项，按其经济性质分类应当编列到款。各级预算收入的编制，应当与经济社会发展水平相适应，与财政政策相衔接。各级政府、各部门、各单位应当依照《预算法》规定，将所有政府收入全部列入预算，不得隐瞒、少列。各级预算支出应当依照《预算法》规定，按其功能和经济性质分类编制。各级预算支出的编制，应当贯彻勤俭节约的原则，严格控制各部门、各单位的机关运行经费和楼堂馆所等基本建设支出。各级一般公共预算支出的编制，应当统筹兼顾，在保证基本公共服务合理需要的前提下，优先安排国家确定的重点支出。

---

① 绩效评价是指根据设定的绩效目标，依据规范的程序，对预算资金的投入、使用过程、产出与效果进行系统和客观的评价。绩效评价结果应当按照规定作为改进管理和编制以后年度预算的依据。

② 政府收支分类科目：收入分为类、款、项、目；支出按其功能分为类、款、项，按其经济性质分为类、款。

③ 预算支出标准是指对预算事项合理分类并分别规定的支出预算编制标准，包括基本支出标准和项目支出标准。

中央一般公共预算中必需的部分资金，可以通过举债方式筹措。举借债务应当控制适当的规模，保持合理的债务结构。对中央一般公共预算中举借的债务实行余额管理①，余额规模不得超过全国人民代表大会批准的限额。国务院财政部门具体负责对中央政府债务的统一管理。

地方各级预算按照量入为出、收支平衡的原则编制，除《预算法》另有规定外，不列赤字。经国务院批准的省、自治区、直辖市的预算中必需的建设投资的部分资金，可以在国务院确定的限额内，通过发行地方政府债券的方式筹措。举借债务的规模②，由国务院报全国人民代表大会或者全国人民代表大会常务委员会批准。省、自治区、直辖市依照国务院下达的限额举借的债务，列入本级预算调整方案，报本级人民代表大会常务委员会批准。举借的债务应当有偿还计划和稳定的偿还资金来源，只能用于公益性资本支出，不得用于经常性支出。

除法律另有规定外，地方政府及其所属部门不得为任何单位和个人举借的债务以任何方式提供担保。国务院建立地方政府债务风险评估和预警机制、应急处置机制及责任追究制度。国务院财政部门对地方政府债务实施监督。财政部和省、自治区、直辖市政府财政部门应当建立健全地方政府债务风险评估指标体系，组织评估地方政府债务风险状况，对债务高风险地区提出预警，并监督化解债务风险。

一般性转移支付③应当按照国务院规定的基本标准和计算方法编制。专项转移支付④应当分地区、分项目编制。县级以上各级政府应当将对下级政府的转移支付预计数提前下达下级政府。地方各级政府应当将上级政府提前下达的转移支付预计数编入本级预算。除据实结算等特殊项目的转移支付外，提前下达的一般性转移支付预计数的比例一般不低于90%；提前下达的专项转移支付预计数的比例一般不低于70%。其中，按照项目法管理分配的专项转移支付，应当一并明确下一年度组织实施的项目。

中央预算和有关地方预算中应当安排必要的资金，用于扶助革命老区、民族地区、边疆地区、贫困地区经济建设。各级一般公共预算应当按照本级一般公共预算支出的1%～3%设置预备费，用于当年预算执行中的自然灾害等突发事件处理增加的支出及其他难以预见的开支。各级一般公共预算按照国务院的规定可以设置预算周转金⑤，用于本级政府调剂预算年度内季节性收支差额。各级一般公共预算按照国务院的规定可以设置预算稳定调节基金，用于弥补以后年度预算资金的不足。

各级政府上一年预算的结转资金⑥，应当在下一年用于结转项目的支出；连续两年未用

① 余额管理是指国务院在全国人民代表大会批准的中央一般公共预算债务的余额限额内，决定发债规模、品种、期限和时点的管理方式；余额是指中央一般公共预算中举借债务未偿还的本金。

② 举借债务的规模是指各地方政府债务余额限额的总和，包括一般债务限额和专项债务限额。一般债务是指列入一般公共预算用于公益性事业发展的一般债券、地方政府负有偿还责任的外国政府和国际经济组织贷款转贷债务；专项债务是指列入政府性基金预算用于有收益的公益性事业发展的专项债券。

③ 一般性转移支付包括：均衡性转移支付，对革命老区、民族地区、边疆地区、贫困地区的财力补助，其他一般性转移支付。

④ 专项转移支付是指上级政府为了实现特定的经济和社会发展目标给予下级政府，并由下级政府按照上级政府规定的用途安排使用的预算资金。

⑤ 额度不得超过本级一般公共预算支出总额的1%。

⑥ 结转资金是指预算安排项目的支出年度终了时尚未执行完毕，或者因故未执行但下一年度需要按原用途继续使用的资金；连续两年未用完的结转资金，是指预算安排项目的支出在下一年度终了时仍未用完的资金。

完的结转资金，应当作为结余资金[①]管理。各部门、各单位上一年预算的结转、结余资金按照国务院财政部门的规定办理。

根据《预算法实施条例》的规定，财政部于每年 6 月 15 日前部署编制下一年度预算草案的具体事项，规定报表格式、编报方法、报送期限等。中央各部门应当按照国务院的要求和财政部的部署，结合本部门的具体情况，组织编制本部门及其所属各单位的预算草案。省、自治区、直辖市政府按照国务院的要求和财政部的部署，结合本地区的具体情况，提出本行政区域编制预算草案的要求。县级以上地方各级政府财政部门应当于每年 6 月 30 日前部署本行政区域编制下一年度预算草案的具体事项，规定有关报表格式、编报方法、报送期限等。

2）部门预算

部门预算，是指政府部门依据国家有关政策法规及其履行职能需要，由基层单位开始编制，逐级上报、审核、汇总，经财政部门审核后提交立法机关依法批准的涵盖部门各项收支的年度财政收支计划。部门预算制度是市场经济国家财政预算管理的基本形式。实行部门预算，是我国预算编制的一项重大改革，需要将部门的各种财政性资金、部门所属单位收支全部纳入在一本预算中编制。

各部门预算应当反映一般公共预算、政府性基金预算、国有资本经营预算安排给本部门及其所属各单位的所有预算资金。各部门预算收入包括本级财政安排给本部门及其所属各单位的预算拨款收入和其他收入。各部门预算支出为与部门预算收入相对应的支出，包括基本支出和项目支出。其中，基本支出是指各部门、各单位为保障其机构正常运转、完成日常工作任务所发生的支出，包括人员经费和公用经费；项目支出是指各部门、各单位为完成其特定的工作任务和事业发展目标所发生的支出。各部门及其所属各单位的本级预算拨款收入和其相对应的支出，应当在部门预算中单独反映。

部门收入预算编制采用标准收入预算法。通过对国民经济运行情况和重点税源进行调查，建立收入动态数据库和国民经济综合指标库，在对经济、财源及其发展变化趋势进行分析论证的基础上，选取财政收入相关指标，建立标准收入预算模型，根据可预见的经济性、政策性、管理性等因素，确定修正系数，编制标准收入预算。部门支出预算编制采用零基预算法。支出预算包括基本支出预算和项目支出预算。其中，基本支出预算实行定员定额管理，人员支出预算按照工资福利标准和编制定员逐人核定；日常公用支出预算按照部门性质、职责、工作量差别等划分若干档次，制定标准定员定额体系。项目预算要进行科学论证和合理排序，纳入项目库，编制中长期项目安排计划，结合财力状况，在预算中优先安排急需可行的项目。在此基础上，编制具有综合财政预算特点的部门预算。

部门预算采取自下而上的编制方式，编制程序实行“两上两下”的基本流程。“一上”，就是部门编报部门预算建议数，上报同级财政部门。“一下”，就是财政部门对各部门上报的预算建议数审核、平衡后，汇总本级预算初步方案报同级政府，经政府批准后向各部门下达预算控制限额。“二上”，就是各部门根据财政部门下达的预算控制限额，编制部门预算草案上报同级财政部门。“二下”，就是财政部门在

建立部门预算制度的重要意义

① 结余资金是指年度预算执行终了时，预算收入实际完成数扣除预算支出实际完成数和结转资金后剩余的资金。

对各部门上报的预算草案审核后，汇总本级预算草案和部门预算草案，报经政府审批后，提交本级人民代表大会审议，并在本级人民代表大会批准预算草案后一个月内向本级各部门批复预算，各部门应当在财政部门批复本部门预算之日起15日内，批复所属各单位的预算，并负责具体执行。

3）预算外资金管理

为贯彻落实全国人民代表大会和国务院的有关规定，财政部决定从2011年1月1日起，将按预算外资金管理的收入（不含教育收费）全部纳入预算管理。

自2011年1月1日起，中央各部门各单位的教育收费作为本部门的事业收入，纳入财政专户管理，收缴比照非税收入收缴管理制度执行；中央部门预算外收入全部上缴中央国库，支出通过公共财政预算或政府性基金预算安排。其中，交通运输部集中的航道维护收入纳入政府性基金预算管理；中央部门收取的主管部门集中收入、国有资产出租出借收入、广告收入、捐赠收入、利息收入等预算外收入纳入一般预算管理，用于收入上缴部门的相关支出，专款专用。

预算外收入纳入预算管理后，收入预算级次保持不变，原上缴中央财政专户的收入上缴中央国库。预算外收入纳入预算管理后，相应取消全部预算外收支科目。地方各级财政部门要按照国务院关于把政府所有收支全部纳入预算管理的规定，在2011年1月1日以前将全部预算外收入纳入预算管理。

将预算外资金纳入预算管理具有重要意义。首先，将预算外资金纳入预算管理，将改变过去资金分散管理、切块存放的状态，使各项收支活动成为有机统一的整体，有利于加强财政资金管理，增强财政预算的完整性，充分发挥财政调控职能。其次，有利于完善预算分配制度，进一步提高财政管理水平，推动加快建立由公共财政预算、国有资本经营预算、政府性基金预算和社会保险基金预算组成的有机衔接的政府预算体系。最后，预算外资金纳入预算管理，使预算外资金收支全过程处于人大、政府及其财政部门的监督之下，有利于规范预算管理，提高依法理财水平，有利于从源头上预防腐败。

5.3.2 政府预算审批

政府预算是以年度计划的形式，对依法征收的国民收入进行集中统一分配的活动，是国家管理社会经济事务、实施宏观调控的重要手段，在整个国家的政治经济生活中具有十分重要的地位，对社会经济各项事业建设和发展起着举足轻重的作用。政府预算审批阶段，是指国家立法机关对预算草案进行审查、批准和确立其法律地位的阶段。

1. 政府预算审批一般情况

在西方国家，审批政府预算的权力属于国家立法机构，即议会。从结构上看，议会制可以分为一院制和两院制两种类型。在实行一院制的国家中，政府预算直接由议会批准，如瑞典、葡萄牙、西班牙、荷兰、希腊、丹麦等。在实行两院制的国家中，大部分国家议会的两院都有批准政府预算的权力，如美国、法国、德国、意大利、日本和英国等。

不论是两院制还是一院制，行政机关将总预算草案提交议会后，议会的全院大会首先对草案进行一般性的广泛发言，再由各种常设委员会进行具体审查。常设委员会一般有预算支出审核委员会和预算收入审核委员会，还有一些国家设有综合性的预算委员会，负责进行预算收支的平衡工作。预算支出审核委员会又经常设若干审核委员会小组，对各个政府机关的部门预算草案进行初步审核；经过审核委员会审核阶段后，再由全院大会根据审核报告进行审议表决。

2. 我国政府预算审批

我国当前预算审批中依然存在着诸多问题，如预算审查时间不足、程度不深、实质性审查不够等。而要根本解决这些问题，实现人民代表大会及其常务委员会及专门委员会对预算的审批和监督从形式转向实质，提高人民代表大会审批和监督预算的质量，进一步发挥人民代表大会及其常务委员会及专门委员会的法定职责，有必要加强对预算的审查和监督，规范审批监督程序。

对政府预算审批的法律依据是《中华人民共和国宪法》《中华人民共和国地方各级人民代表大会和地方各级人民政府组织法》《中华人民共和国预算法》《中华人民共和国预算法实施条例》《中华人民共和国审计法》等。

根据《预算法》的规定，中央预算由全国人民代表大会审查和批准。地方各级预算由本级人民代表大会审查和批准。

1）预算草案初步审查

初审是人民代表大会审查预算的基础，直接影响人民代表大会审查和批准预算的质量。

中央各部门负责本部门所属各单位预算草案的审核，并汇总编制本部门的预算草案，按照规定报财政部审核。财政部审核中央各部门的预算草案，具体编制中央预算草案；汇总地方预算草案或者地方预算，汇编中央和地方预算草案。国务院财政部门应当在每年全国人民代表大会会议举行的45日前，将中央预算草案的初步方案提交全国人民代表大会财政经济委员会进行初步审查。县级以上地方各级政府财政部门审核本级各部门的预算草案，具体编制本级预算草案，汇编本级总预算草案，经本级政府审定后，按照规定期限报上一级政府财政部门。省、自治区、直辖市政府财政部门汇总的本级总预算草案或者本级总预算，应当于下一年度1月10日前报财政部。

省、自治区、直辖市政府财政部门应当在本级人民代表大会会议举行的30日前，将本级预算草案的初步方案提交本级人民代表大会有关专门委员会进行初步审查。设区的市、自治州政府财政部门应当在本级人民代表大会会议举行的30日前，将本级预算草案的初步方案提交本级人民代表大会有关专门委员会进行初步审查，或者送交本级人民代表大会常务委员会有关工作机构征求意见。县、自治县、不设区的市、市辖区政府应当在本级人民代表大会会议举行的30日前，将本级预算草案的初步方案提交本级人民代表大会常务委员会进行初步审查。

县、自治县、不设区的市、市辖区、乡、民族乡、镇的人民代表大会举行会议审查预算草案前，应当采用多种形式，组织本级人民代表大会代表，听取选民和社会各界的意见。报送各级人民代表大会审查和批准的预算草案应当细化。

全国人民代表大会财政经济委员会对中央预算草案初步方案及上一年预算执行情况、中央预算调整初步方案和中央决算草案进行初步审查，提出初步审查意见。省、自治区、直辖市人民代表大会有关专门委员会对本级预算草案初步方案及上一年预算执行情况、本级预算调整初步方案和本级决算草案进行初步审查，提出初步审查意见。设区的市、自治州人民代表大会有关专门委员会对本级预算草案初步方案及上一年预算执行情况、本级预算调整初步方案和本级决算草案进行初步审查，提出初步审查意见，未设立专门委员会的，由本级人民代表大会常务委员会有关工作机构研究提出意见。县、自治县、不设区的市、市辖区人民代表大会常务委员会对本级预算草案初步方案及上一年预算执行情况进行初步审查，提出初步审查意见。县、自治县、不设区的市、市辖区人民代表大会常务委员会有关工作机构对本级预算调整初步方案和本级决算草案研究提出意见。设区的市、自治州以上各级人民代表大会有关专门委员会进行初步审查、常务委员会有关工作机构研究提出意见时，应当邀请本级人民代表大会代表参加。

2）预算草案实质审查

国务院在全国人民代表大会举行会议时，向全国人民代表大会作关于中央和地方预算草案及中央和地方预算执行情况的报告。地方各级政府在本级人民代表大会举行会议时，向本级人民代表大会作关于总预算草案和总预算执行情况的报告。

全国人民代表大会和地方各级人民代表大会对预算草案及其报告、预算执行情况的报告，应重点审查下列8个方面的内容。

① 上一年预算执行情况是否符合本级人民代表大会预算决议的要求。

② 预算安排是否符合《预算法》的规定。

③ 预算安排是否贯彻国民经济和社会发展的方针政策，收支政策是否切实可行。

④ 重点支出和重大投资项目的预算安排是否适当。

⑤ 预算的编制是否完整，是否符合《预算法》的规定。

⑥ 对下级政府的转移性支出预算是否规范、适当。

⑦ 预算安排举借的债务是否合法、合理，是否有偿还计划和稳定的偿还资金来源。

⑧ 与预算有关重要事项的说明是否清晰。

全国人民代表大会财政经济委员会向全国人民代表大会主席团提出关于中央和地方预算草案及中央和地方预算执行情况的审查结果报告。省、自治区、直辖市、设区的市、自治州人民代表大会有关专门委员会，县、自治县、不设区的市、市辖区人民代表大会常务委员会，向本级人民代表大会主席团提出关于总预算草案及上一年总预算执行情况的审查结果报告。审查结果报告应当包括下列4个方面的内容。

① 对上一年预算执行和落实本级人民代表大会预算决议的情况作出评价。

② 对本年度预算草案是否符合《预算法》的规定、是否可行作出评价。

③ 对本级人民代表大会批准预算草案和预算报告提出建议。

④ 对执行年度预算、改进预算管理、提高预算绩效、加强预算监督等提出意见和建议。

3）政府预算备案

乡、民族乡、镇政府应当及时将经本级人民代表大会批准的本级预算报上一级政府备案。县级以上地方各级政府应当及时将经本级人民代表大会批准的本级预算及下一级政府报送备案的预算汇总，报上一级政府备案。

县级以上地方各级政府将下一级政府依照规定报送备案的预算汇总后，报本级人民代表大会常务委员会备案。国务院将省、自治区、直辖市政府依照规定报送备案的预算汇总后，报全国人民代表大会常务委员会备案。

国务院和县级以上地方各级政府对下一级政府依照《预算法》规定报送备案的预算，认为有同法律、行政法规相抵触或者有其他不适当之处，需要撤销批准预算的决议的，应当提请本级人民代表大会常务委员会审议决定。

4）政府预算批复

各级预算经本级人民代表大会批准后，本级政府财政部门应当在 20 日内向本级各部门批复预算。各部门应当在接到本级政府财政部门批复的本部门预算后 15 日内向所属各单位批复预算。

中央对地方的一般性转移支付应当在全国人民代表大会批准预算后 30 日内正式下达。中央对地方的专项转移支付应当在全国人民代表大会批准预算后 90 日内正式下达。

省、自治区、直辖市政府接到中央一般性转移支付和专项转移支付后，应当在 30 日内正式下达到本行政区域县级以上各级政府。

县级以上地方各级预算安排对下级政府的一般性转移支付和专项转移支付，应当分别在本级人民代表大会批准预算后的 30 日和 60 日内正式下达。

对自然灾害等突发事件处理的转移支付，应当及时下达预算；对据实结算等特殊项目的转移支付，可以分期下达预算，或者先预付后结算。

县级以上各级政府财政部门应当将批复本级各部门的预算和批复下级政府的转移支付预算，抄送本级人民代表大会财政经济委员会、有关专门委员会和常务委员会有关工作机构。

5.3.3 政府预算执行

政府预算执行阶段，是整个政府预算组织程序中的重要环节，是在预算管理机关的指导和监督下，由具体主管机构负责收入入库、支付拨付及预算调整等。这些都必须按照法律和相关规定的程序办理。

1. 政府预算执行一般情况

政府预算执行，是指各级政府财政部门和其他预算主体在组织预算收入、安排预算支出、组织预算平衡、监督预算执行的实践性活动。它是组织政府预算收支计划实现的关键环节，是把政府预算由可能变为现实的必经步骤。

政府预算执行是一项经常性的工作。从整个预算管理工作看，预算和决算的编制工作，一般在时间上相对集中；而预算收支的执行工作，则是从财政年度开始到结束，每天都要进行的一项经常性工作。

政府预算执行是实现政府预算各项收支任务的中心环节。政府预算目标是根据当时国家政治经济形势和国民经济与社会发展规划，以及有关财政收支规则确定的，并不意味着这个目标可以自行实现。要真正实现这一目标，就必须依靠全国各地、各部门和各单位，在整个预算年度内每天都要进行大量艰苦细致的组织执行工作，才能达到预期目标。

政府预算执行情况和结果是政府预算编制的基础。年度预算是预算执行的依据，当年预算执行情况和结果又是设计下一年度预算的基础。只有做好预算执行工作，才能为设计下一年度预算提供良好的依据。

预算执行过程中，需要随着客观情况的变化，组织新的平衡。预算执行工作本身经历着预算收支从平衡到不平衡，再由不平衡到平衡这样一个过程。这里的预算收支平衡只是相对的平衡，因为在预算执行过程中，由于国家政治经济形势的变化与人们对未来计划目标的预测在主观上的不准确性，通常会出现超收、短收或超支、节支的情况。

2. 我国政府预算执行

政府预算草案经过人民代表大会的审批程序后，就成为正式的法案，进入政府预算的执行阶段。按照《预算法》的有关规定，各级预算由本级政府组织执行，具体工作由本级政府财政部门负责。各部门、各单位是本部门、本单位的预算执行主体，负责本部门、本单位的预算执行，并对执行结果负责。

预算执行中，政府财政部门的主要职责包括以下9个方面。

① 研究和落实财政税收政策措施，支持经济社会健康发展；

② 制定组织预算收入、管理预算支出以及相关财务、会计、内部控制、监督等制度和办法；

③ 督促各预算收入征收部门和单位依法履行职责，征缴预算收入；

④ 根据年度支出预算和用款计划，合理调度、拨付预算资金，监督各部门、各单位预算资金使用管理情况；

⑤ 统一管理政府债务的举借、支出与偿还，监督债务资金使用情况；

⑥ 指导和监督各部门、各单位建立健全财务制度和会计核算体系，规范账户管理，健全内部控制机制，按照规定使用预算资金；

⑦ 汇总、编报分期的预算执行数据，分析预算执行情况，按照本级人民代表大会常务委员会、本级政府和上一级政府财政部门的要求定期报告预算执行情况，并提出相关政策建议；

⑧ 组织和指导预算资金绩效监控、绩效评价；

⑨ 协调预算收入征收部门和单位、国库以及其他有关部门的业务工作。

预算执行中，各部门、各单位的主要职责包括以下4个方面。

① 制定本部门、本单位预算执行制度，建立健全内部控制机制；

② 依法组织收入，严格支出管理，实施绩效监控，开展绩效评价，提高资金使用效益；

③ 对单位的各项经济业务进行会计核算；

④ 汇总本部门、本单位的预算执行情况，定期向本级政府财政部门报送预算执行情况报告和绩效评价报告。

1）临时预算安排

预算年度开始后，各级预算草案在本级人民代表大会批准前，可以安排下列支出：

① 上一年度结转的支出；

② 参照上一年同期的预算支出数额安排必须支付的本年度部门基本支出、项目支出，以及对下级政府的转移性支出；

③ 法律规定必须履行支付义务的支出，以及用于自然灾害等突发事件处理的支出。

预算经本级人民代表大会批准后，按照批准的预算执行。

预算收入征收部门和单位，必须依照法律、行政法规的规定，及时、足额征收应征的预算收入。不得违反法律、行政法规规定，多征、提前征收或者减征、免征、缓征应征的预算收入，不得截留、占用或者挪用预算收入。各级政府不得向预算收入征收部门和单位下达收入指标。

政府的全部收入应当上缴国库，任何部门、单位和个人不得截留、占用、挪用或者拖欠。对于法律有明确规定或者经国务院批准的特定专用资金[①]，可以依照国务院的规定设立

① 特定专用资金包括法律规定可以设立财政专户的资金，外国政府和国际经济组织的贷款、赠款，按照规定存储的人民币以外的货币，财政部会同有关部门报国务院批准的其他特定专用资金。

财政专户[①]。开设、变更财政专户应当经财政部核准，撤销财政专户应当报财政部备案，中国人民银行应当加强对银行业金融机构开户的核准、管理和监督工作。财政专户资金由本级政府财政部门管理。除法律另有规定外，未经本级政府财政部门同意，任何部门、单位和个人都无权冻结、动用财政专户资金。财政专户资金应当由本级政府财政部门纳入统一的会计核算，并在预算执行情况、决算和政府综合财务报告[②]中单独反映。

各级政府财政部门必须依照法律、行政法规和国务院财政部门的规定，及时、足额拨付预算支出资金，加强对预算支出的管理和监督。各级政府、各部门、各单位的支出必须按照预算执行，不得虚假列支。各级政府、各部门、各单位应当对预算支出情况开展绩效评价。

各级预算的收入和支出实行收付实现制。特定事项按照国务院的规定实行权责发生制的有关情况，应当向本级人民代表大会常务委员会报告。

各级政府应当加强对本级国库的管理和监督。国库是办理预算收入的收纳、划分、留解、退付和库款支拨的专门机构。县级以上各级政府必须设立国库；具备条件的乡、民族乡、镇也应当设立国库。国库分为中央国库和地方国库。中央国库业务由中国人民银行经理，地方国库业务依照国务院的有关规定办理。各级国库应当按照国家有关规定，及时准确地办理预算收入的收纳、划分、留解、退付和预算支出的拨付。各级国库库款的支配权属于本级政府财政部门。除法律、行政法规另有规定外，未经本级政府财政部门同意，任何部门、单位和个人都无权冻结、动用国库库款或者以其他方式支配已入国库的库款。

各级政府应当加强对预算执行的领导，支持政府财政、税务、海关等预算收入的征收部门依法组织预算收入，支持政府财政部门严格管理预算支出。财政、税务、海关等部门在预算执行中，应当加强预算执行的分析，发现问题时应当及时建议本级政府采取措施予以解决。各级政府财政部门和税务、海关等预算收入征收部门和单位必须依法组织预算收入，按照财政管理体制、征收管理制度和国库集中收缴制度的规定征收预算收入，除依法缴入财政专户的社会保险基金等预算收入外，应当及时将预算收入缴入国库。

各部门、各单位应当加强对预算收入和支出的管理，不得截留或者动用应当上缴的预算收入，不得擅自改变预算支出的用途。各级预算预备费的动用方案，由本级政府财政部门提出，报本级政府决定。各级预算周转金由本级政府财政部门管理，不得挪作他用。

各级一般公共预算年度执行中有超收收入[③]的，只能用于冲减赤字或者补充预算稳定调节基金。各级一般公共预算的结余资金，应当补充预算稳定调节基金。省、自治区、直辖市一般公共预算年度执行中出现短收[④]，通过调入预算稳定调节基金、减少支出等方式仍不能实现收支平衡的，省、自治区、直辖市政府报本级人民代表大会或者其常务委员会批准，可以增列赤字，报国务院财政部门备案，并应当在下一年度预算中予以弥补。

---

① 财政专户是指财政部门为履行财政管理职能，根据法律规定或者经国务院批准开设的用于管理核算特定专用资金的银行结算账户。

② 政府综合财务报告是指以权责发生制为基础编制的反映各级政府整体财务状况、运行情况和财政中长期可持续性的报告，包括政府资产负债表、收入费用表等财务报表和报表附注，以及以此为基础进行的综合分析等。

③ 超收收入是指年度本级一般公共预算收入的实际完成数超过经本级人民代表大会或者其常务委员会批准的预算收入数的部分。

④ 短收是指年度本级一般公共预算收入的实际完成数小于经本级人民代表大会或者其常务委员会批准的预算收入数的情形。

2）预算执行制度

预算执行制度是政府预算制度的重要组成部分，是预算实施的关键环节。

（1）国库集中收付制度

从2001年开始，我国正式实施国库管理制度改革。改革目标是将传统的财政资金银行账户管理体系和资金缴拨方式，改为以国库单一账户体系为基础、资金缴拨以国库集中收付为主要形式的财政国库管理制度，即取消各部门在商业银行开设的账户，建立以财政部门为主体的国库单一账户体系，所有财政性资金全部在国库单一账户体系中运作，由财政部门统一管理。规范财政性资金收缴方式，对政府财政收入分别实行直接缴库和集中汇缴制度，取消各征收单位自行开设和管理的收入过渡账户；改变财政资金分散拨付方式，由财政部门根据不同支付主体，对不同类型的支出分别采取财政直接支付和财政授权支付等方式，将原通过各部门转拨的财政性资金，改为财政部门通过国库单一账户体系直接支付或授权各部门支付到个人、用款单位或者商品供应商和服务提供者。

建立国库集中收付制度的意义。首先，加强了预算执行过程的监督控制。以国库单一账户体系为基础的电子化监控系统，从根本上加强了事前和事中监督。其次，提高了预算执行管理信息的透明度。从根本上改变了传统的财政资金运行机制，实现了由层层“中转”变“直达”用款单位和个人。在收入收缴方面，可以直接从纳税或者缴款环节获取收入信息；在支出支付方面，可以从各基层预算单位最终付款环节直接获取信息。这种获取预算执行信息的机制，为预算执行信息的准确性和及时性提供了机制保障，为预算执行管理和分析提供了可靠的信息基础。最后，增强了财政宏观调控能力。国库现金流量由过去各单位分散持有，转变为财政部门统一持有和管理，有利于保证重点支出和预算的正常执行，有利于加强财政政策与货币政策的协调实施。

（2）政府采购制度

政府采购，是指各级国家机关、事业单位和团体组织，使用财政性资金采购依法制定的集中采购目录以内的或者采购限额标准以上的货物、工程和服务的行为。将公用支出和项目支出中的大宗设备购置以及财政投资的基本建设项目，通过公开招标、竞争性谈判等方式，实行政府集中统一采购。政府采购运行机制实行集中采购与分散采购相结合，以集中采购为主、分散采购为辅，公开招标与非公开招标相结合，委托采购与自行采购相结合。实行政府采购制度，需要科学编制政府采购年度预算，为政府采购提供有效依据，提高政府采购的效率。

1996年，我国开始进行政府采购制度的改革试点。2003年，《中华人民共和国政府采购法》正式实施，标志着政府采购制度改革进入新的历史发展阶段。

3）政府预算调整

经全国人民代表大会批准的中央预算和经地方各级人民代表大会批准的地方各级预算，在执行中出现下列情况之一的，应当进行预算调整：

① 需要增加或者减少预算总支出的；

② 需要调入预算稳定调节基金的；

③ 需要调减预算安排的重点支出数额的；

④ 需要增加举借债务数额的。

在预算执行中，各级政府一般不制定新的增加财政收入或者支出的政策措施，也不制定减少财政收入的政策措施；必须作出并需要进行预算调整的，应当在预算调整方案中作出安排。在预算执行中，各级政府对于必须进行的预算调整，应当编制预算调整方案。预算调整方案应当说明预算调整的理由、项目和数额。

在预算执行中，由于发生自然灾害等突发事件，必须及时增加预算支出的，应当先安排预备费；预备费不足支出的，各级政府可以先安排支出，属于预算调整的，列入预算调整方案。国务院财政部门应当在全国人民代表大会常务委员会举行会议审查和批准预算调整方案的30日前，将预算调整初步方案送交全国人民代表大会财政经济委员会进行初步审查。省、自治区、直辖市政府财政部门应当在本级人民代表大会常务委员会举行会议审查和批准预算调整方案的30日前，将预算调整初步方案送交本级人民代表大会有关专门委员会进行初步审查。设区的市、自治州政府财政部门应当在本级人民代表大会常务委员会举行会议审查和批准预算调整方案的30日前，将预算调整初步方案送交本级人民代表大会专门委员会进行初步审查，或者送交本级人民代表大会常务委员会有关工作机构征求意见。县、自治县、不设区的市、市辖区政府财政部门应当在本级人民代表大会常务委员会举行会议审查和批准预算调整方案的30日前，将预算调整初步方案送交本级人民代表大会常务委员会有关工作机构征求意见。

中央预算的调整方案应当提请全国人民代表大会常务委员会审查和批准。县级以上地方各级预算的调整方案应当提请本级人民代表大会常务委员会审查和批准；乡、民族乡、镇预算的调整方案应当提请本级人民代表大会审查和批准。未经批准，不得调整预算。

在预算执行中，地方各级政府因上级政府增加不需要本级政府提供配套资金的专项转移支付而引起的预算支出变化，不属于预算调整。接受增加专项转移支付的县级以上地方各级政府应当向本级人民代表大会常务委员会报告有关情况；接受增加专项转移支付的乡、民族乡、镇政府应当向本级人民代表大会报告有关情况。

5.3.4 政府预算监督

1. 政府预算监督一般说明

政府预算监督阶段，是整个政府预算组织程序的最后环节，是指对政府预算的复查和审计决算。复查，是为了编制出反映预算年度内预算执行情况的决算报告；对决算报告的审计，则是监督政府预算资金是否按照通过的法案分配使用，是对全年政府收支预算的执行情况及其结果进行总结性检查，从中发现实际收支数是否符合通过的预算指标，有无超支短收或者违反财政法令等情况。

政府预算监督的程序是：由各执行机关在年度终了时编制并提出年度收支情况报告；审计机关审核后，提出审查报告；该审查报告经批准后即宣告正式决算成立。

2. 我国政府预算监督

根据《预算法》的规定，全国人民代表大会及其常务委员会对中央和地方预算进行监督。县级以上地方各级人民代表大会及其常务委员会对本级和下级预算进行监督。乡、民族乡、镇人民代表大会对本级预算进行监督。

各级人民代表大会和县级以上各级人民代表大会常务委员会有权就预算中的重大事项或者特定问题组织调查，有关的政府、部门、单位和个人应当如实反映情况和提供必要的材料。各级人民代表大会和县级以上各级人民代表大会常务委员会举行会议时，人民代表大会代表或者常务委员会组成人员，依照法律规定程序就预算、决算中的有关问题提出询问或者质询，受询问或者受质询的有关政府或者财政部门必须及时给予答复。

国务院和县级以上地方各级政府应当在每年六月至九月期间向本级人民代表大会常务委员会报告预算执行情况。各级政府监督下级政府的预算执行；下级政府应当定期向上一级政府报告预算执行情况。

各级政府财政部门负责监督、检查本级各部门及其所属各单位预算的编制与执行情况，并向本级政府和上一级政府财政部门报告预算执行情况。

县级以上政府审计部门依法对预算执行和决算情况实行审计监督。对预算执行和其他财政收支的审计工作报告应当向社会公开。

政府各部门负责监督、检查所属各单位的预算执行情况，及时向本级政府财政部门反映本部门预算执行情况，依法纠正违反预算的行为。

公民、法人或者其他组织发现有违反《预算法》规定的行为，可以依法向有关国家机关进行检举、控告。

5.4 政府预算管理体制

财政体制有广义和狭义之分。广义财政体制的内涵比较广泛，包括政府预算管理体制、税收管理体制、国有企业财务管理体制、行政事业单位财务管理体制、基本建设财务管理体制等；狭义的财政体制仅指政府预算管理体制。通常对财政体制中问题的分析，是以狭义财政体制为研究对象的。

5.4.1 政府预算管理体制的概念

政府预算管理体制，是指在特定的行政体制下，通过一定方式调节政府间财力分配的基本制度。具体地说，它是国家在中央与地方及地方各级政府之间，划分财政收支范围和预算管理权限的一项根本制度。

政府预算管理体制是国民经济管理体制的重要组成部分，也是政府预算制度的重要组成部分。作为处理政府财权划分的一项制度，政府预算管理体制属于上层建筑范畴，反映着特定经济基础要求并由其所规范和界定着财政的一切活动。政府预算管理体制由财政分配关系所决定，必须与各个特定时期的财政分配关系相适应。因为政府预算管理体制是以制度的形式处理中央政府与地方政府之间集中与分散的财政分配关系，解决中央与地方政府之间集权与分权的问题。政府预算管理体制中的集权与分权问题，主要是通过在中央与地方政府之间的收支划分解决的。因此，各级政府之间的收支划分就成为政府预算管理体制的核心问题。

5.4.2 影响政府预算收支划分的因素

各级财政的收支划分，是政府预算管理体制的主要内容。各级财政的财权大小和活动范围，都要通过预算收支划分确定，它直接关系到各级政府能否获得应有的和必要的财力。当财政总规模适度的前提下，某级财政拥有的财力过多或者过少，就意味着另一级财政拥有的财力过少或者过多。于是，一方面是某级政府的经费不足，无法完全履行职能；另一方面是某级政府却存在着经费浪费。这些现象从市场经济角度看，都属于资源的低效率配置和使用。一般来说，影响政府预算收支划分的因素主要有以下 3 个方面。

1. 国家结构

现代国家结构的基本形式有单一制和复合制两种，复合制又有联邦制和邦联制之分。除联邦制外，现代国家政权也总是分成中央和地方两大组成部分，并且地方政权往往还继续分解为若干层次的结构。在这样的政权结构中，中央（联邦）代表国家，是整个国家意志的体现，各层次的地方政权都必须服从中央（联邦）的领导和指挥，是在中央（联邦）统一政令下进行活动的。但是，地方各级政权在此大前提下又拥有且必须拥有一定的事权和财权。现代国家的社会经济生活十分复杂，仅靠单一的中央政权进行活动，是不可能兼顾方方面面需要的，是无法处理好各种问题和有效履行自己所有职责的。所以，必须在“大权独揽”以维护国家统一的前提下，实行“小权分散”以赋予地方政府以适当的权限，使之能够因地制宜地开展活动，承担履行部分国家职能的责任。几乎所有的现代国家都存在着多层次的国家结构，这样的国家结构不仅影响着政府预算的级次，而且也影响着中央与地方政府间的收支划分。一般地说，联邦制国家结构的地方政府权限比单一制（集权制）国家结构的地方政府权限要多。

2. 国体差异

国体差异是指国家的阶级性质不同，即社会各阶级在国家中的地位不一样。实行社会主义国体制度的政府，是以政权行使者和生产资料公有制的代表者的双重身份参与国民经济的分配和再分配。因此，社会主义国家的中央政府集中度就要比资本主义国家中央政府的集中度高。

3. 效率比较

在履行财政职能过程中，中央政府应当在收入的公平分配、经济稳定和发展方面起主导作用，而地方政府应该在资源的合理配置方面起主导作用。因此，对那些需要采用全国统一行动去实现的政府职能或项目，可以由中央集权，即由中央政府集中分配，如国防、外交、公共卫生和保健、义务教育等。

5.4.3 政府预算收支划分原则

正确划分各级财政收支，是预算管理体制设计和选择时必须慎重思考和解决的问题之一。为此，必须遵循一定的原则确定各级财政的收支划分。

1. 巴斯特布尔（F. Bastable）三原则

① 受益原则。凡政府所提供的服务，如受益对象是全国公民，则支出应属于中央政府的公共支出；如受益对象是地方居民，则支出应属于地方政府的公共支出。

② 行动原则。凡政府公共服务的实施在行动上必须统一规划的领域，其支出应属于中央政府的公共支出；凡政府公共活动在实施过程中必须因地制宜的，其支出应属于地方政府的公共支出。

③ 技术原则。政府活动或公共工程，其规模庞大，需要高技术才能完成的项目，则其支出应归中央政府的公共支出；否则，应属于地方政府的公共支出。

2. 塞利格曼（E. R. A. Selingman）三原则

① 效率原则。该原则以征税效率为划分标准。例如土地税的征收，地方税务人员比较了解具体情况，征收起来比较方便且不易逃税，因此各国通常将土地税划归为地方税。

② 适应原则。该原则以税基宽窄为划分标准，税基宽的税种归中央政府，税基窄的税种归地方政府。

③ 恰当性原则。该原则以税负分配公平为划分标准。例如所得税是为了使全国居民公平地负担税负而设立的，如果由地方政府征收就难以达到上述目标，因此所得税应该归中央政府征收。

3. **迪尤（J. F. Due）二原则**

① 效率原则。其内涵与上述塞利格曼效率原则相同。

② 经济利益原则。该原则以增进经济利益为标准，认为税收是归中央还是归地方，应该以便于经济发展或不减少经济利益为标准。例如商品税应划归中央，以使货物在全国能够畅通无阻，不会妨碍生产力的发展；反之，如果归地方政府，则对同一货物，每经过一地均要课征一次商品税，就会增大成本，提高物价，阻碍经济发展。

4. **我国政府预算收支划分三原则**

① 统筹兼顾、全面安排。我国人口多、民族多、地域广的国情，政治经济的统一性决定了我国财政的统一性，因而财政在安排其体制时，就必须遵循统筹兼顾、全面安排、保证重点、照顾一般的原则，以确保有限财力的最佳运用。所以，在划分收支的过程中，应从全局出发，既要保证中央政府拥有可靠的、必不可少的收入，使其能够满足应有的支出需求，加强中央政府的宏观调控能力，又要照顾地方政府应有的收入来源，保证其实现职能的基本财力需求。

② 财权与事权统一。财权与事权统一，是指为了保证中央和地方政府履行其各自职能所必需的财力，应当按照各级政府所承担的政治、军事、经济、文化、科技、卫生等任务划分收支，以使各级政府和各单位统一规划自身事业的发展。凡有一级政权就有一级事权，就应建立一级财权，以使各级政府在处置其事权、行使其职能时有其必要的资金保证。

③ 权责相联、收支挂钩。为了调动地方政府关心收入和节约支出的积极性，应当将地方支出与地方收入有机结合，使地方政府要多支就必须多收，而少收则必须少支；地方政府节约使用财力，就可以办更多的地方性事务等，从而使得整个政府的财政活动处在节约有效的状态之中。为了将政府财政活动中的权与责结合起来，必须要求各级政府对由其组织的全部财政收入和统筹安排的财政支出负有不可推卸的责任，这样才能调动中央政府和地方政府的积极性。

5.4.4 政府预算收支划分的形式

政府预算收支划分形式，是指具体规定财政资源在各级政府之间的分配比例、分配形式及与之密切相连的权责关系。在市场经济条件下，政府预算收支划分形式关系到各级公共财政能否拥有适度的收入，以安排必不可少的支出，从而能否成为真正的一级财政问题。所以，政府预算收支划分形式是政府预算管理体制的核心问题。

中央财政和地方财政之间的关系主要涉及税权的七项内容，即税法制定权、委任立法权、税收课征权、税法解释权、税款享用权、税款支配权和税法提案权。在综合实施这七项权利的过程中，世界各国政府基本上都是采用分税制和转移支付制度两种形式。

1. **分税制**

分税制，是指在划分中央与地方事权的基础上，确定中央与地方财政支出范围，并按税种划分中央与地方预算收入的财政管理体制。分税制有两种形式。一是按税种划分各级政府的收入，多数西方国家采用这种方法。具体做法又可以分成完全的和不完全的两种形式。完全形式是指根据税种的不同性质将其分为中央税和地方税，政府各自拥有不同的税源；不完全形式是指除划定中央税和地方税外，还设置中央和地方共享税。这种划分方法的优点是可以避免税负重叠，但缺点是以税种划分税源与各级政府提供的公共产品的种类或层次是不完全对应的，要想合理划分中央税和地方税是很困难的。二是按税源实行分率分征，即对同一税源，各级政府同时按不同的比率加以征收，采用此方法的主要是美国。这种划分方法的优点是无重叠征税，节约征收费用，并且避免了中央与地方对于税源归属问题的争执。其缺点是如何确定分成比例，往往引起各级政府之间的意见分歧，不宜在众多税种中推广。

国际上依据各国集权与分权的程度不同，将分税制大体划分为三个类型：一是管理权限分散的联邦国家的分税制，如美国、丹麦、意大利、挪威、瑞典等；二是管理权限集中的单一制国家的分税制，如法国、英国、匈牙利等；三是发展中国家的联邦预算体制，如巴西、印度、马来西亚等。

需要说明的是，采用分税制划分各级政府收入，并非就是“分税分级财政体制”。例如我国 1985 年开始实施的“划分税种、核定收支、分级包干、一定五年”的预算体制，在收入划分方面确实已经是按税种划分各级政府收入了，但这并不是真正意义上的分税制，因为此时的“分税”仍然是与财政包干体制相联系的。只有当分税与分级财政体制的内容紧密结合时，该财政体制才可以冠以“分税分级财政体制”。

我国从 1994 年开始实行分税制财政管理体制。根据中央政府与地方政府事权的划分，中央财政主要承担国家安全、外交和中央国家机关运转所需经费，调整国民经济结构、协调地区发展、实施宏观调控所必需的支出及由中央直接管理的事业发展支出；地方财政承担本地区政权机关运转所需支出及本地区经济、社会发展所需支出。我国现行中央、地方支出责任划分如表 5－1 所示。

表 5－1　中央、地方支出责任划分

中央财政支出	国防、武警经费、外交支出，中央级行政管理费，中央统管基本建设投资，中央直属企业技术改造和新产品试制费，地质勘探费，中央安排农业支出，中央负担的国内外债务还本付息支出，以及中央负担的公检法支出和文化、教育、卫生、科学等各项事业费支出
地方财政支出	地方行政管理费，公检法经费，民兵事业费，地方统筹安排基本建设投资，地方企业改造和新产品试制经费，地方安排农业支出，城市维护和建设经费，地方文化、教育、卫生等各项事业费以及其他支出

与此相适应，将维护国家、实施宏观调控所必需的税种划分为中央税；将同经济发展直接相关的主要税种划为中央与地方共享税；将适合地方征管的税种划分为地方税，并调整、充实地方税种，增加地方财政收入。我国现行中央、地方收入划分如表 5－2 所示。

表 5－2　中央、地方收入划分①

中央收入	关税，海关代征增值税和消费税，消费税，各银行总行、各保险公司总公司等集中交纳的收入（包括利润和城市维护建设税），证券交易印花税，未纳入共享范围的中央企业所得税、中央企业上缴的利润等

① 《国家税务总局关于水土保持补偿费等政府非税收入项目征管职责划转有关事项的公告》（国家税务总局公告 2020 年第 21 号）规定，自 2021 年 1 月 1 日起，水土保持补偿费、地方水库移民扶持基金、排污权出让收入、防空地下室易地建设费划转至税务部门征收。

续表

中央地方共享收入	增值税、企业所得税、个人所得税、城市维护建设税、资源税
地方收入	地方企业上缴利润，城镇土地使用税，城市维护建设税（不含各银行总行、各保险公司总公司集中交纳的部分），房产税，车船税，印花税（不含证券交易印花税），耕地占用税，契税，烟叶税，土地增值税，环境保护税，国有土地有偿使用收入等

2. 转移支付制度

转移支付制度[①]，是指中央财政对地方财政收支预算的逆差，采取由中央财政直接拨款补助，也就是上级政府向下级政府的转移支付，是上级政府将一部分财政收入以一定形式拨付给下级政府使用，以达到该级财政预算收支平衡的做法。财政转移支付应当规范、公平、公开，以实现地区间基本公共服务均等化的目标。

1）转移支付的作用

转移支付制度是许多国家预算管理体制的重要内容之一。

① 转移支付制度有利于达到各级政府事权与财权的一致。因为财政管理体制的基本原则要求事权与财权相一致，各级财政负责与本级政府事权相关的开支，并有相应的独立收入来源。但是采用分税制划分收入时，只能做到各级政府的事权与财权的大体相符，特别是随着政府对经济干预的加强，许多国家中央政府集中的财力大于事权需求量，而地方政府集中的财力却常常小于事权需求量。于是，需要通过中央政府向地方政府的转移支付平衡预算收支的逆差。

② 转移支付制度有利于各地区经济平衡发展。政府间的转移支付能够平衡各地方政府的财力，缩小不同地区的收入差距，保证不同地区的居民能够享受到大体相同的公共服务水平。

③ 转移支付制度有利于帮助地方政府建设与全国利益相关的重大项目。地方政府由于受到自身财力的限制，很难独立进行重大项目的投资建设，而来自中央政府转移支付的资金则有助于解决地方政府的财政困难。同时，从中央政府的角度看，通过转移支付可以吸引地方财力与中央财力有机结合，进而参与解决全国性的问题。

④ 转移支付制度有利于加强中央政府对地方政府的控制力。在政治方面，通过补助金制而形成的中央政府向地方政府的转移支付，使地方政府产生一定程度的对中央政府财政的依赖性，以达到政治上的稳定和中央政府经济政策的顺利贯彻实施。

2）转移支付的要求

① 完整性。从转移支付的目标、种类、方式到具体因素和数额的确定，都要有一整套科学、完整的制度安排。

② 对称性。上级政府对下级政府转移支付的财力，与能够满足该级政府承担、履行的事权职责需求相对应。

③ 科学性。转移支付制度的设计要科学、合理、规范、周密，这样才能实现转移支付的公平性、公正性，才能达到转移支付的目标，实现纵向政府间和横向区域间基本公共服务的均等化。

④ 统一性。上级政府对下级政府的转移支付在确定分配考核因素时，应该按照统一、

① 最早提出转移支付制度的概念是著名的经济学家庇古，他在1928年出版的《财政学研究》中第一次使用。

规范、明确、公开的制度规定进行。

⑤ 法制性。转移支付是政府间利益关系的再调整。如果没有严格、明确的法律制度约束，转移支付过程往往会存在暗箱操作、人为干扰、不公平、不公正等问题。因此，转移支付制度在许多国家都以法律形式予以规范。

3）转移支付的形式

政府间转移支付具体运用时有以下 3 种形式。

① 定额补助。年初在确定地方预算时，对于支大于收所出现的逆差，确定一个中央补助的固定数额，此后在具体执行中一般不再变动。这种定额补助的办法可以一年一定或者在一年确定补助定额后，在今后几年内固定不变，地方政府多收可以多支，是带有包干性质的补助。

② 专项补助。专项补助，也称专项拨款，是指不包括在地方正常支出的范围内，由中央根据特定用途拨给地方的专项资金。例如，地方的特大自然灾害救济由中央拨专款补助，此类支出地方政府只能按中央政府确定的支出用途安排，不能挪作他用。

③ 按成补助。按成补助，是指针对某项支出中央政府按一定的份额补助给地方政府。例如，地方兴建水利工程，受到财力限制而向中央申请补助，经审定，中央同意投资一部分，地方投资一部分，共同完成此项水利工程项目。

5.4.5 中国实行分税分级财政预算体制的必然

公共财政是与市场经济相适应的财政类型，这决定了分税分级财政体制是与公共财政相适应的预算体制。

① 税收是公共财政最基本的收入形式。在市场经济条件下，政府以社会管理者的身份为社会提供公共产品，税收就是公共产品的“价格”，财政支出是政府提供公共产品财力的活动。此时的“分税”，就是相对明确地按税源的性质及各级政府提供的公共产品的具体内容及其受益范围的需要，将整个财政所能支配的资源在中央财政与地方财政之间作出区分。

② 分税财政体制是依靠法律的权威规范和划分各级财政收入的，这只有在市场经济条件下才能做到。在西方市场经济的发展过程中，市场力量逐步通过政治程序的调控，从根本上决定和制约了政府财政活动，决定了政府的税收行为。分税制通过宪法等形式将各级财政的收入关系固定下来，以法律的决定性力量规范和界定了各级政府的财政分配关系，从根本上决定了此时的财政体制关系难以人为地任意变更。

③ 只有在市场经济条件下，才可能实行真正的分级财政而又不危害现代财政的统一性要求。市场经济对公共服务的要求是多层次的，即公共产品的多层次性，要求相应层次的公共服务，而不是由中央（联邦）政府统一提供或者插手地方公共产品的提供活动。这是公共财政必须采用分级财政，即地方财政是一级独立预算形式的经济根源。但是，市场经济的开放性、统一性，又决定了财政活动也必须具有统一性。公共财政从整体上看也必须是有机统一的。分税分级财政体制似乎是与此要求相违背的，其实不然。市场经济本身是统一的有机体，市场的力量是能有效摧毁任何经济割据状态的。这样分级财政的独立性只有在市场的允许下才能存在。换句话说，地方公共财政的独立性，是由于提供地方公共产品这一市场的客观要求而存在的，同时中央公共财政也依据市场的要求而提供全国性的公共产品。所有这些不同层次的公共产品都服务于市场统一运行的客观需要，也从不同角度确保着整个市场的顺利进行，这是有利于市场的统一性的。地方财政的分级化，也就是对整个经济统一性的肢解

和分割。所以，计划经济体制下的地方财政只能是中央财政的附属物。改革至今，我国的经济体制仍未能完全地从根本上转到市场经济体制上来，这就说明了为什么尽管预算体制改革已经采用了分税制的形式，但真正的分级财政体制仍难以建成。但是，也正因为上述理由，我国的预算管理体制变革的趋势必将朝着分税分级预算管理体制的方向迈进。

【课程思政】

为贯彻落实中共中央办公厅、国务院办公厅《关于进一步加强财会监督工作的意见》和财政部有关部署要求，筑牢部门预算监管闭环，湖北监管局强化政治引领、强化问题导向、强化后端发力，切实推动属地中央预算单位部门决算审核工作提质增效。

一、强化政治引领，做到“三坚持”，夯实审核基础

深入学习习近平总书记关于厉行节约、反对浪费的重要指示批示精神，认真学习全国财政工作会议精神，贯彻“大钱大方、小钱小气”管理理念，将决算审核工作作为落实过紧日子要求的重要抓手，提高政治站位，加强统筹谋划，规范审核流程，压实工作责任。

一是坚持科学谋划。召集相关处室负责人专题研究部署审核任务，梳理近年决算审核重点单位，将公立医院作为自选对象，进一步拓宽决算审核范围。印发《财政部湖北监管局关于开展2023年度决算审核工作的通知》，提出工作要求，做好审核准备。

二是坚持规范程序。按照牵头处统筹、相关处室对口负责的原则，成立审核工作组，明确项目责任人。细化工作流程，针对收集资料、数据分析、案头审核、现场核查、交换意见、集体决策、反馈整改、汇总上报等八个步骤，加强内控管理。严格落实关于加强现场监管廉政监督的有关要求，明确纪检员，自觉接受监督。

三是坚持提升能力。组织审核组参加财政部各地监管局审核属地中央单位部门决算网络培训班，系统学习部门决算相关编审资料，明确编报口径要求。对2023年度决算编制案例进行研讨交流，按图索骥，聚焦重点，切实提升审核能力。

二、强化问题导向，做到“三突出”，提升审核质效

湖北监管局坚持数据赋能，采取“线上＋线下”相结合的工作方法，利用汇总统计、公式校对、分析比对等数字化手段，以日常监管发现问题和往年审核案例为指引，实现精准高效审核。

一是突出广度，提升审核的规范性。采取全面审核和重点审核、软件审核和人工审核相结合的方式，充分利用决算报表软件功能，对决算报表编制是否规范、内容是否完整、账表是否一致等进行全面审核。

二是突出精度，提升审核的准确性。结合预算编制、执行监控及审计关注的重点情况和问题，对照审核案例描述和政策依据，深入分析预决算数据、上下年度数据、报表间数据钩稽关系是否异常，从线上疑点出发延伸核查线下线索，通过现场审核研判决算编制、预算编制、预算执行、财务管理和资产管理等环节存在的问题。

三是突出深度，提升审核的有效性。综合考虑预算单位机构类别、经费来源、历史沿革等特点，对预决算差异、项目执行进度、支出标准建设、项目支出绩效、资产存量管理等予以重点关注，研究分析存在的薄弱环节，力求为深化预算管理体制改革服务。

三、强化后端发力，做到“三促进”，巩固审核成果

湖北监管局坚持“1＋N”监管成果闭环管理机制，以决算审核结果为抓手，注重查问题、抓整改、促管理协同推进，使审核成果最大化、持续化。

一是以审促改，推进部门预算管理提质。在严肃财经纪律上下功夫，及时通报决算审核发现的问题，明确提出整改要求，督促预算单位调整会计账务和决算报表，硬化预算执行。在落实过紧日子要求上下功夫，针对发现的问题，细化支出标准，统一预算编报口径。

二是以审促建，推进财会监督工作机制建设。根据决算审核发现的问题，结合日常监管情况，要求相关单位举一反三，进一步健全内部控制体系建设，压实监管和执行的主体责任。结合预算执行监管要求，对属地中央预算单位进行“立体画像”，提升日常监管的针对性。

三是以审促管，推进财政管理提效。深化决算数据分析利用，组织开展专项调研，了解属地中央预算单位在落实过紧日子要求、优化支出结构、强化绩效管理、严肃财经纪律等方面的成效、困难和建议，为做到“大钱大方、小钱小气”、服务保障事业发展提供参考建议。

复习思考题

1. 什么是政府预算？政府预算的根本特性是什么？
2. 政府预算有哪些功能？
3. 政府预算常见的分类有哪些？
4. 政府预算原则有哪些？
5. 我国政府预算包括哪些内容？
6. 我国权力机关有哪些预算管理职权？
7. 我国政府部门有哪些预算管理职权？
8. 我国财政部门有哪些预算管理职权？
9. 我国部门单位有哪些预算管理职权
10. 政府预算组织程序包括哪些阶段？
11. 什么是政府预算管理体制？影响政府预算收支划分的因素有哪些？
12. 我国政府预算收支划分的原则有哪些？
13. 政府预算收支划分的形式有哪些？
14. 什么是转移支付制度？转移支付有什么作用？
15. 转移支付有哪些要求？
16. 为什么说中国实行分税分级财政体制是历史的必然？
17. 我国社会主要矛盾是人民日益增长的美好生活需要和不平衡不充分的发展之间的矛盾，如何理解？

中华人民共和国预算法　　中华人民共和国预算法实施条例　　练习题 5

第 6 章

财政政策

【本章导读】

财政政策是一国政府为实现预期的社会发展目标，对财政收支关系进行调整的指导原则和措施。财政政策是国家经济政策的重要组成部分，财政政策由预算政策、税收政策、支出政策、国债政策等组成。财政政策具有导向、协调、控制和稳定的功能。

财政政策目标是政府制定和实施财政政策所要达到的预期目的。财政政策通过调节社会总需求与总供给，可以优化社会资源配置，实现促进充分就业、物价基本稳定、国际收支平衡和经济稳定增长的目标。财政政策工具是指用以达到财政政策目标的各种财政手段，主要有预算政策、税收政策、公债政策、公共支出政策、政府投资政策和财政补贴政策等。按照财政政策调节经济周期的作用，财政政策可划分为自动稳定的财政政策和相机抉择的财政政策。

财政政策是政府实施宏观调控的重要手段，是政府进行反经济周期调节的重要工具，也是财政有效履行配置资源、公平分配和调控经济等职能的主要手段。自 1992 年党的十四大正式确立社会主义市场经济体制的改革目标以来，根据经济形势的发展变化和宏观调控的特定任务，我国先后实施了适度从紧的财政政策、具有扩张性的积极财政政策和趋于中性的稳健财政政策，有力地促进了国民经济的持续、平稳、健康发展。

积极的财政政策要提质增效、更可持续。

本章教学思政视角：一是加强财政政策和货币政策协调配合，着力扩大内需，增强消费对经济发展的基础性作用和投资对优化供给结构的关键作用；二是坚持辩证法、两点论，继续在社会主义基本制度与市场经济的结合上下功夫，把两方面优势都发挥好，既要“有效的市场”，也要“有为的政府”，努力在实践中破解这道经济学上的世界性难题；三是鼓励和规范发展天使投资、风险投资、私募股权投资，更好发挥政府投资基金作用，发展耐心资本；四是科学的宏观调控、有效的政府治理是发挥社会主义市场经济体制优势的内在要求。

通过本章学习，要求掌握财政政策的功能、目标、工具和类型，了解我国财政政策实践，具有分析评价财政政策、优化设计财政政策的能力。

6.1 财政政策功能与目标

6.1.1 财政政策的概念

财政政策，是一国政府为实现预期的经济社会发展目标，对财政收支关系进行调整的指导原则和措施。财政政策是政府有意识活动的产物，政府可以利用财政政策达到其预定目标。实践表明，财政政策已经成为政府干预经济的主要手段。

财政政策是国家经济政策的重要组成部分，制定和实施财政政策的过程也是国家进行宏观调控的过程。财政政策贯穿于财政工作的全过程，体现在财政收支、政府预算等各个方面。财政政策由预算政策、税收政策、支出政策、国债政策等组成。

6.1.2 财政政策的功能

1. 导向功能

财政政策通过财政分配和管理活动，调整人们的物质利益，进而调节企业和个人的经济行为，引导国民经济运行。一方面，财政政策配合国民经济总体政策和各部门、各行业的政策，提出明确的调控目标。例如，在经济增长低迷、通货紧缩时期，为配合实现宏观经济政策的经济增长目标，财政政策要以支持经济增长回升为目标。另一方面，财政政策不仅要规定应该做什么、不应该做什么，还要通过利益机制引导和调整人们的经济行为。例如，政府为扩大社会投资规模，通过加速折旧、补贴、贴息、税收优惠等方式激励私人投资。

2. 协调功能

财政政策的协调功能是指在对社会经济发展过程中，在地区之间、行业之间、部门之间等出现的某些失衡状况进行调节和制约。一方面，在国民收入分配过程中，通过财政收支改变社会成员在国民收入中的占有份额，调整社会分配关系。例如，通过财政转移支付协调各地区间政府提供基本公共服务均等化的功能；通过提高个人所得税免征额标准，调节个人之间的收入水平。另一方面，在财政政策工具体系中，预算、税收、债务、投资等政策工具相互配合、补充运用，能够有效发挥财政政策的协调功能。

3. 控制功能

财政政策的控制功能是指政府通过财政政策调节企业和居民等市场经济主体的经济行为，实现对经济社会的有效控制。例如，对一些高档奢侈消费品和资源性消费品征收消费税，可以达到引导消费方向、控制资源浪费、保护生态环境的目的。

4. 稳定功能

财政政策的稳定功能是指通过财政政策调整社会总需求和总供给，实现总供需的总量平衡和结构平衡，进而实现国民经济的又好又快发展。例如，在经济过热、存在通货膨胀时，政府要通过减少财政支出、增加税收等控制总需求，抑制通货膨胀；在经济萧条、存在通货紧缩时，政府要通过增加财政支出、减少税收等扩大总需求，拉动经济增长。

6.1.3 财政政策的目标

财政政策目标，是指政府制定和实施财政政策所要达到的预期目的。财政政策通过调节社会总需求与总供给，可以优化社会资源配置，实现促进充分就业、物价基本稳定、国际收支平衡和经济稳定增长的目标。

1. 促进充分就业

充分就业是衡量资源充分利用的一个指标，它表明生产要素的投入情况，通常用失业率表示。充分就业是各国政府普遍重视的问题。失业率高，表明社会经济资源的大量闲置和浪费，社会生产规模下降，还会引发一系列社会问题，造成社会动荡。因此，控制失业率是财政政策的主要目标之一。我国正处于经济转型期，加快经济结构调整和深化经济体制改革在今后一个时期不可避免地会增加就业压力；加上庞大的人口基数和每年大量新增就业劳动力，使促进充分就业目标的重要性更为突出。

2. 物价基本稳定

物价基本稳定是各国政府努力追求的目标之一。经济发展速度的加快往往伴随着整体物价水平的上升，但过高的通货膨胀会引起社会收入和国民财富的再分配，扰乱价格体系，扭曲资源配置，使正常的分配秩序和经济秩序出现混乱，造成生产能力和资源闲置浪费，失业人数增加，生活水平下降。

3. 国际收支平衡

国际收支平衡，是指经常项目收支、资本项目流入流出的差额之和为零，它是国际贸易（包括商品和服务）和国际资本的综合平衡。其中，经常项目亦称贸易项目，是指一国的商品和服务的进口和出口；资本项目是指一国资本的流入和流出。经常项目平衡，也称贸易平衡，是指商品和服务的进口等于出口；出口大于进口，经常项目有盈余，也称国际贸易顺差；出口小于进口，经常项目有赤字，也称国际贸易逆差。资本项目平衡，是指资本流入等于资本流出；资本流入大于资本流出，资本项目有盈余；资本流入小于资本流出，资本项目有赤字。国际收支是现代开放经济的重要组成部分。一国国际收支状况不仅反映该国对外交往情况，还反映该国的经济稳定程度。一国国际收支出现逆差，表明国际贸易流动的结果使其他国家对该国储备的索取权增加，从而削弱了该国的储备地位。如果一国国际收支长期不平衡，将使该国外汇储备不断减少，外债负担逐步增加，严重削弱其在国际金融体系中的地位，并导致该国国民收入增长率下降。随着经济全球化发展，国家之间经济发展的相互依赖性不断提高，各国政府越来越重视本国的国际收支平衡，将其作为财政政策的目标之一。

4. 经济稳定增长

经济稳定增长，是指一个国家或地区在一定时期内的经济发展速度和经济发展水平保持稳定。实现经济稳定增长，是一个国家生存和发展的条件，是国家宏观经济政策的重要目标，也是财政政策的重要目标。经济稳定增长决定于两个因素：一是生产要素的增长，二是生产技术进步程度。因此，经济稳定增长就是财力、物力和人力等社会资源能够支持的经济的可持续增长。要防止出现过分人为刺激的经济增长，因为这将引发如环境污染加重、能源紧张、通货膨胀严重等一系列经济社会问题。财政政策要通过引导劳动、资本、技术等各项生产要素的合理配置，实现经济持续稳定的增长。

6.2 财政政策工具和目标

6.2.1 财政政策工具

财政政策工具，是指用以达到财政政策目标的各种财政手段，主要有预算政策、税收政策、公债政策、公共支出政策、政府投资政策、财政补贴政策等。

1. 预算政策

预算调节经济的作用主要表现在财政收支的规模及其差额方面。当社会总供给大于总需求时，政府预算一般采取扩大支出规模、保持一定赤字规模，以扩大社会总需求；当社会总供给小于总需求时，政府预算一般采取缩小支出规模、保持预算盈余，抑制社会总需求；当社会总供给与总需求基本平衡即经济稳定发展时，政府预算一般实行中性的预算平衡政策，保持预算收支规模的基本平衡。

2. 税收政策

首先，税收是政府凭借政治权力参与社会产品分配的方式，是保持经济稳定运行的重要手段。在经济繁荣时期，政府通过提高税率、减少税收优惠等途径增加税收，减少企业和个人可支配收入，抑制企业和个人的投资需求，降低社会总需求，使过快或过热的经济增长平稳回落或降温。相反，在经济萧条时期，政府通过降低税率、实行更多税收优惠等途径减少税收，增加企业和个人可支配收入，鼓励企业和个人的投资需求和消费需求，增加社会总需求，促进经济增长。其次，税收是政府公平收入分配的重要手段。例如，通过调整个人所得税免征额等途径，可以起到减少高收入者可支配收入的效果，实现收入公平分配的目标。

3. 公债政策

在现代市场经济中，公债是政府实施宏观调控的重要政策工具。首先，通过调整公债的流动性程度，改变社会经济资源的流动状况，可以对经济运行产生扩张性或者紧缩性的影响。公债期限不同，流动性相差较大，期限越短，流动性越高，变现能力越强；期限越长，流动性越低，变现能力越弱。因此，在公债发行中通过设计不同期限的公债种类和调换公债期限等方法，可以对经济运行产生扩张或者紧缩的影响。其次，通过调整公债发行利率水平影响金融市场利率的变化，可以对经济运行产生扩张性或者紧缩性的影响。

4. 公共支出政策

公共支出，是指政府用于满足纯公共需要的一般性支出，主要包括狭义的购买性支出和转移性支出两部分。其中，狭义的购买性支出是指政府进行日常行政事务活动所需要商品和服务支出，即政府的消费性支出。转移性支出是指财政资金无偿、单方面转移的支出，包括政府补助支出、捐赠支出和债务利息支出。

5. 政府投资政策

政府投资，是指财政用于资本项目的建设性支出，最终形成各种类型的固定资产。在市场经济条件下，政府投资是政府实施宏观调控、克服某些领域市场失灵的必要手段。首先，通过政府投资规模，可以影响社会总需求和社会总供给。其次，通过调整政府投资方向，可以对经济结构发挥重要调节作用，促进资源合理配置和产业结构优化。例如，当经济处于过热时期，政府可通过降低投资支出水平，抑制社会总需求，使经济降温、平稳回落；当经济处于萧条时期，政府可通过提高投资支出水平，扩大社会总需求，缓解或者逐步消除经济衰退；当社会总供求基本平衡，但总供求结构存在问题时，政府投资可以通过采取有保有压的政策，减少对过热行业的投资，增加对薄弱环节的投资，使社会总供求在结构上保持协调。

6. 财政补贴政策

首先，财政补贴政策是保持经济稳定运行的重要手段之一。例如，当经济处于过热时期，政府通过减少财政补贴支出使企业和个人的可支配收入减少，抑制企业和个人的投资需求和消费需求，进而减少社会总需求，实现经济平稳回落；当经济处于萧条时期，政府可通过增加财政补贴支出使企业和个人的可支配收入增加，鼓励企业和个人扩大投资需求和消费需求，进而增加社会总需求，拉动经济增长。其次，财政补贴还是政府公平收入分配的重要手段。一般来说，享受政府补贴的对象大都是低收入群体。通过增加财政补贴，可以提高低收入群体的可支配收入水平，促进社会公平分配。

6.2.2 财政政策的类型

1. 自动稳定政策和相机抉择政策

按照财政政策调节经济周期的作用，财政政策可分为自动稳定政策和相机抉择政策。

1）自动稳定政策

自动稳定政策，是指财政制度存在一种内在的、不需要政府采取其他干预行为就可以随着经济社会的发展，自动调节经济运行的机制。这种机制也被称为“自动稳定器”，主要表现在以下两个方面。

① 累进所得税的自动稳定作用。在经济萧条时期，个人收入下降，符合纳税条件的个人数量减少，因而税基相对缩小，适用的累进税率相对下降，税收会自动减少；因税收的减少幅度大于个人收入下降的幅度，税收便会产生一种推力，防止个人消费的过度下降，从而起到反经济衰退的作用。在经济过热时期，其作用机理正好相反。

② 政府福利支出的自动稳定作用。经济出现衰退时，符合领取失业救济和各种福利标准的人数将增加，失业救济和各种福利支出将趋于自动增加，从而有利于抑制消费支出的持续下降，防止经济的进一步衰退。在经济繁荣时期，其作用机理正好相反。

2）相机抉择政策

相机抉择政策，是指政府根据一定时期的社会经济状况，主动灵活地选择不同类型的反经济周期的财政政策工具，干预经济运行，实现财政目标。在20世纪30年代的世界经济危机中，美国实施的罗斯福－霍普金斯计划（1929—1933年）、日本实施的时局匡救政策（1932年）等，都是相机抉择的财政政策的范例。相机抉择的财政政策包括汲水政策和补偿政策。

（1）汲水政策

汲水政策，是指在经济萧条时进行公共投资，以增加社会有效需求，使经济自动恢复其活力的政策。汲水政策有4个特点：第一，它是以市场经济所具有的自发机制为前提，是一种诱导经济复苏的政策；第二，它以扩大公共投资规模为手段，启动和活跃社会投资；第三，财政投资规模具有有限性，即只要社会投资恢复活力、经济实现自主增长，政府就不再投资或缩小投资规模；第四，如果经济萧条的状况不再存在，这种政策就不再实行，因而它是一种短期财政政策。

（2）补偿政策

补偿政策，是指政府有意识地从当时经济状态的反方向上调节经济变动的财政政策，以达到稳定经济波动的目的。在经济萧条时期，为缓解通货紧缩影响，政府通过增加财政支出、减少财政收入等政策增加投资，增加社会有效需求，刺激经济增长；相反，在经济繁荣时期，为抑制通货膨胀，政府通过增加财政收入、减少财政支出等政策抑制和减少社会过剩需求，稳定经济波动。

2. 扩张性财政政策、紧缩性财政政策和中性财政政策

按照财政政策在调节国民经济总量和结构中的不同功能，财政政策可分为扩张性财政政策、紧缩性财政政策和中性财政政策。

1）扩张性财政政策

扩张性财政政策，是指通过财政收支活动增加和刺激社会总需求的政策。在社会总需求不足情况下，政府通常采取减税、增加支出等扩张性财政政策手段扩大社会需求，缩小社会总需求与社会总供给之间的差距，最终实现社会总供需平衡。

2）紧缩性财政政策

紧缩性财政政策，是指通过财政收支活动来减少和抑制社会总需求的政策。在社会总需求大于社会总供给的情况下，政府通常采取增加税收、减少财政支出等紧缩性财政政策手段，减少或抑制社会总需求，最终实现社会总供需平衡。

3）中性财政政策

中性财政政策，也称均衡性财政政策，是指在经济稳定增长时期，政府通过实施财政收支基本平衡或者动态平衡的财政政策，既不产生扩张效应，也不产生紧缩效应，以保持经济的持续稳定增长。

财政政策与货币政策协调配合

6.3　我国财政政策实践

财政政策是政府实施宏观调控的重要手段，是政府进行反经济周期调节的重要工具，也是财政有效履行配置资源、公平分配和调控经济等职能的主要手段。自 1992 年党的十四大正式确立社会主义市场经济体制的改革目标以来，根据经济形势的发展变化和宏观调控的特定任务，借鉴国际成功做法，我国先后实施了适度从紧的财政政策、具有扩张性的积极财政政策和趋于中性的稳健财政政策，有力地促进了国民经济的持续、平稳、健康发展。

6.3.1　我国实施的财政政策

1. 适度从紧的财政政策

从 1993 年开始，我国实行“适度从紧”的财政货币政策，大力压缩投资需求，降低信贷规模。经过三年的治理整顿，国民经济成功实现了“软着陆”，既抑制了通货膨胀和经济过热，又使经济保持较高的发展速度，并为我国治理通货膨胀积累了宝贵的经验。

2. 稳健的财政政策和货币政策

2005 年中央决定实施稳健的财政政策和稳健的货币政策，进入了“双稳健”的宏观调控新时期。在货币政策保持稳健取向的同时，财政政策由积极转向稳健，其核心是松紧适度、着力协调、放眼长远，即注重把握“控制赤字、调整结构、推进改革、增收节支”。

3. 积极的财政政策和适度宽松的货币政策

2008年年末，中央政府决定实施4万亿元政府投资刺激经济计划，这是扩大内需最主动、最直接、最有效的措施，同时进一步完善税制改革，实行结构性减税和推进税费制度改革等措施，采取减税、退税或抵免税等多种方式减轻企业和居民税负，促进企业投资和居民消费，增强微观经济活力。

4. 积极的财政政策和稳健的货币政策

2011年宏观调控的核心在于：更加积极稳妥地处理好保持经济平稳较快发展、调整经济结构、管理通胀预期的关系。将财政政策的重点放在调整结构方面，通过减税增支等手段，一方面减轻企业税收负担，另一方面调整财政支出的重点；而货币政策的重点则在于控制通胀，保持货币信贷及社会融资规模合理增长，改善和优化融资结构和信贷结构，调高直接融资比重，推进利率市场化和人民币汇率形成机制改革，增强金融运行效率和服务实体经济能力。

5. 稳定和完善宏观经济政策

2015年，继续实施积极的财政政策和稳健的货币政策，更加注重预调微调，更加注重定向调控，用好增量，盘活存量，重点支持薄弱环节；以微观活力支持宏观稳定，以供给创新带动需求扩大，以结构调整促进总量平衡，确保经济运行在合理区间。

6.3.2 我国实施财政政策的基本经验

随着中共二十大加快构建新发展格局、着力推动高质量发展目标的确立，财政宏观调控方式发生了重大改变，即由被动调控向主动调控转变，由直接调控向间接调控转变，由单一调控向综合调控转变。我国财政政策经过多年的探索与实践，积累了丰富的经验。

① 始终把握相机抉择政策管理的基本要求。财政政策需要根据经济形势的发展变化相机抉择。采取扩张性、紧缩性或中性的财政政策，要根据经济运行态势和特定的宏观调控任务来决定，不断增强财政政策的针对性、科学性、预见性和有效性。

② 实行短期调控政策和长期发展政策的有机结合。我国经济已由高速增长阶段转向高质量发展阶段，正处在转变发展方式、优化经济结构、转换增长动力的攻关期，需要积极适应经济发展新常态的要求，正确处理好投资和消费、内需与外需、经济增长和社会发展之间的关系；正确处理好发展速度与发展质量的关系。既要着力解决当前矛盾和问题，更要注重解决经济社会发展中存在的深层次矛盾和问题，加快转变经济发展方式，增强经济增长内生动力和活力，保持经济持续健康发展与社会和谐稳定。

③ 加强宏观调控政策之间的协调配合。加强和改善宏观调控，需要注重各项政策目标的内在统一，统筹各项宏观调控政策工具，避免顾此失彼。但在不同时期、不同阶段，政策目标和工具的运用又要有所侧重、突出重点。在具体制定和实施财政政策措施时，应综合使用各种财政政策工具，同时与货币、产业、环保、土地等政策协调配合，打出政策“组合拳”，形成宏观调控合力。[①]

① 2022年10月16日中国共产党第二十次全国代表大会上的报告《高举中国特色社会主义伟大旗帜 为全面建设社会主义现代化国家而团结奋斗》指出，“加强财政政策和货币政策协调配合，着力扩大内需，增强消费对经济发展的基础性作用和投资优化供给结构的关键作用。”

④ 注重国内外政策的协调。在全球经济一体化的过程中，财政政策和货币政策一样都具有外部性。各国制定和执行财政政策时，既受到他国政策的影响，也会影响他国的政策。因此，需要进一步加强国际财政政策协调，积极参与制定国际规则，才能赢得和谋得更大的发展空间。

【课程思政】

党的二十届三中全会站在新的历史起点，深入分析了推进中国式现代化面临的新情况新问题，明确了进一步全面深化改革的总目标，审议通过了《中共中央关于进一步全面深化改革、推进中国式现代化的决定》，提出了一系列战略性、前瞻性、开创性的重大举措，紧跟时代步伐，顺应发展实践，集中全党智慧，体现人民意愿。学习好贯彻好党的二十届三中全会精神是当前和今后一个时期全党全国的一项重大政治任务。

一、坚持把深化财税体制改革作为新时代财政工作的主线

党的十八大以来，以习近平同志为核心的党中央以巨大的政治勇气和强烈的责任担当，带领全党全军全国各族人民涉险滩、破藩篱，开启了气势如虹、波澜壮阔的改革新进程，许多领域实现历史性变革、系统性重塑、整体性重构。在全面深化改革推动下，我国办成了很多大事要事，有效应对了前进中的各种风险挑战，为中国式现代化建设打下了更为坚实的基础。

党的十八届三中全会确定的财税体制改革目标基本实现，财政更好发挥了在国家治理中的基础和重要支柱作用，为实现第一个百年奋斗目标、全面建设社会主义现代化国家提供了更坚实的保障。主要体现在三个方面：

一是财政实力不断壮大，财政资源统筹能力显著增强。全国财政收入从 2012 年的 11.7 万亿元，增长到 2023 年的 21.7 万亿元；支出规模从 12.6 万亿元，增加到 27.5 万亿元，增长一倍多，集中财力办成了很多大事要事，国家重大战略实施和重点民生领域投入得到有力保障。

二是财政宏观调控日益完善，有力推动高质量发展。坚持税制改革与减税降费协同推进，努力让经营主体“轻装上阵”，让科技创新领域和中小微企业、制造业企业得到更大支持。采取发行特别国债、地方政府专项债券等创新性举措，支持扩内需、补短板、强弱项、防风险，促进经济持续健康发展。

三是政府间权责利进一步明确，有效调动了两个积极性。中央与地方财政事权、支出责任更加清晰，中央对地方转移支付体系更加优化，中央对地方的转移支付规模从 2012 年的 4.5 万亿元，增长到 2024 年的 10.2 万亿元，增长 125%，有力促进区域协调发展和基本公共服务均等化。

二、加快建立健全与中国式现代化相适应的财政制度

党的二十届三中全会对深化财税体制改革作出部署。深化财税体制改革，加快建立健全与中国式现代化相适应的财政制度，在全面系统推进的同时，应突出五个方面：

一是聚焦构建高水平社会主义市场经济体制，完善财政体制和税收制度，推动加快构建全国统一大市场，畅通国民经济循环，实现资源配置效率最优化和效益最大化。

二是围绕推动高质量发展这个首要任务，积极适应我国产业结构、商业模式、财富分配等变化，创新财税制度，推动加快发展新质生产力，塑造发展新动能新优势。

三是着眼完善宏观调控制度体系，坚持系统观念，统筹推进财税改革，加强与其他政策协调配合，增强宏观政策取向一致性，提升宏观调控的科学性和政府治理的有效性。

四是坚持以人民为中心，强化财税调节作用，推动健全保障和改善民生制度体系，更好促进社会公平，持续增进人民福祉。

五是全面推进建设美丽中国，加强财税制度供给和政策保障，协同推进降碳、减污、扩绿、增长，加快完善落实绿水青山就是金山银山理念的体制机制，以高品质生态环境支撑高质量发展。

具体而言，将主要推进三个领域的改革：

第一，健全预算制度，大力推进财政科学管理，提升系统化、精细化、标准化、法治化水平。收入上加强财政资源统筹，支出上深化零基预算改革，管理上更加突出绩效导向，不折不扣落实党政机关习惯过紧日子要求，强化国家重大战略任务和基本民生财力保障，做到“小钱小气、大钱大方”，把宝贵的财政资金用在发展紧要处、民生急需上。

第二，健全税收制度，优化税制结构，促进高质量发展、社会公平、市场统一。研究同新业态相适应的税收制度。全面落实税收法定原则，完善对重点领域和关键环节支持机制，加快建设现代化产业体系。健全直接税体系，完善个税制度，更好发挥调节收入分配功能。

第三，完善中央和地方财政关系，增加地方自主财力，更好调动两个积极性。重点从四个方面入手：一是拓财源，推进消费税征收环节后移，并稳步下划地方。完善增值税留抵退税政策和抵扣链条，优化共享税分享比例。二是强激励，完善财政转移支付体系，清理规范专项转移支付，增加一般性转移支付，提升市县财力同事权相匹配程度。建立促进高质量发展转移支付激励约束机制。三是管好债，合理扩大专项债券支持范围，适当扩大用作资本金的领域、规模、比例。建立全口径地方债务监测监管体系，构建防范化解隐性债务风险长效机制，加快地方融资平台改革转型。四是优事权，适当加强中央事权，提高中央财政支出比例。中央财政事权原则上通过中央本级安排支出，减少委托地方代行的中央财政事权。不得违规要求地方安排配套资金，确需委托地方行使事权的，通过专项转移支付安排资金。

三、以钉钉子精神抓好改革落实

改革贵在务实，重在落实；落实是否到位，决定了改革的成效。财政部深刻领悟“两个确立”的决定性意义，坚决做到“两个维护”，将切实增强使命感、责任感、紧迫感，全力以赴、不折不扣抓好贯彻落实。

一是认真学习领会全会精神。深入学习领会习近平总书记关于全面深化改革的一系列新思想、新观点、新论断，深刻领会和把握进一步全面深化改革的主题、重大原则、重大举措、根本保证，切实把思想和行动统一到党的二十届三中全会决策部署上来。

二是抓紧研究深化财税体制改革的总体方案。对标对表党的二十届三中全会关于财税体制改革的决策部署，科学制定改革任务书、时间表、优先序，分阶段分步骤稳妥推进财税体制改革。

三是坚持不懈以钉钉子精神抓好改革落实。财政部将当好改革促进派、实干家，建立健全闭环管理工作机制，涵盖改革方案研究、制定、出台、落实、评估等各个环节，确保改到位、抓到底。针对重大难点焦点问题，组织深入开展调研，广泛听取意见，让改革方案接地气、能落地、见实效，确保改革成果让人民群众更加可感可及。

党的二十届三中全会统筹国内国际两个大局，紧扣中国式现代化这一主题，擘画了新征程进一步全面深化改革的宏伟蓝图。这既是党的十八届三中全会以来全面深化改革的实践续篇，也是新征程推进中国式现代化的时代新篇，充分彰显了我们党直面挑战、改革到底的坚强决心和历史担当。财政部将把学习贯彻全会精神作为当前和今后一个时期的重大政治任务，深化财税体制改革，加强财政科学管理，更好发挥财政在国家治理中的基础和重要支柱作用，为以中国式现代化全面推进强国建设、民族复兴伟业作出新的更大贡献。

复习思考题

1. 什么是财政政策？财政政策有何特点？
2. 财政政策功能有哪些？

3. 财政政策目标有哪些?
4. 财政政策工具有哪些?
5. 什么是自动稳定政策? 自动稳定政策主要表现在哪些方面?
6. 什么是汲水政策? 汲水政策有何特点?
7. 什么是相机抉择政策? 相机抉择政策包括哪些?
8. 我国实施财政政策的基本经验有哪些?
9. “十四五”期间,我国实施的财政政策有何特点?

练习题 6

下篇

税收篇

第7章

税收概述

【本章导读】

税收是指国家为了满足社会公共需要，实现国家职能，凭借公共权力，按照法定标准和程序，强制地、无偿地参与社会产品分配而取得财政收入的一种方式。作为财政收入主要形式的税收，具有强制性、无偿性和固定性的特征。

按照课税对象性质，税收可分为商品税、所得税、财产税、资源税和行为税。按照税收负担能否转嫁，税收可分为直接税和间接税。按照计税依据，税收可分为从价税、从量税和复合税。按照税收与价格的关系，税收可分为价内税和价外税。按照税收征收权限和收入支配权限，税收可分为中央税、地方税和中央地方共享税。按照征税基础是否直接指向纳税人的纳税能力，税收可分为对人税和对物税。

税收原则一般是从财政的收入、效率和公平三个方面提出，现代税收理论研究中通常将税收原则归结为效率和公平两大原则。

税收制度是指国家以法律或法规的形式确定的各种课税方法的总称。税收制度是由若干要素构成的，主要包括纳税义务人、征税对象、税率、纳税环节、纳税期限、纳税地点、税收优惠、法律责任等。

税收负担是指纳税人因向政府缴纳税款而承担的货币损失或经济福利的牺牲。税负转嫁是指纳税人将其所缴纳的税款通过各种途径和方式转由他人负担的过程。按照纳税人转移税收负担的方向不同，税负转嫁可分为税负前转、后转、混转、消转、旁转、税收资本化等方式。

本章教学思政视角：一是税收是国家治理的财力保障；二是税收“取之于民，用之于民”；三是新时代中国治税思想是以马克思主义理论和中国实践为基础，具体包括税收法定、高效公平、科学治理、便利遵从、互利共赢等内容，确立了税收在国家治理中发挥基础性、支柱性、保障性作用的全新定位；四是健全有利于高质量发展、社会公平、市场统一的税收制度，优化税制结构；五是全面落实税收法定原则，规范税收优惠政策，完善对重点领域和关键环节支持机制。

通过本章学习，要求掌握税收的概念、特征、分类、原则、税收制度的构成要素，了解税收的作用、税收负担与归宿，具有检索税收收入数据、分析评价税收收入趋势的能力，具备优化设计税收制度的能力。

7.1 税收的概念和分类

7.1.1 税收的产生

税收作为一种分配关系，与其他分配范畴一样并不是从来就有的，它是人类社会发展到一定历史阶段的产物。恩格斯说过："捐税是以前的氏族社会完全没有的，但是现在我们却十分熟悉它了。"作为一个历史范畴，税收经历了从无到有、从简单到复杂、从不成熟到成熟的发展过程。任何经济范畴的产生都要取决于一定的客观条件。同样，税收的产生和存在也必须具备相应的条件，这些条件构成了税收存在的前提和基础。

1. 国家政治权力是税收产生的政治条件

国家征税使纳税人实实在在地感受到利益的损失，因此也就必然要求使用超越所有者权力的强制性的公共权力保证国家征税的顺利实现。

2. 独立利益主体是税收产生的经济条件

由于税收是国家凭借政治权力而不是财产权力进行的分配，因此只有那些不属于国家所有或国家不能直接支配的社会产品才有征税的必要。或者说，只有当国家把一部分不属于自己的社会产品转化为国家所有用以满足社会公共需要时，才有必要征税。在这种条件下，税收才有可能产生。

3. 社会公共需要是税收产生的社会前提

税收作为一种分配形式，其根本目的是满足社会公共需要。如果没有社会公共需要，自然也不会存在税收。在原始社会条件下，氏族是社会基本单位。随着剩余产品的出现和生产力的发展，氏族组织里逐渐出现了生产活动以外的公共事务，如调节氏族之间及氏族内部的矛盾和纠纷、对外宣战和议和、举行祭祀活动及进行水利灌溉等。当然，并不是一有了社会公共需要同时就产生了税收，社会公共需要的存在，也只是税收产生的社会前提，税收的产生还必须具备其他的条件。

4. 剩余产品出现是税收产生的物质前提

剩余产品是社会一定时期的总产品扣除补偿物化劳动和活劳动之后的剩余部分。生产活动客观上要求社会产品首先必须补偿物化劳动和活劳动消耗的部分，否则就难以维持最基本的简单再生产。因此，税收只能来源于剩余产品。在生产极不发达、社会产品仅能满足人们基本生存需要的前提下，税收也就不可能产生。剩余产品的出现是税收产生的物质前提。在生产力极其低下的原始社会，人们只能通过集体劳动，平均分享劳动成果才能满足基本的生存需要。在这种情况下，根本谈不上税收。随着生产力的发展，到了原始社会末期，社会产品出现了剩余，从而为税收的产生提供了物质基础。但税收并不是与剩余产品同时产生的，剩余产品只是税收产生的物质前提。从历史来看，剩余产品的存在远远早于税收的产生。税收只是在剩余产品出现的基础上，同时具备其他决定性条件时才出现的。

7.1.2 税收的概念

千百年来，古今中外的政治家、经济学家围绕着如何描述税收问题争论不休，他们站在各自的立场和角度，代表着本阶级或集团的利益，对税收的定义有着各种不同的表述。

早在18世纪，古典经济学家亚当·斯密就指出，税收是“人民拿出自己的一部分私人收入给君主或国家，作为一笔公共收入。”德国财政学家海因里希·劳认为：“税收并不是市民对政府的回报，而是政府根据一般市民的义务，按一般的标准，向市民的课征。”英国财政学家巴斯·布特尔则认为：“税收是人民或私人团体作为供应公共机关的事务费用而被强制征收的财富。”美国财政学家塞里格曼认为：“赋税是政府对于人民的一种利益关系。”① 日本财政学者井手文雄在《日本现代财政学》一书中指出：“所谓租税，就是国家根据其主权（财政权），无代价地、强制地获得的收入。”

一些大型工具书中对税收定义的表述比较有代表性的主要有以下几种。

英国《大不列颠百科全书》中的税收定义是：“在现代经济中，税收是国家收入的最重要来源，税收是强制的和固定的征收，它通常被认为是对政府财政收入的捐献。税收是无偿的，它不是通过交换取得的。这一点与政府的其他收入大不相同，如出售公共财产或发行公债等。税收总是为了全体纳税人的福利而征收，每一个纳税人在不受任何利益支配的情况下承担了纳税的义务。”

美国《经济学辞典》将税收定义为：“税收是居民个人、公共机构和团体向政府强制转让的货币。它的征收对象是财产、收入或资本收益，也可以来自附加价格或其他来源。”

日本《现代经济学辞典》中对税收做了较详细的表述：“税收是国家或公共团体为了筹集满足社会公共需要的资金而按照法律的规定，以货币的形式对私人部门的一种强制性的课征。因此，税收与其他财政收入形式相比，具有以下特征：税收是依据课税权进行的，它具有强制的、权力课征的性质；税收是一种不存在直接返还性的特殊课征；税收以取得财政收入为主要目的，以调节经济为次要目的；税收负担应与国民的承受能力相适应；税收一般以货币形式课征。”②

以上各种对税收定义的表述，虽然存在一定的差异，但对税收基本特征的看法是一致的。第一，税收是取得财政收入的主要形式，征税目的是满足国家或政府经费开支的需要；第二，征税主体是国家或政府；第三，征税凭借的是国家政治权力；第四，税收是强制征收，不直接返还。

我国学者对税收的定义也有着不同的观点。一是认为税收是国家凭借政治权力，按照法律预先确定的标准，强制地、无偿地向居民或企业征收实物或货币，取得财政收入的一种手段。此观点强调税收仅仅是政府取得财政收入的一种方式或手段。二是除了认同前者的观点之外，还强调税收是一种分配范畴，是国家凭借政治权力参与社会产品分配所形成的特殊分配关系。还有一种观点认为，税收是国家政治权力、社会管理职能的物质利益获取方式，是国家政治权力主体占有剩余产品价值的一种形式。国家政治权力及其社会管理职能是税收的主体和依据，满足社会公共需要是税收的目的。其实，对于税收范畴可以从多个视角进行描述。把税收理解为政府的一种财政收入形式，是着眼于分配环节得出的结论。若把政府作为生产公共产品的一个经济部门看待，就可以分别从生产和交换角度认识税收：从生产角度认识的税收是政府为社会提供公共产品的费用；从交换角度认识的税收则是政府提供的公共产

① 郭庆旺．公共经济学大辞典．北京：经济科学出版社，1999.

② 邓子基．现代西方财政学．北京：中国财政经济出版社，1994.

品价格。从不同角度认识税收，是对税收范畴认识的拓展和深化。

综上所述，税收是指国家为了满足社会公共需要，实现国家职能，凭借公共权力，按照法定标准和程序，强制地、无偿地参与社会产品分配而取得财政收入的一种方式。它体现了国家与纳税人在征税、纳税的利益分配上的一种特定分配关系。理解税收的定义需要从税收本质、国家税权和税收目的 3 个方面把握。

1. 税收是国家收入的重要来源

国家要行使职能必须有一定的财政收入作为保障。取得财政收入的手段多种多样，如征税、发行货币、发行公债、收费、罚没收入等，其中税收是大部分国家取得财政收入的主要形式。我国自 1994 年税制改革以来，税收收入占财政收入的比重多数年份都维持在 90%以上。近年来随着非税收入的增加，税收收入占财政收入总额的比重有时也低于 90%。在社会再生产过程中，分配是连接生产与消费的必要环节，在市场经济条件下，分配主要是对社会产品价值的分割。税收解决的是分配问题，是国家参与社会产品价值分配的法定形式，处于社会再生产的分配环节，因而它体现的是一种分配关系。

2. 国家征税的依据是政治权力

国家通过征税，将一部分社会产品由纳税人所有转变为国家所有，因此征税的过程实际上是国家参与社会产品的分配过程。国家与纳税人之间形成的这种分配关系与社会再生产中的一般分配关系不同。分配问题涉及两个基本问题：一是分配主体；二是分配依据。税收分配是以国家为主体进行的分配，而一般分配则是以各生产要素的所有者为主体进行的分配；税收分配是国家凭借政治权力进行的分配，而一般分配则是基于生产要素进行的分配。

税收是凭借政治权力进行的分配，是马克思主义的基本观点，也是我国税收理论界长期以来的主流认识。正如马克思指出的“赋税是政府机器的经济基础，而不是其他任何东西。”恩格斯在《家庭、私有制和国家的起源》中也指出：“为了维持这种公共权力，就需要公民缴纳费用——捐税。”关于国家征税的依据即国家为什么可以对公民征税这个问题，从税收思想史看有多种观点，如公需说、保险说、交换说、社会政策说等。随着市场经济的发展，我国税收理论界也有一些学者认为用交换说更能说明政府和纳税人之间的关系，即国家依据符合宪法的税收法律对公民和法人行使一种请求权，体现的关系即为类似公法上的债权债务关系，即政府依据税法拥有公民和法人某些财产或收入的债权，公民或法人则对政府承担了债务，这种债务即是税收。公民或法人缴纳税收即偿还了债务以后便拥有了享受政府提供的公共产品的权利，此时税收相当于一种价格，公民和法人与政府应该具有某种等价交换的关系。国家行使请求权的同时，负有向纳税人提供高质有效公共产品的义务；从纳税人这方面讲，在享受政府提供公共产品的同时，也依法负有纳税的义务。在这种等价交换中，税收体现了一种平等性，即国家和纳税人之间的平等。

3. 国家征税的目的是满足社会公共需要

国家在履行其公共职能的过程中必然要有一定的公共支出。公共产品提供的特殊性决定了公共支出一般情况下不可能由个人、企业采取自愿出价的方式，而只能采用由国家强制征税的方式，由单位和个人负担。国家征税的目的是满足提供社会公共产品、弥补市场失灵、促进公平分配等的需要。同时，国家征税也要受到所提供公共产品规模和质量的制约。

7.1.3 税收的作用

随着国家治理复杂性的提高，需要税收在其中发挥更大的作用。税收已经不仅仅纯粹是经济领域的问题，而是政治领域、社会领域的问题。税收的作用主要包括以下5个方面。

1. 税收是国家治理的财力保障

随着国际竞争的日益加剧，各种经济、政治、文化因素的渗透，一国政治体制、经济实力和文化环境等决定了一国在国际上的竞争能力，也决定了一国政府受民众欢迎的程度，以及政权的稳固、社会的安定程度。为了提供更好的公共产品、更大限度地满足民众对美好生活的向往，政府必须有一定的财力作支持，这种支持在现代国家主要通过税收解决。从这个意义上说，税收是真正的“国家治理的基础和重要支柱”。没有科学的税收制度，没有完善的税收法律作保障，就无法发挥税收的这种基础性和支柱性作用。

2. 税收是确保经济效率的重要工具

正如《中共中央关于全面深化改革若干重大问题的决定》中指出的“科学的财税体制是促进社会公平、实现国家长治久安的制度保障。”税收收入在不同政府层级之间的合理划分、税收负担的合理性、税收政策的科学性决定了经济运行的效率，也直接关乎政府运行的正常化和政权稳定的程度。

3. 税收是构建市场体系的重要手段

现代市场体系要求市场公开、公正和有效，我国传统经济体制下政府对宏观经济的过多干预，影响了市场的公正性。为适应现代市场经济要求，税收应以不影响市场主体的正常经营决策为前提，尽量保持“中性”。当然，通过税收的再分配功能，纠正国民收入初次分配中的不平衡，从而有助于实现公平分配也是税收的重要社会职能。

4. 税收是促进依法治国的重要载体

当今一个国家中政府与公民或法人的最基本关系是税收法律关系。政府根据税法征税，公民和法人依照税法纳税，由此形成的税收法律关系是政府与公民和法人的最基本关系之一。因为税收涉及了公民的基本利益，征税直接影响了公民和法人可直接支配的收入；税收的使用即通过预算进行的财政支出也直接影响到公民和法人的公共需要的满足，所以在现代国家治理中，税收的征收过程和税款的使用过程无一不直接受到公民和法人的强烈关注，税收也直接影响一国法治的进程。如果在税收征纳和税款使用过程中最大限度地公开、透明、高效，则税收会成为推进社会和谐的重要载体，否则也会成为影响社会稳定的直接因素。

5. 税收是维护国家权益的可靠保证

近年来，国际贸易领域纷争不断，各国除了通过正常的国际贸易争端解决机制解决纷争外，还运用了包括惩罚性关税等在内的经济手段。在国际税收领域，签订税收协定也是促进国际经济交往的重要方式。

7.1.4 税收的特征

税收的特征体现的是税收形式与其他财政收入形式之间的区别。作为财政收入主要形式的税收，具有强制性、无偿性和固定性的特征，称为税收“三性”。

1. 强制性

所谓强制性，是指国家以社会管理者身份，凭借政治权力，通过颁布法规，按照一定标准强制征收。因为税收关系的实现是以政权而非物权为前提的，政府征税是私人财产公共化的过程，是对私人财产的有限侵犯，加之市场经济是法治经济，这种以政权为依托的强制性在市场经济条件下就必然转化为法律的强制性。通过税收法律法规协调征纳双方的利益冲突，并成为规范两者的行为准则，税收的权利和义务关系也由此得到法律上的确认。在税收法律关系的体现上，政府与纳税主体之间法律地位的对等性是核心。市场经济中内在的等价要求（交换双方具有平等独立的政治、经济权利和人格地位）必然外在化为税收法律关系上的平等状态：市场中每个活动主体的行为都应处于税收法律的有效约束之下。

税收的强制性特征使其与公债、政府收费和接受捐款等财政收入形式区别开来，是税收形式的最根本特征。与税收形式相比，政府发行公债取决于债权人的认购意愿，政府收费有着直接的服务对象，政府接受捐款更是依赖于捐赠者的行为选择，这些都不具有强制性的形式特征。

2. 无偿性

所谓无偿性，是指国家征税既不需要偿还，也不需要对纳税人付出任何对价。政府征税作为财政收入后，用于生产和提供各种公共产品，满足各方面的公共需求，而不是直接用于满足具体纳税人的单方面需求。这种无偿性是由于征税过程和税款使用过程分离且彼此独立，每位纳税人从政府支出中所获得的利益与其所纳税款在价值量上不一定相等而导致的。如前所述，税收在本质上具有非市场的“等价交换”性质，它是人们为了享受政府所提供的公共产品而支付的价格费用。每位社会成员都有权享受政府所提供的公共产品，也都有义务为所消费的公共产品付费——纳税。这种权利与义务、消费与付费的对称关系不能因税收的不直接返还性而改变，也不会因所纳税额与所获利益在价值量上的不一致而消失。也就是说，税收的无偿性不能妨碍税收与公共产品之间“交换”关系的质的规定性，更不能得出税收是社会成员对国家或社会的无偿贡献的结论。

税收的无偿性是税收最重要的特征，它的存在有赖于税收的强制性，也使得税收更加有别于其他财政收入形式。

3. 固定性

所谓固定性，是指国家征税预先以法律形式规定征税范围和征收比例，并且这种固定具有全国统一性、历史连续性和相对稳定性的特征。具体来说，可以从以下 3 个方面理解税收的固定性特征。第一，税收是用法律形式规定政府和纳税主体的行为准则及双方的权利与义务，这种规范必须以确定的形式表达。也就是说，私人财产公共化的过程必须转化为具体的对象、数量、方法和时间等要素，才能防止征税过程中的随意性，即防止有损于税收法律严肃性、权威性行为的发生。第二，税收的固定性实际上是指税法的确定性，并不意味着税收制度的一成不变，税收制度的建立和完善应该与一国的社会、政治和经济发展相适应。但是在一定的时期内，税收制度要保持相对稳定性，以保证税法的规范性。第三，税收的固定性还可以从纳税义务的不变性衡量。无论一国的税收制度如何变迁，更多的情形下是以宪法的形式规定每个社会成员的纳税义务。

7.1.5 税收的分类

税收分类，是指根据不同的目的和要求，按照一定的标准，对复杂的税制和繁多的税种所进行的科学归类。

1. 按照课税对象性质分类

按照课税对象性质的不同，税收可分为商品税、所得税、财产税、资源税和行为税。

① 商品税是指以商品、劳务、服务、无形资产、不动产作为课税对象的税种的统称，如增值税、消费税、关税等。

② 所得税是指以所得为课税对象的税种的统称，如企业所得税、个人所得税等。

③ 财产税是指以纳税人所拥有或支配的特定财产为课税对象的税种的统称，如房产税、车船税等。

④ 资源税则是指以自然资源为课税对象的税种的统称，如资源税、土地增值税、城镇土地使用税等。

⑤ 行为税是指以纳税人的某些特定行为为课税对象的税种的统称，如城市维护建设税、印花税、车辆购置税等。

我国现行税收分类经常选择这种分类方法。

2. 按照税收负担能否转嫁分类

按照税收负担能否转嫁，税收可分为直接税和间接税。

① 直接税是指税收负担不易转嫁给他人的税种的统称，即纳税人就是负税人，因其税收负担是由纳税主体直接承担而得名。

② 间接税是指纳税主体可以把税收负担转嫁给他人的税种的统称，即纳税人不是或者说不完全是负税人，因而该类税收负担是由纳税主体间接承担的。

这种分类是相对的，因为按照现代税收理念，任何税种的税收负担，理论上都存在转嫁的可能性。

3. 按照计税依据分类

按照计税依据的不同，税收可分为从价税、从量税和复合税。

① 从价税是指以课税对象的价值形式为计税依据的税种，一般实行比例税率和累进税率，税收负担较合理，如增值税、企业所得税、个人所得税等。

② 从量税是指以课税对象的实物形态为计税依据的税种，一般采用定额税率，如车船税、城镇土地使用税、环境保护税等。

③ 复合税是指对征税对象采用从价和从量相结合的计税方法征收的一种税，如对卷烟、白酒征收消费税等。

4. 按照税收与价格的关系分类

按照税收与价格的关系，税收可分为价内税和价外税。

① 价内税是指税额为价格的组成部分，即以销售额为税基的税款计算中，销售额中包含税款，如消费税等。

② 价外税是指税额只是价格的附加，即以销售额为税基的税款计算中，销售额中不包含税款，如增值税等。

5. 按照税收征收权限和收入支配权限分类

按照税收征收权限和收入支配权限的不同，税收可分为中央税、地方税和中央地方共享税。

① 中央税是指由中央政府征收和管理使用或者地方政府征税后全部划解中央，由中央政府所有和支配的税收，如消费税、关税、车辆购置税、海关代征的进口环节增值税等。

② 地方税是指由地方政府征收、管理和支配的一类税收，如城镇土地使用税、耕地占用税、土地增值税、房产税、车船税、契税等。

③ 中央地方共享税是指税收收入由中央和地方政府按比例分享的税收，如增值税、企业所得税、个人所得税等。

6. 按照征税基础是否直接指向纳税人的纳税能力分类

按照征税基础是否直接指向纳税人的纳税能力，税收可分为对人税和对物税。

① 对人税是指税收负担设计时充分考虑纳税主体的能力，选择的标准是易于衡量的所得额、赡养人口数等，如所得税、财产税等。

② 对物税一般不考虑纳税主体的纳税能力，而是以流通中的商品及具体存在的某项财产等为课税对象，如增值税、消费税、土地增值税等。

除上述主要分类标准之外，还有一些分类方法经常被使用，如按照政府征税目的的不同，可以分为一般税和特别税。一般税是指为满足政府经费支出的需求而开征的税种，而特别税是指为满足特定目的的支出而设置的税种。

7.2 税收原则

所谓税收原则，是指一国政府在税收制度设计、执行或修订时所必须遵循的基本指导思想，也是评判一国税收制度优劣与否的基本标准。在现代社会中，税收是政府实现资源优化配置、收入公平分配及经济稳定增长的重要手段。如何使税收制度的选择得以实现上述目标，是税收原则应讨论的基本内容，税收原则是税收理论研究的重要组成部分。

7.2.1 税收原则的理论发展

人们对于税收原则的认识，是随着社会经济的发展而不断深化的。亚当·斯密根据自由放任的市场经济提出了平等、确实、便利和节俭的四项税收原则，奠定了税收原则的理论基础。19 世纪下半叶，资本主义财富分配不公状况日益严重，阶级矛盾也日益尖锐，针对这种情况，阿道夫·瓦格纳集前人之大成，把税收原则理论提高到一个新的阶段，提出了税收的四项原则，即财政收入原则（包括收入充分原则和收入适度原则）、国民经济原则（包括慎选税源原则和慎选税种原则）、社会正义原则（包括普遍原则和平等原则）和税务行政原则（包括确实原则、便利原则和节省原则）。资本主义经济大危机，表明经济的顺利运转不能单纯依靠市场机制的自发调节，还需要政府进行适当的干预，税收就是实现政府干预政策目标的一个重要工具。税收原则一般是从收入①、效率和公平三个方面提出的，而现代税收理论研究中通常将税收原则归结为效率和公平两大原则。

7.2.2 税收效率原则

政府征税行为不可避免地会给纳税人和经济运行带来不同程度的影响，这些影响包括纳

---

① 收入原则，也称财政原则，是指税收制度的建立，应能够为国家提供足额、稳定、适度、合理的财政收入。

税人缴纳的税款负担和非税款形式的负担。所谓非税款形式的负担，是指政府征税扭曲资源有效配置带来的效率损失负担和征税过程中所耗费的征纳费用。税收效率原则要求政府征税应有利于提高行政效率和经济效率，尽可能地缩小非税款形式的负担。

1. 行政效率原则

所谓行政效率原则，是指要求税收制度在实施过程中发生的成本费用最小。也就是说，应以尽可能少的税收成本换取单位税款收入的增加。它大体上可以用税务稽征成本和税务奉行成本两方面的指标衡量。

所谓税务稽征成本，是指税务部门在征税过程中实施税法所发生的各种开支，如在税收征收管理过程中发生的人员工资支出，设备、用品购置费用及其他部门提供的相关的各种劳务费用等。税务稽征成本占所征税额的比重，即为征税效率的体现。

所谓税务奉行成本，是指纳税人为依法履行纳税义务而耗费的各种成本，它既包括了纳税人按税法要求直接办理税务登记、申报纳税和缴纳税款等纳税事务所支付的费用，也包括纳税人雇用税务师、会计师完成纳税申报所支付的费用，发生税务纠纷时所花费的律师费用和诉讼费用，纳税人报送纳税申报表和相关材料所耗费的通信、交通费用，以及企业为个人代扣代缴税款等。因此，它的衡量和测算要比税务稽征成本复杂、困难得多，也有人称其为“税收的隐蔽费用”。

总之，要想提高税收的行政效率，除了要尽可能采用现代化的征管手段、改进征管技术等办法外，还要求税收制度的制定要明确具体、切实可行、程序简化。

2. 经济效率原则

所谓经济效率原则，可以分为完全竞争市场和不完全竞争市场两类状况理解：一是指在完全竞争市场条件下，政府税收活动所引起的市场配置资源的效率损失最小化；二是指在不完全竞争市场条件下，存在外部性等市场失灵因素，此时市场自发配置资源难以达到有效状态，经济主体的行为容易发生扭曲，客观上要求政府税收活动校正市场失灵的影响，相对增加社会福利，即要求税收的非税款负担最小化。

税收中性是与税收经济效率原则紧密联系的概念。传统的税收中性思想，就是基于税收活动会带来超额负担这一论断提出的。随着社会经济的日趋复杂和经济理论研究的不断拓展，税收中性的含义有了一定程度的扩大和延伸。从内涵上看，税收中性思想是税收经济效率原则的一个组成部分；从外延上看，对应于经济运行的税收经济效率原则可以分解为微观经济效率原则和宏观经济效率原则两个层面。税收的微观经济效率是针对市场在微观经济中的主导地位提出的，要想达到税收的微观经济效率，就要求税收保持中性，让市场充分发挥作用。税收的宏观经济效率则是与政府的宏观调控职能紧密联系的，它需要从公共利益出发，利用税收杠杆调节资源在公共部门与私人部门之间的配置比例，以使宏观上达到经济效率最大化，这时恰恰不允许税收活动保持绝对中性。可见，税收中性与税收经济效率的关系是包含与被包含的关系，税收的经济效率可以通过税收中性和税收非中性两种途径实现。

7.2.3 税收公平原则

所谓税收公平原则，是指政府征税应根据纳税人经济能力或纳税能力平等分配负担的原则。由于“公平”本身是一个非常复杂的问题，深入到税收公平原则的内涵就会涉及出发点完全不同的具体原则的适用：受益原则和支付能力原则、横向公平原则和纵向公平原则。

1. **受益原则和支付能力原则**

所谓受益原则，是指以纳税人从政府所提供的公共产品中的受益大小为标准分配税收负担的原则。它的提出来源于市场交易中等价交换的价格理论，其特点是把税收多少与政府预算支出联系起来。但是，受益原则在实践中有很大的局限性，面临一系列的难题：一是此原则的真正实施必然要求将纳税活动与支出安排同时决策，而在现实中两者却是分离的；二是由于公共产品消费的不可分割性使得每个人消费的数量不可能精确计算，依据此原则也就无法确定其应承担的税收份额；三是此原则的适用不能解决政府转移性支出所需要的税额对应的税收负担的分配问题。所以，受益原则只能适用于那些在政府提供的公共产品消费中能够确定其所得受益份额的税收负担的分配，如社会保险、汽油消费等。

所谓支付能力原则，是指将税收负担分配与纳税人支付能力（即纳税人一定期间内的收入多少、消费水平和财产多寡）相联系。纳税人的收入能反映其在一定时期内取得的对经济资源的支配权；纳税人的消费能反映其对经济资源的实际支配和使用权；纳税人的财产能表明其拥有的对经济资源的处置权。它们中的任何一个指标，都从不同侧面反映了纳税人的纳税能力。但分别来看它们又都是不完整、不全面的，会直接涉及课税对象或税基的选择及相应的公平与否问题。

若以收入作为衡量纳税能力的标准，则存在着对于实物收入、推算收入和未实现的资本利得等一些收入项目既难监测又难管理和控制的问题，对于退休金、保险赔款等收入项目不能设计为征税项目的问题等，对于不同来源的收入若不加以区别的征税也是有失公平的问题，即使是对于等量收入的征税，也应区分纳税人的赡养人口、身体状况等差异性。

若从消费支出征税角度看，它意味着只对社会资源中消耗的部分征税而不对投入部分征税，可以避免对储蓄和投资的不利影响。但同时也存在着一些缺陷：如对储蓄这种延期消费不征税，而对由储蓄或借债转换来的消费支出征税也有失公平；由于边际消费倾向的递减，消费税负担呈现累退，这与纳税人的经济能力的增加不相适应等。所以，真正的支出税并未付诸实践。

若以财产状况反映纳税人的独立支付能力，就是以财产为税基对财产的存量征税而非对财产的流量征税。由于财产的存在形式多样，实践中难以查核，准确估值也很困难。所以，财产也不是全面、客观衡量纳税能力的标准。

综上所述，在世界各国的税收实践中，为了贯彻公平原则，一般都是采用受益税与支付能力税的立体结合，即以所得税为主，以消费支出和财产征税为辅，通过设计一个复合的税收体系全面、完整地实现公平原则的内在要求。

2. **横向公平原则和纵向公平原则**

税收公平原则要求相同纳税条件下的同类纳税人应当缴纳相同的税，不同纳税条件下的纳税人应当缴纳不同的税。这就是税收的横向公平与纵向公平，这是两个既相互区别又相辅相成的公平观念。

税收横向公平的基本内涵是一视同仁，同等状况同等对待，即对受益相同或支付能力相同的纳税人课征相同的税收。横向公平要求普遍征税，废除特权，对不同性质的纳税人在税收上予以同等待遇。相对而言，税收的横向公平比较容易实现。

税收纵向公平的基本内涵是不同等状况区别对待，它与税收的收入调节功能相联系，受纳税支付能力原则支配，在实践中主要是指支付能力不同的纳税人应当缴纳不同的税收。一般来说，收入高的、负担能力强的就应多缴税；收入低的、负担能力弱的就应少缴税。在税收实践中实现税收的纵向公平是一个较困难的问题。对此，西方学者曾提出采用效用牺牲（或经济福利损失）理论判断税收制度的实施是否公平。该理论认为，政府征税使纳税人的货币收入和满足程度减少，即纳税人牺牲了效用，它是衡量纳税人负担能力的标准。如果政府征税使每一位纳税人的效用牺牲程度相同或均等，那么税收就实现了纵向公平。

7.3 税收制度要素

所谓税收制度，是指国家以法律或法规的形式确定的各种课税方法的总称。它属于上层建筑范畴，是政府税务机关向纳税人征税的法律依据，也是纳税人履行纳税义务的法律规范。从一般意义上说，税收制度是由若干要素构成的，主要包括纳税义务人、征税对象、税率、纳税环节、纳税期限、纳税地点、税收优惠、法律责任等。

7.3.1 纳税义务人

纳税义务人，简称纳税人，是税法规定的直接负有纳税义务的单位和个人。任何一个税种首先要解决的就是国家对谁征税的问题，如我国个人所得税法、环境保护税法、增值税、消费税、资源税、印花税等暂行条例的第一条规定的都是该税种的纳税人。

纳税人有两种基本形式：自然人和法人。自然人和法人是两个相对称的法律概念。根据《中华人民共和国民法典》①（以下简称《民法典》）第十三条的规定，自然人从出生时起到死亡时止，具有民事权利能力，依法享有民事权利，承担民事义务。自然人包括本国公民，也包括外国人和无国籍人。根据《民法典》第五十七条的规定，法人是指具有民事权利能力和民事行为能力，依法独立享有民事权利和承担民事义务的组织。我国的法人主要有3种：营利法人、非营利法人和特别法人。其中，营利法人是指以取得利润并分配给股东等出资人为目的成立的法人，包括有限责任公司、股份有限公司和其他企业法人等；非营利法人是指为公益目的或者其他非营利目的成立，不向出资人、设立人或者会员分配所取得利润的法人，包括事业单位、社会团体、基金会、社会服务机构等；特别法人如机关法人、农村集体经济组织法人、城镇农村的合作经济组织法人、基层群众性自治组织法人。需要说明的是，按照不同的目的和标准，还可以对自然人和法人进行多种详细的分类，如自然人可划分为居民纳税人和非居民纳税人、法人可划分为居民企业和非居民企业等，这些分类对国家制定区别对待的税收政策、发挥税收的经济调节作用具有重要的意义。

与纳税人紧密联系的概念是扣缴义务人。扣缴义务人包括代扣代缴义务人和代收代缴义务人。代扣代缴义务人是指虽不承担纳税义务，但依照有关规定，在向纳税人支付收入、结算货款、收取费用时有义务代扣代缴其应纳税款的单位和个人，如出版社代扣作者稿酬所得的个人所得税等。如果代扣代缴义务人按规定履行了代扣代缴义务，税务机关将支付一定的手续费。反之，未按规定代扣代缴税款，造成应纳税款流失或将已扣缴的税款私自截留挪用、不按时缴入国库，一经税务机关发现，将要承担相应的法律责任。代收代缴义务人是指

① 2020年5月28日第十三届全国人民代表大会第三次会议通过，2021年1月1日起施行。

虽不承担纳税义务，但依照有关规定，在向纳税人收取商品或劳务收入时，有义务代收代缴其应纳税款的单位和个人。如《中华人民共和国消费税暂行条例》规定，委托加工的应税消费品，由受托方在向委托方交货时代收代缴委托方应该缴纳的消费税。

7.3.2 征税对象

征税对象，也称课税对象，是指纳税双方权利、义务共同指向的对象，是区别不同税种的重要标志，主要解决对什么征税的问题，如消费税的征税对象是应税消费品、房产税的征税对象是房产等。征税对象是税法最基本的要素，因为它体现着征税的最基本界限，决定着某一种税的征税范围，同时征税对象也决定了各个不同税种的名称。如消费税、土地增值税、个人所得税等，这些税种因征税对象不同，税名也就不同。征税对象按其性质的不同，通常可划分为商品、所得、财产、资源、行为五大类，通常也因此将税收分为相应的五大类，即商品税、所得税、财产税、资源税和行为税。与课税对象相关的两个概念是税目和税基。

税目是对征税对象分类规定的具体项目，是征税对象在应税内容上的具体化，体现每个税种征税的广度。设置税目的目的首先是明确具体的征税范围，凡列入税目的即为应税项目，未列入税目的则不属于应税项目。其次，划分税目也是贯彻国家税收调节政策的需要，国家可根据不同项目的利润水平及国家经济政策等制定高低不同的税率，以体现不同的税收政策。并非所有税种都需规定税目，有些税种不分课税对象的具体项目，一律按照课税对象的应税数额采用同一税率计征税款，因此一般无须设置税目，如企业所得税。有些税种具体课税对象比较复杂，需要规定税目，如消费税等，一般都规定有不同的税目。

税基，也称计税依据，是税法规定的计算应纳税额的依据，它解决对征税对象课税的计算问题，是对课税对象的量的规定。如企业所得税应纳税额的计算方法是应纳税所得额乘以适用税率，其中应纳税所得额是据以计算企业所得税应纳税额的数量基础，是企业所得税的税基。计税依据按照计量单位的性质划分，有两种基本形态：价值形态和物理形态。价值形态包括应纳税所得额、销售收入等；物理形态包括面积、体积、容积、重量等。以价值形态作为税基，称为从价计征，即按征税对象的货币价值计算，如生产销售化妆品应纳消费税税额是由化妆品的销售收入乘以适用税率计算的，其税基为销售收入，属于从价计征的方法。我国的税收法律制度大量采取从价计征方法。另一种是从量计征，即直接按征税对象的自然单位计算，如城镇土地使用税应纳税额是由占用土地面积乘以单位面积应纳税额计算的，其税基为占用土地的面积，属于从量计征的方法。我国的车船税、城镇土地使用税、耕地占用税等税种采取从量计征方法。

7.3.3 税率

税率是指应征税额与计税金额（或数量单位）之间的比例，是计算税额的尺度，体现征税的深度。税率的高低直接体现国家的政策要求，直接关系到国家财政收入和纳税人的负担程度。我国现行的税率主要有比例税率、定额税率和累进税率 3 种。

1. 比例税率

比例税率，是指对同一征税对象，不论其数额大小，规定相同的征收比例。我国现行的增值税、城市维护建设税、企业所得税等设计的都是比例税率。比例税率在具体运用中又有 3 种具体的形式。

① 单一比例税率。单一比例税率是指对同一征税对象的所有纳税人都适用同一比例税率，如车辆购置税等。

② 差别比例税率。差别比例税率是指对同一征税对象的不同纳税人适用不同的比例征税。我国现行税法又分别按产品、行业和地区的不同将差别比例税率划分为以下3种类型：一是产品差别比例税率，即对不同产品分别适用不同的比例税率，同一产品采用同一比例税率，如消费税、关税等；二是行业差别比例税率，即对不同行业分别适用不同的比例税率，同一行业采用同一比例税率，如增值税中的交通运输服务、邮政服务、电信服务等；三是地区差别比例税率，即区分不同的地区分别适用不同的比例税率，同一地区采用同一比例税率，如城市维护建设税等。

③ 幅度比例税率。幅度比例税率是指对同一征税对象，税法只规定最低税率和最高税率，各地区在该幅度内确定具体的适用税率。

比例税率具有计算简单、税负透明度高、有利于保证财政收入、有利于纳税人公平竞争、不妨碍商品流通等优点，符合税收效率原则。但比例税率不能针对不同收入水平的纳税人实行不同的税收负担，难以体现税收的公平原则。我国税收法律制度大量采取比例税率。

2. 定额税率

定额税率，是指按照征税对象确定的计算单位，直接规定一个固定的税额。我国的城镇土地使用税、耕地占用税、车船税、环境保护税等税种采取定额税率。

3. 累进税率

累进税率，是指根据征税对象数额的逐渐增大，按不同等级逐步提高的税率，即按征税对象数额的大小划分为若干等级，不同等级的课税数额分别适用不同的税率，课税对象数额越大，适用税率越高。累进税率一般在对所得课税时使用，可以充分体现对纳税人收入多的多征、收入少的少征、无收入的不征的税收原则，从而有效调节纳税人的收入，正确处理税收负担的纵向公平问题。累进税率按照累进方式的不同分为全额累进税率、超额累进税率和超率累进税率3种类型。

1）全额累进税率

全额累进税率，是指将征税对象数额的逐步递增划分若干等级，并按等级规定逐步提高的税率。征税对象的金额达到哪一个等级，全部按相应的税率征税，如表7-1所示。

表7-1　某三级全额累进税率表

级数	全月应纳税所得额/元	税率/%
1	5 000以下（含）	10
2	5 000～20 000（含）	20
3	20 000以上	30

运用全额累进税率的关键是查找每个纳税人应税收入在税率表中所属的等级，与其对应的税率便是该纳税人适用的税率，全部税基乘以适用税率即可计算出应纳税额。例如，某纳税人某月应纳税所得额为6 000元，按表7-1所列税率，适用第二等级，其应纳税额计算如下。

$$6\ 000\times 20\%=1\ 200(\text{元})$$

全额累进税率计算简便，但税收负担不合理，特别是在划分级距的临界点附近，税负呈跳跃式递增，甚至会出现税额增加值超过课税对象增加值的不合理现象，不利于鼓励纳税人增加收入。目前，我国的税收法律制度中已不采用这种税率。

2）超额累进税率

超额累进税率，是指将征税对象数额的逐步递增划分为若干等级，按等级规定相应的递增税率，对每个等级分别计算税额，如表 7－2 所示。

表 7－2　某三级超额累进税率表

级数	全月应纳税所得额/元	税率/%	速算扣除数/元
1	5 000 以下（含）	10	0
2	5 000～20 000（含）	20	500
3	20 000 以上	30	2 500

例如某人某月应纳税所得额为 6 000 元，适用表 7－2 所示的超额累进税率表，其应纳税额可以分步计算。

第一级的 5 000 元适用 10%的税率，应纳税额＝5 000×10%＝500(元)。

第二级的 1 000 元适用 20%的税率，应纳税额＝1 000×20%＝200(元)。

该月应纳税额＝5 000×10%＋1 000×20%＝700(元)。

我国个人所得税对综合所得和经营所得采取超额累进税率。在级数较多的情况下，分级计算、然后相加的方法比较烦琐。为了简化计算，也可采用速算扣除法。速算扣除法的原理是：基于全额累进计算的方法比较简单，可将超额累进计算的方法转化为全额累进计算的方法。对于同样的课税对象数额，按全额累进方法计算出的税额比按超额累进方法计算出的税额多，是因为存在重复计算的部分，这个部分称为速算扣除数。速算扣除数可用公式表示如下。

速算扣除数＝按全额累进方法计算的税额－按超额累进方法计算的税额

移项得

按超额累进方法计算的税额＝按全额累进方法计算的税额－速算扣除数

依上例，某人某月应纳税所得额为 6 000 元。如果直接用 6 000 元乘以所对应级次的税率 20%，则对于第一级次的 5 000 元应纳税所得额就出现了 5 000×(20%－10%)的重复计算的部分。因为这 5 000 元仅适用 10%的税率，而现在全部采用了 20%的税率计算，故多算了 10%，这就是应该扣除的速算扣除数。如果简化计算，则某人某月 6 000 元应纳税所得额应纳税额的计算如下。

应纳税额＝6 000×20%－500＝700(元)

3）超率累进税率

超率累进税率，是指将征税对象的某种递增比例划分若干等级，按等级规定相应的递增税率，对每个等级分别计算税额。我国的土地增值税采用超率累进税率。

7.3.4　纳税环节

纳税环节，是指税法规定的征税对象从生产到消费的流转过程中应当缴纳税款的环节。纳税环节有广义和狭义之分。广义的纳税环节是指全部课税对象在再生产中的分布情况，如资源税分布在资源生产环节、商品税分布在生产和流通环节、所得税分布在分配环节等。狭义的纳税环节特指应税商品在流转过程中应纳税的环节。商品从生产到消费要经历诸多流转环节，各环节都存在销售额，都可能成为纳税环节。但考虑到税收对经济的影响、财政收入的需要及税收征管能力等因素，国家常常对在商品流转过程中所征税种规定不同的纳税环节。按照某种税征税环节的多少，可以将税种纳税环节划分为一次课征制和多次课征制。目前，我国的增值税对流转的每一个环节都征税，具有不同于其他税种的特点。我国的消费税主要在生产销售和进口环节征收，个别应税消费品在批发销售和零售环节征收。合理选择纳税环节，对加强税收征管、有效控制税源、保证国家财政收入的及时、稳定、可靠取得，方便纳税人从事生产经营活动和财务核算，有效发挥税收调节经济的作用，具有十分重要的理论和实践意义。

7.3.5 纳税期限

纳税期限，是指税法规定的关于税款缴纳时间方面的限定。税法关于纳税期限的规定，涉及纳税义务发生时间、纳税期限和申报期限。

纳税义务发生时间，是指应税行为发生的时间。如增值税暂行条例规定采取预收货款方式销售货物的，其纳税义务发生时间为货物发出的当天。纳税人每次发生纳税义务后，不可能当时就缴纳税款，税法规定了每个税种的纳税期限，即每隔固定时间汇总一次纳税义务的时间。如增值税暂行条例规定，增值税的具体纳税期限分别为 1 日、3 日、5 日、10 日、15 日、1 个月或者 1 个季度。纳税人的具体纳税期限，由主管税务机关根据纳税人应纳税额的多少分别核定；不能按照固定期限纳税的，可以按次纳税。申报期限，是指税法规定的纳税期满后，纳税人将应纳税款缴入国库的期限。如增值税暂行条例规定，纳税人以 1 个月或 1 个季度为 1 个纳税期的，自期满之日起 15 日内申报纳税；以 1 日、3 日、5 日、10 日或者 15 日为 1 个纳税期的，自期满之日起 5 日内预缴，于次月 1 日起 15 日内申报纳税并结清上月应纳税款。

规定纳税期限是为了保证国家财政收入的及时实现，也是税收强制性和固定性的体现。税法中，根据不同的情况规定不同的纳税期限，纳税人必须在规定的纳税期限内缴纳税款。

7.3.6 纳税地点

纳税地点，是指根据各个税种的纳税环节和有利于对税款的源泉控制而规定的纳税人（包括代征、代扣、代缴义务人）的具体纳税地点。它说明纳税人应向哪里的征税机关申报纳税及哪里的征税机关有权行使税收管辖权的问题。比较常见的纳税地点有机构所在地、经济活动发生地、财产所在地、报关地等。

7.3.7 税收优惠

税收优惠，是指国家对某些纳税人和征税对象给予鼓励与照顾的一种特殊规定。制定这种特殊规定，一方面是为了鼓励和支持某些行业或项目的发展，另一方面是为了照顾某些纳税人的特殊困难。

1. 减税和免税

减税和免税主要是对某些纳税人和征税对象采取减少征税或者免予征税的特殊规定。减税和免税具体又分两种情况：一种是税法直接规定的长期减免税项目，另一种是依法给予的一定期限内的减免税措施，期满之后仍按规定纳税。我国税收法律制度大量采取减税和免税的税收优惠形式。

2. **起征点**

起征点，是指计税依据达到国家规定的数额开始征税的界限。计税依据的数额未达到起征点的不征税，达到或超过起征点的就其全部数额征税，即“不到不征，达到全征”。我国增值税采取了起征点的税收优惠形式。

3. **免征额**

免征额，是指在计税依据总额中免予征税的数额，是按照一定标准从计税依据总额中预先减除的数额。免征额部分不纳税，只对超过免征额的部分征税，即“不到不征，超过才征”。我国个人所得税采取了免征额的税收优惠形式。

7.3.8 法律责任

法律责任，是指税收法律关系主体（即征税主体和纳税主体）违反税法行为所引起的不利法律后果。税收法律责任的确认必须依照税法规定，追究税收法律责任应以税收违法行为的存在为基本前提，必须按照法定程序进行。常见的纳税主体的税收违法行为有偷税、漏税、欠税、骗税、抗税等，相应的税收法律责任的形式主要有行政责任和刑事责任。纳税人和征税人违反税法规定，都将依法承担法律责任。

7.4 税收负担与归宿

对税收负担理论的研究，有助于正确分析税负转嫁和税负归宿对社会各阶层的切身利益或社会经济福利分配所产生的影响，进而对正确选择和制定税收政策、实现税收的公平与效率起到促进作用。

7.4.1 税收负担

税收负担问题，既关系到政府与纳税人之间、纳税人与纳税人之间的利益分配，又影响到税收调控经济作用的有效发挥。

1. **税收负担的含义**

所谓税收负担，是指纳税人因向政府缴纳税款而承担的货币损失或经济福利的牺牲。从社会资源配置的角度看，征税是政府参与资源配置的手段之一，征税的多少反映国家享有社会资源的程度。所以，税收负担的存在体现了政府在社会资源配置中的地位。但是，税收是国家运用法律手段把属于企业和个人的一部分私有财产（资源）公共化，由国家占有和处置，以满足社会公共需求。征税的结果是减少了纳税人可支配的收入。而且，税收的无偿性特征又使得税收不具有直接返还性，纳税人所缴纳的税款不一定与其从政府得到的公共产品价值相等。因而，对于纳税人来说，向政府缴税是自己的一种损失。

税收负担是国家制定税收制度和税收政策的核心。政府征税过多或者过少，都将影响社会资源的合理配置和经济的稳定、持续增长。因此，确定税收负担水平，既要考虑整个社会的公共需要和政府宏观调控的需要，又要考虑纳税人的实际承受能力；既要遵循公平税负、合理负担、区别对待的原则，兼顾政府和纳税人各方面的利益，又要体现国家的经济政策和产业政策，保持社会税负总水平的适度与稳定。

税收负担是国家与纳税人在社会资源配置过程中数量关系的体现。纳税人的税收负担与国家的税收收入，从数量关系上看是两个相近的概念和一个事物的两个方面。国家行使征税权，从政府角度看形成的是税收收入，从纳税人角度看则构成纳税人的税收负担。因此，理论上可以把税收收入作为计量税收负担指标的依据。但是在税收实务中，税收收入一般是用绝对值表示的，反映一定时期内国家取得税收的规模；而税收负担一般是用相对值表示的，反映一定时期内纳税人承担的税额与其纳税能力之间的对比关系。

必须从扩展纳税人对经济政策的承受能力，以及强化税收对经济生活的正效应层面上研究税收负担。因为国家征税的结果，必然会使纳税人由于缴税减少其可支配的收入而减少其生产、消费或投资的规模，或者导致某些纳税人改变其生产、消费或投资的方向。众多微观经济主体行为的改变，一定会影响整个社会经济生活为此改观。所以，对于税收负担的研究，不能只局限在某个具体税种、具体纳税人或者社会某一阶段税收收入指标的变化上，而是要从一个更大的、社会全方位的视角研究。

2. 税收负担衡量

1）税收负担分类

依据考察的层次和角度的不同，可以分别从宏观、中观和微观三个层次研究税收负担。所谓宏观税收负担，是指整个社会的税收负担，反映一个国家整体的税收负担状况，它的研究有助于回答税收在宏观层面如何促进资源配置效率、稳定经济增长和公平收入分配；所谓中观税收负担，是指某个地区、某个部门、某个行业、某个阶层的税收负担，它的研究有助于解决中观层面税收职能的实现；所谓微观税收负担，是指企业或个人的税收负担，它的研究有助于提供税收负担在不同纳税人之间的分布均衡合理与否的直接依据。

依据实际缴纳税收的情况，税收负担可以分别从名义税收负担和实际税收负担两个方面进行研究。所谓名义税收负担，是指纳税人按照税法规定的税率和计税依据计算应该缴纳的税额占纳税人负担能力的程度；所谓实际税收负担，是指纳税人实际缴纳的税额占纳税人负担能力的程度。通常情况下，由于现行税收制度中各种税收优惠性条款的存在，纳税人的实际税收负担水平要低于名义税收负担水平。实际税收负担水平的变动，对纳税人经济行为的影响更为直接。

2）税收负担衡量指标

宏观税收负担的衡量，通常是以一定时期内国家总体的税收收入占国民生产总值或国民收入的比例（即国民生产总值负担率或国民收入负担率）衡量。按照纳税主体类别的不同，微观税收负担的衡量可以分为企业税收负担和个人税收负担两类。企业税收负担的衡量一般是通过选用企业的若干常规指标进行对比分析，如企业综合税收负担率①、企业商品税税收负担率②、企业所得税税收负担率③等。衡量个人税收负担的指标是个人实际缴纳的各种税款与个人收入总额之比。

① 企业综合税收负担率＝（企业实际缴纳的各项税收总额/企业总收入）×100％。
② 企业商品税税收负担率＝（企业实际缴纳的商品税税额/同期销售收入）×100％。
③ 企业所得税税收负担率＝（企业实际缴纳的所得税税额/同期实现的利润总额）×100％。

上述指标的综合运用，对全面分析和掌握全社会的税收负担状况、制定税收政策、完善税收制度、发挥税收作用等都有着积极的意义。

3. 税收负担的影响因素

在特定的经济发展阶段，社会创造的物质财富总是既定的，纳税人对税收负担的承受能力也必然是有限的，国家筹集税收收入的需要与纳税人的税收负担能力之间存在一定的矛盾。为了合理确定税收负担水平，就必须分析影响税收负担的主要因素。

① 经济发展水平是影响宏观税收负担的最重要因素。一般情况下，国家的税收负担水平是随着人均国民生产总值的增加而递增的。因为国家的经济发展水平较高，表明该国创造的社会财富总量就多，税收来源基础雄厚，这些可以为增加税收收入、提高整个社会的税收负担能力提供可能性。

② 政府职能范围对其财力的需求不同，对税收集中度的要求也就不同。随着政府职能需要满足的社会公共需求的增大，提供公共产品及准公共产品数量的增加，其财政支出规模也随之不断膨胀，对税收收入的总量就会日益增加，进而推动社会的税收负担水平逐渐提高。

③ 税收制度变革影响着宏观税收负担水平。即使在税收总量不变的情况下调整税制结构，也会影响各个企业和个人的微观税收负担程度。

④ 经济政策的类型选择。无论是紧缩型财政政策与货币政策的选择，还是扩张型财政政策与货币政策的实施，都必然影响社会税收负担水平。

此外，一个国家的税收征管水平、纳税人奉行税法的素养（程度）、国民收入分配格局等，都是引起税收负担水平高低、数量结构改变的原因。

7.4.2 税负转嫁

在市场经济条件下，纳税人和负税人的不一致，意味着存在税收负担转嫁（税负转嫁）的经济现象。

1. 税负转嫁与税负归宿的概念

所谓税负转嫁，是指纳税人将其所缴纳的税款通过各种途径和方式转由他人负担的过程。最终承担税款的人被称为负税人。在市场经济条件下，纳税人在商品交换过程中通过税负转嫁的途径追求自身利益的最大化，是一种普遍的经济现象。从税负转嫁的过程看，纳税人的税负转嫁可以是一次完成，称为一次性转嫁；也可能需要多次完成，称为多次转嫁。从税负转嫁的结果看，纳税人若把税负全部转嫁出去，称为全部转嫁；若只是部分地转嫁出去，则称为部分转嫁。

税负转嫁是一种税负不断运动的过程，不论这一过程是一次完成还是多次完成，不论税负是部分转嫁还是完全转嫁，只要税负运动过程结束，税款也就落到最后的负担者身上，这就是税负归宿。所谓税负归宿，是指税负转嫁的终点，即税负最终承担者。税负归宿与税负转嫁之间有内在的联系。由于税负转嫁这种经济现象可能发生，也可能不发生，相应地，税负归宿也就有直接归宿和间接归宿之分。税负直接归宿，也称税负法定归宿，是指纳税人所缴纳的税款无法转嫁，只能完全由纳税人自己负担，即税收法律上的纳税义务人与经济上的实际税务承担者完全一致。税负间接归宿，又称税负经济归宿，是指因纳税人将税负部分或全部转嫁给了他人，致使税收法律上的纳税义务人与经济上的实际税负承担者不一致，税负最终归宿到了被转嫁者身上。

从政府征税到税负归宿的全过程看，政府向纳税人征税，是税负运动的起点；纳税人把所缴纳的税款转由他人负担，是税负的转嫁；税负最终由负税人承担，不能再转嫁时，则称为税负归宿。换言之，税负转嫁研究的重点是税收运动过程中表现出来的税负分配问题；而税负归宿则着重研究税负运动结果反映出的税负分配问题。所以，税负的转嫁与归宿，实际上是税负的分解、转移的过程。研究这一过程的目的在于合理选择和确定税负的归着点及其对社会经济的影响力，而这一研究的关键是税负的转嫁方式设计。

2. 税负转嫁方式

按照纳税人转移税负的方向不同，税负转嫁可分为前转、后转、混转、消转、旁转、税收资本化等方式。

1）前转

税负前转，也称税负顺转、向前转嫁，是指纳税人将其所纳税款通过提高其所提供商品价格的方法，向前转移给商品购买者或者最终消费者负担的一种形式。税负前转是税负转嫁最典型和最普遍的形式，这在商品税税负转嫁方面表现得尤为明显。例如，对原材料生产者征收税款，原材料生产者可以通过提高原材料价格把税款转嫁给制造商，制造商再把税负转嫁给批发商，批发商又可以把税负转嫁给零售商，最后零售商向消费者出售商品时，又把税负转嫁给消费者。所以，名义上的纳税人是商品出售者，而实际的税收负担者则是商品消费者。

2）后转

税负后转，也称税负逆转、向后转嫁，是指在纳税人税负前转存在困难时，纳税人通过压低购入商品价格或者压低生产要素进价的方式，将其缴纳的税款转嫁给商品或者生产要素供给者的一种税负转嫁方式。例如，商品零售商设法通过压低进货价格的方式把税负逆转给批发商，批发商再逆转给制造商，制造商又通过压低原材料价格、压低劳动力价格或者延长工时等办法，把税负转嫁给原材料供应者或者生产者。所以，名义上的纳税人是零售商，但实际的税收负担者则是原材料供应者和生产者。

3）混转

混转，也称散转，是指纳税人既可以把税负转嫁给供应商，又可以把税负转嫁给购买者，实际上是前转和后转的混合转嫁方式；或者一部分税负转嫁出去，另一部分税负则由纳税人自行消化（消转）。这种转嫁方式在实践中比较常见。

4）消转

消转，是指纳税人用降低征税物品成本的方法使税负从新增利润中得到补偿。这种转嫁方式既不是通过提高销售价格的形式前转，也不是通过压低进价的方式后转，而是通过改善经营管理、提高劳动生产率等措施降低成本、增加利润抵消税负。消转实质上是用生产者应得到的超额利润抵补税负，税负并没有转嫁，而是由纳税人自己负担了。因此，消转是一种特殊的税负转嫁方式。

5）旁转

旁转，也称侧转，是指纳税人将应负担的税款转嫁给购买者或者供应者以外的其他人负担。例如，当一种征税物品的税款难以实现前转、后转或消转时，纳税人通过压低运费价格等方法将税负转嫁给运输者承担。

6）税收资本化

税收资本化，也称资本还原，是指生产要素购买者将所购买的生产要素未来应当缴纳的税款，通过从购入价格中预先扣除的方法，向后转嫁给生产要素的出售者。税收资本化主要发生在土地和收益来源具有永久性的资本品的交易中。税收资本化是现在承担未来的税收，最典型的就是对土地交易的课税。如政府征收城镇土地使用税，土地购买者便会将预期应缴纳的城镇土地使用税折入资本，将城镇土地使用税转嫁给土地出售者，进而表现为地价下降。此后在名义上由土地购买者按期交税，但税款实际上是由土地出售者负担的。税收资本化是税负后转的一种特殊方式。税收资本化与一般意义上的税负后转的相同之处在于：两者形式上都是由购买者支付的税款通过压低购入价格而转由出售者负担，但税收资本化与税负后转在转嫁媒介和转嫁方式上明显不同：税负后转借助的是一般消费品，而税收资本化借助的是资本品；税负后转是在商品交易时实现税款的一次性转嫁，税收资本化是在商品交易后实现税款的多次转嫁。

3. 影响税负转嫁的因素

1）商品供给与需求弹性

商品供给与需求弹性是决定税负转嫁的关键因素。一般情况下，对商品流转额课征的税收不会出现完全转嫁或者完全不转嫁的可能，多数情形是纳税人和其他人各自负担一定的比例，具体负担的比例主要取决于课税商品的供给与需求弹性。如果需求弹性较大，供给弹性较小，则税负主要由纳税人自己负担；如果需求弹性较小，供给弹性较大，则税负主要由其他人承担。

2）课税商品的性质

商品课税，既包括对生活必需品的课税，也包括对非生活必需品的课税。两类商品的性质不同，其税负转嫁的难易程度也就不同。一般情况下，对生活必需品的课税，因对其消费是必不可少的，需求弹性小，消费基础广泛，因而税负容易转嫁；反之，对非生活必需品课税，因对其消费不是必不可少的，需求弹性大，消费基础较窄，因而税负不易转嫁。

3）课税与商品交易的关系

税负转嫁是在商品交易过程中发生的，商品交易是税负转嫁的必要条件。一般情况下，与商品交易无关而直接对纳税人课征的税收，是不容易转嫁的，如对企业征收企业所得税和对个人征收个人所得税；通过交易过程而间接对纳税人征收的税，是比较容易转嫁的，如对商品或者劳务征收的增值税和消费税。

4）课税范围的大小

一般情况下，课税范围越广，越不容易对商品购买者产生替代效应，使需求缺乏弹性，课税商品价格的提高变得比较容易，税负容易转嫁；课税范围越窄，越容易对商品购买者产生替代效应，使需求更具弹性，提高课税商品价格就变得艰难，税负难以转嫁。

【课程思政】

2024年以来，税务部门将服务新质生产力发展作为年度重点工作之一，着力从落实落细结构性减税降费政策、用好用活税收大数据、优化税收营商环境等方面发力。

2024年5月底，一场由广东省税务部门和工信部门联合主办，东莞市税务局和工信部门承办的“粤税助企 向新而进”助力先进制造、科技创新大企业高质量发展政策宣讲会回应了部分企业在税收方面的诉求。

税务部门在现场通过电子税务局的征纳互动平台向相关制造业企业推送了《大规模设备更新和消费品以旧换新税收优惠政策指引》（以下简称《指引》）。该《指引》从鼓励企业购置设备、促进资源综合利用、支持以旧换新、增加企业现金流助力设备投入 4 个方面，对现行相关税收优惠政策进行梳理汇编，共整合了 4 大类 15 项税收支持政策。

东莞东城税务干部叶诗琦称：“近期，我们镇街多家制造业企业规划进行产线更新，对大规模设备更新和消费品以旧换新相关政策非常关注，比如奕东电子科技股份有限公司等企业提出希望有相关税费优惠政策服务指引。”

2023 年底召开的中央经济工作会议上，强调“要以科技创新推动产业创新，特别是以颠覆性技术和前沿技术催生新产业、新模式、新动能，发展新质生产力”；2024 年的《政府工作报告》提出：“大力推进现代化产业体系建设，加快发展新质生产力。”

6 月 6 日，山东大学税务经济研究中心主任李华对《经济观察报》表示，培育发展新质生产力是一项系统性、全局性、长期性工程，各类要素、技术、产业、制度相互促进、相互支撑。从政府部门到市场各类主体、再到基础配套产业链，需要全面部署、协同推进，形成推动创新驱动发展的合力。

李华认为，税务部门作为与经营主体打交道最多、联系最紧密的部门之一，可以充分发挥部门优势，赋能新质生产力发展。一方面，落实好重点支持科技创新和制造业发展的结构性减税降费政策，增强税收优惠的确定性和政策执行的一致性，激励经营主体加大创新力度。另一方面，进一步深化税收征管改革，建立与新质生产力相匹配的税收制度，更好维护创新主体合法权益，引导各类要素创新性配置，营造公平、开放、包容、可持续的税收营商环境。

复习思考题

1. 税收的产生需要具备哪些条件？
2. 什么是税收？税收的特征有哪些？
3. 税收有哪些作用？
4. 常见的税收分类有哪些？
5. 税收原则有哪些？
6. 税收制度的基本要素有哪些？
7. 什么是税率？我国税率有哪些类型？
8. 什么是税负转嫁？税负转嫁有哪些类型？
9. 衡量宏观税负水平的指标有哪些？
10. 影响微观税负水平的因素有哪些？
11. 比较全额累进税率与超额累进税率的异同。

练习题 7

第 8 章

商 品 税

【本章导读】

商品税是指以商品为征税对象，并以商品流转额为计税依据所课征的税种的统称。商品税主要包括增值税、消费税和关税。

增值税是指对从事销售货物、劳务、服务、无形资产或不动产以及进口货物的单位和个人，以其取得的增值额为计税依据征收的一种商品税。本章主要介绍增值税的特点、类型、纳税人、征税范围、税率、应纳税额计算、出口退（免）税、税收优惠、征收管理和增值税专用发票的使用规定。

消费税是指对从事生产、委托加工及进口应税消费品的单位和个人，就其消费品的销售额或销售数量或销售额与销售数量相结合征收的一种商品税。本章主要介绍消费税的特征、纳税人、征税范围、税目和税率、应纳税额计算、应税消费品退（免）税及征收管理等。

关税是海关依法对进出国境或关境的货物、物品征收的一种商品税。本章主要介绍关税的纳税人和征税范围、税目和税率、计税依据、应纳税额计算及征收管理等。

本章教学思政视角：一是坚持亲诚惠容和与邻为善、以邻为伴周边外交方针，深化同周边国家友好互信和利益融合；二是构建人类命运共同体是世界各国人民前途所在；三是税收政策是调节国家宏观经济的重要杠杆；四是推进消费税征收环节后移并稳步下划地方，完善增值税留抵退税政策和抵扣链条，优化共享税分享比例。

通过本章学习，要求掌握增值税、消费税、关税的基本要素（纳税人、征税范围、税率），掌握增值税、消费税、关税应纳税额的计算，了解增值税发票管理制度、消费税征收管理制度、关税征收管理制度以及增值税、消费税纳税申报表的填写，具有分析评价增值税收入趋势、消费税收入趋势、关税收入趋势的能力。

8.1 商品税概述

8.1.1 商品税的概念

商品税，是指以商品为征税对象，并以商品的流转额为计税依据所课征的税种的统称。

商品税的特点主要表现在以下 6 个方面。

1. **课税对象具有普遍性**

商品税的课税对象，不仅包括了所有的商品，还包括各种商品性质的劳务、服务、无形资产或不动产。由于商品税课税对象的普遍性，使得商品税税源充足，保证了国家财政收入的可靠取得。

2. **计税依据具有灵活性**

商品税的计税依据是商品的流转额。因此，在具体设计商品税税制时，可以选择所有商品进行征税，也可以选择部分商品进行征税；可以选择商品流转的所有环节进行征税，也可以选择其中一个或几个环节进行征税。这种灵活性，有利于国家通过商品税对经济进行有效调节。

3. **基本实行比例税率**

商品税除了少数税种和税目实行定额税率外，主要实行比例税率。由于比例税率又可分为各类差别比例税率，因此政府可以通过不同的比例税率对经济进行必要的干预。

4. **商品税计征简便**

商品税与所得税、财产税相比，计算较为简便。同时，商品税的纳税人和征税对象相对比较集中，有利于征收管理和节约纳税成本。

5. **税负转嫁比较容易**

商品税属于间接税，其纳税人与负税人往往不一致，纳税人可以通过商品、劳务、服务加价的方法将商品税前转给消费者，或者通过压价的方法将税负后转给供应者。

6. **税收负担具有累退性和隐蔽性**

由于商品税主要采用比例税率，不论负税人收入状况如何，均采用相同的征收比例，因此收入越高的税收实际负担越低，从而具有累退性。正是因为商品税的税负比所得税、财产税容易转嫁，因此其税负比较隐蔽。

我国是发展中国家，商品税在税制结构中占主导地位。1994 年税制改革前，商品税占整个税收收入的 90%左右；税制改革后，商品税的地位虽然有所下降，但到目前为止，商品税收入仍占整个税收收入的 60%以上。

8.1.2 商品税的类型

1. **按征税范围分类**

按征税范围分类，商品税可分为大范围商品税和小范围商品税。如果将一切商品都列为征税对象，可以说是大范围商品税；如果将消费性的商品列为征税对象，可以说是小范围商品税。

2. **按征税环节分类**

按征税环节分类，商品税可分为单环节征税和多环节征税。单环节征税是指在商品流转过程中选择其中一个环节征税，如某些国家开征的制造消费税等；多环节征税是指在商品流转过程中选择多个环节征税，如增值税。

3. **按计税方式分类**

按计税方式分类，商品税可分为从价税和从量税。从价税是指以商品价格为计税依据，如增值税、关税等；从量税是指以商品数量为计税依据，如我国对黄酒、啤酒等应税消费品征收的消费税。

4. 按征税地点分类

按征税地点分类，商品税可分为国内商品税和国际商品税。国内商品税是指对在本国生产、销售和消费的商品征收的商品税；国际商品税是指在进出口环节对进出口商品征收的商品税，如关税。

8.1.3 商品税税制设计

商品税是对商品流转额征收的税收的统称，由许多具体形式的税种组成。这些税种尽管具体形式不同，但在税制设计时都会涉及征税范围、课税对象、计税依据、纳税环节、税率等基本要素的选择。

1. 征税范围选择

商品税在征收范围上可以有不同的选择。以商品征收为例，现行商品税的征收范围有以下 3 种类型可供选择。

① 对商品普遍征税。商品可分为消费品和资本品。对商品普遍征税，有利于增加税收收入。

② 对消费品征税。只对消费品征税，即对资本品不予征税。

③ 选择少数消费品征税。选择少数消费品征税，即对资本品和大部分消费品不征税，从而使税基缩小，商品税减少。

2. 课税对象选择

商品税课税对象包括商品流转额和非商品流转额，有总值型和增值型两种类型。

1）总值型商品税

总值型商品税是以商品销售收入为课税对象。由于不涉及扣除额的计算，所以征管难度有所降低。但在多环节征税的情况下，会引起重复征税、重叠征税，不利于产品间或企业间的税负平衡。

2）增值型商品税

增值型商品税以商品增值额为课税对象。相对于总值型商品税而言，增值型商品税的税基缩小，征管难度增大。但在多环节征税情况下可减少或消除重复征税、重叠征税，以及产品间或企业间税负不平衡的问题，使税收负担趋于合理。

3. 计税依据选择

商品税计税依据有从价税和从量税两种类型。从价计征包括含税价和不含税价两种类型。

1）从价税和从量税

从价税是以计税金额为依据计算应纳税额，计税金额为计税价格乘以计税数量。商品价格变化会影响计税金额变化，从而影响税额变化，同种商品由于价格不同而税额不同。

从量税是以计税数量为依据计算应纳税额，计税数量包括计税重量、容积、体积、面积等。商品价格变化不影响税额变化，同种商品也不会因价格差异而引起税额差异。

2）含税价和不含税价

含税价是包含税金在内的计税价格，价格由成本、利润和税金组成，税金内含于价格之中；实行价内税时，商品交易价格即为含税价格；如果商品价格为不含税价格，就要按组成计税价格计算含税价格。

不含税价是不包含税金的计税价格。如果商品价格为含税价，要换算为不含税价。

4. 纳税环节选择

商品税主要是对商品流转额征税，而商品流转一般要经过材料采购、生产制造、商品批发、商品零售等多个环节，在同一环节也会经过多次流转过程。

1）多环节普遍征税

多环节普遍征税是指在生产流通的各个环节普遍征税，或者说每经过一个环节就征一次税。这种多环节征税的方法有利于扩大征税面，加强商品税对生产流通过程的调节作用，减少税收流失。但多环节普遍征税会增加税收征管的复杂性。

2）单一环节征税

单一环节征税是指在生产流转的各个环节中选择某些环节征税。

（1）生产环节征税

商品从生产到消费尽管要经过多个流转环节，但各个流转环节的情况不完全相同，有些流转环节必须经过，如生产环节；有些流转环节不一定经过，如批发、零售环节。因此，选择商品必须经过的生产环节征税，既可以保证财政收入，又可以简化征管手续。

（2）零售环节征税

由于在生产环节无法确定商品属性，要对消费品征税就只能选择在零售环节。选择在零售环节征税，不但可以减少税收对生产流通的干扰及因税收导致的价格扭曲问题，而且还可保持商品税的中性特征。但如果仅在零售环节征税，就会使税基大为缩小，容易引起税收流失。

5. 税率选择

税率是税收制度的核心要素，直接关系到国家税收收入和纳税人的税收负担水平。商品税税率可分为定额税率和比例税率两种形式。

从量税一般适用定额税率，按商品销售的实物量计算税额。从价税一般适用比例税率，按商品销售的价值量计算税额。

比例税率有单一税率和差别税率之分。单一税率是一个税种只采用一种比例税率，主要发挥税收的收入职能。差别税率是一个税种采用多种比例税率，不但能发挥税收的收入职能，同时也能发挥税收的调节职能。差别比例税率既可按行业设计，也可按产品、地区设计，主要取决于税收目标。

8.2 增 值 税

8.2.1 增值税的概念及特点

1. 增值税的概念

增值税是指对从事销售货物、劳务、服务、无形资产或不动产，以及进口货物的单位和个人，以其取得的增值额为计税依据征收的一种商品税。增值税是我国现阶段税收收入规模最大的税种。

从计税原理分析，增值税是对商品生产和流通中各环节的增值额进行征税，所以称为增值税。增值额是指纳税人在生产、经营商品或销售劳务、服务、无形资产或不动产活动中所创造的新增价值，即纳税人在一定时期内销售货物、劳务、服务、无形资产或不动产所取得的收入大于其购进货物、劳务、服务、无形资产或不动产时所支付金额的差额。

由于增值额在实际经济活动中难以精确计量，因此增值税应纳税额的计算一般采取税额抵扣的方式，即纳税人根据货物、劳务、服务的销售额按照规定的税率计算出增值税税额，扣除上一个环节已纳增值税税额，其余额即为纳税人应纳的增值税税额。

2. 增值税的特点

增值税的特点主要表现在以下 4 个方面。

① 价外计税。增值税属于典型的价外税，即在计算应纳增值税税额时，作为计税依据的销售额是不含增值税税额的。这样有利于形成均衡的生产价格，同时也有利于税负的转嫁。

② 以增值额为课税对象。增值税是以增值额而不是以销售收入为课税对象，这是增值税的最基本特点。

③ 普遍征税。增值税依据普遍征税原则，对从事销售货物、劳务、服务、无形资产或不动产的所有单位和个人征税。

④ 多环节征税。增值税实行多环节征税，即在商品生产、批发、零售、进口等各个环节分别课税，而不是只在某一环节征税。

增值税类型　　我国增值税法律制度的演变

8.2.2 增值税纳税人

1. 增值税纳税人基本规定

根据《增值税暂行条例》及其实施细则的规定，在中华人民共和国境内销售货物、劳务、服务、无形资产或不动产及进口货物的单位和个人，均为增值税的纳税人。其中，单位是指企业、行政单位、事业单位、军事单位、社会团体及其他单位，个人是指个体工商户及其他个人。①

单位以承包、承租、挂靠方式经营的，承包人、承租人、挂靠人（以下统称承包人）以发包人、出租人、被挂靠人（以下统称发包人）名义对外经营并由发包人承担相关法律责任的，以该发包人为纳税人；否则，以承包人为纳税人。

资管产品运营过程中发生的增值税应税行为，以资管产品管理人为增值税纳税人。

境外的单位或个人在境内销售货物、劳务、服务、无形资产或不动产而在境内未设立经营机构的，以购买方为增值税扣缴义务人。财政部和国家税务总局另有规定的除外。

为了严格增值税的征收管理，参照国际惯例，我国增值税暂行条例将增值税纳税人按其经营规模及会计核算健全程度划分为增值税一般纳税人和增值税小规模纳税人。

2. 增值税小规模纳税人的认定

增值税小规模纳税人（以下简称小规模纳税人）是指年应税销售额在规定标准以下，并且会计核算不健全，不能按规定报送有关税务资料的增值税纳税人。所谓会计核算不健全，是指不能够按照国家统一的会计制度规定设置账簿，不能根据合法、有效的凭证进行核算。为了便于增值税的征收管理，我国采取了国际上比较通行的做法，即对小规模纳税人实行简易计税方法，而不采取一般计税方法。② 为持续推进放管服（即简政放权、放管结合、优化

① 根据规定，从 1994 年 1 月 1 日起，外商投资企业和外国企业从事货物销售或者进口、提供加工修理修配劳务的，均不再缴纳工商统一税，改为缴纳增值税，为增值税纳税人。

② “简易计税方法”和“一般计税方法”这两个概念来源于营业税改征增值税的相关规定。

服务）改革，全面推行小规模纳税人自行开具增值税专用发票。小规模纳税人（其他个人除外）发生增值税应税行为，需要开具增值税专用发票的，可以自愿使用增值税发票管理系统自行开具。

根据增值税法律制度的规定，小规模纳税人标准为年应征增值税销售额（以下简称年应税销售额①）500万元及以下。其中，年应税销售额超过规定标准的其他个人，视同小规模纳税人纳税；年应税销售额超过规定标准但不经常发生应税行为的单位和个体工商户可选择按照小规模纳税人纳税。

3. 增值税一般纳税人的认定

增值税一般纳税人（以下简称一般纳税人）是指年应税销售额超过《增值税暂行条例》及其实施细则规定的小规模纳税人标准的企业和企业性单位（以下简称企业）。小规模纳税人会计核算健全，能够提供准确税务资料的，可以向税务机关申请登记为一般纳税人，不再作为小规模纳税人。除财政部和国家税务总局另有规定外，增值税纳税人一经认定为一般纳税人后，不得转为小规模纳税人。

有下列情形之一的，经主管税务机关批准，可认定为一般纳税人。

① 年应税销售额超过小规模纳税人标准的企业。已开业的小规模企业，其年应税销售额超过小规模纳税人标准的，应在次年1月底以前申请一般纳税人资格认定手续。

② 增值税纳税人总分支机构实行统一核算，其总机构年应税销售额超过小规模纳税人标准，但分支机构年应税销售额未超过小规模纳税人标准的，其分支机构可以认定为一般纳税人。

③ 新开业的符合一般纳税人条件的企业，应在办理税务登记的同时申请办理一般纳税人认定手续。税务机关对其预计年应税销售额未超过小规模纳税人标准的，暂定为一般纳税人；其开业后的实际年应税销售额未超过小规模纳税人标准的，应重新办理认定手续：符合条件的，可继续认定为一般纳税人；不符合条件的，取消一般纳税人资格。

④ 非企业性单位如果经常发生增值税应税行为，并且符合一般纳税人条件，可以认定为一般纳税人。

⑤ 个体工商户符合《增值税暂行条例》及其实施细则规定的一般纳税人认定条件的，经省级国家税务局批准，可以认定为一般纳税人。

一般纳税人实行登记制，除另有规定外，符合一般纳税人条件的，应向其所在地税务机关填写、申报《增值税一般纳税人申请认定表》，办理一般纳税人认定手续。《增值税一般纳税人申请认定表》由税务总局统一制定（见表8-1）。

表8-1 增值税一般纳税人申请认定表

申请单位：（章）　　　　申请时间：　年　月　日

经营地址		电话		邮编	
经营范围					
经济性质			职工人数		
开户银行			账号		

① 年应税销售额是指纳税人在连续不超过12个月或四个季度的经营期内累计应征增值税销售额，包括纳税申报销售额、稽查查补销售额、纳税评估调整销售额。

续表

年度资料/万元	生产货物销售额		
	加工修理修配销售额		
	批发零售销售额		
	应税销售额合计		
	固定资产规模		
会计财务核算状况	专业财务人员人数		
	设置账簿种类		
	能否准确核算进项、销项税额		
备　　注			
基层税务部门意见	（盖章）	县（区）级税务部门意见	（盖章）

需要说明的是，中华人民共和国境外的单位或者个人在境内销售劳务，在境内未设有经营机构的，以其境内代理人为扣缴义务人；在境内没有代理人的，以购买方为扣缴义务人。

8.2.3　增值税的征税范围

增值税的征税范围包括销售货物、劳务、服务、无形资产或不动产及进口货物。大部分一般性劳务和农业不属于增值税的征税范围。

1. 销售货物

销售货物，是指在中华人民共和国境内（简称境内）有偿转让货物的所有权。其中，境内是指所销售货物的起运地或所在地在境内；货物是指除土地、房屋和其他建筑物等不动产以外的有形动产，包括电力、热力、气体在内；有偿包括从购买方取得货币、货物或其他经济利益。

2. 销售劳务

销售劳务，是指在境内有偿提供加工、修理修配劳务。其中，境内是指所提供的加工、修理修配劳务发生在境内；加工劳务，是指受托加工货物，即由委托方提供原料及主要材料，受托方按照委托方要求制造货物并收取加工费的业务；修理修配劳务，是指受托对损伤和丧失功能的货物进行修复，使其恢复原状和功能的业务。单位和个人在境内提供上述劳务，不论受托方从委托方收取的加工费是货币形式还是其他形式，都应视作有偿提供应税劳务行为，征收增值税。但是，单位或个体工商户聘用的员工为本单位或雇主提供的加工、修理修配劳务，不包括在内。

3. 销售服务、无形资产和不动产

销售服务、无形资产和不动产，是指在境内有偿销售服务、无形资产或者不动产。

1）销售服务

销售服务，是指在境内销售交通运输服务、邮政服务、电信服务、建筑服务、金融服务、现代服务和生活服务。

（1）交通运输服务

交通运输服务，是指利用交通运输工具将货物或者旅客送达目的地，使其空间位置得到转移的业务活动，包括陆路运输服务、水路运输服务、航空运输服务和管道运输服务。

① 陆路运输服务。陆路运输服务是指通过陆路（地上或者地下）运送货物或者旅客的运输业务活动，包括铁路运输服务和其他陆路运输服务。

- 铁路运输服务，是指通过铁路运送货物或者旅客的运输业务活动。
- 其他陆路运输服务，是指铁路运输以外的陆路运输业务活动，包括公路运输、缆车运输、索道运输、地铁运输、城市轻轨运输等。

出租车公司向使用本公司自有出租车的出租车司机收取的管理费用，按照陆路运输服务缴纳增值税。

② 水路运输服务。水路运输服务是指通过江、河、湖、川等天然、人工水道或者海洋航道运送货物或者旅客的运输业务活动。

水路运输的程租、期租业务，属于水路运输服务。程租业务，是指运输企业为租船人完成某一特定航次的运输任务并收取租赁费的业务。期租业务，是指运输企业将配备有操作人员的船舶承租给他人使用一定期限，承租期内听候承租方调遣，不论是否经营，均按天向承租方收取租赁费，发生的固定费用均由船东负担的业务。

③ 航空运输服务。航空运输服务是指通过空中航线运送货物或者旅客的运输业务活动。

航空运输的湿租业务，属于航空运输服务。湿租业务，是指航空运输企业将配备有机组人员的飞机承租给他人使用一定期限，承租期内听候承租方调遣，不论是否经营，均按一定标准向承租方收取租赁费，发生的固定费用均由承租方承担的业务。

航天运输服务按照航空运输服务缴纳增值税。航天运输服务，是指利用火箭等载体将卫星、空间探测器等空间飞行器发射到空间轨道的业务活动。

④ 管道运输服务。管道运输服务是指通过管道设施输送气体、液体、固体物质的运输业务活动。

无运输工具承运业务按照交通运输服务缴纳增值税。无运输工具承运业务，是指经营者以承运人身份与托运人签订运输服务合同，收取运费并承担承运人责任，然后委托实际承运人完成运输服务的经营活动。

（2）邮政服务

邮政服务，是指中国邮政集团公司及其所属邮政企业提供邮政寄递、邮政汇兑和机要通信等邮政基本服务的业务活动，包括邮政普遍服务、邮政特殊服务和其他邮政服务。

① 邮政普遍服务。邮政普遍服务是指函件、包裹等邮件寄递，以及邮票发行、报刊发行和邮政汇兑等业务活动。函件，是指信函、印刷品、邮资封片卡、无名址函件和邮政小包等。包裹，是指按照封装上的名址递送给特定个人或者单位的独立封装的物品，其重量不超过 50 kg，任何一边的尺寸不超过 150 cm，长、宽、高合计不超过 300 cm。

② 邮政特殊服务。邮政特殊服务是指义务兵平常信函、机要通信、盲人读物和革命烈士遗物的寄递等业务活动。

③ 其他邮政服务。其他邮政服务是指邮册等邮品销售、邮政代理等业务活动。

（3）电信服务

电信服务，是指利用有线、无线的电磁系统或者光电系统等各种通信网络资源，提供语音通话服务，传送、发射、接收或者应用图像、短信等电子数据和信息的业务活动，包括基础电信服务和增值电信服务。

① 基础电信服务。基础电信服务是指利用固网、移动网、卫星、互联网提供语音通话

服务的业务活动，以及出租或者出售宽带、波长等网络元素的业务活动。

② 增值电信服务。增值电信服务是指利用固网、移动网、卫星、互联网、有线电视网络提供短信和彩信服务、电子数据和信息的传输及应用服务、互联网接入服务等业务活动。

卫星电视信号落地转接服务按照增值电信服务缴纳增值税。

（4）建筑服务

建筑服务，是指各类建筑物、构筑物及其附属设施的建造、修缮、装饰，线路、管道、设备、设施等的安装及其他工程作业的业务活动，包括工程服务、安装服务、修缮服务、装饰服务和其他建筑服务。

① 工程服务。工程服务是指新建、改建各种建筑物、构筑物的工程作业，包括与建筑物相连的各种设备或者支柱、操作平台的安装或者装饰工程作业，以及各种窑炉和金属结构工程作业。

② 安装服务。安装服务是指生产设备、动力设备、起重设备、运输设备、传动设备、医疗实验设备及其他各种设备、设施的装配、安置工程作业，包括与被安装设备相连的工作台、梯子、栏杆的装饰工程作业，以及被安装设备的绝缘、防腐、保温、油漆等工程作业。

固定电话、有线电视、宽带、水、电、燃气、暖气等经营者向用户收取的安装费、初装费、开户费、扩容费及类似收费，按照安装服务缴纳增值税。

③ 修缮服务。修缮服务是指对建筑物、构筑物进行修补、加固、养护、改善，使之恢复原来的使用价值或者延长其使用期限的工程作业。

④ 装饰服务。装饰服务是指对建筑物、构筑物进行修饰装修，使之美观或者具有特定用途的工程作业。

⑤ 其他建筑服务。其他建筑服务是指上述工程作业之外的各种工程作业服务，如钻井（打井）、拆除建筑物或者构筑物、平整土地、园林绿化、疏浚（不包括航道疏浚①）、建筑物平移、搭脚手架、爆破、矿山穿孔、表面附着物（包括岩层、土层、沙层等）剥离和清理等工程作业。

（5）金融服务

金融服务，是指经营金融保险的业务活动，包括贷款服务、直接收费金融服务、保险服务和金融商品转让。

① 贷款服务。贷款是指将资金贷与他人使用而取得利息收入的业务活动。

各种占用、拆借资金取得的收入，包括金融商品持有期间（含到期）利息（保本收益、报酬、资金占用费、补偿金等）收入、信用卡透支利息收入、买入返售金融商品利息收入、融资融券收取的利息收入，以及融资性售后回租、押汇、罚息、票据贴现②、转贷等业务取得的利息及利息性质的收入，按照贷款服务缴纳增值税。融资性售后回租，是指承租方以融资为目的，将资产出售给从事融资性售后回租业务的企业后，从事融资性售后回租业务的企业将该资产出租给承租方的业务活动。

以货币资金投资收取的固定利润或者保底利润，按照贷款服务缴纳增值税。

---

① 航道疏浚服务属于物流辅助服务。

② 自2018年1月1日起，金融机构开展贴现、转贴现业务，以其实际持有票据期间取得的利息收入作为贷款服务销售额计算缴纳增值税。

② 直接收费金融服务。直接收费金融服务是指为货币资金融通及其他金融业务提供相关服务并收取费用的业务活动，包括提供货币兑换、账户管理、电子银行、信用卡、信用证、财务担保、资产管理、信托管理、基金管理、金融交易场所（平台）管理、资金结算、资金清算、金融支付等服务。

③ 保险服务。保险服务是指投保人根据合同约定，向保险人支付保险费，保险人对于合同约定的可能发生的事故因其发生所造成的财产损失承担赔偿保险金责任，或者当被保险人死亡、伤残、疾病或者达到合同约定的年龄、期限等条件时承担给付保险金责任的商业保险行为。保险服务包括人身保险服务和财产保险服务。人身保险服务，是指以人的寿命和身体为保险标的的保险业务活动。财产保险服务，是指以财产及其有关利益为保险标的的保险业务活动。

④ 金融商品转让。金融商品转让是指转让外汇、有价证券、非货物期货和其他金融商品所有权的业务活动。其他金融商品转让包括基金、信托、理财产品等各类资产管理产品和各种金融衍生品的转让。

（6）现代服务

现代服务，是指围绕制造业、文化产业、现代物流产业等提供技术性、知识性服务的业务活动，包括研发和技术服务、信息技术服务、文化创意服务、物流辅助服务、租赁服务、鉴证咨询服务、广播影视服务、商务辅助服务和其他现代服务。

① 研发和技术服务。研发和技术服务包括研发服务、合同能源管理服务、工程勘察勘探服务、专业技术服务。

- 研发服务，也称技术开发服务，是指就新技术、新产品、新工艺或者新材料及其系统进行研究与试验开发的业务活动。
- 合同能源管理服务，是指节能服务公司与用能单位以契约形式约定节能目标，节能服务公司提供必要的服务，用能单位以节能效果支付节能服务公司投入及其合理报酬的业务活动。
- 工程勘察勘探服务，是指在采矿、工程施工前后，对地形、地质构造、地下资源蕴藏情况进行实地调查的业务活动。
- 专业技术服务，是指气象服务、地震服务、海洋服务、测绘服务、城市规划、环境与生态监测服务等专项技术服务。

② 信息技术服务。信息技术服务是指利用计算机、通信网络等技术对信息进行生产、收集、处理、加工、存储、运输、检索和利用，并提供信息服务的业务活动，包括软件服务、电路设计及测试服务、信息系统服务、业务流程管理服务和信息系统增值服务。

- 软件服务，是指提供软件开发服务、软件维护服务、软件测试服务的业务活动。
- 电路设计及测试服务，是指提供集成电路和电子电路产品设计、测试及相关技术支持服务的业务活动。
- 信息系统服务，是指提供信息系统集成、网络管理、网站内容维护、桌面管理与维护、信息系统应用、基础信息技术管理平台整合、信息技术基础设施管理、数据中心、托管中心、信息安全服务、在线杀毒、虚拟主机等业务活动，包括网站对非自有的网络游戏提供的网络运营服务。
- 业务流程管理服务，是指依托信息技术提供的人力资源管理、财务管理、审计管理、税务管理、物流信息管理、经营信息管理和呼叫中心等服务的活动。

● 信息系统增值服务，是指利用信息系统资源为用户附加提供的信息技术服务，包括数据处理、数据库管理、数据备份、数据存储、容灾服务、电子商务平台等。

③ 文化创意服务。文化创意服务包括设计服务、知识产权服务、广告服务和会议展览服务。

● 设计服务，是指把计划、规划、设想通过文字、语言、图画、声音、视觉等形式传递出来的业务活动，包括工业设计、内部管理设计、业务运作设计、供应链设计、造型设计、服装设计、环境设计、平面设计、包装设计、动漫设计、网游设计、展示设计、网站设计、机械设计、工程设计、广告设计、创意策划、文印晒图等。

● 知识产权服务，是指处理知识产权事务的业务活动，包括对专利、商标、著作权、软件、集成电路布图设计的登记、鉴定、评估、认证、检索服务。

● 广告服务，是指利用图书、报纸、杂志、广播、电视、电影、幻灯、路牌、招贴、橱窗、霓虹灯、灯箱、互联网等各种形式为客户的商品、经营服务项目、文体节目或者通告、声明等委托事项进行宣传和提供相关服务的业务活动，包括广告代理和广告的发布、播映、宣传、展示等。

● 会议展览服务，是指为商品流通、促销、展示、经贸洽谈、民间交流、企业沟通、国际往来等举办或者组织安排的各类展览和会议的业务活动。

④ 物流辅助服务。物流辅助服务包括航空服务、港口码头服务、货运客运场站服务、打捞救助服务、装卸搬运服务、仓储服务和收派服务。

● 航空服务，包括航空地面服务和通用航空服务。航空地面服务，是指航空公司、飞机场、民航管理局、航站等向在境内航行或者在境内机场停留的境内外飞机或者其他飞行器提供的导航等劳务性地面服务的业务活动，包括旅客安全检查服务、停机坪管理服务、机场候机厅管理服务、飞机清洗消毒服务、空中飞行管理服务、飞机起降服务、飞行通信服务、地面信号服务、飞机安全服务、飞机跑道管理服务、空中交通管理服务等。通用航空服务，是指为专业工作提供飞行服务的业务活动，包括航空摄影、航空培训、航空测量、航空勘探、航空护林、航空吊挂播洒、航空降雨、航空气象探测、航空海洋监测、航空科学实验等。

● 港口码头服务，是指港务船舶调度服务、船舶通信服务、航道管理服务、航道疏浚服务、灯塔管理服务、航标管理服务、船舶引航服务、理货服务、系解缆服务、停泊和移泊服务、海上船舶溢油清除服务、水上交通管理服务、船只专业清洗消毒检测服务和防止船只漏油服务等为船只提供服务的业务活动。港口设施经营人收取的港口设施保安费按照港口码头服务缴纳增值税。

● 货运客运场站服务，是指货运客运场站提供货物配载服务、运输组织服务、中转换乘服务、车辆调度服务、票务服务、货物打包整理、铁路线路使用服务、加挂铁路客车服务、铁路行包专列发送服务、铁路到达和中转服务、铁路车辆编解服务、车辆挂运服务、铁路接触网服务、铁路机车牵引服务等业务活动。

● 打捞救助服务，是指提供船舶人员救助、船舶财产救助、水上救助和沉船沉物打捞服务的业务活动。

● 装卸搬运服务，是指使用装卸搬运工具或者人力、畜力将货物在运输工具之间、装卸现场之间或者运输工具与装卸现场之间进行装卸和搬运的业务活动。

● 仓储服务，是指利用仓库、货场或者其他场所代客储放、保管货物的业务活动。

● 收派服务，是指接受寄件人委托，在承诺的时限内完成函件和包裹的收件、分拣、派送服务的业务活动。收件服务，是指从寄件人收取函件和包裹，并运送到服务提供方同城的集散中心的业务活动。分拣服务，是指服务提供方在其集散中心对函件和包裹进行归类、分发的业务活动。派送服务，是指服务提供方从其集散中心将函件和包裹送达同城的收件人的业务活动。

⑤ 租赁服务。租赁服务包括融资租赁服务和经营租赁服务。

● 融资租赁服务，是指具有融资性质和所有权转移特点的租赁活动，即出租人根据承租人所要求的规格、型号、性能等条件购入有形动产或者不动产租赁给承租人，合同期内租赁物所有权属于出租人，承租人只拥有使用权，合同期满付清租金后，承租人有权按照残值购入租赁物，以拥有其所有权。不论出租人是否将租赁物销售给承租人，均属于融资租赁。按照标的物的不同，融资租赁服务可分为有形动产融资租赁服务和不动产融资租赁服务。融资性售后回租按照金融服务缴纳增值税。

● 经营租赁服务，是指在约定时间内将有形动产或者不动产转让他人使用且租赁物所有权不变更的业务活动。按照标的物的不同，经营租赁服务可分为有形动产经营租赁服务和不动产经营租赁服务。将建筑物、构筑物等不动产或者飞机、车辆等有形动产的广告位出租给其他单位或者个人用于发布广告，按照经营租赁服务缴纳增值税。车辆停放服务、道路通行服务（包括过路费、过桥费、过闸费等）按照不动产经营租赁服务缴纳增值税。

水路运输的光租业务、航空运输的干租业务，属于经营租赁。光租业务，是指运输企业将船舶在约定的时间内出租给他人使用，不配备操作人员，不承担运输过程中发生的各项费用，只收取固定租赁费的业务活动。干租业务，是指航空运输企业将飞机在约定的时间内出租给他人使用，不配备机组人员，不承担运输过程中发生的各项费用，只收取固定租赁费的业务活动。

⑥ 鉴证咨询服务。鉴证咨询服务包括认证服务、鉴证服务和咨询服务。

● 认证服务，是指具有专业资质的单位利用检测、检验、计量等技术，证明产品、服务、管理体系符合相关技术规范、相关技术规范的强制性要求或者标准的业务活动。

● 鉴证服务，是指具有专业资质的单位受托对相关事项进行鉴证，发表具有证明力的意见的业务活动，包括会计鉴证、税务鉴证、法律鉴证、职业技能鉴定、工程造价鉴证、工程监理、资产评估、环境评估、房地产评估、建筑图纸审核、医疗事故鉴定等。

● 咨询服务，是指提供信息、建议、策划、顾问等服务的活动，包括金融、软件、技术、财务、税收、法律、内部管理、业务运作、流程管理、健康等方面的咨询。翻译服务和市场调查服务按照咨询服务缴纳增值税。

⑦ 广播影视服务。广播影视服务包括广播影视节目（作品）的制作服务、发行服务和播映（含放映，下同）服务。

● 广播影视节目（作品）制作服务，是指进行专题（特别节目）、专栏、综艺、体育、动画片、广播剧、电视剧、电影等广播影视节目和作品制作的服务，包括与广播影视节目和作品相关的策划、采编、拍摄、录音、音视频文字图片素材制作、场景布置、后期的剪辑、翻译（编译）、字幕制作、片头、片尾、片花制作、特效制作、影片修复、编目和确权等业务活动。

● 广播影视节目（作品）发行服务，是指以分账、买断、委托等方式，向影院、电台、电视台、网站等单位和个人发行广播影视节目（作品）以及转让体育赛事等活动的报道及播映权的业务活动。

● 广播影视节目（作品）播映服务，是指在影院、剧院、录像厅及其他场所播映广播影视节目（作品），以及通过电台、电视台、卫星通信、互联网、有线电视等无线或者有线装置播映广播影视节目（作品）的业务活动。

⑧ 商务辅助服务。商务辅助服务包括企业管理服务、经纪代理服务、人力资源服务、安全保护服务。

● 企业管理服务，是指提供总部管理、投资与资产管理、市场管理、物业管理、日常综合管理等服务的业务活动。

● 经纪代理服务，是指各类经纪、中介、代理服务，包括金融代理、知识产权代理、货物运输代理、代理报关、法律代理、房地产中介、职业中介、婚姻中介、代理记账、拍卖等。货物运输代理服务，是指接受货物收货人、发货人、船舶所有人、船舶承租人或者船舶经营人的委托，以委托人的名义，为委托人办理货物运输、装卸、仓储和船舶进出港口、引航、靠泊等相关手续的业务活动。代理报关服务，是指接受进出口货物的收、发货人委托，代为办理报关手续的业务活动。

● 人力资源服务，是指提供公共就业、劳务派遣、人才委托招聘、劳动力外包等服务的业务活动。

● 安全保护服务，是指提供保护人身安全和财产安全，维护社会治安等的业务活动，包括场所住宅保安、特种保安、安全系统监控及其他安保服务。

⑨ 其他现代服务。其他现代服务是指除研发和技术服务、信息技术服务、文化创意服务、物流辅助服务、租赁服务、鉴证咨询服务、广播影视服务和商务辅助服务以外的现代服务。

（7）生活服务

生活服务，是指为满足城乡居民日常生活需求提供的各类服务活动，包括文化体育服务、教育医疗服务、旅游娱乐服务、餐饮住宿服务、居民日常服务和其他生活服务。

① 文化体育服务。文化体育服务，包括文化服务和体育服务。

● 文化服务，是指为满足社会公众文化生活需求提供的各种服务，包括文艺创作、文艺表演、文化比赛、图书馆的图书和资料借阅、档案馆的档案管理、文物及非物质遗产保护、组织举办宗教活动、科技活动、文化活动、提供游览场所。

● 体育服务，是指组织举办体育比赛、体育表演、体育活动，以及提供体育训练、体育指导、体育管理的业务活动。

② 教育医疗服务。教育医疗服务包括教育服务和医疗服务。

● 教育服务，是指提供学历教育服务、非学历教育服务、教育辅助服务的业务活动。学历教育服务，是指根据教育行政管理部门确定或者认可的招生和教学计划组织教学，并颁发相应学历证书的业务活动，包括初等教育、初级中等教育、高级中等教育、高等教育等。非学历教育服务，包括学前教育、各类培训、演讲、讲座、报告会等。教育辅助服务，包括教育测评、考试、招生等服务。

● 医疗服务，是指提供医学检查、诊断、治疗、康复、预防、保健、接生、计划生育、防疫服务等方面的服务，以及与这些服务有关的提供药品、医用材料器具、救护车、病房住宿和伙食的业务。

③ 旅游娱乐服务。旅游娱乐服务包括旅游服务和娱乐服务。

● 旅游服务，是指根据旅游者的要求，组织安排交通、游览、住宿、餐饮、购物、文娱、商务等服务的业务活动。

● 娱乐服务，是指为娱乐活动提供场所和服务的业务，包括歌厅、舞厅、夜总会、酒吧、台球、高尔夫球、保龄球、游艺（包括射击、狩猎、跑马、游戏机、蹦极、卡丁车、热气球、动力伞、射箭、飞镖）。

④ 餐饮住宿服务。餐饮住宿服务包括餐饮服务和住宿服务。

● 餐饮服务，是指通过同时提供饮食和饮食场所的方式为消费者提供饮食消费服务的业务活动。

● 住宿服务，是指提供住宿场所及配套服务等的活动，包括宾馆、旅馆、旅社、度假村和其他经营性住宿场所提供的住宿服务。

⑤ 居民日常服务。居民日常服务是指主要为满足居民个人及其家庭日常生活需求提供的服务，包括市容市政管理、家政、婚庆、养老、殡葬、照料和护理、救助救济、美容美发、按摩、桑拿、氧吧、足疗、沐浴、洗染、摄影扩印等服务。

⑥ 其他生活服务。其他生活服务是指除文化体育服务、教育医疗服务、旅游娱乐服务、餐饮住宿服务和居民日常服务之外的生活服务。

2）销售无形资产

销售无形资产，是指转让无形资产所有权或者使用权的业务活动。无形资产，是指不具有实物形态，但能带来经济利益的资产，包括技术、商标、著作权、商誉、自然资源使用权和其他权益性无形资产。技术包括专利技术和非专利技术。自然资源使用权包括土地使用权、海域使用权、探矿权、采矿权、取水权和其他自然资源使用权。其他权益性无形资产包括基础设施资产经营权、公共事业特许权、配额、经营权（包括特许经营权、连锁经营权、其他经营权）、经销权、分销权、代理权、会员权、席位权、网络游戏虚拟道具、域名、名称权、肖像权、冠名权、转会费等。

3）销售不动产

销售不动产，是指转让不动产所有权的业务活动。不动产，是指不能移动或者移动后会引起性质、形状改变的财产，包括建筑物、构筑物等。建筑物包括住宅、商业营业用房、办公楼等可供居住、工作或者进行其他活动的建造物。构筑物包括道路、桥梁、隧道、水坝等建造物。

转让建筑物有限产权或者永久使用权的，转让在建的建筑物或者构筑物所有权的，以及在转让建筑物或者构筑物时一并转让其所占土地的使用权的，按照销售不动产缴纳增值税。

4. 进口货物

进口货物是指进入中国关境的货物。根据《增值税暂行条例》的规定，只要是报关进口的应税货物，均属于增值税的征税范围，除享受免税政策外，在进口环节缴纳增值税。

5. 视同应税行为

视同应税行为包括视同销售货物和视同销售服务、无形资产或者不动产两类。

① 视同销售货物，即没有直接发生销售，但也要按照正常销售行为征税。单位或个体工商户的下列行为，视同销售货物，征收增值税。

● 将货物交付其他单位或个人代销。

● 销售代销货物。

● 设有两个以上机构并实行统一核算的纳税人，将货物从一个机构移送其他机构用于销售，但相关机构设在同一县（市）的除外。

● 将自产或委托加工的货物用于非应税项目。

- 将自产、委托加工或购进的货物作为投资，提供给其他单位或个体工商户。
- 将自产、委托加工或购进的货物分配给股东或投资者。
- 将自产、委托加工的货物用于集体福利或个人消费。
- 将自产、委托加工或购进的货物无偿赠送其他单位或个人。

② 视同销售服务、无形资产或者不动产。

单位或者个人的下列情形视同销售服务、无形资产或者不动产，征收增值税。

- 单位或者个体工商户向其他单位或者个人无偿提供服务，但用于公益事业或者以社会公众为对象的除外。
- 单位或者个人向其他单位或者个人无偿转让无形资产或者销售不动产，但用于公益事业或者以社会公众为对象的除外。
- 财政部和国家税务总局规定的其他情形。

需要说明的是，下列情形不属于在中国境内销售服务或者无形资产。

- 境外单位或者个人向境内单位或者个人销售完全在境外发生的服务。
- 境外单位或者个人向境内单位或者个人销售完全在境外使用的无形资产。
- 境外单位或者个人向境内单位或者个人出租完全在境外使用的有形动产。
- 财政部和国家税务总局规定的其他情形。

另外，销售服务、无形资产或者不动产，是指有偿提供服务、有偿转让无形资产或者不动产，但属于下列非经营活动的情形除外：

- 行政单位收取的同时满足以下条件的政府性基金或者行政事业性收费：由国务院或者财政部批准设立的政府性基金，由国务院或者省级人民政府及其财政、价格主管部门批准设立的行政事业性收费；收取时开具省级以上（含省级）财政部门监（印）制的财政票据；所收款项全额上缴财政。
- 单位或者个体工商户聘用的员工为本单位或者雇主提供取得工资的服务。
- 单位或者个体工商户为聘用的员工提供服务。
- 财政部和国家税务总局规定的其他情形。

6. 混合销售行为

混合销售行为是指一项销售行为既涉及货物又涉及服务的行为。混合销售行为具有以下特征：一是在同一次交易中发生；二是涉及的是同一个纳税人（销售方）；三是涉及的是同一个消费者。

按照规定，从事货物的生产、批发或者零售的单位及个体工商户的混合销售行为，按照销售货物缴纳增值税；其他单位和个体工商户的混合销售行为，按照销售服务缴纳增值税。其中，从事货物的生产、批发或者零售的单位和个体工商户包括以从事货物的生产、批发或者零售为主，并兼营销售服务的单位和个体工商户。

自 2017 年 5 月起，纳税人销售活动板房、机器设备、钢结构件等自产货物的同时提供建筑、安装服务，不属于混合销售，应分别核算货物和建筑服务的销售额，分别适用不同的税率或者征收率。

需要说明的是，下列项目不征收增值税。

① 根据国家指令无偿提供的铁路运输服务、航空运输服务，属于《营业税改征增值税试点实施办法》规定的用于公益事业的服务。

② 存款利息。

③ 被保险人获得的保险赔付。

④ 房地产主管部门或者其指定机构、公积金管理中心、开发企业以及物业管理单位代收的住宅专项维修资金。

⑤ 在资产重组过程中，通过合并、分立、出售、置换等方式，将全部或者部分实物资产以及与其相关联的债权、负债和劳动力一并转让给其他单位和个人，其中涉及的不动产、土地使用权转让行为。

⑥ 在资产重组过程中，通过合并、分立、出售、置换等方式，将全部或者部分实物资产以及与其相关联的债权、负债和劳动力一并转让给其他单位和个人，不属于增值税的征税范围，其中涉及的货物转让，不征收增值税。

⑦ 纳税人取得的财政补贴收入，与其销售货物、劳务、服务、无形资产、不动产的收入或者数量直接挂钩的，应按规定计算缴纳增值税。纳税人取得的其他情形的财政补贴收入，不属于增值税应税收入，不征收增值税。

8.2.4 增值税税率和征收率

我国增值税采用比例税率，分为基本税率、低税率和零税率三档，适用于增值税一般计税方法；增值税简易计税方法采用征收率。

1. 基本税率

增值税的基本税率为13%，适用于除实行低税率和零税率以外的所有销售或者进口货物、劳务及提供有形动产租赁服务。

2. 低税率

① 纳税人销售或进口下列货物，税率为9%：

- 粮食等农产品、食用植物油、食用盐；
- 自来水、暖气、冷气、热水、煤气、石油液化气、天然气、二甲醚、沼气、居民用煤炭制品；
- 图书、报纸、杂志、音像制品、电子出版物；
- 饲料、化肥[①]、农药、农机[②]、农膜；
- 国务院规定的其他货物。

② 纳税人销售下列服务、无形资产或者不动产，税率为9%：

- 交通运输服务；
- 邮政服务；
- 基础电信服务；
- 建筑服务；
- 不动产租赁服务；
- 销售不动产；
- 转让土地使用权。

---

① 从2015年9月1日起，化肥原有的增值税免税和先征后返政策相应停止执行。

② 不包括农机零配件。

③ 纳税人发生应税行为，除另有规定外，税率为6%。

3. 零税率

纳税人出口货物，税率为零，但是国务院另有规定的除外，如纳税人出口的原油、援外出口货物、糖；经国务院批准的其他商品，如天然牛黄、麝香、铜及铜基合金、铂金等。

境内单位和个人跨境销售国务院规定范围内的服务、无形资产，税率为零，包括：国际运输服务、航天运输服务等；向境外单位提供的完全在境外消费的研发服务、合同能源管理服务、设计服务、广播影视节目（作品）的制作和发行服务、软件服务、电路设计及测试服务、信息系统服务、业务流程管理服务、离岸服务外包业务、转让技术；国务院规定的其他服务。

零税率不同于免税。出口货物免税仅指在出口环节不征收增值税，而零税率是指对出口货物除了在出口环节不征收增值税外，还要对该货物在出口前已经缴纳的增值税进行退税，使该出口货物在出口时完全不含增值税税款，从而以无税货物进入国际市场。

4. 征收率

1）一般纳税人征收率

一般纳税人销售自产的下列货物，可选择按照简易办法依照3%的征收率计算缴纳增值税，选择简易办法计算缴纳增值税后，36个月内不得变更。

① 县级及县级以下小型水力发电单位生产的电力。小型水力发电单位，是指各类投资主体建设的装机容量为5万kW以下（含5万kW）的小型水力发电单位。

② 建筑用和生产建筑材料所用的砂、土、石料[①]。

③ 以自己采掘的砂、土、石料或其他矿物连续生产的砖、瓦、石灰（不含黏土实心砖、瓦）。

④ 用微生物、微生物代谢产物、动物毒素、人或动物的血液或组织制成的生物制品。

⑤ 自来水（对属于一般纳税人的自来水公司销售自来水按简易办法依照3%的征收率征收增值税，不得抵扣其购进自来水取得增值税扣税凭证注明的增值税税款）。

⑥ 商品混凝土（仅限于以水泥为原料生产的水泥混凝土）。

一般纳税人如有符合规定的特定项目，可以选择适用简易计税方法的，征收率为3%。其中，特定项目是指一般纳税人提供的公共交通运输服务（包括轮客渡、公交客运、轨道交通、出租车）；经认定的动漫企业为开发动漫产品提供的动漫脚本编撰、形象设计、背景设计、动画设计、分镜、动画制作、摄制、描线、上色、画面合成、配音、配乐、音效合成、剪辑、字幕制作、压缩转码服务，以及在境内转让动漫版权（包括动漫品牌、形象或者内容的授权及再授权）；电影放映服务、仓储服务、装卸搬运服务、收派服务和文化体育服务等。

一般纳税人销售自己使用过的属于《增值税暂行条例》规定不得抵扣且未抵扣进项税额的固定资产，按简易计税方法依照3%的征收率减按2%增收增值税。

一般纳税人销售自己使用过的除固定资产以外的物品，应当按照适用税率征收增值税。

一般纳税人销售货物属于下列情形之一的，按简易计税方法依照3%的征收率计算缴纳增值税。

- 寄售商店代销寄售物品；
- 典当业销售死当物品。

① 自2017年7月1日起，纳税人提供建筑服务取得预收款，应在收到预收款时以取得的预收款扣除支付的分包款后的余额，按规定的预征率预缴增值税，适用一般计税方法计税的项目预征率为2%，适用简易计税方法计税的项目预征率为3%。

2）小规模纳税人征收率

按照《增值税暂行条例》及其实施细则的规定，自 2009 年 1 月 1 日起，小规模纳税人的征收率为 3%。

小规模纳税人销售自己使用过的固定资产，减按 2%的征收率征收增值税。小规模纳税人销售自己使用过的除固定资产以外的物品，按照 3%的征收率征收增值税。

3）征收率的特殊规定

① 小规模纳税人转让其取得的不动产，按照 5%的征收率征收增值税。

② 一般纳税人转让其 2016 年 4 月 30 日前取得的不动产，选择简易计税方法计税的，按照 5%的征收率征收增值税。

③ 小规模纳税人出租其取得的不动产（不含个人出租住房），按照 5%的征收率征收增值税。

④ 一般纳税人出租其 2016 年 4 月 30 日前取得的不动产，选择简易计税方法计税的，按照 5%的征收率征收增值税。

⑤ 房地产开发企业（小规模纳税人）销售自行开发的房地产项目，按照 5%的征收率征收增值税。

⑥ 房地产开发企业（一般纳税人）销售自行开发的房地产老项目[①]，选择简易计税方法计税的，按照 5%的征收率征收增值税。

⑦ 一般纳税人提供劳务派遣服务的，可以按照增值税相关法律制度规定，以取得的全部价款和价外费用为销售额，按照一般计税方法计算缴纳增值税；也可以选择差额计税，以取得的全部价款和价外费用，扣除代用工单位支付给劳务派遣员工的工资、福利和为其办理社会保险及住房公积金后的余额为销售额，按照简易计税方法依 5%的征收率计算缴纳增值税。

⑧ 自 2021 年 10 月 1 日起，住房租赁企业中的一般纳税人向个人出租住房取得的全部出租收入，可以选择适用简易计税方法，按照 5%的征收率减按 1.5%计算缴纳增值税，或适用一般计税方法计算缴纳增值税。住房租赁企业中的小规模纳税人向个人出租住房，按照 5%的征收率减按 1.5%计算缴纳增值税。

4）兼营行为的征收率规定

按照规定，增值税纳税人发生兼营行为[②]，应当分别核算适用不同税率或者征收率的销售额，未分别核算销售额的，按照以下办法适用税率或者征收率。

① 兼有不同税率的销售货物、劳务、无形资产或者不动产，从高适用税率。

② 兼有不同征收率的销售货物、劳务、无形资产或者不动产，从高适用征收率。

③ 兼有不同税率和征收率的销售货物、劳务、无形资产或者不动产，从高适用税率。

8.2.5 增值税应纳税额的计算

1. 一般计税方法应纳税额的计算

一般纳税人销售货物、劳务、服务、无形资产或者不动产（以下简称应税销售行为），

---

① 房地产老项目，是指《建筑工程施工许可证》注明的合同开工日期在 2016 年 4 月 30 日前的房地产项目以及《建筑工程施工许可证》未注明合同开工日期或者未取得《建筑工程施工许可证》但建筑工程承包合同注明的开工日期在 2016 年 4 月 30 日前的建筑工程项目。

② 兼营行为，是指纳税人的经营中包括销售货物、劳务以及销售服务、无形资产和不动产的行为。

采取一般计税方法计算增值税应纳税额。一般计税方法增值税应纳税额的计算公式如下。

应纳税额＝当期销项税额－当期进项税额

当期销项税额小于当期进项税额不足抵扣时，其不足抵扣部分可以结转下期继续抵扣。

计算增值税应纳税额的关键在于正确计算当期销项税额和当期进项税额。

1）销项税额的计算

增值税销项税额是指纳税人发生应税销售行为按照销售额和规定税率计算并向购买方收取的增值税税额。增值税销项税额的计算公式如下。

销项税额＝销售额（或组成计税价格）×税率

2）销售额的确定

（1）销售额的概念

增值税销售额是指一般纳税人发生应税销售行为向购买方收取的全部价款和价外费用。财政部和国家税务总局另有规定的除外。

由于增值税实行价外税，销售额是按不含税价款计算的货款，所以不包括销项税额。如果销售货物是消费税应税产品或进口产品，则全部价款中包括消费税和关税。

价外费用是指价外向购买方收取的手续费、补贴、基金、集资费、返还利润、奖励费、违约金、滞纳金、延期付款利息、赔偿金、包装费、储备费、优质费、运输装卸费、代收款项、代垫款项及其他各种性质的价外收费。上述价外费用无论其会计制度如何核算，均应并入销售额计算销项税额。但下列项目不包括在销售额内。

① 受托加工应征消费税的消费品所代收代缴的消费税。

② 代为收取并符合规定条件的政府性基金或者行政事业性收费。

③ 销售货物的同时代办保险等而向购买方收取的保险费，以及向购买方收取的代购买方缴纳的车辆购置税、车辆牌照费。

④ 以委托方名义开具发票代委托方收取的款项。

需要说明的是，对一般纳税人向购买方收取的价外费用，应视为含税收入，在征税时应换算成不含税收入再并入销售额。

（2）特殊情况下销售额的计算

① 含税销售额的换算。

增值税实行价外税，计算销项税额时，销售额中不应含有增值税税款。如果销售额中包含了增值税税款（销项税额），则应将含税销售额换算成不含税销售额，其计算公式如下。

$$\text{不含税销售额}=\frac{\text{含税销售额}}{1+\text{增值税税率}}$$

② 折扣方式销售货物。

折扣销售是指销售方在销售货物、劳务、服务时，因购买方购货数量较大等原因而给予的价格优惠。

根据增值税法律制度的规定，纳税人采取折扣方式销售货物，如果销售额与折扣额在同一张发票上分别注明的，可按折扣后的余额作为销售额计算增值税；如果将折扣额另开发票，不论财务如何处理，均不得从销售额中减除折扣额。

这里需要明确三点：首先，折扣销售不同于销售折扣；其次，折扣销售仅限于货物价格折扣，如果销售方将自产、委托加工或购买的货物用于实物折扣的，则该实物应按“视同销售货物”计算征收增值税；最后，之所以规定销售额和折扣额必须在同一张发票上注明，是从保证增值税征税、扣税相一致的角度考虑的。

【例8-1】依恋时装公司销售给爱慕时装公司10 000件服装，每件不含税价格为20元，由于爱慕时装公司购买数量多，依恋时装公司按服装原价的8折优惠销售，并提供“2/10，n/20”的销售折扣。假设爱慕时装公司10日内付款，依恋时装公司将折扣部分与销售额开在同一张发票上。要求：计算依恋时装公司增值税销售额。

解 增值税销售额＝20×10 000×80%＝160 000(元)

---

③ 以旧换新方式销售货物。

纳税人采取以旧换新方式销售货物，应按新货物的同期销售价格确定销售额，不能抵减收购价格。所谓以旧换新销售，是指纳税人在销售货物时，折价收回同类旧货物，并以折价款部分冲减货物价款的一种销售方式。

但税法规定，对金银首饰以旧换新业务，可以按照销售方实际收取的不含增值税的全部价款征收增值税。

【例8-2】碟霸DVD生产厂家国庆期间开展促销活动：购买新款DVD时，旧款DVD折价80元。活动期间以旧换新出售新款DVD 400台，每台零售价480元。要求：计算该业务的增值税销售额。

解 增值税销售额＝400×480/(1＋13%)＝169 911.50(元)

---

④ 还本方式销售货物。

还本销售是指纳税人在销售货物后，到一定期限由销售方一次或分次退还给购货方全部或部分价款。还本销售实际上是一种筹资，是以货物换取资金的使用价值，到期还本不付息的方法。

根据增值税法律制度规定，纳税人采取还本方式销售货物的，其销售额就是货物的销售价格，不得从销售额中减除还本支出。

⑤ 以物易物方式销售货物。

以物易物是一种较为特殊的购销活动，是指购销双方不是以货币结算，而是以同等价款的货物相互结算，实现货物购销的一种方式。以物易物双方都应做购销处理，以各自发出的货物核算销售额并计算销项税额，以各自收到的货物核算购货额并计算进项税额。在以物易物活动中，应分别开具合法的发票，如收到的货物不能取得相应的增值税专用发票或其他合法票据的，不能抵扣进项税额。

【例8-3】芙蓉卷烟厂销售卷烟400箱给专卖店，取得不含税销售收入800万元；同时以卷烟40箱换回巨华建材公司价值80万元（不含税）的装饰材料，用于本厂办公楼建设。要求：计算卷烟厂增值税应纳税额。

解 增值税应纳税额＝(800＋80)×13%＝114.4(万元)

---

⑥ 外币销售额的折算。

增值税销售额以人民币计算。纳税人以人民币以外的货币结算销售额的，其销售额的人民币折合率可以选择销售发生当天或当月 1 日的国家外汇牌价（原则上为中间价）。纳税人应事先确定采用何种折合率，确定后 12 个月内不得变更。

⑦ 包装物押金的处理。

包装物是指纳税人包装本单位货物的各种物品。一般情况下，销货方向购货方收取包装物押金，购货方在规定时间内返还包装物，销货方再将收取的包装物押金返还。增值税纳税人为销售货物而出租、出借包装物收取的押金，单独记账核算的，时间在一年以内又未过期的，不并入销售额征税；但对因逾期未收回包装物不再退还的押金，应按所包装货物的适用税率计算销项税额。实践中，应注意以下具体规定。

● 逾期，是指按合同约定实际逾期或以 1 年为期限，对收取 1 年以上的押金，无论是否退还均并入销售额征税。对于个别包装物周转使用期限较长的，报经税务机关确定后，可适当放宽逾期期限。

● 包装物押金是含税收入，在并入销售额征税时，需要先将该押金换算为不含税收入，再计算应纳增值税税款。

● 包装物押金不同于包装物租金，包装物租金属于价外费用，在销售货物时随同货款一并计算增值税税款。

● 对销售除啤酒、黄酒以外的其他酒类产品而收取的包装物押金，无论是否返还及会计上如何核算，均应并入当期销售额征税。对销售啤酒、黄酒所收取的押金，按上述一般押金的规定处理。

【例 8－4】2024 年 8 月，金元酒厂销售粮食白酒和啤酒给小百花副食品公司，其中白酒开具增值税专用发票，收取不含税价款 50 000 元，另外收取包装物押金 3 390 元；啤酒开具普通发票，收取价税合计款 22 600 元，另外收取包装物押金 1 500 元。小百花副食品公司按合同约定，于 2024 年 12 月将白酒、啤酒包装物全部退还给金元酒厂，并取回全部押金。要求：计算金元酒厂 2024 年 8 月的增值税税额。

解 增值税税额＝[50 000＋3 390/(1＋13%)＋22 600/(1＋13%)]×13%

＝9 490(元)

【例 8－5】某公司为一般纳税人，2024 年 8 月销售钢材一批，开出增值税专用发票中注明销售额为 8 000 元，税额为 1 040 元；另开出一张普通发票，收取包装费 113 元。要求：计算该公司 8 月份的增值税销售额。

解 增值税销售额＝8 000＋113/(1＋13%)＝8 100(元)

---

⑧ 视同应税行为销售额的确定。

纳税人发生视同应税行为的价格明显偏低或者偏高且不具有合理商业目的的，或者发生视同应税行为而无销售额的，由主管税务机关核定销售额。税务机关可按下列顺序核定其销售额。

● 按纳税人最近时期销售同类项目的平均价格确定。

● 按其他纳税人最近时期销售同类项目的平均价格确定。

- 按组成计税价格确定。组成计税价格的计算公式如下。

$$组成计税价格=成本\times(1+成本利润率)$$

如果该货物属于应征消费税的消费品，其组成计税价格中应包括消费税税额，则组成计税价格的计算公式为

$$组成计税价格=成本\times(1+成本利润率)+消费税税额$$

或

$$组成计税价格=成本\times(1+成本利润率)/(1-消费税税率)$$

其中，销售自产货物的成本为实际生产成本，销售外购货物的成本为实际采购成本；公式中的成本利润率为10%，但属于从价定率征收消费税的货物，其组成计税价格公式中的成本利润率，为《消费税若干具体问题的规定》中规定的成本利润率。

【例8-6】 某商场为一般纳税人，2024年8月销售三批同一规格、质量的货物，每批各1 000件，销售价格（不含增值税）分别为每件120元、100元和40元。经税务机关认定，第三批销售价格每件40元明显偏低且无正当理由。要求：计算该商场8月份的增值税销售额。

解 增值税销售额=[120+100+(120+100)/2]×1 000=330 000(元)

【例8-7】 某针织厂（一般纳税人）在2024年8月，将自产的针织内衣作为福利发给本厂职工，共发放A型内衣100件，销售价格为每件15元（不含税）；发放B型内衣200件，无销售价格。已知制作B型内衣的总成本为36 000元。要求：计算该厂8月份的增值税销售额。

解 增值税销售额=100×15+36 000×(1+10%)=41 100(元)

3）进项税额的确定

进项税额，是指纳税人购进货物、劳务、服务、无形资产或者不动产所支付或负担的增值税税额。增值税进项税额与增值税销项税额相对应：一般纳税人在同一笔业务中，销售方收取的销项税额就是购买方支付的进项税额。

（1）准予从销项税额中抵扣的进项税额

根据增值税法律制度的规定，准予从销项税额中抵扣的进项税额限于下列增值税扣税凭证[①]上注明的增值税额。

① 一般纳税人购进货物、劳务、服务、无形资产或者不动产的进项税额，为从销售方取得的增值税专用发票（含税控机动车销售统一发票，下同）注明的增值税额。其中，购进货物包括既用于增值税应税项目也用于非增值税应税项目、免征增值税项目、集体福利或者个人消费的固定资产[②]。

---

① 增值税扣税凭证，包括增值税专用发票、税控机动车销售统一发票、海关进口增值税专用缴款书、农产品收购发票、农产品销售发票、税收缴款书等。

② 固定资产是指使用期限超过12个月的机器、机械、运输工具以及其他与生产经营有关的设备、工具、器具等有形动产。

② 一般纳税人进口货物的进项税额，为从海关取得的海关进口增值税专用缴款书注明的增值税额。即一般纳税人销售进口货物时，可以从销项税额中抵扣的进项税额为从海关取得的海关进口增值税专用缴款书上注明的增值税额。

一般纳税人进口货物，凡已缴纳了进口环节增值税的，不论其是否已经支付货款，其取得的海关进口增值税专用缴款书均可作为增值税进项税额抵扣凭证。

③ 一般纳税人向农业生产者购买免税农产品或向小规模纳税人购买农产品，准予按照买价和 9%的扣除率计算进项税额抵扣[①]。准予抵扣的进项税额计算公式如下。

进项税额＝买价×扣除率

其中，免税农产品是指种植业、养殖业、林业、牧业、水产业的初级农产品，这些初级农产品必须是农业生产者自产自销的才能免税；买价是指税务机关批准使用的收购凭证上的价款，即纳税人购进农产品在农产品收购发票或者销售发票上注明的价款，但不包括增值税。

纳税人按规定缴纳的烟叶税，准予并入烟叶产品的买价计算增值税进项税额，并在缴纳增值税时予以抵扣。准予抵扣的进项税额的计算公式如下。

进项税额＝(烟叶支付价款总额[②]＋烟叶税税额)×扣除率

④ 纳税人购进国内旅客运输服务未取得增值税专用发票的，暂按照以下规定确定进项税额：

- 取得增值税电子普通发票的，为发票上注明的税额。
- 取得注明旅客身份信息的航空运输电子客票行程单的，按照下列公式计算进项税额：

航空旅客运输进项税额＝[(票价＋燃油附加费)/(1＋9%)]×9%

- 取得注明旅客身份信息的铁路车票的，按照下列公式计算进项税额：

铁路旅客运输进项税额＝[票面金额/(1＋9%)]×9%

- 取得注明旅客身份信息的公路、水路等其他客票的，按照下列公式计算进项税额：

公路、水路等其他旅客运输进项税额＝[票面金额/(1＋3%)]×3%

【例 8-8】甲公司员工王某因公出差，取得注明其身份信息的铁路客票 1 张，票面金额 109 元，含手续费 5 元。要求：计算该张车票允许抵扣的增值税进项税额。

解 允许抵扣的进项税额＝[109/(1＋9%)]×9%＝9(元)

---

⑤ 自境外单位或者个人购进劳务、服务、无形资产或者境内的不动产，按照规定应当扣缴增值税的，准予从销项税额中抵扣的进项税额为从税务机关或者扣缴义务人取得的代扣代缴税款的完税凭证注明的增值税税额。

纳税人凭代扣代缴税款的完税凭证抵扣进项税额的，应当具备书面合同、付款证明和境外单位的对账单或者发票；资料不全的，其进项税额不得从销项税额中抵扣。

(2) 不准予从销项税额中抵扣的进项税额

根据增值税法律制度的规定，下列项目的进项税额不得从销项税额中抵扣。

① 纳税人购进用于生产销售或委托加工 13%税率货物的农产品，按照 10%的扣除率计算进项税额。

② 烟叶支付价款总额＝烟叶收购价款×(1＋10%)；烟叶税应纳税额＝烟叶支付价款总额×税率(20%)。

① 购进货物、劳务、服务、无形资产或者不动产，未按照规定取得并保存增值税相关扣税凭证，或者增值税相关扣税凭证上未按照规定注明增值税税额及其他有关事项的，其进项税额不得从销项税额中抵扣。

② 用于简易计税方法计税项目、免征增值税项目、集体福利或者个人消费的购进货物、劳务、服务、无形资产或者不动产。其中，涉及的固定资产、无形资产、不动产仅指专用于上述项目的固定资产、无形资产（不包括其他权益性无形资产）、不动产。

如果是既用于上述不允许抵扣项目又用于抵扣项目的，该进项税额准予全部抵扣。自2018年1月1日起，纳税人租入固定资产、不动产，既用于一般计税方法计税项目，又用于简易计税方法计税项目、免征增值税项目、集体福利或者个人消费的，其进项税额准予从销项税额中全额抵扣。

纳税人的交际应酬消费属于个人消费。

③ 非正常损失的购进货物及相关的劳务和交通运输服务。其中，非正常损失是指因管理不善造成货物被盗窃、丢失、霉烂变质，以及因违反法律法规造成货物或者不动产被依法没收、销毁、拆除的情形。这些非正常损失是由纳税人自身原因造成导致征税对象实体的灭失，为保证税负公平，其损失不应由国家承担，因而纳税人无权要求抵扣进项税额。

④ 非正常损失的在产品、产成品所耗用的购进货物（不包括固定资产）、劳务和交通运输服务。

⑤ 非正常损失的不动产及该不动产所耗用的购进货物、设计服务和建筑服务。其中，货物是指构成不动产实体的材料和设备，包括建筑装饰材料和给排水、采暖、卫生、通风、照明、通信、煤气、消防、中央空调、电梯、电气、智能化楼宇设备及配套设施。

⑥ 非正常损失的不动产在建工程所耗用的购进货物、设计服务和建筑服务。纳税人新建、改建、扩建、修缮、装饰不动产，均属于不动产在建工程。

⑦ 购进的贷款服务、餐饮服务、居民日常服务和娱乐服务。一般情况下，贷款服务、餐饮服务、居民日常服务和娱乐服务的主要接受对象是个人。一般纳税人购买的贷款服务、餐饮服务、居民日常服务和娱乐服务，由于难以准确地界定接受服务的对象是企业还是个人，因此一般纳税人购进的贷款服务、餐饮服务、居民日常服务和娱乐服务的进项税额不得从销项税额中抵扣。对于贷款服务进项税额不得抵扣（也就是利息支出的进项税额不得抵扣）的规定，主要是考虑如果允许抵扣借款利息，从根本上打通融资行为的增值税抵扣链条，按照增值税“道道征道道扣”的原则，首先就应当对存款利息征税。但在现有条件下，难度很大，因为涉及对居民存款征税，无法解决专用发票的开具问题，也与当下实际存款利率为负的现状不符。

⑧ 纳税人接受贷款服务向贷款方支付的与该笔贷款直接相关的投融资顾问费、手续费、咨询费等费用，其进项税额不得从销项税额中抵扣。

⑨ 财政部和国家税务总局规定的其他情形。

（3）进项税额抵扣的其他规定

① 适用一般计税方法的纳税人，兼营简易计税方法计税项目、免征增值税项目而无法划分不得抵扣的进项税额，按照下列公式计算不得抵扣的进项税额：

不得抵扣进项税额＝当期无法划分的全部进项税额×（当期简易计税方法计税项目销售额＋免征增值税项目销售额）/当期全部销售额

税务机关可以按照上述公式依据年度数据对不得抵扣的进项税额进行清算。

② 一般纳税人因购进货物、劳务、服务、无形资产或者不动产退出或者折让而收回的增值税额，应从发生购进货物、劳务、服务、无形资产或者不动产退出或者折让当期的进项税额中扣减，否则作为逃避缴纳税额行为处理。

③ 已抵扣进项税额的购进货物（不含固定资产）、劳务、服务，如果事后改变用途被用于不得抵扣进项税额的项目（简易计税方法计税项目、免征增值税项目除外）的，应当将该进项税额从当期进项税额中扣减；无法确定该进项税额的，按照当期实际成本计算应扣减的进项税额。

④ 已抵扣进项税额的固定资产、无形资产或者不动产（以下简称固定资产等），发生不得从销项税额中抵扣情形的，应当在当月按照下列公式计算不得抵扣的进项税额：

$$\text{不得抵扣的进项税额}=\text{已抵扣进项税额}\times\text{固定资产等净值率}$$

$$\text{固定资产等净值率}=\frac{\text{固定资产等净值}}{\text{固定资产等原值}}\times 100\%$$

其中，固定资产、无形资产或者不动产净值是指纳税人根据财务会计制度计提折旧或摊销后计算的固定资产、无形资产或者不动产净值。

⑤ 进口货物，在海关计算缴纳进口环节增值税额时，不得抵扣发生在中国境外的各种税金（包括增值税）。

⑥ 一般纳税人如果会计核算不健全或者不能够准确提供税务资料的，应按销售额依照增值税征收率简易计算应纳税额，不得抵扣进项税额。

⑦ 不得抵扣且未抵扣进项税额的固定资产、无形资产、不动产，发生用途改变，用于允许抵扣进项税额的应税项目，可在用途改变的次月按照下列公式计算可以抵扣的进项税额：

$$\text{可以抵扣的进项税额}=[\text{固定资产、无形资产、不动产净值}/(1+\text{适用税率})]\times\text{适用税率}$$

上述可以抵扣的进项税额应取得合法有效的增值税扣税凭证。

⑧ 加计抵减政策规定。自 2023 年 1 月 1 日起，允许生产性服务业纳税人按照当期可抵扣进项税额加计 5%抵减应纳税额，允许生活性服务业纳税人按照当期可抵扣进项税额加计 10%抵减应纳税额。

生产性服务业纳税人，是指提供邮政服务、电信服务、现代服务、生活服务取得的销售额占全部销售额的比重超过 50%的纳税人。生活性服务业纳税人，是指提供生活服务取得的销售额占全部销售额的比重超过 50%的纳税人。纳税人确定适用加计抵减政策后，当年内不再调整，以后年度是否适用，根据上年度销售额计算确定。

纳税人应按照当期可抵扣进项税额的 10%或 5%计提当期加计抵减额。按照现行规定不得从销项税额中抵扣的进项税额，不得计提加计抵减额；已计提加计抵减额的进项税额，按规定作进项税额转出的，应在进项税额转出当期，相应调减加计抵减额。计算公式如下：

$$\text{当期计提加计抵减额}=\text{当期可抵扣进项税额}\times 5\%\text{（或 }10\%\text{）}$$

$$\text{当期可抵减加计抵减额}=\text{上期末加计抵减额余额}+\text{当期计提加计抵减额}-\text{当期调减加计抵减额}$$

【例 8-9】 某企业为增值税一般纳税人，既生产应税货物，又生产免税货物，2024 年 9 月份购进动力燃料一批，取得的增值税专用发票注明增值税税额为 30 万元，所有款项已经支付。外购的动力燃料一部分用于应税项目，另一部分用于免税项目，因应税项目和免税项目使用的动力燃料数量无法准确划分，故未分开核算。该企业 9 月份销售增值税应税货物取得不含增值税销售额 400 万元，销售免税货物取得销售额 200 万元。要求：计算该企业 9 月份可以抵扣的增值税进项税额。

解 可以抵扣的增值税进项税额＝30－30×200/(400＋200)＝20(万元)

【例 8-10】 某企业为一般纳税人。2024 年 8 月，该企业发生以下经济业务。

① 外购原材料一批，货款已付并验收入库。从供货方取得的增值税专用发票注明的增值税税额为 30 万元，另外取得运输单位开具的增值税专用发票注明的增值税税额为 1 万元。

② 外购机器设备一套，从供货方取得的增值税专用发票注明的增值税税额为 2.2 万元，货款已付并验收入库。

③ 销售产品一批，取得产品销售收入（含增值税）2 447.6 万元。

该企业月初增值税进项税余额为 6.3 万元。要求：计算该企业 8 月份应缴纳的增值税税额。

解 销项税额＝[2 447.6/(1＋13％)]×13％＝281.58(万元)

进项税额＝30＋1＋2.2＝33.2(万元)

应纳税额＝281.58－33.2－6.3＝242.08(万元)

【例 8-11】 某公司为一般纳税人。2024 年 8 月初增值税进项税余额为零，8 月份该公司发生以下经济业务。

① 外购用于生产家具的木材一批，全部价款已付并验收入库，取得对方开具的增值税专用发票注明的货款（不含增值税）为 40 万元，另外取得运输单位开具的增值税专用发票注明的增值税税额 0.1 万元。

② 外购建筑涂料用于装饰公司办公楼，取得对方开具的增值税专用发票注明的增值税税额为 9 万元，建筑材料已办理验收入库手续。

③ 销售家具一批，取得销售额（含增值税）139.2 万元。

要求：计算该公司 8 月份增值税应纳税额。

解 销项税额＝[139.2/(1＋13％)]×13％＝16.01(万元)

进项税额＝40×13％＋0.1＋9＝14.3(万元)

应纳税额＝16.01－14.3＝1.71(万元)

【例 8-12】 某银行为增值税一般纳税人，2024 年度第三季度发生的有关经济业务如下。

① 购进 5 台自助存取款机，取得增值税专用发票注明的金额为 40 万元，增值税为 5.2 万元。

② 租入一处底商作为营业部，租金总额为 105 万元，取得增值税专用发票注明的金额为 100 万元，增值税为 5 万元。

③ 办理公司业务，收取结算手续费（含税）31.8 万元，收取账户管理费（含税）26.5 万元。

④ 办理贷款业务，取得利息收入（含税）1.06 亿元。

⑤ 吸收存款 8 亿元。

已知：该银行取得增值税专用发票均符合抵扣规定，提供金融服务适用的增值税税率为 6%。要求：计算该银行第三季度应纳增值税税额。

解 进项税额＝5.2＋5＝10.2(万元)

销项税额＝[31.8/(1＋6%)]×6%＋[26.5/(1＋6%)]×6%＋[1.06/(1＋6%)]×6%×10 000＝603.3(万元)

应纳增值税税额＝603.3－10.2＝593.1(万元)

【例 8－13】 某小五金制造企业为增值税一般纳税人，2024 年 10 月发生经济业务如下。

① 购进一批原材料，取得增值税专用发票注明的金额为 50 万元，增值税为 6.5 万元。支付运费，取得增值税普通发票注明的金额为 2 万元，增值税为 0.18 万元。

② 接受其他企业投资转入材料一批，取得增值税专用发票注明的金额为 100 万元，增值税为 13 万元。

③ 购进低值易耗品，取得增值税专用发票注明的金额 6 万元，增值税为 0.78 万元。

④ 销售一批产品，取得不含税销售额 200 万元，另外收取包装物租金 1.13 万元。

⑤ 采取以旧换新方式销售产品，新产品含税售价为 7.91 万元，旧产品作价 2 万元。

⑥ 因仓库管理不善，上月购进的一批工具被盗，该批工具的买价为 8 万元（购进工具的进项税额已抵扣）。

已知：该企业取得增值税专用发票均符合抵扣规定，购进和销售产品适用的增值税税率为 13%。要求：计算该企业当月应纳增值税税额。

解 进项税额＝6.5＋13＋0.78＝20.28(万元)

销项税额＝200×13%＋[1.13/(1＋13%)]×13%＋[7.91/(1＋13%)]×13%
＝27.04(万元)

进项税额转出＝8×13%＝1.04(万元)

应纳增值税税额＝27.04－20.28＋1.04＝7.8(万元)

---

2. 简易计税方法应纳税额的计算

1）小规模纳税人采用简易计税方法

小规模纳税人销售货物、劳务、服务、无形资产或者不动产，按照销售额和征收率适用简易计税方法计算应纳税额。增值税应纳税额的计算公式如下。

应纳税额＝销售额×征收率

其中，销售额不包括增值税。

小规模纳税人销售货物、劳务、服务、无形资产或者不动产采用合并定价方法的，按下列公式计算不含税销售额。

不含税销售额＝含税销售额/(1＋征收率)

2）一般纳税人选择简易计税方法

一般纳税人生产、销售的一些特殊货物、提供财政部和国家税务总局规定的特定应税服务，可以选择适用简易计税方法计算增值税应纳税额。简易计算方法下增值税应纳税额的计算公式如下。

应纳税额=销售额×征收率

【例 8-14】某商店属于增值税小规模纳税人。2024 年 6 月该商店发生如下业务。

① 销售服装取得含增值税销售额 2 392 元，开具了普通发票。

② 购进办公用品一批，支付货款 13 500 元，增值税税额为 1 755 元。

③ 当月销售办公用品取得含税销售额 8 528 元，开具了普通发票；销售给某公司（增值税一般纳税人）仪器两台，取得不含增值税销售额 38 500 元，增值税税额为 1 155 元，增值税专用发票已由税务所代开。

要求：计算该商店 6 月份增值税应纳税额。

解 应纳税额=[2 392/(1+3%)+8 528/(1+3%)+38 500]×3%=1 473.06(元)

【例 8-15】某企业为增值税小规模纳税人，专门从事商业咨询服务。2024 年 10 月发生以下业务。

① 15 日，向某一般纳税人企业提供资讯信息服务，取得含增值税销售额 50.5 万元。

② 20 日，向某小规模纳税人提供注册信息服务，取得含增值税销售额 1.01 万元。

③ 25 日，购进办公用品，支付价款 2.06 万元，并取得增值税普通发票。

已知：增值税征收率为 1%。要求：计算该企业当月应纳增值税税额。

解 销售额=(50.5+1.01)/(1+1%)=51(万元)

应纳增值税税额=51×1%=0.51(万元)

---

3. 进口货物应纳税额的计算

无论是一般纳税人还是小规模纳税人，进口货物增值税应纳税额的计算方法都一样，都是按照组成计税价格和规定的税率计算应纳税额，不允许抵扣发生在境外的任何税金。进口货物增值税应纳税额的计算公式如下。

组成计税价格=关税完税价格+关税+消费税

应纳税额=组成计税价格×税率

其中，一般贸易下进口货物的关税完税价格以海关审定的成交价格[①]为基础的到岸价格[②]作为完税价格。特殊贸易下进口的货物，由于进口时没有“成交价格”可作依据，《进出口关税条例》对这些进口货物制定了确定其完税价格的具体办法。

【例 8-16】聚龙进出口公司 2024 年 8 月进口一批商品，海关核定的关税完税价格为 500 万元，当月在国内销售，取得不含税销售额 1 400 万元。该商品适用的关税税率为 10%，增值税税率为 13%。要求：计算聚龙进出口公司 2024 年 8 月进口环节和国内销售环节的增值税应纳税额。

① 成交价格是一般贸易下进口货物的买方为购买该项货物向卖方实际支付或应当支付的价格。

② 到岸价格，包括货价、货物运抵我国关境内输入地点起卸前的包装费、运费、保险费和其他劳务费等。

解 关税＝500×10％＝50(万元)

进口环节应纳增值税＝(500＋50)×13％＝71.5(万元)

国内销售环节应纳增值税＝1 400×13％－71.5＝110.5(万元)

【例 8-17】 某外贸公司为增值税一般纳税人，2024 年 9 月从国外进口一批普通商品，海关核定的关税完税价格为 200 万元。已知该商品进口关税税率为 10％，增值税税率为 13％。要求：计算该公司进口环节应纳增值税税额。

解 进口环节应纳关税税额＝200×10％＝20(万元)

进口环节应纳增值税税额＝(200＋20)×13％＝28.6(万元)

【例 8-18】 某公司为增值税一般纳税人，2024 年 10 月从国外进口一批高档化妆品，海关核定的关税完税价格为 300 万元，已纳关税 40 万元。已知该化妆品消费税税率为 15％，增值税税率为 13％。要求：计算该公司进口环节应纳增值税税额。

解 进口环节应纳消费税税额＝[(300＋40)/(1－15％)]×15％＝60(万元)

组成计税价格＝300＋40＋60＝400(万元)

进口环节应纳增值税税额＝400×13％＝52(万元)

8.2.6 增值税出口退税制度

出口货物退（免）税是国际贸易中经常采用并为世界各国普遍接受，目的在于鼓励各国出口货物公平竞争的一种税收优惠措施。由于这项制度比较公平合理，因此已经成为国际社会通行的惯例。

按照我国增值税相关法律制度的规定，我国实行出口货物零税率（除少数特殊货物外）的优惠政策。所谓零税率，是指货物在出口时整体税负为零，不但出口环节不必纳税，而且还可以退还以前环节已纳的税额。

出口货物除国家明确规定不予退（免）税的外，都属于出口退（免）税的范围。增值税出口退（免）税的“出口货物”，必须同时具备以下 4 个条件：

- 属于增值税、消费税征税范围的货物；
- 经中华人民共和国海关离境的货物；
- 财务会计上作为对外销售处理的货物；
- 出口结汇（部分货物除外）并已核销的货物。

1. 出口货物退（免）税范围

出口货物免税，是指对货物在出口销售环节不征收增值税；出口货物退税，是指对货物在出口前实际承担的税收负担，按规定的退税率计算后予以退还。

下列企业出口的货物，除另有规定外，给予免税并退税。

① 生产企业自营出口或委托外贸企业代理出口的自产货物。

② 有出口经营权的外贸企业收购后直接出口或委托其他外贸企业代理出口的货物。

③ 特定出口货物。

有些出口货物虽然不同时具备出口货物的 4 个条件，但由于其销售方式、消费环节、结算方法的特殊性，国家准予退还或免征其增值税和消费税。这些货物包括：

- 对外承包工程公司运出境外用于对外承包项目的货物；
- 对外承接修理修配业务的企业用于对外修理修配业务的货物；
- 外轮供应公司、远洋运输公司销售给外轮、远洋货轮而收取外汇的货物；
- 利用国际金融组织或外国政府贷款，采取国际招标方式，由国内企业中标销售的机电产品、建筑材料；
- 企业在国内采购并运往境外作为在国外投资的货物；
- 对外补偿贸易及易货贸易、小额贸易出口的货物；
- 对港澳台地区贸易的货物等。

下列企业出口的货物，除另有规定外，给予免税，但不予退税。

① 属于生产企业的小规模纳税人自营出口或委托外贸企业代理出口的自产货物。

② 外贸企业从小规模纳税人购进并持普通发票的货物出口，免税但不予退税。但对出口的抽纱、工艺品、香料油、山货、草柳竹藤制品、渔网渔具、松香、五倍子、生漆、鬃尾、山羊皮、纸制品等，考虑到这些产品大多由小规模纳税人生产、加工、采购，并且其出口规模较大，特准予退税。

③ 外贸企业直接购进国家规定的免税货物（包括免税农产品）出口的，免税但不予退税。

此外，下列出口货物免税但不予退税：

- 来料加工复出口的货物，即原料进口免税，加工后复出口不办理退税；
- 避孕的药品和用具、古旧图书，因其内销免税，出口也免税；
- 国家出口计划内的卷烟，因其在生产环节已经免征增值税，所以出口环节不办理退税，非出口计划内的卷烟照章征收增值税，出口一律不退税；
- 军品及军队系统企业出口军需工厂生产或军需部门调拨的货物；
- 国家规定的其他免税货物，如农业生产者销售的自产农产品、饲料等。

可见，出口不退税是指出口货物因在前道生产、销售环节或进口环节是免税的，故出口时该货物的价格本身不含税，也无须退税。

除国家批准属于进料加工复出口贸易外，下列出口货物不免税也不退税：

- 国家计划外出口的原油；
- 国家禁止出口的货物，包括天然牛黄、麝香、铜及铜基合金、白银等；
- 国家规定的其他不免税也不退税的出口货物。

出口不免税，是指对国家限制或禁止出口的某些货物的出口环节视同内销环节，照常征税；出口不退税，是指对这些货物出口时不退还出口前其所承担的税额。

2. 出口货物适用退税率

1）退税率的一般规定

出口货物的退税率，是指出口货物的实际退税额与退税依据之间的比例。除财政部、国家税务总局根据国务院决定而明确的增值税出口退税率外，出口货物、服务、无形资产的退税率为其适用税率。目前，我国出口退税率分为五档：13%、10%、9%、6%和零税率。

2）退税率的特殊规定

① 外贸企业购进按简易计税方法征税的出口货物、从小规模纳税人购进的出口货物，其退税率分别为简易计税方法实际执行的征收率、小规模纳税人征收率。

② 出口企业委托加工修理修配货物，其加工修理修配费用的退税率，为出口货物的退税率。

③ 适用不同退税率的货物、劳务及跨境应税行为，应分开报关、核算并申报退（免）税；未分开报关、核算或划分不清的，从低适用退税率计算退（免）税。

出口应税货物的退（免）税政策如有变化，执行调整后的税目税率。[①]

3. 出口货物退税额计算

根据《出口货物退（免）税管理办法》的规定，我国现行出口货物退（免）税的计算方法有两种：一是免抵退法，主要适用于自营和委托出口自产货物的生产企业；二是先征后退法，主要适用于收购货物出口的外（工）贸企业。

1）免抵退法

生产企业出口自产货物，除另有规定外，实行免抵退法。生产企业是指具有生产能力（包括加工修理修配能力）的单位或个体工商户。小规模纳税人出口自产货物仍实行免征增值税的方法。其中，免税是指对生产企业出口自产货物，免征本企业生产销售环节的增值税；抵税是指生产企业出口自产货物所耗用的原材料、零部件、燃料、动力等所含应予退还的进项税额，抵减内销货物的应纳税额；退税是指生产企业出口的自产货物在当月内应抵减的进项税额大于应纳税额时，对未抵减完的部分予以退税。

（1）当期应纳税额的计算

$$\text{当期应纳税额}=\text{当期销项税额}-\left(\text{当期进项税额}-\text{当期不得免征和抵扣税额}\right)-\text{上期留抵税额}$$

其中

$$\text{当期不得免征和抵扣税额}=\text{当期出口货物离岸价}\times\text{外汇人民币折合率}\times\left(\text{出口货物适用税率}-\text{出口货物退税率}\right)-\text{当期不得免征和抵扣税额抵减额}$$

出口货物离岸价以出口货物发票计算的离岸价为准。出口货物发票不能如实反映实际离岸价的，企业必须按照实际离岸价向主管税务机关申报，同时主管税务机关有权依照相关规定予以核定。免抵退税不得免征和抵扣税额抵减额的计算公式如下。

$$\text{当期不得免征和抵扣税额抵减额}=\text{当期免税购进原材料价格}\times\left(\text{出口货物适用税率}-\text{出口货物退税率}\right)$$

免税购进原材料，包括从国内购进免税原材料和加工免税进口料件。其中，加工免税进口料件的价格为组成计税价格。加工免税进口料件组成计税价格的计算公式如下。

$$\text{组成计税价格}=\text{货物到岸价}+\text{关税}+\text{消费税}$$

（2）当期免抵退税额的计算

$$\text{当期免抵退税额}=\text{出口货物离岸价}\times\text{外汇人民币折合率}\times\text{出口货物退税率}-\text{当期免抵退税额抵减额}$$

① 自2018年9月15日起，将多元件集成电路、非电磁干扰滤波器、书籍、报纸等产品出口退税率提高至16%；将竹刻、木扇等产品出口退税率提高至13%；将玄武岩纤维及其制品、安全别针等产品出口退税率提高至9%。

其中

$$当期免抵退税额抵减额=当期免税购进原材料价格\times出口货物退税率$$

如果当期没有免税购进原料价格，“免抵退税不得免征和抵扣税额抵减额”“免抵退税额抵减额”就不需要计算。

(3) 当期应退税额和免抵税额的计算

如果当期期末留抵税额小于或等于当期免抵退税额，则

$$当期应退税额=当期期末留抵税额$$
$$当期免抵税额=当期免抵退税额-当期应退税额$$

如果当期期末留抵税额大于当期免抵退税额，则

$$当期应退税额=当期免抵退税额$$
$$当期免抵税额=0$$

当期期末留抵税额根据当期增值税纳税申报表中的“期末留抵税额”确定。

【例8-19】 某自营出口的生产企业为增值税一般纳税人，2024年8月发生如下经营业务。

① 购进原材料一批，取得的增值税专用发票注明价款为200万元，外购货物准予抵扣的进项税额32万元通过认证。

② 内销货物不含税销售额为100万元，收款113万元存入银行。

③ 出口货物的销售额折合人民币200万元。

已知7月末留抵税额为3万元，出口货物的征收率为13%，退税率为9%。

要求：计算该企业8月份增值税免抵退税额。

解 免抵退税不得免征和抵扣税额=200×(13%-9%)=8(万元)

应纳税额=100×13%-(32-12)-3=-14(万元)

出口货物免抵退税额=200×9%=18(万元)

应退税额=14(万元)

免抵税额=18-14=4(万元)

【例8-20】 某自营出口的生产企业为增值税一般纳税人，2024年8月发生如下经营业务。

① 购进原材料一批，取得的增值税专用发票注明价款400万元，外购货物准予抵扣的进项税额52万元通过认证。

② 国内销售货物100万元（不含增值税），收款113万元存入银行。

③ 出口货物的销售额折合人民币200万元。

已知7月末增值税留抵税额为5万元；出口货物的征收率为13%，退税率为9%。

要求：计算该企业8月份增值税免抵退税额。

解 不得免征和抵扣税额=200×(13%-9%)=8(万元)

应纳税额=100×13%-(52-8)-5=-36(万元)

出口货物免抵退税额=200×9%=18(万元)

应退税额=18(万元)

免抵税额＝18－18＝0(万元)

留抵结转下期继续抵扣税额＝36－18＝18(万元)

2）先征后退法

① 外贸企业及实行外贸企业财务制度的工贸企业收购货物出口，免征其出口销售环节的增值税；其收购货物的成本部分，因外贸企业在支付收购货款的同时支付了进项税额，因此在货物出口后按收购成本与退税率计算退税，征税、退税之差计入货物成本。应退税额的计算公式如下。

应退税额＝收购金额(不含增值税)×出口货物退税率

② 外贸企业收购小规模纳税人出口货物增值税的退税规定。一方面，凡从小规模纳税人购进持普通发票特准退税的出口货物（如抽纱、工艺品等），同样实行出口免税并退税的方法。应退税额的计算公式如下。

应退税额＝销售额(含增值税)/(1＋征收率)×出口货物退税率

另一方面，凡从小规模纳税人购进税务机关代开的增值税专用发票的出口货物，按以下公式计算退税。

应退税额＝增值税专用发票注明的金额×出口货物退税率

【例 8－21】 某进出口公司 2024 年 8 月购进某小规模纳税人抽纱、工艺品 200 套全部出口，普通发票注明金额 6 000 元；购进另一小规模纳税人西服 5 套全部出口，取得税务机关代开的增值税专用发票，发票注明金额 5 000 元，适用 3％的退税率。要求：计算该公司 8 月份增值税应退税额。

解　应退税额＝［6 000/(1＋3％)］×3％＋5 000×3％＝324.76(元)

---

③ 外贸企业委托生产企业加工收回后报关出口的货物，按购进国内原辅材料的增值税专用发票注明的进项税额，依原辅材料的退税率计算原辅材料应退税额。支付的加工费，凭受托方开具发票的货物适用的退税率，计算加工费的应退税额。

【例 8－22】 某进出口公司 2024 年 8 月购进牛仔布委托加工成服装出口，取得增值税专用发票一张，注明的增值税税额为 10 000 元，取得服装加工费计税金额 2 000 元。已知牛仔布退税率为 9％，服装加工劳务退税率为 13％。要求：计算该公司 8 月份的增值税应退税额。

解　应退税额＝10 000×9％＋2 000×13％＝1 160(元)

8.2.7　增值税税收优惠

增值税具有链条机制的特点，即上一环节销售时向下一环节收取的税额，是下一环节的进项税额，下一环节计算增值税时可以将进项税额从其销项税额中扣除。这样，一环套一环，环环相扣，形成了增值税特有的链条机制。因此，增值税的这种内在机制是排斥免税的。但是，为了体现产业政策，我国增值税法律制度规定了增值税直接免税项目和增值税起征点。

1. 增值税免税项目

根据《增值税暂行条例》及其实施细则的规定，享受增值税直接免税的项目如下：

① 农业生产者销售的自产农业产品；

② 避孕药品和用具；

③ 古旧图书[①]；

④ 直接用于科学研究、科学实验和教学的进口仪器、设备；

⑤ 外国政府、国际组织无偿援助的进口物资和设备；

⑥ 由残疾人组织直接进口供残疾人专用的物品；

⑦ 销售自己使用过的物品[②]等。

除上述规定外，增值税的免税项目由国务院规定[③]。任何地区、部门均不得规定免税项目。

2. “营改增”试点税收优惠

1）免征增值税项目

① 托儿所、幼儿园提供的保育和教育服务。

托儿所、幼儿园，是指经县级以上教育部门审批成立、取得办园许可证的实施 0～6 岁学前教育的机构，包括公办和民办的托儿所、幼儿园、学前班、幼儿班、保育院、幼儿院。

公办托儿所、幼儿园免征增值税的收入是指在省级财政部门和价格主管部门审核报省级人民政府批准的收费标准以内收取的教育费、保育费。

民办托儿所、幼儿园免征增值税的收入是指在报经当地有关部门备案并公示的收费标准范围内收取的教育费、保育费。

超过规定收费标准的收费，以开办实验班、特色班和兴趣班等为由另外收取的费用，以及与幼儿入园挂钩的赞助费、支教费等超过规定范围的收入，不属于免征增值税的收入。

② 养老机构提供的养老服务。

养老机构，是指依照民政部《养老机构设立许可办法》（民政部令第 48 号）设立并依法办理登记的为老年人提供集中居住和照料服务的各类养老机构；养老服务，是指上述养老机构按照民政部《养老机构管理办法》（民政部令第 49 号）的规定，为收住的老年人提供的生活照料、康复护理、精神慰藉、文化娱乐等服务。

③ 残疾人福利机构提供的育养服务。

④ 婚姻介绍服务。

⑤ 殡葬服务。

⑥ 残疾人员本人为社会提供的服务。

⑦ 医疗机构提供的医疗服务。

医疗机构，是指依据《医疗机构管理条例》及《医疗机构管理条例实施细则》的规定，经登记取得《医疗机构执业许可证》的机构，以及军队、武警部队各级各类医疗机构，具体

① 古旧图书，是指向社会收购的古书和旧书。

② 自己使用过的物品，是指其他个人自己使用过的物品。

③ 自 2017 年 7 月 1 日起，纳税人采取转包、出租、互换、转让、入股等方式将承包地流转给农业生产者用于农业生产，免征增值税。

包括各级各类医院、门诊部（所）、社区卫生服务中心（站）、急救中心（站）、城乡卫生院、护理院（所）、疗养院、临床检验中心，各级政府及有关部门举办的卫生防疫站（疾病控制中心）、各种专科疾病防治站（所），各级政府举办的妇幼保健所（站）、母婴保健机构、儿童保健机构，各级政府举办的血站（血液中心）等医疗机构。

医疗服务，是指医疗机构按照不高于地（市）级以上价格主管部门会同同级卫生主管部门及其他相关部门制定的医疗服务指导价格（包括政府指导价和按照规定由供需双方协商确定的价格等）为就医者提供《全国医疗服务价格项目规范》所列的各项服务，以及医疗机构向社会提供卫生防疫、卫生检疫的服务。

⑧ 从事学历教育的学校提供的教育服务。

学历教育，是指受教育者经过国家教育考试或者国家规定的其他入学方式，进入国家有关部门批准的学校或者其他教育机构学习，获得国家承认的学历证书的教育形式，具体包括初等教育（如普通小学、成人小学）、初级中等教育（如普通初中、职业初中、成人初中）、高级中等教育（如普通高中、成人高中和中等职业学校）、高等教育（如普通本专科、成人本专科、网络本专科、研究生、高等教育自学考试、高等教育学历文凭考试）。

从事学历教育的学校，是指普通学校，经地（市）级以上人民政府或者同级政府的教育行政部门批准成立、国家承认其学员学历的各类学校，经省级及以上人力资源社会保障行政部门批准成立的技工学校、高级技工学校，经省级人民政府批准成立的技师学院。这些学校均包括符合规定的从事学历教育的民办学校，但不包括职业培训机构等国家不承认学历的教育机构。

提供教育服务免征增值税的收入，是指对列入规定招生计划的在籍学生提供学历教育服务取得的收入，具体包括经有关部门审核批准并按规定标准收取的学费、住宿费、课本费、作业本费、考试报名费收入，以及学校食堂提供餐饮服务取得的伙食费收入。除此之外的收入，包括学校以各种名义收取的赞助费、择校费等，不属于免征增值税的范围。

学校食堂是指依照《学校食堂与学生集体用餐卫生管理规定》（教育部令第 14 号）管理的学校食堂。

⑨ 学生勤工俭学提供的服务。

⑩ 农业机耕、排灌、病虫害防治、植物保护、农牧保险以及相关技术培训业务，家禽、牲畜、水生动物的配种和疾病防治。

农业机耕，是指在农业、林业、牧业中使用农业机械进行耕作（包括耕耘、种植、收割、脱粒、植物保护等）的业务；排灌，是指对农田进行灌溉或者排涝的业务；病虫害防治，是指从事农业、林业、牧业、渔业的病虫害测报和防治的业务；农牧保险，是指为种植业、养殖业、牧业种植和饲养的动植物提供保险的业务；相关技术培训，是指与农业机耕、排灌、病虫害防治、植物保护业务相关以及为使农民获得农牧保险知识的技术培训业务；家禽、牲畜、水生动物的配种和疾病防治业务的免税范围，包括与该项服务有关的提供药品和医疗用具的业务。

⑪ 纪念馆、博物馆、文化馆、文物保护单位管理机构、美术馆、展览馆、书画院、图书馆在自己的场所提供文化体育服务取得的第一道门票收入。

⑫ 寺院、宫观、清真寺和教堂举办文化、宗教活动的门票收入。

⑬ 行政单位之外的其他单位收取的符合规定条件的政府性基金和行政事业性收费。

⑭ 个人转让著作权。

⑮ 个人销售自建自用住房。

⑯ 台湾航运公司、航空公司从事海峡两岸海上直航、空中直航业务在大陆取得的运输收入。

⑰ 纳税人提供的直接或者间接国际货物运输代理服务。

⑱ 符合规定条件的贷款、债券利息收入。

⑲ 被撤销金融机构以货物、不动产、无形资产、有价证券、票据等财产清偿债务。

⑳ 保险公司开办的一年期以上人身保险产品取得的保费收入。

㉑ 符合规定条件的金融商品转让收入。

㉒ 金融同业往来利息收入。

㉓ 符合规定条件的担保机构从事中小企业信用担保或者再担保业务取得的收入（不含信用评级、咨询、培训等收入）3年内免征增值税。

㉔ 国家商品储备管理单位及其直属企业承担商品储备任务，从中央或者地方财政取得的利息补贴收入和价差补贴收入。

㉕ 纳税人提供技术转让、技术开发和与之相关的技术咨询、技术服务。

㉖ 符合规定条件的合同能源管理服务。

㉗ 政府举办的从事学历教育的高等、中等和初等学校（不含下属单位），举办进修班、培训班取得的全部归该学校所有的收入。

㉘ 政府举办的职业学校设立的主要为在校学生提供实习场所并由学校出资自办、由学校负责经营管理、经营收入归学校所有的企业，从事《销售服务、无形资产或者不动产注释》中“现代服务”（不含融资租赁服务、广告服务和其他现代服务）、“生活服务”（不含文化体育服务、桑拿、氧吧和其他生活服务）业务活动取得的收入。

㉙ 家政服务企业由员工制家政服务员提供家政服务取得的收入。

㉚ 福利彩票、体育彩票的发行收入。

㉛ 为了配合国家住房制度改革，企业、行政事业单位按房改成本价、标准价出售住房取得的收入。

㉜ 将土地使用权转让给农业生产者用于农业生产。

㉝ 涉及家庭财产分割的个人无偿转让不动产、土地使用权。家庭财产分割，包括离婚财产分割，无偿赠与配偶、父母、子女、祖父母、外祖父母、孙子女、外孙子女、兄弟姐妹，无偿赠与对其承担直接抚养或者赡养义务的抚养人或者赡养人，房屋产权所有人死亡法定继承人、遗嘱继承人或者受遗赠人依法取得房屋产权。

㉞ 土地所有者出让土地使用权和土地使用者将土地使用权归还给土地所有者。

㉟ 县级以上地方人民政府或自然资源行政主管部门出让、转让或收回自然资源使用权（不含土地使用权）。

㊱ 随军家属就业。

㊲ 军队转业干部就业。

㊳ 提供社区养老、托育、家政等服务取得的收入。

㊴ 对法律援助人员按照《中华人民共和国法律援助法》规定获得的法律援助补贴。

2）*增值税即征即退*

① 一般纳税人提供管道运输服务，对其增值税实际税负超过3%的部分实行增值税即征即退政策。

② 经中国人民银行、银证监会（现为国家金融监管局）或者商务部批准从事融资租赁

业务的试点纳税人中的一般纳税人，提供有形动产融资租赁服务和有形动产融资性售后回租服务，对其增值税实际税负超过 3%的部分实行增值税即征即退政策。商务部授权的省级商务主管部门和国家经济技术开发区批准的从事融资租赁业务和融资性售后回租业务的试点纳税人中的一般纳税人，2016 年 5 月 1 日后实收资本达到 1.7 亿元的，从达到标准的当月起按照上述规定执行；2016 年 5 月 1 日后实收资本未达到 1.7 亿元但注册资本达到 1.7 亿元的，在 2016 年 7 月 31 日前仍可按照上述规定执行，2016 年 8 月 1 日后开展的有形动产融资租赁业务和有形动产融资性售后回租业务不得按照上述规定执行。

增值税实际税负，是指纳税人当期提供应税服务实际缴纳的增值税额占纳税人当期提供应税服务取得的全部价款和价外费用的比例。

3）扣减增值税

（1）退役士兵创业就业

自主就业退役士兵从事个体经营的，自办理个体工商户登记当月起，在 3 年（36 个月，下同）内按每户每年 20 000 元为限额依次扣减其当年实际应缴纳的增值税、城市维护建设税、教育费附加、地方教育附加和个人所得税。限额标准最高可上浮 20%，各省、自治区、直辖市人民政府可根据本地区实际情况在此幅度内确定具体限额标准，并报财政部和国家税务总局备案。

（2）重点群体创业就业

建档立卡贫困人口、持《就业创业证》（注明“自主创业税收政策”或“毕业年度内自主创业税收政策”）或《就业失业登记证》（注明“自主创业税收政策”或附着《高校毕业生自主创业证》）的人员从事个体经营的，自办理个体工商户登记当月起，在 3 年内按每户每年 20 000 元为限额依次扣减其当年实际应缴纳的增值税、城市维护建设税、教育费附加、地方教育附加和个人所得税。限额标准最高可上浮 20%，各省、自治区、直辖市人民政府可根据本地区实际情况在此幅度内确定具体限额标准，并报财政部和国家税务总局备案。

4）金融企业发放贷款利息税收优惠

金融企业发放贷款后，自结息日起 90 天内发生的应收未收利息按现行规定缴纳增值税，自结息日起 90 天后发生的应收未收利息暂不缴纳增值税，待实际收到利息时按规定缴纳增值税。

5）个人销售住房税收优惠

北京市、上海市、广州市和深圳市之外的地区，个人将购买不足 2 年的住房对外销售的，按照 5%的征收率全额缴纳增值税；个人将购买 2 年以上（含 2 年）的住房对外销售的，免征增值税。

北京市、上海市、广州市和深圳市的个人将购买不足 2 年的住房对外销售的，按照 5%的征收率全额缴纳增值税；个人将购买 2 年以上（含 2 年）的非普通住房对外销售的，以销售收入减去购买住房价款后的差额按照 5%的征收率缴纳增值税；个人将购买 2 年以上（含 2 年）的普通住房对外销售的，免征增值税。

深圳市自 2020 年 7 月 15 日起、上海市自 2021 年 1 月 22 日起、广州市 9 个区自 2021 年 4 月 21 日起，将个人住房转让增值税征免年限由 2 年调整至 5 年。

3. 跨境行为免征增值税的政策规定

境内的单位和个人销售的下列服务和无形资产免征增值税，但财政部和国家税务总局规定适用增值税零税率的除外。

① 下列服务：

- 工程项目在境外的建筑服务；
- 工程项目在境外的工程监理服务；
- 工程、矿产资源在境外的工程勘察勘探服务；
- 会议展览地点在境外的会议展览服务；
- 存储地点在境外的仓储服务；
- 标的物在境外使用的有形动产租赁服务；
- 在境外提供的广播影视节目（作品）的播映服务；
- 在境外提供的文化体育服务、教育医疗服务、旅游服务。

② 为出口货物提供的邮政服务、收派服务、保险服务。为出口货物提供的保险服务，包括出口货物保险和出口信用保险。

③ 向境外单位提供的完全在境外消费的下列服务和无形资产：

- 电信服务；
- 知识产权服务；
- 物流辅助服务（仓储服务、收派服务除外）；
- 鉴证咨询服务；
- 专业技术服务；
- 商务辅助服务；
- 广告投放地在境外的广告服务；
- 无形资产。

④ 以无运输工具承运方式提供的国际运输服务。

⑤ 为境外单位之间的货币资金融通及其他金融业务提供的直接收费金融服务，且该服务与境内的货物、无形资产和不动产无关。

⑥ 财政部和国家税务总局规定的其他服务。

4. 起征点

根据增值税法律制度的规定，增值税起征点的适用范围限于个人，且不适用于登记为一般纳税人的个体工商户。个人发生应税销售行为的销售额未达到增值税起征点的，免征增值税；达到起征点的，依照规定全额计算缴纳增值税。其中，增值税起征点由国务院财政部门、税务主管部门规定。我国现行增值税起征点的幅度规定如下：

① 按期纳税的，为月销售额 5 000～20 000 元（含本数）；

② 按次纳税的，为每次（日）销售额 300～500 元（含本数）。[①]

起征点的调整由财政部和国家税务总局规定。省、自治区、直辖市财政厅（局）和国家税务局应当在规定的幅度内，根据实际情况确定本地区适用的起征点，并报财政部和国家税务总局备案。

5. 其他减免税规定

纳税人发生应税销售行为适用免税规定的，可以放弃免税，依照《增值税暂行条例》或

① 根据财政部、国家税务总局的相关规定，增值税小规模纳税人月销售额不超过 10 万元（含 10 万元，下同）的，免征增值税。其中，以一个季度为纳税期限的增值税小规模纳税人，季度销售额不超过 30 万元的，免征增值税。

者《营业税改征增值税试点实施办法》的规定缴纳增值税。放弃免税后，36 个月内不得再申请免税。

纳税人发生应税销售行为同时适用免税和零税率规定的，纳税人可以选择适用免税或者零税率。

享受免税项目的纳税人，销售免税货物、劳务、服务不得开具增值税专用发票，进项税额也不能抵扣。

8.2.8 增值税征收管理

1. 纳税义务发生时间

增值税纳税义务发生时间是指纳税人、扣缴义务人发生应税行为、扣缴税额行为，应承担纳税义务、扣缴义务的起始时间。

① 纳税人发生应税销售行为，为收讫销售款项或者取得索取销售款项凭据的当天；先开具发票的，为开具发票的当天。其中，收讫销售款项是指纳税人销售服务、无形资产、不动产过程中或者完成后收到款项；取得索取销售款项凭据的当天，是指书面合同确定的付款日期；未签订书面合同或者书面合同未确定付款日期的，为服务、无形资产转让完成的当天或者不动产权属变更的当天。按销售结算方式的不同，纳税义务发生时间的具体规定如下。

- 采取直接收款方式销售货物，不论货物是否发出，均为收到销售额或取得索取销售额凭据的当天。

纳税人生产、经营活动中采取直接收款方式销售货物，已将货物移送对方并暂估销售收入入账，但既未取得销售款或取得索取销售款凭据也未开具销售发票的，其纳税义务发生时间为取得销售款或取得索取销售款凭据的当天；先开具发票的，为开具发票的当天。

- 采取托收承付和委托收款方式销售货物，为发出货物并办妥托收手续的当天。
- 采取赊销和分期收款方式销售货物，为按合同约定的收款日期的当天，无书面合同的或者书面合同没有约定收款日期的，为货物发出的当天。
- 采取预收货款方式销售货物，为货物发出的当天，但生产销售生产工期超过 12 个月的大型机械设备、船舶、飞机等货物，为收到预收款或者书面合同约定的收款日期的当天。
- 委托其他纳税人代销货物，为收到代销单位的代销清单或者收到全部或者部分货款的当天。未收到代销清单及货款的，为发出代销货物满 180 天的当天。
- 提供租赁服务采取预收款方式的，其纳税义务发生时间为收到预收款的当天。
- 纳税人从事金融商品转让的，为金融商品所有权转移的当天。
- 纳税人发生按规定视同销售货物行为，为货物移送的当天。
- 纳税人发生按规定视同销售服务、无形资产或者不动产，其纳税义务发生时间为服务、无形资产转让完成的当天或者不动产权属变更的当天。

② 纳税人进口货物，其纳税义务发生时间为报关进口的当天。

③ 增值税扣缴义务发生时间为纳税人增值税纳税义务发生的当天。

2. 纳税地点

固定业户应当向其机构所在地或者居住地的主管税务机关申报纳税。总机构和分支机构不在同一县（市）的，应当分别向各自所在地主管税务机关申报纳税；经国家税务总局或其授权的税务机关批准，可以由总机构汇总向总机构所在地主管税务机关申报纳税。

固定业户到外县（市）销售货物、劳务、服务的，应当向其机构所在地主管税务机关申请开具外出经营活动税收管理证明，向其机构所在地主管税务机关申报纳税。未持有外出经营活动税收管理证明，到外县（市）销售货物、劳务、服务的，应当向销售地、劳务发生地或者服务发生地主管税务机关申报纳税；未向销售地、劳务发生地或者服务发生地主管税务机关申报纳税的，由其机构所在地主管税务机关补征税额。

非固定业户销售货物、劳务、服务或者无形资产的，应当向应税行为发生地主管税务机关申报纳税。非固定业户到外县（市）销售货物、劳务、服务或者无形资产的，未向应税行为发生地主管税务机关申报纳税的，由其机构所在地或者居住地主管税务机关补征税额。

进口货物，应当由进口人或其代理人向报关地海关申报纳税。

其他个人提供建筑服务、销售或者租赁不动产、转让自然资源使用权，应向建筑服务发生地、不动产所在地、自然资源所在地主管税务机关申报纳税。

扣缴义务人应当向其机构所在地或者居住地的主管税务机关申报缴纳其扣缴的税款。

3. 纳税期限

增值税纳税期限分别为1日、3日、5日、10日、15日、1个月或者1个季度。

纳税人的具体纳税期限由主管税务机关根据纳税人应纳税额的大小分别核定；不能按固定期限纳税的，可以按次纳税。需要说明的是，以1个季度为纳税期限的规定适用于小规模纳税人、银行、财务公司、信托投资公司、信用社，以及财政部和国家税务总局规定的其他纳税人。

① 纳税人以1个月或者1个季度为一期纳税的，自期满之日起15日内申报纳税；以1日、3日、5日、10日或者15日为一期纳税的，自期满之日起5日内预缴税额，于次月1日起15日内申报纳税并结清上月应纳税额。

② 纳税人进口货物，应当自海关填发海关进口增值税专用缴款书之日起15日内缴纳税额。纳税人出口货物，应当按月向税务机关申报办理该项出口货物的退税。

扣缴义务人解缴税额的期限，依照上述规定执行。

4. 纳税申报表

1）增值税一般纳税人纳税申报表

自2021年8月1日起，增值税与城市维护建设税、教育费附加、地方教育附加申报表整合，一般纳税人启用《增值税及附加税费申报表（一般纳税人适用）》，见表8-2。

纳税申报表附列资料包括《增值税及附加税费申报表附列资料（一）》（本期销售情况明细）、《增值税及附加税费申报表附列资料（二）》（本期进项税额明细）、《增值税及附加税费申报表附列资料（三）》（服务、不动产和无形资产扣除项目明细）、《增值税及附加税费申报表附列资料（四）》（税额抵扣情况表）、《增值税及附加税费申报表附列资料（五）》（附加税费情况表）、《增值税减免税申报明细表》。

2）增值税小规模纳税人纳税申报表

自2021年8月1日起，增值税与城市维护建设税、教育费附加、地方教育附加申报表整合，小规模纳税人启用《增值税及附加税费申报表（小规模纳税人适用）》，见表8-3。

纳税申报表附列资料包括《增值税及附加税费申报表（小规模纳税人适用）附列资料（一）》（服务、不动产和无形资产扣除项目明细）、《增值税及附加税费申报表（小规模纳税人适用）附列资料（二）》（附加税费情况表）。

表 8-2　增值税及附加税费申报表

（一般纳税人适用）

根据国家税收法律法规及增值税相关规定制定本表。纳税人不论有无销售额，均应按税务机关核定的纳税期限填写本表，并向当地税务机关申报。

税款所属时间：自　年　月　日起至　年　月　日　　填表日期：　年　月　日　　金额单位：元（列至角分）

纳税人识别号（统一社会信用代码）：　　所属行业：

纳税人名称		法定代表人姓名		注册地址		生产经营地址	
开户银行及账号		登记注册类型			电话号码		

项目		栏次	一般项目		即征即退项目	
			本月数	本年累计	本月数	本年累计
销售额	（一）按适用税率征税销售额	1				
	其中：应税货物销售额	2				
	应税劳务销售额	3				
	纳税检查调整的销售额	4				
	（二）按简易征收办法征税销售额	5				
	其中：纳税检查调整的销售额	6				
	（三）免、抵、退办法出口销售额	7				
	（四）免税销售额	8				
	其中：免税货物销售额	9				
	免税劳务销售额	10				
税款计算	销项税额	11				
	进项税额	12				
	上期留抵税额	13				
	进项税额转出	14				
	免、抵、退应退税额	15				
	按适用税率计算的纳税检查应补缴税额	16				
	应抵扣税额合计	17＝12＋13－14－15＋16				
	实际抵扣税额	18（如 17<11，则为 17，否则为 11）				
	应纳税额	19＝11－18				
	期末留抵税额	20＝17－18				
	简易征收办法计算的应纳税额	21				
	按简易征收办法计算的纳税检查应补缴税额	22				
	应纳税额减征额	23				
	应纳税额合计	24＝19＋21－23				

续表

项目		栏次	一般项目		即征即退项目	
			本月数	本年累计	本月数	本年累计
税款缴纳	期初未缴税额（多缴为负数）	25				
	实收出口开具专用缴款书退税额	26				
	本期已缴税额	27=28+29+30+31				
	①分次预缴税额	28				
	②出口开具专用缴款书预缴税额	29				
	③本期缴纳上期应纳税额	30				
	④本期缴纳欠缴税额	31				
	期末未缴税额（多缴为负数）	32=24+25+26−27				
	其中：欠缴税额（≥0）	33=25+26−27				
	本期应补（退）税额	34=24−28−29				
	即征即退实际退税额	35				
	期初未缴查补税额	36				
	本期入库查补税额	37				
	期末未缴查补税额	38=16+22+36−37				
附加税费	城市维护建设税本期应补（退）税额	39				
	教育费附加本期应补（退）费额	40				
	地方教育附加本期应补（退）费额	41				

声明：此表是根据国家税收法律法规及相关规定填写的，本人（单位）对填报内容（及附带资料）的真实性、可靠性、完整性负责。

纳税人（签章）： 年 月 日

经办人： 经办人身份证号： 代理机构签章： 代理机构统一社会信用代码：	受理人： 受理税务机关（章）： 受理日期： 年 月 日

表 8-3 增值税及附加税费申报表

（小规模纳税人适用）

根据国家税收法律法规及增值税相关规定制定本表。纳税人不论有无销售额，均应按税务机关核定的纳税期限填写本表，并向当地税务机关申报。

纳税人识别号（统一社会信用代码）： 金额单位：元（列至角分）

纳税人名称：

税款所属期： 年 月 日起至 年 月 日 填表日期： 年 月 日

项目		栏次	本期数		本年累计	
			货物及劳务	服务、不动产和无形资产	货物及劳务	服务、不动产和无形资产
计税依据	（一）应征增值税不含税销售额（3%征收率）	1				
	增值税专用发票不含税销售额	2				
	其他增值税发票不含税销售额	3				
	（二）应征增值税不含税销售额（5%征收率）	4				
	增值税专用发票不含税销售额	5				
	其他增值税发票不含税销售额	6				
	（三）销售使用过的固定资产不含税销售额	7（7≥8）				
	其中：其他增值税发票不含税销售额	8				
	（四）免税销售额	9=10+11+12				
	其中：小微企业免税销售额	10				
	未达起征点销售额	11				
	其他免税销售额	12				
	（五）出口免税销售额	13（13≥14）				
	其中：其他增值税发票不含税销售额	14				
	核定销售额	15				
税款计算	本期应纳税额	16				
	核定应纳税额	17				
	本期应纳税额减征额	18				
	本期免税额	19				
	其中：小微企业免税额	20				
	未达起征点免税额	21				
	应纳税额合计	22=16-18				
	本期预缴税额	23				
	本期应补（退）税额	24=22-23				
附加税费	城市维护建设税本期应补（退）税额	25				
	教育费附加本期应补（退）费额	26				
	地方教育附加本期应补（退）费额	27				

续表

声明：此表是根据国家税收法律法规及相关规定填写的，本人（单位）对填报内容（及附带资料）的真实性、可靠性、完整性负责。 纳税人（签章）：　　年　月　日

经办人： 经办人身份证号： 代理机构签章： 代理机构统一社会信用代码：	受理人： 受理税务机关（章）：　受理日期：　年　月　日

8.2.9 增值税专用发票

1. 专用发票的概念

增值税专用发票，简称专用发票，是指增值税纳税人发生应税销售行为开具的发票，是购买方支付增值税额并按照规定据以抵扣增值税进项税额的凭证。可见，增值税专用发票不仅是经济业务收付款的原始凭证，而且也是兼记销货方纳税义务和购货方进项税额的主要依据，是购货方据以抵扣增值税额的法定凭证。

一般纳税人发生应税销售行为，应向购买方开具专用发票。一般纳税人应通过增值税防伪税控系统使用专用发票。使用，包括领购、开具、缴销、认证纸质专用发票及其相应的数据电文。小规模纳税人需开具专用发票的，可以向当地主管税务机关申请代开。①

2. 专用发票的联次及用途

2006 年 10 月 17 日，国家税务总局印发的《关于修订〈增值税专用发票使用规定〉的通知》(2007 年 1 月 1 日施行）规定，增值税专用发票由基本联次或者基本联次附加其他联次构成。

基本联次为三联：发票联、抵扣联和记账联。其中，发票联作为购买方核算采购成本和进项税额的记账凭证；抵扣联作为购买方报送主管税务机关认证和留存备查的凭证；记账联作为销售方核算销售收入和销项税额的记账凭证。

其他联次用途，由一般纳税人自行确定。我国自 2014 年 8 月 1 日起启用新版增值税纸质专用发票。

3. 专用发票的领购

一般纳税人领购专用设备后，凭“最高开票限额申请表”“发票领购簿”到税务机关办理初始发行。初始发行，是指税务机关将一般纳税人的企业名称、税务登记代码、开票限额、购票限量、购票人员姓名、密码、开票机数量、国家税务总局规定的其他信息等载入空白金税盘和 IC 卡的行为。增值税一般纳税人凭“发票领购簿”、金税盘（或 IC 卡）和经办人身份证明领购专用发票。

一般纳税人有下列情形之一的，不得领购使用专用发票。

① 会计核算不健全，即不能向税务机关准确提供增值税销项税额、进项税额、应纳税额数据及其他有关增值税税务资料的。

① 增值税小规模纳税人（其他个人除外）发生增值税应税行为，需要开具增值税专用发票的，可以自愿使用增值税发票管理系统自行开具。

② 存在《中华人民共和国税收征收管理法》规定的税收违法行为，拒不接受税务机关处理的。

③ 有下列行为之一，经税务机关责令限期改正仍未改正的：

- 虚开增值税专用发票；
- 私自印制专用发票；
- 向税务机关以外的单位买取专用发票；
- 借用他人专用发票；
- 未按规定要求开具专用发票；
- 未按规定保管专用发票；
- 未按规定申报专用发票的购、用、存情况；
- 未按规定接受税务机关检查。

有上述情形的，如果已领购使用专用发票，税务机关应暂扣其结存的专业发票和IC卡。

4. 专用发票的使用管理

1） 专用发票开票限额

专用发票实行最高开票限额[①]管理制度。最高开票限额由一般纳税人申请，区、县税务机关依法审批。增值税一般纳税人申请最高开票限额时，需填制“增值税专用发票最高开票限额申请单”（见表8-4）。主管税务机关受理纳税人申请后，根据需要进行实地查验，实地查验的范围和方法由各省税务机关确定。自2014年5月1日起，一般纳税人申请增值税专用发票最高开票限额不超过10万元的，主管税务机关不需要事前进行实地查验。

表8-4　增值税专用发票最高开票限额申请单

申请事项 （由企业填写）	企业名称		税务登记代码	
	地　　址		联系电话	
	申请最高限额	□一亿元　□一千万元　□一百万元 □十万元　□一万元　□一千元 （请在选择数额前的□内打“√”）		
	经办人（签字） 年　月　日		企业（印章） 年　月　日	
区、县级税务机关意见	批准最高开票限额： 经办人（签字） 年　月　日	批准人（签字） 年　月　日	税务机关（印章） 年　月　日	
地、市级税务机关意见	批准最高开票限额： 经办人（签字） 年　月　日	批准人（签字） 年　月　日	税务机关（印章） 年　月　日	
省级税务机关意见	批准最高开票限额： 经办人（签字） 年　月　日	批准人（签字） 年　月　日	税务机关（印章） 年　月　日	

本申请表一式两联：第一联由申请企业留存；第二联由区、县级税务机关留存。

2） 专用发票开具范围

一般纳税人发生应税销售行为，应当向索取增值税专用发票的购买方开具专用发票，但下列情形除外。

① 最高开票限额，是指单份专用发票开具的销售额合计数不得达到的上限额度。

① 商业企业一般纳税人零售的烟、酒、食品、服装、鞋帽（不包括劳保专用部分）、化妆品等消费品。

② 应税销售行为的购买方为消费者个人。

③ 发生应税销售行为适用免税规定。

3）专用发票开具要求

增值税一般纳税人开具增值税专用发票时，必须按下列要求进行。

① 字迹清楚，不得压线、错格。

② 不得涂改。如果填写有误，应另行开具增值税专用发票，并在误填的增值税专用发票上注明“误填作废”四字。如果增值税专用发票开具后因购货方不索取而成为废票的，也应按填写有误办理。

③ 项目填写齐全，与实际交易相符。

④ 票、物相符，票面金额与实际收取的金额相符。

⑤ 各项目内容正确无误。

⑥ 全部联次一次填开，上、下联的内容和金额一致。

⑦ 发票联和抵扣联加盖财务专用章或发票专用章。

⑧ 按照规定时限开具增值税专用发票。

⑨ 不得开具伪造的增值税专用发票。

⑩ 不得拆本使用增值税专用发票。

⑪ 不得开具票样与国家税务总局统一制定的票样不相符的增值税专用发票。

⑫ 开具的增值税专用发票有不符合上述要求的，不得作为扣税凭证，购买方有权拒收。

增值税一般纳税人销售货物、劳务、服务、无形资产或者不动产可以汇总开具增值税专用发票。汇总开具增值税专用发票的，同时使用防伪税控系统开具“销售货物或者提供应税劳务清单”（见表8-5），并加盖财务专用章或者发票专用章。

表8-5 销售货物或者提供应税劳务清单

购买方名称：

销售方名称：

所属增值税专用发票代码： 号码： 共 页 第 页

序号	货物（劳务）名称	规格型号	单位	数量	单价	金额	税率	税额
备注								

本清单一式两联：第一联由销售方留存；第二联由销售方送交购买方。

4）专用发票开具时限

增值税专用发票开具时限的规定如下。

① 采用预收货款、托收承付、委托收款结算方式的，为货物发出的当天。

② 采用交款提货结算方式的，为收到货款的当天。

③ 采用赊销、分期付款结算方式的，为合同约定的收款日期的当天。

④ 将货物交付他人代销，为收到代销清单的当天。

⑤ 设有两个以上机构并实行统一核算的纳税人，将货物从一个机构移送其他机构用于

销售，按规定应当征收增值税的，为货物移送的当天。

⑥ 将货物作为投资提供给其他单位或个体工商户，为货物移送的当天。

⑦ 将货物分配给股东，为货物移送的当天。

增值税一般纳税人必须按规定时限开具增值税专用发票，不得提前或滞后。

5）专用发票的保管

增值税一般纳税人有下列情形之一的，为未按规定保管增值税专用发票。

① 未按照税务机关要求建立专用发票管理制度。

② 未按照税务机关要求设专人保管专用发票。

③ 未按照税务机关要求设置专门存放专用发票的场所。

④ 税额抵扣联未按税务机关要求装订成册。

⑤ 未经税务机关查验擅自销毁专用发票的基本联次。

⑥ 丢失专用发票。

⑦ 损（撕）毁专用发票。

⑧ 未执行国家税务总局或其直属分局提出的其他有关保管专用发票的要求。

6）销货退回、开票有误或者销售折让开具增值税专用发票的规定

增值税一般纳税人销售货物、劳务、服务、无形资产或者不动产，开具增值税专用发票后，发生销售退回或者折让、开票有误等情形，应按国家税务总局的规定开具红字增值税专用发票。未按规定开具红字增值税专用发票的，增值税额不得从销项税额中扣减。

① 购买方未付货款且未做账务处理时，需将原发票联和抵扣联主动退还销售方。销售方收到后，应在该发票联和抵扣联及有关的存根联、记账联上注明“作废”字样，作为扣减当期销项税额的凭证。未收到购买方退还的专用发票前，销售方不得扣减当期销项税额。属于销售折让的，销售方应按折让后的货款重新开具专用发票。

② 购买方已付货款或者货款未付但已做账务处理时，在发票联及抵扣联无法退还的情况下，购买方必须取得当地主管税务机关开具的进货退出或索取折让证明单（简称证明单）送交销售方，作为销售方开具红字专用发票的依据。销售方根据退回货物的数量、价款或折让金额向购买方开具红字专用发票。红字专用发票的存根联、记账联作为销售方扣减当期销项税额的凭证，其发票联、抵扣联作为购买方扣减进项税额的凭证。购买方收到红字专用发票后，应将红字专用发票所注明的增值税额从当期进项税额中扣减。如果不扣减，造成不纳税或少纳税的，属于逃避缴纳税额行为。

5. 新办纳税人实行增值税电子专用发票

自2020年12月21日起，在天津、河北、上海、江苏、浙江、安徽、广东、重庆、四川、宁波和深圳等11个省、市的新办纳税人中实行专票电子化，受票方范围为全国。其中，宁波、石家庄和杭州等3个城市已试点纳税人开具增值税电子专用发票（以下简称电子发票）的受票方范围扩至全国。

自2021年1月21日起，在北京、山西、内蒙古、辽宁、吉林、黑龙江、福建、江西、山东、河南、湖北、湖南、广西、海南、贵州、云南、西藏、陕西、甘肃、青海、宁夏、新疆、大连、厦门和青岛等25个省、市、自治区的新办纳税人中实行专票电子化，受票方范围为全国。

电子专票由各省税务局监制，采用电子签名代替发票专用章，属于增值税专用发票，其法律效力、基本用途、基本使用规定等与增值税纸质专用发票相同。

自各地专票电子化实行之日起，本地区需要开具增值税纸质普通发票、增值税电子普通发票、纸质专票、电子专票、纸质机动车销售统一发票和纸质二手车销售统一发票的新办纳税人，统一领取税务 Ukey 开具发票。税务机关向新办纳税人免费发放 Ukey，并依托增值税电子发票公共服务平台，为纳税人提供免费的电子专票开具服务。

税务机关按照电子专票和纸质专票的合计数，为纳税人核定增值税专用发票领用数量。电子专票和纸质专票的增值税专用发票（增值税税控系统）最高开票限额应当相同。

计算机开具专用发票的要求

纳税人开具增值税专用发票时，既可以开具电子专票，也可以开具纸质专票。受票方索取纸质专票的，开票方应当开具纸质专票。

8.3 消 费 税

8.3.1 消费税的概念及特征

1. 消费税的概念

消费税是以消费物品和消费行为为课税对象的一种商品税。根据消费税课税对象和范围的不同，消费税有广义和狭义之分。广义的消费税是指一般消费税，其征税范围包括对一切消费商品和消费行为征收的消费税，税种主要有消费税、关税、对消费品征收的增值税等。狭义的消费税是指对特定消费品和消费行为在特定环节征收的一种商品税，即对从事生产、委托加工及进口应税消费品的单位和个人，就其消费品的销售额或销售数量或销售额与销售数量相结合征收的一种商品税。通常人们所说的消费税是指狭义的消费税。

目前，世界上有 120 多个国家和地区开征了消费税，但具体名称和征收形式不尽相同，有的叫货物税，有的叫奢侈品税。我国现行消费税是 1994 年税制改革中新设置的一个税种。在对货物普遍征收增值税的基础上，选择少数消费品再征收一道消费税，目的是调节产业结构，限制某些奢侈品、高能耗产品的生产，引导正确消费方向，保证国家财政收入。

1993 年 12 月 13 日，国务院发布了《中华人民共和国消费税暂行条例》；同年 12 月 25 日，财政部发布了《中华人民共和国消费税暂行条例实施细则》；2006 年 3 月 20 日，财政部、国家税务总局发布了《关于调整和完善消费税政策的通知》；同年 3 月 31 日，国家税务总局发布了《关于印发〈调整和完善消费税政策征收管理规定〉的通知》等；2008 年 12 月 15 日，财政部、国家税务总局对外公布了《中华人民共和国消费税暂行条例》（以下简称《消费税暂行条例》）（自 2009 年 1 月 1 日起施行）。自 2014 年 12 月 1 日起，取消气缸容量 250 ml（不含）以下的小排量摩托车消费税，取消汽车轮胎消费税，取消车用含铅汽油消费税，取消酒精消费税。自 2015 年 2 月 1 日起对电池、涂料征收消费税。自 2015 年 5 月 10 日起，在卷烟批发环节加征一道复合税，按比例税率 11%征收从价税并按 0.005 元/支加征从量税。自 2016 年 10 月 1 日起，取消对普通美容、修饰类化妆品征收消费税，将高档化妆品的税率调整为 15%。自 2016 年 12 月 1 日起，对每辆零售价格 130 万元（不含增值税）及以上的超豪华小汽车，在零售环节加征消费税，税率为 10%。自 2022 年 11 月 1 日起，将电子烟纳入消费税征收范围。这些构成了我国现行消费税法律制度的重要内容。

2. 消费税的特征

根据消费税法律制度的规定，消费税具有以下特征。

1）消费税实行价内税

消费税与增值税相比，实行的是价内税，也就是将消费税税额包含在销售价格之中。

2）征收项目的选择性

从消费税的征税范围看，消费税并不是对所有商品课税，也不是对所有消费品和消费行为课税。

3）征收环节的单一性

同增值税多环节课税的特点不同，消费税是一种单环节征税的商品税。在各国税制中，一般是将消费税的征税环节确定在消费品生产或销售的某个环节，而不是每个环节都要征税。根据我国现行消费税法律制度的规定，除金银首饰改为零售环节征税外，一般在应税消费品的生产、委托加工和进口环节缴纳消费税。

4）税率设计的差异性

消费税对不同类别的应税消费品分别设计了不同税率，税率差异较大。消费税一共设计了15个税目，分别采用比例税率和定额税率，个别税目采用了复合计税办法，有的一个税目又设计有多个税率。这样设计具有灵活性，便于更好地发挥调节消费从而影响消费结构及消费方向的作用。

5）税收负担的转嫁性

由于消费税的课税对象是部分消费品和消费行为，而不是对购买消费品的人征税，纳税人主要是生产、销售应税消费品的人。我国消费税法律制度规定，只在生产环节征收消费税，纳税人很容易将所纳消费品通过税负前转的办法转嫁给最终的消费者。

6）征收方法的灵活性

从法的角度讲，消费税的有关法律制度是严肃的，但是从政策调节角度看，消费税具有较强的灵活性，这是由消费税的征税范围和征税对象的可选择性所决定的，主要表现为课税对象、计税依据、税率选择等均具有较强的灵活性。

8.3.2 消费税的纳税人

在中华人民共和国境内生产、委托加工和进口应税消费品的单位和个人，以及国务院确定的销售规定消费品的其他单位和个人，为消费税的纳税人。其中，单位是指企业、行政单位、事业单位、军事单位、社会团体及其他单位；个人是指个体工商户及其他个人；在中华人民共和国境内是指生产、委托加工和进口应税消费品的起运地或所在地在境内。

电子烟生产环节纳税人，是指取得烟草专卖生产企业许可证，并取得或经许可使用他人电子烟产品注册商标（以下简称持有商标）的企业。通过代加工方式生产电子烟的，由持有商标的企业缴纳消费税。电子烟批发环节纳税人，是指取得烟草专卖批发企业许可证并经营电子烟批发业务的企业。电子烟进口环节纳税人，是指进口电子烟的单位和个人。

由于消费税是在对所有货物普遍征收增值税的基础上选择部分消费品征收的，因此消费税纳税人同时也是增值税纳税人。

8.3.3 消费税的征税范围

消费税的征税范围主要是根据经济发展状况和社会消费水平，依据国家财政政策的需要，借鉴国外的成功经验和通行做法确定的。列入消费税征税范围的消费品可以归纳为以下5类。

1. 生产应税消费品

1）生产销售应税消费品

纳税人生产的应税消费品，于纳税人销售时纳税。

2）自产自用应税消费品

纳税人自产自用的应税消费品，用于连续生产应税消费的，不纳税；用于其他方面的，于移送使用时纳税。

用于连续生产应税消费品，是指纳税人将自产自用应税消费品作为主要材料生产最终应税消费品，自产自用应税消费品构成最终应税消费品的实体。

用于其他方面，是指纳税人将自产自用的应税消费品用于生产非应税消费品、在建工程、管理部门、非生产机构、提供劳务，以及用于馈赠、赞助、集资、广告、样品、职工福利、奖励等方面。

3）视同生产销售应税消费品

工业企业以外的单位和个人的下列行为视为应税消费品的生产销售行为，按规定征收消费税：

① 将外购的非应税消费品以应税消费品对外销售的；

② 将外购低税率应税消费品以高税率应税消费品对外销售的。

2. 委托加工应税消费品

1）委托加工应税消费品的含义

委托加工应税消费品，是指由委托方提供原料和主要材料，受托方只收取加工费和代垫部分辅助材料加工的应税消费品。对于由受托方提供原材料生产的应税消费品，或者受托方先将原材料卖给委托方，然后再接受加工的应税消费品，以及由受托方以委托方名义购进原材料生产的应税消费品，无论在财务上是否作销售处理，都不得作为委托加工应税消费品，而应当按照受托方销售自制应税消费品缴纳消费税。

2）委托加工应税消费品的纳税人

委托加工的应税消费品，除受托方为个人外，由受托方在向委托方交货时代收代缴消费税。委托个人加工的应税消费品，由委托方收回后缴纳消费税。

3）委托加工应税消费品的纳税义务

委托加工收回的应税消费品，委托方用于连续生产应税消费品的，所纳税款准予按规定抵扣。

委托方将委托加工收回的应税消费品，以不高于受托方的计税价格出售的，为直接出售，不再缴纳消费税；委托方以高于受托方计税价格出售的，不属于直接出售，需按照规定申报缴纳消费税，在计税时准予扣除受托方已代收代缴的消费税。

3. 进口应税消费品

单位和个人进口应税消费品，于报关进口时缴纳消费税。为了减少征税成本，进口环节缴纳的消费税由海关代征。

4. 零售应税消费品

1）商业零售金银首饰

自1995年1月1日起，金银首饰消费税由生产销售环节征收改为零售环节征收。改在零售环节征收消费税的金银首饰仅限于金基、银基合金首饰，以及金、银和金基、银基合金的镶嵌首饰。自 2002 年 1 月 1 日起，对钻石及钻石饰品消费税的纳税环节由生产环节、进口环节后移至零售环节。自 2003 年 5 月 1 日起，铂金首饰消费税改为零售环节征税。

下列业务视同零售业，在零售环节缴纳消费税。

① 为经营单位以外的其他单位和个人加工金银首饰。加工包括带料加工、翻新改制、以旧换新等业务，不包括修理和清洗。

② 经营单位将金银首饰用于馈赠、赞助、集资、广告、样品、职工福利、奖励等方面。

③ 未经中国人民银行总行批准，经营首饰批发业务的单位将金银首饰销售给经营单位。

2）零售超豪华小汽车

自 2016 年 12 月 1 日起，对超豪华小汽车，在生产（进口）环节按现行税率征收消费税的基础上，在零售环节加征消费税，将超豪华小汽车销售给消费者的单位和个人为超豪华小汽车零售环节纳税人。

5. 批发销售卷烟和电子烟

自 2015 年 5 月 10 日起，将卷烟批发环节从价税税率由 5%提高至 11%，并按 0.005 元/支加征从量税。

烟草批发企业将卷烟销售给其他烟草批发企业的，不缴纳消费税。

卷烟消费税改为在生产和批发两个环节征收后，批发企业在计算应纳税额时不得扣除已含的生产环节的消费税税款。

纳税人兼营卷烟批发和零售业务的，应当分别核算批发和零售环节的销售额、销售数量；未分别核算批发和零售环节销售额、销售数量的，按照全部销售额、销售数量计征批发环节消费税。

8.3.4 消费税的税目和税率

1. 税目

消费税税目的设置主要考虑到简化、科学，征税主旨明确，课税对象清晰，并兼顾历史习惯。根据《消费税暂行条例》的规定，消费税税目共有 15 个。

1）烟

凡是以烟叶为原料加工生产的产品，不论使用何种辅料，均属于本税目的征收范围。具体包括 4 个子税目。

① 卷烟，包括甲类卷烟和乙类卷烟。甲类卷烟，是指每标准条（200 支）调拨价格在 70 元（不含增值税）以上（含 70 元）的卷烟。乙类卷烟，是指每标准条（200 支）调拨价格在 70 元（不含增值税）以下的卷烟。

② 雪茄烟，包括各种规格、型号的雪茄烟。

③ 烟丝，包括以烟叶为原料加工生产的不经卷制的散装烟。

④ 电子烟。电子烟，是指用于产生气溶胶供人抽吸等的电子传输系统，包括烟弹、烟具以及烟弹与烟具组合销售的电子烟产品。烟弹是指含有雾化物的电子烟组件。烟具是指将雾化物雾化为可吸入气溶胶的电子装置。

2）酒

酒包括白酒、黄酒、啤酒和其他酒。

①白酒，包括粮食白酒和薯类白酒。

粮食白酒，是指以高粱、玉米、大米、糯米、大麦、小麦、青稞等各种粮食为原料，经过糖化、发酵后，采用蒸馏方法酿制的白酒。

薯类白酒，是指以白薯（红薯、地瓜）、木薯、马铃薯、芋头、山药等各种干鲜薯类为原料，经过糖化、发酵后，采用蒸馏方法酿制的白酒。用甜菜酿制的白酒，比照薯类白酒征税。

② 黄酒，是指以糯米、粳米、籼米、大米、黄米、玉米、小麦、薯类等为原料，经加温、糖化、发酵、压榨酿制的酒，包括各种原料酿制的黄酒和酒精度超过12度（含12度）的土甜酒。

③ 啤酒，分为甲类啤酒和乙类啤酒，是指以大麦或其他粮食为原料，加入啤酒花，经过糖化、发酵、过滤酿制的含有二氧化碳的酒。

对饮食业、商业、娱乐业举办的啤酒屋（啤酒坊）利用啤酒生产设备生产的啤酒，应当征收消费税。

④ 其他酒，是指除粮食白酒、薯类白酒、黄酒、啤酒以外的各种酒，包括土甜酒、复制酒、果木酒、汽酒、药酒、葡萄酒等。

对以黄酒为酒基生产的配制或泡制酒，按其他酒征收消费税。调味料酒不征收消费税。

3）高档化妆品

高档化妆品包括高档美容、修饰类化妆品，高档护肤类化妆品和成套化妆品。

高档美容、修饰类化妆品是指香水、香水精、香粉、口红、指甲油、胭脂、眉笔、蓝眼油、唇笔、眼睫毛等。

高档护肤类化妆品是指生产（进口）环节销售（完税）价格（不含增值税）在10元/ml（克）或15元/片（张）及以上的美容、修饰类化妆品和护肤类化妆品。

舞台、戏剧、影视演员化妆用的上妆油、卸妆油、油彩，不属于本税目的征收范围。

4）贵重首饰及珠宝玉石

贵重首饰及珠宝玉石包括各种金银珠宝首饰和经采掘、打磨、加工的各种珠宝玉石。

① 金银首饰、铂金首饰和钻石及钻石饰品，包括以金、银、白金、宝石、珍珠、钻石、翡翠、珊瑚、玛瑙等高贵稀有物质及其他金属、人造宝石等制作的各种纯金银首饰及镶嵌首饰（含人造金银、合成金银首饰）等。

② 其他贵重首饰和珠宝玉石，包括钻石、珍珠、松石、青金石、欧泊石、橄榄石、长石、玉、石英、玉髓、石榴石、锆石、尖晶石、黄玉、碧玺、金绿玉、绿柱石、刚玉、琥珀、珊瑚、煤玉、龟甲、合成刚玉、合成玉石、双合石以及玻璃纺制品等。

宝石坯是经采掘、打磨、初级加工的珠宝玉石半成品，对宝石坯应按规定征收消费税。

5）鞭炮、焰火

鞭炮、焰火包括各种鞭炮、焰火，如喷花类、旋转类、旋转升空类、火箭类、吐珠类、线香类、小礼花类、烟雾类、造型玩具类、炮竹类、摩擦炮类、组合烟花类、礼花弹类等。

体育运动用的发令纸、鞭炮药引线，不按本税目征收。

6）成品油

成品油包括汽油、柴油、石脑油、溶剂油、航空煤油、润滑油、燃料油7个子税目。

① 汽油。汽油是指用原油或其他原料加工生产的辛烷值不小于66的可用作汽油发动机燃料的各种轻质油。

以汽油、汽油组分调和生产的甲醇汽油、乙醇汽油也属于本税目的征收范围。

② 柴油。柴油是指用原油或其他原料加工生产的凝点或倾点在－50℃～30℃的可用作柴油发动机燃料的各种轻质油和以柴油组分为主、经调和精制可用作柴油发动机燃料的非标油。

以柴油、柴油组分调和生产的生物柴油也属于本税目的征收范围。

③ 石脑油。石脑油又叫化工轻油，是以石油加工生产的或二次加工汽油经加氢精制而成的用于化工原料的轻质油。

石脑油的征收范围包括除汽油、柴油、航空煤油、溶剂油以外的各种轻质油。

④ 溶剂油。溶剂油是用石油加工生产的用于涂料、油漆、食用油加工、印刷油墨、皮革、农药、橡胶、化妆品生产的轻质油。

⑤ 航空煤油。航空煤油也叫喷气燃料，是用石油加工生产的用在喷气发动机和喷气推进系统中作为能源的石油燃料。

⑥ 润滑油。润滑油是用于内燃机、机械加工过程的润滑产品。润滑油分为矿物性润滑油、植物性润滑油、动物性润滑油和化工原料合成润滑油。

润滑油的征收范围包括矿物性润滑油、矿物性润滑油基础油、植物性润滑油、动物性润滑油和化工原料合成润滑油。

⑦ 燃料油。燃料油也称重油、渣油。燃料油征收范围包括用于电厂发电、船舶锅炉燃料、加热炉燃料、冶金和其他工业炉燃料的各类燃料油。

自2012年11月1日起，催化料、焦化料属于燃料油的征收范围，应当征收消费税。

7）摩托车

摩托车包括气缸容量为250 mL的摩托车和气缸容量在250 mL（不含）以上的摩托车两种。

对最大设计车速不超过50 km/h，发动机气缸总工作容量不超过50 mL的三轮摩托车不征收消费税。

8）小汽车

小汽车是指由动力驱动，具有4个或4个以上车轮的非轨道承载的车辆。

本税目包括乘用车、中轻型商用客车和超豪华小汽车等3个子税目。

① 乘用车。乘用车是指在设计和技术特性上用于载运乘客和货物的汽车，包括含驾驶员座位在内最多不超过9个座位（含）。

用排气量小于1.5 L（含）的乘用车底盘（车架）改装、改制的车辆属于乘用车征收范围。

② 中轻型商用客车。中轻型商业客车是指在设计和技术特性上用于载运乘客和货物的汽车，包括含驾驶员座位在内的座位数在10～23座（含23座）的商用客车。

用排气量大于1.5 L的乘用车底盘（车架）或中轻型商用客车底盘（车架）改装、改制的车辆属于中轻型商用客车征收范围。

含驾驶员人数（额定载客）为区间值的（如8～10人、17～26人）小汽车，按其区间值下限人数确定征收范围。

③ 超豪华小汽车。超豪华小汽车是指每辆零售价格为130万元（不含增值税）及以上的乘用车和中轻型商用客车，即乘用车和中轻型商用客车子税目中的超豪华小汽车。

电动汽车不属于本税目的征收范围。

车身长度大于7 m（含），并且座位在10～23座（含）以下的商用客车，不属于中轻型商用客车的征税范围，不征收消费税。

沙滩车、雪地车、卡丁车、高尔夫车不属于消费税的征收范围，不征收消费税。

对于企业购进货车或厢式货车改装生产的商务车、卫星通信车等专用汽车不属于消费税的征收范围，不征收消费税。

对于购进乘用车和中轻型商用客车整车改装生产的汽车，应按规定征收消费税。

9）高尔夫球及球具

高尔夫球及球具征税范围包括高尔夫球、高尔夫球杆及高尔夫球包（袋）、高尔夫球杆的杆头、杆身和握把。

10）高档手表

高档手表是指销售价格（不含增值税）每只在10 000元（含）以上的手表。

本税目征收范围包括符合以上标准的各类手表。

11）游艇

游艇是指长度大于8 m小于90 m，船体由玻璃钢、钢、铝合金、塑料等多种材料制作，可以在水上移动的水上浮载体。按照动力划分，游艇分为无动力艇、帆艇和机动艇。

本税目征收范围包括艇身长度大于8 m（含）小于90 m（含），内置发动机，可以在水上移动，一般为私人或团体购置，主要用于水上运动和休闲娱乐等非牟利活动的各类机动艇。

12）木制一次性筷子

木制一次性筷子，又称卫生筷子，是指以木材为原料经过锯段、浸泡、旋切、刨切、烘干、筛选、打磨、倒角、包装等环节加工而成的各类一次性使用的筷子。

本税目征收范围包括各种规格的木制一次性筷子和未经打磨、倒角的木制一次性筷子。

13）实木地板

实木地板是指以木材为原料，经锯割、干燥、刨光、截断、开榫、涂漆等工序加工而成的块状或条状的地面装饰材料。实木地板按生产工艺不同，可分为独板（块）实木地板、实木指接地板和实木复合地板三类；按表面处理状态不同，可分为未涂饰地板（白坯板、素板）和漆饰地板两类。

本税目征收范围包括各类规格的实木地板、实木指接地板、实木复合地板及用于装饰墙壁、天棚的侧端面为榫、槽的实木装饰板以及未经涂饰的素板。

14）电池

电池是一种将化学能、光能等直接转换为电能的装置，一般由电极、电解质、容器、极端，通常还有隔离层组成的基本功能单元，以及用一个或多个基本功能单元装配成的电池组。本税目征税范围包括原电池、蓄电池、燃料电池、太阳能电池和其他电池。

对于无汞原电池、金属氢化物镍蓄电池（又称“氢镍蓄电池”或“镍氢蓄电池”）、锂原电池、锂离子蓄电池、太阳能电池、燃料电池和全钒液流电池免征消费税。

自2016年1月1日起，对铅蓄电池按4%的税率征收消费税。

15）涂料

涂料是指涂于物体表面能形成具有保护、装饰或特殊性能的固态涂膜的一类液体或固体材料的总称。

涂料由主要成膜物质、次要成膜物质等构成。按主要成膜物质，涂料可分为油脂类、天然树脂类、酚醛树脂类、沥青类、醇酸树脂类、氨基树脂类、硝基类、过滤乙烯树脂类、烯类树脂类、丙烯酸酯类树脂类、聚酯树脂类、环氧树脂类、聚氨酯树脂类、元素有机类、橡胶类、纤维素类、其他成膜物类等。

对施工状态下挥发性有机物含量低于 420 g/L（含）的涂料免征消费税。

2. 税率

消费税税率采用比例税率和定额税率两种形式，以适应不同应税消费品的不同情况。

消费税根据不同的税目或子目确定相应的税率或单位税额。一般情况下，对一种消费品只选择一种税率形式，但为了更好、更有效地保全消费税税基，对卷烟和白酒则采取了比例税率和定额税率复合征收的形式。消费税税目税率详见表 8-6。

表 8-6 消费税税目税率表

税目	税率
一、烟	
1. 卷烟	
(1) 甲类卷烟	56%加 0.003 元/支（生产环节）
(2) 乙类卷烟	36%加 0.003 元/支（生产环节）
(3) 批发环节	11%加 0.005 元/支
2. 雪茄烟	36%
3. 烟丝	30%
4. 电子烟	
(1) 生产（进口）环节	36%
(2) 批发环节	11%
二、酒	
1. 白酒	20%加 0.5 元/500 毫升
2. 黄酒	240 元/吨
3. 啤酒	
(1) 甲类啤酒	250 元/吨
(2) 乙类啤酒	220 元/吨
4. 其他酒①	10%
三、高档化妆品②	15%
四、贵重首饰及珠宝玉石	
1. 金银首饰、铂金首饰和钻石及钻石饰品	5%
2. 其他贵重首饰和珠宝玉石	10%
五、鞭炮、焰火	15%
六、成品油	
1. 汽油	1.52 元/升
2. 柴油	1.20 元/升
3. 航空煤油	1.20 元/升
4. 石脑油	1.52 元/升
5. 溶剂油	1.52 元/升
6. 润滑油	1.52 元/升
7. 燃料油	1.20 元/升
七、摩托车	
1. 气缸容量（排气量，下同）250 毫升的	3%
2. 气缸容量在 250 毫升以上的	10%

① 其他酒是指酒精度在 1 度以上的药酒、红酒、果酒、米酒等。

② 高档化妆品包括美容类（如香粉、口红、指甲油、胭脂、眉笔、蓝眼油、眼睫毛、成套化妆品等）、芳香类（如香水、香精等）和高档护肤品。

续表

税目	税率
八、小汽车	
1. 乘用车	
(1) 气缸容量在1.0升（含1.0升）以下的	1%
(2) 气缸容量在1.0升以上至1.5升（含1.5升）的	3%
(3) 气缸容量在1.5升以上至2.0升（含2.0升）的	5%
(4) 气缸容量在2.0升以上至2.5升（含2.5升）的	9%
(5) 气缸容量在2.5升以上至3.0升（含3.0升）的	12%
(6) 气缸容量在3.0升以上至4.0升（含4.0升）的	25%
(7) 气缸容量在4.0升以上的	40%
2. 中轻型商用客车	5%
3. 超豪华小汽车	10%（零售环节）
九、高尔夫球及球具	10%
十、高档手表	20%
十一、游艇	10%
十二、木制一次性筷子	5%
十三、实木地板	5%
十四、电池	4%
十五、涂料	4%

消费税税率的设计，主要是根据课税对象的具体情况确定。对一些供求基本平衡、价格差异不大、计量单位规范的消费品，选择计税简易的定额税率（单位税额），如黄酒、啤酒、成品油等；对一些供求矛盾突出、价格差异较大或计量单位不规范、规格不统一的消费品，选择税价联动的比例税率，如化妆品、鞭炮、焰火、贵重首饰及珠宝玉石、摩托车、小汽车等，这样可以使应纳消费税税额和消费品价格保持一定的比例关系，有利于平衡不同价格的消费品之间的税收负担水平。从2001年5月1日起，对一些特殊消费品，如卷烟、粮食白酒、薯类白酒，从原来按从价定率的计税办法改为从量定额与从价定率相结合的复合计税办法，同时对税率进行了调整。例如对每标准条（200支）调拨价格在70元（含70元，不含增值税）以上的卷烟和各种进口卷烟，首先从量定额征税，即按每标准箱（50 000支）150元征收消费税，然后再从价定率征税，即按调拨价格乘以56%的税率再征收一次消费税。

消费税采取列举法按具体应税消费品设置税目税率，征税界限清楚，一般不易发生错用税率的情况。但是，存在下列情况时，纳税人应按照相关规定确定适用税率。

① 纳税人兼营不同税率的应税消费品，应当分别核算不同税率应税消费品的销售额、销售数量；未分别核算销售额、销售数量，或者将不同税率的应税消费品组成成套消费品销售的，从高适用税率。

② 配制酒适用税率的确定。配制酒（露酒）是指以发酵酒、蒸馏酒或食用酒精为酒基，加入可食用或药食两用的辅料或食品添加剂，进行调配、混合或再加工制成的并改变了其原酒基风格的饮料酒。

以蒸馏酒或食用酒精为酒基，同时符合以下条件的配制酒，按消费税税目税率表“其他酒”的适用税率（10%）征收消费税：

- 具有国家相关部门批准的国食健字或卫食健字文号；

● 酒精度低于 38 度（含）。

以发酵酒为酒基，酒精度低于 20 度（含）的配制酒，按“消费税税目、税率表”中“其他酒”的适用税率（10%）征收消费税。

其他配制酒，按“消费税税目税率表”中“白酒”的适用税率征收消费税。

上述以蒸馏酒或食用酒精为酒基是指酒基中蒸馏酒或食用酒精的比重超过 80%（含）；发酵酒为酒基是指酒基中发酵酒的比重超过 80%（含）。

③ 纳税人自产自用的卷烟应当按照纳税人生产的同牌号规格的卷烟销售价格确定征税类别和适用税率。

④ 卷烟由于接装过滤嘴、改变包装或其他原因提高销售价格后，应按照新的销售价格确定征税类别和适用税率。

⑤ 委托加工的卷烟按照受托方同牌号规格卷烟的征税类别和适用税率征税。没有同牌号规格卷烟的，一律按卷烟最高税率征税。

⑥ 残次品卷烟应当按照同牌号规格正品卷烟的征税类别确定适用税率。

⑦ 纳税人生产销售白包卷烟、手工卷烟以及未经国务院批准纳入计划的企业和个人生产的卷烟，不分征税类别一律按照 56%卷烟税率征税，并按照定额每标准箱 150 元计算征税。

国家将根据经济发展和产业政策调整的需要，对一些列入征收消费税范围的税目和税率（税额）进行必要的调整和完善。消费税税目、税率的调整，由国务院决定。

8.3.5 消费税应纳税额的计算

1. 销售额和销售数量的确定

1）从价计征销售额的确定

实行从价定率征税的应税消费品，其计税依据是含消费税而不含增值税的销售额。

（1）销售应税消费品销售额的确定

应税消费品销售额，是指纳税人销售应税消费品向购买方收取的全部价款和价外费用。价外费用是指价外收取的手续费、补贴、基金、集资费、返还利润、奖励费、违约金、滞纳金、延期付款利息、赔偿金、包装费、包装物租金、储备费、优质费、运输装卸费、代收款项、代垫款项及其他各种性质的价外收费。但下列项目不包括在内。

① 向购买方收取的增值税销项税额。

② 同时符合以下条件的代垫运输费用：

● 承运部门的运输费用发票开具给购买方的；

● 纳税人将该项发票转交给购买方的。

③ 同时符合以下条件代为收取的政府性基金或者行政事业性收费：

● 由国务院或者财政部批准设立的政府性基金，由国务院或者省级人民政府及其财政、价格主管部门批准设立的行政事业性收费；

● 收取时开具省级以上财政部门印制的财政票据；

● 所收款项全额上缴财政。

应税消费品在缴纳消费税的同时，与一般货物一样，还应缴纳增值税。应税消费品的销售额，不包括应向购货方收取的增值税税款。如果纳税人应税消费品销售额中未扣除增值税税额或者因不得开具增值税专用发票而发生价款和增值税税额合并收取的，在计算消费税时应当换算为不含增值税税额的销售额。应税消费品销售额的计算公式如下。

应税消费品销售额=含税销售额/(1+增值税税率或征收率)

在使用换算公式时，应根据纳税人的具体情况分别使用增值税税率或征收率。如果消费税的纳税人同时又是增值税一般纳税人，应适用13%的增值税税率；如果消费税的纳税人是增值税小规模纳税人，应适用3%的征收率。

(2) 自产自用应税消费品销售额的确定

纳税人自产自用应税消费品，用于连续生产应税消费品的，即纳税人将自产自用的应税消费品作为主要材料生产最终应税消费品，自产自用应税消费品构成最终应税消费品的实体，不缴纳消费税。纳税人自产自用应税消费品用于其他方面的，即用于生产非应税消费品和在建工程、管理部门、非生产机构、提供劳务，以及用于馈赠、赞助、集资、广告、样品、职工福利、奖励等方面的应税消费品，应缴纳消费税。

自产自用应税消费品的计税依据为纳税人生产的同类消费品的销售价格，即纳税人当月销售的同类消费品的销售价格。如果当月无销售或当月未结算，则应按同类消费品上月或最近月份的销售价格作为同类消费品的销售价格；没有同类消费品销售价格的，按照组成计税价格计算纳税。

实行从价定率办法计算纳税的应税消费品组成计税价格计算公式如下。

组成计税价格=(成本+利润)/(1-消费税比例税率)

实行复合计税办法计算纳税的应税消费品组成计税价格计算公式如下。

组成计税价格=(成本+利润+自产自用数量×定额税率)/(1-消费税比例税率)

其中，成本是指应税消费品的实际生产成本；利润是指根据应税消费品的全国平均成本利润率计算的利润。应税消费品全国平均成本利润率由国家税务总局确定，如表8-7所示。上述“同类消费品的销售价格”，是指纳税人或代收代缴义务人当月销售的同类消费品的销售价格，如果当月同类消费品的各期销售价格高低不同，应按销售数量加权平均计算。销售的应税消费品如果销售价格明显偏低又无正当理由或无销售价格的，不得加权平均计算。

表8-7 平均成本利润率

货物名称	利润率	货物名称	利润率
1. 甲类卷烟	10%	12. 摩托车	6%
2. 乙类卷烟	5%	13. 高尔夫球及球具	10%
3. 雪茄烟	5%	14. 高档手表	20%
4. 烟丝	5%	15. 游艇	10%
5. 电子烟	10%	16. 木制一次性筷子	5%
6. 粮食白酒	10%	17. 实木地板	5%
7. 薯类白酒	5%	18. 乘用车	8%
8. 其他酒	5%	19. 中轻型商用客车	5%
9. 高档化妆品	5%	20. 电池	4%
10. 鞭炮、焰火	5%	21. 涂料	7%
11. 贵重首饰及珠宝玉石	6%		

【例 8-23】语希化妆品厂在“三八”妇女节将新研制的香水赠送给女职工，该香水无同类香水的销售价格，其生产成本为 5 000 元，成本利润率为 5%，适用消费税税率 15%。要求：计算该香水应缴纳消费税的销售额。

解 销售额＝5 000×(1＋5%)/(1－15%)＝6 176.47(元)

(3) 委托加工应税消费品销售额的确定

委托加工应税消费品，如果受托方有同类消费品销售价格，按照受托方同类消费品的销售价格计算纳税；没有同类消费品销售价格的，按照组成计税价格计算纳税。

实行从价定率办法计算纳税的应税消费品组成计税价格计算公式如下。

组成计税价格＝(材料成本＋加工费)/(1－消费税比例税率)

实行复合计税办法计算纳税的应税消费品组成计税价格计算公式如下。

组成计税价格＝(材料成本＋加工费＋加工收回数量×定额税率)/(1－消费税比例税率)

其中，材料成本是指委托方所提供加工材料的实际成本；加工费是指受托方加工应税消费品向委托方所收取的全部费用（包括代垫辅助材料的实际成本）。委托加工应税消费品的纳税人必须在委托加工合同上如实注明（或以其他方式提供）材料成本，凡未提供材料成本的，受托方所在地主管税务机关有权核定其材料成本。

(4) 进口应税消费品组成计税价格的确定

进口应税消费品，按照组成计税价格计算缴纳消费税。

实行从价定率办法计算纳税的应税消费品组成计税价格计算公式如下。

组成计税价格＝(关税完税价格＋关税)/(1－消费税比例税率)

实行复合计税办法计算纳税的应税消费品组成计税价格计算公式如下。

组成计税价格＝(关税完税价格＋关税＋进口数量×定额税率)/(1－消费税比例税率)

其中，关税完税价格是指海关核定的关税计税依据。

2) 从量计征销售数量的确定

实行从量定额征税的应税消费品，其计税依据是销售数量。

① 销售应税消费品的，为应税消费品的销售数量。

② 自产自用应税消费品的，为应税消费品的移送使用数量。

③ 委托加工应税消费品的，为纳税人收回的应税消费品数量。

④ 进口的应税消费品，为海关核定的应税消费品进口数量。

为了规范不同消费品的计量单位，以准确计算应纳税额，《消费税暂行条例实施细则》规定了“吨”与“升”两个计量单位的换算标准，具体如表 8-8 所示。

表 8-8 计量单位换算表

1	黄酒	1 吨＝962 升
2	啤酒	1 吨＝988 升

续表

3	汽油	1吨=1 388升
4	柴油	1吨=1 176升
5	航空煤油	1吨=1 246升
6	石脑油	1吨=1 385升
7	溶剂油	1吨=1 282升
8	润滑油	1吨=1 126升
9	燃料油	1吨=1 015升

3）复合计征销售额和销售数量的确定

实行从量定额与从价定率复合计税办法征税的应税消费品，目前只有卷烟、粮食白酒、薯类白酒，其计税依据分别是销售应税消费品的销售额和销售数量。

销售额为纳税人生产销售卷烟、白酒向购买方收取的全部价款和价外费用。销售数量为纳税人生产销售、进口、委托加工、自产自用卷烟、白酒的销售数量、海关核定数量、委托方收回数量和移送使用数量。

4）特殊情形下销售额和销售数量的确定

① 纳税人应税消费品的计税价格明显偏低且无正当理由的，由税务机关核定计税价格。其核定权限规定如下：

- 卷烟、白酒和小汽车的计税价格由税务总局核定，送财政部备案；
- 其他应税消费品的计税价格由省、自治区和直辖市税务局核定；
- 进口应税消费品的计税价格由海关核定。

② 纳税人通过自设非独立核算门市部销售的自产应税消费品，应当按照门市部对外销售额或者销售数量征收消费税。

③ 纳税人用于换取生产资料和消费资料、投资入股和抵偿债务等方面的应税消费品，应当以纳税人同类应税消费品的最高销售价格作为计税依据计算消费税。

④ 白酒生产企业向商业销售单位收取的“品牌使用费”是随着应税白酒的销售而向购货方收取的，属于应税白酒销售价格的组成部分。因此，无论企业采取何种方式或以何种名义收取价款，均应并入白酒的销售额中缴纳消费税。

⑤ 实行从价计征办法征收消费税的应税消费品连同包装物销售的，无论包装物是否单独计价，也无论在会计上如何核算，均应并入应税消费品的销售额征收消费税。

如果包装物不作价随同产品销售，而是收取押金，此项押金不应并入应税消费品的销售额征税。但对因逾期未收回的包装物不再退还的和已收取的1年以上的押金，应并入应税消费品的销售额，按照应税消费品的适用税率征收消费税。对既作价随同应税消费品销售，又另外收取押金的包装物，纳税人在规定期限内不予退还的，均应并入应税消费品的销售额，按照应税消费品的适用税率征收消费税。

对酒类产品生产企业销售酒类产品（啤酒、黄酒除外）而收取的包装物押金，无论押金是否返还、会计上如何核算，均应并入酒类产品销售额，依酒类产品的适用税率征收消费税。

⑥ 纳税人采用以旧换新（含翻新改制）方式销售的金银首饰，应按实际收取的不含增值税的全部价款确定计税依据征收消费税。

对既销售金银首饰，又销售非金银首饰的生产、经营单位，应将两类商品划分清楚，分别核算销售额。凡划分不清楚或不能分别核算的并在生产环节销售的，一律从高适用税率征收消费税；在零售环节销售的，一律按金银首饰征收消费税。

金银首饰与其他产品组成成套消费品销售的，应按销售额全额征收消费税。

金银首饰连同包装物销售的，无论包装物是否单独计价、会计上如何核算，均应并入金银首饰的销售额计征消费税。

带料加工的金银首饰，应按受托方销售同类金银首饰的销售价格确定计税依据征收消费税。没有同类金银首饰销售价格的，按照组成计税价格计算纳税。

⑦ 纳税人生产、批发电子烟的，按照生产、批发电子烟的销售额计算纳税。电子烟生产环节纳税人采用代销方式销售电子烟的，按照经销商（代理商）销售给电子烟批发企业的销售额计算纳税。纳税人进口电子烟的，按照组成计税价格计算纳税。电子烟生产环节纳税人从事电子烟代加工业务的，应当分开核算持有商标电子烟的销售额和代加工电子烟的销售额；未分开核算的，一并缴纳消费税。

⑧ 纳税人销售的应税消费品，以人民币以外的货币结算销售额的，其销售额的人民币折合率可以选择销售额发生当天或者当月 1 日的人民币汇率中间价。纳税人应事先确定采取何种折合率，确定后 1 年内不得变更。

【例 8－24】 某客户向某汽车制造厂（增值税一般纳税人）订购自用汽车一辆，支付货款（含增值税）250 800 元，另外支付设计、改装费 30 000 元。要求：计算该辆汽车应纳消费税的销售额。

解　销售额＝(250 800＋30 000)/(1＋13%)＝248 495.58(元)

【例 8－25】 泰格高尔夫球具厂接受舞姿俱乐部委托加工一批高尔夫球具，俱乐部提供主要材料的成本为 12 000 元，球具厂收取不含税的加工费为 4 012 元、代垫辅料费 188 元。球具厂没有同类球具的销售价格，高尔夫球及球具的消费税税率为 10%。要求：计算泰格高尔夫球具厂应纳消费税的销售额。

解　组成计税价格＝(12 000＋4 012＋188)/(1－10%)＝18 000(元)

【例 8－26】 凯达商贸公司 2024 年 10 月从国外进口一批应税消费品，已知关税完税价格为 150 000 元，按规定应缴纳关税 30 000 元，假定进口环节该应税消费品适用的消费税税率为 10%。要求：计算该批进口消费品应纳消费税的销售额。

解　组成计税价格＝(150 000＋30 000)/(1－10%)＝200 000(元)

---

2. 应纳税额的计算

1）生产销售应税消费品应纳税额的计算

实行从价定率计征消费税的，应纳税额的计算公式如下。

应纳税额＝销售额×比例税率

实行从量定额计征消费税的，应纳税额计算公式如下。

应纳税额＝销售数量×定额税率

实行复合方法计征消费税的，应纳税额计算公式如下。

应纳税额＝销售额×比例税率＋销售数量×定额税率

【例 8-27】某啤酒厂 2024 年 6 月销售啤酒 200 t，平均出厂价格是 1 800 元/t；当月该厂还向在当地召开的全国会议赞助啤酒 4 940 L。已知该厂生产的啤酒适用的消费税税率是 220 元/t。要求：计算该厂当月应缴纳的消费税税额。

解 销售数量＝200＋4 940/988＝205(t)

应纳税额＝205×220＝45 100(元)

【例 8-28】蝶装化妆品生产公司为增值税一般纳税人，2024 年 10 月 10 日向维多利商厦销售一批高档化妆品，开具增值税专用发票，取得不含增值税销售额 50 万元，增值税额 6.5 万元；10 月 20 日向某零售商销售一批化妆品，开具的发票上注明含增值税销售额为 33.9 万元。已知高档化妆品适用的消费税税率为 15%。要求：计算蝶装化妆品生产公司当月应缴纳的消费税税额。

解 销售额＝50＋33.9/(1＋13%)＝80(万元)

应纳税额＝80×15%＝12(万元)

【例 8-29】纯粮酒业公司为增值税一般纳税人，2024 年 8 月份销售粮食白酒 50 t，取得不含增值税的销售额 150 万元。已知粮食白酒适用的比例税率为 20%，定额税率为 0.5 元/500 g。要求：计算纯粮酒业公司 8 月份应缴纳的消费税税额。

解 应纳税额＝50×2 000×0.5/10 000＋150×20%＝35(万元)

【例 8-30】某烟厂 2024 年 10 月销售两种品牌的卷烟 8 000 标准箱。其中，甲品牌 4 000 箱，对外调拨价格是每条 85 元（不含增值税）；乙品牌 4 000 箱，对外调拨价格是每条 48 元（不含增值税）。要求：计算该厂 10 月份销售卷烟应纳的消费税税额。

解 应纳税额＝8 000×150＋4 000×250×85×56%＋4 000×250×48×36%

＝66 080 000(元)

【例 8-31】某酒厂生产薯类白酒和果酒。2024 年 9 月，销售薯类白酒 300 kg，销售价格是 60 元/500 g（不含增值税）；销售果酒 100 kg，销售价格是 86 元/500 g（不含增值税）；该厂还将薯类白酒 100 kg 与果酒 50 kg 组成礼品套酒出售，每套 198 元，共出售 50 套。已知薯类白酒适用的比例税率为 20%，定额税率为 0.5 元/500 g；其他酒适用的比例税率为 10%。要求：计算该厂当月应纳的消费税税额。

解 白酒应纳税额＝300×2×0.5＋300×2×60×20%＝7 500(元)

果酒应纳税额＝100×2×86×10%＝1 720(元)

礼品套酒应纳税额＝100×2×0.5＋50×198×20%＝2 080(元)

当月应纳消费税税额＝7 500＋1 720＋2 080＝11 300(元)

2）自产自用应税消费品应纳税额的计算

纳税人自产自用的应税消费品，用于连续生产应税消费品的，不纳税；凡用于其他方面的，于移送使用时按照纳税人生产的同类消费品的销售价格计算纳税；没有同类消费品销售价格的，按照组成计税价格计算纳税。

实行从价定率计征消费税的，应纳税额的计算公式如下。

应纳税额＝组成计税价格×比例税率

实行从量定额计征消费税的，应纳税额的计算公式如下。

应纳税额＝自用数量×定额税率

实行复合方法计征消费税的，应纳税额的计算公式如下。

应纳税额＝组成计税价格×比例税率＋自产自用数量×定额税率

【例 8-32】 某白酒厂 2024 年春节前，将新研制的薯类白酒 1 t 作为过节福利发放给员工饮用，该薯类白酒无同类产品市场销售价格。已知该批薯类白酒生产成本为 20 000 元，成本利润率为 5%，白酒消费税比例税率为 20%，定额税率为 0.5 元/500 g。要求：计算该批薯类白酒应纳消费税税额。

解 组成计税价格＝[20 000×(1＋5%)＋(1×2 000×0.5)]/(1－20%)＝27 500(元)

应纳消费税税额＝27 500×20%＋1×2 000×0.5＝6 500(元)

3）委托加工应税消费品应纳税额的计算

委托加工应税消费品，按照受托方的同类消费品的销售价格计算纳税，没有同类消费品销售价格的，按照组成计税价格计算纳税。

实行从价定率计征消费税的，应纳税额的计算公式如下。

应纳税额＝组成计税价格×比例税率

实行从量定额计征消费税的，应纳税额的计算公式如下。

应纳税额＝委托加工收回数量×定额税率

实行复合方法计征消费税的，应纳税额的计算公式如下。

应纳税额＝组成计税价格×比例税率＋委托加工收回数量×定额税率

【例 8-33】 某化妆品企业 2024 年 10 月受托为某商场加工一批高档化妆品，收取不含增值税加工费 13 万元，商场提供的原材料金额为 72 万元。已知该化妆品企业无同类产品销售价格，消费税税率为 15%。要求：计算该化妆品企业应代收代缴的消费税税额。

解 组成计税价格＝(72＋13)/(1－15%)＝100(万元)

应代收代缴消费税税额＝100×15%＝15(万元)

4）进口应税消费品应纳税额的计算

纳税人进口应税消费品，按照组成计税价格和规定的税率计算应纳税额。

实行从价定率计征消费税的，应纳税额的计算公式如下。

应纳税额＝组成计税价格×比例税率

实行从量定额计征消费税的，应纳税额的计算公式如下。

应纳税额＝进口数量×定额税率

实行复合方法计征消费税的，应纳税额的计算公式如下。

应纳税额＝组成计税价格×比例税率＋进口数量×定额税率

【例 8－34】某汽车贸易公司 2024 年 10 月从国外进口小汽车 50 辆，海关核定的每辆小汽车关税完税价格为 28 万元，已知小汽车关税税率为 20%，消费税税率为 25%。要求：计算该公司进口小汽车应纳消费税税额。

解 应纳关税税额＝50×28×20%＝280(万元)

组成计税价格＝(50×28＋280)/(1－25%)＝2 240(万元)

应纳消费税税额＝2 240×25%＝560(万元)

【例 8－35】某烟草公司 2024 年 10 月进口甲类卷烟 100 标准箱，海关核定的每箱卷烟关税完税价格为 3 万元。已知卷烟关税税率为 25%，消费税比例税率为 56%，定额税率为 0.003 元/支；每标准箱有 250 条，每条 200 支。要求：计算该公司进口卷烟应纳消费税税额（单位：万元，计算结果保留四位小数）。

解 应纳关税税额＝100×3×25%＝75(万元)

组成计税价格＝(100×3＋75＋100×250×200×0.003/10 000)/(1－56%)

＝855.68(万元)

应纳消费税税额＝855.68×56%＋100×250×200×0.003/10 000

＝480.68(万元)

---

3. 已纳消费税的扣除

为了避免重复征税，根据消费税法律制度的规定，将外购应税消费品和委托加工收回的应税消费品继续生产应税消费品销售的，可以将外购应税消费品和委托加工收回应税消费品已缴纳的消费税税额从应纳消费税税额中抵扣。

1）外购应税消费品已纳税款扣除

由于某些应税消费品是用外购已缴纳消费税的应税消费品连续生产出来的，在对这些连续生产出来的应税消费品计算征税时，《消费税暂行条例》规定应按当期生产领用数量计算准予扣除外购的应税消费品已纳的消费税税款。准予扣除已纳消费税的应税消费品的范围如下。

① 以外购已税烟丝为原料生产的卷烟。

② 以外购已税化妆品为原料生产的化妆品。

③ 以外购已税珠宝、玉石为原料生产的贵重首饰及珠宝、玉石。

④ 以外购已税鞭炮、焰火为原料生产的鞭炮、焰火。

⑤ 以外购已税杆头、杆身和握把为原料生产的高尔夫球杆。

⑥ 以外购已税木制一次性筷子为原料生产的木制一次性筷子。

⑦ 以外购已税实木地板为原料生产的实木地板。

⑧ 以外购已税石脑油、润滑油、燃料油为原料生产的成品油。

⑨ 以外购已税汽油、柴油为原料生产的汽油、柴油。

当期准予扣除外购应税消费品已纳消费税税款的计算公式如下。

$$\begin{array}{c}\text{当期准予扣除外购}\\\text{应税消费品已纳税款}\end{array}=\begin{array}{c}\text{当期准予扣除外购}\\\text{应税消费品买价}\end{array}\times\begin{array}{c}\text{外购应税消费}\\\text{品适用税率}\end{array}$$

$$\begin{array}{c}\text{当期准予扣除外购}\\\text{应税消费品买价}\end{array}=\begin{array}{c}\text{期初库存外购}\\\text{应税消费品买价}\end{array}+\begin{array}{c}\text{当期购进外购}\\\text{应税消费品买价}\end{array}-\begin{array}{c}\text{期末库存外购}\\\text{应税消费品买价}\end{array}$$

其中，外购应税消费品买价是指购货发票注明的销售额（不包括增值税税额）。

纳税人用外购的已税珠宝、玉石为原料生产的改在零售环节征收消费税的金银首饰（镶嵌首饰），在计税时一律不得扣除外购珠宝、玉石的已纳税款。

对自己不生产应税消费品，而只是购进后再销售应税消费品的工业企业，其销售的化妆品、鞭炮、焰火和珠宝、玉石，凡不能构成最终消费品直接进入消费品市场，而需进一步加工生产的，应当征收消费税，同时允许扣除上述外购应税消费品的已纳消费税税款。

允许扣除已纳税款的应税消费品只限于从工业企业购进的应税消费品和进口环节已缴纳消费税的应税消费品，对从境内商业企业购进应税消费品的已纳税款一律不得扣除。但此项规定对在零售环节缴纳消费税的金银首饰不适用。

2）委托加工收回的应税消费品已纳税款扣除

委托加工收回的应税消费品因为已由受托方代收代缴消费税，因此委托方收回货物后用于连续生产应税消费品的，其已纳税款准予按照规定从连续生产的应税消费品应纳消费税税额中抵扣。按照消费税法律制度的规定，下列连续生产的应税消费品准予从应纳消费税税款中按当期生产领用数量计算扣除委托加工收回的应税消费品已纳消费税税款：

① 以委托加工收回的已税烟丝为原料生产的卷烟。

② 以委托加工收回的已税化妆品为原料生产的化妆品。

③ 以委托加工收回的已税珠宝、玉石为原料生产的贵重首饰及珠宝、玉石。

④ 以委托加工收回的已税鞭炮、焰火为原料生产的鞭炮、焰火。

⑤ 以委托加工收回的已税杆头、杆身和握把为原料生产的高尔夫球杆。

⑥ 以委托加工收回的已税木制一次性筷子为原料生产的木制一次性筷子。

⑦ 以委托加工收回的已税实木地板为原料生产的实木地板。

⑧ 以委托加工收回的已税石脑油、润滑油、燃料油为原料生产的石脑油、润滑油、燃料油。

⑨ 以委托加工收回的已税汽油、柴油为原料生产的汽油、柴油。

上述当期准予扣除委托加工收回应税消费品已纳消费税税款的计算公式如下。

当期准予扣除委托加工应税消费品已纳税款＝期初库存委托加工应税消费品已纳税款＋当期收回委托加工应税消费品已纳税款－期末库存委托加工应税消费品已纳税款

纳税人用委托加工收回的已税珠宝、玉石为原料生产的改在零售环节征收消费税的金银首饰（镶嵌首饰），在计税时一律不得扣除委托加工收回的珠宝、玉石的已纳消费税税款。

【例 8－36】 云昆卷烟厂 2024 年 6 月用外购已税烟丝生产卷烟，当月销售额为 180 万元（每标准条不含增值税调拨价格为 180 元，共计 40 标准箱），当月月初库存外购烟丝账面余额为 100 万元，当月购进烟丝 80 万元，月末库存外购烟丝账面余额为 120 万元。已知卷烟适用消费税比例税率为 56%，定额税率为 150 元/标准箱，烟丝适用消费税税率为 30%，上述款项均不含增值税。要求：计算该厂当月销售卷烟实际应缴纳的消费税税额。

解 应纳消费税税额＝180×56%＋40×150/10 000＝101.4(万元)

准予扣除外购烟丝已纳税额＝(100＋80－120)×30%＝18(万元)

实际缴纳消费税税额＝101.4－18＝83.4(万元)

【例 8－37】 青柳化妆品公司长期委托湖滨日用化工厂加工某种高档化妆品，收回后以其为原料连续生产高档化妆品销售。多年来受托方一直按同类高档化妆品每千克 80 元的销售价格代收代缴消费税。本月青柳化妆品公司收回加工好的高档化妆品 4 000 kg，当月销售连续生产的高档化妆品 1 000 箱，每箱销售价格 800 元。月底结算时，账面反映月初库存的委托加工高档化妆品 2 000 kg，价款 160 000 元，月底库存委托加工的化妆品 1 000 kg，价款 80 000 元。已知高档化妆品适用的消费税税率为 15%。要求：计算青柳公司当月生产销售化妆品应缴纳的消费税税额。

解 准予抵扣已纳税额＝(160 000＋4 000×80－80 000)×15%＝60 000(元)

应纳税额＝800×1 000×15%－60 000＝60 000(元)

【例 8－38】 水井酒厂以自产特制粮食白酒 1 000 kg 用于厂庆活动，每千克白酒成本为 12 元，无同类产品销售价格。已知粮食白酒消费税适用的比例税率为 20%，定额税率为每千克 1 元，粮食白酒的成本利润率为 10%。要求：计算应缴纳的增值税和消费税。

解 从量征收应纳消费税＝2 000×0.5＝1 000(元)

组成计税价格＝[12×2 000×(1＋10%)＋1 000]/(1－20%)＝34 250(元)

从价征收应纳消费税＝34 250×20%＝6 850(元)

应纳消费税税额＝1 000＋6 850＝7 850(元)

应纳增值税税额＝[12×2 000×(1＋10%)＋7 850]×13%＝4 452.5(元)

8.3.6 出口应税消费品退（免）税

1. 退税率

计算出口应税消费品应退消费税的比例税率或定额税率，按照“消费税税目税率表”执行。当出口的货物是应税消费品时，退还增值税要按规定的退税率计算，退还消费税则按应税消费品所适用的消费税税率计算。

企业应将适用不同消费税税率的出口应税消费品分开核算和申报，凡划分不清适用税率的，一律从低适用税率计算应退消费税税额。

2. 退（免）税政策

出口应税消费品退（免）消费税包括以下3种情况。

1）出口免税并退税

有出口经营权的外贸企业购进应税消费品直接出口，或受其他外贸企业委托代理出口应税消费品，享受出口免税并退税政策。需要说明的是，外贸企业只有受其他外贸企业委托代理出口应税消费品才可办理退（免）税，外贸企业受其他企业委托代理出口应税消费品不予退（免）税。这与出口货物退（免）增值税的规定一致。

2）出口免税但不退税

有出口经营权的生产性企业自营出口或委托外贸企业代理出口自产的应税消费品，依据其实际出口数量免征消费税，不予办理退还消费税。这与出口货物退（免）增值税的规定不一致。

3）出口不免税也不退税

除生产企业、外贸企业以外的其他企业（如一般商贸企业）委托外贸企业代理出口应税消费品，一律不予退（免）税。

另外，纳税人销售的应税消费品，如因质量等原因由购买者退回时，经机构所在地或者居住地主管税务机关审核批准后，可退还已缴纳的消费税税额。

出口的应税消费品办理退税后，发生退关或者国外退货，进口时予以免税的，报关出口时必须及时向其机构所在地或者居住地主管税务机关申报补缴已退的消费税税额。纳税人直接出口的应税消费品办理免税后，发生退关或者国外退货，进口时已予以免税的，经机构所在地或者居住地主管税务机关批准，可暂不办理补税，待其转为国内销售时，再申报补缴消费税。

3. 退税额计算

外贸企业从生产企业购进货物直接出口或受其他外贸企业委托代理出口应税消费品的消费税税额，应按照规定计算应退消费税税额。

① 属于从价定率计征消费税的应税消费品，应依照外贸企业购进货物时征收消费税的价格计算应退消费税税额。应退消费税税额的计算公式如下。

$$应退消费税税额=出口货物销售额\times比例税率$$

其中，出口货物销售额不含增值税。

② 属于从量定额计征消费税的应税消费品，应依照外贸企业购进货物和报关出口的数量计算应退消费税税额。应退消费税税额的计算公式如下。

$$应退消费税税额=出口数量\times定额税率$$

8.3.7 消费税征收管理

1. 纳税义务发生时间

消费税纳税义务发生时间，应区别不同情况加以确定。

① 纳税人生产应税消费品，除金银首饰外，均于销售时纳税。根据销售结算方式的不同，其纳税业务发生的时间也不同。

- 采取赊销和分期收款结算方式的，为书面合同约定的收款日期的当天；书面合同没有约定收款日期或者无书面合同的，为发出应税消费品的当天。
- 采取预收货款结算方式的，为发出应税消费品的当天。
- 采取托收承付和委托收款方式的，为发出应税消费品并办妥托收手续的当天。
- 采取其他结算方式的，为收讫销售款或者取得索取销售款凭据的当天。

② 纳税人自产自用的应税消费品，用于连续生产应税消费品的，不纳税；用于其他方面的，其纳税义务发生时间为移送使用的当天。

③ 委托加工应税消费品，除受托方为个人外，由受托方向委托方交货时代收代缴消费税。

④ 进口应税消费品，其纳税义务发生时间为报关进口的当天。

2. 纳税地点

纳税人销售应税消费品及自产自用应税消费品，除国务院财政、税务主管部门另有规定外，应当向纳税人机构所在地或者居住地的主管税务机关申报纳税。纳税人到外县（市）销售或委托外县（市）代销自产应税消费品的，应于应税消费品销售后，向机构所在地或者居住地主管税务机关申报纳税。

纳税人的总机构与分支机构不在同一县（市）的，应当分别向各自机构所在地的主管税务机关申报纳税。纳税人的总机构与分支机构不在同一县（市）的，但在同一省（自治区、直辖市）范围内，经省（自治区、直辖市）财政厅（局）、税务局审批同意，可以由总机构汇总向总机构所在地的主管税务机关申报纳税。省（自治区、直辖市）财政厅（局）、税务局应将审批同意的结果，上报财政部、国家税务总局备案。

委托加工的应税消费品，除受托方为个人外，由受托方向机构所在地或者居住地的主管税务机关解缴消费税税额。委托个人加工的应税消费品，由委托方向其机构所在地或者居住地主管税务机关申报纳税。

进口的应税消费品，应当向报关地海关申报纳税。

3. 纳税期限

消费税的纳税期限分别为 1 日、3 日、5 日、10 日、15 日、1 个月或者 1 个季度。纳税人的具体纳税期限，由主管税务机关根据纳税人应纳税额大小分别核定；不能按照固定期限纳税的，可以按次纳税。

纳税人以 1 个月或者 1 个季度为 1 个纳税期的，自期满之日起 15 日内申报纳税；以 1 日、3 日、5 日、10 日或者 15 日为 1 个纳税期的，自期满之日起 5 日内预缴税额，于次月 1 日起 15 日内申报纳税并结清上月应纳税额。

纳税人进口应税消费品，应当自海关填发海关进口消费税专用缴款书之日起 15 日内缴纳消费税税额。

4. 纳税申报表

自 2021 年 8 月 1 日起，消费税与城市维护建设税、教育费附加、地方教育附加申报表整合，一起申报“消费税及附加税费申报表”（见表 8－9）。

表 8－9　消费税及附加税费申报表

税款所属期：自　年　月　日至　年　月　日

纳税人识别号（统一社会信用代码）：

纳税人名称：　　　　　　　　　　　　　　　　　　　金额单位：人民币元（列至角分）

项目 应税消费品名称	适用税率		计量单位	本期销售数量	本期销售额	本期应纳税额
	定额税率	比例税率				
	1	2	3	4	5	6
合计				·		

	栏次	本期税费额
本期减（免）税额	7	
期初留抵税额	8	
本期准予扣除税额	9	
本期应扣除税额	10＝8＋9	
本期实际扣除税额	11［10＜（6－7），则为 10，否则为 6－7］	
期末留抵税额	12＝10－11	
本期预缴税额	13	
本期应补（退）税额		
城市维护建设税本期应补（退）税额		
教育费附加本期应补（退）费额		

声明：此表是根据国家税收法律法规及相关规定填写的，本人（单位）对填报内容（及附带资料）的真实性、可靠性、完整性负责。

纳税人（签章）：　年　月　日

经办人： 经办人身份证号： 代理机构签章： 代理机构统一社会信用代码：	受理人： 受理税务机关（章）： 受理日期：　年　月　日

8.4 关　　税

8.5.1 关税概念

关税是海关依法对准许进出国境或关境的货物、进境物品征收的一种商品税。关境，又称“海关境域”或“关税领域”，是指一国海关法规可以全面实施的领域。国境是一个主权国家的领土范围。

通常情况下，一国的关境与其国境的范围是一致的，关境即是国境。但由于自由港、自由区和关税同盟的存在，关境与国境有时不完全一致。在设有自由港、自由区的国家，自由港、自由区虽在国境之内，但从征收关税的角度说，它是在该国关境之外，对进出自由港（区）的货物可以不征关税，此时关境小于国境。例如根据《中华人民共和国香港特别行政区基本法》和《中华人民共和国澳门特别行政区基本法》的规定，香港地区和澳门地区保持自由港地位，为我国单独的关税地区，即单独关境区。单独关境区是不完全适用该国海关法律、法规，实施单独海关管理制度的区域。相反，在缔结关税同盟的国家之间，它们相互组成一个共同关境，实施统一的关税法令和税则，彼此间进出境的货物不征收关税，关境包括了几个缔约国的领土，这时关境便大于国境，如欧洲联盟、中韩自由贸易区。

关税一般分为进口关税、出口关税和过境关税。我国目前对进出境货物征收的关税分为进口关税和出口关税两类。

为了规范关税的征收和缴纳，维护进出口秩序，促进对外贸易，推进高水平对外开放，推动高质量发展，维护国家主权和利益，保护纳税人合法权益，我国制定了一系列的关税相关法律规范。这些法律法规主要包括国务院颁布的《中华人民共和国进出口关税条例》（以下简称《进出口关税条例》）、《中华人民共和国海关进出口税则》（以下简称《海关进出口税则》）；1987 年 1 月 22 日第六届全国人民代表大会常务委员会第十九次会议通过、2017 年 11 月 4 日第十二届全国人民代表大会常务委员会第三十次会议第五次修正的《中华人民共和国海关法》（以下简称《海关法》）；2024 年 4 月 26 日第十四届全国人民代表大会常务委员会第九次会议通过《中华人民共和国关税法》（以下简称《关税法》），自 2024 年 12 月 1 日起施行。这些构成了我国现行关税法律制度的重要内容。

8.5.2 关税的纳税人和征税范围

1. 纳税人

关税纳税人，包括进口货物的收货人、出口货物的发货人、进境物品的所有人。

进出口货物的收、发货人是依法取得对外贸易经营权，并进口或者出口货物的法人或者其他社会团体，具体包括外贸进出口公司、工贸或农贸结合的进出口公司、其他经批准进出口商品的企业。

进境物品的所有人包括该物品的所有人和推定为所有人的人。一般情况下，对于携带进境的物品，推定其携带人为所有人；对分离运输的行李，推定相应的进境旅客为所有人；对以邮递方式进境的物品，推定其收件人为所有人。

从事跨境电子商务零售进口的电子商务平台经营者、物流企业和报关企业，以及法律、行政法规规定负有代扣代缴、代收代缴关税税款义务的单位和个人，是关税的扣缴义务人。

2. 征税范围

关税的征税范围包括国家准许进出口的货物、进境物品，但法律、行政法规另有规定的除外。货物，是指贸易性商品；物品，是指入境旅客随身携带的行李物品、个人邮递物品、各种运输工具上的服务人员携带进口的自用物品、馈赠物品及以其他方式进境的个人物品。对从境外采购进口的原产于中国境内的货物，海关也要依照《中华人民共和国进出口税则》征收进口关税。个人合理自用的进境物品，按照简易征收办法征收关税；超过个人合理自用数量的进境物品，按照进口货物征收关税。具体地说，除国家规定享受减免税的货物可以免征或减征关税外，所有进口货物和少数出口货物均属于关税的征税范围。

8.5.3 关税的税目和税率

关税的税目、税率及其适用规则等，依照《中华人民共和国进出口税则》（以下简称《税则》）执行。

《税则》是《关税法》的附件。《税则》包括规则与说明、进口税则、出口税则 3 个部分。国务院关税税则委员会负责定期编纂、发布《税则》，解释《税则》的税目、税率。

关税税目是以世界海关组织《商品名称及编码协调制度》（HS）为基础制定的。《商品名称及编码协调制度》是一部科学、系统的国际贸易商品分类体系，是国际上多个商品分类目录协调的产物，适合于与国际贸易有关的多方面的需要，如海关、统计、贸易、运输、生产等，因此是国际贸易商品分类的一种“标准语言”，包括归类总规则、进口税率表、出口税率表 3 个主要部分。

关税税目由税则号列和目录条文等组成。关税税目适用规则包括归类规则等。进出口货物的商品归类，应当按照《税则》规定的目录条文和归类总规则、类注、章注、子目注释、本国子目注释，以及其他归类注释确定，并归入相应的税则号列。根据实际需要，国务院关税税则委员会可以提出调整关税税目及其适用规则的建议，报国务院批准后发布执行。

1. 税目

《海关进出口税则》中的商品分类目录，为关税税目。《海关进出口税则》由类、章、项目、一级子目和二级子目 5 个等级、8 位数码组成。按照税则归类总规则及其归类方法，每一种商品都能找到一个最适合的对应税目。

2. 税率

关税税率分为进口关税税率、出口关税税率和特别关税。

1）进口关税税率

我国加入 WTO 之后，为履行我国在加入 WTO 关税减让谈判中承诺的有关义务，享有 WTO 成员应有的权利，自 2002 年 1 月 1 日起，我国进口税则设有最惠国税率、协定税率、特惠税率、普通税率、配额税率、暂定税率等。进口货物适用何种关税税率是以进口货物的原产地为标准的。确定进境货物原产地的主要原因之一是便于正确运用进口税则的各栏税率，对产自不同国家或地区的进口货物适用不同的关税税率。我国原产地规定基本上采用了“全部产地生产标准”“实质性加工标准”两种国际上通用的原产地标准。

全部产地生产标准，是指进口货物“完全在一个国家内生产或制造”，生产或制造国即为该货物的原产地。实质性加工标准是适用于确定有两个或两个以上国家参与生产的产品的原产地的标准，其基本含义是：经过几个国家加工、制造的进口货物，以最后一个对货物进行经济上可以视为实质性加工的国家作为有关货物的原产地。

① 最惠国税率。最惠国税率适用原产于与我国共同适用最惠国待遇条款的世界贸易组织成员的进口货物，原产于与我国缔结或者共同参加含有相互给予最惠国待遇条款的国际条约、协定的国家或者地区的进口货物，以及原产于我国境内的进口货物。例如，自 2017 年 12 月 1 日起，对原产于冈比亚共和国、圣多美和普林西比民主共和国的 97%税目产品实施最不发达国家零关税。

② 协定税率。协定税率适用原产于与我国缔结或者共同参加含有关税优惠条款的国际条约、协定的国家或者地区且符合国际条约、协定有关规定的进口货物。

③ 特惠税率。特惠税率适用原产于我国给予特殊关税优惠安排的国家或者地区且符合国家原产地管理规定的进口货物。

④ 普通税率。普通税率适用原产于上述国家或者地区以外的国家或者地区的进口货物，以及原产地不明的进口货物。

按照国家规定实行关税配额管理的进口货物，如对部分进口农产品和化肥产品实行关税配额制度，对于在配额内进口的货物可以适用较低的关税配额税率，对于配额之外的则适用较高的配额税率。

根据经济发展需要，国家对部分进口原材料、零部件、农药原药和中间体、乐器及生产设备实行暂定税率。适用最惠国税率的进口货物有暂定税率的，应当适用暂定税率；适用协定税率、特惠税率的进口货物有暂定税率的，应当从低适用税率；适用普通税率的进口货物，不适用暂定税率。需要说明的是，国务院关税税则委员会规定，自 2017 年 12 月 1 日起，以暂定税率方式降低部分消费品进口关税。

2）出口关税税率

出口关税税率是对出口货物征收关税而规定的税率。目前我国仅对少数资源性产品及易于竞相杀价，需要规范出口秩序的半制成品征收出口关税。

与进口关税税率一样，出口关税税率也规定有暂定税率。与进口暂定税率一样，出口暂定税率优先适用于出口税则中规定的出口关税税率。

未规定有出口关税税率的货物，不征收出口关税。

3）特别关税

任何国家或者地区如果对进口原产于我国的货物征收歧视性关税或者给予其他歧视性待遇，海关可以对原产于该国或者地区的进口货物征收特别关税。

特别关税包括报复性关税、反倾销税与反补贴税、保障性关税等。报复性关税，是指对违反与我国缔结或者共同参加的国际条约、协定，对我国在贸易方面采取禁止、限制、加征关税或者其他影响正常贸易的国家或地区所采取的一种进口附加税。反倾销税与反补贴税，是指进口国海关对外国的倾销货物，在征收关税的同时附加征收的一种特别关税，其目的在于抵消他国的补贴。保障性关税，是指当某类货物进口量剧增，对我国相关产业带来巨大威胁或损害时，按照 WTO 有关规则，采取的一般保障措施，主要是采取提高关税税率的形式。

征收特别关税的货物，适用国别、税率、期限和征收办法由国务院关税税则委员会决定并予以公布。征收反倾销与反补贴税和保障性关税的适用税率按照《中华人民共和国保障措施条例》的有关规定执行。

8.5.4 关税的计税依据

我国对进出口货物征收关税，实行从价计征、从量计征、复合计征的方式征收。

1. 进口货物的计税价格

1）一般贸易项下进口货物的计税价格

一般贸易项下进口货物的计税价格，由海关以进口货物的成交价格及该货物运抵我国境内输入地点起卸前的运输及相关费用、保险费用为基础确定。进口货物的成交价格，是指卖方向我国境内销售该货物时买方为进口该货物向卖方实付、应付的价款总额，包括直接支付的价款和间接支付的价款。

进口货物的成交价格应当符合下列条件。

① 对买方处置或者使用该货物不予限制，但法律、行政法规规定的限制、对货物转售地域的限制和对货物价格无实质性影响的限制除外。

② 该货物的成交价格没有因搭售或者其他因素的影响而无法确定。

③ 卖方不得从买方直接或者间接获得因该货物进口后转售、处置或者使用而产生的任何收益，或者虽有收益但能够按照规定进行调整。

④ 买卖双方没有特殊关系，或者虽有特殊关系但未对成交价格产生影响。

进口货物的下列费用应当计入计税价格。

① 由买方负担的购货佣金以外的佣金和经纪费。

② 由买方负担的与该货物视为一体的容器的费用。

③ 由买方负担的包装材料费用和包装劳务费用。

④ 与该货物的生产和向我国境内销售有关的，由买方以免费或者以低于成本的方式提供并可以按适当比例分摊的料件、工具、模具、消耗材料及类似货物的价款，以及在我境外开发、设计等相关服务的费用。

⑤ 作为该货物向我国境内销售的条件，买方必须支付的、与该货物有关的特许权使用费。

⑥ 卖方直接或者间接从买方获得的该货物进口后转售、处置或者使用的收益。

进口时在货物的价款中列明的下列费用、税收，不计入该货物的计税价格。

① 厂房、机械、设备等货物进口后进行建设、安装、装配、维修和技术服务的费用，但保修费用除外。

② 进口货物运抵我国境内输入地点起卸后的运输及其相关费用、保险费。

③ 进口关税及国内税收。

2）特殊贸易项下进口货物的计税价格

对于以某些特殊、灵活的贸易方式（如寄售等）进口的货物，由于在进口时没有成交价格可作依据，《进出口关税条例》对这些进口货物制定了确定其计税价格的方法，具体规定如下。

① 运往境外加工货物的计税价格。出境时已向海关报明，并在海关规定的期限内复运进境的，应当以境外加工费和料件费、复运进境的运输费用、保险费用及其相关费用审查确定计税价格。

② 运往境外修理的机械器具、运输工具或者其他货物的计税价格。出境时已向海关报明，并在海关规定的期限内复运进境的，应以境外修理费和料件费审查确定计税价格。

③ 租借和租赁进口货物的计税价格。以租借、租赁方式进境的货物，以海关审查确定的该货物租金作为计税价格；留购的租赁物，以海关审定的留购价格作为计税价格。

④ 国内单位留购的进口货样、展览品和广告陈列品，以海关审定的留购价格作为计税价格。但对于留购货样、展览品和广告陈列品的买方，除按留购价格付款外，又直接或间接给卖方一定利益的，海关可以另行确定上述货物的计税价格。

⑤ 加工贸易进口料件及其制成品需征税或内销补税的，海关按照一般进口货物计税价格规定，审定计税价格。

⑥ 内销的进料加工进口料件或其制成品（包括残次品、副产品），以料件进口时的价格估定计税价格。

⑦ 内销的来料加工进口料件或其制成品（包括残次品、副产品），以料件申报内销时的价格估定计税价格。

⑧ 出口加工区内的加工企业内销的制成品（包括残次品、副产品），以制成品申报内销时的价格估定计税价格。

⑨ 转让出售进口减免税货物的计税价格。按照特定减免税办法批准准予以减免税进口的货物，在转让或出售而需补税时，可按这些货物原进口时的价格扣除折旧部分确定其计税价格。计税价格的计算公式如下。

$$计税价格=原入境到岸价格\times\left(1-\frac{实际使用月份}{监管年限\times12}\right)$$

其中，监管年限是指海关对减免税进口的货物监督管理的年限。

⑩ 以易货贸易、寄售、捐赠、赠送等其他方式进口的货物，应当按照一般进口货物估价办法的规定，估定计税价格。

2. 出口货物的计税价格

出口货物应当以海关审定的货物售予境外的离岸价格，扣除出口关税后作为计税价格。计算公式为

$$出口货物计税价格=离岸价格/(1+出口税率)$$

离岸价格应以该项货物运离关境前的最后一个口岸的离岸价格为实际离岸价格。若该项货物从内地起运，则从内地口岸至最后出境口岸所支付的国内段运输费用应予扣除。离岸价格不包括装船以后发生的费用。出口货物在成交价格以外支付给国外的佣金应予扣除，未单独列明的则不予扣除。出口货物在成交价格以外，买方还另行支付的货物包装费，应计入成交价格。当离岸价格不能确定时，计税价格由海关估定。

3. 进出口货物计税价格的审定

对于进出口货物的收发货人或其代理人向海关申报进出口货物的成交价格明显偏低，而又不能提供合法证据和正当理由的；申报价格明显低于海关掌握的相同或类似货物的国际市场上公开成交货物的价格，而又不能提供合法证据和正当理由的；申报价格经海关调查认定买卖双方之间有特殊经济关系或对货物的使用、转让互相订有特殊条件或特殊安排，影响成交价格的，以及其他特殊成交情况，海关认为需要估价的，则按以下方法依次估定计税价格。

① 相同货物成交价格法，即以同一出口国家或者地区购进的相同货物的成交价格作为该被估货物计税价格的价格依据。

② 类似货物成交价格法，即以同一出口国家或者地区购进的类似货物的成交价格作为被估货物的计税价格的依据。

③ 国际市场价格法，即以进口货物的相同或类似货物在国际市场上公开的成交价格为该进口货物的计税价格。

④ 国内市场价格倒扣法，即以进口货物的相同或类似货物在国内市场上的批发价格，扣除合理的税、费、利润后的价格。

⑤ 合理方法估定的价格。如果按照上述几种方法顺序估价仍不能确定其计税价格时，则可由海关按照合理方法估定。

8.5.5 关税应纳税额的计算

1. 从价税计算方法

从价税，是指以进（出）口货物的计税价格为计税依据的一种关税计征方法。我国对进口商品基本上都实行从价税。关税从价税应纳税额的计算公式如下。

应纳税额＝应税进(出)口货物数量×单位计税价格×关税税率

2. 从量税计算方法

从量税，是指以进（出）口货物的重量、长度、容量、面积等计量单位为计税依据的一种关税计征方法。目前，我国对原油、部分鸡产品、啤酒、胶卷进口分别以重量、容量、面积计征从量税。关税从量税应纳税额的计算公式如下。

应纳税额＝应税进口货物数量×定额税率

3. 复合税计算方法

复合税，是指对某种进（出）口货物同时使用从价和从量计征的一种关税计征方法。目前，我国对录像机、放像机、数字照相机和摄录一体机实行复合税。关税复合税应纳税额的计算公式如下。

应纳税额＝应税进口货物数量×单位计税价格×比例税率＋应税进口货物数量×定额税率

我国目前实行的复合税都是先计征从量税，再计征从价税。

4. 滑准税计算方法

滑准税，是指关税税率随着进口货物价格的变动而反方向变动的一种税率形式，即价格越高，税率越低，税率为比例税率。因此，实行滑准税率的进口货物应纳关税税额的计算方法与从价税的计算方法相同。目前我国对新闻纸实行滑准税率。关税滑准税应纳税额的计算公式如下。

应纳税额＝计税价格×滑准税率

【例 8-39】 某进出口公司进口摩托车 1 000 辆，经海关审定的货价为 180 万美元。另外，运抵我国关境内输入地点起卸前的包装费为 10 万美元，运输费为 8 万美元，保险费为 2 万美元。假设人民币汇率为 1 美元＝6.81 元人民币，该批摩托车进口关税税率为 23%。要求：计算进口该批摩托车应缴纳的关税税额。

解 关税计税价格＝180＋10＋8＋2＝200(万美元)

关税应纳税额＝200×6.81×23%＝313.26(万元)

【例 8-40】 某纺织厂于 2024 年 10 月进口一批布料。该批布料在国外购买价折合人民币为 800 000 元，货物运抵我国入关前发生运输费折合人民币 30 000 元，保险费折合人民币 20 000 元。货物报关后，按照规定缴纳了进口环节增值税。已知：布料增值税税率为 13%，进口关税税率为 20%。要求：计算该批布料应纳的进口环节关税和增值税税额。

解 关税计税价格＝800 000＋30 000＋20 000＝850 000(元)

应缴纳进口关税＝850 000×20%＝170 000(元)

应缴纳进口环节增值税＝(850 000＋170 000)×13%＝132 600(元)

8.5.6 关税税收优惠

关税的减税、免税分为法定性减免税、政策性减免税和临时性减免税。

1. 法定性减免税

《海关法》和《进出口关税条例》中规定的减免税，称为法定性减免税。主要有下列情形：

① 一票货物关税税额、进口环节增值税或者消费税税额在人民币50元以下的；

② 无商业价值的广告品及货样；

③ 国际组织、外国政府无偿赠送的物资；

④ 进出境运输工具装载的途中必需的燃料、物料和饮食用品；

⑤ 因故退还的中国出口货物，可以免征进口关税，但已征收的出口关税，不予退还；

⑥ 因故退还的境外出口货物，可以免征出口关税，但已征收的进口关税不予退还。

对有上述情况的货物，经海关审查无误后可以免税。

中国缔结或参加的国际条约规定减征、免征关税的货物、物品，海关应当按照规定减免关税。

2. 政策性减免税

有下列情形之一的进口货物，海关可以酌情减免税：

① 在境外运输途中或者在起卸时，遭受损坏或者损失的；

② 起卸后海关放行前，因不可抗力遭受损坏或者损失的；

③ 海关查验时已经破漏、损坏或者腐烂，经证明不是保管不慎造成的。

3. 临时性减免税

为境外厂商加工、装配成品和为制造外销产品而进口的原材料、辅料、零件、部件、配套件和包装材料，海关按照实际加工出口的成品数量免征进口关税；或者对进口料件先征进口关税，再按照实际加工出口的成品数量予以退税。

8.5.7 关税的征收管理

关税征收管理可以实施货物放行与税额确定相分离的模式。关税征收管理应当适应对外贸易新业态新模式发展需要，提升信息化、智能化、标准化、便利化水平。

1. 纳税期限

进口货物自运输工具申报进境之日起14日内，出口货物在货物运抵海关监管区后装货的24 h以前，由进出口货物的纳税人向货物进（出）境地海关申报，海关根据《海关进出口税则》对进（出）口货物进行归类，并依据其计税价格和适用税率计算应缴纳的关税和进口环节代征税额，并填发税额缴款书。纳税人应当自海关填发税额缴款书之日起15日内，向指定银行缴纳税额。纳税人未按期缴纳税额的，从滞纳税额之日起，按日加收滞纳税额万分之五的滞纳金。

海关征收关税、滞纳金等，应当按人民币计征。进（出）口货物的成交价格及有关费用以外币计价的，以中国人民银行公布的基准汇率折合为人民币计算计税价格；以基准汇率币种以外的外币计价的，按照国家有关规定套算为人民币计算计税价格。

纳税人因不可抗力或者在国家税收政策调整的情形下，不能按期缴纳税额的，经海关总署批准，可以延期缴纳税额，但最长不得超过 6 个月。

海关对纳税人申报的价格有怀疑的，应当将怀疑的理由书面告知纳税人，要求其在规定的期限内书面做出说明、提供有关资料；纳税人在规定的期限内未做说明、未提供有关资料的，或者海关仍有理由怀疑申报价格的真实性和准确性的，海关可以不接受纳税人申报的价格，并依据有关规定估定计税价格。

2. 海关暂不予放行的行李物品

自 2016 年 6 月 1 日起，旅客携运进出境的行李物品有下列情形之一的，海关暂不放行：

① 旅客不能当场缴纳进境物品税款的；

② 进出境物品属于许可证件管理范围，但旅客不能当场提交的；

③ 进出境物品超出自用合理数量，按规定应当办理货物报关手续或其他海关手续，其尚未办理的；

④ 对进出境物品的属性、内容存疑，需要由有关主管部门进行认定、鉴定、验核的；

⑤ 按规定暂不予以放行的其他行李物品。

3. 关税的退税与追缴

对由于海关误征、多缴纳税款的；海关核准免验的进口货物在完税后，发现有短缺情况，经海关审查认可的；已征出口关税的货物，因故未装运出口申报退关，经海关查验属实的，纳税人可以从缴纳税款之日起的 1 年内，书面声明理由，连同纳税收据向海关申请退税，逾期不予受理。海关应当自受理退税申请之日起 30 日内做出书面答复，并通知退税申请人。进出口货物完税后，如发现少征或漏征税款，海关有权在 1 年内予以补征；如因收发货人或其代理人违反规定而造成少征或漏征税款的，海关在 3 年内可以追缴。

【课程思政】

有效落实宣传文化增值税优惠政策是推进财政政策提质增效，推动减税降费政策落地落实落细的重要举措之一。近年来，浙江监管局紧紧围绕文化事业高质量发展大局，坚持监管与服务并重，锚定优惠政策导向，紧跟文化行业发展趋势，坚持目标导向、问题导向、结果导向，在宣传文化单位退税工作上“小事做精、旧事做新”，充分用好用足优惠政策，让宣传文化单位享受到实实在在的优惠，推动宣传文化增值税优惠政策提质增效。

以目标为导向，高站位谋篇布局。习近平总书记高度重视宣传文化工作，强调宣传思想文化工作事关党的前途命运，事关国家长治久安，事关民族凝聚力和向心力，是一项极重要的工作。近年来，财政部积极落实党中央、国务院重大决策部署，多次延续宣传文化增值税优惠政策，旨在进一步减轻宣传文化单位经营负担，助力文化事业高质量发展。浙江监管局牢牢把握党中央重大财税政策的初衷目的和政策导向，立足中央收入监管这一重要职能，多次召开宣传文化座谈交流会，实地走访部分宣传文化单位听取意见、建议，即听即用即改，既有效推动部分执行环节和口径的调整优化，也及时发现当前宣传文化单位申报、审核、审批等环节存在的难点、堵点。今年，浙江监管局将优化完善宣传文化单位退税机制列入年度重点工作计划，调动局内骨干力量，组建工作专班，制订工作方案，着力破解难题。

以问题为导向，多维度解题破题。针对宣传文化增值税先征后退审核审批中出现的难点、堵点，浙江监管局开展动态跟踪和系统梳理，深入研讨，持续关注和跟踪政策成效。一是全面梳理查症结。围绕政策执行中涉及的资料完整性、填报合规性、核算准确性 3 个维度，梳理近年来宣传文化增值税先征后退审核审批中的难点，并充分结合宣传文化行业当前发展实际，依照政策执行明确提出的审核审批要求，有针对性地提出优化方案。二是群策群力提质效。针对退税审核发现的共性堵点，组织宣传文化单位和地方财政部门代表召开座谈会，了解掌握政策申报、审核、审批各环节情况，充分听取退税单位和财政部门可行性意见、建议，为修订完善政策执行有关工作机制夯实基础。三是实地走访破难题。针对政策审核发现的部分个性堵点，浙江监管局及时调派调研核实工作组，主动赴宣传文化单位走访调研，深入了解宣传文化单位发展经营现状，分析问题原因，讨论解决方案，力求在小事上见大，在关键处破题，切实推动宣传文化增值税优惠政策应享尽享。

以结果为导向，长效化建章立制。实现宣传文化增值税优惠政策执行成效的长效化提升，仍需以建立完善工作制度作为基础保障。浙江监管局结合工作实际和各方意见建议，积极推动调研成果转化运用。考虑到宣传文化增值税优惠政策涉及面广、参与主体多、环节较为复杂，对政策执行有关制度办法的修订调整“牵一发而动全身”，需要稳步有序推进，充分听取考虑各方意见，形成一致工作共识。为此，浙江监管局及时组织各设区市、重点区县财政部门以及宣传文化代表单位召开系统性业务培训，重点围绕退税审核中资料完整性、填报合规性、核算准确性等重点环节进行培训解读，开展业务面对面答疑解惑，既有效解决了申报单位政策执行中遇到的困惑疑点，也有利于理顺申报、审核、审批各环节的职责义务，进一步提高政策执行效率。会后结合多方有益意见、建议，制定形成了《财政部浙江监管局宣传文化增值税先征后退工作指引（2024年修订）》，对原申报、审核、审批要素进行去粗取精、去繁化简，进一步明确宣传文化单位申报要求，明晰地方财政部门审核责任，疏通各环节堵点问题，立足从优机制、立口径、压责任、提效率等方面，保障宣传文化增值税优惠政策落地、落实、落细。

复习思考题

1. 什么是商品税？商品税有哪些特点？
2. 什么是增值税？增值税有哪些类型？
3. 什么是增值税纳税人？增值税纳税人如何分类？
4. 增值税的征税范围包括哪些？
5. 增值税的税率和征收率如何规定？
6. 什么是增值税销项税额？增值税销项税额如何计算？
7. 什么是增值税进项税额？增值税进项税额如何计算？
8. 增值税免税项目包括哪些？
9. 实践中如何区别增值税的混合销售与兼营？
10. 什么是消费税？消费税有哪些特点？
11. 消费税税目包括哪些？
12. 消费税纳税人如何界定？
13. 消费税应纳税额的计算方法包括哪些？
14. 纳税人以应税消费品抵偿债务，如何确定消费税的计税依据？
15. 增值税和消费税有何联系？
16. 什么是关税？关税税目如何界定？
17. 关税应纳税额的计算方法有哪些？
18. 什么是滑准税率？滑准税率有何特点？
19. 如何确定进出口货物的关税计税价格？

计 算 题

1. 某生产企业为增值税一般纳税人，适用增值税税率为13%，2024年5月份的有关生产经营业务如下。

① 销售甲产品给某大商场，开具增值税专用发票，取得不含税销售额80万元；另外，开具普通发票，取得销售甲产品的送货运输收入5.45万元。

② 销售乙产品，开具普通发票，取得含税销售额28.25万元。

③ 将试制的一批应税新产品用于本企业基建工程，成本价为20万元，成本利润率为10%，该新产品无同类产品市场销售价格。

④ 购进货物取得增值税专用发票，注明支付价款60万元、增值税进项税额7.8万元。另外，取得运输公司开具的增值税专用发票注明增值税0.6万元。

⑤ 向农业生产者购进一批免税农产品，支付收购价款30万元。本月下旬将购进农产品的20%用于本企业职工福利。

要求：计算该企业5月份应缴纳的增值税额。

2. 某商店为增值税小规模纳税人，2024年6月销售商品，取得含税收入5.15万元；将外购的一批商品无偿捐赠给某慈善机构，该批商品的含税价格为1.03万元；购进商品，取得增值税普通发票注明金额为2万元，增值税为0.26万元。已知增值税小规模纳税人适用的增值税征收率为3%。要求：计算该商店6月份应缴纳的增值税税额。

3. 某商场10月份进口一批货物。该批货物在国外的买价为40万元，该批货物运抵我国海关前发生的包装费、运输费、保险费等共计20万元。货物报关后，商场按规定缴纳了进口环节的增值税并取得了海关开具的海关进口增值税专用缴款书。假定该批货物在国内全部销售，取得不含税销售额80万元。已知该批货物适用的进口关税税率为15%，增值税税率为13%。要求：计算该商场10月份应缴纳的关税和增值税。

4. 某化妆品生产企业为增值税一般纳税人，2024年5月15日向某大型商场销售一批高档化妆品，开具增值税专用发票，取得不含增值税销售额50万元，增值税额为6.5万元；5月20日向某单位销售一批高档化妆品，开具普通发票，取得含增值税销售额4.52万元。要求：计算该化妆品生产企业应缴纳的消费税税额。

5. 某白酒生产企业为增值税一般纳税人，2024年4月份销售粮食白酒50 t，取得不含增值税的销售额200万元。要求：计算该白酒生产企业4月份应缴纳的消费税税额。

6. 某化妆品公司将一批自产的高档化妆品用作职工福利，高档化妆品的成本为80 000元，该高档化妆品无同类产品市场销售价格。已知其成本利润率为5%，适用的消费税税率为15%。要求：计算该批高档化妆品应缴纳的消费税税额。

7. 某鞭炮企业2024年4月受托为某单位加工一批鞭炮，委托单位提供的原料金额为60万元，收取委托单位不含增值税的加工费8万元，鞭炮企业当地无加工鞭炮的同类产品市场价格。要求：计算该鞭炮企业应代收代缴的消费税税额。

8. 某商贸公司2024年5月从国外进口一批应税消费品，已知该批应税消费品的关税计税价格为 90 万元，按规定应缴纳关税 18 万元，假定进口的应税消费品消费税税率为 10%。要求：计算该批消费品进口环节应缴纳的消费税税额。

练习题 8

中华人民共和国关税法

第9章

所 得 税

【本章导读】

所得税是指以纳税人的所得额或收益额为课税对象的各种税收的统称。我国所得税主要包括企业所得税和个人所得税。

企业所得税，是指对境内企业或组织在一定期间内合法的生产、经营所得和其他所得征收的一种税。本章主要介绍企业所得税的纳税人、征收范围、税率、应纳税所得额计算、资产税务处理、应纳税额计算、税收优惠、特别纳税调整及征收管理等内容。

个人所得税，是对个人（即自然人）的各项应税所得征收的一种税。本章主要介绍个人所得税的纳税人和扣缴义务人、征税对象、税目、税率、计税依据、应纳税额计算、税收优惠及征收管理等内容。

本章教学思政视角：一是加大税收、社会保障、转移支付等的调节力度；二是完善个人所得税制度，规范收入分配秩序，规范财富积累机制，保护合法收入，调节过高收入，取缔非法收入；三是坚持按劳分配为主体、多种分配方式并存，构建初次分配、再分配、第三次分配协调配套的制度体系；四是健全直接税体系，完善综合与分类相结合的个人所得税制度，规范经营所得、资本所得、财产所得税收政策，实行劳动性所得统一征税。

通过本章学习，要求掌握企业所得税、个人所得税的基本要素（纳税人、征收范围、税率），掌握企业所得税、个人所得税应纳税额的计算，掌握企业所得税与个人所得税筹划的切入点，理解企业所得税资产税务处理规定、企业所得税税收优惠政策及个人所得税税收优惠政策，了解企业所得税特别纳税调整规定、个人所得税征收管理及纳税申报表的填写，具有检索分析评价企业所得税收入趋势、个人所得税收入趋势的能力，具有识别税收违法行为的能力。

9.1 所得税概述

9.1.1 所得税的概念及特点

1. 所得税的概念

所得税，又称收益税，是指以纳税人的所得额或收益额为课税对象的各种税收的统称。

从严格意义上来说，所得额是收益额的一种。收益额有纯收益额和总收益额之分。纯收益额，亦称所得额，是指自然人、法人、其他经济组织从事生产经营活动获得的收入减去相应的成本、费用后的余额；总收益额则是指纳税人的全部收入。所得税法律制度规定的所得额，是指纳税人在一定时期内，由于生产、经营等取得的可用货币计量的收入，扣除为取得这些收入所需各种耗费后的净额。

所得税属于直接税，其纳税人和实际税负人是一致的，可以直接调节纳税人的收入，是现代税收制度中的主体税种。所得税的计算涉及纳税人经济活动的各个方面，因此能促使纳税人建立健全会计和经营管理制度，有利于国家通过征税加强监督管理。

所得税最早起源于英国，现已成为大多数国家的主体税种。在西方发达国家，税收体系大多以各类所得税为主体进行构建，国家财政收入的大部分也来自各类所得税。

现行我国所得税主要包括企业所得税和个人所得税。

2. 所得税的特点

① 税负不易转嫁。所得税的课税对象是纳税人的最终收益，纳税人一般就是负税人，能够实现公平分配的目标。

② 税收中性。所得税的增减变化不会对物价产生直接影响，也不会造成资源配置的扭曲。

③ 税负公平。所得税以所得额为课税对象，征税环节单一，一般不存在重复征税现象，能较好地体现量能负担和公平税负的原则。

④ 税制富有弹性。国家可根据需要灵活调整税负，以适应财政收支变化的需要。

⑤ 计征复杂，征管难度大。

9.1.2 所得税税制设计

1. 课征制度类型

① 分类课征制，即区分各类所得的不同来源，分别课以不同的所得税。

② 综合课征制，即将纳税人在纳税年度的各种不同来源所得进行汇总，减去法定的扣除额、免税额等，然后就其所得总额课税，如企业所得税。

③ 分类综合课征制，是在概括分类课征制和综合课征制的基础上形成的一种所得税课征制度，如个人所得税。

2. 费用扣除规定

① 实报实销法。也称据实扣除法，是指完全根据纳税人的成本、费用支出或实际支出确定税前扣除额。

② 标准扣除法。是指对纳税人的必要成本、费用支出或基本生活费用，预先确定一个或多个标准，作为固定数额允许在税前先行扣除。

3. 税率选择

① 比例税率。是指对纳税人的所得额无论多少均课以等率税收，纳税人负担水平始终保持一定的比例。

② 累进税率。是指依据纳税人的所得额多少而课以不同税率的税收，其税率随所得额的增减而升降，税制富有弹性，能充分体现量能负担、公平税负的原则。

4. 具体课征方法

① 源课法。是源泉课征法的简称，是指在所得额的发生地进行所得税的课征。源课法一般适用于分类课征制，无法体现合理税负的原则。

② 申报法。又称综合课征法，是指纳税人按税法规定自行申报其应税所得额，由税务机关调查核实后，再根据申报的应税所得依率计算应纳税额，由纳税人一次或分次缴纳。申报法一般适用于综合课征制，符合量能负担和公平税负的原则。

9.2 企业所得税

中华人民共和国
企业所得税法

我国企业所得税制，同我国政治经济情况的变化相联系，经历了20世纪50年代建立工商所得税、80年代多种所得税并存、90年代初步统一企业所得税制3个时期。长期以来，我国企业所得税按内资、外资企业分别立法，外资企业适用1991年第七届全国人民代表大会第四次会议通过的《中华人民共和国外商投资企业和外国企业所得税法》，内资企业适用1993年国务院发布的《中华人民共和国企业所得税暂行条例》，这对吸引外资、促进经济发展发挥了重要作用。加入世贸组织后，国内市场对外资进一步开放，内资企业也逐渐融入世界经济体系之中，继续采取内资、外资企业不同的税收政策，将使内资企业处于不平等竞争地位，影响统一、规范、公平竞争的市场环境的建立。

2007年3月16日第十届全国人民代表大会第五次会议通过、2018年12月29日第十三届全国人民代表大会常务委员会第七次会议修改的《中华人民共和国企业所得税法》（以下简称《企业所得税法》），2007年12月6日国务院发布、2019年4月23日修订的《中华人民共和国企业所得税法实施条例》（以下简称《企业所得税法实施条例》），以及财政、税务主管部门制定、发布的一系列部门规章和规范性文件，构成了我国企业所得税法律制度的主要内容。

9.2.1 企业所得税的概念

企业所得税，是指对境内企业或组织在一定期间内合法的生产、经营所得和其他所得征收的一种所得税。

2007年3月16日第十届全国人民代表大会通过的《企业所得税法》实现了内外资企业适用统一的企业所得税法，统一并适当降低了企业所得税税率，统一和规范了税前扣除办法和标准，统一了税收优惠政策，建立了“产业优惠为主、区域优惠为辅”的税收优惠体系，有利于为各类企业创造一个公平竞争的税收法制环境。

9.2.2 企业所得税的纳税人和征收范围

《企业所得税法》
发布的意义

1. 纳税人和扣缴义务人

1）纳税人

企业所得税的纳税人，是指在中华人民共和国境内的企业和其他取得收入的组织（以下统称企业）。具体包括各类企业、事业单位、社会团体、民办非企业单位和从事经营活动的其他组织，以及在中国境内设立机构、场所从事生产经营或虽然未设立机构、场所而有来源于中国境内所得的外国公司、企业和其他组织。依照中国法律、法规成立的个人独资企业、合伙企业，不属于企业所得税纳税人，不缴纳企业所得税。

企业所得税采取收入来源地管辖权和居民管辖权相结合的双重管辖权，将企业分为居民企业和非居民企业，分别确定不同的纳税义务。

居民企业，是指依法在中国境内成立，或者依照外国（地区）法律成立但实际管理机构在中国境内的企业。依法在中国境内成立的企业，包括依照中国法律、行政法规在中国境内成立的企业、事业单位、社会团体及其他取得收入的组织。依照外国（地区）法律成立的企业，包括依照外国（地区）法律成立的企业和其他取得收入的组织。实际管理机构，是指对企业的生产经营、人员、账务、财产等实施实质性全面管理和控制的机构。实际管理机构是行使居民税收管辖权的国家判定法人居民身份的主要标准。例如，在我国注册成立的沃尔玛（中国）公司、通用汽车（中国）公司，就是我国的居民企业；在英国、百慕大群岛等国家和地区注册的公司，如果实际管理机构在我国境内，也是我国的居民企业。

非居民企业，是指依照外国（地区）法律成立且实际管理机构不在中国境内，但在中国境内设立机构、场所的，或者在中国境内未设立机构、场所，但有来源于中国境内所得的企业。机构、场所，是指在中国境内从事生产经营活动的机构、场所，包括：管理机构、营业机构、办事机构；工厂、农场、开采自然资源的场所；提供劳务的场所；从事建筑、安装、装配、修理、勘探等工程作业的场所；其他从事生产经营活动的机构、场所。

需要说明的是，非居民企业委托营业代理人在中国境内从事生产经营活动的，包括委托单位或者个人经常代其签订合同，或者储存、交付货物等，该营业代理人视为非居民企业在中国境内设立的机构、场所。

《企业所得税法》以法人组织为纳税人，改变了以往内资企业所得税以是否独立经济核算判定纳税人的做法。也就是说，企业设有多个不具有法人资格营业机构的，实行由法人汇总纳税。实行法人（公司）税制是世界各国所得税制发展的方向，也是企业所得税改革的内在要求，有利于更加规范、科学、合理地确定企业纳税义务。目前，大多数国家对个人（自然人）以外的组织或者实体征收企业所得税，一般都是以法人作为纳税主体。《企业所得税法》以法人组织为纳税人符合国际的通行做法。

除国务院另有规定外，企业之间不得合并缴纳企业所得税。

2）扣缴义务人

非居民企业在中国境内未设立机构、场所的，或者虽设立机构、场所但取得的所得与其所设机构、场所没有实际联系的，其来源于中国境内的所得缴纳的企业所得税，实行源泉扣缴①，以支付人②为扣缴义务人。税额由扣缴义务人在每次支付或者到期应支付时，从支付③或者到期应支付的款项④中扣缴。

对非居民企业在中国境内取得工程作业和劳务所得应缴纳的企业所得税，税务机关可以

① 源泉扣缴是指以所得支付者为扣缴义务人，在每次向纳税人支付有关所得款项时，代为扣缴税额的做法。

② 支付人是指依照有关法律规定或者合同约定对非居民企业直接负有支付相关款项义务的单位或者个人。

③ 支付包括现金支付、汇拨支付、转账支付和权益对价支付等货币支付和非货币支付。

④ 到期应支付的款项是指支付人按照权责发生制原则应当计入相关成本、费用的应付款项。

指定工程价款或者劳务费的支付人为扣缴义务人。企业所得税法律制度规定的可以指定扣缴义务人的情形，包括：

- 预计工程作业或者提供劳务期限不足一个纳税年度，且有证据表明不履行纳税义务的；
- 没有办理税务登记或者临时税务登记，且未委托中国境内的代理人履行纳税义务的；
- 未按照规定期限办理企业所得税纳税申报或者预缴申报的。

扣缴义务人，由县级以上税务机关指定，并同时告知扣缴义务人所扣缴税额的计算依据、计算方法、扣缴期限和扣缴方式。

2. 征税范围

企业所得税的征税范围包括我国境内的企业和组织取得的生产经营所得、清算所得和其他所得。其中，“所得”包括销售货物所得、提供劳务所得、转让财产所得、股息红利等权益性投资所得、利息所得、租金所得、特许权使用费所得、接受捐赠所得和其他所得；“生产经营所得”是指从事物质生产、交通运输、商品流通、劳务、服务，以及经国务院财政部门确认的其他营利事业单位取得的所得；“清算所得”是指企业的全部资产可变现价值或者交易价格减除资产净值、清算费用及相关税费等后的余额；“其他所得”是指股息、利息、租金、转让各类资产所得、特许权使用费所得、营业外收益等。

居民企业应当就其来源于中国境内、境外的所得缴纳企业所得税。

非居民企业在中国境内设立机构、场所的，应当就其所设机构、场所取得的来源于中国境内的所得，以及发生在中国境外但与其所设机构、场所有实际联系的所得，缴纳企业所得税。其中，“实际联系”是指非居民企业在中国境内设立的机构、场所拥有据以取得所得的股权、债权及拥有、管理、控制据以取得所得的财产等。

非居民企业在中国境内未设立机构、场所的，或者虽设立机构、场所但取得的所得与其所设机构、场所没有实际联系的，应当就其来源于中国境内的所得缴纳企业所得税。

其中，来源于中国境内、境外的所得，按照以下原则确定：

① 销售货物所得，按照交易活动发生地确定；

② 提供劳务所得，按照劳务发生地确定；

③ 转让财产所得：不动产转让所得按照不动产所在地确定，动产转让所得按照转让动产的企业或者机构、场所所在地确定，权益性投资资产转让所得按照被投资企业所在地确定；

④ 股息、红利等权益性投资所得，按照分配所得的企业所在地确定；

⑤ 利息所得、租金所得、特许权使用费所得，按照负担、支付所得的企业或者机构、场所所在地确定，或者按照负担、支付所得的个人住所地确定；

⑥ 其他所得，由国务院财政、税务主管部门确定。

9.2.3 企业所得税税率

企业所得税实行比例税率。按照“简税制、宽税基、低税率、严征管”的税制改革基本原则，结合我国财政承受能力、企业负担水平，考虑世界上其他国家和地区，特别是周边地区的实际税率水平等因素，《企业所得税法》规定，居民企业以及在中国境内设立机构、场所且取得的所得与其所设机构、场所有实际联系的非居民企业，来源于中国境内、境外的所得适用25%的税率。但对于非居民企业在中国境内未设立机构、场所的，或者虽设立机构、场所但取得的所得与其所设机构、场所没有实际联系的，来源于中国境内的所得适用20%的税率。

此外，国家为了重点扶持和鼓励发展特定的产业和项目，还规定了以下两档优惠税率。

① 符合条件的小型微利企业，减按20%的税率征收企业所得税[①]。符合条件的小型微利企业是指从事国家非限制和禁止行业，且同时符合年度应纳税所得额不超过300万元、从业人数[②]不超过300人、资产总额不超过5 000万元等3个条件的企业。

② 国家需要重点扶持的高新技术企业，减按15%的税率征收企业所得税。国家需要重点扶持的高新技术企业是指拥有核心自主知识产权，并同时符合下列条件的企业：

- 产品（服务）属于《国家重点支持的高新技术领域》规定的范围；
- 研究开发费用占销售收入的比例不低于规定比例；
- 高新技术产品（服务）收入占企业总收入的比例不低于规定比例；
- 科技人员占企业职工总数的比例不低于规定比例；
- 高新技术企业认定管理办法规定的其他条件。

国家重点扶持的高新技术领域和高新技术企业认定管理办法由国务院科技、财政、税务主管部门会同有关部门制定，报国务院批准后公布施行。

③ 自2018年1月1日起，对经认定的技术先进型服务企业，减按15%的税率征收企业所得税。

9.2.4 企业所得税应纳税所得额的计算

企业所得税的计税依据是应纳税所得额。根据企业所得税法律制度的规定，应纳税所得额，是指企业每一纳税年度的收入总额，减除不征税收入、免税收入、各项扣除及允许弥补的以前年度亏损后的余额。企业所得税应纳税所得额的计算，以权责发生制为原则，凡是属于当期的收入和费用，不论款项是否在当期收付，均作为当期的收入和费用；凡是不属于当期的收入和费用，即使款项已经在当期收付，均不作为当期的收入和费用。国务院财政、税务主管部门另有规定的除外。企业所得税应纳税所得额的计算公式如下。

应纳税所得额＝收入总额－不征税收入－免税收入－各项扣除－以前年度亏损

按照企业所得税法律制度规定计算的应纳税所得额与依据企业财务会计制度规定计算的会计利润往往不一致。企业财务会计处理办法与企业所得税法律制度规定不一致的，应当依照企业所得税法律制度的规定计算应纳税所得额。

1. 收入总额

收入总额，是指企业以货币形式和非货币形式从各种来源取得的收入。其中，货币形式

① 自2023年1月1日至2024年12月31日，对小型微利企业年应纳税所得额不超过100万元的部分，减按25%计入应纳税所得额，按20%的税率缴纳企业所得税；对个体工商户年应纳税所得额不超过100万元的部分，减按50%计入应纳税所得额，按20%的税率缴纳企业所得税。

② 从业人数，包括与企业建立劳动关系的职工人数和企业接受的劳务派遣用工人数。从业人数和资产总额指标，应按企业全年的季度平均值确定。具体计算公式如下：季度平均值＝（季初值＋季末值）/2；全年季度平均值＝全年各季度平均值之和/4；年度中间开业或者终止经营活动的，以其实际经营期作为一个纳税年度确定上述相关指标。

包括现金、存款、应收账款、应收票据、交易性金融资产等；非货币形式包括固定资产、生物资产、无形资产、股权投资、存货、投资性房地产等。企业以非货币形式取得的收入，应当按照公允价值[①]确定收入总额。企业收入总额的具体内容包括以下9个方面。

① 销售货物收入。是指企业销售商品、原材料、周转材料及其他存货取得的收入，包括销售商品收入、营运收入、工程服务收入和工业性作业收入等。除法律法规另有规定外，企业销售货物收入的确认，必须遵循权责发生制原则和实质重于形式原则。

② 提供劳务收入。是指纳税人提供劳务取得的收入，即企业从事建筑安装、修理修配、交通运输、仓储租赁、金融保险、邮电通信、咨询经纪、文化体育、科学研究、技术服务、教育培训、餐饮住宿、中介代理、卫生保健、社区服务、旅游、娱乐、加工及其他劳务、服务活动取得的收入。企业在各个纳税期末，提供劳务交易的结果能够可靠估计的，应采用履约进度确认提供劳务收入。

③ 转让财产收入。是指纳税人有偿转让各类财产取得的收入，包括转让固定资产、生物资产、无形资产、股权、债权（如国债）等取得的收入。转让财产收入应当按照从财产受让方已收或应收的合同或协议价款确认收入。

④ 股息、红利等权益性投资收益。是指企业因权益性投资从被投资方取得的收入。除国务院财政、税务主管部门另有规定外，股息、红利等权益性投资收益按照被投资方做出利润分配决定的日期确认收入的实现。

⑤ 利息收入。是指企业将资金提供给他人使用但不构成权益性投资，或者因他人占用本企业资金取得的收入，包括存款利息、贷款利息、债券利息、欠款利息等收入。利息收入按照合同约定的债务人应付利息的日期确认收入的实现。

⑥ 租金收入。是指企业提供固定资产、周转材料或者其他有形资产的使用权取得的收入。租金收入按照合同约定的承租人应付租金的日期确认收入的实现。如果交易合同或协议中规定租赁期限跨年度，且租金提前一次性支付的，出租人可对上述已确认的收入，在租赁期内分期均匀计入相关年度收入。

⑦ 特许权使用费收入。是指企业提供专利权、非专利技术、商标权、著作权及其他特许权的使用权取得的收入。特许权使用费收入按照合同约定的特许权使用人应付特许权使用费的日期确认收入的实现。

⑧ 接受捐赠收入。是指企业接受的来自其他企业、组织或者个人无偿给予的货币性资产、非货币性资产。接受捐赠收入按照实际收到捐赠资产的日期确认收入的实现。

⑨ 其他收入。是指企业取得的除上述各项收入以外的其他收入，包括资产溢余收入、逾期未退包装物押金收入、确实无法偿付的应付款项、已作坏账损失处理后又收回的应收款项、债务重组收入、补贴收入、违约金收入、汇兑收益等。

企业发生非货币性资产交换，以及将货物、财产、劳务、服务用于捐赠、偿债、赞助、集资、广告、样品、职工福利或者利润分配等用途的，应当视同销售货物、转让财产或者提供劳务，但国务院财政、税务主管部门另有规定的除外。

① 公允价值，是指市场参与者在计量日发生的有序交易中，出售一项资产所能收到或者转移一项负债所需支付的价格。

2. 不征税收入

不征税收入，是指从性质上不属于企业营利性活动带来的经济利益、不负有纳税义务且不作为应纳税所得额组成部分的收入。按照企业所得税法律制度的规定，下列收入为不征税收入。

① 财政拨款。是指各级政府对纳入预算管理的事业单位、社会团体等组织拨付的财政资金，但国务院和国务院财政、税务主管部门另有规定的除外。

② 依法收取并纳入财政管理的行政事业性收费、政府性基金。行政事业性收费，是指依照法律规定，按照国务院规定程序批准，在实施社会公共管理及向公民、法人或者其他组织提供特定公共服务过程中，向特定对象收取并纳入财政管理的费用。政府性基金，是指企业依照法律规定，代政府收取的具有专项用途的财政资金。

③ 国务院规定的其他不征税收入。是指企业取得的，由国务院财政、税务主管部门规定专项用途并经国务院批准的财政性资金。

县级以上人民政府将国有资产无偿划入企业，凡指定专门用途并按规定进行管理的，企业可作为不征税收入进行企业所得税处理。其中，该项资产属于非货币性资产的，应按政府确定的接收价值计算不征税收入。

自 2018 年 9 月 20 日起，对全国社会保障基金理事会及基本养老保险基金投资管理机构在国务院批准的投资范围内，运用养老基金投资取得的归属于养老基金的投资收入，作为企业所得税不征税收入。

自 2018 年 9 月 10 日起，对全国社会保障基金取得的直接股权投资收益、股权投资基金收益，作为企业所得税不征税收入。

3. 免税收入

免税收入，是指属于企业的应纳税所得额但按照税法规定免予征收企业所得税的收入。按照企业所得税法律制度的规定，下列收入为免税收入。

① 国债利息收入。是指企业持有国务院财政部门发行的国债取得的利息收入。

② 符合规定条件的居民企业之间的股息、红利等权益性投资收益。是指居民企业直接投资于其他居民企业取得的投资收益，不包括连续持有居民企业公开发行并上市流通的股票不足 12 个月取得的投资收益。

③ 在中国境内设立机构、场所的非居民企业从居民企业取得与该机构、场所有实际联系的股息、红利等权益性投资收益，不包括连续持有居民企业公开发行并上市流通的股票不足 12 个月取得的投资收益。

④ 符合规定条件的非营利组织的收入。是指同时符合下列条件的组织：

- 依法履行非营利组织登记手续；
- 从事公益性或者非营利性活动；
- 取得的收入除用于与该组织有关的、合理的支出外，全部用于登记核定或者章程规定的公益性或者非营利性事业；
- 财产及其孳息不用于分配；
- 按照登记核定或者章程规定，该组织注销后的剩余财产用于公益性或者非营利性目的，或者由登记管理机关转赠给与该组织性质、宗旨相同的组织，并向社会公告；
- 投资人对投入该组织的财产不保留或者不享有任何财产权利；
- 工作人员工资福利开支控制在规定的比例内，不变相分配该组织的财产。

非营利组织的认定管理办法由国务院财政、税务主管部门会同国务院有关部门制定。

符合条件的非营利组织的收入，不包括非营利组织从事营利性活动取得的收入，但国务院财政、税务主管部门另有规定的除外。对非营利组织从事非营利性活动取得的收入给予免税，但从事营利性活动取得的收入则按规定征税。

4. 税前扣除项目

税前扣除项目，是指纳税人实际发生的与应税收入有关的、合理的支出，包括成本、费用、税金、损失和其他支出。可见，“实际发生的、有关的、合理的”是纳税人经营活动中发生的支出可以税前扣除的基本要求。其中，“有关的支出”是指与取得收入直接相关的支出；“合理的支出”是指符合生产经营活动常规，应当计入当期损益或者有关资产成本的必要的和正常的支出。

企业发生的支出应当区分收益性支出和资本性支出。收益性支出在发生当期直接扣除；资本性支出应当分期扣除或者计入有关资产成本，不得在发生当期直接扣除。

企业的不征税收入用于支出所形成的费用或者财产，不得扣除或者计算对应的折旧、摊销扣除。

1）成本

成本，是指企业在生产经营活动中发生的销售成本、销货成本、业务支出及其他耗费，即企业销售商品（产品、材料、下脚料、废料、废旧物资等）、提供劳务、转让固定资产、无形资产的成本。

2）费用

费用，是指企业在生产经营活动中发生的销售费用、管理费用和财务费用，已经计入成本的有关费用除外。

销售费用是指应由纳税人负担的为销售商品而发生的费用，包括广告费、运输费、装卸费、包装费、展览费、保险费、销售佣金、代销手续费、经营性租赁费及销售部门发生的差旅费、工资、福利费等。从事商品流通业务的纳税人购入存货抵达仓库前发生的包装费、装卸费、运输途中的合理损耗、入库前的挑选整理费用等购货费用可直接计入销售费用。如果纳税人根据会计核算要求已将上述购货费用计入存货成本，不得再以销售费用的名义重复申报扣除。从事房地产开发业务的纳税人的销售费用还包括开发产品销售之前的改装修复费、看护费、采暖费等。

管理费用是指纳税人的行政管理部门为组织管理生产经营活动提供各项管理性服务而发生的费用，包括公司经费、研究开发费、社会保障性缴款、劳动保护费、业务招待费、工会经费、职工教育经费、董事会费、开办费摊销（土地使用费、土地损失补偿费）、矿产资源补偿费、坏账损失、消防费、绿化费、外事费、咨询费、诉讼费、聘请中介机构费、商标注册费等，以及向总机构支付的与本身经营活动有关的合理的支出等。除经国家税务总局或其授权的税务机关批准外，纳税人不得列支向其关联企业支付的管理费。

财务费用是指纳税人为筹集生产经营资金而发生的费用，包括利息净支出、汇兑净损失、金融机构手续费及其他非资本化借款支出。

3）税金

税金，是指企业发生的除企业所得税和允许抵扣的增值税以外的各项税金及其附加，包括纳税人按规定缴纳的消费税、城市维护建设税、资源税、土地增值税、关税、城镇土地使用税、车船税、房产税、印花税、教育费附加等。企业缴纳的增值税因其属于价外税，不计入收入总额，故不在扣除之列。

4）损失

损失，是指企业在生产经营活动中发生的固定资产和存货的盘亏、毁损、报废损失、转让财产损失、坏账损失、符合税法规定条件的债权损失、自然灾害等不可抗力因素造成的损失、金融企业按规定提取的贷款损失准备金及其他损失。

企业发生的损失，减除责任人赔偿和保险赔款后的余额，依照国务院财政、税务主管部门的规定扣除。企业已经作为损失处理的资产，在以后纳税年度又全部或者部分收回时，应当计入当期收入。

5）其他支出

其他支出，是指除成本、费用、税金、损失外，企业在生产经营活动中发生的与生产经营活动有关的、合理的支出。

【例9-1】青城公司当期销售应税消费品实际缴纳增值税35万元、消费税20万元、城市维护建设税3.85万元、教育费附加1.65万元、房产税1.5万元、城镇土地使用税0.5万元、印花税0.6万元、车船税0.4万元。要求：计算青城公司当期所得税前可扣除的税金。

解 税前扣除税金＝20＋3.85＋1.65＋1.5＋0.5＋0.6＋0.4＝28.5(万元)

---

5. 税前扣除标准

根据企业所得税法律制度的规定，不同的税前扣除项目有着不同的扣除标准。

1）工资薪金支出

企业发生的合理的工资薪金支出，准予扣除。其中，工资薪金是指企业每一纳税年度支付给在本企业任职或者受雇的员工的所有现金形式或者非现金形式的劳动报酬，包括基本工资、奖金、津贴、补贴、年终加薪、加班工资，以及与员工任职或者受雇有关的其他支出。

2）社会保险费

① 企业依照国务院有关主管部门或者省级人民政府规定的范围和标准为职工缴纳的基本养老保险费、基本医疗保险费、失业保险费、工伤保险费等基本社会保险费和住房公积金，准予扣除。

② 自2008年1月1日起，企业根据国家有关政策规定，为在本企业任职或者受雇的全体员工支付的补充养老保险费、补充医疗保险费，分别在不超过职工工资总额5%标准内的部分，在计算应纳税所得额时准予扣除；超过的部分，不予扣除。

③ 企业职工因公出差乘坐交通工具发生的人身意外保险费支出，准予企业在计算应纳税所得额时扣除。

④ 除企业依照国家有关规定为特殊工种职工支付的人身安全保险费和国务院财政、税务主管部门规定可以扣除的其他商业保险费外，企业为投资者或者职工支付的商业保险费，不得扣除。

3）借款费用

① 企业在生产经营活动中发生的合理的、不需要资本化的借款费用，准予扣除。

② 企业为购置、建造固定资产、无形资产和经过12个月以上的建造才能达到预定可销售状态的存货发生借款的，在有关资产购置、建造期间发生的合理的借款费用，应当作为资本性支出计入有关资产成本，并依照《企业所得税法实施条例》的有关规定扣除。

4）利息费用

企业在生产经营活动中发生的下列利息支出，准予按照规定扣除。

① 非金融企业向金融企业借款的利息支出、金融企业的各项存款利息支出和同业拆借利息支出、企业经批准发行债券的利息支出准予据实扣除。

② 非金融企业向非金融企业借款的利息支出，不超过按照金融企业同期同类贷款利率计算的数额的部分准予限额扣除。

金融企业，是指各类银行、保险公司及经中国人民银行批准从事金融业务的非银行金融机构，包括国家专业银行、区域性银行、股份制银行、外资银行、中外合资银行以及其他综合性银行，还包括全国性保险企业、区域性保险企业、股份制保险企业、中外合资保险企业及其他专业性保险企业，城市商业银行、农村信用合作社、各类财务公司及其他从事信托投资、租赁等业务的专业和综合性非银行金融机构。非金融企业，是指除上述金融机构以外的所有企业、事业单位及社会团体等企业或组织。

③ 凡企业投资者在规定期限内未缴足其应缴资本额的，该企业对外借款所发生的利息，相当于投资者实缴资本额与在规定期限内应缴资本额的差额应计付的利息，其不属于企业合理的支出，应由企业投资者负担，不得在计算企业应纳税所得额时扣除。

④ 企业向股东或其他与企业有关联关系的自然人借款的利息支出，应根据《企业所得税法》及《财政部 国家税务总局关于企业关联方利息支出税前扣除标准有关税收政策问题的通知》规定的条件，计算企业所得税税前扣除额。

企业向除股东或其他与企业有关联关系的自然人以外的内部职工或其他人员借款的利息支出，其借款同时符合以下条件的，其利息支出在不超过按照金融企业同期同类贷款利率计算的数额的部分，准予扣除：

- 企业与个人之间的借款是真实、合法、有效的，并且不具有非法集资目的或其他违反法律、法规的行为；
- 企业与个人之间签订了借款合同。

5）职工福利费、工会经费和职工教育经费

企业发生的职工福利费、工会经费、职工教育经费按规定标准扣除。未超过标准的按实际发生数额扣除，超过扣除标准的只能按标准扣除。

① 企业发生的职工福利费支出，不超过工资薪金总额14%的部分，准予扣除。列入企业员工工资薪金制度、固定与工资薪金一起发放的福利性补贴，符合国家税务总局相关规定的，可作为企业发生的工资薪金支出，按规定在税前扣除。不能同时符合上述条件的福利性补贴，应按规定计算限额税前扣除。企业的职工福利费，包括以下3方面的内容。

- 尚未实行分离办社会职能的企业，其内设福利部门所发生的设备、设施和人员费用，包括职工食堂、职工浴室、理发室、医务所、托儿所、疗养院等集体福利部门的设备、设施及维修保养费用和福利部门工作人员的工资薪金、社会保险费、住房公积金、劳务费等。

- 为职工卫生保健、生活、住房、交通等发放的各项补贴和非货币性福利，包括企业向职工发放的因公外地就医费用、未实行医疗统筹企业职工医疗费用、职工供养直系亲属医疗补贴、供暖费补贴、职工防暑降温费、职工困难补贴、救济费、职工食堂经费补贴、职工交通补贴等。
- 依照其他规定发生的其他职工福利费，包括丧葬补助费、抚恤费、安家费、探亲假路费等。

企业发生的职工福利费，应该单独设置账册，进行准确核算。没有单独设置账册准确核算的，税务机关应责令企业在规定期限内改正。逾期仍未改正的，税务机关可对企业发生的职工福利费进行合理的核定。

② 企业拨缴的工会经费，不超过工资薪金总额2%的部分，准予扣除。

③ 除国务院财政、税务主管部门另有规定外①，企业发生的职工教育经费支出，不超过工资薪金总额8%的部分，准予扣除；超过部分，准予在以后纳税年度结转扣除。

【例9-2】蒙元公司2024年为本公司雇员支付工资400万元、奖金50万元、地方补贴30万元、家庭财产保险20万元。假定蒙元公司的工资薪金支出符合规定标准。要求：计算该公司当年职工福利费、工会经费和职工教育经费可在税前列支的限额。

解 税前扣除工资薪金总额＝400＋50＋30＝480(万元)

职工福利费限额＝480×14%＝67.2(万元)

工会经费限额＝480×2%＝9.6(万元)

职工教育经费限额＝480×8%＝38.4(万元)

6）业务招待费

企业发生的与生产经营活动有关的业务招待费支出，按照发生额的60%扣除，但最高不得超过当年销售（营业）收入的5‰。

企业在筹建期间发生的与筹建活动有关的业务招待费支出，可按实际发生额的60%计入企业筹办费，并按有关规定在税前扣除。

对从事股权投资业务的企业（包括集团公司总部、创业投资企业等），其从被投资企业所分配的股息、红利及股权转让收入，可以按规定的比例计算业务招待费扣除限额。

【例9-3】安然公司2024年度全年销售收入为1 500万元，房屋出租收入为100万元，提供加工劳务收入为50万元，转让无形资产所有权收入为30万元，当年发生业务招待费15万元。要求：计算安然公司2024年度企业所得税前可以扣除的业务招待费限额。

解 按照销售收入的5‰计算：(1 500＋100＋50)×5‰＝8.25(万元)

按照发生额的60%计算：15×60%＝9(万元)

因此，税前扣除的招待费限额为8.25万元。

---

① 软件生产企业发生的职工教育经费中的职工培训费用（单独核算），可以全额扣除。

7）广告费和业务宣传费

企业发生的符合条件的广告费和业务宣传费支出，除国务院财政、税务主管部门另有规定外，不超过当年销售（营业）收入15%的部分，准予扣除；超过部分，准予在以后纳税年度结转扣除。企业在筹建期间发生的广告费和业务宣传费，可按实际发生额计入企业筹办费，并按有关规定在税前扣除。

企业申报扣除的广告费支出应与赞助费支出严格区分。企业申报扣除的广告费支出，必须符合下列条件：

- 广告是通过工商部门批准的专门机构制作的；
- 已实际支付费用并已取得相应发票；
- 通过一定的媒体传播。

自2021年1月1日至2025年12月31日，对化妆品制造或销售、医药制造和饮料制造（不含酒类制造）企业发生的广告费和业务宣传费支出，不超过当年销售（营业）收入30%的部分，准予扣除；超过部分，准予在以后纳税年度结转扣除。烟草企业的烟草广告费和业务宣传费支出，一律不得在计算应纳税所得额时扣除。

【例9-4】 仕吉服装公司2024年的加工收入为2 000万元，出租闲置车间收取的租金为500万元，转让机器设备的收入为50万元。公司实际发生的广告费支出为500万元，业务宣传费为50万元，赞助费为80万元。要求：计算企业所得税前可以扣除的广告费和业务宣传费金额。

解 广告费和业务宣传费扣除标准=(2 000+500)×15%=375(万元)

广告费和业务宣传费实际发生额=500+50=550(万元)

广告费和业务宣传费超过标准：550−375=175(万元)

超过标准的部分当年不得扣除，但是可以在以后纳税年度结转扣除。

8）环境保护专项资金

企业依照法律、行政法规的有关规定提取的用于环境保护、生态恢复等方面的专项资金，准予扣除。上述专项资金提取后改变用途的，不得扣除。

9）保险费

企业参加财产保险，按照规定缴纳的保险费，准予扣除。

企业参加雇主责任险、公众责任险等责任保险，按照规定缴纳的保险费，准予在企业所得税税前扣除。

10）租赁费

企业根据生产经营活动的需要租入固定资产支付的租赁费，按照以下方法扣除。

① 以经营租赁方式租入固定资产发生的租赁费支出，按照租赁期限均匀扣除。

② 以融资租赁方式租入固定资产发生的租赁费支出，按照规定构成融资租入固定资产价值的部分应当提取折旧费用，分期扣除。

11）劳动保护费

企业发生的合理的劳动保护费，准予扣除。

12）转让资产的费用

企业转让有关各类固定资产发生的费用，允许扣除。企业按规定计算的固定资产折旧费、无形资产和长期待摊费用摊销费，准予扣除。

13）总机构分摊的费用

非居民企业在中国境内设立的机构、场所，就其境外总机构发生的与该机构、场所生产经营有关的费用，能够提供总机构出具的费用汇集范围、定额、分配依据和方法等证明文件并合理分摊的，准予扣除。

14）公益性捐赠支出

企业当年发生以及以前年度结转的公益性捐赠支出，不超过年度利润总额 12%的部分，准予在计算应纳税所得额时扣除；超过年度利润总额 12%的部分，准予结转以后 3 年内在计算应纳税所得额时扣除。其中，年度利润总额是指企业依照企业会计准则的规定计算的年度会计利润。企业在对公益性捐赠支出计算扣除时，应先扣除以前年度结转的捐赠支出，再扣除当年发生的捐赠支出。

根据企业所得税法律制度的规定，准予扣除的公益性捐赠支出必须同时满足以下两个条件。

① 这种捐赠必须通过公益性社会团体或者县级以上人民政府及其部门进行。其中，公益性社会团体是指同时符合下列条件的基金会、慈善组织等社会团体①：

- 依法登记，具有法人资格；
- 以发展公益事业为宗旨，且不以营利为目的；
- 全部资产及其增值为该法人所有；
- 收益和营运结余主要用于符合该法人设立目的的事业；
- 终止后的剩余财产不归属任何个人或者营利组织；
- 不经营与其设立目的无关的业务；
- 有健全的财务会计制度；
- 捐赠者不以任何形式参与社会团体财产的分配；
- 国务院财政、税务主管部门会同国务院民政部门等登记管理部门规定的其他条件。

② 这种捐赠必须用于《中华人民共和国公益事业捐赠法》规定的慈善活动、公益事业的捐赠，包括救助灾害、救济贫困、扶助残疾人等困难的社会群体和个人的活动；教育、科学、文化、卫生、体育事业；环境保护、社会公共设施建设；促进社会发展和进步的其他社会公共和福利事业等。

自 2021 年 1 月 1 日起，企业或个人通过公益性群众团体用于符合法律规定的公益慈善事业捐赠支出，准予按税法规定在计算应纳税所得额时扣除。公益性群众团体，包括依照《社会团体登记管理条例》规定不需进行社团登记的人民团体以及经国务院批准免于登记的社会团体，且按规定条件和程序已经取得公益性捐赠税前扣除资格。

企业在非货币性资产捐赠过程中发生的运费、保险费、人工费等相关支出，凡纳入国家机关、公益性社会组织开具的公益捐赠票据记载的数额中的，作为公益性捐赠支出按照规定

① 包括公益性群众团体（财政部 税务总局公告 2021 年第 20 号）。

在税前扣除；凡未纳入公益捐赠票据记载的数额中的，作为企业相关费用按照规定在税前扣除。

15）资产损失

资产损失，是指企业在生产经营活动中实际发生的、与取得应税收入有关的资产损失，包括现金损失，存款损失，坏账损失，贷款损失，股权投资损失，固定资产和存货的盘亏、毁损、报废、被盗损失，自然灾害等不可抗力因素造成的损失以及其他损失。

企业发生资产损失，应在按税法规定实际确认或者实际发生的当年申报扣除。企业以前年度发生的资产损失未能在当年税前扣除的，可以按照规定向税务机关说明并进行专项申报扣除。其中，属于实际资产损失，准予追补至该项损失发生年度扣除，其追补确认期限一般不得超过 5 年。企业因以前年度实际资产损失未在税前扣除而多缴的企业所得税税款，可在追补确认年度企业所得税应纳税款中予以抵扣，不足抵扣的向以后年度递延抵扣。

16）汇兑损失

企业在货币交易中，以及纳税年度终了时将人民币以外的货币性资产、负债按照期末即期人民币汇率中间价折算为人民币时产生的汇兑损失，除已经计入有关资产成本及与向所有者进行利润分配相关的部分外，准予扣除。

17）手续费及佣金支出

企业发生的与生产经营有关的手续费及佣金支出，不超过以下规定计算限额以内的部分，准予扣除。

① 保险企业。保险企业发生与其经营活动有关的手续费及佣金支出，不超过当年全部保费收入扣除退保金等后余额的18%（含本数）的部分，在计算应纳税所得额时准予扣除；超过部分，允许结转以后年度扣除。

② 其他企业。按与具有合法经营资格中介服务机构或个人（不含交易双方及其雇员、代理人和代表人等）所签订服务协议或合同确认的收入金额的5%计算限额。

③ 从事代理业务、主营业务收入为手续费、佣金的企业（如证券、期货、保险代理等企业），其为取得该类收入而实际发生的营业成本（包括手续费及佣金支出），准予在企业所得税前据实扣除。

企业应与具有合法经营资格中介服务企业或个人签订代办协议或合同，并按国家有关规定支付手续费及佣金。除委托个人代理外，企业以现金等非转账方式支付的手续费及佣金不得在税前扣除。企业为发行权益性证券支付给有关证券承销机构的手续费及佣金不得在税前扣除。企业不得将手续费及佣金支出计入回扣、业务提成、返利、进场费等费用。企业已计入固定资产、无形资产等相关资产的手续费及佣金支出，应当通过折旧、摊销等方式分期扣除，不得在发生当期直接扣除。企业支付的手续费及佣金不得直接冲减服务协议或合同金额，并如实入账。企业应当建立健全手续费及佣金的相关管理制度，并加强手续费及佣金结转扣除的台账管理。

18）党组织工作经费

国有企业（包括国有独资、全资和国有资本绝对控股、相对控股企业）纳入管理费用的党组织工作经费，实际支出不超过职工年度工资薪金总额1%的部分，可以据实在企业所得税前扣除。

非公有制企业党组织工作经费纳入企业管理费用列支，不超过职工年度工资薪金总额1%的部分，可以据实在企业所得税前扣除。

19）其他支出项目

依照有关法律、行政法规和国家有关税法规定准予扣除的其他项目，如会员费、合理的会议费、差旅费、违约金、诉讼费用等。

需要说明的是，除企业所得税法律制度另有规定外，企业实际发生的成本、费用、税金、损失和其他支出，不得重复扣除。

6. 不得税前扣除项目

① 向投资者支付的股息、红利等权益性投资收益款项。这主要是由于股息、红利是税后利润对被投资者进行的分配，本质上不属于企业取得经营收入的正常费用支出，因此不允许在税前扣除。

② 企业所得税税款。这主要是由于企业所得税税款本质上属于企业利润分配支出，是国家参与企业经营成果分配的一种形式，而不是为取得经营收入实际发生的费用支出，不能作为企业的成本、费用在税前扣除。

③ 税收滞纳金、罚款[①]和被没收财物损失。这主要是由于税收滞纳金、罚款和被没收财物损失本质上都属于违反了国家法律、法规或行政规定所造成的损失，不属于正常的经营性支出，而是非法支出。

④ 公益性捐赠以外的捐赠支出、赞助支出。其中，赞助支出是指企业发生的与生产经营活动无关的各种非广告性质的支出。之所以不允许税前扣除，一是捐赠支出本身并不是与取得经营收入有关的正常、必要的支出，不符合税前扣除的基本要求，原则上不允许在税前扣除；二是如果允许公益性捐赠以外的捐赠支出、赞助支出在税前扣除，纳税人往往会以捐赠、赞助支出名义开支不合理甚至非法的支出。

⑤ 未经核定的准备金支出，即不符合国务院财政、税务主管部门规定的各项资产减值准备、风险准备等准备金支出。

⑥ 企业之间支付的管理费、企业内营业机构之间支付的租金和特许权使用费，以及非银行企业内营业机构之间支付的利息，不得扣除。

⑦ 与取得收入无关的其他支出。

7. 亏损弥补

根据企业所得税法律制度的规定，纳税人发生年度亏损的，可以用下一纳税年度的所得弥补；下一纳税年度的所得不足弥补的，可以逐年延续弥补，但是延续弥补期限最长不得超过5年[②]。5年内不论是盈利或亏损，都作为实际弥补期限计算。这里所指的亏损不是企业财务报表中反映的亏损，而是企业财务报表中的净利润经主管税务机关按照企业所得税法律制度规定核实调整后的金额，即按每一纳税年度的收入总额减除不征税收入、免税收入和准予扣除项目金额后小于零的数额。

---

① 这里是指行政性罚款。

② 根据财政部、税务总局《关于延长高新技术企业和科技型中小企业亏损结转年限的通知》（财税〔2018〕76号）的规定，自2018年1月1日起，当年具备高新技术企业或科技型中小企业资格（以下统称资格）的企业，其具备资格年度之前5个年度发生的尚未弥补完的亏损，准予结转以后年度弥补，最长结转年限由5年延长至10年。

亏损弥补自亏损报告年度的下一个年度起连续 5 年不间断计算。如果连续发生年度亏损，也必须从第一个亏损年度算起，先亏先补，按顺序连续计算亏损弥补期限，不得将每个亏损年度的连续弥补期限相加，更不得断开计算。

联营企业的亏损，由联营企业就地依法进行弥补。投资方企业从联营企业分回的税后利润按规定应补缴所得税的，如果投资方企业发生亏损，其分回的利润可先用于弥补亏损，弥补亏损后仍有余额的，再按规定补缴企业所得税。

企业在汇总计算企业所得税时，其境外营业机构的亏损不得递减境内营业机构的盈利。

纳税人可在税前弥补的亏损数额，是指经主管税务机关按照税收法规规定核实、调整后的数额。纳税人发生年度亏损，必须在年度终了后 45 天内，将本年度纳税申报表和财务决算报表报送当地主管税务机关。主管税务机关要依据税收法规及有关规定，认真审核纳税人年度纳税申报表及有关资料，以确保税前弥补数额的准确。

自 2018 年 1 月 1 日起，当年具备高新技术企业或科技型中小企业资格的企业，其具备资格年度之前 5 个年度发生的尚未弥补完的亏损，准予结转以后年度弥补，最长结转年限由 5 年延长至 10 年。

【例 9－5】某企业 2017—2023 年度的盈亏情况如表 9－1 所示。要求：确定该企业的亏损弥补年限。

表 9－1　某企业 2017—2023 年度盈亏情况

年　度	2017	2018	2019	2020	2021	2022	2023
盈亏/万元	—120	—50	10	30	30	40	70

该企业 2017 年度亏损 120 万元，按照企业所得税法律制度规定可以申请用 2018—2022 年 5 年的盈利弥补。虽然该企业在 2018 年度也发生了亏损，但仍应作为计算 2017 年度亏损弥补的第一年。因此，2017 年度的亏损实际上是用 2019—2022 年度的盈利 110 万元来弥补。当 2022 年度终了后，2017 年度的亏损弥补期限已经结束，剩余的 10 万元亏损不能再用以后年度的盈利弥补。2018 年度的亏损额 50 万元，按照企业所得税法律制度规定可以申请用 2019—2023 年 5 年的盈利弥补。由于 2019—2022 年度的盈利已用于弥补 2017 年度的亏损，因此 2018 年度的亏损只能用 2023 年度的盈利弥补。2023 年度该企业盈利 70 万元，其中可用 50 万元弥补 2018 年度发生的亏损，剩余 20 万元应按企业所得税法律制度规定缴纳企业所得税。

---

8. **非居民企业应纳税所得额的计算**

非居民企业在中国境内未设立机构、场所的，或者虽设立机构、场所但取得的所得与其所设机构、场所没有实际联系的，取得来源于中国境内的所得缴纳企业所得税时，按照下列方法计算其应纳税所得额。

① 股息、红利等权益性投资收益和利息、租金、特许权使用费所得，以收入全额为应纳税所得额。其中，收入全额是指非居民企业向支付人收取的全部价款和价外费用。

② 转让财产所得，以收入全额减除财产净值后的余额为应纳税所得额。财产净值，是

指有关资产、财产的计税基础减除已经按照规定扣除的折旧、折耗、摊销、准备金等后的余额。

③ 其他所得，参照前两项规定的方法计算应纳税所得额。

9.2.5 资产的税务处理

资产的税务处理主要包括固定资产、无形资产、投资资产、存货、长期待摊费用、生产性生物资产、油气资产等的税务处理。企业所得税法律制度规定纳税人资产的税务处理，目的是要通过对资产的分类，区别资本性支出与收益性支出，确定准予税前扣除的项目和不准税前扣除的项目，正确计算应纳税所得额。

企业转让资产，该项资产的净值准予在计算应纳税所得额时扣除。资产净值是指有关资产、财产的计税基础减除已经按照规定扣除的折旧、折耗、摊销、准备金等后的余额。除另有规定外，企业在重组过程中，应当在交易发生时确认有关资产的转让所得或者损失，相关资产应当按交易价格重新确定计税基础。

1. 资产的计税基础

企业的各项资产，以历史成本为计税基础。历史成本，是指企业取得该项资产时实际发生的支出。企业持有资产期间资产的增值或者减值，除国务院财政、税务主管部门规定可以确认损益外，不得调整该资产的计税基础。之所以以历史成本为资产税务处理的基本原则，主要是由于历史成本真实可靠，符合成本补偿要求，也有利于税收征管。

2. 固定资产的税务处理

1）固定资产的概念

固定资产，是指企业为生产产品、提供劳务、提供服务、出租或者经营管理而持有的、使用时间超过12个月的非货币性资产，包括房屋、建筑物、机器、机械、运输工具及其他与生产经营活动有关的设备、器具、工具等。

2）固定资产计税基础的确定

固定资产应当按照初始取得成本作为计税基础。根据企业所得税法律制度的规定，固定资产按照以下方法确定计税基础。

① 外购的固定资产，以购买价款和支付的相关税费及直接归属于使该资产达到预定用途前发生的其他支出为计税基础。

② 自行建造的固定资产，以竣工结算前发生的支出为计税基础。

③ 融资租入的固定资产，以租赁合同约定的付款总额和承租人在签订租赁合同过程中发生的相关费用为计税基础；租赁合同未约定付款总额的，以该资产的公允价值和承租人在签订租赁合同过程中发生的相关费用为计税基础。

④ 盘盈的固定资产，以同类固定资产的重置完全成本为计税基础。

⑤ 通过捐赠、投资、非货币性资产交换、债务重组等方式取得的固定资产，以该资产的公允价值和支付的相关税费为计税基础。

⑥ 改建、扩建的固定资产，除企业所得税法另有规定外，以改建、扩建过程中发生的改建、扩建支出增加为计税基础。

3）不得计算折旧扣除的固定资产

计算应纳税所得额时，按照税法规定计算的固定资产折旧，即按照直线法计算的折旧，准予扣除。但下列固定资产不得计算折旧扣除：

① 房屋、建筑物以外未投入使用的固定资产。

② 以经营租赁方式租入的固定资产。

③ 以融资租赁方式租出的固定资产。

④ 已足额提取折旧仍继续使用的固定资产。

⑤ 与经营活动无关的固定资产。

⑥ 单独估价作为固定资产入账的土地。

⑦ 其他不得计算折旧扣除的固定资产。

4）固定资产折旧的计算方法

企业所得税法律制度允许采用的折旧方法一般为直线法，具体包括年限平均法和工作量法。企业所得税法律制度同时还规定，企业的固定资产由于技术进步等原因，确需加速折旧的，可以缩短折旧年限或者采取加速折旧的方法。

企业应当自固定资产投入使用月份的次月起计算折旧；停止使用的固定资产，应当自停止使用月份的次月起停止计算折旧。

企业应当根据固定资产的性质和使用情况，合理确定固定资产的预计净残值。固定资产的预计净残值一经确定，不得变更。

5）固定资产计算折旧的最低年限

除国务院财政、税务主管部门另有规定外，固定资产计算折旧的最低年限规定如下：

- 房屋、建筑物为 20 年；
- 飞机、火车、轮船、机器、机械和其他生产设备为 10 年；
- 与生产经营活动有关的器具、工具、家具等为 5 年；
- 飞机、火车、轮船以外的运输工具为 4 年；
- 电子设备为 3 年。

企业所得税法律制度规定，企业在出售、转让固定资产时，处置收入扣除计税成本和相关税费后所产生的所得，应计入应纳税所得额征收企业所得税；所产生的损失，可冲减应纳税所得额；企业发生固定资产毁损、盘亏造成的损失，可作为财产损失在税前扣除。

3. 无形资产的税务处理

1）无形资产的概念

无形资产，是指企业为生产产品、提供劳务、出租或者经营管理而持有的、没有实物形态的非货币性长期资产，包括专利权、商标权、著作权、土地使用权、非专利技术、商誉等。

2）无形资产计税基础的确定

无形资产按照初始取得成本作为计税基础。企业按照如下方法确定无形资产的计税基础。

① 外购的无形资产，以购买价款和支付的相关税费及直接归属于使该资产达到预定用途前发生的其他支出为计税基础；

② 自行开发的无形资产，以开发过程中该资产符合资本化条件后至达到预定用途前发生的支出为计税基础；

③ 通过捐赠、投资、非货币性资产交换、债务重组等方式取得的无形资产，以该资产的公允价值和支付的相关税费为计税基础。

3）无形资产摊销费用的计算方法

计算企业所得税应纳税所得额时，按照规定计算的无形资产摊销费用，即按照直线法计算的摊销费用，准予扣除。

无形资产的摊销年限不得低于10年。作为投资或者受让的无形资产，有关法律规定或者合同约定了使用年限的，可以按照法律规定或者合同约定的使用年限分期摊销。外购商誉的支出，在企业整体转让或者清算时，准予扣除。

4）不得计算摊销费用扣除的无形资产

下列无形资产不得计算摊销费用扣除：

① 自行开发支出已在计算应纳税所得额时扣除的无形资产；

② 自创商誉；

③ 与经营活动无关的无形资产；

④ 其他不得计算摊销费用扣除的无形资产。

企业出售无形资产，应当将取得价款与该无形资产计税基础的差额计入当期应纳税所得额。

4. 投资资产的税务处理

1）投资资产的概念

投资资产，是指企业对外进行权益性投资、债权性投资和混合性投资所形成的资产。

2）投资资产计税基础的确定

投资资产计税基础以投资方实际支付的全部价款确定，包括支付的税金和手续费等相关费用。投资资产按照以下方法确定计税基础。

① 通过支付现金方式取得的投资资产，以购买价款为计税基础。

② 通过支付现金以外的方式取得的投资资产，以该资产的公允价值和支付的相关税费为计税基础。

3）投资资产成本的扣除

企业所得税法律制度规定，企业对外投资期间，投资资产成本在计算应纳税所得额时不得扣除。企业收回、转让、处置投资，在计算应纳税所得额时，允许扣除相关投资资产的成本。

5. 存货的税务处理

1）存货的概念

存货，是指企业持有以备出售的产品或者商品、处在生产过程中的在产品、在生产或者提供劳务过程中耗用的材料和物料等。

2）存货计税基础的确定

存货应当按照初始取得成本作为计税基础。存货按照以下方法确定计税基础。

① 通过支付现金方式取得的存货，以购买价款和支付的相关税费为计税基础。

② 通过支付现金以外的方式取得的存货，以该存货的公允价值和支付的相关税费为计税基础。

③ 生产性生物资产收获的农产品，以产出或者采收过程中发生的材料费、人工费和分摊的间接费用等必要支出为计税基础。

3）存货成本的扣除及计算方法

企业所得税法律制度允许企业按照先进先出法、加权平均法或者个别计价法确定发出存货的实际成本，并在税前扣除。计价方法一经选用，不得随意变更。

企业出售、转让存货，处置收入扣除计税成本和相关税费后所产生的所得，计入应纳税所得额；所产生的损失，可抵减应纳税所得额。存货报废、毁损、盘亏造成的损失，可作为财产损失在税前扣除。

6. 长期待摊费用的税务处理

1）长期待摊费用的概念

长期待摊费用，是指企业已经支出，但摊销期限在1个纳税年度以上的各项费用。

2）长期待摊费用的扣除

下列支出作为长期待摊费用，按照规定摊销的，准予扣除。

① 已足额提取折旧的固定资产的改建支出，这种支出应当按照固定资产预计尚可使用年限分期摊销。其中，固定资产改建支出是指改变房屋或者建筑物结构、延长使用年限等发生的支出。

② 租入固定资产的改建支出，这种支出应当按照合同约定的剩余租赁期限分期摊销。

③ 固定资产的大修理支出。固定资产的大修理支出是指同时符合下列条件的支出：

- 修理支出达到取得固定资产时计税基础的50%以上；
- 修理后固定资产的使用年限延长2年以上。

固定资产大修理支出，按照固定资产尚可使用年限分期摊销。

④ 其他应当作为长期待摊费用的支出。其他应当作为长期待摊费用的支出，自支出发生月份的次月起分期摊销，摊销年限不得低于3年。

7. 生产性生物资产的税务处理

1）生产性生物资产的概念

生产性生物资产，是指企业为生产农产品、提供劳务或者出租等而持有的生物资产，包括经济林、薪炭林、产畜和役畜等。

2）生产性生物资产计税基础的确定

生产性生物资产按照以下方法确定计税基础。

① 外购的生产性生物资产，以购买价款和支付的相关税费为计税基础。

② 通过捐赠、投资、非货币性资产交换、债务重组等方式取得的生产性生物资产，以该资产的公允价值和支付的相关税费为计税基础。

3）生产性生物资产折旧的计算方法

生产性生物资产按照直线法计算的折旧，准予扣除。企业应当自生产性生物资产投入使用月份的次月起计算折旧；停止使用的生产性生物资产，应当自停止使用月份的次月起停止计算折旧。

企业应当根据生产性生物资产的性质和使用情况，合理确定生产性生物资产的预计净残值。生产性生物资产的预计净残值一经确定，不得变更。

4）生产性生物资产计算折旧的最低年限

生产性生物资产计算折旧的最低年限规定如下。

① 林木类生产性生物资产，为10年。

② 畜类生产性生物资产，为3年。

8. 油气资产的税务处理

根据企业所得税法律制度的规定，从事开采石油、天然气等矿产资源的企业，在开始商业性生产前发生的费用和有关固定资产的折旧方法，由国务院财政、税务主管部门另行规定。

9.2.6 企业所得税应纳税额的计算

企业所得税应纳税额按照应纳税所得额乘以适用税率计算确定。企业所得税应纳税额的计算公式如下。

应纳税额＝应纳税所得额×适用税率－减免税额－抵免税额

其中，减免税额和抵免税额是指依照《企业所得税法》和国务院税收优惠规定减征、免征和抵免的应纳税额。

【例9－6】 某轮胎生产企业有职工60人，为增值税一般纳税人。2024年度销售汽车轮胎10万套，其中开具增值税专用发票取得销售额4 000万元，开具普通发票取得销售额1 130万元。本年度购进生产用原材料取得增值税专用发票，注明货款3 000万元、进项税额390万元，原材料全部验收入库，取得的增值税专用发票均在当期通过主管税务机关认证。当年应扣除的销售产品成本为3 400万元；发生销售费用400万元、管理费用600万元；已计入成本、费用中的实发工资总额为260万元，并按实发工资总额和规定的2%、14%和8%的比例分别计算提取了职工工会经费、职工福利费、职工教育经费，取得了工会经费拨缴款专用收据。已知城市维护建设税税率为7%，教育费附加征收率为3%。要求：计算该企业全年所得税前准许扣除的税金及附加和应纳的企业所得税税额。

解 应纳增值税＝[4 000＋1 130/(1＋13%)]×13%－390＝260(万元)

应纳城建税＝260×7%＝18.2(万元)

教育费附加＝260×3%＝7.8(万元)

税前准予扣除的税金及附加＝18.2＋7.8＝26(万元)

准予扣除的工资及附加＝60×0.5×12×(1＋2%＋14%＋8%)＝446.4(万元)

由于企业实际计入成本费用的工资及附加322.4万元[260×(1＋2%＋14%＋8%)]，未超过标准446.4万元，所以

应纳企业所得税＝(4 000＋1 000－3 400－400－600－26)×25%＝143.5(万元)

【例9－7】 某内资企业2024年度会计账面利润为80 000元，自行向其主管税务机关申报的应纳税所得额为80 000元，申报缴纳所得税20 000元。经某注册会计师年终审查，发现与应纳税所得额有关的业务内容如下。

① 企业全年实发工资总额为4 116 400元，并按规定以2%、14%和8%的比例分别计算提取了职工工会经费、职工福利费和职工教育经费。经核定企业全年平均在册职工为110人。

② 自行申报应纳税所得额中含本年度的国库券利息收入12 000元。

③ 营业外支出账户列支税收滞纳金10 000元，向其关联企业赞助支出30 000元。

④ 管理费用账户中实际列支了全年与生产经营有关的业务招待费265 000元，经核定企业全年的主营业务收入总额为6 500万元。

要求：计算该企业本年度应缴纳的企业所得税税额及应补缴的企业所得税税额。

解 计税工资免征额＝110×5 000×12＝6 600 000(元)

由于实发工资总额 4 116 400 元小于计税工资免征额 6 600 000 元，所以工资及职工工会经费、职工福利费、职工教育经费无需调整。

业务招待费扣除发生额＝265 000×60%＝159 000(元)

业务招待费扣除限额＝65 000 000×5‰＝325 000(元)

由于实际列支业务招待费 265 000 元，所以业务招待费需要调增应纳税所得额 106 000 元（265 000×40%）。

调整应纳税所得额＝80 000－12 000＋10 000＋30 000＋106 000＝214 000(元)

应纳企业所得税税额＝214 000×25%＝53 500(元)

应补交企业所得税税额＝53 500－20 000＝33 500(元)

【例 9－8】 晴田公司 2024 年经营业务如下。

① 取得销售收入 4 000 万元。

② 销售成本 2 430 万元。

③ 发生销售费用 820 万元（含广告费 620 万元），管理费用 600 万元（含业务招待费 75 万元），财务费用 98 万元。

④ 销售税金 360 万元（含增值税 280 万元）。

⑤ 营业外收入 280 万元，营业外支出 160 万元（含通过公益性社会团体向贫困山区捐款 30 万元，支付税收滞纳金 10 万元，赞助汽车接力赛的支出 50 万元）。

⑥ 计入成本、费用中的实发工资总额 300 万元，拨缴职工工会经费 7 万元，支出职工福利费 45 万元、职工教育经费 20 万元。

要求：计算晴田公司 2024 年度实际应缴纳的企业所得税税额。

解 会计利润总额＝4 000＋280－2 430－820－600－98－80－160＝92(万元)

广告费调增：620－4 000×15%＝20(万元)

业务招待费调增：4 000×5‰＝20＜75×60%＝45(万元)

75－20＝55(万元)

捐赠支出调增：30－92×12%＝18.96(万元)

税收滞纳金和赞助支出不得在税前扣除。

工会经费调增：7－300×2%＝1(万元)

职工福利费调增：45－300×14%＝3(万元)

教育经费实际支出 20 万元，低于 24 万元（300×8%），因此不需要调整。

应纳税所得额＝92＋20＋55＋18.96＋10＋50＋4＝249.96(万元)

应纳所得税额＝249.96×25%＝62.49(万元)

9.2.7 企业所得税税收优惠

企业所得税法律制度根据国民经济和社会发展需要，借鉴国际上的成功经验，按照“简税制、宽税基、低税率、严征管”要求，建立了以“产业优惠为主、区域优惠为辅”的税收优惠新格局。企业所得税税收优惠的原则是：促进技术创新和科技进步，鼓励基础设施建设，鼓励农业发展及环境保护与节能，支持安全生产，统筹区域发展，促进公益事业和照顾弱势群体等，促进国民经济全面、协调、可持续发展和社会全面进步。

为了适应企业所得税税收优惠格局从区域优惠向产业优惠的转移，企业所得税法律制度对企业所得税税收优惠的内容做了具体规定。

1. 减免税所得

根据企业所得税法律制度的规定，企业从事的下列项目所得，可以免征、减征企业所得税。

1）减免企业所得税的项目

企业从事农、林、牧、渔业项目的下列所得，免征企业所得税。

① 蔬菜、谷物、薯类、油料、豆类、棉花、麻类、糖料、水果、坚果的种植。

② 农作物新品种的选育。

③ 中药材的种植。

④ 林木的培育和种植。

⑤ 牲畜、家禽的饲养。

⑥ 林产品的采集。

⑦ 灌溉、农产品初加工、兽医、农技推广、农机作业和维修等农、林、牧、渔服务业项目。

⑧ 远洋捕捞。

企业从事下列项目的所得，减半征收企业所得税。

① 花卉、茶及其他饮料作物和香料作物的种植。

② 海水养殖、内陆养殖。

2）从事国家重点扶持的公共基础设施项目投资经营所得

国家重点扶持的公共基础设施项目，是指《公共基础设施项目企业所得税优惠目录》规定的港口码头、机场、铁路、公路、城市公共交通、电力、水利等项目。

企业从事国家重点扶持的公共基础设施项目的投资经营所得，自项目取得第一笔生产经营收入所属纳税年度起，第一年至第三年免征企业所得税，第四年至第六年减半征收企业所得税，即“三免三半”。

企业承包经营、承包建设和内部自建自用上述项目，不得享受上述企业所得税优惠。

3）从事符合条件的环境保护、节能节水项目所得

符合条件的环境保护、节能节水项目，包括公共污水处理、公共垃圾处理、沼气综合开发利用、节能减排技术改造、海水淡化等。项目的具体条件和范围由国务院财政、税务主管部门会同国务院有关部门制定，报国务院批准后公布施行。

企业从事符合条件的环境保护、节能节水项目所得，自项目取得第一笔生产经营收入所属纳税年度起，第一年至第三年免征企业所得税，第四年至第六年减半征收企业所得税，即“三免三半”。

需要说明的是，企业依照规定享受上述两项减免税优惠的项目，在减免税期限内转让的，受让方自受让之日起，可以在剩余期限内享受规定的减免税优惠；减免税期限届满后转让的，受让方不得就该项目重复享受减免税优惠。

4）符合条件的技术转让所得

符合条件的技术转让所得免征、减征企业所得税，是指一个纳税年度内，居民企业技术转让所得不超过500万元的部分，免征企业所得税；超过500万元的部分，减半征收企业所得税。其计算公式为

技术转让所得=技术转让收入—技术转让成本—相关税费

5）非居民企业减免税所得

非居民企业在中国境内未设立机构、场所的，或者虽设立机构、场所但取得的所得与其所设机构、场所没有实际联系的，其来源于中国境内的所得，减按10%的税率征收企业所得税。

下列所得可以免征企业所得税。

① 外国政府向中国政府提供贷款取得的利息所得。

② 国际金融组织向中国政府和居民企业提供优惠贷款取得的利息所得。

③ 经国务院批准的其他所得。

6）境外机构投资者免税所得

2014年11月17日起，对合格境外机构投资者（QFII）、人民币合格境外机构投资者（RQFII）取得来源于境内的股票等权益性投资资产转让所得，暂免征收企业所得税。

7）基础研究资金收入

自2022年1月1日起，对非营利性科研机构、高等学校接收企业、个人和其他组织机构基础研究资金收入，免征企业所得税。

2. 减低税率

根据企业所得税法律制度的规定，对符合条件的小型微利企业，减按20%的税率征收企业所得税；对国家需要重点扶持的高新技术企业和经认定的技术先进型服务企业（服务贸易类），减按15%的税率征收企业所得税。

3. 加计扣除

加计扣除，是指按照企业所得税法律制度规定在实际发生支出数额的基础上，再加计一定比例，作为计算应纳税所得额扣除数额的一种税收优惠措施。

企业实际发生的下列支出，可以在计算应纳税所得额时加计扣除。

1）研究开发费用

研究开发费用的加计扣除，是指企业为开发新技术、新产品、新工艺（简称“三新”）实际发生的研究开发费用，未形成无形资产计入当期损益的，在按照规定据实扣除的基础上，按照研究开发费用的100%加计扣除；形成无形资产的，按照无形资产成本的200%摊销。

根据财政部、国家税务总局《关于研究开发费用税前加计扣除有关政策问题的通知》的规定，自2013年1月1日起，企业从事研发活动发生的下列费用支出，可纳入税前加计扣除的研究开发费用范围。

① 企业依照国务院有关主管部门或者省级人民政府规定的范围和标准为在职直接从事研发活动人员缴纳的基本养老保险、基本医疗保险、失业保险、工伤保险和住房公积金。

② 专门用于研发活动的仪器、设备的运行维护、调整、检验、维修等费用。

③ 不构成固定资产的样品、样机及一般测试手段购置费。

④ 新药研制的临床试验费。

⑤ 研发成果的鉴定费用。

例如，企业所得税法律制度规定研发费用可实行100%加计扣除政策，那么如果企业当年开发新产品研发费用实际支出为100万元，就可按200万元在税前进行扣除，以体现鼓励研发的政策。

下列行业不适用税前加计扣除政策：烟草制造业、住宿和餐饮业、批发和零售业、房地产业、租赁和商务服务业、娱乐业、财政部和国家税务总局规定的其他行业。

2）安置国家鼓励就业人员所支付的工资

企业安置残疾人员所支付工资的加计扣除，是指企业安置残疾人员的，在按照支付给残疾职工工资据实扣除的基础上，按照支付给残疾职工工资的100%加计扣除。残疾人员的范围适用《中华人民共和国残疾人保障法》的有关规定。

企业所得税法所称企业安置国家鼓励安置的其他就业人员所支付工资的加计扣除办法，由国务院另行规定。

4. 加速折旧

企业的固定资产由于技术进步等原因，确需加速折旧的，可以缩短折旧年限或者采取加速折旧的方法。

企业可以采取加速折旧的固定资产包括下列两类固定资产：

① 由于技术进步，产品更新换代较快的固定资产；

② 常年处于强震动、高腐蚀状态的固定资产。

采取缩短折旧年限方法的，最低折旧年限不得低于《企业所得税法》规定最低折旧年限的60%；采取加速折旧方法的，可以采取双倍余额递减法或者年数总和法。

为支持制造业企业加快技术改造和设备更新，自2019年1月1日起，制造业领域内的企业新购进的固定资产允许按不低于《企业所得税法》规定折旧年限的60%缩短折旧年限，或选择采取双倍余额递减法或年数总和法进行加速折旧。

5. 减计收入

根据企业所得税法律制度的规定，对企业综合利用资源，生产符合国家产业政策规定的产品所取得的收入，可以在计算应纳税所得额时减计收入。其中，减计收入是指企业以《资源综合利用企业所得税优惠目录》规定的资源作为主要原材料，生产国家非限制和非禁止并符合国家和行业相关标准的产品取得的收入，减按90%计入收入总额。

需要说明的是，原材料占生产产品材料的比例不得低于《资源综合利用企业所得税优惠目录》规定的标准。

自2019年6月1日至2025年12月31日，社区提供养老、托育、家政等服务的机构，提供社区养老、托育、家政服务取得的收入，在计算应纳税所得额时，减按90%计入收入总额。社区包括城市社区和农村社区。

6. 抵扣应纳税所得额

按照企业所得税法律制度的规定，对创业投资企业从事国家需要重点扶持和鼓励的创业投资，可以按投资额的一定比例抵扣应纳税所得额。其中，抵扣应纳税所得额是指创业投资企业采取股权投资方式投资于未上市的中小高新技术企业[①] 2 年以上的，可以按照其投资额的 70%在股权持有满 2 年的当年抵扣该创业投资企业的应纳税所得额；当年不足抵扣的，可以在以后纳税年度结转抵扣。

7. 抵免税额

1）境外所得税额抵免

根据企业所得税法律制度的规定，企业取得的下列所得已在境外缴纳的所得税税额，可以从其当期应纳税额中抵免，抵免限额为该项所得依照企业所得税法律制度规定计算的应纳税额；超过抵免限额的部分，可以在以后 5 个年度内，用每年度抵免限额抵免当年应抵税额后的余额进行抵补：

① 居民企业来源于中国境外的应税所得；

② 非居民企业在中国境内设立机构、场所，取得发生在中国境外但与该机构、场所有实际联系的应税所得。

已在境外缴纳的所得税税额，是指企业来源于中国境外的所得依照中国境外税收法律及相关规定应当缴纳并已经实际缴纳的企业所得税性质的税额。抵免限额，是指企业取得的来源于中国境外的所得，依照企业所得税法律制度的规定计算的应纳税额。除国务院财政、税务主管部门另有规定外，该抵免限额应当分国（地区）不分项计算。5 个年度，是指从企业取得的来源于中国境外的所得，已经在中国境外缴纳的企业所得税性质的税额超过抵免限额的当年的次年起连续 5 个纳税年度。

企业所得税法律制度同时还规定，居民企业从其直接或者间接控股的外国企业分得的来源于中国境外的股息、红利等权益性投资收益，外国企业在境外实际缴纳的所得税税额中属于该项所得负担的部分，可以作为该居民企业的可抵免境外所得税税额，在法定的抵免限额内抵免。其中，直接控制是指居民企业直接持有外国企业 20%以上股份，间接控制是指居民企业以间接持股方式持有外国企业 20%以上股份，具体认定办法由国务院财政、税务主管部门另行制定。

企业依照企业所得税法的规定抵免企业所得税税额时，应当提供中国境外税务机关出具的税额所属年度的有关纳税凭证。

2）专用设备投资额税额抵免

按照企业所得税法律制度的规定，企业购置用于环境保护、节能节水、安全生产等专用设备的投资额，可以按一定比例实行税额抵免。税额抵免，是指企业购置并实际使用《环境保护专用设备企业所得税优惠目录》《节能节水专用设备企业所得税优惠目录》《安全生产专用设备企业所得税优惠目录》规定的环境保护、节能节水、安全生产等专用设备的，该专用设备投资额[②]的 10%可以从企业当年应纳税额中抵免；当年应纳税额不足抵免的，可以在以后 5 个纳税年度结转抵免。享受上述规定的企业所得税优惠的企业，应当实际购置并自身实际投入使用上述规定的专用设备。企业购置上述专用设备在 5 年内转让、出租的，应当停止享受企业所得税优惠，并补缴已经抵免的企业所得税税额。

购置并实际使用的环境保护、节能节水和安全生产专用设备，包括承租方企业以融

① 包括直接投资于种子期、初创期科技型企业。

② 不包括允许抵扣的增值税进项税额。

资租赁方式租入的、并在融资租赁合同中约定租赁期届满时租赁设备所有权转移给承租方企业，且符合规定条件的上述专用设备。凡融资租赁期满后租赁设备所有权未转移至承租方企业的，承租方企业应停止享受抵免企业所得税优惠，并补缴已经抵免的企业所得税税款。

8. 其他税收优惠

1）民族自治地方减免税

根据企业所得税法律制度的规定，民族自治地方的自治机关对本民族自治地方的企业应缴纳的企业所得税中属于地方分享的部分，可以决定减征或者免征。自治州、自治县决定减征或者免征的，须报省、自治区、直辖市人民政府批准。其中，民族自治地方是指依照《中华人民共和国民族区域自治法》的规定，实行民族区域自治的自治区、自治州、自治县。对民族自治地区国家限制和禁止行业的企业，不得减征或者免征企业所得税。

2）西部地区减免税

根据企业所得税法律制度的规定，自2021年1月1日至2030年12月31日，对设在西部地区[①]的鼓励类产业企业减按15%的税率征收企业所得税。其中，鼓励类产业企业是指以《西部地区鼓励类产业目录》中规定的产业项目为主营业务，且其主营业务收入占企业收入总额60%以上的企业。

3）债券利息减免税

对企业取得的2012年及以后年度发行的地方政府债券利息收入，免征企业所得税。

企业同时从事适用不同企业所得税优惠待遇项目的，其优惠项目应当单独计算所得，并合理分摊企业的期间费用；没有单独计算的，不得享受企业所得税税收优惠。

9.2.8 特别纳税调整

特别纳税调整，是指税务机关出于实施反避税目的而对纳税人特定纳税事项所做的税务调整，包括针对纳税人转让定价、资本弱化、避税港避税等进行的纳税调整。

1. 独立交易原则

独立交易原则，也称公平独立原则、公平交易原则、正常交易原则等，是指没有关联关系的交易各方，按照公平成交价格和营业常规进行业务往来遵循的原则。独立交易原则目前已被世界大多数国家接受和采纳，成为处理关联企业间收入和费用分配的指导原则。

独立交易原则是转让定价税制的核心原则。按照这一原则，关联企业各个经济实体之间的营业往来都应按照独立交易价格进行。关联方之间如果不按照独立交易原则，即不按照独立企业之间往来业务收取或支付款项，税务机关有权参照没有关联关系所能同意的数额进行调整。

2. 关联业务往来及调整

关联业务往来，是指具有关联关系的企业或者个人之间发生的转移资源或义务的经济业务事项。其中，关联关系是指具有下列关系之一的企业、其他组织或者个人。

① 西部地区包括内蒙古、广西、重庆、四川、贵州、云南、西藏、陕西、甘肃、青海、宁夏、新疆、新疆生产建设兵团。湖南湘西土家族苗族自治州、湖北恩施土家族苗族自治州、吉林延边朝鲜族自治州和江西赣州市，可以比照执行。

① 在资金、经营、购销等方面，存在直接或者间接的拥有或者控制关系。

② 直接或者间接地同为第三者所拥有或者控制。

③ 在利益上具有相关联的其他关系。

企业所得税法律制度规定，企业与其关联方之间的业务往来，不符合独立交易原则而减少企业或者其关联方应纳税收入或者所得额的，税务机关有权按照合理方法调整。企业与其关联方共同开发、受让无形资产，或者共同提供、接受劳务发生的成本，在计算应纳税所得额时应当按照独立交易原则进行分摊。

企业向税务机关报送年度企业所得税纳税申报表时，应当就其与关联方之间的业务往来，附送年度关联业务往来报告表。企业不提供与其关联方之间业务往来资料，或者提供虚假、不完整资料，未能真实反映其关联业务往来情况的，税务机关有权依法核定其应纳税所得额。

3. 转让定价及其调整

转让定价，是指关联企业之间在销售货物、提供劳务、转让无形资产时制定的价格。在跨国经济活动中，利用关联企业之间的转让定价进行避税已成为一种常见的税收逃避方法。其一般做法是：高税国企业向其低税国关联企业销售货物、提供劳务、转让无形资产时制定低价；低税国企业向其高税国关联企业销售货物、提供劳务、转让无形资产时制定高价。这样，利润就从高税国转移到低税国，从而达到最大限度地减轻其税负的目的。

根据企业所得税法律制度的规定，企业与其关联方之间的业务往来，不符合独立交易原则而减少企业或者其关联方应纳税收入或者所得额的，税务机关有权按照以下 6 种方法进行调整。

① 可比非受控价格法。可比非受控价格法，是指按照没有关联关系的交易各方进行相同或者类似业务往来的价格进行定价的方法。

② 再销售价格法。再销售价格法，是指按照从关联方购进商品再销售给没有关联关系的交易方的价格，减除相同或者类似业务的销售毛利进行定价的方法。

③ 成本加成法。成本加成法，是指按照成本加合理的费用和利润进行定价的方法。

④ 交易净利润法。交易净利润法，是指按照没有关联关系的交易各方进行相同或者类似业务往来取得的净利润水平确定利润的方法。

⑤ 利润分割法。利润分割法，是指将企业与其关联方的合并利润或者亏损在各方之间采用合理标准进行分配的方法。

⑥ 其他符合独立交易原则的方法。

4. 受控外国企业规则

根据企业所得税法律制度的规定，由居民企业或者由居民企业和中国居民控制的设立在实际税负明显低于企业所得税税率水平的国家（地区）的企业，并非由于合理的经营需要而对利润不作分配或者减少分配的，上述利润中应归属于该居民企业的部分，应当计入该居民企业的当期收入。其中，“中国居民”是指根据《中华人民共和国个人所得税法》的规定，就其从中国境内、境外取得的所得在中国缴纳个人所得税的个人。“控制”包括居民企业或者中国居民直接或者间接单一持有外国企业 10%以上有表决权股份，且由其共同持有该外国企业 50%以上股份；居民企业或者居民企业和中国居民持股比例没有达到前项规定的标准，但在股份、资金、经营、购销等方面对该外国企业构成实质控制。“实际税负明显低于企业所得税税率水平”是指低于企业所得税税率25%的50%。

这就是所谓的“受控外国企业税制”，即居民企业从受控外国企业分配的利润低于按照我国企业所得税法律制度有关规定计算应归属于我国居民企业的利润，就是“不合理分配”。

5. 资本弱化税制

资本弱化，是指企业通过加大债权性筹资而减少权益性筹资比例的方法增加税前扣除，以降低企业税负的一种行为。其中，“债权性投资”是指企业直接或者间接从关联方获得的，需要偿还本金和支付利息或者需要以其他具有支付利息性质的方法予以补偿的融资。企业间接从关联方获得的债权性筹资包括以下3个方面：

① 关联方通过无关联第三方提供的债权性筹资；

② 无关联第三方提供的、由关联方担保且负有连带责任的债权性筹资；

③ 其他间接从关联方获得的具有负债实质的债权性筹资。

根据企业所得税法律制度的规定，企业从其关联方接受的债权性筹资与权益性筹资的比例超过规定标准[①]而发生的利息支出，属于资本弱化行为，不得在计算应纳税所得额时扣除。由于借款支付的利息作为财务费用一般可以在税前扣除，而为股份资本支付的股息一般不得在税前扣除，因此有些企业为了加大税前扣除而减少应纳税所得额，在筹资时多采用借款而不是募集股份的方式，以此达到避税的目的。

6. 成本分摊协议

成本分摊协议，是指企业与其关联方共同开发、受让无形资产或者共同提供、接受劳务发生的成本，在计算应纳税所得额时应当按照独立交易原则进行分摊。这一规定表明，企业可以依照企业所得税法律制度的规定，按照独立交易原则与其关联方分摊共同发生的成本，达成成本分摊协议。

企业与其关联方分摊成本时，应当按照成本与预期收益相配比的原则进行分摊，应当自与关联方签订（变更）成本分摊协议之日起30日内，向主管税务机关报送成本分摊协议副本，并在年度企业所得税纳税申报时附送“企业年度关联业务往来报告表”。税务机关应当加强成本分摊协议的后续管理，对不符合独立交易原则和成本与收益相配比原则的成本分摊协议，实施特别纳税调查调整。企业执行成本分摊协议期间，参与方实际分享的收益与分摊的成本不配比的，应当根据实际情况做出补偿调整。参与方未做补偿调整的，税务机关应当实施特别纳税调查调整。

7. 一般反避税制度

根据国家税务总局发布的《一般反避税管理办法（试行）》（2015年2月1日施行）的规定，企业实施其他不具有合理商业目的的安排而减少其应纳税收入或者所得额的，税务机关有权按照合理方法调整。其中，“不具有合理商业目的”是指企业实施的不具有合理商业目的而获取税收利益的避税安排。一般反避税条款有利于体现公平税负的精神。

8. 特别纳税调整管理

1）预约定价安排

预约定价安排，是指企业就其未来年度关联交易的定价原则和计算方法，向税务机关提

① 企业实际支付给关联方的利息支出，其接受关联方债权性投资与其权益性投资的比例为：金融企业为5∶1，其他企业为2∶1。

出申请，与税务机关按照独立交易原则协商、确认后达成的协议。根据企业所得税法律制度的规定，企业可以向税务机关提出与其关联方之间业务往来的定价原则和计算方法，税务机关与企业协商、确认后，达成预约定价安排。

2）资料提供义务

根据企业所得税法律制度的规定，企业向税务机关报送年度企业所得税纳税申报表时，应当就其与关联方之间的业务往来，附送年度关联业务往来报告表。税务机关在进行关联业务调查时，企业及其关联方，以及与关联业务调查有关的其他企业，应当按照规定提供相关资料。其中，相关资料包括以下 4 个方面。

① 与关联业务往来有关的价格、费用的制定标准、计算方法和说明等同期资料。

② 与关联业务往来所涉及的财产、财产使用权、劳务等的再销售（转让）价格或者最终销售（转让）价格的相关资料。

③ 与关联业务调查有关的其他企业应当提供的与被调查企业可比的产品价格、定价方式及利润水平等资料。

④ 其他与关联业务往来有关的资料。

与关联业务调查有关的其他企业，是指与被调查企业在生产经营内容和方式上相类似的企业。

企业应当在税务机关规定的期限内提供与关联业务往来有关的价格、费用的制定标准、计算方法和说明等资料。关联方及与关联业务调查有关的其他企业应当在税务机关与其约定的期限内提供相关资料。

3）核定应纳税所得额

根据企业所得税法律制度的规定，企业不提供与其关联方之间业务往来资料，或者提供虚假、不完整资料，未能真实反映其关联业务往来情况的，税务机关有权依法核定其应纳税所得额。税务机关依照企业所得税法律制度的规定核定企业应纳税所得额时，可以采用下列方法：

① 参照同类或者类似企业的利润率水平核定；

② 按照企业成本加合理的费用和利润的方法核定；

③ 按照关联企业集团整体利润的合理比例核定；

④ 按照其他合理方法核定。

企业对税务机关核定的应纳税所得额有异议的，应当提供相关证据，经税务机关认定后，调整核定的应纳税所得额。

4）纳税调整的处罚

（1）加收利息

根据企业所得税法律制度的规定，税务机关按照规定做出纳税调整，需要补征税额的，应当补征税额，并按照国务院规定加收利息。

税务机关根据税收法律、行政法规的规定，对企业做出特别纳税调整的，应当对补征的税额，自税额所属纳税年度的次年 6 月 1 日起至补缴税额之日止的期间，按日加收利息。加收利息不得在计算应纳税所得额时扣除。加收利息率，应当按照税款所属纳税年度中国人民银行公布的与补税期间同期的人民币贷款基准利率加 5 个百分点计算。

（2）特别纳税调整期限

企业与其关联方之间的业务往来，不符合独立交易原则，或者企业实施其他不具有合理商业目的安排的，税务机关有权在该业务发生的纳税年度起10年内，进行纳税调整。

9.2.9 企业所得税的征收管理

1. 纳税义务发生时间

企业所得税以纳税人取得应纳税所得额的计征期终了日为纳税义务发生时间。当实行分月预缴时，每一月份的最后一日为纳税义务发生时间；当实行分季预缴时，每一季度的最后一日为纳税义务发生时间；进行年度汇算清缴时，纳税年度的最后一日为纳税义务发生时间。

2. 纳税期限

企业所得税按年计征，分月或分季预缴，年终汇算清缴，多退少补。其中，汇算清缴是指纳税人在纳税年度终了后规定时期内，依照税收法律、法规、规章及其他规定，自行计算全年应纳税所得额和应纳所得税额，根据月度或季度预缴的所得税数额，确定该年度应补或者应退税额，并填写年度企业所得税纳税申报表，向主管税务机关办理年度企业所得税纳税申报、提供税务机关要求提供的有关资料、结清全年企业所得税税额的行为。

纳税年度自公历1月1日起至12月31日止。企业在一个纳税年度中间开业或者终止经营活动，使该纳税年度的实际经营期不足12个月的，应当以其实际经营期为一个纳税年度。企业依法清算时，应当以清算期间作为一个纳税年度。

3. 纳税申报

企业应当自月份或者季度终了之日起15日内，向税务机关报送企业所得税预缴纳税申报表（见表9-2），预缴税额。企业在报送企业所得税纳税申报表时，应当按照规定附送财务会计报告和其他有关资料。企业应当自年度终了之日起5个月内，向税务机关报送企业所得税年度纳税申报表（见表9-3），并汇算清缴，结清应缴应退税额。企业在年度中间终止经营活动的，应当自实际经营终止之日起60日内，向税务机关办理当期企业所得税汇算清缴。企业应当在办理注销登记前，就其清算所得向税务机关申报并依法缴纳企业所得税。扣缴义务人应当自扣缴义务发生之日起7日内向扣缴义务人所在地主管税务机关申报和解缴代扣税款。

企业分月预缴或分季预缴，由税务机关根据纳税人应纳税额的大小具体核定。预缴所得税时，应当按纳税期限的实际数预缴。如按实际数预缴有困难的，可以按上一年度应纳税所得额的1/12或1/4，或税务机关确认的其他方法预缴。预缴方法一经确定，不得随意改变。对境外投资所得可在年终汇算清缴。

企业在纳税年度内无论盈利或者亏损，都应当按照企业所得税法律制度规定的期限，向税务机关报送预缴企业所得税纳税申报表、年度企业所得税纳税申报表、财务会计报告和税务机关规定应当报送的其他有关资料。

企业所得税税额以人民币计算。企业所得以人民币以外的货币计算的，预缴企业所得税时，应当按照月度或者季度最后一日的人民币汇率中间价，折合成人民币计算应纳税所得额。年度终了汇算清缴时，对已经按照月度或者季度预缴税额的，不再重新折合计算，只就该纳税年度内未缴纳企业所得税的部分，按照纳税年度最后一日的人民币汇率中间价，折合成人民币计算应纳税所得额。

经税务机关检查确认，企业少计或者多计所得的，应当按照检查确认补税或者退税时的上一个月最后一日的人民币汇率中间价，将少计或者多计的所得折合成人民币计算应纳税所得额，再计算应补或者应退的税额。

4. 纳税地点

结合我国具体情况，参照国际税收惯例，从有利于税收征管角度考虑，企业所得税法律制度采用“登记注册地标准”和“实际管理机构所在地标准”相结合的方式确定企业所得税的纳税地点。

1）居民企业的纳税地点

企业所得税法律制度规定，除税收法律、行政法规另有规定外，居民企业以企业登记注册地为纳税地点；但登记注册地在境外的，以实际管理机构所在地为纳税地点。其中，“企业登记注册地”是指企业依照国家有关规定登记注册的住所地。这表明登记注册地在中国境内的，不论其实际管理机构所在地是否与登记注册地一致，除税收法律、行政法规另有规定外，均以企业登记注册地为纳税地点；登记注册地在境外的，以实际管理机构所在地为纳税地点。实际管理机构所在地的认定，一般以股东大会场所、董事会场所以及行使指挥监督权力场所等因素综合判断。

居民企业在中国境内设立不具有法人资格的营业机构的，应当汇总计算并缴纳企业所得税。企业汇总计算并缴纳企业所得税时，应当统一核算应纳税所得额，具体办法由国务院财政、税务主管部门另行规定。

2）非居民企业的纳税地点

企业所得税法律制度规定，非居民企业在中国境内设立机构、场所的，其所设机构、场所取得的来源于中国境内的所得，以及发生在中国境外但与其所设机构、场所有实际联系的所得缴纳的企业所得税，以机构、场所所在地为纳税地点。

非居民企业在中国境内设立两个或者两个以上机构、场所的，经税务机关审核批准，可以选择由其主要机构、场所汇总缴纳企业所得税。其中，“经税务机关审核批准”是指经各机构、场所所在地税务机关的共同上级税务机关审核批准。“主要机构、场所”是指同时符合下列条件的机构、场所：

① 对其他各机构、场所的生产经营活动负有监督管理责任；

② 设有完整的账簿、凭证，能够准确反映各机构、场所的收入、成本、费用和盈亏情况。

非居民企业经批准汇总缴纳企业所得税后，需要增设、合并、迁移、关闭机构、场所或者停止机构、场所业务的，应当事先由负责汇总申报缴纳企业所得税的主要机构、场所向其所在地税务机关报告；需要变更汇总缴纳企业所得税的主要机构、场所的，依照上述规定办理。

非居民企业在中国境内未设立机构、场所的，或者虽设立机构、场所但取得的所得与其所设机构、场所没有实际联系的，其来源于中国境内的所得缴纳企业所得税，以扣缴义务人所在地为纳税地点。

对非居民企业应当由扣缴义务人扣缴的所得税，扣缴义务人未依法扣缴或者无法履行扣缴义务的，由纳税人在所得发生地缴纳。纳税人未依法缴纳的，税务机关可以从该纳税人在中国境内其他收入项目的支付人应付款项中，追缴该纳税人的应纳税额。税务机关在追缴该纳税人应纳税额时，应当将追缴理由、追缴数额、缴纳期限和缴纳方式等告知该纳税人。

表9-2 中华人民共和国企业所得税月（季）度预缴纳税申报表（A类）

税款所属期间： 年 月 日至 年 月 日

纳税人识别号（统一社会信用代码）：□□□□□□□□□□□□□□□□□□

纳税人名称：

金额单位：人民币元（列至角分）

优惠及附报事项有关信息									
项 目	一季度		二季度		三季度		四季度		季度平均值
	季初	季末	季初	季末	季初	季末	季初	季末	
从业人数									
资产总额（万元）									
国家限制或禁止行业	□是□否				小型微利企业				□是□否
	附报事项名称								金额或选项
事项1	（填写特定事项名称）								
事项2	（填写特定事项名称）								

	预缴税款计算	本年累计
1	营业收入	
2	营业成本	
3	利润总额	
4	加：特定业务计算的应纳税所得额	
5	减：不征税收入	
6	减：资产加速折旧、摊销（扣除）调减额（填写A201020）	
7	减：免税收入、减计收入、加计扣除（7.1+7.2+…）	
7.1	（填写优惠事项名称）	
7.2	（填写优惠事项名称）	
8	减：所得减免（8.1+8.2+…）	
8.1	（填写优惠事项名称）	
8.2	（填写优惠事项名称）	
9	减：弥补以前年度亏损	
10	实际利润额（3+4−5−6−7−8−9）\按照上一纳税年度应纳税所得额平均额确定的应纳税所得额	
11	税率（25%）	
12	应纳所得税额（10×11）	
13	减：减免所得税额（13.1+13.2+…）	
13.1	（填写优惠事项名称）	
13.2	（填写优惠事项名称）	
14	减：本年实际已缴纳所得税额	
15	减：特定业务预缴（征）所得税额	
16	本期应补（退）所得税额（12−13−14−15）\税务机关确定的本期应纳所得税额	

续表

汇总纳税企业总分机构税款计算				
17	总机构	总机构本期分摊应补（退）所得税额（18＋19＋20）		
18		其中：总机构分摊应补（退）所得税额（16×总机构分摊比例___%）		
19		财政集中分配应补（退）所得税额（16×财政集中分配比例___%）		
20		总机构具有主体生产经营职能的部门分摊所得税额（16×全部分支机构分摊比例___%×总机构具有主体生产经营职能部门分摊比例___%）		
21	分支机构	分支机构本期分摊比例		
22		分支机构本期分摊应补（退）所得税额		
实际缴纳企业所得税计算				
23	减：民族自治地区企业所得税地方分享部分：□ 免征 □ 减征：减征幅度____%）		本年累计应减免金额［（12－13－15）×40%×减征幅度］	
24	实际应补（退）所得税额			

谨声明：本纳税申报表是根据国家税收法律法规及相关规定填报的，是真实的、可靠的、完整的。

纳税人（签章）：　　年　月　日

经办人： 经办人身份证号：　　　　代理机构签章： 代理机构统一社会信用代码：	受理人： 受理税务机关（章）： 受理日期：　　年　月　日

表 9-3　中华人民共和国企业所得税年度纳税申报表（A 类）

税款所属期间：　　年　月　日至　　年　月　日

纳税人识别号（统一社会信用代码）：□□□□□□□□□□□□□□□□□□□□

纳税人名称：

金额单位：人民币元（列至角分）

行次	类别	项目	金额
1	利润总额计算	一、营业收入（填写 A101010\101020\103000）	
2		减：营业成本（填写 A102010\102020\103000）	
3		减：税金及附加	
4		减：销售费用（填写 A104000）	
5		减：管理费用（填写 A104000）	
6		减：财务费用（填写 A104000）	
7		减：资产减值损失	
8		加：公允价值变动收益	
9		加：投资收益	
10		二、营业利润（1－2－3－4－5－6－7＋8＋9）	
11		加：营业外收入（填写 A101010\101020\103000）	
12		减：营业外支出（填写 A102010\102020\103000）	
13		三、利润总额（10＋11－12）	

续表

行次	类别	项目	金额
14	应纳税所得额计算	减：境外所得（填写 A108010）	
15		加：纳税调整增加额（填写 A105000）	
16		减：纳税调整减少额（填写 A105000）	
17		减：免税、减计收入及加计扣除（填写 A107010）	
18		加：境外应税所得抵减境内亏损（填写 A108000）	
19		四、纳税调整后所得（13－14＋15－16－17＋18）	
20		减：所得减免（填写 A107020）	
21		减：弥补以前年度亏损（填写 A106000）	
22		减：抵扣应纳税所得额（填写 A107030）	
23		五、应纳税所得额（19－20－21－22）	
24	应纳税额计算	税率（25%）	
25		六、应纳所得税额（23×24）	
26		减：减免所得税额（填写 A107040）	
27		减：抵免所得税额（填写 A107050）	
28		七、应纳税额（25－26－27）	
29		加：境外所得应纳所得税额（填写 A108000）	
30		减：境外所得抵免所得税额（填写 A108000）	
31		八、实际应纳所得税额（28＋29－30）	
32		减：本年累计实际已缴纳的所得税额	
33		九、本年应补（退）所得税额（31－32）	
34		其中：总机构分摊本年应补（退）所得税额（填写 A109000）	
35		财政集中分配本年应补（退）所得税额（填写 A109000）	
36		总机构主体生产经营部门分摊本年应补（退）所得税额（填写 A109000）	
37	实际应纳税额计算	减：民族自治地区企业所得税地方分享部分：（□ 免征 □ 减征：减征幅度 %）	
38		十、本年实际应补（退）所得税额（33－37）	

9.3 个人所得税

中华人民共和国
个人所得税法

9.3.1 个人所得税的概念

个人所得税是指对个人（即自然人）的各项应税所得征收的一种所得税。

1980 年 9 月 10 日，第五届全国人民代表大会通过了《中华人民共和国个人所得税法》（简称《个人所得税法》）。1993 年 10 月 31 日，第八届全国人民代表大会第一次修订并公布实施《个人所得税法》，该法是在合并原个人所得税、个人收入调节税和个体工商户所得税的基础上建立起来的。1994 年 1 月 28 日，国务院发布《中华人民共和国个人所得税法实施条例》（简称《个人所得税法实施条例》）。1999 年 8 月 30 日，第九届全国人民代表大会第二次修订《个人所得税法》。2000 年 9 月，财政部、国家税务总局制定《关于个人独资企业和合伙企业投资者个人所得税的规定》，进一步完善了我国个人所得税法律制度。2005 年 10 月 27 日，第十届全国人民代表大会对《个人所得税法》进行了第三次修正。2007 年 6 月 29 日，第十届全国人民代表大会常务委员会第二十八次会议对《个人所得税法》进行了第四次修正。2011 年 6 月 30 日，第十一届全国人民代表大会常务委员会第二十一次会议对《个人所得税法》进行了第五次修订。第十三届全国人大常委会第五次会议审议通过了《全国人民代表大会常务委员会关于修改〈中华人民共和国个人所得税法〉的决定》，自 2018 年 10 月 1 日起执行。随后国家财政、税务主管部门又制定了一系列部门规章和规范性文件。这些法律法规、部门规章及规范性文件构成了我国的个人所得税法律制度。

从世界范围看，个人所得税的税制模式有 3 种：分类课征制、综合课征制和分类综合课征制。分类课征制，是对纳税人不同来源、性质的所得项目，分别规定不同的税率征税；综合课征制，是对纳税人全年的各项所得加以汇总，就其总额进行征税；分类综合课征制，是对纳税人不同来源、不同性质的所得，先分别按照不同的税率征税，然后将全年的各项所得进行汇总征税。目前，我国个人所得税的征收采用的是第三种模式，即分类综合课征制。个人所得税在组织财政收入、提高公民纳税意识，尤其在调节个人收入分配差距方面具有重要作用。

9.3.2 个人所得税纳税人和所得来源的确定

个人所得税的纳税人包括在中国境内有住所，或者无住所而一个纳税年度内在中国境内居住累计满 183 天的个人，以及在中国境内无住所又不居住或者无住所而一个纳税年度内居住累计不满 183 天但有从中国境内取得所得的个人。具体包括中国公民、个体工商户、外籍个人，以及中国香港、澳门、台湾同胞等。

个人独资企业和合伙企业不缴纳企业所得税，只对个人独资企业投资者个人或合伙企业个人合伙人取得的生产经营所得征收个人所得税。个人独资企业和合伙企业是指依照我国相关法律登记成立的个人独资、合伙性质的企业、律师事务所及其他相关机构或组织。个人独资企业以投资者个人为纳税人，合伙企业以个人合伙人为纳税人。

个人独资企业投资人以其个人财产对企业债务承担无限责任。普通合伙企业合伙人对合伙企业债务承担无限连带责任。有限合伙企业由普通合伙人和有限合伙人组成，普通合伙人对合伙企业债务承担无限连带责任，有限合伙人以其认缴的出资额为限对合伙企业债务承担责任。

1. 居民个人和非居民个人的界定

个人所得税的纳税人，国际上有两种管辖权，即来源地税收管辖权和居民管辖权。在界定两者管辖权的标准上，通常采用住所标准和居住时间标准。我国个人所得税法律制度在纳税人的界定上既行使来源地税收管辖权，又行使居民管辖权，即将个人所得税的纳税人划分为居民个人和非居民个人两类。

1）住所标准

住所通常是指公民长期生活和活动的主要场所。我国《民法典》规定："公民以他的户籍所在地的居住地为住所。"住所分为永久性住所和习惯性住所。永久性住所通常是指《民法典》上规定的住所，具有法律意义。习惯性住所则是指经常居住地，它与永久性住所有时是一致的，有时又不一致。

我国个人所得税法律制度采用习惯性住所标准。在中国境内有住所，是指因户籍、家庭、经济利益关系而在中国境内习惯性居住。这样就将外籍人员及港、澳、台同胞与内地公民区别开来。所谓习惯性居住或住所，是在税收上判断居民和非居民的一个法律意义上的标准，不是指实际居住或在某一特定时期内的居住地。例如，个人因学习、工作、探亲、旅游等而在中国境外居住的，当其在境外居住的原因消除后，则必须回到中国境内居住。那么，即使该人并未居住在中国境内，仍应将其判定为在中国境内习惯性居住。

2）居住时间标准

居住时间是指个人在一国境内实际居住的天数。在实际生活中，有时个人在一国境内并无住所，也无经常居住地，但是却在该国停留较长的时间，从该国取得了收入，应对其行使税收管辖权，甚至视为该国的居民征税。各国在对个人所得征税的实践中，以个人居住时间长短作为衡量居民和非居民的居住时间标准。我国《个人所得税法》也采用了这一标准。

我国《个人所得税法》以在一个纳税年度内在中国境内居住累计满 183 天为时间标准，达到这个标准的个人即为居民个人。在居住期间内临时离境的，即在一个纳税年度中一次离境不超过 30 日或者多次离境累计不超过 90 日的，不扣减日数，连续计算。

我国税法规定的住所标准和居住时间标准，是判定居民身份的两个条件，只要符合或达到其中任何一个条件，就可以被认定为居民个人。因此，根据以上两个标准，可以将居民个人和非居民个人定义为：在中国境内有住所，或者无住所而一个纳税年度内在境内居住累计满 183 天的个人，属于我国的居民个人；在中国境内无住所又不居住，或者无住所而一个纳税年度内在境内累计居住不满 183 天的个人，属于我国的非居民个人。

无住所个人一个纳税年度内在中国境内累计居住天数，按照个人在中国境内累计停留的天数计算。在中国境内停留的当天满 24 h 的，计入中国境内居住天数，在中国境内停留的当天不足 24 h 的，不计入中国境内居住天数。

2. 居民个人和非居民个人的纳税义务

1）居民个人的纳税义务

居民个人，应就其来源于中国境内和境外的所得，依照个人所得税法律制度的规定向中国政府履行全面纳税义务，缴纳个人所得税。其中，从中国境内和境外取得的所得，分别是指来源于中国境内的所得和来源于中国境外的所得。

在中国境内无住所的个人，在中国境内居住累计满 183 天的年度连续不满 6 年的，经向主管税务机关备案，其来源于中国境外且由境外单位或者个人支付的所得，免予缴纳个人所得税；在中国境内居住累计满 183 天的任一年度中有一次离境超过 30 天的，其在中国境内居住累计满 183 天的年度的连续年限重新起算。

中国境内无住所的个人一个纳税年度在中国境内累计居住满 183 天的，如果此前 6 年在中国境内每年累计居住天数都满 183 天而且没有任何一年单次离境超过 30 天，该纳税年度来源于中国境内、境外所得应当缴纳个人所得税；如果此前 6 年的任一年在中国境内累计居住天数不满183天或者单次离境超过30天，该纳税年度来源于中国境外且由境外单位或者个人支付的所得，免予缴纳个人所得税。“此前6年”，是指该纳税年度的前1年至前6年的连续6个年度，此前6年的起始年度自2019年（含）以后年度开始计算。

2）非居民个人纳税义务

非居民个人，仅就其来源于中国境内取得的所得，向我国政府履行有限纳税义务，缴纳个人所得税。

在中国境内无住所的个人，在一个纳税年度内在中国境内居住累计不超过90天的，其来源于中国境内的所得，由境外雇主支付并且不由该雇主在中国境内的机构、场所负担的部分，免予缴纳个人所得税。

3. 所得来源的确定

所得来源地与所得支付地是两个不同的概念。我国个人所得税法律制度依据所得来源地判断经济活动的实质，征收个人所得税。除国务院财政、税务主管部门另有规定外，下列所得，不论支付地点是否在中国境内，均为来源于中国境内的所得。

① 因任职、受雇、履约等而在中国境内提供劳务取得的所得。

② 将财产出租给承租人在中国境内使用而取得的所得。

③ 许可各种特许权在中国境内使用而取得的所得。

④ 转让中国境内的不动产等财产或者在中国境内转让其他财产取得的所得。

⑤ 从中国境内企事业单位、其他经济组织以及居民个人取得的利息、股息、红利所得。

9.3.3 个人所得税应税所得项目

按应纳税所得的来源划分，现行个人所得税共分为9个应税项目。

1. 工资薪金所得

工资薪金所得，是指个人因任职或者受雇取得的工资、薪金、奖金、年终加薪、劳动分红、津贴、补贴及与任职或者受雇有关的其他所得。

下列项目不属于工资、薪金性质的补贴、津贴，不予征收个人所得税：

- 独生子女补贴；
- 执行公务员工资制度未纳入基本工资总额的补贴、津贴差额和家属成员的副食补贴；
- 托儿补助费；
- 差旅费津贴、误餐补助。误餐补助是指按照财政部门规定，个人因公在城区、郊区工作，不能在工作单位或返回就餐，确实需要在外就餐的，根据实际误餐顿数，按规定标准领取的误餐费。单位以误餐名义发给职工的补助、津贴不包括在内，应当并入当月工资薪金所得计征个人所得税。

1）居民个人取得全年一次性奖金的征税规定

居民个人取得全年一次性奖金，符合规定的，在2027年12月31日前，不并入当年综合所得，以全年一次性奖金收入除以12个月得到的数额，按照本通知所附按月换算后的综合所得税率表（简称月度税率表），确定适用税率和速算扣除数，单独计算纳税。计算公式为：

$$应纳税额=全年一次性奖金收入\times适用税率-速算扣除数$$

居民个人取得全年一次性奖金，也可以选择并入当年综合所得计算纳税。

2）解除劳动关系一次性补偿收入的征税规定

个人因与用人单位解除劳动关系而取得的一次性补偿收入（包括用人单位发放的经济补偿金、生活补助费和其他补助费用），其收入在当地上年职工平均工资3倍数额以内的部分，免征个人所得税；超过3倍数额的部分，不并入当年综合所得，单独适用综合所得税率表，计算纳税。

个人领取一次性补偿收入时，按照国家和地方政府规定的比例实际缴纳的住房公积金、医疗保险、养老保险、失业保险，可以在计征其一次性补偿收入的个人所得税时予以扣除。

3）提前退休一次性补贴收入的征税规定

个人办理提前退休手续而取得的一次性补贴收入应按照办理提前退休手续至法定退休年龄之间实际年度数平均分摊，确定适用税率和速算扣除数，单独适用综合所得税率表，计算纳税。

应纳税额＝{〔(一次性补贴收入/办理提前退休手续至法定退休年龄的实际年度数)－费用扣除标准〕×适用税率－速算扣除数}×办理提前退休手续至法定退休年龄的实际年度数

4）退休人员再任职取得收入的征税规定

退休人员再任职取得的收入，符合相关条件的，在减除按个人所得税法律制度规定的费用扣除标准后，按“工资薪金所得”项目缴纳个人所得税。

5）离退休人员从原任职单位取得补贴等的征税规定

离退休人员除按规定领取离退休工资或养老金外，另从原任职单位取得的各类补贴、奖金、实物，不属于免税的退休金、离休工资、离休生活补助费，应在减除费用扣除标准后，按“工资薪金所得”项目缴纳个人所得税。

6）个人取得公务交通、通信补贴收入的征税规定

个人因公务用车和通信制度改革而取得的公务用车、通信补贴收入，扣除一定标准的公务费用后，按照“工资薪金所得”项目计征个人所得税。按月发放的，并入当月“工资薪金所得”计征个人所得税；不按月发放的，分解到所属月份并与该月份“工资薪金所得”合并后计征个人所得税。

公务费用的扣除标准，由省级税务局根据纳税人公务交通、通信费用的实际发生情况调查测算，报经省级人民政府批准后确定，并报国家税务总局备案。

7）个人取得股权激励所得的征税规定

居民个人取得股票期权、股票增值权、限制性股票、股权奖励等股权激励（简称股权激励），符合条件的，在2027年12月31日前，不并入当年综合所得，全额单独适用综合所得税率表，计算纳税。

应纳税额＝股权激励收入×适用税率－速算扣除数

居民个人一个纳税年度内取得两次以上（含两次）股权激励的，应合并按规定计算纳税。

按照规定，科研机构、高等学校转化职务科技成果以股份或出资比例等股权形式给予科技人员个人奖励，经主管税务机关审核后，暂不征收个人所得税。

8）失业保险的征税规定

城镇企事业单位及其职工个人实际缴付的失业保险，超过《失业保险条例》规定比例的，应将其超过规定比例缴付的部分计入职工个人当期的工资薪金收入，依法计征个人所得税。

9）企业为员工支付保险金的征税规定

企业为员工支付各项免税之外的保险金，应在企业向保险公司缴付时（即该保险计入被保险人的保险账户）并入员工当期的工资收入，按“工资薪金所得”项目计征个人所得税，税款由企业负责代扣代缴。

个人按照规定，领取的税收递延型商业养老保险的养老金收入，其中25%部分予以免税，其余75%部分按照10%的比例税率计算缴纳个人所得税，税款计入“工资薪金所得”项目，由保险机构代扣代缴后，在个人购买税延养老保险的机构所在地办理全员全额扣缴申报。

10）企业年金、职业年金的征税规定

企业和事业单位（以下统称“单位”）超过国家有关政策规定的标准，为在本单位任职或受雇的全体职工缴付的企业年金或职业年金（以下统称“年金”）单位缴费部分，应并入个人当期的“工资薪金所得”，依法计征个人所得税。税款由建立年金的单位代扣代缴，并向主管税务机关申报解缴。

个人根据国家有关政策规定缴付的年金个人缴费部分，超过本人缴费工资计税基数4%的部分，应并入个人当期的“工资薪金所得”，依法计征个人所得税。税款由建立年金的单位代扣代缴，并向主管税务机关申报解缴。

个人达到国家规定的退休年龄，领取的企业年金、职业年金，符合规定的，不并入综合所得，全额单独计算应纳税款。其中，按月领取的，适用月度税率表计算纳税；按季领取的，平均分摊计入各月，按每月领取额适用月度税率表计算纳税；按年领取的，适用综合所得税率表计算纳税。

11）兼职律师从律师事务所取得工资、薪金性质所得的征税规定

兼职律师从律师事务所取得工资、薪金性质的所得，律师事务所在代扣代缴其个人所得税时，不再减除个人所得税法规定的费用扣除标准，以收入全额直接确定适用税率，计算扣缴个人所得税。兼职律师应自行向主管税务机关申报两处或两处以上取得的工资薪金所得，合并计算缴纳个人所得税。其中，兼职律师是指取得律师资格和律师执业证书，不脱离本职工作从事律师职业的人员。

12）科技人员现金奖励的征税规定

依法批准设立的非营利性研究开发机构和高等学校根据《中华人民共和国促进科技成果转化法》规定，从职务科技成果转化收入中给予科技人员的现金奖励，可减按50%计入科技人员当月“工资薪金所得”，依法缴纳个人所得税。

2. 劳务报酬所得

劳务报酬所得，是指个人独立从事非雇佣的各种劳务取得的所得，包括从事设计、装潢、安装、制图、化验、测试、医疗、法律、会计、咨询、讲学、翻译、审稿、书画、雕刻、影视、录音、录像、演出、表演、广告、展览、技术服务、介绍服务、经纪服务、代办服务以及其他劳务取得的所得。

区分“劳务报酬所得”和“工资薪金所得”，主要看是否存在雇佣与被雇佣的关系。“工资薪金所得”是指个人从事非独立劳动，从所在单位（雇主）领取的报酬，存在雇佣与被雇佣的

关系，即在机关、团体、学校、部队、企事业单位及其他组织中任职、受雇而取得的报酬。"劳务报酬所得"是指个人独立从事某种技艺，独立提供某种劳务而取得的报酬，一般不存在雇佣关系。个人所得税所列各项"劳务报酬所得"一般属于个人独立从事自由职业取得的所得或属于独立个人劳动所得。如果从事某项劳务活动取得的报酬是以工资、薪金形式体现的，如演员从其所属单位领取工资，教师从学校领取工资，就属于"工资薪金所得"。如果从事某项劳务活动取得的报酬不是来自聘用、雇佣或工作单位，如演员"走穴"演出取得的报酬，教师自行举办学习班、培训班等取得的收入，就属于"劳务报酬所得"或"经营所得"。

个人兼职取得的收入应按照"劳务报酬所得"项目缴纳个人所得税。

律师以个人名义再聘请其他人员为其工作而支付的报酬，应由该律师按"劳务报酬所得"项目负责代扣代缴个人所得税。

保险营销员、证券经纪人取得的佣金收入，属于"劳务报酬所得"，以不含增值税的收入减除20%的费用后的余额为收入额，收入额减去展业成本以及附加税费后，并入当年综合所得，计算缴纳个人所得税。保险营销员、证券经纪人展业成本按照收入额的25%计算。扣缴义务人向保险营销员、证券经纪人支付佣金收入时，应按照累计预扣法计算预扣税款。

3. 稿酬所得

稿酬所得，是指个人因其作品以图书、报刊等形式出版、发表而取得的所得。作品包括文学作品、书画作品、摄影作品及其他作品。

作者去世后，财产继承人取得的遗作稿酬，也应征收个人所得税。

4. 特许权使用费所得

特许权使用费所得，是指个人提供专利权、商标权、著作权、非专利技术及其他特许权的使用权取得的所得。提供著作权的使用权取得的所得，不包括稿酬所得。

对于作者将自己的文字作品手稿原件或复印件公开拍卖（竞价）取得的所得，属于提供著作权的使用费所得，应按"特许权使用费所得"项目征收个人所得税。

个人取得特许权的经济赔偿收入，应按"特许权使用费所得"项目缴纳个人所得税，税款由支付赔偿的单位或个人代扣代缴。

从2002年5月1日起，编剧从电视剧制作单位取得的剧本使用费，不再区分剧本的使用方是否为其任职单位，统一按"特许权使用费所得"项目征收个人所得税。

5. 经营所得

经营所得，是指个体工商户和个人依法取得的下列各项所得：

① 个体工商户从事生产、经营活动取得的所得，个人独资企业投资人、合伙企业的个人合伙人来源于境内注册的个人独资企业、合伙企业生产、经营的所得；

② 个人依法从事办学、医疗、咨询及其他有偿服务活动取得的所得；

③ 个人对企业、事业单位承包经营、承租经营以及转包、转租取得的所得；

④ 个人从事其他生产、经营活动取得的所得。

6. 利息、股息、红利所得

利息、股息、红利所得，是指个人拥有债权、股权而取得的利息、股息、红利所得。其中，利息是指存款、贷款和债券的利息；股息、红利是指个人拥有股权取得的公司的股息、红利。

1）个人投资者将企业原有盈余积累转增股本的征税规定

一名或多名个人投资者以股权收购方式取得被收购企业100%股权，股权收购前，被收购企业原账面金额中的“资本公积、盈余公积、未分配利润”等盈余积累未转增股本，而在股权交易时将其一并计入股权转让价格并履行了所得税纳税义务。股权收购后，企业将原账面金额中的盈余积累向个人投资者（新股东，下同）转增股本，有关个人所得税问题区分以下情形处理：

① 新股东以不低于净资产价格收购股权的，企业原盈余积累已全部计入股权交易价格，新股东取得盈余积累转增股本的部分，不征收个人所得税。

② 新股东以低于净资产价格收购股权的，企业原盈余积累中，对于股权收购价格减去原股本的差额部分已经计入股权交易价格，新股东取得盈余积累转增股本的部分，不征收个人所得税；对于股权收购价格低于原所有者权益的差额部分未计入股权交易价格，新股东取得盈余积累转增股本的部分，应按照“利息、股息、红利所得”项目征收个人所得税。

③ 新股东以低于净资产价格收购企业股权后转增股本，应先转增应税的盈余积累部分，然后再转增免税的盈余积累部分。

2）个人取得上市公司股利所得的征税规定

自 2015 年 9 月 8 日起，个人从公开发行和转让市场取得的上市公司股票，持股期限在 1 个月以内（含 1 个月）的，其股息红利所得全额计入应纳税所得额；持股期限在 1 个月以上至 1 年（含 1 年）的，暂减按 50%计入应纳税所得额；上述所得统一适用 20%的税率计征个人所得税。

对个人持有的上市公司限售股，解禁后取得的股息红利，按照上市公司股息红利差别化个人所得税政策规定计算纳税，持股时间自解禁日起计算；解禁前取得的股息红利继续减按 50%计入应纳税所得额，适用 20%的税率计征个人所得税。

7. 财产租赁所得

财产租赁所得，是指个人出租不动产、机器设备、车船以及其他财产取得的所得。

个人取得的房屋转租收入，属于“财产租赁所得”的征税范围。取得转租收入的个人向房屋出租方支付的租金，凭房屋租赁合同和合法支付凭据允许在计算个人所得税时，从该项转租收入中扣除。

房地产开发企业与商店购买者个人签订协议，以优惠价格出售其商店给购买者个人，购买者个人在一定期限内必须将购买的商店无偿提供给房地产开发企业对外出租使用。该行为实质上是购买者个人以所购商店交由房地产开发企业出租而取得的房屋租赁收入支付了部分购房价款。对购买者个人少支出的购房价款，应视同个人财产租赁所得，按照“财产租赁所得”项目征收个人所得税。每次财产租赁所得的收入额，按照少支出的购房价款和协议规定的租赁月份数平均计算确定。

8. 财产转让所得

财产转让所得，是指个人转让有价证券、股权、合伙企业中的财产份额、不动产、机器设备、车船以及其他财产取得的所得。

① 个人将投资于在中国境内成立的企业或组织（不包括个人独资企业和合伙企业）的股权或股份，转让给其他个人或法人的行为，按照“财产转让所得”项目依法计算缴纳个人所得税。具体包括：出售股权；公司回购股权；发行人首次公开发行新股时，被投资企业股东将其持有的股份以公开发行方式一并向投资者发售；股权被司法或行政机关强制过户；以股权对外投资或进行其他非货币性交易；以股权抵偿债务；其他股权转让行为。

② 个人因各种原因终止投资、联营、经营合作等行为，从被投资企业或合作项目、被投资企业的其他投资者以及合作项目的经营合作人取得股权转让收入、违约金、补偿金、赔偿金及以其他名目收回的款项等，均属于个人所得税应税收入，应按照“财产转让所得”项目适用的规定计算缴纳个人所得税。

③ 个人以非货币性资产投资，属于个人转让非货币性资产和投资同时发生。对个人转让非货币性资产的所得，应按照“财产转让所得”项目依法计算缴纳个人所得税。

④ 纳税人收回转让的股权征收个人所得税的方法。

- 股权转让合同履行完毕、股权已作变更登记，且所得已经实现的，转让人取得的股权转让收入应当依法缴纳个人所得税。转让行为结束后，当事人双方签订并执行解除原股权转让合同、退回股权的协议，是另一次股权转让行为，对前次转让行为征收的个人所得税不予退回。

- 股权转让合同未履行完毕，因执行仲裁委员会作出的解除股权转让合同及补充协议的裁决、停止执行原股权转让合同，并原价收回已转让股权的，由于其股权转让行为尚未完成、收入未完全实现，随着股权转让关系的解除，股权收益不复存在，纳税人不应缴纳个人所得税。

⑤ 自 2010 年 1 月 1 日起，对个人转让限售股取得的所得，按照“财产转让所得”项目征收个人所得税。个人转让限售股，以每次限售股转让收入减除股票原值和合理税费后的余额为应纳税所得税。限售股转让收入，是指转让限售股股票实际取得的收入。限售股原值，是指限售股买入时的买入价及按照规定缴纳的有关费用。合理税费，是指转让限售股过程中发生的印花税、佣金、过户费等与交易有关的税费。

⑥ 个人通过招标、竞拍或其他方式购置债权以后，通过相关司法或行政程序主张债权而取得的所得，应按照“财产转让所得”项目缴纳个人所得税。

⑦ 个人通过网络收购玩家的虚拟货币，加价后向他人出售取得的收入，属于个人所得税应税所得，应按照“财产转让所得”项目计算缴纳个人所得税。

9. 偶然所得

偶然所得，是指个人得奖、中奖、中彩以及其他偶然性质的所得。其中，得奖是指参加各种有奖竞赛活动，取得名次得到的奖金；中奖、中彩是指参加各种有奖活动，如有奖销售、有奖储蓄，或者购买彩票，经过规定程序，抽中、摇中号码而取得的奖金。

个人取得单张有奖发票奖金所得超过 800 元的，应全额按照“偶然所得”项目征收个人所得税。税务机关或其指定的有奖发票兑奖机构，是有奖发票奖金所得个人所得税的扣缴义务人。

企业对累积消费达到一定额度的顾客，给予额外抽奖机会，个人的获奖所得，按照“偶然所得”项目，全额缴纳个人所得税。

根据《关于个人取得有关收入适用个人所得税应税所得项目的公告》（财政部 税务总局 2019 年第 74 号）的规定，下列项目按照“偶然所得”项目计算缴纳个人所得税：

① 个人为单位或他人提供担保获得收入；

② 房屋产权所有人将房屋产权无偿赠与他人的，受赠人因无偿受赠房屋取得的受赠收入；[①]

① 按照《财政部 国家税务总局关于个人无偿受赠房屋有关个人所得税问题的通知》（财税〔2009〕78 号）的规定，符合以下情形的，对当事双方不征收个人所得税：① 房屋产权所有人将房屋产权无偿赠与配偶、父母、子女、祖父母、外祖父母、孙子女、外孙子女、兄弟姐妹；② 房屋产权所有人将房屋产权无偿赠与对其承担直接抚养或者赡养义务的抚养人或者赡养人；③ 房屋产权所有人死亡，依法取得房屋产权的法定继承人、遗嘱继承人或者受遗赠人。

③ 企业在业务宣传、广告等活动中，随机向本单位以外的个人赠送礼品（包括网络红包，下同），以及企业在年会、座谈会、庆典以及其他活动中向本单位以外的个人赠送礼品，个人取得的礼品收入。[①]

个人取得的所得，难以界定应纳税所得项目的，由主管税务机关确定。

居民个人取得上述1至4项所得（称为“综合所得”），按照纳税年度合并计算个人所得税；非居民个人取得上述1至4项所得，按月或者按次分项计算个人所得税。纳税人取得上述5至9项所得，依照法律规定分别计算个人所得税。

9.3.4 个人所得税税率

1. 综合所得适用税率

居民个人每一纳税年度内取得的综合所得包括工资薪金所得、劳务报酬所得、稿酬所得和特许权使用费所得。综合所得适用3%～45%的七级超额累进税率。税率如表9-3所示。

表9-3 个人所得税税率表[②]

（综合所得适用）

级 数	全年应纳税所得额	税率/%	速算扣除数
1	不超过36 000元的部分	3	0
2	超过36 000～144 000元的部分	10	2 520
3	超过144 000～300 000元的部分	20	16 920
4	超过300 000～420 000元的部分	25	31 920
5	超过420 000～660 000元的部分	30	52 920
6	超过660 000～960 000元的部分	35	85 920
7	超过960 000元的部分	45	181 920

注：本表所称全年应纳税所得额是指依照法律规定，居民个人取得综合所得以每一纳税年度收入额减除费用6万元以及专项扣除、专项附加扣除和依法确定的其他扣除后的余额。

非居民个人取得工资薪金所得、劳务报酬所得、稿酬所得和特许权使用费所得，依照表9-3按月换算后计算应纳税额。税率如表9-4所示。

表9-4 个人所得税税率表

（非居民个人取得工资薪金所得、劳务报酬所得、稿酬所得和特许权使用费所得适用）

级 数	应纳税所得额	税率/%	速算扣除数
1	不超过3 000元的部分	3	0
2	超过3 000～12 000元的部分	10	210
3	超过12 000～25 000元的部分	20	1 410
4	超过25 000～35 000元的部分	25	2 660
5	超过35 000～55 000元的部分	30	4 410

① 企业赠送的具有价格折扣或折让性质的消费券、代金券、抵用券、优惠券等礼品除外。

② 表9-3、表9-4、表9-5自2018年10月1日起执行。

续表

级 数	应纳税所得额	税率/%	速算扣除数
6	超过 55 000～80 000 元的部分	35	7 160
7	超过 80 000 元的部分	45	15 160

2. 经营所得适用税率

经营所得适用 5%～35%的五级超额累进税率。税率如表 9－5 所示。

表 9－5 个人所得税税率表
（经营所得适用）

级 数	全年应纳税所得额	税率/%	速算扣除数
1	不超过 30 000 元的部分	5	0
2	超过 30 000～90 000 元的部分	10	1 500
3	超过 90 000～300 000 元的部分	20	10 500
4	超过 300 000～500 000 元的部分	30	40 500
5	超过 500 000 元的部分	35	65 500

注：本表所称全年应纳税所得额是指每一纳税年度的收入总额减除成本、费用、税金、损失及其他后的余额。

投资者兴办两个或两个以上企业，并且企业性质全部是个人独资的，年度终了后汇算清缴时，应纳税款的计算按以下方法进行：汇总其投资兴办的所有企业的经营所得作为应纳税所得额，以此确定适用税率，计算出全年经营所得的应纳税额，再根据每个企业的经营所得占所有企业经营所得的比例，分别计算出每个企业的应纳税额和应补缴税额。

3. 其他所得适用税率

利息、股息、红利所得、财产租赁所得、财产转让所得、偶然所得适用比例税率，税率为 20%。

自 2001 年 1 月 1 日起，对个人出租住房取得的所得减按 10%的税率征收个人所得税。

9.3.5 个人所得税应纳税所得额的确定

个人所得税的计税依据是纳税人取得的应纳税所得额。应纳税所得额为个人取得的各项收入减去税法规定的费用扣除金额和减免税收入后的余额。由于个人所得税的应税项目不同，扣除费用标准也各不相同，需要按不同应税项目分项计算。

1. 个人所得形式

个人所得的形式，包括现金、实物、有价证券和其他形式的经济利益。所得为实物的，应当按照取得的凭证所注明的价格计算应纳税所得额，无凭证的实物或者凭证所注明的价格明显偏低的，参照市场价格核定应纳税所得额；所得为有价证券的，根据票面价格和市场价格核定应纳税所得额；所得为其他形式的经济利益的，参照市场价格核定应纳税所得额。

2. 居民个人综合所得应纳税所得额的确定

1）应纳税所得额的计算

居民个人的综合所得，以每一纳税年度的收入额减除费用 6 万元以及专项扣除、专项附加扣除和依法确定的其他扣除后的余额，为应纳税所得额。

综合所得，包括工资薪金所得、劳务报酬所得、稿酬所得、特许权使用费所得四项。劳务报酬所得、稿酬所得、特许权使用费所得以收入减除20%的费用后的余额为收入额。稿酬所得的收入额减按70%计算。

2）专项扣除

专项扣除，包括居民个人按照国家规定的范围和标准缴纳的基本养老保险、基本医疗保险、失业保险等社会保险费和住房公积金等。

3）专项附加扣除

专项附加扣除，包括子女教育、继续教育、大病医疗、住房贷款利息或住房租金、赡养老人、3岁以下婴幼儿照护等支出。

（1）子女教育

纳税人的子女接受全日制学历教育的相关支出、年满3岁至小学入学前处于学前教育阶段的子女，按照每个子女每月2 000元的标准定额扣除。其中，学历教育包括义务教育（小学、初中教育）、高中阶段教育（普通高中、中等职业、技工教育）、高等教育（大学专科、大学本科、硕士研究生、博士研究生教育）。

父母可以选择由其中一方按扣除标准的100%扣除，也可以选择由双方分别按扣除标准的50%扣除，具体扣除方式在1个纳税年度内不能变更。纳税人子女在中国境外接受教育的，纳税人应当留存境外学校录取通知书、留学签证等相关教育的证明资料备查。

（2）继续教育

纳税人在中国境内接受学历（学位）继续教育的支出，在学历（学位）教育期间按照每月400元定额扣除。同一学历（学位）继续教育的扣除期限不能超过48个月。纳税人接受技能人员职业资格继续教育、专业技术人员职业资格继续教育的支出，在取得相关证书的当年，按照3 600元定额扣除。

个人接受本科及以下学历（学位）继续教育，符合规定扣除条件的，可以选择由其父母扣除，也可以选择由本人扣除。纳税人接受技能人员职业资格继续教育、专业技术人员职业资格继续教育的，应当留存相关证书等资料备查。

（3）大病医疗

在一个纳税年度内，纳税人发生的与基本医保相关的医药费用支出，扣除医保报销后个人负担（指医保目录范围内的自付部分）累计超过15 000元的部分，由纳税人在办理年度汇算清缴时，在80 000元限额内据实扣除。纳税人及其配偶、未成年子女发生的医药费用支出，按上述规定分别计算扣除额。

纳税人发生的医药费用支出可以选择由本人或者其配偶扣除；未成年子女发生的医药费用支出可以选择由其父母一方扣除。纳税人应当留存医药服务收费及医保报销相关票据原件（或者复印件）等资料备查。医疗保障部门应当向患者提供在医疗保障信息系统记录的本人年度医药费用信息查询服务。

（4）住房贷款利息

纳税人本人或者配偶单独或者共同使用商业银行或者住房公积金个人住房贷款为本人或者其配偶购买中国境内住房，发生的首套住房贷款利息支出，在实际发生贷款利息的年度，按照每月1 000元的标准定额扣除，扣除期限最长不超过240个月。纳税人只能享受一次首套住房贷款的利息扣除。首套住房贷款是指购买住房享受首套住房贷款利率的住房贷款。

经夫妻双方约定，可以选择由其中一方扣除，具体扣除方式在一个纳税年度内不能变更。夫妻双方婚前分别购买住房发生的首套住房贷款，其贷款利息支出，婚后可以选择其中一套购买的住房，由购买方按扣除标准的100%扣除，也可以由夫妻双方对各自购买的住房分别按扣除标准的50%扣除，具体扣除方式在1个纳税年度内不能变更。纳税人应当留存住房贷款合同、贷款还款支出凭证备查。

(5) 住房租金

纳税人在主要工作城市没有自有住房而发生的住房租金支出，可以按照以下标准定额扣除：

① 直辖市、省会（首府）城市、计划单列市以及国务院确定的其他城市，扣除标准为每月1 500元；

② 除上述所列城市以外，市辖区户籍人口超过100万的城市，扣除标准为每月1 100元；市辖区户籍人口不超过100万的城市，扣除标准为每月800元。

纳税人的配偶在纳税人的主要工作城市有自有住房的，视同纳税人在主要工作城市有自有住房。市辖区户籍人口，以国家统计局公布的数据为准。其中，主要工作城市是指纳税人任职受雇的直辖市、计划单列市、副省级城市、地级市（地区、州、盟）全部行政区域范围；纳税人无任职受雇单位的，为受理其综合所得汇算清缴的税务机关所在城市。

夫妻双方主要工作城市相同的，只能由一方扣除住房租金支出。住房租金支出由签订租赁住房合同的承租人扣除。纳税人及其配偶在1个纳税年度内不能同时分别享受住房贷款利息和住房租金专项附加扣除。纳税人应当留存住房租赁合同、协议等有关资料备查。

(6) 赡养老人

纳税人赡养一位及以上被赡养人的赡养支出，统一按照以下标准定额扣除：

① 纳税人为独生子女的，按照每月3 000元的标准定额扣除；

② 纳税人为非独生子女的，由其与兄弟姐妹分摊每月3 000元的扣除额度，每人分摊的额度不能超过每月1 500元。可以由赡养人均摊或者约定分摊，也可以由被赡养人指定分摊。约定或者指定分摊的须签订书面分摊协议，指定分摊优先于约定分摊。具体分摊方式和额度在1个纳税年度内不能变更。

被赡养人是指年满60岁的父母，以及子女均已去世的年满60岁的祖父母、外祖父母。上述所称父母，是指生父母、继父母、养父母。所称子女，是指婚生子女、非婚生子女、继子女、养子女。父母之外的其他人担任未成年人的监护人的，比照上述规定执行。

(7) 3岁以下婴幼儿照护

纳税人照护3岁以下婴幼儿子女的相关支出，按照每个婴幼儿每月2 000元的标准定额扣除。

父母可以选择由其中一方按扣除标准的100%扣除，也可以选择由双方分别按扣除标准的50%扣除，具体扣除方式在1个纳税年度内不能变更。

4) 其他扣除

其他扣除，包括个人缴付符合国家规定的企业年金、职业年金，个人购买符合国家规定的商业健康保险、税收递延型商业养老保险[①]的支出，以及国务院规定可以扣除的其他项目。

自2017年7月1日起，对个人购买符合规定的商业健康保险产品的支出，允许在当年（月）计算应纳税所得额时予以税前扣除，扣除限额为2 400元/年（200元/月）。单位统一为员工购买符合规定的商业健康保险产品的支出，应分别计入员工个人工资薪金，视同个人购买，按上述限额予以扣除。2 400元/年（200元/月）的限额扣除为个人所得税法规定减除费用标准之外的扣除。适用商业健康保险税收优惠政策的纳税人，是指取得工资薪金所得、连续性劳务报酬所得的个人，以及取得个体工商户生产经营所得、对企事业单位的承包承租经营所得的个体工商户业主、个人独资企业投资者、合伙企业合伙人和承包承租经营者。

上述专项扣除、专项附加扣除和依法确定的其他扣除，以居民个人一个纳税年度的应纳税所得额为限额；一个纳税年度扣除不完的，不结转以后年度扣除。

3. 非居民个人应纳税所得额的确定

非居民个人的工资薪金所得，以每月收入额减除费用5 000元后的余额为应纳税所得额；劳务报酬所得、稿酬所得、特许权使用费所得，以每次收入额为应纳税所得额。

4. 经营所得应纳税所得额的确定

经营所得，以每一纳税年度的收入总额减除成本、费用以及损失后的余额，为应纳税所得额。其中，成本、费用是指生产、经营活动中发生的各项直接支出和分配计入成本的间接费用以及销售费用、管理费用、财务费用；损失是指生产、经营活动中发生的固定资产和存货的盘亏、毁损、报废损失，转让财产损失，坏账损失，自然灾害等不可抗力因素造成的损失以及其他损失。

取得经营所得的个人，没有综合所得的，计算其每一纳税年度的应纳税所得额时，应当减除费用6万元、专项扣除、专项附加扣除以及依法确定的其他扣除。专项附加扣除在办理汇算清缴时减除。

从事生产、经营活动，未提供完整、准确的纳税资料，不能正确计算应纳税所得额的，由主管税务机关核定应纳税所得额或者应纳税额。

个体工商户业主、个人独资企业投资者、合伙企业个人合伙人以及从事其他生产、经营活动的个人，以其每一纳税年度来源于个体工商户、个人独资企业、合伙企业以及其他生产、经营活动的所得，减除费用60 000元、专项扣除以及依法确定的其他扣除后的余额，为应纳税所得额。

查账征收的个人独资企业与合伙企业的扣除项目比照《个体工商户个人所得税计税办法》的规定计算应纳税所得额。个人独资企业的投资者以全部生产经营所得为应纳税所得额；合伙企业的投资者按照合伙企业的全部生产经营所得和合伙协议约定的分配比例，确定应纳税所得额，合伙协议没有约定分配比例的，以全部生产经营所得和合伙人数量平均计算每个投资者的应纳税所得额。生产经营所得，包括企业分配给投资者个人的所得和企业当年留存的所得。

---

① 个人按照规定领取的税收递延型商业养老保险的养老金收入，其中25%的部分予以免税，其余75%的部分按照10%的比例税率计算缴纳个人所得税，税款计入"工资薪金所得"项目，由保险机构代扣代缴后，在个人购买税收养老保险的机构所在地办理全员全额扣缴申报。

投资者兴办两个或两个以上企业的，其投资者个人费用扣除标准由投资者选择在其中一个企业的生产经营所得中扣除。

5. 其他所得应纳税所得额的确定

1）财产租赁所得

财产租赁所得，每次收入不超过4 000元的，减除费用800元；每次收入4 000元以上的，减除20%的费用，其余额为应纳税所得额。

2）财产转让所得

财产转让所得，以转让财产的收入减除财产原值和合理费用后的余额，为应纳税所得额。其中，财产原值按照下列方法计算：

① 有价证券为买入价以及买入时按照规定交纳的有关费用；

② 建筑物为建造费或者购进价格以及其他有关费用；

③ 土地使用权为取得土地使用权所支付的金额、开发土地的费用以及其他有关费用；

④ 机器设备、车船为购进价格、运输费、安装费以及其他有关费用。

⑤ 其他财产参照上述规定的方法确定财产原值。

合理费用，是指卖出财产时按照规定支付的有关税费。

纳税人未提供完整、准确的财产原值凭证，不能正确计算财产原值的，由主管税务机关核定其财产原值。

个人发生非货币性资产交换，以及将财产用于捐赠、偿债、赞助、投资等用途的，应当视同转让财产并缴纳个人所得税，但国务院财政、税务主管部门另有规定的除外。

3）利息、股息、红利所得和偶然所得

利息、股息、红利所得和偶然所得，以每次收入额为应纳税所得额。

6. 公益捐赠支出的扣除

① 个人将其所得对教育、扶贫、济困等公益慈善事业进行捐赠，捐赠额未超过应纳税所得额30%的部分，可以从其应纳税所得额中扣除；国务院规定对公益慈善事业捐赠实行全额税前扣除的，从其规定。个人将其所得对教育、扶贫、济困等公益慈善事业进行捐赠，是指个人将其所得通过中国境内的公益性社会组织、国家机关向教育、扶贫、济困等公益慈善事业的捐赠。应纳税所得额，是指计算扣除捐赠额之前的应纳税所得额。

② 个人通过非营利性的社会团体和国家机关向红十字事业的捐赠，在计算缴纳个人所得税时，准予在税前所得额中全额扣除。

③ 个人通过非营利性的社会团体和国家机关向农村义务教育的捐赠，在计算缴纳个人所得税时，准予在税前所得额中全额扣除。农村义务教育的范围是指政府和社会力量举办的农村乡镇（不含县和县级市政府所在地的镇）、村的小学和初中及属于这一阶段的特殊教育学校。纳税人对农村义务教育与高中在一起的学校的捐赠，也享受规定的所得税前扣除政策。

④ 个人通过非营利性的社会团体和国家机关向公益性青少年活动场所（包括新建）的捐赠，在计算缴纳个人所得税时，准予在税前所得额中全额扣除。公益性青少年活动场所，是指专门为青少年提供科技、文化、德育、爱国主义教育、体育活动的青少年宫、青少年活动中心等校外活动的公益性场所。

⑤ 根据财政部、国家税务总局有关规定，个人通过非营利性的社会团体和政府部门向

福利性、非营利性老年服务机构捐赠，符合相关条件的，准予在缴纳个人所得税税前全额扣除。

⑥ 根据财政部、国家税务总局有关规定，个人通过宋庆龄基金会等6家单位、中国医药卫生事业发展基金会、中国教育发展基金会、中国老龄事业发展基金会等8家单位、中华健康快车基金会等5家单位用于公益救济性的捐赠，符合相关条件的，准予在缴纳个人所得税税前全额扣除。

7. 每次收入的确定

个人取得的每次收入，分别按照下列方法确定。

① 非居民个人取得的劳务报酬所得、稿酬所得、特许权使用费所得，属于一次性收入的，以取得该项收入为一次；属于同一项目连续性收入的，以一个月内取得的收入为一次。

② 财产租赁所得，以一个月内取得的收入为一次。

③ 利息、股息、红利所得，以支付利息、股息、红利时取得的收入为一次。

④ 偶然所得，以每次取得该项收入为一次。

9.3.6 个人所得税应纳税额的计算

1. 个人所得税应纳税额计算的一般规定

1）综合所得应纳税额的计算

综合所得应纳税额的计算公式如下。

应纳税额＝应纳税所得额×适用税率－速算扣除数

＝(年度收入额－60 000－专项扣除－专项附加扣除－其他扣除)×适用税率－速算扣除数

公式中的速算扣除数具体见表9－3。

2）综合所得预扣预缴税款的计算

① 扣缴义务人向居民个人支付工资薪金所得时，应当按照累计预扣法计算预扣税款，并按月办理全员全额扣缴申报。累计预扣法，是指扣缴义务人在1个纳税年度内预扣预缴税款时，以纳税人在本单位截至当前月份工资薪金所得累计收入减除累计免税收入、累计减除费用、累计专项扣除、累计专项附加扣除和累计依法确定的其他扣除后的余额为累计预扣预缴应纳税所得额，计算累计应预扣预缴税额，再减除累计减免税额和累计已预扣预缴税额，其余额为本期应预扣预缴税额。余额为负值时，暂不退税。纳税年度终了后余额仍为负值时，由纳税人通过办理综合所得年度汇算清缴，税款多退少补。具体计算公式如下：

本期应预扣预缴税额＝(累计预扣预缴应纳税所得额×预扣率－速算扣除数)－累计减免税额－累计已预扣预缴税额

累计预扣预缴应纳税所得额＝累计收入－累计免税收入－累计减除费用－累计专项扣除－累计专项附加扣除－累计依法确定的其他扣除

其中，累计减除费用按照5 000元/月乘以纳税人当年截至本月在本单位的任职受雇月份数计算。

上述公式中，计算居民个人工资薪金所得预扣预缴税额的预扣率、速算扣除数见表9－6。

表 9-6 个人所得税预扣率表

（居民个人工资薪金所得预扣预缴适用）

级 数	累计预扣预缴应纳税所得额	预扣率/%	速算扣除数
1	不超过 36 000 元的部分	3	0
2	超过 36 000～144 000 元的部分	10	2 520
3	超过 144 000～300 000 元的部分	20	16 920
4	超过 300 000～420 000 元的部分	25	31 920
5	超过 420 000～660 000 元的部分	30	52 920
6	超过 660 000～960 000 元的部分	35	85 920
7	超过 960 000 元的部分	45	181 920

自 2020 年 7 月 1 日起，对 1 个纳税年度内首次取得工资薪金所得的居民个人，扣缴义务人在预扣预缴个人所得税时，可按照 5 000 元/月乘以纳税人当年截至本月月份数计算累计减除费用。首次取得工资薪金所得的居民个人，是指自纳税年度首月起至新入职时，未取得工资薪金所得或者未按照累计预扣法预扣预缴过连续性劳务报酬所得个人所得税的居民个人。

自 2021 年 1 月 1 日起，对上一完整纳税年度内每月均在同一单位预扣预缴工资薪金所得个人所得税且全年工资、薪金收入不超过 6 万元的居民个人，扣缴义务人在预扣预缴本年度工资薪金所得个人所得税时，累计减除费用自 1 月份起直接按照全年 6 万元计算扣除，即在纳税人累计收入不超过 6 万元的月份，暂不预扣预缴个人所得税；在其累计收入超过 6 万元的当月及年内后续月份，再预扣预缴个人所得税。对按照累计预扣法预扣预缴劳务报酬所得个人所得税的居民个人，扣缴义务人比照上述规定执行。

② 扣缴义务人向居民个人支付劳务报酬所得、稿酬所得、特许权使用费所得，按次或者按月预扣预缴个人所得税。劳务报酬所得、稿酬所得、特许权使用费所得，属于一次性收入的，以取得该项收入为 1 次；属于同一项目连续性收入的，以 1 个月内取得的收入为 1 次。具体预扣预缴方法如下：

劳务报酬所得、稿酬所得、特许权使用费所得以收入减除费用后的余额为收入额。其中，稿酬所得的收入额减按 70%计算。

减除费用：劳务报酬所得、稿酬所得、特许权使用费所得每次收入不超过 4 000 元的，减除费用按 800 元计算；每次收入 4 000 元以上的，减除费用按 20%计算。

应纳税所得额：劳务报酬所得、稿酬所得、特许权使用费所得，以每次收入额为预扣预缴应纳税所得额。

劳务报酬所得适用 20%～40%的超过累进预扣率（见表 9-7），稿酬所得、特许权使用费所得适用 20%的比例预扣率。

劳务报酬所得应预扣预缴税额＝预扣预缴应纳税所得额×预扣率－速算扣除数

稿酬所得、特许权使用费所得应预扣预缴税额＝预扣预缴应纳税所得额×预扣率

表 9-7　个人所得税预扣率表

（居民个人劳务报酬所得预扣预缴适用）

级　数	累计预扣预缴应纳税所得额	预扣率/%	速算扣除数
1	不超过 20 000 元的部分	20	0
2	超过 20 000～50 000 元的部分	30	2 000
3	超过 50 000 元的部分	40	7 000

自 2020 年 7 月 1 日起，正在接受全日制学历教育的学生因实习取得劳务报酬所得的，扣缴义务人预扣预缴个人所得税时，可按照累计预扣法计算并预扣预缴税款。

居民个人工资薪金所得、劳务报酬所得、稿酬所得、特许权使用费所得年度预扣预缴税额与年度应纳税额不一致的，由居民个人于次年 3 月 1 日至 6 月 30 日向主管税务机关办理综合所得年度汇算清缴，税款多退少补。

3）非居民个人扣缴个人所得税的计算

扣缴义务人向非居民个人支付工资薪金所得、劳务报酬所得、稿酬所得、特许权使用费所得时，应当按照以下方法按月或者按次代扣代缴个人所得税：

非居民个人的工资薪金所得，以每月收入额减除费用 5 000 元后的余额为应纳税所得额；劳务报酬所得、稿酬所得、特许权使用费所得，以每次收入额为应纳税所得额，适用按月换算后的非居民个人月度税率表（见表 9-4）计算应纳税额。其中，劳务报酬所得、稿酬所得、特许权使用费所得以收入减除 20%的费用后的余额为收入额。稿酬所得的收入额减按 70%计算。

非居民个人工资薪金所得、劳务报酬所得、稿酬所得、特许权使用费所得应纳税额＝应纳税所得额×税率－速算扣除数

4）经营所得应纳税额的计算

个人取得的生产经营所得应纳税额的计算公式如下。

应纳税额＝应纳税所得额×适用税率－速算扣除数

＝(全年收入总额－成本、费用、税金、损失、其他支出及以前年度亏损)×适用税率－速算扣除数

5）利息、股息、红利所得应纳税额的计算

利息、股息、红利所得应纳税额计算公式如下。

应纳税额＝应纳税所得额×适用税率＝每次收入额×20%

6）财产租赁所得应纳税额的计算

① 每次（月）收入不足 4 000 元的，应纳税额计算公式如下。

应纳税额＝[每次(月)收入－准予扣除金额－修缮费用(800 元为限)－800]×20%

② 每次（月）收入在 4 000 元以上的，应纳税额计算公式如下。

应纳税额＝[每次收入－准予扣除金额－修缮费用(800 元为限)]×(1－20%)×20%

需要说明的是，准予扣除金额是指财产租赁过程中缴纳的税费；修缮费用是指由纳税人

负担的租赁财产实际开支的修缮费用。

个人出租房屋的个人所得税应税收入不含增值税，计算房屋出租所得可扣除的税费不包括本次出租缴纳的增值税。个人转租房屋的，其向房屋出租方支付的租金及增值税额，在计算转租所得时予以扣除。

7）财产转让所得应纳税额的计算

财产转让所得应纳税额计算公式如下。

$$应纳税额=应纳税所得额\times适用税率=(收入总额-财产原值-合理费用)\times20\%$$

个人转让房屋的个人所得税应税收入不含增值税，其取得房屋时所支付价款中包含的增值税计入财产原值，计算转让所得时可扣除的税费不包括本次转让缴纳的增值税。

个人转让受赠房屋的，以其转让受赠房屋的收入减除原捐赠人取得该房屋的实际购置成本及赠与和转让过程中受赠人支付的相关税费后的余额，为受赠人的应纳税所得额，依法计征个人所得税。受赠人转让受赠房屋价格明显偏低且无正当理由的，税务机关可以依据该房屋的市场评估价格或其他合理方式确定的价格核定其转让收入。

8）偶然所得应纳税额的计算

偶然所得应纳税额计算公式如下。

$$应纳税额=应纳税所得额\times适用税率=每次收入额\times20\%$$

2. 个人所得税应纳税额计算的特殊规定

1）两人以上共同取得同一项目收入的征税规定

两个或两个以上的个人共同取得同一项目收入的，应当对每个人取得的收入分别按照个人所得税法规定减除费用后计算纳税。

2）居民个人境外取得所得的征税规定

① 居民个人从境内和境外取得的综合所得、经营所得，应当分别合并计算应纳税额；从境内和境外取得的其他所得应当分别单独计算应纳税额。即居民个人来源于中国境外的综合所得，应当与境内综合所得合并计算应纳税额；居民个人来源于中国境外的经营所得，应当与境内经营所得合并计算应纳税额，居民个人来源于境外的经营所得，按照个人所得税法及其实施条例的有关规定计算的亏损，不得抵减其境内或他国（地区）的应纳税所得额，但可以用来源于同一国家（地区）以后年度的经营所得按照中国税法规定弥补；居民个人来源于中国境外的利息、股息、红利所得，财产租赁所得，财产转让所得和偶然所得，不与境内所得合并，应当分别单独计算应纳税额。

② 居民个人从中国境外取得的所得，可以从其应纳税额中抵免已在境外缴纳的个人所得税税额，但抵免额不得超过该纳税人境外所得依照个人所得税法规定计算的应纳税额。

已在境外缴纳的个人所得税税额，是指居民个人取得的来源于中国境外的所得，依照该所得来源国家或者地区的法律应当缴纳并且已经实际缴纳的所得税税额；依照个人所得税法规定计算的应纳税额，是居民个人境外所得已缴境外个人所得税的抵免限额。除国务院财政、税务主管部门另有规定外，来源于一国（地区）抵免限额为来源于该国的综合所得抵免限额、经营所得抵免限额、其他所得项目抵免限额之和，其中：

来源于一国(地区)综合所得抵免限额=中国境内、境外综合所得应纳税额×来源于该国

（地区）的综合所得收入额/中国境内、境外综合所得收入总额

来源于一国（地区）经营所得抵免限额＝中国境内、境外经营所得应纳税额×来源于该国（地区）的经营所得的应纳税所得额/中国境内、境外经营所得的应纳税所得额

来源于一国（地区）其他所得项目抵免限额，为来源于该国（地区）的其他所得项目依照个人所得税法律制度规定计算的应纳税额。

居民个人在中国境外一个国家或者地区已经实际缴纳的个人所得税税额，低于依照上述规定计算出的该国家或者地区抵免限额的，应当在中国缴纳差额部分的税款；超过该国家或者地区抵免限额的，其超过部分不得在本纳税年度的应纳税额中扣除，但是可以在以后纳税年度的该国家或者地区抵免限额的余额中补扣，补扣期限最长不得超过5年。

居民个人申请抵免已在境外缴纳的个人所得税税额，应当提供境外税务机关出具的税款所属年度的有关纳税凭证。

3）出租车驾驶员收入的征税规定

出租汽车经营单位对出租车驾驶员采取单车承包或承租方式运营，出租车驾驶员从事客货营运取得的收入，按“工资薪金所得”项目征税。

出租车属于个人所有，但挂靠出租汽车经营单位或企事业单位，驾驶员向挂靠单位缴纳管理费的，或出租车经营单位将出租车所有权转移给驾驶员的，出租车驾驶员从事客货运营取得收入，比照“经营所得”项目征税。

从事个体出租车运营的出租车驾驶员取得的收入，按“经营所得”项目缴纳个人所得税。

4）个人取得量化资产的征税规定

根据国家有关规定，集体所有制企业在改制为股份合作制企业时，可以将有关资产量化给职工个人。为了支持企业改组改制的顺利进行，对于企业在改制过程中个人取得量化资产的征税问题，税法作出了如下规定：

对职工个人以股份形式取得的仅作为分红依据，不拥有所有权的量化资产，不征收个人所得税。

对职工个人以股份形式取得的拥有所有权的量化资产，暂缓征收个人所得税；待个人将股份转让时，就其转让收入额，减除个人取得该股份时实际支付的费用支出和合理转让费用后的余额，按照“财产转让所得”项目计征个人所得税。

对职工个人以股份形式取得的量化资产参与企业分配而获得的股息、红利，应按“利息、股息、红利所得”项目征收个人所得税。

5）企业为个人购房或其他财产的征税规定

符合以下情形的房屋或其他财产，不论所有权人是否将财产无偿或有偿交付企业使用，其实质均为企业对个人进行了实物性质的分配，应依法计征个人所得税。

① 企业出资购买房屋及其他财产，将所有权登记为投资者个人、投资者家庭成员或企业其他人员的；

② 企业投资者个人、投资者家庭成员或企业其他人员向企业借款用于购买房屋及其他财产，将所有权登记为投资者、投资者家庭成员或企业其他人员，且借款年度终了后未归还借款的；

对个人独资企业、合伙企业的个人投资者或其家庭成员取得的上述所得，视为企业对个

人投资者的利润分配，按照“经营所得”项目计征个人所得税；对除个人独资企业、合伙企业以外其他企业的个人投资者或其家庭成员取得的上述所得，视为企业对个人投资者的红利分配，按照“利息、股息、红利所得”项目计征个人所得税；对企业其他人员取得的上述所得，按照“综合所得”项目计征个人所得税。

【例 9-9】某公司职员王某 2024 年 1—3 月每月取得工资、薪金收入均为 10 000 元。当地规定的社会保险和住房公积金个人缴存比例为：基本养老保险 8%，基本医疗保险 2%，失业保险 0.5%，住房公积金 12%。社保部门核定的王某 2023 年社会保险费的缴费工资基数为 8 000 元。王某 1—2 月累计已预扣预缴个人所得税税额为 192 元。要求：计算王某 3 月应预扣预缴的个人所得税税额。

解 累计收入＝10 000×3＝30 000(元)

累计减除费用＝5 000×3＝15 000(元)

累计专项扣除＝8 000×(8%＋2%＋0.5%＋12%)×3＝5 400(元)

累计预扣预缴应纳税所得额＝30 000 — 15 000 — 5 400＝9 600(元)

应预扣预缴税额＝9 600×3%— 192＝96(元)

【例 9-10】假设 2024 年甲公司职员李某全年取得工资、薪金收入 180 000 元。当地规定的社会保险和住房公积金个人缴存比例为：基本养老保险 8%，基本医疗保险 2%，失业保险 0.5%，住房公积金 12%。李某缴纳社会保险费核定的缴费工资基数为 10 000 元。李某正在偿还首套住房贷款及利息；李某为独生女，其独生子正就读大学 3 年级；李某父母均已年过 60 岁。李某夫妻约定由李某扣除贷款利息和子女教育费。要求：计算李某 2024 年应缴纳的个人所得税税额。

解 ① 全年减除费用 60 000 元。

② 专项扣除＝10 000×(8%＋2%＋0.5%＋12%)×12＝27 000(元)

③ 专项附加扣除：

李某子女教育支出实行定额扣除，每年扣除 24 000 元。

李某首套住房贷款利息支出实行定额扣除，每年扣除 12 000 元。

李某赡养老人支出实行定额扣除，每年扣除 36 000 元。

专项附加扣除合计＝24 000＋12 000＋36 000＝72 000(元)

④ 扣除项合计＝60 000＋27 000＋72 000＝159 000(元)

⑤ 应纳税所得额＝180 000－159 000＝21 000(元)

⑥ 应纳个人所得税额＝21 000×3%＝630(元)

【例 9-11】2024 年 8 月王某为某公司提供设计服务，取得劳务报酬所得 5 000 元。计算王某当月该笔劳务报酬所得应预扣预缴的个人所得税税额。

解 应预扣预缴个人所得税税额＝5 000×(1 — 20%)×20%＝800(元)

【例 9-12】2024 年 10 月李某所写的一部小说出版，取得稿酬所得 30 000 元。计算李某该笔稿酬所得应预扣预缴的个人所得税税额。

解 应预扣预缴个人所得税税额=30 000×(1－20%)×70%×20%=3 360(元)

【例 9-13】 赵某是我国公民，独生子单身，在甲公司工作。2024 年取得工资收入 80 000 元；在某大学授课取得收入 40 000 元；出版著作一部，取得稿酬 60 000 元；转让商标使用权，取得特许权使用费收入 20 000 元。已知：赵某个人缴纳“三险一金”20 000 元，赡养老人支出税法规定的扣除金额为 36 000 元，假设无其他扣除项目。要求：计算赵某本年应缴纳的个人所得税税额。

解 应纳税所得额=80 000+40 000×(1－20%)+60 000×(1－20%)×70%+20 000×(1－20%)－60 000－20 000－36 000=45 600(元)

应纳个人所得税税额=45 600×10%－2 520=2 040(元)

【例 9-14】 张先生为自由职业者，2024 年 8 月取得如下所得：

① 从 A 上市公司取得股息所得 16 000 元，张先生已持有该股票 5 个月；

② 从 B 非上市公司取得股息所得 7 000 元；

③ 兑现 8 月 10 日到期的 1 年期银行储蓄存款利息所得 1 500 元。

要求：计算张先生上述所得应缴纳的个人所得税税额。

解 应纳个人所得税税额=16 000×50%×20%+7 000×20%=3 000(元)

【例 9-15】 李某按市场价格出租住房，2024 年 8 月取得不含增值税的租金收入 6 000 元，本月财产租赁过程中缴纳的可以税前扣除的税费合计为 240 元，由纳税人负担的租赁财产实际开支的修缮费用 500 元，均取得合法票据。要求：计算李某当月出租住房应缴纳的个人所得税税额。

解 应纳个人所得税税额=(6 000－240－500)×(1－20%)×10%=420.8(元)

【例 9-16】 周某于 2024 年 10 月转让一套已使用三年的私有住房，取得转让收入 280 000 元。该套住房购进时的原价为 160 000 元，转让时支付有关税费 13 000 元。要求：计算周某转让住房应缴纳的个人所得税税额。

解 应纳税所得额=280 000－160 000－13 000=107 000(元)

应纳个人所得税税额=107 000×20%=21 400(元)

9.3.7 个人所得税税收优惠

1. 免税项目

根据个人所得税法律制度的规定，下列各项所得免征个人所得税。

① 省级人民政府、国务院部委和中国人民解放军军以上单位，以及外国组织、国际组织颁发的科学、教育、技术、文化、卫生、体育、环境保护等方面的奖金。

② 国债和国家发行的金融债券利息。其中，国债利息是指个人持有中华人民共和国财政部发行的债券而取得的利息；国家发行的金融债券利息是指个人持有经国务院批准发行的金融债券而取得的利息。

③ 按照国家统一规定发给的补贴、津贴。其中，补贴、津贴是指按照国务院规定发给的政府特殊津贴、院士津贴，以及国务院规定免予缴纳个人所得税的其他补贴、津贴（如生育津贴）。

④ 福利费、抚恤金、救济金。其中，福利费是指根据国家有关规定，从企业、事业单位、国家机关、社会组织提留的福利费或者工会经费中支付给个人的生活补助费①；救济金是指各级人民政府民政部门支付给个人的生活困难补助费。

⑤ 保险赔款。

⑥ 军人的转业费、复员费、退役金。

⑦ 按照国家统一规定发给干部、职工的安家费、退职费、基本养老金或者退休费、离休费、离休生活补助费。其中，退职费是指符合《国务院关于工人退休、退职的暂行办法》规定的退职条件，并按该办法规定的退职费标准所领取的退职费。

⑧ 依照有关法律规定应予免税的各国驻华使馆、领事馆的外交代表、领事官员和其他人员的所得。其中，依照有关法律规定应予免税的各国驻华使馆、领事馆的外交代表、领事官员和其他人员的所得是指依照《中华人民共和国外交特权与豁免条例》和《中华人民共和国领事特权与豁免条例》规定免税的所得。

⑨ 中国政府参加的国际公约、签订的协议中规定免税的所得。

⑩ 对外籍个人取得的探亲费免征个人所得税。

● 按照国家规定，单位为个人缴付和个人缴付的基本养老保险费、基本医疗保险费、失业保险费、住房公积金②，从纳税人的应纳税所得额中扣除。

● 个人取得的拆迁补偿款按有关规定免征个人所得税。

● 国务院规定的其他免税所得。该项免税规定，由国务院报全国人民代表大会常务委员会备案。

2. 减税项目

根据个人所得税法律制度的规定，有下列情况之一的，经批准可以减征个人所得税。

① 残疾、孤老人员和烈属的所得。

② 因严重自然灾害造成重大损失的。

上述减税项目的减征幅度和减征期限由省、自治区、直辖市人民政府规定，并报同级人民代表大会常务委员会备案。

国务院可以规定其他减税情形，报全国人民代表大会常务委员会备案。

3. 暂免征税项目

① 个人转让自用达5年以上，并且是唯一的家庭生活用房取得的所得，暂免征收个人所得税。

② 对个人购买福利彩票、赈灾彩票、体育彩票，一次性中奖收入在1万元以下（含1万元）的，暂免征收个人所得税，超过1万元的，全额征收个人所得税。

③ 对个人在上海证券交易所、深圳证券交易所转让从上市公司公开发行和转让市场

---

① 生活补助费，是指由于某些特定事件或原因而给纳税人本人或其家庭的正常生活造成一定困难，其任职单位按国家规定从提留的福利费或工会经费中向其支付的临时性生活困难补助。

② 单位和个人分别在不超过职工本人本年度月平均工资12%的幅度内，其实际缴存的住房公积金，允许在个人应纳税所得额中扣除。

取得的上市公司股票所得，继续免征个人所得税。自2018年11月1日起，对个人转让全国中小企业股份转让系统（新三板）挂牌公司非原始股取得的所得，暂免征收个人所得税。非原始股是指个人在新三板挂牌公司挂牌后取得的股票，以及由上述股票派生的送股、转股。

④ 个人举报、协查各种违法、犯罪行为而获得的奖金暂不征收个人所得税。

⑤ 个人取得单张有奖发票奖金不超过800元（含800元）的，暂免征收个人所得税。

⑥ 职工与用人单位解除劳动关系取得的一次性补偿收入（包括用人单位发放的经济补偿金、生活补助费和其他补助费用），在当地上年职工年平均工资3倍数额以内的部分，免征个人所得税。

⑦ 个人领取原提存的住房公积金、基本医疗保险费、基本养老保险费及失业保险费，免征个人所得税。

⑧ 对工伤职工及其近亲属按照《工伤保险条例》规定取得的工伤保险待遇[①]，免征个人所得税。

⑨ 企业和事业单位根据国家有关政策规定的办法和标准，为在本单位任职或者受雇的全体职工缴付的企业年金或职业年金单位缴费部分，在记入个人账户时，个人暂不缴纳个人所得税。个人根据国家有关政策规定缴付的年金个人缴费部分，在不超过本人缴费工资计税基数4%以内的部分，暂从个人当期的应纳税所得额中扣除。年金基金投资运营收益分配记入个人账户时，个人暂不缴纳个人所得税。

⑩ 自2008年10月9日（含）起，对储蓄存款利息所得暂免征收个人所得税。

● 自2015年9月8日起，个人从公开发行和转让市场取得的上市公司股票，持股期限超过1年的，股息红利所得暂免征收个人所得税。

● 自2019年1月1日（含）起，房屋产权所有人将房屋产权无偿赠与配偶、父母、子女、祖父母、外祖父母、孙子女、外孙子女、兄弟姐妹，或房屋产权所有人将房屋产权无偿赠与对其承担直接抚养或者赡养义务的抚养人或者赡养人，或房屋产权所有人死亡，依法取得房屋产权的法定继承人、遗嘱继承人或者受遗赠人，对当事双方不征收个人所得税。

● 个体工商户、个人独资企业、合伙企业或个人从事种植业、养殖业、饲养业、捕捞业取得的所得，暂免征收个人所得税。

● 企业在销售商品（产品）和提供服务过程中向个人赠送礼品，属于下列情形之一的，不征收个人所得税：

● 企业通过价格折扣、折让方式向个人销售商品（产品）和提供服务；

● 企业在向个人销售商品（产品）和提供服务的同时给予赠品，如通信企业对个人购买手机赠话费、入网费或者购话费赠手机等；

● 企业对累积消费达到一定额度的个人按消费积分反馈礼品。

税收法律、行政法规、部门规章和规范性文件中未明确规定纳税人享受减免税必须经税

---

① 工伤保险待遇，包括工伤职工按照《工伤保险条例》规定取得的一次性伤残补助金、伤残津贴、一次性工伤医疗补助金、一次性伤残就业补助金、工伤医疗待遇、住院伙食补助费、外地就医交通食宿费用、工伤康复费用、辅助器具费用、生活护理费等，以及职工因公死亡，其近亲属按照《工伤保险条例》规定取得的丧葬补助金、供养亲属抚恤金和一次性工亡补助金等。

务机关审批，且纳税人取得的所得完全符合减免税条件的，无须经主管税务机关审核，纳税人可自行享受减免税。

税收法律、行政法规、部门规章和规范性文件中明确规定纳税人享受减免税必须经税务机关审批，或者纳税人无法准确判断其取得的所得是否应享受个人所得税减免的，必须经主管税务机关按照有关规定审核或批准后，方可减免个人所得税。

9.3.8 个人所得税征收管理

1. 纳税申报

个人所得税实行扣缴申报和自行申报两种计征办法。

1）扣缴申报

个人所得税以所得人为纳税人，以支付所得的单位或者个人为扣缴义务人。扣缴义务人向个人支付应税款项时，应当依照个人所得税法规定预扣或代扣税款，按时缴库，并专项记载备查。

个人应当凭纳税人识别号实名办税。纳税人有中国公民身份号码的，以中国公民身份号码为纳税人识别号；纳税人没有中国公民身份号码的，由税务机关赋予其纳税人识别号。扣缴义务人扣缴税款时，纳税人应当向扣缴义务人提供纳税人识别号。

税务机关应根据扣缴义务人所扣缴的税款，支付2%的手续费。个人办理代扣代缴手续，按规定取得的扣缴手续费暂免征收个人所得税。

2）自行申报

有下列情形之一的，纳税人应当依法办理纳税申报：

① 取得综合所得需要办理汇算清缴。需要办理汇算清缴的情形包括：

- 在两处或者两处以上取得综合所得，且综合所得年收入额减去专项扣除的余额超过6万元的；
- 取得劳务报酬所得、稿酬所得、特许权使用费所得中一项或者多项所得，且综合所得年收入额减去专项扣除的余额超过6万元的；
- 纳税年度内预缴税额低于应纳税额的；
- 纳税人需要退税的，应当办理汇算清缴，申报退税。申报退税应当提供本人在中国境内开设的银行账号。

② 取得应税所得没有扣缴义务人。

③ 取得应税所得，扣缴义务人未扣缴税款。

④ 取得境外所得。

⑤ 因移居境外注销中国户籍。

⑥ 非居民个人在中国境内从两处以上取得工资薪金所得。

⑦ 国务院规定的其他情形。

居民个人取得工资薪金所得时，可以向扣缴义务人提供专项附加扣除有关信息，由扣缴义务人扣缴税款时办理专项附加扣除。纳税人同时从两处以上取得工资薪金所得，并由扣缴义务人办理专项附加扣除的，对同一专项附加扣除项目，纳税人只能选择从其中一处扣除。

居民个人取得劳务报酬所得、稿酬所得、特许权使用费所得，应当在汇算清缴时向税务机关提供有关专项附加扣除信息，办理专项附加扣除。

暂不能确定纳税人为居民个人或非居民个人的，应当按照非居民个人缴纳税款，年度终了确定纳税人为居民个人的，按照规定办理汇算清缴。

对年收入超过国务院税务主管部门规定数额的个体工商户、个人独资企业、合伙企业，税务机关不得采取定期定额、事先核定应税所得率等方式征收个人所得税。

纳税人可以委托扣缴义务人或者其他单位和个人办理汇算清缴。

纳税人发现扣缴义务人提供或者扣缴申报的个人信息、所得、扣缴税款等与实际情况不符的，有权要求扣缴义务人修改。扣缴义务人拒绝修改的，纳税人可以报告税务机关，税务机关应当及时处理。

扣缴义务人发现纳税人提供的信息与实际情况不符的，可以要求纳税人修改，纳税人拒绝修改的，扣缴义务人应当报告税务机关，税务机关应当及时办理。

纳税人有下列情形之一的，税务机关可以不予办理退税：

- 纳税申报或者提供的汇算清缴信息，经税务机关核实为虚假信息，并拒不改正的；
- 法定汇算清缴期结束后申报退税的。

对不予办理退税的，税务机关应当及时告知纳税人。

2. 纳税期限

1）居民个人的纳税期限

① 居民个人取得综合所得，按年计算个人所得税；有扣缴义务人的，由扣缴义务人按月或者按次预扣预缴税款[①]；需要办理汇算清缴的，应当在取得所得的次年 3 月 1 日至 6 月 30 日内办理汇算清缴。预扣预缴办法由国务院税务主管部门制定。

居民个人向扣缴义务人提供专项附加扣除信息的，扣缴义务人按月预扣预缴税款时应当按照规定予以扣除，不得拒绝。

② 居民个人从中国境外取得所得的，应当在取得所得的次年 3 月 1 日至 6 月 30 日内申报纳税。

2）非居民个人的纳税期限

① 非居民个人取得工资薪金所得、劳务报酬所得、稿酬所得和特许权使用费所得，有扣缴义务人的，由扣缴义务人按月或者按次代扣代缴税款，不办理汇算清缴。

② 非居民个人在中国境内从两处以上取得工资薪金所得的，应当在取得所得的次月 15 日内申报纳税。

3）扣缴义务人的纳税期限

扣缴义务人每月或者每次预扣、代扣的税款，应当在次月 15 日内缴入国库，并向税务机关报送其支付所得的所有个人的有关信息、支付的所得数额、扣除事项和数额、扣缴税款的具体数额以及其他相关涉税信息资料。

4）其他情形的纳税期限

① 纳税人取得经营所得，按年计算个人所得税，由纳税人在月度或者季度终了后 15 日内向税务机关报送纳税申报表，并预缴税款；在取得所得的次年 3 月 31 日前办理汇算清缴。

---

① 《国家税务总局关于进一步简便优化部分纳税人个人所得税预扣预缴方法的公告》（国家税务总局公告 2020 年第 19 号）规定，自 2021 年 1 月 1 日起，对符合条件的纳税人在其累计收入不超过 6 万元的月份，暂不预扣预缴个人所得税；在其累计收入超过 6 万元的当月及年内后续月份，再预扣预缴个人所得税。

② 纳税人取得利息、股息、红利所得、财产租赁所得、财产转让所得和偶然所得，按月或者按次计算个人所得税，有扣缴义务人的，由扣缴义务人按月或者按次代扣代缴税款。

③ 纳税人取得应税所得没有扣缴义务人的，应当在取得所得的次月 15 日内向税务机关报送纳税申报表，并缴纳税款。

④ 纳税人取得应税所得，扣缴义务人未扣缴税款的，纳税人应当在取得所得的次年 6 月 30 日前缴纳税款；税务机关通知限期缴纳的，纳税人应当按照期限缴纳税款。

⑤ 纳税人因移居境外注销中国户籍的，应当在注销中国户籍前办理税款清算。

各项所得的计算，以人民币为单位。所得为人民币以外的货币的，按照办理纳税申报或扣缴申报的上一月最后一日人民币汇率中间价，折合成人民币计算应纳税所得额。年度终了后办理汇算清缴时，对已经按月、按季或者按次预缴税款的人民币以外货币所得，不再重新折算；对应当补缴税款的所得部分，按照上一纳税年度最后一日人民币汇率中间价，折合成人民币计算应纳税所得额。

【课程思政】

2022 年 10 月 16 日，习近平总书记在中国共产党第二十次全国代表大会上的报告中指出："加大税收、社会保障、转移支付等的调节力度。完善个人所得税制度，规范收入分配秩序，规范财富积累机制，保护合法收入，调节过高收入，取缔非法收入。引导、支持有意愿有能力的企业、社会组织和个人积极参与公益慈善事业。"

复习思考题

1. 什么是企业所得税？企业所得税的纳税人如何界定？
2. 企业所得税关于居民企业和非居民企业的认定标准有什么不同？
3. 我国企业所得税的税率有哪些？
4. 企业所得税关于来源于中国境内、境外所得的确定原则是什么？
5. 什么是应纳税所得额？应纳税所得额如何计算？
6. 企业所得税不征税收入有哪些？
7. 企业所得税免税收入有哪些？
8. 企业所得税税前扣除的项目有哪些？
9. 在计算企业所得税应纳税所得额时，不得扣除项目包括哪些内容？
10. 什么是特别纳税调整？特别纳税调整的原则是什么？
11. 什么是资本弱化？资本弱化如何调整？
12. 企业所得税中关于固定资产的税务处理的相关规定是什么？
13. 企业所得税税收优惠的内容包括哪些？
14. 什么是个人所得税？个人所得税的纳税人如何界定？
15. 个人所得税关于居民个人和非居民个人的认定标准有什么不同？
16. 个人所得税的应税所得项目有哪些？
17. 个人所得税中不同的应税所得项目，其应纳税所得额是如何确定的？

18. 个人所得税中不同的应税所得项目，其每次收入是如何确定的？
19. 个人所得税免税项目有哪些？
20. 个人所得税减税项目有哪些？
21. 纳税人应当依法办理个人所得税纳税申报的情形有哪些？
22. 分析比较不同行业企业所得税税负水平？
23. 如何计算个人所得税的平均税负水平？
24. 企业所得税和个人所得税税收筹划的切入点？
25. 中小企业所得税优惠政策有哪些？
26. 针对全年一次性奖金，如何筹划单独计税与综合计税？

计　算　题

1. 某企业为居民企业，2024 年发生经营业务如下。

① 取得产品销售收入 4 000 万元。

② 发生产品销售成本 2 600 万元。

③ 发生销售费用 770 万元（其中广告费 650 万元）、管理费用 480 万元（含业务招待费 25 万元）、财务费用 60 万元。

④ 销售税金 160 万元（含增值税 120 万元）。

⑤ 营业外收入 80 万元，营业外支出 50 万元（含通过公益性社会团体向贫困山区捐款 30 万元，支付税收滞纳金 6 万元）。

⑥ 计入成本、费用中的实发工资总额 200 万元，拨缴职工工会会费 5 万元，发生职工福利费 31 万元，发生职工教育经费 28 万元。

要求：计算该企业 2024 年度实际应纳的企业所得税税额。

2. 某工业企业为居民企业，2024 年度发生经营业务如下。

① 全年取得产品销售收入 5 600 万元，发生产品销售成本 4 000 万元。

② 其他业务收入 800 万元，其他业务成本 694 万元。

③ 取得购买国债的利息收入 40 万元。

④ 缴纳非增值税销售税金及附加 300 万元。

⑤ 发生的管理费用 760 万元，其中新技术研究开发费用 60 万元、业务招待费用 70 万元。

⑥ 发生财务费用 200 万元。

⑦ 取得直接投资其他居民企业的权益性投资收益 34 万元（已在被投资方所在地按 25% 的税率缴纳了所得税）。

⑧ 取得营业外收入 100 万元，发生营业外支出 250 万元（含公益性捐赠支出 38 万元）。

要求：计算该企业 2024 年应纳的企业所得税税额。

3. 某小型运输公司是个体工商户，账证比较健全，2023 年 12 月取得营业额为 220 000 元，准许扣除的当月成本、费用及相关税金共计为 170 600 元。1—11 月累计应纳税所得额为 68 400 元，1—11 月累计已预缴个人所得税为 13 200 元。要求：计算该个体工商户 2023 年度应补缴的个人所得税税额。

4. 假定 2024 年 3 月 1 日，某个人与事业单位签订合同承包经营招待所，承包期为 3 年。2019 年招待所实现承包经营利润 150 000 元，按合同规定承包人每年应从承包经营利润中上缴承包费 30 000 元。要求：计算该承包人 2024 年应缴纳的个人所得税税额。

5. 高级工程师赵某为泰华公司进行一项工程设计，按照合同规定，公司应支付给赵某劳务报酬 48 000 元，与其报酬相关的个人所得税由公司代扣。要求：计算公司应代扣的个人所得税税额。

6. 刘某于 2024 年 1 月将其自有面积为 150 m^2 的 4 间房屋按市场价格出租给张某居住。刘某每月取得租金收入 2 500 元，全年租金收入 30 000 元。要求：计算刘某全年租金收入应缴纳的个人所得税税额。

7. 某个人建房一幢，造价 360 000 元，支付其他费用 50 000 元。该个人将建成后的房屋对外出售，售价 600 000 元，在售房过程中按规定支付交易费等相关税费 35 000 元。要求：计算其应缴纳的个人所得税税额。

8. 李某出租商铺，2024 年 11 月取得不含税增值税租金收入 6 000 元，本月财产租赁过程中缴纳的可以税前扣除的税费合计为 720 元，发生由纳税人负担的租赁财产实际开支的修缮费用 1 000 元，均取得合法票据。要求：计算李某当月出租商铺应缴纳的个人所得税税额。

练习题 9

第10章

财产和行为税

【本章导读】

房产税，是以房产为征税对象，按照房产的计税价值或租金收入向房产所有人或经营管理人等征收的一种税。本章主要介绍房产税的纳税人、征税范围、计税依据、税率、应纳税额计算及征收管理等内容。

车船税，是对在中国境内车船管理部门登记的车辆、船舶依法征收的一种税。本章主要介绍车船税的纳税人、征税范围、税目、税率、计税依据、应纳税额计算、税收优惠及征收管理等内容。

契税，是国家在土地、房屋权属转移时，按照当事人双方签订的合同（契约），以及所确定价格的一定比例，向权属承受人征收的一种税。本章主要介绍契税的纳税人、征税范围、计税依据、税率、应纳税额计算、税收优惠及征收管理等内容。

资源税，是对在我国境内从事应税矿产品开采或者生产盐的单位和个人征收的一种税。本章主要介绍资源税的纳税人、税目、税率、计税依据、应纳税额计算、税收优惠及征收管理等内容。

土地增值税，是对转让国有土地使用权、地上建筑物及其附着物并取得收入的单位和个人，就其转让房地产所取得的增值额征收的一种税。本章主要介绍土地增值税的纳税人、征税范围、计税依据、税率、应纳税额计算、税收优惠及征收管理等内容。

城镇土地使用税，是国家在城市、县城、建制镇、工矿区范围内，对使用土地的单位和个人，以其实际占用的土地面积为计税依据，按照规定的税额计算征收的一种税。本章主要介绍城镇土地使用税的纳税人、征税范围、计税依据、税率、应纳税额计算、税收优惠及征收管理等内容。

耕地占用税，是为了合理利用土地资源，加强土地管理，保护耕地，对占用耕地建房或者从事其他非农业建设的单位和个人，就其实际占用的耕地面积征收的一种税。本章主要介绍耕地占用税的纳税人、征税范围、税率、计税依据、应纳税额计算、税收优惠及征收管理等内容。

城市维护建设税，是以纳税人实际缴纳的增值税和消费税税额为计税依据，依法计征的一种税。本章主要介绍城市维护建设税的纳税人、征税范围、计税依据、税率、应纳税额计算及征收管理等内容。

教育费附加的征收范围为税法规定征收增值税和消费税的单位和个人。本章主要介绍教育费附加的计征依据、征收比例、计算与缴纳及减免规定等内容。

印花税，是对经济活动和经济交往中书立、领受、使用税法规定应税凭证的单位和个人征收的一种税。本章主要介绍印花税的纳税人、征税范围、税率、计税依据、应纳税额计算、税收优惠及征收管理等内容。

船舶吨税，是对自中国境外港口进入境内港口的船舶征收的一种税。本章主要介绍船舶吨税的纳税人、税率、计税依据、应纳税额计算、税收优惠及征收管理等内容。

车辆购置税，是对在中国境内购置规定车辆的单位和个人征收的一种税。本章主要介绍车辆购置税的纳税人、征收范围、税率、计税依据、应纳税额计算、税收优惠及征收管理等内容。

烟叶税，是向收购烟叶产品的单位征收的一种税。本章主要介绍烟叶税的纳税人、征收范围、税率、计税依据、应纳税额计算及征收管理等内容。

环境保护税，是对在我国领域及管辖的其他海域直接向环境排放应税污染物的企事业单位和其他生产经营者征收的一种税。本章主要介绍环境保护税的纳税人、税目和税率、计税依据、应纳税额计算、税收减免和征收管理等内容。

本章教学思政视角：一是税收是宏观经济调控的重要杠杆，坚持房子是用来住的、不是用来炒的定位。二是完善支持绿色发展的财税、金融、投资、价格政策和标准体系，坚持绿水青山就是金山银山的理念。三是坚持精准治污、科学治污、依法治污，持续深入打好蓝天、碧水、净土保卫战，强化绿色发展的法律和政策保障，实施有利于节能环保和资源综合利用的税收政策。四是强化绿色发展的法律和政策保障，实施有利于节能环保和资源综合利用的税收政策。

通过本章学习，要求掌握房产税等 13 个税种的税制要素及应纳税额的计算，了解房产税等 13 个税种的法律制度现状，具备房产税等 13 个税种的纳税申报能力。

10.1　财产和行为税概述

10.1.1　财产税概述

1. 财产税的概念

财产税是对法人或自然人在某一时点占有或可支配财产课征的一类税收的统称。其中，财产是指法人或自然人在某一时点所占有及可支配的经济资源，如房屋、土地、物资、有价证券等。作为古老的税种，财产税曾经是奴隶社会时期和封建社会时期国家财政收入的最主要来源。进入资本主义社会以后，其主体税种的地位逐步让位于商品税和所得税。财产税的衰落，是由其本身的局限性决定的：一是弹性小，不能适应社会经济发展的需要；二是课税对象有限；三是计税依据难以准确界定，税收征管难度大，税收成本较高。

2. 财产税的特点

① 财产税是对社会财富的存量课税，可弥补所得税和商品税的不足。财产税的课税对象一般不是纳税人当年新创造的价值，而是其以往年度所创造价值的累积总和。因此，财产税可以发挥商品税和所得税无法发挥的作用。

② 财产税属于直接税，税负难以转嫁。由于财产税是在消费领域中对财产的占有或支配课税，一般不与他人发生经济关系，纳税人很难有机会转嫁其税负，故财产税对调节社会财富的不合理分布状况、实现公平合理的分配目标，有着无法替代的重要作用。

③ 计税依据难以确定，征管难度大。由于财产税是以纳税人在以往若干年度积蓄的财

产存量为课税对象进行征税，因此往往缺乏正常的交易价格作为计税依据。随着时间的推移，许多存量财产的历史成本已不复存在或难以反映目前的市场价值，这一切无疑都会增大其征管工作的难度。

3. 财产税的分类

按财产税征税对象的不同，可以将其分为一般财产税、财产收益税和财产转移税。其中，一般财产税是以纳税人的一切财产价值为课税对象；财产收益税是以财产的收益额，而不是以财产本身的价值为课税对象，因而通常将其划归所得税类；财产转移税则是以转移时的市场价值为课税对象。

10.1.2 资源税概述

1. 资源税的概念

资源税是指以各种自然资源为课税对象所征收的一类税收的统称。其中，自然资源是指未经人类加工而可以利用的天然物质资源，其范围异常广泛。作为资源税课征对象的资源，是指那些具有商品属性的自然资源，即具有交换价值和使用价值的资源。因此，这就决定了各国对资源征税是有选择性的，而不是对所有的资源都征税。

2. 资源税的类型

资源税按其性质可分为一般资源税和级差资源税。一般资源税以自然资源的开发利用为前提，无论资源的好坏或收益的多少，都要按规定征税，其课税对象是绝对地租，属于资源补偿性质的征税；级差资源税根据开发和使用自然资源的等级和收益的多少进行课税，其课税对象是级差地租。

3. 资源税的特点

与其他税类相比，资源税主要具有两大特点。

① 只对特定的资源征税，课税范围具有选择性。资源税以自然资源为课税对象，但自然资源范围很广，包括土地、矿山、森林、水流、草原、海洋、野生动植物及阳光、空气、风能等地面、地下、海底和空间的一切资源。由于种种原因，现行世界各国资源税的课税对象，仅仅是自然资源中的很小一部分。我国目前只对部分矿产品、盐和土地资源征收资源税。

② 采用差别税额。由于资源税的主要课税对象是纳税人开采使用自然资源所取得的级差收益，且由于不同地区和不同应税资源所能取得的级差收益有很大差别，为促进资源的合理开发利用，适当调节收入水平并实现公平合理的分配目标，资源税一般都采用地区差别税额，以体现量能负税的原则。

10.1.3 行为税概述

1. 行为税的概念

行为税是指以消费或经济生活中的某些特定行为作为课税对象的一类税收的总称。其中，特定行为是指除了从事商品和劳务的销售行为、取得所得行为、占有或转移财产行为等以外的应纳税行为，具体课税范围则由税法予以确定。

2. 行为税的特点

① 明确的目的性。行为税主要以特定的行为为课税对象，因而它在宏观调控中更能直

接体现国家意志。在现实经济生活中，对哪些行为征税、对哪些行为不征税、税率水平的高低和税收负担的轻重等，完全取决于国家的特定政策目标。

② 分散性和灵活性。行为税的税源分散且不普遍，因此收入不像商品税和所得税那样集中、稳定。加之其目的是限制某种行为，实行“寓禁于征”的政策，往往是因时制宜和因地制宜，需要时就开征，不需要时则停征，从而具有分散性和灵活性的特征。

③ 税款收入具有特殊的用途。行为税通常是基于特定的目的及特殊需要而开征、停征，其收入具有偶然性和临时性。因此，行为税的收入一般不列入经常性预算收入来源，而是作为建设性预算收入的一部分，用于满足经济发展过程中的特殊需要。

10.2 房　产　税

10.2.1　房产税的概念

房产税，是以房产为征税对象，按照房产的计税价值或租金收入向产权所有人征收的一种税。其中，房产是指以房屋形态表现的财产。房屋是指有屋面和围护结构（有墙或两边有柱），能够遮风避雨，可供人们在其中生产、工作、学习、娱乐、居住或储藏物资的场所。

征收房产税的目的在于运用税收杠杆，加强对房产的管理，控制固定资产投资规模和配合国家房产政策的调整，合理调节房产所有人和经营管理人的收入。此外，房产税税源稳定，易于控制管理，是地方财政收入的重要来源之一。1986 年 9 月 15 日国务院颁布并于同年 10 月 1 日起施行《中华人民共和国房产税暂行条例》（以下简称《房产税暂行条例》），同年 9 月 25 日，财政部、国家税务总局印发《关于房产税若干具体问题的解释和暂行规定》。之后，国务院及财政部、国家税务总局又陆续发布了一些有关房产税的规定、办法，这些构成了我国现行的房产税法律制度。

为积极稳妥地推进房地产税立法与改革，引导住房合理消费和土地资源节约集约利用，促进房地产市场平稳健康发展，2021 年 10 月 23 日第十三届全国人大常委会第三十一次会议决定：授权国务院在部分地区开展房地产税改革试点工作。试点地区的房地产税征税对象为居住用和非居住用等各类房地产，不包括依法拥有的农村宅基地及其上住宅。授权的试点期限为 5 年，自国务院试点办法印发之日起算。

10.2.2　房产税的纳税人和征税范围

1. 纳税人

房产税纳税人，是指在我国城市、县城、建制镇和工矿区范围内拥有房屋产权的单位和个人，具体包括产权所有人、承典人、房产代管人或者使用人。

① 产权属于国家所有的，其经营管理单位为纳税人；产权属于集体和个人的，集体单位和个人为纳税人。其中，单位包括国有企业、集体企业、私营企业、股份制企业、外商投资企业、外国企业及其他企业和事业单位、社会团体、国家机关、军队及其他单位；个人包括个体工商户及其他个人。

② 产权出典的，承典人为纳税人。产权承典，是指产权所有人为了某种需要，将自己的房屋产权在一定的期限内转让（典当）给他人使用而取得出典价款的一种融资行为。产权所有人（房主）称为房屋出典人；支付现金或实物取得房屋支配权的人称为房屋承典人。这种业务一般发生于出典人急需资金，但又想保留产权赎回权的情况。承典人向出典人交付一定的典价之后，在质典期内获取抵押物品的支配权，并可转典。产权的典价一般要低于卖价。出典人在规定期间内须归还典价的本金和利息，方可赎回出典房屋的产权。由于在房屋出典期间，产权所有人已无权支配房屋，因此房产税法律制度规定对房屋具有支配权的承典人为纳税人。

③ 产权所有人、承典人不在房产所在地的，或者产权未确定及租典纠纷未解决的，房产代管人或者使用人为纳税人。租典纠纷，是指产权所有人在房产出典和租赁关系上，与承典人、租赁人发生各种争议，特别是有关权利和义务的争议悬而未决的。此外，还有一些产权归属不清的问题，也都属于租典纠纷。对租典纠纷未解决的房产由代管人或使用人纳税，主要目的是消除纳税盲点，加强征收管理，保证税收公平。

④ 应税单位和个人无租使用其他单位的房产，由使用人代为缴纳房产税。

房地产开发企业建造的商品房，在出售前不征收房产税，但对出售前房地产开发企业已使用或出租、出借的商品房应按规定征收房产税。

2. 征税范围

房产税的征税范围为城市、县城、建制镇和工矿区范围内的房屋。其中，城市是指经国务院批准设立的市，其征税范围为市区、郊区和市辖县城，不包括农村；县城是指未设立建制镇的县人民政府所在地的地区；建制镇是指经省、自治区、直辖市人民政府批准设立的建制镇；工矿区是指工商业比较发达，人口比较集中，符合国务院规定的建制镇的标准，但尚未设立建制镇的大中型工矿企业所在地。在工矿区开征房产税必须经省、自治区、直辖市人民政府批准。

独立于房屋之外的建筑物，如围墙、烟囱、水塔、室外游泳池等，不属于房产税的征税范围。

10.2.3 房产税的计税依据、税率和应纳税额的计算

1. 计税依据

房产税以房产的计税价值或租金收入为计税依据。按房产计税价值征税的，称为从价计征；按房产租金收入征税的，称为从租计征。

1）从价计征房产税的计税依据

（1）房产余值

从价计征的房产税，以房产余值为计税依据。根据房产税法律制度的规定，房产税依照房产原值一次减除10%～30%后的余值计算缴纳。具体减除幅度由省、自治区、直辖市人民政府规定。没有房产原值作为计税依据的，由房产所在地税务机关参考同类房产核定。

（2）房产原值

房产原值，是指纳税人按照国家统一的会计制度规定，在“固定资产”科目中记载的房屋原值，包括与房屋不可分离的各种附属设备或一般不单独计算价值的配套设施。房产余值是房产原值减除规定比例后的剩余价值。凡是按照国家统一的会计制度规定在账簿中记载有

房屋原价的，以房屋原价按规定减除一定比例后作为房产余值，计征房产税；没有记载房屋原价的，按照上述原则，并参照同类房屋确定房产原值，计征房产税。对房产原值的确定明显不合理的，应重新予以评估。

自 2009 年 1 月 1 日起，对依照房产原值计税的房产，不论是否记载在会计账簿固定资产科目中，均应按照房屋原价计算缴纳房产税。

（3）房屋附属设备和配套设施的计税规定

房产原值应包括与房屋不可分离的各种附属设备或一般不单独计算价值的配套设施。主要有：暖气、卫生、通风、照明、煤气等设备；各种管线，如蒸汽、压缩空气、石油、给水排水等管道及电力、电信、电缆导线；电梯、升降机、过道、晒台等。凡是以房屋为载体，不可随意移动的附属设备和配套设施，如给排水、采暖、消防、中央空调、电气及智能化楼宇设备等，无论在会计核算中是否单独记账，都应计入房产原值，计征房产税。

纳税人对原有房屋进行改建、扩建的，要相应调整房屋的原值。更换房屋附属设备和配套设施的，在将其价值计入房产原值时，可扣减原来相应设备和设施的价值；对附属设备和配套设施中容易损坏、需要经常更换的零配件，更新后不再计入房产原值。

（4）投资联营房产的计税规定

对于投资联营的房产，在计征房产税时应予以区别对待。

① 以房产投资联营、投资者参与利润分红、承担经营风险的，按房产余值作为计税依据计缴房产税。

② 以房产投资仅收取固定收入、不承担经营风险的，以出租方取得的租金收入为计税依据计缴房产税。

（5）融资租赁房屋的计税规定

对于融资租赁性质的房屋，由于租赁费包括购进房屋的价款、手续费、借款利息等，与一般房屋出租的“租金”内涵不同，且租赁期满后，当承租方偿还最后一笔租赁费时，房屋产权要转移给承租方。这实际上是一种变相的分期付款购买固定资产的形式，所以在计征房产税时应以房产余值计算征收。至于租赁期内房产税的纳税人，由当地税务机关根据实际情况确定。

2）从租计征房产税的计税依据

（1）租金收入

房产出租的，以房屋出租取得的租金收入为房产税的计税依据。计征房产税的租金收入不含增值税。免征增值税的，确定计税依据时，租金收入不扣减增值税税额。

房产租金收入，是指房屋产权所有人出租房产使用权所取得的报酬，包括货币收入和实物收入。对以劳务或其他形式为报酬抵付房租的，应根据当地同类房产的租金水平，确定一个标准租金从租计征。

（2）核定应纳税额

纳税人对个人出租房屋的租金收入申报不实或申报数与同一地段同类房屋的租金收入相比明显不合理的，税务部门可以按照《中华人民共和国税收征收管理法》（以下简称《税收征收管理法》）的有关规定，采取科学合理的方法核定其应纳税额。

2. 税率

房产税采用比例税率。

从价计征的，年税率为1.2%，即按房产原值一次减除10%～30%后的余值的1.2%计征。

从租计征的，税率为12%，即依照房产租金收入的12%计征。对个人按市场价格出租的居民住房，暂减按4%的税率征收房产税。

3. 应纳税额的计算

从价计征的房产税，应纳税额计算公式如下。

应纳税额＝房产原值×(1－扣除比例)×1.2%

从租计征的房产税，应纳税额计算公式如下。

应纳税额＝租金收入×12%(或4%)

【例10－1】 某企业有原值为2 000万元的房产，2024年1月1日将全部房产对外投资联营，参与投资利润分红，并承担经营风险。已知当地政府规定的扣除比例为30%，要求：计算该房产2024年应缴纳的房产税税额。

解 应纳税额＝2 000×(1－30%)×1.2%＝16.8(万元)

【例10－2】 某企业2024年度自有生产用房原值5 000万元，账面已提折旧1 000万元。当地政府规定计算房产余值的扣除比例为30%。要求：计算该企业2024年应缴纳的房产税税额。

解 应纳税额＝5 000×(1－30%)×1.2%＝42(万元)

【例10－3】 某企业2024年会计账簿记载有固定资产原值3 000万元，其中房产原值为2 000万元，已提折旧400万元；机器设备原值为1 000万元，已提折旧240万元。已知当地政府规定的扣除比例为30%。要求：计算该企业2024年应缴纳的房产税税额。

解 应纳税额＝2 000×(1－30%)×1.2%＝16.8(万元)

【例10－4】 某企业有一处房产原值1 000万元，2024年7月1日用于投资联营（收取固定收入，不承担联营风险），投资期为5年。已知该企业当年取得固定收入50万元，当地政府规定的扣除比例为20%。要求：计算该企业2024年应缴纳的房产税税额。

解 应纳税额＝[1 000×(1－20%)×1.2%]/2＋50×12%＝10.8(万元)

【例10－5】 李某自有一栋楼房，共16间，其中用于个人生活居住有3间（房屋原值为6万元），用于个人开餐馆有4间（房屋原值为10万元）。2024年1月1日，李某将剩下的9间房中的4间出典给王某，取得出典价款收入10万元；将其余的5间房出租给某公司，每月收取租金5 000元，期限均为1年。该地区规定按房产原值一次扣除20%后的余值计税。要求：计算李某2024年应缴纳的房产税税额。

解 营业用房应纳税额＝100 000×(1－20%)×1.2%＝960(元)

出租房屋应纳税额＝5 000×12×12%＝7 200(元)

应纳税额＝960＋7 200＝8 160(元)

10.2.4 房产税税收优惠

1. 国家机关、人民团体、军队自用的房产免征房产税

上述免税单位的出租房产及非自身业务使用的生产、经营用房，不属于免税范围。

自2004年8月1日起，对军队空余房产租赁收入暂免征收房产税。

2. 事业单位自用的房产免征房产税

上述规定，是指由国家财政部门拨付事业经费（全额或差额）的单位（如学校、医疗卫生单位、托儿所、幼儿园、敬老院及文化、体育、艺术类单位）所有的、本身业务范围内使用的房产免征房产税。

由国家财政部门拨付事业经费的单位，其经费来源实行自收自支后，从事业单位实行自收自支的年度起，免征房产税3年。

上述单位所属的附属工厂、商店、招待所等不属于单位公务、业务用房，应照章纳税。

3. 宗教寺庙、公园、名胜古迹自用的房产免征房产税

宗教寺庙、公园、名胜古迹自用的房产免征房产税。宗教寺庙自用的房产，是指举行宗教仪式等的房屋和宗教人员使用的生活用房。公园、名胜古迹自用的房产，是指供公共参观游览的房屋及其管理单位的办公用房。

宗教寺庙、公园、名胜古迹内附设的营业单位，如影剧院、饮食部、茶社、照像馆等所使用的房产及出租的房产，不属于免税范围，应照章征税。

4. 个人所有非营业用的房产免征房产税

个人所有非营业用的房产免征房产税。个人所有的非营业用房，主要是指居民住房，不分面积多少，一律免征房产税。对个人拥有的营业用房或者出租的房产，不属于免税房产，应照章征税。为了抑制房价的过快增长和房产投机行为，从2011年1月起，我国在上海、重庆两地进行房产税改革试点。

5. 其他减免税的房产

① 毁损不堪居住的房屋和危险房屋，经有关部门鉴定，在停止使用后可免征房产税。

② 纳税人因房屋大修导致连续停用半年以上的，在房屋大修期间免征房产税。免征税额由纳税人在申报缴纳房产税时自行计算扣除，并在申报表附表或备注栏中作相应说明。纳税人房屋大修停用半年以上需要免征房产税的，应在房屋大修前向主管税务机关报送相关的证明材料，包括大修房屋的名称、坐落地点、产权证编号、房产原值、用途、房屋大修的原因、大修合同及大修的起止时间等信息和资料，以备税务机关查验。

③ 在基建工地为基建工程服务的各种工棚、材料棚、茶炉房、休息棚和办公室、食堂、汽车房等临时性房屋，在施工期间一律免征房产税。施工结束后，施工企业将这种临时性房屋交还或估价转让给基建单位的，应从基建单位接收的次月起照章纳税。

④ 房管部门经租的居民住房，在房租调整改革之前收取租金偏低的，可暂缓征收房产税。房管部门经租的其他非营业用房，是否给予照顾，由各省、自治区、直辖市根据当地具体情况按税收管理体制的规定办理。

⑤ 高校学生公寓免征房产税。

⑥ 非营利性医疗机构、疾病控制机构、妇幼保健机构等卫生机构自用的房产，免征房产税。

⑦ 老年服务机构自用的房产免征房产税。老年服务机构是指专门为老年人提供生活照

料、文化、护理、健身等多方面服务的福利性、非营利性的机构，主要包括老年社会福利院、敬老院（养老院）、老年服务中心、老年公寓（含老年护理院、康复中心、托老所）等。

⑧ 公共租赁住房免征房产税。公共租赁住房经营单位应单独核算公共租赁住房租金收入，未单独核算的，不得享受免租房产税优惠政策。对廉租住房经营管理单位按照政府规定价格向规定保障对象出租廉租住房的租金收入，免征房产税。

对个人出租住房，不区分用途，按4%的税率征收房产税；企事业单位、社会团体及其他组织按市场价格向个人出租用于居住的住房，减按4%的税率征收房产税。

⑨ 国家机关、军队、人民团体、财政补助事业单位、居民委员会、村民委员会拥有的体育场馆，用于体育活动的房产，免征房产税。

经费自理的事业单位、体育社会团体、体育基金会、体育类民办非企业单位拥有并运营管理的体育场馆，符合相关条件的，其用于体育活动的房产，免征房产税。

企业拥有并运营管理的大型体育场馆，其用于体育活动的房产，减半征收房产税。

享受上述税收优惠体育场馆的运动场地用于体育活动的天数不得低于全年自然天数的70%。

⑩ 自2021年10月1日起，对企事业单位、社会团体以及其他组织向个人、专业化规模化住房租赁企业出租住房的，减按4%的税率征收房产税。专业化规模化住房租赁企业的标准为：企业在开业报告或者备案城市内持有或经营租赁住房1 000套（间）及以上或者建筑面积3万平方米及以上。各省、自治区、直辖市住房城乡建设部门会同同级财政、税务部门，可根据租赁市场发展情况，对本地区全部或者部分城市在50%的幅度内下调标准。

10.2.5 房产税征收管理

1. 纳税义务发生时间

① 纳税人将原有房产用于生产经营，从生产经营之月起缴纳房产税。

② 纳税人自行新建房屋用于生产经营，从建成之次月起缴纳房产税。

③ 纳税人委托施工企业建设的房屋，从办理验收手续之次月起缴纳房产税。

④ 纳税人购置新建商品房，自房屋交付使用之次月起缴纳房产税。

⑤ 纳税人购置存量房，自办理房屋权属转移、变更登记手续，房地产登记机关签发房屋权属证书之次月起缴纳房产税。

⑥ 纳税人出租、出借房产，自交付出租、出借房产之次月起缴纳房产税。

⑦ 房地产开发企业自用、出租、出借本企业建造的商品房，自房屋使用或交付之次月起缴纳房产税。

纳税人因房产的实物或权利状态发生变化而依法终止房产税纳税义务的，其应纳税款的计算截止到房产的实物或权利状态发生变化的当月月末。

2. 纳税期限

房产税实行按年计算、分期缴纳的征收方法，具体纳税期限由省、自治区、直辖市人民政府规定。

3. 纳税地点

房产税在房产所在地缴纳。房产不在同一地方的纳税人，应按房产的坐落地点分别向房产所在地的税务机关申报纳税。

10.3 车船税

中华人民共和国
车船税法

10.3.1 车船税的概念

车船税是指依照法律规定对在中华人民共和国境内车船管理部门登记的车辆、船舶（以下简称车船）按照规定税目和税额计算征收的一种税。其中，车船是指依法应当在车船管理部门登记的车船。征收车船税，可以促使纳税人提高车船使用效益，督促纳税人合理利用车船，调节和促进经济发展。1951 年原政务院颁布了《车船使用牌照税暂行条例》，对车船征收车船使用牌照税。1952 年，原政务院颁布了《船舶吨税暂行办法》，对进出我国港口的外国籍船舶和外商租用的中国籍船舶，以及中外合营企业使用的外国籍船舶，征收船舶吨税。缴纳船舶吨税的船舶不再缴纳车船使用牌照税。1986 年 9 月 15 日，国务院颁布并于同年 10 月 1 日施行《中华人民共和国车船使用税暂行条例》，适用于除外商投资企业和外国企业以外的，在中国境内拥有并且使用车船的单位和个人。1986 年 9 月 25 日，财政部、国家税务总局印发《关于车船使用税若干问题的解释和暂行规定》。为了简化税制，统一税政，加强税收征收管理，2006 年 12 月 27 日国务院颁布《中华人民共和国车船税暂行条例》；2011 年 2 月 25 日第十一届全国人大常务委员会第十九次会议通过、2019 年 4 月 23 日第十三届全国人大常务委员会第十次会议修订《中华人民共和国车船税法》（以下简称《车船税法》），国务院于 2011 年 11 月 23 日通过、2019 年 3 月 2 日修订《中华人民共和国车船税法实施条例》（以下简称《车船税法实施条例》）。这些构成了我国现行的车船税法律制度。

10.3.2 车船税的纳税人和征税范围

1. 纳税人

车船税纳税人，是指在中华人民共和国境内拥有或者管理车船的单位和个人。车辆所有人或者管理人未缴纳车船税的，车船使用人应代为缴纳车船税。一般情况下，拥有与使用车船的单位和个人是统一的，纳税人既是车船的拥有人，又是车船的使用人。如果存在租赁关系，车船拥有人与使用人不一致时，如果车船拥有人未缴纳车船税，车船使用人应当代为缴纳车船税。

外商投资企业、外国企业、华侨和香港、澳门、台湾同胞投资兴办的企业、外籍人员和香港、澳门、台湾同胞等适用《车船税法》，属于车船税的纳税人。

从事机动车第三者责任强制保险业务的保险机构为机动车车船税的扣缴义务人，应当在收取保险费时依法代收车船税，并出具代收税款凭证。

2. 征税范围

车船税征税范围，是指在中华人民共和国境内属于《车船税法》所规定的应税车辆和船舶。具体包括下列两类。

① 依法应当在车船登记管理部门登记的机动车辆和船舶。机动车辆，是指依靠燃油、电力等能源作为动力运行的车辆，包括载客汽车（含电车）、载货汽车（含半挂牵引车、挂车）、三轮汽车、低速货车、摩托车、专业作业车和轮式专用机械车等。船舶包括机动船舶

和非机动驳船。其中，机动船舶是指依靠燃料等能源作为动力运行的船舶，如客轮、货船等；非机动驳船，是指没有动力装置，由拖轮拉着或推着运行的船舶。

② 依法不需要在车船登记管理部门登记的在单位内部场所行驶或者作业的机动车辆和船舶。车船登记管理部门是指公安、交通运输、农业、渔业、军队、武装警察部队等依法具有车船登记管理职能的部门和船舶检验机构；单位是指依照中国法律、行政法规规定，在中国境内成立的企业、行政单位、事业单位、社会团体及其他组织。

10.3.3 车船税的税目和税率

1. 税目

根据车船税法律制度的规定，车船税税目主要包括乘用车、商用车、其他车辆、摩托车和船舶五类。

① 乘用车。乘用车，是指在设计和技术特性上主要用于载运乘客及随身行李，核定载客人数包括驾驶员在内不超过 9 人的汽车。

② 商用车。商用车，是指除乘用车外，在设计和技术特性上用于载运乘客、货物的汽车，划分为商用客车和商用货车。其中，商用客车包括电车，核定载客人数 9 人以上；商用货车包括半挂牵引车、三轮汽车和低速载货汽车等；半挂牵引车是指装备有特殊装置用于牵引半挂车的商用车；三轮汽车是指最高设计车速不超过每小时 50 公里，具有 3 个车轮的货车；低速载货汽车是指以柴油机为动力，最高设计车速不超过每小时 70 公里，具有 4 个车轮的货车。

③ 其他车辆。其他车辆包括挂车、专用作业车和轮式专用机械车。其中，挂车是指就其设计和技术特性需要由汽车或者拖拉机牵引，才能正常使用的一种无动力的道路车辆；专用作业车是指在其设计和技术特性上用于特殊工作的车辆；轮式专用机械车是指有特殊结构和专门功能，装有橡胶车轮可以自行行驶，最高设计车速大于每小时 20 公里的轮式工程机械车。

④ 摩托车。摩托车，是指无论采用何种驱动方式，最高设计车速大于每小时 50 公里，或者使用内燃机，其排量大于 50 毫升的两轮或者三轮车辆。

⑤ 船舶。船舶，是指各类机动、非机动船舶及其他水上移动装置，包括机动船舶、拖船、非机动船舶和游艇，但是船舶上装备的救生艇筏和长度小于 5 米的艇筏除外。其中，机动船舶是指用机器推进的船舶；拖船是指专门用于拖（推）动运输船舶的专业作业船舶；非机动驳船，是指在船舶登记管理部门登记为驳船的非机动船舶；游艇是指具备内置机械推进动力装置，长度在 90 米以下，主要用于游览观光、休闲娱乐、水上体育运动等活动，并应当具有船舶检验证书和适航证书的船舶。

2. 税率

车船税采用定额税率。根据《车船税法》的规定，对应税车船实行有幅度的定额税率，即对各类车船分别规定一个最低到最高限度的年税额，同时授权国务院财政部门、税务主管部门可以根据实际情况在法定的税目范围和税额幅度内，划分子税目，并明确车船的子税目、税额幅度和船舶的具体适用税额；车船的具体适用税额由省级人民政府在规定的子税目税额幅度内确定。车船税税目、税额如表 10－1 所示。

表 10－1　车船税税目、税额表

税目		计税单位	年基准税额/元	备注
乘用车〔按发动机气缸容量（排气量）分档〕	1.0升（含）以下的	每辆	60～360	核定载客人数 9 人（含）以下
	1.0升以上至1.6升（含）的		300～540	
	1.6升以上至2.0升（含）的		360～660	
	2.0升以上至2.5升（含）的		660～1 200	
	2.5升以上至3.0升（含）的		1 200～2 400	
	3.0升以上至4.0升（含）的		2 400～3 600	
	4.0升以上的		3 600～5 400	
商用车	客车	每辆	480～1 440	核定载客人数 9 人以上，包括电车
	货车	整备质量每吨	16～120	① 包括半挂牵引车、三轮汽车和低速载货汽车等；② 挂车按照货车税额的50%计算
其他车辆	专用作业车		16～120	不包括拖拉机
	轮式专用机械车			
摩托车		每辆	36～180	
船舶	机动船舶	净吨位每吨	3～6	拖船、非机动驳船分别按照机动船舶税额的50%计算
	游艇	艇身长度每米	600～2 000	

说明：机动船舶具体适用税额为：净吨位不超过 200 吨的，每吨 3 元；净吨位超过 200 吨但不超过 2 000 吨的，每吨 4 元；净吨位超过 2 000 吨但不超过 10 000 吨的，每吨 5 元；净吨位超过 10 000 吨的，每吨 6 元。拖船按照发动机功率每 1 千瓦折合净吨位 0.67 吨计算征收车船税。游艇具体适用税额为：艇身长度不超过 10 米的，每米 600 元；艇身长度超过 10 米但不超过 18 米的，每米 900 元；艇身长度超过 18 米但不超过 30 米的，每米 1 300 元；艇身长度超过 30 米的，每米 2 000 元；辅助动力帆艇，每米 600 元。《车船税法》和《车船税法实施条例》所涉及的排气量、整备质量、核定载客人数、净吨位、千瓦、艇身长度，以车船登记管理部门核发的车船登记证书或者行驶证所载数据为准。依法不需要办理登记的车船和依法应当登记而未办理登记或者不能提供车船登记证书、行驶证的车船，以车船出厂合格证明或者进口凭证标注的技术参数、数据为准；不能提供车船出厂合格证明或者进口凭证的，由主管税务机关参照国家相关标准核定，没有国家相关标准的参照同类车船核定。

省、自治区、直辖市人民政府根据《车船税法》所附“车船税税目、税额表”确定车辆具体适用税额。确定时应当遵循以下原则：

- 乘用车依排气量从小到大递增税额；
- 商用客车按照核定载客人数 20 人以下和 20 人（含）以上两档划分，递增税额。

省、自治区、直辖市人民政府确定的车辆具体适用税额，应当报国务院备案。

10.3.4　车船税的计税依据和应纳税额的计算

1. 计税依据

车船税以车船的计税单位数量为计税依据。按车船的种类和性能，分别确定每辆、整备质量每吨、净吨位每吨和艇身长度每米为计税单位。

① 乘用车、商用客车、摩托车以辆数为计税依据。

② 商用货车、专用作业车、轮式专用机械车以整备质量吨位数为计税依据。

③ 机动船舶、非机动驳船、拖船以净吨位数为计税依据。

④ 游艇以艇身长度米数为计税依据。

2. 应纳税额的计算

① 乘用车、商用客车、摩托车车船税应纳税额的计算。乘用车、商用客车、摩托车车船税应纳税额计算公式如下。

应纳税额＝辆数×适用年税额

② 商用货车、专用作业车、轮式专用机械车车船税应纳税额的计算。商用货车、专用作业车、轮式专用机械车车船税应纳税额计算公式如下。

应纳税额＝整备质量吨数×适用年税额

③ 机动船舶车船税应纳税额的计算。机动船舶车船税应纳税额计算公式如下。

应纳税额＝净吨位数×适用年税额

拖船和非机动驳船车船税应纳税额计算公式如下。

应纳税额＝净吨位数×适用年税额×50%

④ 游艇车船税应纳税额的计算。游艇车船税应纳税额计算公式如下。

应纳税额＝艇身长度米数×适用年税额

纳税人购置的新车船，购置当年自纳税义务发生的当月起按月计算。车船税应纳税额计算公式如下。

应纳税额＝(年应纳税额/12)×应纳税月份数

【例 10－6】 2024 年某公司拥有 3 辆载客汽车、4 辆载货汽车，其自重吨位分别为 3 t、4 t、2.5 t、2 t。当地车船税年税额为：载客汽车每辆 100 元，载货汽车自重每吨 50 元。要求：计算该公司 2024 年应缴纳的车船税税额。

解 应纳税额＝3×100＋(3＋4＋2.5＋2)×50＝875(元)

【例 10－7】 张某 2024 年 4 月 12 日购买 1 辆发动机气缸容量为 1.6 l 的乘用车，已知车船税适用年基准税额 480 元。要求：计算张某 2024 年应缴纳的车船税税额。

解 应缴纳的车船税税额＝(480/12)×9＝360(元)

10.3.4 车船税税收优惠

1. 免征车船税

下列车船免征车船税。

① 捕捞、养殖渔船。捕捞、养殖渔船是指在渔业船舶登记管理部门登记为捕捞船或者养殖船的船舶。

② 军队、武装警察部队专用车船。军队、武装警察部队专用车船是指按照规定在军队、

武装警察部队车船登记管理部门登记，并领取军队、武警牌照的车船。

③ 警用车船。警用车船是指公安机关、国家安全机关、监狱、劳动教养管理机关和人民法院、人民检察院领取警用牌照的车辆和执行警务的专用船舶。

④ 依照法律规定应当予以免税的外国驻华使领馆、国际组织驻华代表机构及其有关人员的车船。

⑤ 临时入境的外国车船和香港特别行政区、澳门特别行政区、台湾地区的车船，不征收车船税。

⑥ 使用新能源车船，免征车船税。免征车船税的新能源汽车是指纯电动商用车、插电式（含增量式）混合动力汽车、燃料电池商用车。纯电动乘用车和燃料电池乘用车不属于车船税征税范围，对其不征车船税。

2. 其他税收优惠

① 节约能源车船，减半征收车船税。减半征收车船税的节约能源乘用车应同时符合以下标准：

- 获得许可在境内销售的排量为1.6升以下（含1.6升）的燃用汽油、柴油的乘用车（含非插电式混合动力乘用车和双燃料乘用车）；
- 综合工况燃料消耗量应符合标准；
- 污染物排放符合《轻型汽车污染物排放限值及测量方法（中国第五阶段）》（GB 18352.5—2013）标准中Ⅰ型试验的限值标准。

② 受严重自然灾害影响纳税困难及有其他特殊原因确需减税、免税的，可以减征或者免征车船税。具体办法由国务院规定，并报全国人民代表大会常务委员会备案。

③ 省、自治区、直辖市人民政府根据当地实际情况，可以对公共交通车船、农村居民拥有并主要在农村地区使用的摩托车、三轮汽车和低速载货汽车定期减征或者免征车船税。

10.3.5　车船税征收管理

1. 纳税义务发生时间

车船税的纳税义务发生时间，为取得车船所有权或者管理权的当月，以购买车船的发票或者其他证明文件所载日期的当月为准。

2. 纳税地点

车船税的纳税地点为车船登记地或者车船税扣缴义务人所在地。

纳税人自行申报缴纳车船税的，纳税地点为车船登记地的主管税务机关所在地。

依法不需要办理登记的车船，车船税的纳税地点为车船的所有人或者管理人所在地。

3. 纳税申报

车船税按年申报，分月计算，一次性缴纳。纳税年度为公历1月1日至12月31日。具体申报纳税期限由省、自治区、直辖市人民政府确定。

① 机动车车船税扣缴义务人在代收车船税时，应当在机动车交通事故责任强制保险的保险单及保费发票上注明已收税款的信息，作为代收税款凭证。

② 已完税或者依法减免税的车辆，纳税人应当向扣缴义务人提供登记地的主管税务机关出具的完税凭证或者减免税证明。纳税人没有按照规定期限缴纳车船税的，扣缴义务人在代收代缴税款时，可以一并代收代缴欠缴税款的滞纳金。

③ 扣缴义务人已代收代缴车船税的，纳税人不再向车辆登记地的主管税务机关申报缴纳车船税。

④ 没有扣缴义务人的，纳税人应当向主管税务机关自行申报缴纳车船税。

⑤ 已缴纳车船税的车船在同一纳税年度内办理转让过户的，不再纳税，也不退税。

4. 其他管理规定

① 公安、交通运输、农业、渔业等车船登记管理部门、船舶检验机构和车船税扣缴义务人的行业主管部门应当在提供车船有关信息等方面，协助税务机关加强车船税的征收管理。车辆所有人或者管理人在申请办理车辆相关登记、定期检验手续时，应当向公安机关交通管理部门提交依法纳税或者免税证明。公安机关交通管理部门核查后办理相关手续。公安机关交通管理部门在办理车辆相关登记和定期检验手续时，经核查对没有提供依法纳税或者免税证明的，不予办理相关手续。

② 扣缴义务人应当及时解缴代收代缴的税款和滞纳金，并向主管税务机关申报。扣缴义务人向税务机关解缴税款和滞纳金时，应当同时报送明细的税款和滞纳金扣缴报告。扣缴义务人解缴税款和滞纳金的具体期限，由省、自治区、直辖市税务机关依照法律、行政法规的规定确定。

③ 在一个纳税年度内，已完税的车船被盗抢、报废、灭失的，纳税人可以凭有关管理机关出具的证明和完税凭证，向纳税所在地的主管税务机关申请退还自被盗抢、报废、灭失月份起至该纳税年度终了期间的税款。

④ 已办理退税的被盗抢车船失而复得的，纳税人应当从公安机关出具相关证明的当月起计算缴纳车船税。

10.4 契　　税

中华人民共和国契税法

10.4.1 契税的概念

契税，是指国家在土地、房屋权属转移时，按照当事人双方签订的合同（契约）以及所确定价格的一定比例，向权属承受人征收的一种税。

契税是一个古老的税种。新中国成立以后颁布的第一个《契税暂行条例》规定：“凡土地、房屋之买卖、典当、赠与和交换，均应凭土地、房屋的产权证明，在当事人双方订立契约时，由产权承受人缴纳契税。”之后，契税法律制度不断修订和调整。1997 年 7 月 7 日，国务院颁布并于同年 10 月 1 日起施行《中华人民共和国契税暂行条例》，同年 10 月 28 日，财政部印发《契税暂行条例实施细则》。2020 年 8 月 11 日，第十三届全国人民代表大会常务委员会第二十一次会议通过《中华人民共和国契税法》（以下简称《契税法》），并于 2021 年 9 月 1 日起施行。2021 年 6 月 30 日财政部、税务总局联合发布了《关于贯彻实施契税若干事项执行口径的公告》（财政部、税务总局公告 2021 年第 23 号）；2021 年 8 月 26 日国家税务总局发布《关于契税纳税服务与征收管理若干事项的公告》（税务总局公告 2021 年第 25 号）；2021 年 8 月 27 日财政部、税务总局联合发布了《关税契税法实施后有关优惠政策衔接问题的公告》（财政部、税务总局公告 2021 年第 29 号）。这些构成了我国现行的契税法律制度。

10.4.2　契税的纳税人和征税范围

1. 纳税人

契税纳税人是指在我国境内承受土地、房屋权属转移的单位和个人。

契税由权属承受人缴纳。其中，土地、房屋权属是指土地使用权、房屋所有权；承受是指以受让、购买、受赠、互换等方式取得土地、房屋权属的行为；单位是指企业、事业单位、国家机关、军事单位、社会团体及其他组织；个人是指个体经营者及其他个人。

2. 征税范围

契税以在我国境内转移土地、房屋权属的行为作为征税对象。土地、房屋权属未发生转移的，不征收契税。

① 土地使用权出让。土地使用权出让，是指土地使用者向国家交付土地使用权出让费用，国家将国有土地使用权在一定年限内让予土地使用者的行为。出让费用包括出让金等。

② 土地使用权转让。土地使用权转让，是指土地使用者以出售、赠与、互换或者其他方式将土地使用权转移给其他单位和个人的行为。土地使用权转让不包括土地承包经营权和土地经营权的转移。

③ 房屋买卖。房屋买卖是指房屋所有者将其房屋出售，由承受者交付货币、实物或者其他经济利益的行为。

④ 房屋赠与。房屋赠与是指房屋所有者将其房屋无偿转让给受赠者的行为。

⑤ 房屋互换。房屋互换是指房屋所有者之间相互交换房屋的行为。

⑥ 以其他方式转移土地、房屋权属的征税规定。

以土地、房屋权属作价投资（入股）、偿还债务、划转、奖励等方式转移土地、房屋权属的，应当依照税法规定征收契税。对于这些转移土地、房屋权属的形式，可以分别视同土地使用权转让、房屋买卖或者房屋赠与征收契税。

土地使用权受让人通过完成土地使用权转让方约定的投资额度或者投资特定项目，以此获取低价转让或者无偿赠与土地使用权的，属于契税征收范围，其计税价格由税务机关参照纳税义务发生时当地的市场价格核定。

公司增资扩股中，对以土地、房屋权属作价入股或作为出资投入企业的，征收契税；企业破产清算期间，对非债权人承受破产企业土地、房屋权属的，征收契税。

下列情形发生土地、房屋权属转移的，承受方应当依法缴纳契税：

- 因共有不动产份额变化的；
- 因共有人增加或者减少的；
- 因人民法院、仲裁委员会的生效法律文书或者监察机关出具的监察文书等因素，发生土地、房屋权属转移的。

土地、房屋权属变动还有其他一些不同的形式，如典当、继承、分拆（分割）、出租、抵押等，这些均不属于契税的征税范围。

10.4.3　契税的计税依据、税率和应纳税额的计算

1. 计税依据

按照土地、房屋权属转移形式、定价方法的不同，契税的计税依据也有所区别。

1）成交价格

土地使用权出让、土地使用权出售、房屋买卖，以成交价格作为计税依据。成交价格是指土地、房屋权属转移合同确定的价格，包括承受者应交付的货币、实物或者其他经济利益对应的价款。计征契税的成交价格不含增值税。

土地使用权及所附建筑物、构筑物等（包括在建的房屋、其他建筑物、构筑物和其他附着物）转让的，计税依据为承受方应支付的总价款。

土地使用权出让的，计税依据包括土地出让金、土地补偿费、安置补助费、地上附着物和青苗补偿费、征收补偿费、城市基础设施配套费、实物配建房屋等应交付的货币以及实物、其他经济利益对应的价款。

房屋附属设施（包括停车位、机动车库、非机动车库、顶层阁楼、储藏室及其他房屋附属设施）与房屋为同一不动产单元的，计税依据为承受方应交付的总价款，并适用与房屋相同的税率；房屋附属设施与房屋为不同不动产单元的，计税依据为转移合同确定的成交价格，并按当地确定的适用税率计税。

承受已装修房屋的，应将包括装修费用在内的费用计入承受方应支付的总价款。

2）价格差额

土地使用权互换、房屋互换，以所互换的土地使用权、房屋价格的差额为计税依据。土地使用权互换、房屋互换，互换价格相等的，互换双方计税依据为零；互换价格不相等的，以其差额为计税依据，由支付差额的一方缴纳契税。土地使用权与房屋所有权之间相互交换，按照上述办法确定计税依据。

3）核定价格

土地使用权赠与、房屋赠与以及其他没有价格的转移土地、房屋权属行为，计税依据为税务机关参照土地使用权出售、房屋买卖的市场价格依法核定的价格。

4）出让价款

以划拨方式取得的土地使用权，经批准改为以出让方式重新取得该土地使用权的，应由该土地使用权人以补缴的土地出让价款为计税依据缴纳契税。

先以划拨方式取得土地使用权，后经批准转让房地产，划拨土地性质改为出让的，承受方应分别以补缴的土地出让价款和房地产权属转移合同确定的成交价格为计税依据缴纳契税。

先以划拨方式取得土地使用权，后经批准转让房地产，划拨土地性质未发生改变的，承受方应以房地产权属转移合同确定的成交价格为计税依据缴纳契税。

为了防止纳税人隐瞒、虚报成交价格以偷逃税款，对纳税人申报的成交价格、价格差额明显偏低且无正当理由的，由税务机关依照《税收征收管理法》的规定核定。税务机关依法核定计税价格，应参照市场价格，采用房地产价格评估等方法合理确定。

需要说明的是，契税计税依据不包括增值税，具体规定如下。

① 土地使用权出售、房屋买卖，承受方计征契税的成交价格不含增值税；实际取得增值税发票的，成交价格以发票上注明的不含税价格确定。

② 土地使用权互换、房屋互换，契税计税依据为不含增值税价格的差额。

③ 税务机关核定的契税计税依据为不含增值税价格。

2. 税率

契税采用比例税率，并实行3%～5%的幅度税率。具体适用税率由省、自治区、直辖市人民政府在规定的税率幅度内提出，报同级人民代表大会常务委员会决定，并报全国人民代表大会常务委员会和国务院备案。

省、自治区、直辖市可以依照规定的程序对不同主体、不同地区、不同类型的住房的权属转移确定差别税率。

3. 应纳税额的计算

契税应纳税额，依照省、自治区、直辖市人民政府确定的适用税率和契税法律制度规定的计税依据计算征收。契税应纳税额计算公式如下。

应纳税额＝计税依据×适用税率

以作价投资（入股）、偿还债务等应交付经济利益的方式转移土地、房屋权属的，参照土地使用权出让、出售或房屋买卖确定契税适用税率、计税依据等。

以划转、奖励等没有价格的方式转移土地、房屋权属的，参照土地使用权或房屋赠与确定契税适用税率、计税依据等。

【例10-8】2024年，黄某获得单位奖励房屋一套。黄某得到该房屋后又将其与李某拥有的一套房屋进行交换。房地产评估机构评估黄某的房屋价值为30万元，李某房屋价值为35万元，协商后黄某实际向李某支付房屋交换价格差额款5万元。税务机关核定奖励黄某的房屋价值为28万元。已知当地政府规定的契税税率为4%。要求：计算黄某2024年应缴纳的契税税额。

解 获奖承受行为应缴纳契税＝280 000×4%＝11 200(元)

房屋交换行为应缴纳契税＝50 000×4%＝2 000(元)

实际应缴纳契税＝11 200＋2 000＝13 200(元)

10.4.4 契税税收优惠

1. 法定免税情形

按照《契税法》的规定，纳税人有下列情形之一的，免征契税：

① 国家机关、事业单位、社会团体、军事单位承受土地、房屋权属用于办公、教学、医疗、科研、军事设施；

② 非营利性的学校、医疗机构、社会福利机构承受土地、房屋权属用于办公、教学、医疗、科研、养老、救助；

③ 承受荒山、荒地、荒滩土地使用权用于农、林、牧、渔业生产；

④ 婚姻关系存续期间夫妻之间变更土地、房屋权属；

⑤ 法定继承人通过继承承受土地、房屋权属；

⑥ 依照法律规定应当予以免税的外国驻华使馆、领事馆和国际组织驻华代表机构承受土地、房屋权属。

根据国民经济和社会发展的需要，国务院对居民住房需求保障、企业改制重组、灾后重建等情形可以规定免征或者减征契税，但需报全国人民代表大会常务委员会备案。

2. 酌定减免税情形

省、自治区、直辖市可以决定对下列情形免征或者减征契税：

① 因土地、房屋被县级以上人民政府征收、征用，重新承受土地、房屋权属；

② 因不可抗力灭失住房，重新承受住房权属。

上述规定的免征或者减征契税的具体办法，由省、自治区、直辖市人民政府提出，报同级人民代表大会常务委员会决定，并报全国人民代表大会常务委员会和国务院备案。

经批准减征、免征契税的纳税人，改变有关土地、房屋的用途，或者有其他不再属于税法规定的减征、免征契税情形的，不再属于减征、免征契税范围，应当补缴已经减征、免征的税款。

纳税人符合减征或者免征契税规定的，应当按照规定进行申报。

10.4.5 契税征收管理

1. 纳税义务发生时间

契税的纳税义务发生时间，是纳税人签订土地、房屋权属转移合同的当日，或者纳税人取得其他具有土地、房屋权属转移合同性质凭证的当日。具有土地、房屋权属转移合同性质的凭证包括契税、协议、合约、单据、确认书以及其他凭证。

纳税人应当在依法办理土地、房屋权属登记手续前申报缴纳契税。契税申报以不动产单元为基本单位。

2. 纳税地点

契税实行属地征收管理。纳税人发生契税纳税义务时，应向土地、房屋所在地的税务机关申报纳税。

3. 纳税申报

契税纳税人依法申报纳税时，应填报“财产和行为税税源明细表”（“契税税源明细表”部分），并提交相应的资料。

4. 完税凭证

纳税人办理纳税事宜后，税务机关应当开具契税完税凭证。纳税人办理土地、房屋权属登记，不动产登记机构应当查验契税完税、减免税凭证或者有关信息。未按照规定缴纳契税的，不动产登记机构不予办理土地、房屋权属登记。

税务机关在契税足额征收或办理免税（不征税）手续后，应通过契税的完税凭证或契税信息联系单等，将完税或免税（不征税）信息传递给不动产登记机构。能够通过信息共享即时传递信息的，税务机关可不再向不动产登记机构提供完税凭证或开具联系单。

5. 退税

在依法办理土地、房屋权属登记前，权属转移合同、权属转移合同性质凭证不生效、无效、被撤销或者被解除的，纳税人可以向税务机关申请退还已缴纳的税款，税务机关应当依法办理。

6. 部门之间的工作配合

税务机关应当与相关部门建立契税涉税信息共享和工作配合机制。自然资源、住房城乡建设、民政、公安等相关部门应当及时向税务机关提供与转移土地、房屋权属有关的信息，协助税务机关加强契税征收管理。

各地税务机关应与当地房地产管理部门加强协作，采用不动产登记、交易和缴税一窗受理等模式，持续优化契税申报缴纳流程，共同做好契税征收与房地产管理衔接工作。

税务机关及其工作人员对税收征管过程中知悉的个人身份信息、婚姻登记信息、不动产权属登记信息、纳税申报信息及其他商业秘密和个人隐私，应当依法予以保密，不得泄露或者非法向他人提供。纳税人的税收违法行为信息不属于保密信息范围，税务机关可依法处理。

中华人民共和国资源税法

10.5 资 源 税

10.5.1 资源税的概念

资源税是对在我国领域或管辖的其他海域开发应税资源的单位和个人征收的一种税。

1950年1月30日，政务院颁布了《全国税政实施要则》，明确规定对盐的生产、运销征收盐税，但未将矿产资源纳入征税范围。1984年9月18日，国务院发布了《中华人民共和国盐税条例（草案）》《中华人民共和国资源税条例（草案）》，自1984年10月1日起试行。1993年12月25日国务院颁布、自1994年1月1日起施行《中华人民共和国资源税暂行条例》，同年12月30日，财政部印发《资源税暂行条例实施细则》，取消盐税，将盐税并入资源税；2011年9月21日国务院通过《国务院关于修改〈中华人民共和国资源税暂行条例〉的决定》，自2011年11月1日起实施；2014年10月9日，财政部、国家税务总局对煤炭、石油、天然气资源税有关政策进行了调整，自2014年12月1日起执行。随后又对资源税税率和计税依据进行了调整，自2015年5月1日起，对稀土、钨、钼资源税由从量定额征收改为从价定率征收；2015年8月1日起，煤炭资源税由从量定额计征改为从价定率计征，同时清理了涉及煤炭、原油、天然气、稀土、钨、钼的相关收费基金。自2016年7月1日起，将21种资源品目和未列举名称的其他金属矿实行从价计征。2019年8月26日第十三届全国人民代表大会常务委员会第十二次会议通过了《中华人民共和国资源税法》（以下简称《资源税法》）（自2020年9月1日起施行）。这些构成了我国现行的资源税法律制度。

10.5.2 资源税的纳税人和征税范围

1. 纳税人

资源税的纳税人，是指在中华人民共和国领域及管辖的其他海域开发应税资源[①]的单位和个人。其中，单位是指国有企业、集体企业、私营企业、股份制企业、其他企业和行政单位、事业单位、军事单位、社会团体及其他单位；个人是指个体工商户及其他个人。其他单位和其他个人包括外商投资企业、外国企业及外籍人员[②]。

资源税法律制度规定，收购未税矿产品的单位为资源税的扣缴义务人。规定资源税的扣缴义务人，主要是针对零星、分散、不定期开采的情况，为了加强管理，避免漏税，由扣缴

① 应税资源的具体范围，由《资源税税目税率表》确定。

② 中外合作开采陆上、海上石油资源的企业依法缴纳资源税。2011年11月1日前已依法订立中外合作开采陆上、海上石油资源合同的，在该合同有效期内，继续依照国家有关规定缴纳矿区使用费，不缴纳资源税；合同期满后，依法缴纳资源税。

义务人在收购应税矿产品时代扣代缴资源税。

收购未税矿产品的单位是指独立矿山、联合企业及其他单位。独立矿山是指只有采矿或只有采矿和选矿，独立核算、自负盈亏的单位，其生产的原矿和精矿主要用于对外销售。联合企业是指采矿、选矿、冶炼（或加工）连续生产的企业或采矿、冶炼（或加工）连续生产的企业，其采矿单位一般是该企业的二级或二级以下核算单位。其他单位包括收购未税矿产品的个体工商户。

2. 征税范围

我国资源税的征税范围由《资源税法》所附"资源税税目税率表"确定，包括能源矿产、金属矿产、非金属矿产、水气矿产、盐类，共计五大类，各税目的征税对象包括原矿与选矿。原矿是指经过采矿过程采出后未进行选矿或者加工的矿石。选矿是指通过破碎、切割、洗选、筛分、磨矿、分级、提纯、脱水、干燥等过程形成的产品，包括富集的精矿和研磨成粉、粒级成型、切割成型的原矿加工品。

1）能源矿产

能源矿产包括原油、天然气、页岩气、天然气水合物、煤、煤成（层）气、铀、钍、油页岩、油砂、天然沥青、石煤、地热。原油是指开采的天然原油，不包括人造石油。天然气是指专门开采或与原油同时开采的天然气。煤炭包括原煤和以未税原煤加工的洗选煤。原煤是指开采出的毛煤经过简单选矸（矸石直径 50 mm 以上）后的煤炭，以及经过筛选分类后的筛选煤等。洗选煤是指经过筛选、破碎、水洗、风洗等物理化学工艺，去灰去矸后的煤炭产品，包括精煤、中煤、煤泥等，不包括煤矸石。

2）金属矿产

金属矿产包括黑色金属和有色金属两类。

黑色金属包括铁、锰、铬、钒、钛。

有色金属包括铜、铅、锌、锡、镍、锑、镁、钴、铋、汞、铝土矿、钨、钼、金、银、铂、钯、钌、锇、铱、铑、轻稀土、中重稀土、铍、锂、锆、锶、铷、铯、铌、钽、锗、镓、铟、铊、铪、铼、镉、硒、碲。

3）非金属矿产

非金属矿产包括矿物类、岩石类、宝玉石类。

矿物类包括高岭土、石灰岩、磷、石墨、萤石、硫铁矿、自然硫、天然石英砂、脉石英、粉石英、水晶、工业用金刚石、冰洲石、蓝晶石、硅线石（砂线石）、长石、滑石、刚玉、菱镁矿、颜料矿物、天然碱、芒硝、钠硝石、明矾石、砷、硼、碘、溴、膨润土、硅藻土、陶瓷土、耐火黏土、铁矾土、凹凸棒石黏土、海泡石黏土、伊利石黏土、累托石黏土、叶蜡石、硅灰石、透辉石、珍珠岩、云母、沸石、重晶石、毒重石、方解石、蛭石、透闪石、工业用电气石、白垩、石棉、蓝石棉、红柱石、石榴子石、石膏、其他黏土（铸型用黏土、砖瓦用黏土、陶粒用黏土、水泥配料用黏土、水泥配料用红土、水泥配料用黄土、水泥配料用泥岩、保温材料用黏土）。

岩石类包括大理岩、花岗岩、白云岩、石英岩、砂岩、辉绿岩、安山岩、闪长岩、板岩、玄武岩、片麻岩、角闪岩、页岩、浮石、凝灰岩、黑曜岩、霞石正长岩、蛇纹岩、麦饭石、泥灰岩、含钾岩石、含钾砂页岩、天然油石、橄榄岩、松脂岩、粗面岩、辉长石、辉石岩、正长岩、火山灰、火山渣、泥炭、砂石。

宝玉石类包括宝石、玉石、宝石级金刚石、玛瑙、黄玉、碧玺。

4）水气矿产

水气矿产包括二氧化碳气、硫化氢气、氦气、氡气、矿泉水。

5）盐

盐包括钠盐、钾盐、镁盐、锂盐、天然卤水、海盐。

自2016年7月1日起，在河北省开展水资源税试点，将地表水和地下水纳入征税范围，实行从量定额征收。国务院根据国民经济和社会发展需要，依照《资源税法》的规定，对取用地表水或者地下水的单位和个人试点征收水资源税。征收水资源税的，停止征收水资源费。水资源税根据当地水资源状况、取用水类型和经济发展等情况实行差别税率。水资源税试点实施办法由国务院规定，报全国人民代表大会常务委员会备案。国务院自《资源税法》施行之日起5年内，就征收水资源税试点情况向全国人民代表大会常务委员会报告，并及时提出修改法律的建议。各省、自治区、直辖市人民政府可以结合本地实际情况，根据森林、草场、滩涂等资源开发利用程度提出征收资源税的具体方案建议，报国务院批准后实施。

10.5.3 资源税的税目和税率

资源税的税目、税率，依照"资源税税目税率表"及财政部的有关规定执行。

1. 税目

现行资源税税目包括能源矿产、金属矿产（包括黑色金属和有色金属）、非金属矿产（包括矿物类、岩石类、宝玉石类）、水气矿产和盐。各税目的征税对象包括原矿或者选矿，具体按照"资源税税目税率表"执行。对未列举名称的其他矿产品，省级人民政府可对本地区主要矿产品按矿种设定税目，对其余矿产品按类别设定税目，并按其销售的主要形态（如原矿、选矿）确定征税对象。

2. 税率

资源税采用比例税率和定额税率两种形式。对"资源税税目税率表"中列举名称的多数资源品目采用比例税率。对经营分散且难以控管的地热、石灰岩、其他黏土、砂石、矿泉水、天然卤水6种应税资源采用比例税率或者定额税率。资源税的税目、征税对象、税率依照"资源税税目税率表"及财政部的有关规定执行。资源税的税目和税率如表10-2所示。

表10-2 资源税税目税率表

税目		征税对象	税率
能源矿产	原油	原矿	6%
	天然气、页岩气、天然气水合物	原矿	6%
	煤	原矿或者选矿	2%～10%
	煤成（层）气	原矿	1%～2%
	铀、钍	原矿	4%
	油页岩、油砂、天然沥青、石煤	原矿或者选矿	1%～4%
	地热	原矿	1%～20%或者每立方米1～30元

续表

税目			征税对象	税率
金属矿产	黑色金属	铁、锰、铬、钒、钛	原矿或者选矿	1%～9%
	有色金属	铜、铅、锌、锡、镍、锑、镁、钴、铋、汞	原矿或者选矿	2%～10%
		铝土矿	原矿或者选矿	2%～9%
		钨	选矿	6.5%
		钼	选矿	8%
		金、银	原矿或者选矿	2%～6%
		铂、钯、钌、锇、铱、铑	原矿或者选矿	5%～10%
		轻稀土	选矿	7%～12%
		中重稀土	选矿	20%
		铍、锂、锆、锶、铷、铯、铌、钽、锗、镓、铟、铊、铪、铼、镉、硒、碲	原矿或者选矿	2%～10%
非金属矿产	矿物类	高岭土	原矿或者选矿	1%～6%
		石灰岩	原矿或者选矿	1%～6%或者每吨（或者立方米）1～10元
		磷	原矿或者选矿	3%～8%
		石墨	原矿或者选矿	3%～12%
		萤石、硫铁矿、自然硫	原矿或者选矿	1%～8%
		天然石英砂、脉石英、粉石英、水晶、工业用金刚石、冰洲石、蓝晶石、硅线石（砂线石）、长石、滑石、刚玉、菱镁矿、颜料矿物、天然碱、芒硝、钠硝石、明矾石、砷、硼、碘、溴、膨润土、硅藻土、陶瓷土、耐火黏土、铁矾土、凹凸棒石黏土、海泡石黏土、伊利石黏土、累托石黏土	原矿或者选矿	1%～12%
		叶蜡石、硅灰石、透辉石、珍珠岩、云母、沸石、重晶石、毒重石、方解石、蛭石、透闪石、工业用电气石、白垩、石棉、蓝石棉、红柱石、石榴子石、石膏	原矿或者选矿	2%～12%
		其他黏土（铸型用黏土、砖瓦用黏土、陶粒用黏土、水泥配料用黏土、水泥配料用红土、水泥配料用黄土、水泥配料用泥岩、保温材料用黏土）	原矿或者选矿	1%～5%或者每吨（或者每立方米）0.1～5元
	岩石类	大理岩、花岗岩、白云岩、石英岩、砂岩、辉绿岩、安山岩、闪长岩、板岩、玄武岩、片麻岩、角闪岩、页岩、符石、凝灰岩、黑曜岩、霞石正长岩、蛇纹岩、麦饭石、泥灰岩、含钾岩石、含钾砂页岩、天然油石、橄榄岩、松脂岩、粗面岩、辉长石、辉石岩、正长岩、火山灰、火山渣、泥炭	原矿或者选矿	1%～10%
		砂石	原矿或者选矿	1%～5%或者每吨（或者每立方米）0.1～5元
	宝玉石类	宝石、玉石、宝石级金刚石、玛瑙、黄玉、碧玺	原矿或者选矿	4%～20%

续表

税目		征税对象	税率
水气矿产	二氧化碳气、硫化氢气、氦气、氡气	原矿	2%～5%
	矿泉水	原矿	1%～20%或者每立方米1～30元
盐	钠盐、钾盐、镁盐、锂盐	选矿	3%～15%
	天然卤水	原矿	3%～15%或者每吨（或者每立方米）1～10元
	海盐		2%～5%

对“资源税税目税率表”中规定实行幅度税率的，其具体适用税率由省、自治区、直辖市人民政府统筹考虑该应税资源的品位、开采条件及对生态环境的影响等情况，在“资源税税目税率表”规定的税率幅度内提出，报同级人民代表大会常务委员会决定，并报全国人民代表大会常务委员会和国务院备案。“资源税税目税率表”中规定征税对象为原矿或者选矿的，应当分别确定具体适用税率。

“资源税税目税率表”中规定可以选择实行从价计征或者从量计征的，具体计征方式由省、自治区、直辖市人民政府提出，报同级人民代表大会常务委员会决定，并报全国人民代表大会常务委员会和国务院备案。

独立矿山、联合企业收购未税矿产品，按照本单位应税产品税目、税率标准，依据收购数量代扣代缴资源税。其他单位收购未税矿产品，按税务机关核定的应税产品税目、税率标准，依据收购数量代扣代缴资源税。

10.5.4 资源税的计税依据和应纳税额计算

资源税以纳税人开采或者生产应税矿产品的销售额或者销售数量为计税依据。应税产品为矿产品的，包括原矿和选矿产品。

1. 计税依据

1）从价定率征收资源税的计税依据

实行从价定率征收的资源税，以销售额作为计税依据。销售额是指纳税人销售应税产品向购买方收取的全部价款，但不包括收取的增值税税款。计入销售额中的相关运杂费用，凡取得增值税发票或者其他合法有效凭证的，准予从销售额中扣除。相关运杂费用是指应税产品从坑口或者洗选加工地到车站、码头或购买方指定地点的运输费用、建设基金以及随运销产生的装卸、仓储、港杂费用。

纳税人申报的应税产品销售额明显偏低并且无正当理由的，或者有视同销售应税产品行为而无销售额的，除财政部、税务总局另有规定外，按下列顺序确定销售额：

① 按纳税人最近时期同类产品的平均销售价格确定。

② 按其他纳税人最近时期同类产品的平均销售价格确定。

③ 按后续加工非应税产品销售价格，减去后续加工环节的成本利润后确定。

④ 按应税产品组成计税价格确定。组成计税价格计算公式如下。

组成计税价格＝[成本×(1＋成本利润率)]/(1－比例税率)

公式中的成本是指应税产品的实际生产成本。公式中的成本利润率由省、自治区、直辖市税务机关确定。

⑤ 按其他合理方法确定。

2）从量定额征收资源税的计税依据

实行从量定额征收的资源税，以销售数量为计税依据。

① 纳税人开采或生产应税产品销售的，以实际销售数量为销售数量。

② 纳税人开采或生产应税产品自用的，以移送时的自用数量为销售数量。自产自用包括生产自用和非生产自用。

③ 纳税人不能准确提供应税产品销售数量或移送使用数量的，以应税产品的产量或者按主管税务机关确定的折算比换算成的数量为计征资源税的销售数量。

3）计税依据的其他规定

① 纳税人外购应税产品与自采应税产品混合销售或者混合加工为应税产品销售的，在计算应税产品销售额或者销售数量时，准予扣减外购应税产品的购进金额或者购进数量；当期不足扣减的，可结转下期扣减。纳税人应当准确核算外购应税产品的购进金额或者购进数量，未准确核算的，一并计算缴纳资源税。

纳税人核算并扣减当期外购应税产品购进金额、购进数量，应当依据外购应税产品的增值税发票、海关进口增值税专用缴款书或者其他合法有效凭据。

② 纳税人以外购原矿与自采原矿混合为原矿销售，或者以外购选矿产品与自采选矿产品混合为选矿产品销售的，在计算应税产品销售额或者销售数量时，直接扣减外购原矿或者外购选矿产品的购进金额或者购进数量。

纳税人以外购原矿与自采原矿混合洗选加工为选矿产品销售的，在计算应税产品销售额或者销售数量时，按照下列方法进行扣减：

准予扣减的外购应税产品购进金额(数量)＝外购原矿购进金额(数量)×(本地区原矿适用税率/本地区选矿产品适用税率)

不能按照上述方法计算扣减的，按照主管税务机关确定的其他合理方法进行扣减。

③ 纳税人开采或者生产同一税目适用不同税率应税产品的，应当分别核算不同税率应税产品的销售额或者销售数量；未分别核算或者不能准确提供不同税率应税产品的销售额或者销售数量的，从高适用税率。

④ 纳税人以自采原矿直接销售，或者自用于应当缴纳资源税情形的，按照原矿计征资源税。

纳税人以自采原矿洗选加工为选矿产品销售，或者将选矿产品自用于应当缴纳资源税情形的，按照选矿产品计征资源税，在原矿移送环节不缴纳资源税。对于无法区分原生岩石矿种的粒级成型砂石颗粒，按照砂石税目征收资源税。

⑤ 纳税人开采或者生产同一应税产品，其中既有享受减免税政策的，又有不享受减免税政策的，按照免税、减税项目的产量占比等方法分别核算确定免税、减税项目的销售额或者销售数量。

2. 应纳税额的计算

资源税的应纳税额，按照从价定率或者从量定额的办法，分别以应税产品的销售额乘以纳税人具体适用的比例税率或者以应税产品的销售数量乘以纳税人具体适用的定额税率计算。

① 实行从价定率征收的资源税，根据应税产品的销售额和规定的适用税率计算应纳税额。资源税应纳税额计算公式如下。

应纳税额＝销售额×比例税率

② 实行从量定额征收的资源税，根据应税产品的课税数量和规定的定额税率计算应纳税额。资源税应纳税额计算公式如下。

应纳税额＝销售数量×定额税率

③ 代扣代缴的资源税应纳税额计算公式如下。

代扣代缴税额＝收购数量×适用税率

纳税人开采或者生产应税产品自用的，视同销售，应当按规定缴纳资源税，但是自用于连续生产应税产品的，不缴纳资源税。纳税人自用应税产品应当缴纳资源税的情形，包括纳税人以应税产品用于非货币性交换、捐赠、偿债、赞助、集资、投资、广告、样品、职工福利、利润分配或者连续生产非应税产品等。

【例 10－9】 某油田 2024 年 10 月销售原油 20 000 吨，开具增值税专用发票取得销售额 10 000 万元、增值税额 1 300 万元，按“资源税税目税率表”的规定，其适用的比例税率为 6%。要求：计算该油田 10 月份应缴纳的资源税税额。

解 应纳资源税税额＝10 000×6%＝600(万元)

【例 10－10】 某铜矿 2024 年 10 月销售铜矿石原矿收取价款合计 600 万元，其中从坑口到车站的运输费用 20 万元，随运销产生的装卸、仓储费用 10 万元，均取得增值税发票。已知该矿石铜矿石原矿适用的资源税税率为 6%。要求：计算该铜矿 10 月份应纳资源税税额。

解 该铜矿应税产品销售额＝600 —(20＋10)＝570(万元)

该铜矿应纳资源税税额＝570×6%＝34.2(万元)

10.5.5 资源税税收优惠

资源税贯彻普遍征收、级差调节的立法原则，因此规定的资源税减免税项目比较少。

1. 免征资源税

有下列情形之一的，免征资源税：

① 开采原油以及在油田范围内运输原油过程中用于加热的原油、天然气。

② 煤炭开采企业因安全生产需要抽采的煤成（层）气。

2. 减征资源税

有下列情形之一的，减征资源税：

① 从低丰度油气田[①]开采的原油、天然气，减征 20%资源税；

② 高含硫天然气[②]、三次采油[③]和从深水油气田[④]开采的原油、天然气，减征 30%资源税；

③ 稠油[⑤]、高凝油[⑥]减征 40%资源税；

④ 从衰竭期矿山[⑦]开采的矿产品，减征 30%资源税。

根据国民经济和社会发展需要，国务院对有利于促进资源节约利用、保护环境等情形可以规定免征或者减征资源税，但需报全国人民代表大会常务委员会备案。

3. 地方减免资源税

有下列情形之一的，省、自治区、直辖市可以决定免征或者减征资源税：

① 纳税人开采或者生产应税产品过程中，因意外事故或者自然灾害等原因遭受重大损失；

② 纳税人开采共伴生矿、低品位矿、尾矿。

上述规定的免征或者减征资源税的具体办法，由省、自治区、直辖市人民政府提出，报同级人民代表大会常务委员会决定，并报全国人民代表大会常务委员会和国务院备案。

纳税人开采或者生产同一应税产品同时符合两项或者两项以上减征资源税优惠政策的，除另有规定外，只能选择其中一项执行。

纳税人减税、免税的项目，应当单独核算销售额或者销售数量；未单独核算或者不能准确提供销售额或者销售数量的，不予减税或者免税。

10.5.6 资源税征收管理

1. 纳税义务发生时间

纳税人销售应税产品，纳税义务发生时间为收讫销售款或者取得索取销售款凭据的当天；纳税人自用应税产品的，纳税义务发生时间为移送应税产品的当天。

资源税由税务机关征收管理。海上开采的原油和天然气资源税由海洋石油税务管理机构征收管理。

2. 纳税地点

纳税人应当在矿产品的开采地或者海盐的生产地缴纳资源税。纳税人在本省、自治区、直辖市范围内开采或者生产应税产品，其纳税地点需要调整的，由省、自治区、直辖市税务机关决定。

跨省、自治区、直辖市开采或者生产资源税应税产品的纳税人，其下属生产单位与核算

---

① 低丰度油气田，包括陆上低丰度油田、陆上低丰度气田、海上低丰度油田、海上低丰度气田。陆上低丰度油田是指每平方公里原油可开采储量丰度低于 25 万立方米的油田；陆上低丰度气田是指每平方公里天然气可开采储量丰度低于 2.5 亿立方米的气田；海上低丰度油田是指每平方公里原油可开采储量丰度低于 60 万立方米的油田；海上低丰度气田是指每平方公里天然气可开采储量丰度低于 6 亿立方米的气田。

② 高含硫天然气，是指硫化氢含量在每立方米 30 克以上的天然气。

③ 三次采油，是指二次采油后继续以聚合物驱、复合驱、泡沫驱、气水交替驱、二氧化碳驱、微生物驱等方式进行采油。

④ 深水油气田，是指水深超过 300 米的油气田。

⑤ 稠油，是指地层原油黏度大于或等于每秒 50 毫帕或原油密度大于或等于每立方厘米 0.92 克的原油。

⑥ 高凝油，是指凝固点高于 40 摄氏度的原油。

⑦ 衰竭期矿山，是指设计开采年限超过 15 年，且剩余可开采储量下降到原设计可开采储量的 20%以下或者剩余开采年限不超过 5 年的矿山。衰竭期矿山以开采企业下属的单个矿山为单位确定。

单位不在同一省、自治区、直辖市的，对其开采或者生产的应税产品，一律在开采地或者生产地纳税。

扣缴义务人代扣代缴的资源税，应当向收购地主管税务机关缴纳。

3. 纳税期限

资源税按月或者按季申报缴纳；不能按固定期限计算缴纳的，可以按次申报缴纳。纳税人申报资源税时，应当填报“资源税纳税申报表”。纳税人享受资源税优惠政策，实行“自行判别、申报享受、有关资料留存备查”的办理方式，另有规定的除外。纳税人对资源税优惠事项留存材料的真实性和合法性承担法律责任。

纳税人按月或者按季申报缴纳的，应当自月度或者季度终了之日起15日内，向税务机关办理纳税申报并缴纳税款；按次申报缴纳的，应当自纳税义务发生之日起15日内，向税务机关办理纳税申报并缴纳税款。

10.6 土地增值税

10.6.1 土地增值税的概念

土地增值税，是指对转让国有土地使用权、地上建筑物及其附着物（以下简称转让房地产）并取得收入的单位和个人，就其转让房地产所取得的增值额征收的一种税。土地增值税的作用主要表现在三个方面：一是增强国家对房地产开发和房地产市场的调控力度；二是抑制炒买炒卖土地投机获取暴利的行为；三是规范国家参与土地增值收益的分配方式，增加国家财政收入。

1993年12月13日国务院颁布、自1994年1月1日起施行《中华人民共和国土地增值税暂行条例》，1995年1月财政部印发《土地增值税暂行条例实施细则》，1995年5月25日，财政部、国家税务总局联合印发《关于土地增值税一些具体问题规定的通知》。之后，财政部、国家税务总局又陆续发布了一些有关土地增值税的规定、办法，这些构成了我国现行的土地增值税法律制度。

10.6.2 土地增值税的纳税人

土地增值税的纳税人，是指转让房地产并取得收入的单位和个人。其中，单位是指企业、事业单位、行政机关、社会团体及其他组织，包括外商投资企业和外国企业；个人包括个体工商户、外国公民、华侨、港澳台同胞等。

区分土地增值税的纳税人与非纳税人的关键在于其是否因转让房地产的行为而取得了收益，只要以出售或其他方式有偿转让房地产而取得收益的单位和个人，就是土地增值税的纳税人。

10.6.3 土地增值税的征税范围

1. 征税范围的一般规定

① 土地增值税只对转让国有土地使用权的行为征税，对出让国有土地使用权的行为不征税。

国有土地使用权，是指土地使用人根据国家法律、合同等规定，对国家所有的土地享有的使用权利。土地增值税只对企业、单位和个人转让国有土地使用权的行为征税。对属于集体所有的土地，按现行法律规定须先由国家征用后才能转让。根据《中华人民共和国土地管理法》的规定，国家为了公共利益，可以依照法律规定征用集体土地，依法被征用后的土地属于国家所有。未经国家征用的集体土地不得转让，自行转让集体土地是一种违法行为，应由有关部门依照相关法律处理，而不应纳入土地增值税征税范围。

出让国有土地使用权，是指国家以土地所有者的身份将土地使用权在一定年限内让与土地使用者，并由土地使用者向国家支付土地使用权出让金的行为。由于土地使用权的出让方是国家，出让收入在性质上属于政府凭借所有权在土地一级市场上收取的租金，因此政府出让土地的行为及取得的收入也不在土地增值税的征税之列。

② 土地增值税既对转让国有土地使用权的行为征税，也对转让地上建筑物及其附着物产权的行为征税。

地上建筑物是指建于土地上的一切建筑物，包括地上、地下的各种附属设施，如厂房、仓库、商店、医院、住宅、地下室、围墙、烟囱、电梯、中央空调、管道等。附着物是指附着于土地上的不能移动，一经移动即遭损坏的种植物、养植物及其他物品。

税法规定，纳税人转让地上建筑物和其他附着物的产权，取得的增值额，也应计算缴纳土地增值税。纳入土地增值税征税范围的增值额，是纳税人转让房地产所取得的全部增值额，而非仅仅是转让土地使用权的增值额。

③ 土地增值税只对有偿转让的房地产征税，对以继承、赠与方式无偿转让房地产的行为，不予征收。不征土地增值税的房地产赠与行为包括以下两种情况：

● 房屋所有人、土地使用权所有人将房屋产权、土地使用权赠与直系亲属或承担直接赡养义务人的行为；

● 房产所有人、土地使用权所有人通过中国境内非营利的社会团体、国家机关将房屋产权、土地使用权赠与教育、民政和其他社会福利、公益事业的行为。社会团体是指中国青少年发展基金会、希望工程基金会、宋庆龄基金会、减灾委员会、中国红十字会、中国残疾人联合会、全国老年基金会、老区促进会及经民政部门批准成立的非营利的公益性组织。

2. 征税范围的特殊规定

1）企业改制重组

① 按照《公司法》的规定，非公司制企业整体改制为有限责任公司或者股份有限公司，有限责任公司（股份有限公司）整体改制为股份有限公司（有限责任公司），对改制前的企业将国有土地使用权、地上建筑物及其附着物（以下简称房地产）转移、变更到改制后的企业，暂不征收土地增值税。整体改制是指不改变原企业的投资主体[①]，并承继原企业权利、义务的行为。

② 按照法律规定或者合同约定，两个或两个以上企业合并为一个企业，且原企业投资主体存续[②]的，对原企业将房地产转移、变更到合并后的企业，暂不征收土地增值税。

③ 按照法律规定或者合同约定，企业分设为两个或两个以上与原企业投资主体相同的

① 不改变原企业投资主体，是指企业改制重组前后出资人不发生变动，出资人的出资比例可以发生变动。
② 投资主体存续，是指原企业出资人必须存在于改制重组后的企业，出资人的出资比例可以发生变动。

企业，对原企业将房地产转移、变更到分立后的企业，暂不征收土地增值税。

④ 单位、个人在改制重组时以房地产作价入股进行投资，对其将房地产转移、变更到被投资的企业，暂不征收土地增值税。

上述改制重组有关土地增值税政策不适用于房地产转移任意一方为房地产开发企业的情形。

2）房地产自用

房地产开发企业将开发的部分房地产转为企业自用或者用于出租等商业用途时，如果产权没有发生转移，不征收土地增值税。

3）房地产交换

房地产互换，是指一方以房地产与另一方的房地产进行交换的行为。由于这种行为既发生了房产产权、土地使用权的转移，交换双方又取得了实物形态的收入，属于土地增值税的征税范围。但对于个人之间互换自有居住用房地产的，经当地税务机关审核，可以免征土地增值税。

4）合作建房

对于一方出地，另一方出资金，双方合作建房，建成后按比例分房自用的，暂免征收土地增值税；建成后转让的，应征收土地增值税。

5）房地产出租

房地产出租，是指房产所有者或土地使用者将房产或土地使用权租赁给承租人使用，由承租人向出租人支付租金的行为。房地产出租，出租人虽然取得了收入，但没有发生房产产权、土地使用权的转让，不属于土地增值税的征税范围。

6）房地产抵押

房地产抵押，是指房产所有者或土地使用者作为债务人或第三人向债权人提供不动产作为清偿债务的担保而不转移权属的法律行为。这种情况下房产产权、土地使用权在抵押期间并没有发生权属的变更，因此对房地产的抵押，在抵押期间不征收土地增值税。抵押期满后，视该房地产是否转移占有而确定是否征收土地增值税。对于以房地产抵债而发生房地产权属转让的，应列入土地增值税的征税范围。

7）房地产代建

房地产代建，是指房地产开发公司代客户进行房地产的开发，开发完成后向客户收取代建收入的行为。对于房地产开发公司而言，虽然取得了收入，但没有发生房地产权属的转移，其收入属于劳务收入性质，不属于土地增值税的征税范围。

8）房地产重新评估

按照财政部门的规定，国有企业在清产核资时对房地产进行重新评估而产生的评估增值，因其既没有发生房地产权属的转移，房产产权人、土地使用权人也未取得收入，所以不属于土地增值税的征税范围。

9）土地使用者处置土地使用权

土地使用者转让、抵押或置换土地，无论其是否取得了该土地的使用权属证书，无论其在转让、抵押或置换土地过程中是否与对方当事人办理了土地使用权属证书变更登记手续，只要土地使用者享有占用、使用、收益或处分该土地的权利，且有合同等证据表明其实质转让、抵押或置换了土地并取得了相应的经济利益，土地使用者及其对方当事人就应当依照税法规定缴纳土地增值税、契税等。

10.6.4 土地增值税的计税依据

土地增值税的计税依据是纳税人转让房地产所取得的增值额。增值额是指纳税人转让房地产的收入减去税法规定的扣除项目金额后的余额。如果纳税人转让房地产的收入减去规定的扣除项目金额后没有余额，则不需要缴纳土地增值税。土地增值税增值额的计算公式如下。

增值额＝转让收入－扣除项目金额

1. 转让收入

根据《土地增值税暂行条例》及其实施细则的规定，纳税人转让房地产取得的收入包括转让房地产的全部价款及有关的经济收益；从收入形式看，包括货币收入、实物收入和其他收入。

① 货币收入。货币收入是指纳税人转让房地产而取得的现金、银行存款和国库券、金融债券、企业债券、股票等有价证券。

② 实物收入。实物收入是指纳税人转让房地产而取得的各种实物形态的收入，如钢材、水泥等建材、房屋、土地等。对于这些实物收入，按照公允价值确认应税收入。

③ 其他收入。其他收入是指纳税人转让房地产而取得的无形资产收入或具有财产价值的权利，如专利权、商标权、著作权、专有技术使用权、土地使用权、商誉等。对于这些无形资产收入进行专门的评估，按照评估价值确认应税收入。

纳税人转让房地产的土地增值税应税收入不含增值税，即适用增值税一般计税方法的纳税人，其转让房地产的土地增值税应税收入不含增值税销项税额；适用简易计税方法的纳税人，其转让房地产的土地增值税应税收入不含增值税应纳税额。

纳税人取得的收入为人民币以外的货币的，应当以取得收入当天或当月 1 日国家公布的市场汇率折合成人民币，据以计算土地增值税税额。当月以分期收款方式取得的外币收入，也应按实际收款日期或收款当月 1 日国家公布的市场汇率折合成人民币。

2. 扣除项目及其金额

根据《土地增值税暂行条例》的规定，土地增值税的扣除项目及其金额具体规定如下。

1）取得土地使用权所支付的金额

取得土地使用权所支付的金额包括以下两方面的内容。

① 取得土地使用权所支付的地价款。地价款的确定有三种方式：如果是以协议、招标、拍卖等出让方式取得土地使用权的，地价款为纳税人所支付的土地出让金；如果是以行政划拨方式取得土地使用权的，地价款为按照国家有关规定补交的土地出让金；如果是以转让方式取得土地使用权的，地价款为向原土地使用权人实际支付的地价款。

② 取得土地使用权时按国家统一规定交纳的有关费用和税金。有关费用和税金是指纳税人在取得土地使用权过程中为办理有关手续，必须按国家统一规定缴纳的有关登记、过户手续费和契税。

2）房地产开发成本

房地产开发成本是指纳税人从事房地产开发项目实际发生的成本，包括土地征用及拆迁补偿费、前期工程费、建筑安装工程费、基础设施费、公共配套设施费、开发间接费用等。

① 土地征用及拆迁补偿费，包括土地征用费、耕地占用税、劳动力安置费及有关地上、

地下附着物拆迁补偿的净支出、安置动迁用房支出等。

② 前期工程费，包括规划、设计、项目可行性研究和水文、地质、勘察、测绘、“三通一平”等支出。

③ 建筑安装工程费，是指以出包方式支付给承包单位的建筑安装工程费、以自营方式发生的建筑安装工程费。

④ 基础设施费，包括开发小区内道路、供水、供电、供气、排污、排洪、通信、照明、环卫、绿化等工程发生的支出。

⑤ 公共配套设施费，包括不能有偿转让的开发小区内公共配套设施发生的支出。

⑥ 开发间接费用，是指直接组织、管理开发项目发生的费用，包括工资、职工福利费、折旧费、修理费、办公费、水电费、劳动保护费、周转房摊销等。

3）房地产开发费用

房地产开发费用是指与房地产开发项目有关的销售费用、管理费用和财务费用。根据现行财务会计制度规定，这三项费用作为期间费用，按照实际发生额直接计入当期损益。但在计算土地增值税时，房地产开发费用并不是按照纳税人实际发生额进行扣除。房地产开发费用的具体计算分为下列两种情况。

① 财务费用中的利息支出，凡能够按转让房地产项目计算分摊并提供金融机构证明的，允许据实扣除，但最高不能超过按商业银行同类同期贷款利率计算的金额。其他房地产开发费用，按上述第（1）项和第（2）项扣除项目金额之和的5%以内计算扣除。计算扣除的具体比例，由各省、自治区、直辖市人民政府规定。房地产开发费用的具体计算公式如下。

房地产开发费用＝利息＋((1)＋(2))×扣除比例

② 财务费用中的利息支出，凡不能够按转让房地产项目计算分摊或不能提供金融机构证明的，房地产开发费用按上述第（1）项和第（2）项扣除项目金额之和的10%以内计算扣除。计算扣除的具体比例，由各省、自治区、直辖市人民政府规定。房地产开发费用的具体计算公式如下。

房地产开发费用＝((1)＋(2))×扣除比例

财政部、国家税务总局对扣除项目金额中利息支出的计算问题作了两点专门规定：一是利息的上浮幅度按国家的有关规定执行，超过上浮幅度的部分不允许扣除；二是对于超过贷款期限的利息部分和加罚的利息不允许扣除。

4）与转让房地产有关的税金

与转让房地产有关的税金是指在转让房地产时缴纳的城市维护建设税和印花税。因转让房地产交纳的教育费附加，也可视同税金予以扣除。

《土地增值税暂行条例》等规定的土地增值税扣除项目涉及的增值税进项税额，允许在销项税额中计算抵扣的，不计入扣除项目，不允许在销项税额中计算抵扣的，可以计入扣除项目。

房地产开发企业按照《房地产开发企业财务制度》有关规定，其在转让时缴纳的印花税已列入管理费用中，故不允许单独再扣除。其他纳税人缴纳的印花税允许在此扣除。

5）财政部规定的其他扣除项目

这是指除上述四项之外的其他准予扣除项目。根据《土地增值税暂行条例实施细则》的规定，对从事房地产开发的纳税人，可按前述第（1）项和第（2）项扣除项目金额之和，加计20%的扣除。

6）旧房及建筑物的扣除金额

① 按评估价格扣除。旧房及建筑物的评估价格是指在转让已使用的房屋及建筑物时，由政府批准设立的房地产评估机构评定的重置成本乘以成新率后的价格。评估价格须经当地税务机关确认。因此，转让旧房应按房屋及建筑物的评估价格、取得土地使用权所支付的金额及与转让房地产有关的税金作为扣除项目金额计征土地增值税。对取得土地使用权时未支付地价款或不能提供已支付地价款凭据的，在计算土地增值税时不允许扣除。

② 按购房发票金额计算扣除。纳税人转让旧房及建筑物，凡不能取得评估价格，但能提供购房发票的，经当地税务机关确认，《土地增值税暂行条例》规定的扣除项目金额，可按发票所载金额并从购买年度起至转让年度止每年加计5%计算。对于纳税人购房时缴纳的契税，凡能够提供契税完税凭证的，准予作为“与转让房地产有关的税金”予以扣除，但不作为加计5%的基数。

（7）计税依据的特殊规定

根据土地增值税法律制度的规定，纳税人有下列情形之一的，土地增值税按照房地产评估价格计算征收。

① 隐瞒、虚报房地产成交价格。隐瞒、虚报房地产成交价格，是指纳税人不报或有意低报转让土地使用权、地上建筑物及其附着物价款的行为。对于这种情形，应由评估机构参照同类房地产的市场交易价格进行评估，税务机关根据评估价格确定转让房地产的收入。

② 提供扣除项目金额不实。提供扣除项目金额不实，是指纳税人在纳税申报时不据实提供扣除项目金额，而是虚增被转让房地产扣除项目的内容和金额，使税务机关无法从纳税人方面了解计征土地增值税所需的正确的扣除项目金额，以达到虚增成本偷税的目的。对于这种情形，应由评估机构按照房屋重置成本乘以成新率计算的房屋成本和取得土地使用权时的基准地价进行评估。税务机关根据评估价格确定房产的扣除项目金额，并用该房产所坐落土地取得时的基准地价或标准地价确定土地的扣除项目金额，房产和土地的扣除项目金额之和即为该房地产的扣除项目金额。

③ 转让房地产的成交价格低于房地产评估价格又无正当理由。转让房地产的成交价格低于房地产评估价格又无正当理由，是指纳税人申报的转让房地产的实际成交价低于房地产评估机构评定的交易价格，纳税人又不能提供凭据或无正当理由的行为。对于这种情形，应由税务机关参照房地产评估价格确定转让房地产的收入。

④ 非直接销售和自用房地产收入的确定。房地产开发企业将开发产品用于职工福利、奖励、对外投资、分配给股东或投资人、抵偿债务、换取其他单位和个人的非货币性资产等，发生所有权转移时应视同销售房地产，其收入按下列方法和顺序确认：

- 按本企业在同一地区、同一年度销售的同类房地产的平均价格确定；
- 由主管税务机关参照当地当年同类房地产的市场价格或评估价值确定。

10.6.5 土地增值税的税率和应纳税额计算

1. 税率

土地增值税实行四级超率累进税率，具体税率规定如下。

① 增值额未超过扣除项目金额50%的部分，税率为30%。

② 增值额超过扣除项目金额50%、未超过扣除项目金额100%的部分，税率为40%。

③ 增值额超过扣除项目金额100%、未超过扣除项目金额200%的部分，税率为50%。

④ 增值额超过扣除项目金额200%的部分，税率为60%。

上述“增值额未超过扣除项目金额”的比例，均包括本比例数。四级超率累进税率及速算扣除系数如表10－3所示。

表10－3 土地增值税四级超率累进税率

级数	增值额与扣除项目金额的比例（称为增值率）	税率/%	速算扣除系数/%
1	增值率≤50%	30	0
2	50%＜增值率≤100%	40	5
3	100%＜增值率≤200%	50	15①
4	增值率＞200%	60	35

2. 应纳税额的计算

土地增值税按纳税人转让房地产所取得的增值额和规定的税率计算征收。

1）计算公式

在转让房地产的增值额确定之后，按照规定的四级超率累进税率，以增值额中属于每一税率级别部分的金额，乘以该级税率，再将由此得出的每级应纳税额相加，计算得出应缴纳的土地增值税税额。土地增值税应纳税额的计算公式如下。

$$\text{应纳税额}=\sum(\text{每级距增值额}\times\text{适用税率})$$

为了简化土地增值税应纳税额的计算，可采用速算扣除法进行，即按增值额乘以适用税率减去扣除项目金额乘以速算扣除系数的方法，直接计算土地增值税的应纳税额。土地增值税应纳税额具体计算公式如下。

① 增值率≤50%的：

$$\text{应纳税额}=\text{增值额}\times 30\%$$

② 50%＜增值率≤100%的：

$$\text{应纳税额}=\text{增值额}\times 40\%-\text{扣除项目金额}\times 5\%$$

③ 100%＜增值率≤200%的：

$$\text{应纳税额}=\text{增值额}\times 50\%-\text{扣除项目金额}\times 15\%$$

④ 增值率＞200%的：

$$\text{应纳税额}=\text{增值额}\times 60\%-\text{扣除项目金额}\times 35\%$$

以上公式中的5%、15%和35%，均为速算扣除系数。

① 200%×50%—（100%×50%＋50%×40%＋50%×30%）＝15%

2）计算步骤

根据上述计算公式，土地增值税应纳税额的计算可分为以下四个步骤。

① 计算增值额。

$$增值额=转让收入-扣除项目金额$$

② 计算增值率。

$$增值率=(增值额/扣除项目金额)\times100\%$$

③ 确定适用税率和速算扣除系数。按照增值率确定适用税率和速算扣除系数。

④ 计算应纳税额。

$$应纳税额=增值额\times适用税率-扣除项目金额\times速算扣除系数$$

【例 10－11】 某公司 2024 年转让一处旧房地产取得收入 1 600 万元，该公司取得土地使用权所支付的金额为 200 万元，当地税务机关确认的房屋评估价格为 800 万元，该公司支付给房地产评估机构评估费 20 万元，支付给中介人卖房中介费 10 万元，缴纳与转让该房地产有关的税金 10 万元。要求：计算该公司转让该房地产应缴纳的土地增值税税额。

解 ① 计算扣除项目金额：

扣除项目金额＝200＋800＋20＋10＝1 030(万元)

② 计算增值额：

增值额＝1 600－1 030＝570(万元)

③ 计算增值率：

增值率＝(570/1 030)×100%＝55.3%

④ 计算应纳税额：

应纳税额＝570×40%－1 030×5%＝176.5(万元)

【例 10－12】 某房地产公司 2024 年 3 月签订一份写字楼销售合同，合同规定以预收货款方式结算。本月收到全部预收款项，共计 18 000 万元，该写字楼经税务机关审核可以扣除的项目为：房地产开发成本 5 000 万元；缴纳的土地使用权转让费 3 000 万元；利息支出 150 万元；相关税金 990 万元；其他费用 800 万元；加计扣除金额为 1 600 万元。要求：计算该公司销售写字楼应缴纳的土地增值税税额。

解 扣除项目金额合计＝5 000＋3 000＋150＋990＋800＋1 600＝11 540(万元)

增值额＝18 000－11 540＝6 460(万元)

增值率＝(6 460/11 540)×100%＝55.98%

应纳税额＝11 540×50%×30%＋(6 460－11 540×50%)×40%＝2 007(万元)

【例 10－13】 2024 年某国有商业企业利用库房空地进行住宅商品房开发，按照国家有关规定补交土地出让金 2 840 万元，缴纳相关税费 160 万元；住宅开发成本 2 800 万元，其中含装修费用 500 万元，房地产开发费用中的利息支出为 300 万元（不能提供金融机构证明）；当年住宅全部销售完毕，取得不含增值税销售收入共计 9 000 万元；缴纳城市维护建设税和教育费附加 45 万元；缴纳印花税 4.5 万元。已知该公司所在省人民政府规定的房地产开发

费用的计算扣除比例为10%。要求：计算该企业销售住宅应缴纳的土地增值税税额。

解 ① 住宅销售收入为9 000万元。

② 确定转让房地产的扣除项目金额：

取得土地使用权所支付的金额=2 840+160=3 000(万元)

住宅开发成本为2 800万元。

房地产开发费用=(3 000+2 800)×10%=580(万元)

转让房地产有关的税金=45+4.5=49.5(万元)

扣除项目金额=2 840+160+2 800+(2 840+160+2 800)×10%+49.5=6 429.5(万元)

③ 转让房地产增值额=9 000−6 429.5=2 570.5(万元)

④ 转让房地产增值率=(2 570.5/6 429.5)×100%≈39.98%

⑤ 应纳土地增值税税额=2 570.5×30%=771.15(万元)

10.6.6 土地增值税税收优惠

① 纳税人建造普通标准住宅出售，增值额未超过扣除项目金额20%的，予以免税；超过20%的，应就其全部增值额缴纳土地增值税。

普通标准住宅，是指按所在地一般民用住宅标准建造的居住用住宅。高级公寓、别墅、度假村等不属于普通标准住宅。普通标准住宅与其他住宅的具体划分界限，2005年5月31日前由各省、自治区、直辖市人民政府规定。自2005年6月1日起，普通住宅应同时满足以下条件：

- 住宅小区建筑容积率在1.0以上；
- 单套建筑面积在120 m^2 以下；
- 实际成交价格低于同级别土地住房平均交易价格1.2倍以下。

各省、自治区、直辖市人民政府根据实际情况制定本地区享受优惠政策普通住房的具体标准。允许单套建筑面积和价格标准适当浮动，但上浮比例不得超过上述标准的20%。

对于纳税人既建造普通标准住宅又建造其他房地产开发的，应分别核算增值额。不分别核算增值额或不能准确核算增值额的，其建造的普通标准住宅不能适用这一免税规定。

② 因国家建设需要而被政府征用、收回的房地产，免征土地增值税。因国家建设需要依法征用、收回的房地产，是指因城市实施规划、国家建设的需要而被政府批准征用的房产或收回的土地使用权。因城市实施规划、国家建设的需要而搬迁，由纳税人自行转让原房地产的，比照本规定免征土地增值税。

③ 村民委员会、村民小组按照农村集体产权制度改革要求，将国有土地使用权、地上的建筑物及其附着物转移，变更到农村集体经济组织名下的，暂不征收土地增值税。

④ 企事业单位、社会团体及其他组织转让旧房作为廉租住房、经济适用住房房源且增值额未超过扣除项目金额20%的，免征土地增值税。

⑤ 自2008年11月1日起，对个人转让住房暂免征收土地增值税。

10.6.7 土地增值税征收管理

1. 纳税申报

纳税人应当自转让房地产合同签订之日起7日内向房地产所在地主管税务机关办理纳税申

报，并向税务机关提交房屋及建筑物产权，土地使用权证书，土地转让、房产买卖合同，房地产评估报告及其他与转让房地产有关的资料，在税务机关核定的期限内缴纳土地增值税。

纳税人因经常发生房地产转让行为而难以在每次转让后申报的，经税务机关审核同意后，可按月或按季定期进行纳税申报，具体期限由税务机关根据具体情况确定。纳税人选择定期申报方式的，应向纳税所在地的税务机关备案，定期申报方式确定后，1 年内不得变更。

纳税人以一次交割、付清价款方式转让房地产的，主管税务机关可在纳税人办理纳税申报后，根据其应纳税额的大小及办理过户、登记手续的期限等，规定其在办理过户、登记手续前数日内一次性缴纳土地增值税。

纳税人以分期收款方式转让房地产的，主管税务机关可根据合同规定的收款日期确定具体的纳税期限，即先计算出应缴纳的土地增值税税额，再按税额除以转让房地产的总收入，求得应纳税额占总收入的比例。在每次收到价款时，按收到的价款数额乘以这个比例确定每次应纳的税额，并规定其应在每次收款后数日内缴纳土地增值税。

项目全部竣工结算前转让房地产的，纳税人在项目全部竣工结算前转让房地产取得的收入，由于涉及成本核算或其他原因，无法据实计算土地增值税的，可以预征土地增值税，在该项目全部竣工办理结算后再进行清算，根据应纳税额和已纳税额进行结算，多退少补。

2. 纳税清算

1）清算单位

土地增值税以国家有关部门审批的房地产开发项目为单位进行清算。对于分期开发的项目，以分期项目为清算单位。房地产开发项目中同时包含普通住宅和非普通住宅的，应分别计算增值额。

2）清算条件

土地增值税的清算通常区分“应当清算”和“可要求清算”两种情形。

① 符合下列情形之一的，纳税人应当进行土地增值税的清算：

- 房地产开发项目全部竣工、完成销售的；
- 整体转让未竣工决算房地产开发项目的；
- 直接转让土地使用权的。

② 符合下列情形之一的，主管税务机关可以要求纳税人进行土地增值税清算：

- 已竣工验收的房地产开发项目，已转让的房地产建筑面积占整个项目可售建筑面积比例在 85%以上，或该比例虽未超过 85%，但剩余的可售建筑面积已经出租或自用的；
- 取得销售（预售）许可证满三年仍未销售完毕的；
- 纳税人申请注销税务登记但未办理土地增值税清算手续的；
- 省级税务机关规定的其他情况。

3）清算资料

纳税人办理土地增值税清算应报送以下资料。

① 房地产开发企业清算土地增值税书面申请、土地增值税纳税申报表。

② 项目竣工决算报表、取得土地使用权所支付的地价款凭证、国有土地使用权出让合同、银行贷款利息结算通知单、项目工程合同结算单、商品房购销合同统计表等与转让房地产的收入、成本和费用有关的证明资料。

③ 主管税务机关要求报送的其他与土地增值税清算有关的证明资料等。

纳税人委托税务中介机构审核鉴证的清算项目，还应报送中介机构出具的《土地增值税清算税款鉴证报告》。

4）清算后转让房地产的处理

在土地增值税清算时未转让的房地产，清算后销售或有偿转让的，纳税人应按规定进行土地增值税的纳税申报，扣除项目金额按清算时的单位建筑面积成本乘以销售或转让面积计算。

单位建筑面积成本＝扣除项目金额/建筑面积

5）土地增值税的核定征收

房地产开发企业有下列情形之一的，税务机关可以参照与其开发规模和收入水平相近的当地企业的土地增值税税负情况，按不低于预征率的征收率核定征收土地增值税。

① 依照法律、行政法规的规定应当设置会计账簿未设置的；

② 虽设置会计账簿，但账目混乱，销售收入、成本资料凭证残缺不齐，难以确定销售收入或扣除项目金额的；

③ 擅自销毁账簿或者拒不提供纳税资料的；

④ 符合土地增值税清算条件，未按照规定期限办理清算手续，经税务机关责令限期清算，逾期仍不清算的；

⑤ 申报的计税依据明显偏低又无正当理由的。

3. 纳税地点

土地增值税的纳税人应向房地产所在地主管税务机关办理纳税申报，并在税务机关核定的期限内缴纳土地增值税。房地产所在地是指房地产的坐落地。纳税人转让的房地产坐落在两个或两个以上地区的，应按房地产所在地分别申报纳税。

① 纳税人是法人的，当转让的房地产坐落地与其机构所在地或经营所在地一致时，在办理税务登记的原管辖税务机关申报纳税即可；如果转让的房地产坐落地与其机构所在地或经营所在地不一致，则应在房地产坐落地所管辖的税务机关申报纳税。

② 纳税人是自然人的，当转让的房地产坐落地与其居住所在地一致时，则在居住所在地税务机关申报纳税；当转让的房地产坐落地与其居住所在地不一致时，在办理过户手续所在地的税务机关申报纳税。

10.7　城镇土地使用税

10.7.1　城镇土地使用税的概念

城镇土地使用税是国家在城市、县城、建制镇、工矿区范围内，对使用土地的单位和个人，以其实际占用的土地面积为计税依据，按照规定的税额计算征收的一种税。开征城镇土地使用税，有利于通过经济手段加强土地管理，变土地的无偿使用为有偿使用，促进合理、节约使用土地，提高土地使用效益；有利于适当调节不同地区、不同地段之间的土地级差收入，促进企业加强经济核算，理顺国家与土地使用者之间的分配关系。

1988 年 9 月 27 日国务院颁布、自 1988 年 11 月 1 日起施行《中华人民共和国城镇土地使用税暂行条例》（以下简称《城镇土地使用税暂行条例》），同年 10 月 24 日，国家税务总局印发《关于土地使用税若干具体问题的解释和暂行规定》。2006 年 12 月 31 日、2011 年 1 月 8 日、2013 年 12 月 7 日、2019 年 3 月 2 日国务院对《城镇土地使用税暂行条例》进行了四次修订。之后，财政部、国家税务总局也陆续发布了一些有关城镇土地使用税的规定、办法。这些法律法规构成了我国现行的城镇土地使用税法律制度。

10.7.2 城镇土地使用税的纳税人和征税范围

1. 纳税人

城镇土地使用税纳税人，是指在城市、县城、建制镇、工矿区范围内使用土地的单位和个人。单位包括国有企业、集体企业、私营企业、股份制企业、外商投资企业、外国企业及其他企业和事业单位、社会团体、国家机关、军队及其他单位。个人包括个体工商户及其他个人。

城镇土地使用税的纳税人，根据用地者的不同情况分别规定如下。

① 城镇土地使用税由拥有土地使用权的单位和个人缴纳。

② 拥有土地使用权的纳税人不在土地所在地的，由代管人或实际使用人缴纳。

③ 土地使用权未确定或权属纠纷未解决的，由实际使用人纳税。

④ 土地使用权共有的，共有各方均为纳税人，由共有各方分别缴纳。

土地使用权共有的，以共有各方实际使用土地的面积占总面积的比例，分别计算缴纳城镇土地使用税。

2. 征税范围

城镇土地使用税征税范围是税法规定的纳税区域内的土地。凡在城市、县城、建制镇、工矿区范围内的土地，不论是国家所有的土地，还是集体所有的土地，都属于城镇土地使用税的征税范围。

城市，是指经国务院批准设立的市，包括市区和郊区。县城，是指县人民政府所在地的城镇。建制镇，是经省级人民政府批准设立的建制镇，但不包括镇政府所在地所辖行政村。工矿区，是指工商业比较发达，人口比较集中，符合国务院规定的建制镇标准，但尚未设立建制镇的大中型工矿企业所在地。

城市、县城、建制镇和工矿区虽然有行政区域和城建区域之分，但区域中的不同地方，其自然条件和经济繁荣程度各不相同，情况非常复杂，各省级人民政府可根据城镇土地使用税法律制度的规定，具体划定本地城市、县城、建制镇和工矿区的具体征税范围。建立在城市、县城、建制镇和工矿区以外的工矿企业则无须缴纳城镇土地使用税。

自 2009 年 1 月 1 日起，公园、名胜古迹内的索道公司经营用地，应按规定缴纳城镇土地使用税。

10.7.3 城镇土地使用税的计税依据

城镇土地使用税的计税依据是纳税人实际占用的土地面积。土地面积以平方米为计量标准。具体规定如下。

① 测定面积。凡由省级人民政府组织的单位测定土地面积的，以测定的土地面积为准。

② 证书面积。尚未组织测定，但纳税人持有政府部门核发的土地使用证书的，以证书确定的土地面积为准。

③ 申报面积。尚未核发土地使用证书的，应由纳税人据实申报土地面积，待核发土地使用证书后再作调整。

10.7.4 城镇土地使用税的税率和应纳税额计算

1. 税率

城镇土地使用税采用定额税率，即采取有幅度的差别税额。按大、中、小城市和县城、建制镇、工矿区分别规定每平方米城镇土地使用税每年应纳税额。大、中、小城市以公安部门登记在册的非农业正式户口人数为依据，按照国务院颁布的《城市规划条例》中规定的标准划分：人口在50万以上的为大城市，人口在20万～50万之间的为中等城市，人口在20万以下的为小城市。城镇土地使用税每平方米每年税额规定如下：

- 大城市1.5～30元；
- 中等城市1.2～24元；
- 小城市0.9～18元；
- 县城、建制镇、工矿区0.6～12元。

城镇土地使用税规定幅度税额，而且每个幅度税额的差距为20倍。这主要是考虑我国各地存在悬殊的土地级差收益，同一地区内不同地段的市政建设情况和经济发展程度也有较大的差别。

省、自治区、直辖市人民政府应当在上述规定的税额幅度内，根据市政建设状况、经济繁荣程度等条件，确定所辖地区的适用税额。在经济落后地区，城镇土地使用税的适用税额标准可适当降低，但降低幅度不得超过上述规定最低税额的30%。在经济发达地区，城镇土地使用税的适用税额可以适当提高，但须报经财政部批准。这样，各地在确定不同地段的等级和适用税额时，就有选择余地，尽可能做到平衡税负。

2. 应纳税额的计算

城镇土地使用税以纳税人实际占用的土地面积为计税依据，按照规定的定额税率计算征收。城镇土地使用税应纳税额的计算公式如下。

应纳税额＝实际占用土地面积×定额税率

【例10-14】某城市甲单位与乙单位共同拥有一块土地的使用权，该土地面积为5 000 m^2，甲单位使用40%，乙单位使用60%。经税务机关核定，该土地为应税土地，每平方米年税额为5元。要求：计算甲单位、乙单位每年应纳的土地使用税税额。

解 甲单位应纳税额＝5 000×40%×5＝10 000(元)

乙单位应纳税额＝5 000×60%×5＝15 000(元)

【例10-15】某企业集团实行统一核算，其土地使用证注明集团总部占地面积3 000 m^2，一分厂占地面积5 000 m^2，二分厂占地面积6 000 m^2，销售公司占地面积2 500 m^2，企业自办幼儿园占地面积800 m^2。经税务机关核定，集团总部每平方米年税额为5元，一分厂每平方米年税额为4元，二分厂每平方米年税额为3元，销售公司每平方米年税额为4元，幼儿

园用地暂免征收土地使用税。要求：计算该企业集团全年应纳的土地使用税税额。

解 应纳税额＝3 000×5＋5 000×4＋6 000×3＋2 500×4＝63 000(元)

10.7.5 城镇土地使用税税收优惠

1. 免征城镇土地使用税

根据城镇土地使用税法律制度的规定，下列土地免征城镇土地使用税。

① 国家机关、人民团体、军队自用的土地。

② 由国家财政部门拨付事业经费的单位自用的土地。

③ 宗教寺庙、公园、名胜古迹自用的土地。

④ 市政街道、广场、绿化地带等公共用地。

⑤ 直接用于农、林、牧、渔业的生产用地。

⑥ 经批准开山填海整治的土地和改造的废弃土地，从使用月份起免缴土地使用税 5～10 年。

⑦ 由财政部另行规定的能源、交通、水利设施用地和其他用地。

2. 税收优惠的特殊规定

1）耕地占用税与城镇土地使用税的征税范围衔接

为避免对一块土地同时征收耕地占用税和城镇土地使用税，凡是缴纳了耕地占用税的，从批准征用之日起满 1 年后征收城镇土地使用税；征用非耕地不需要缴纳耕地占用税，应从批准征用之次月起征收城镇土地使用税。

2）免税单位与纳税单位之间无偿使用的土地

对免税单位无偿使用纳税单位的土地，免征城镇土地使用税；对纳税单位无偿使用免税单位的土地，纳税单位应照章缴纳城镇土地使用税。

3）房地产开发公司建造商品房的用地

房地产开发公司建造商品房的用地，除经批准开发建设经济适用房用地外，一律不得减免城镇土地使用税。

4）基建项目在建期间的土地

对基建项目在建期间使用的土地，原则上应征收城镇土地使用税。但对有些基建项目，特别是国家产业政策扶持发展的大型基建项目，由于占地面积大、建设周期长、在建期间又没有经营收入，纳税确有困难的，可由各省、自治区、直辖市税务局根据具体情况予以免征或减征城镇土地使用税；对已经完工或已经使用的建设项目，其用地应照章征收城镇土地使用税。

5）集贸市场（农贸市场）用地

城镇内的集贸市场（农贸市场）用地，按规定应征收城镇土地使用税。为了促进集贸市场的发展及照顾各地的不同情况，各省、自治区、直辖市税务机关可根据具体情况，自行确定对集贸市场用地征收或者免征城镇土地使用税。

6）防火、防爆、防毒等安全防范用地

对于各类危险品仓库、厂房所需的防火、防爆、防毒等安全防范用地，可由各省、自治区、直辖市税务机关确定暂免征收城镇土地使用税；对仓库库区、厂房本身用地，应暂免征收城镇土地使用税。

7）关闭、撤销的企业占地

企业关闭、撤销后，其占地未作他用的，经各省、自治区、直辖市税务局批准，可暂免征收城镇土地使用税；如土地转让给其他单位使用或企业重新用于生产经营的，应依照规定征收城镇土地使用税。

8）搬迁企业的用地

企业搬迁后原有场地不使用的、企业范围内荒山等尚未利用的土地，免征城镇土地使用税；暂免征收城镇土地使用税的土地开始使用时，应从使用的次月起自行计算和申报缴纳城镇土地使用税。

9）企业的铁路专用线、公路等用地

企业的铁路专用线、公路等用地，在厂区以外、与社会公用地段未加隔离的，暂免征收城镇土地使用税；在企业厂区（包括生产、办公及生活区）以内的，应照章征收城镇土地使用税。

10）企业范围内的荒山、林地、湖泊等占地

对企业范围内的荒山、林地、湖泊等占地，全额征收城镇土地使用税。

11）石油天然气（含页岩气、煤层气）生产企业用地

① 下列石油天然气生产建设用地暂免征收城镇土地使用税：

- 石油地质勘探、钻井、井下作业、油田地面工程等施工临时用地；
- 各种采油（气）井、注水（气）井、水源井用地；
- 油田内办公、生活区以外的公路、铁路专用线及输油（气、水）管道用地；
- 石油长输管线用地；
- 通信、输变电线路用地。

② 在城市、县城、建制镇以外工矿区内的油气生产、生活用地，暂免征收城镇土地使用税。

除上述列举免税的土地外，其他油气生产及办公、生活区用地，依照规定征收城镇土地使用税。

12）林业系统用地

① 林区的育林地、运材道、防火道、防火设施用地，免征城镇土地使用税。

② 林业系统的林区贮木场、水运码头用地，暂免征收城镇土地使用税。

③ 林业系统的森林公园、自然保护区，可比照公园免征城镇土地使用税。

除上述列举免税的土地外，对林业系统的其他生产用地及办公、生活区用地，均应征收城镇土地使用税。

13）盐场、盐矿用地

① 盐场的盐滩、盐矿的矿井用地，暂免征收城镇土地使用税。

② 对盐场、盐矿的其他用地，各省、自治区、直辖市税务机关根据实际情况，确定征收城镇土地使用税或给予定期减征、免征的照顾。

对盐场、盐矿的生产厂房、办公、生活区用地，应照章征收城镇土地使用税。

14）矿山企业用地

① 矿山的采矿场、排土场、尾矿库、炸药库的安全区，以及运矿运岩公路、尾矿输送管道及回水系统用地，免征城镇土地使用税。

② 对位于城镇土地使用税征税范围内的煤炭企业已取得土地使用权、未利用的塌陷地，征收城镇土地使用税。

除上述规定外，对矿山企业的其他生产用地及办公、生活区用地，应征收城镇土地使用税。

15）电力行业用地

① 火电厂厂区围墙内的用地，均应征收城镇土地使用税。对厂区围墙外的灰场、输灰管、输油（气）管道、铁路专用线用地，免征城镇土地使用税。厂区围墙外的其他用地，应照章征税。

② 对供电部门的输电线路用地、变电站用地，免征城镇土地使用税。

③ 水电站的发电厂房用地（包括坝内、坝外式厂房）、生产、办公、生活用地，应征收城镇土地使用税。

16）交通部门港口用地

对港口的码头（即泊位，包括岸边码头、伸入水中的浮码头、堤岸、堤坝、栈桥等）用地，免征城镇土地使用税。

17）司法部所属的劳改劳教单位用地

① 少年犯管教所用地和国家财政部门拨付事业经费的劳教单位自用的土地，免征城镇土地使用税。

② 劳改单位及经费实行自收自支的劳教单位的工厂、农场等，凡属于管教或生活用地，如办公室、警卫室、职工宿舍、犯人宿舍、储藏室、食堂、礼堂、图书室、浴室、理发室、医务室等房屋、建筑物用地及其周围土地，均免征城镇土地使用税。

18）民航机场用地

机场飞行区（包括跑道、滑行道、停机坪、安全带、夜航灯光区）用地、场内外通信导航设施用地和飞行区四周排水防洪设施用地，免征城镇土地使用税。在机场道路中，对场外道路用地免征城镇土地使用税。

19）老年服务机构自用的土地

老年服务机构是指专门为老年人提供生活照料、文化、护理、健身等多方面服务的福利性、非营利性的机构，主要包括老年社会福利院、敬老院（养老院）、老年服务中心、老年公寓（含老年护理院、康复中心、托老所）等。对老年服务机构自用土地免征城镇土地使用税。

20）物流企业大宗商品仓储设施用地

自2023年1月1日起至2027年12月31日止，对物流企业自有（包括自用和出租）或承租的大宗商品仓储设施用地，减按所属土地等级适用税额标准的50%计征城镇土地使用税。但物流企业的办公、生活区用地及其他非直接用于大宗商品仓储的土地，不属于规定的减税范围，应按规定征收城镇土地使用税。

21）国家机关、军队、人民团体、财政补助事业单位、居民委员会、村民委员会拥有的体育场馆，用于体育活动的房产

经费自理的事业单位、体育社会团体、体育基金会、体育类民办非企业单位拥有并运营管理的体育场馆，符合相关条件的，其用于体育活动的房产，免征城镇土地使用税。

企业拥有并运营管理的大型体育场馆，其用于体育活动的房产，减半征收城镇土地使用税。

享受上述税收优惠体育场馆的运动场地用于体育活动的天数不得低于全年自然天数的70%。

10.7.6 城镇土地使用税征收管理

1. 纳税义务发生时间

① 纳税人购置新建商品房，自房屋交付使用之次月起，缴纳城镇土地使用税。

② 纳税人购置存量房，自办理房屋权属转移、变更登记手续，房地产登记机关签发房屋权属证书之次月起缴纳城镇土地使用税。

③ 纳税人出租、出借房产，自交付出租、出借房产之次月起缴纳城镇土地使用税。

④ 房地产开发企业自用、出租、出借本企业建造的商品房，自房屋使用或交付之次月起缴纳城镇土地使用税。

⑤ 纳税人新征用的耕地，自批准征用之日起满1年时开始缴纳城镇土地使用税。

⑥ 纳税人新征用的非耕地，自批准征用之次月起缴纳城镇土地使用税。

2. 纳税地点

城镇土地使用税在土地所在地缴纳。

纳税人使用的土地不属于同一省、自治区、直辖市管辖的，由纳税人分别向土地所在地税务机关缴纳城镇土地使用税；在同一省、自治区、直辖市管辖范围内，纳税人跨地区使用的土地，其纳税地点由各省、自治区、直辖市税务局确定。

3. 纳税期限

城镇土地使用税按年计算、分期缴纳。具体缴纳期限由省、自治区、直辖市人民政府确定。

10.8 耕地占用税

中华人民共和国耕地占用税法

10.8.1 耕地占用税的概念

耕地占用税，是指为了合理利用土地资源，加强土地管理，保护耕地，对占用耕地建房或者从事其他非农业建设的单位和个人，就其实际占用的耕地面积征收的一种税。与其他税种相比，耕地占用税兼有土地资源税和行为税的双重属性，采用地区差别税额，实行从量征收和一次课征制，并具有税收用途明确的特点。

自2008年1月1日起施行《中华人民共和国耕地占用税暂行条例》，自2008年2月26日起施行《中华人民共和国耕地占用税暂行条例实施细则》。2018年12月29日，第十三届全国人民代表大会常务委员会第七次会议通过《中华人民共和国耕地占用税法》（以下简称《耕地占用税法》），自2019年9月1日起施行。为贯彻落实《耕地占用税法》，财政部、税务总局、自然资源部、农业农村部、生态环境部制定了《中华人民共和国耕地占用税法实施办法》（以下简称《耕地占用税法实施办法》），自2019年9月1日起施行。这些法律法规构成了我国现行的耕地占用税法律制度。

10.8.2 耕地占用税的纳税人、征税范围和税率

1. 纳税人

耕地占用税纳税人是指在我国境内占用耕地建设建筑物、构筑物或者从事非农业建设的单位和个人。单位包括企业、事业单位、社会团体、国家机关、部队及其他单位；个人包括个体工商户、农村承包经营户以及其他个人。

经批准占用耕地的，纳税人为农用地转用审批文件中标明的建设用地人；农用地转用审批文件中未标明建设用地人的，纳税人为用地申请人，其中用地申请人为各级人民政府的，由同级土地储备中心、自然资源主管部门或政府委托的其他部门、单位履行耕地占用税申报纳税义务。在农用地转用环节，用地申请人能证明建设用地人符合规定的免税情形的，免征用地申请人的耕地占用税；在供地环节，建设用地人使用耕地用途符合规定的免税情形的，由用地申请人和建设用地人共同申请，按退税管理规定退还用地申请人已经缴纳的耕地占用税。

未经批准占用耕地的，纳税人为实际用地人。

2. 征税范围

1）征税范围的一般规定

耕地占用税征税范围，包括纳税人为建设建筑物、构筑物或从事其他非农业建设而占用的国家所有和集体所有的耕地。耕地是指用于种植农作物的土地，包括菜地、园地。园地包括果园、茶园、橡胶园、其他园地①。

占用林地、草地、农田水利用地、养殖水面、渔业水域滩涂等其他农用地建设建筑物、构筑物或者从事非农业建设的，征收耕地占用税。林地，包括乔木林地、竹林地、红树林地、森林沼泽、灌木林地、灌丛沼泽、其他林地②，不包括城镇村庄范围内的绿化林木用地，铁路、公路征地范围内的林木用地，以及河流、沟渠的护堤林用地。草地，包括天然牧草地、沼泽草地、人工牧草地，以及用于农业生产并已由相关行政主管部门发放使用权证的草地。农田水利用地，包括农田排灌沟渠及相应附属设施用地。养殖水面，包括人工开挖或者天然形成的用于水产养殖的河流水面、湖泊水面、水库水面、坑塘水面及相应附属设施用地。渔业水域滩涂，包括专门用于种植或者养殖水生动植物的海水潮浸地带和滩地，以及用于种植芦苇并定期进行人工养护管理的苇田。非农业建设如因挖损、采矿塌陷、压占、污染等损毁耕地。

2）征税范围的特殊规定

建设直接为农业生产服务的生产设施占用农用土地的，不缴纳耕地占用税。直接为农业生产服务的生产设施，是指直接为农业生产服务而建设的建筑物和构筑物，具体包括：储存农用机具和种子、苗木、木材等农业产品的仓储设施；培育、生产种子、种苗的设施；畜禽养殖设施；木材集材道、运材道；农业科研、试验、示范基地；野生动植物保护、护林、森林病虫害防治、森林防火、木材检疫的设施；专为农业生产服务的灌溉排水、供水、供电、供热、供气、通信基础设施；农业生产者从事农业生产必需的食宿和管理设施；其他直接为农业生产服务的生产设施。

① 其他园地包括种植桑树、可可、咖啡、油棕、胡椒、药材等其他多年生作物的园地。
② 其他林地包括疏林地、未成林地、迹地、苗圃等林地。

3. 税率

耕地占用税实行地区差别定额税率，以县为单位的人均耕地面积为标准，并参照地区的经济发展状况，确定高低不同的单位幅度税额。为了避免毗邻地区税率高低过于悬殊，财政部规定了各省、自治区、直辖市的平均税额。各省、自治区、直辖市在规定的幅度内，可根据所属县、市的人均占有耕地情况和经济发展状况，有差别地规定其单位税额，但全省平均数不得低于财政部核定的上述平均税额。耕地占用税的幅度税额规定如下：

- 人均耕地不超过 1 亩[①]的地区（以县、自治县、不设区的市、市辖区为单位，下同），每平方米为 10～50 元；
- 人均耕地超过 1 亩但不超过 2 亩的地区，每平方米为 8～40 元；
- 人均耕地超过 2 亩但不超过 3 亩的地区，每平方米为 6～30 元；
- 人均耕地超过 3 亩的地区，每平方米为 5～25 元。

各地区耕地占用税的适用税额，由省、自治区、直辖市人民政府根据人均耕地面积和经济发展等情况，在上述规定的税额幅度内提出，报同级人民代表大会常务委员会决定，并报全国人民代表大会常务委员会和国务院备案。各省、自治区、直辖市耕地占用税适用税额的平均水平，不得低于《耕地占用税法》所附《各省、自治区、直辖市耕地占用税平均税额表》（见表 10－4）规定的平均税额。

表 10－4 各省、自治区、直辖市耕地占用税平均税额表

单位：元/m^2

省、自治区、直辖市	平均税额
上海	45
北京	40
天津	35
江苏、浙江、福建、广东	30
辽宁、湖北、湖南	25
河北、安徽、江西、山东、河南、重庆、四川	22.5
广西、海南、贵州、云南、陕西	20
山西、吉林、黑龙江	17.5
内蒙古、西藏、甘肃、青海、宁夏、新疆	12.5

在人均耕地低于 0.5 亩的地区，省、自治区、直辖市可以根据当地经济发展情况，适当提高耕地占用税的适用税额，但提高的部分不得超过上述适用税额的 50%。

占用基本农田[②]的，应当按照当地适用税额的 150%征收。

占用林地、草地、农田水利用地、养殖水面、渔业水域滩涂等其他农用地建设建筑物、构筑物或者从事非农业建设的，适用税额可以适当低于本地区确定的适用税额，但降低的部分不得超过 50%。具体适用税额由省、自治区、直辖市人民政府提出，报同级人民代表大会常务委员会决定，并报全国人大常委会和国务院备案。

① 1 亩≈667 m^2。

② 基本农田，是指依据《基本农田保护条例》划定的基本农田保护区范围内的耕地。

10.8.3 耕地占用税计税依据和应纳税额计算

1. **计税依据**

耕地占用税以纳税人实际占用的耕地面积（平方米）为计税依据，按照规定的适用税额标准计算，一次性缴纳。实际占用的耕地面积，包括经批准占用的耕地面积和未经批准占用的耕地面积。

纳税人实际占用耕地面积的核定以农用地专用审批文件为主要依据，必要时应当实地勘测。

2. **应纳税额的计算**

耕地占用税的应纳税额，为纳税人实际占用的耕地面积乘以规定的定额税率。耕地占用税应纳税额计算公式如下。

应纳税额＝实际占用耕地面积×定额税率

10.8.4 耕地占用税税收优惠

下列项目占用耕地，免征耕地占用税。

① 军事设施，具体范围为《中华人民共和国军事设施保护法》规定的军事设施。

② 学校，具体范围包括县级以上人民政府教育行政部门批准成立的大学、中学、小学、学历性职业教育学校及特殊教育学校，以及经省级人民政府或其人力资源社会保障行政部门批准成立的技工院校。学校内经营性场所和教职工住房占用耕地的，按照当地适用税额缴纳耕地占用税。

③ 幼儿园，具体范围限于县级以上人民政府教育行政部门批准成立的幼儿园内专门用于幼儿保育、教育的场所。

④ 社会福利机构，具体范围限于依法登记的养老服务机构、残疾人服务机构、儿童福利机构、救助管理机构、未成年人救助保护机构内，专门为老年人、残疾人、未成年人、生活无着的流浪乞讨人员提供养护、康复、托管等服务的场所。

⑤ 医疗机构，具体范围限于县级以上人民政府卫生健康行政部门批准设立的医疗机构内专门从事疾病诊断、治疗活动的场所及其配套设施。医疗机构内职工住房占用耕地的，按照当地适用税额缴纳耕地占用税。

下列项目占用耕地，减按每平方米 2 元的税额标准征收耕地占用税。

① 铁路线路，具体范围限于铁路路基、桥梁、涵洞、隧道及其按照规定两侧留地、防火隔离带。专用铁路和铁路专用线占用耕地的，按照当地适用税额缴纳耕地占用税。

② 公路线路，具体范围限于经批准建设的国道、省道、县道、乡道和属于农村公路的村道的主体工程及两侧边沟或者截水沟。专用公路和城区内机动车道占用耕地的，按照当地适用税额缴纳耕地占用税。

③ 飞机场跑道、停机坪，具体范围限于经批准建设的民用机场专门用于民用航空器起降、滑行、停放的场所。

④ 港口，具体范围限于经批准建设的港口内供船舶进出、停靠及旅客上下、货物装卸的场所。

⑤ 航道，具体范围限于在江、河、湖泊、港湾等水域内供船舶安全航行的通道。

⑥ 水利工程，具体范围限于经县级以上人民政府水行政主管部门批准建设的防洪、排涝、灌溉、引（供）水、滩涂治理、水土保持、水资源保护等各类工程及其配套和附属工程的建筑物、构筑物占压地和经批准的管理范围用地。

在农用地转用环节，用地申请人能举证建设用地人使用耕地用途符合上述规定的免税情形的，免征用地申请人的耕地占用税；在供地环节，建设用地人使用耕地用途符合上述规定的免税情形的，由用地申请人和建设用地人共同申请，按退税管理的规定退还用地申请人已经缴纳的耕地占用税。

农村居民在规定用地标准以内占用耕地新建自用住宅，按照当地适用税额减半征收耕地占用税。其中，农村居民经批准搬迁，新建自用住宅占用耕地不超过原宅基地面积的部分，免征耕地占用税。

农村烈士遗属、因公牺牲军人遗属、残疾军人以及符合农村最低生活保障条件的农村居民，在规定用地标准以内新建自用住宅，免征耕地占用税。

根据国民经济和社会发展的需要，国务院可以规定免征或者减征耕地占用税的其他情形，报全国人民代表大会常务委员会备案。

按规定免征或者减征耕地占用税后，纳税人改变原占地用途，不再属于免征或者减征耕地占用税情形的，应当按照当地适用税额自改变用途之日起 30 日内申报补缴税款，补缴税款按改变用途的实际占用耕地面积和改变用途时当地适用税额计算。

10.8.5 耕地占用税征收管理

1. 纳税业务发生时间

耕地占用税的纳税义务发生时间为纳税人收到自然资源主管部门办理占用耕地手续的书面通知的当日。

自然资源主管部门凭耕地占用税完税凭证或者免税凭证和其他有关文件发放建设用地批准书。

未经批准占用耕地的，耕地占用税纳税义务发生时间为自然资源主管部门认定的纳税人实际占用耕地的当日。

因挖损、采矿塌陷、压占、污染等损毁耕地的纳税义务发生时间为自然资源、农业农村等相关部门认定损毁耕地的当日。

纳税人应当自纳税义务发生之日起 30 日内申报缴纳耕地占用税。

2. 纳税地点

纳税人占用耕地或其他农用地，应当在耕地或其他农用地所在地申报纳税。

因挖损、采矿塌陷、压占、污染等损毁耕地属于税法所称的非农业建设，应依照规定缴纳耕地占用税；自自然资源、农业农村等相关部门认定损毁耕地之日起 3 年内依法复垦或修复，恢复种植条件的，按规定办理退税。

纳税人改变占地用途，不再属于免征或者减征情形的，应自改变用途之日起 30 日内申报补缴税款，补缴税款按改变用途的实际占用耕地面积和改变用途时当地适用税额计算。

3. 征收管理

耕地占用税由税务机关负责征收。税务机关应当与相关部门建立耕地占用税涉税信息共享机制和工作配合机制。县级以上地方人民政府自然资源、农业农村、水利等相关部门应当定期向税务机关提供农用地转用、临时占地等信息，协助税务机关加强耕地占用税征收管理。

县级以上地方人民政府自然资源、农业农村、水利、生态环境等相关部门向税务机关提供的农用地转用、临时占地等信息，包括农用地转用信息、城市和村庄集镇按批次建设用地转而未供信息、经批准临时占地信息、改变原占地用途信息、未批先占农用地查处信息、土地损毁信息、土壤污染信息、土地复垦信息、草场使用和渔业养殖权证发放信息等。各省、自治区、直辖市人民政府应当建立健全本地区跨部门耕地占用税部门协作和信息交换工作机制。

纳税人占地类型、占地面积和占地时间等纳税申报数据材料以自然资源等相关部门提供的相关材料为准；未提供相关材料或者材料信息不完整的，经主管税务机关提出申请，由自然资源等相关部门自收到申请之日起 30 日内出具认定意见。

税务机关发现纳税人的纳税申报数据资料异常或者纳税人未按照规定期限申报纳税的，可以提请相关部门进行复核，相关部门应当自收到税务机关复核申请之日起 30 日内向税务机关出具复核意见。纳税人的纳税申报数据资料异常或者纳税人未按照规定期限申报纳税的，包括下列情形：

- 纳税人改变原占地用途，不再属于免征或者减征耕地占用税情形，未按照规定进行申报的；
- 纳税人已申请用地但尚未获得批准先行占地开工，未按照规定进行申报的；
- 纳税人实际占用耕地面积大于批准占用耕地面积，未按照规定进行申报的；
- 纳税人未履行报批程序擅自占用耕地，未按照规定进行申报的；
- 其他应提请相关部门复核的情形。

纳税人因建设项目施工或者地质勘查临时占用耕地①，应当依照规定缴纳耕地占用税。纳税人在批准临时占用耕地期满之日起 1 年内依法复垦，恢复种植条件的，全额退还已经缴纳的耕地占用税。

10.9 城市维护建设税与教育费附加

中华人民共和国城市维护建设税法

10.9.1 城市维护建设税

1. 概念

城市维护建设税（以下简称城建税），是以纳税人实际缴纳的增值税、消费税税额为计税依据依法计征的一种税，主要目的是筹集城镇设施建设和维护资金。自 2016 年起城建税收入已由一般公共预算统筹安排，不再指定专项用途。

1985 年 2 月 8 日，国务院发布并于同年 1 月 1 日起实施《中华人民共和国城市维护建设税暂行条例》，同年 2 月 15 日和 3 月 22 日，财政部先后印发《关于〈城市维护建设税暂

① 临时占用耕地，是指经自然资源主管部门批准，在一般不超过 2 年内临时使用耕地并且没有修建永久性建筑物的行为。

行条例〉执行日期等问题的通知》《关于执行〈城市维护建设税暂行条例〉几个具体问题的通知》。为了统一税制、公平税负，2010年10月18日，国务院发布了《关于统一内外资企业和个人城市维护建设税和教育费附加制度的通知》，决定自2010年12月1日起，对外商投资企业、外国企业和外籍个人征收城建税。2020年8月11日，第十三届全国人民代表大会常务委员会第二十一次会议通过《中华人民共和国城市维护建设税法》（以下简称《城市维护建设税法》），并于2021年9月1日起施行。这些构成了我国现行的城建税法律制度。

2. 纳税人和征税范围

城建税的纳税人，是在中华人民共和国境内缴纳增值税、消费税的单位和个人。单位，是指各类企业（含外商投资企业、外国企业）、行政单位、事业单位、军事单位、社会团体及其他单位。个人，是指个体工商户及其他个人（含外籍个人）。

城建税扣缴义务人为负有增值税、消费税扣缴义务的单位和个人，在扣缴增值税、消费税的同时扣缴城建税。

城建税的征税范围从地域上看分布很广，具体包括城市、县城、建制镇，以及税法规定征收增值税和消费税的其他地区。

3. 计税依据

城建税的计税依据是纳税人实际缴纳的增值税、消费税税额，扣除期末留抵退税退还的增值税税额。具体确定办法，由国务院依据《城市维护建设税法》和有关税收法律、行政法规规定，报全国人民代表大会常务委员会备案。

纳税人违反增值税和消费税规定而加收的滞纳金和罚款，是税务机关对纳税人违法行为的经济制裁，不作为城建税的计税依据，但纳税人在被查补增值税和消费税税额及被处以罚款时，应同时对其偷漏的城建税进行补税、征收税收滞纳金和罚款。

4. 税率和应纳税额的计算

1）税率

城建税实行差别比例税率。按照纳税人所在地区的不同，设置了3档比例税率，具体规定如下。

- 纳税人所在地在市区的，税率为7%；
- 纳税人所在地在县城、镇的，税率为5%；
- 纳税人所在地不在市区、县城或者镇的，税率为1%。

城建税的适用税率，应当按纳税人所在地的规定税率执行。纳税人所在地是指纳税人住所地或者与纳税人生产经营活动相关的其他地点，具体地点由省、自治区、直辖市确定[①]。但是，下列情况可按缴纳增值税和消费税所在地的规定税率就地缴纳城建税。

① 由受托方代扣代缴、代收代缴增值税和消费税的单位和个人，其代扣代缴、代收代缴的城建税按受托方所在地适用税率执行。

② 流动经营等无固定纳税地点的单位和个人，在经营地缴纳增值税和消费税的，其城建税的缴纳按经营地适用税率执行。

① 纳税人所在地与纳税地点不是一个概念，如海洋油气勘探开发所在地在海上，不属于市区、县城或者镇，适用1%税率，但其纳税地点不在海上。

2）应纳税额的计算

城建税应纳税额是按照计税依据乘以具体适用税率计算的，其计算公式如下。

$$应纳税额=计税依据\times 适用税率$$

对实行增值税期末留抵退税的纳税人，允许其从城建税的计税依据中扣除退还的增值税税额。

【例 10－16】 某市区某企业为增值税一般纳税人。2024 年 8 月份实际缴纳增值税 300 000 元，缴纳消费税 400 000 元。因故被加收滞纳金 2 100 元。要求：计算该企业 8 月份应缴纳的城建税税额。

解 应纳税额＝(300 000＋400 000)×7％＝49 000(元)

---

5. **税收优惠**

由于城建税以增值税和消费税税额为计税依据，如果税法规定减免增值税、消费税，也就相应地减免了城建税。

对进口货物或者境外单位和个人向境内销售劳务、服务、无形资产缴纳的增值税、消费税税额，不征收城建税。

对出口货物、劳务和跨境销售服务、无形资产以及因优惠政策退还增值税、消费税的，不退还已缴纳的城建税。

对增值税、消费税实行先征后返、先征后退、即征即退办法的，除另有规定外，对随增值税、消费税附征的城建税，一律不予退（返）还。

需要说明的是，根据国民经济和社会发展的需要，国务院对重大公共基础设施建设、特殊产业和群体以及重大突发事件应对等情形可以规定减征或者免征城建税，报全国人民代表大会常务委员会备案。

6. **征收管理**

1）纳税义务发生时间

城建税的纳税义务发生时间与缴纳增值税、消费税的纳税义务发生时间一致，分别与增值税、消费税同时缴纳。

2）纳税地点

城建税纳税地点为实际缴纳增值税、消费税的地点。扣缴义务人应当向其机构所在地或者居住地的主管税务机关申报缴纳其扣缴的税款。有特殊情况的，按下列原则和方法确定纳税地点。

代扣代缴、代收代缴增值税、消费税的单位和个人，同时也是城建税的代扣代缴、代收代缴义务人，其纳税地点为代扣代收地。

对流动经营等无固定纳税地点的单位和个人，应随同增值税、消费税在经营地纳税。

需要说明的是，自 2016 年 5 月 1 日起，纳税人跨地区提供建筑服务、销售和出租不动产的，应在建筑服务发生地、不动产所在地预缴增值税时，以预缴增值税税额为计税依据，并按预缴增值税所在地的城建税适用税率和教育费附加增收率就地计算缴纳城建税和教育费附加。预缴增值税的纳税人在其机构所在地申报缴纳增值税时，以其实际缴纳的增值税税额为计税依据，并按机构所在地的城建税税率和教育费附加征收率就地计算缴纳城建税和教育费附加。

3）纳税期限

城建税的纳税期限与增值税、消费税的纳税期限一致。根据增值税法和消费税法规定，增值税、消费税的纳税期限分别为1日、3日、5日、10日、15日、1个月或者1个季度；纳税人的具体纳税期限，由税务机关根据纳税人应纳税额的大小分别核定；不能按照固定期限纳税的，可以按次纳税。

城建税由税务机关依照《城市维护建设税法》和《税收征收管理法》的规定征收管理。纳税人、税务机关及其工作人员违反《城市维护建设税法》规定的，依照《税收征收管理法》和有关法律法规的规定追究法律责任。

10.9.2 教育费附加

教育费附加是以各单位和个人实际缴纳的增值税、消费税税额为计征依据而征收的一种费用，其目的是加快发展教育事业，扩大教育经费资金来源。1986年4月28日国务院发布了《征收教育费附加的暂行规定》，自1986年7月1日起施行。2005年8月20日国务院公布《国务院关于修改〈征收教育费附加的暂行规定〉的决定》，自2005年10月1日起施行。

1. 征收范围

教育费附加的征收范围为税法规定征收增值税、消费税的单位和个人。自2010年12月1日起，对外商投资企业、外国企业和外籍人员征收教育费附加。

2. 计征依据

教育费附加以纳税人实际缴纳的增值税、消费税税额之和为计征依据。

3. 征收比例

按照《国务院关于教育费附加征收问题的紧急通知》的规定，现行教育费附加征收比例为3%。①

4. 计算与缴纳

1）计算公式

应纳教育费附加＝实际缴纳的增值税和消费税税额×征收比例

【例10-17】某大型国有商场2024年10月应缴纳增值税260 000元，实际缴纳增值税200 000元，实际缴纳消费税100 000元。要求：计算该商场当月应纳教育费附加。

解 应纳教育费附加＝(200 000＋100 000)×3%＝9 000(元)

2）缴纳

教育费附加与增值税和消费税税款同时缴纳。

5. 减免规定

教育费附加以增值税和消费税税额为计税依据并同时征收。如果税法规定减免增值税、

① 根据《财政部关于统一地方教育附加政策有关问题的通知》的规定，现行地方教育附加征收比例为2%。

消费税，则教育费附加也就相应地减免。

对海关进口产品征收的增值税、消费税，不征收教育费附加。

由于减免增值税和消费税而发生退税的，可同时退还已征收的教育费附加。但对出口产品退还增值税、消费税的，不退还已征的教育费附加。

10.10 印 花 税

10.10.1 印花税的概念

印花税是对经济活动中书立应税凭证、进行证券交易征收的一种税。因纳税人主要是通过在应税凭证上粘贴印花税票完成纳税义务，故名印花税。

印花税具有覆盖面广、税率低、自行完税的特点。自行完税，是指纳税人在书立应税凭证、发生纳税义务的同时，先根据凭证所载计税金额和适用的税目与税率，自行计算其应纳税额，再由纳税人自行购买印花税票，并一次足额粘贴在应税凭证上，最后由纳税人按规定对已粘贴的印花税票自行注销或划销。

1950 年 1 月政务院发布《全国税政实施要则》，规定印花税为全国统一开征的 14 个税种之一。1958 年简化税制时，将印花税并入工商统一税，印花税不再单独征收。1988 年 8 月 6 日，国务院颁布并于同年 10 月 1 日起实施《中华人民共和国印花税暂行条例》，于同年 10 月 1 日起恢复征收印花税。同年 9 月 29 日，财政部印发《印花税暂行条例实施细则》，12 月 12 日，国家税务总局印发《关于印花税若干具体问题的规定》。随着我国股票交易制度的建立，国务院决定自 1992 年 1 月 1 日起将股票交易纳入印花税的征收范围。2006 年 11 月 27 日，财政部、国家税务总局印发《关于印花税若干政策的通知》。2021 年 6 月 10 日，第十三届全国人大常委会第二十九次会议通过了《中华人民共和国印花税法》（以下简称《印花税法》），自 2022 年 7 月 1 日起施行。2022 年 6 月 12 日，财政部、税务总局发布了《关于印花税若干事项政策执行口径的公告》（财政部、税务总局公告 2022 年第 22 号）；2022 年 6 月 27 日，财政部、税务总局发布了《关于印花税法实施后有关优惠政策衔接问题的公告》（财政部、税务总局公告 2022 年第 23 号），这些法律法规构成了我国印花税法律制度。

10.10.2 印花税的纳税人和征税范围

1. 纳税人

印花税纳税人，是指在境内书立应税凭证、进行证券交易的单位和个人。在中华人民共和国境外书立在境内使用的应税凭证的单位和个人，应当依照《印花税法》规定缴纳印花税。其中，单位是指企业、行政单位、事业单位、军事单位、社会团体和其他单位，个人是指个体工商户和其他个人。

如果一份合同或应税凭证由两方或两方以上当事人共同签订，签订合同或应税凭证的各方都是印花税的纳税人，应各自就其所持合同或应税凭证的计税金额履行纳税义务。

书立应税凭证的纳税人，为对应税凭证有直接权利义务关系的单位和个人。采用委托贷款方式书立的借款合同纳税人，为受托人和借款人，不包括委托人。按买卖合同或者产权转移书据税目缴纳印花税的拍卖成交确认书纳税人，为拍卖标的的产权人和买受人，不包括拍卖人。

根据书立应税凭证的不同，印花税的纳税人可分为立合同人、立账簿人、立据人和使用人等。

① 立合同人。立合同人是指合同的基本当事人，即对凭证有直接权利义务关系的单位和个人，但不包括合同的担保人、证人、鉴定人。所谓合同，是指根据《民法典》规定签订的各类合同，包括买卖、借款、融资租赁、租赁、承揽、建设工程、运输、技术、保管、仓储、财产保险共11类合同。当事人的代理人有代理纳税义务。

② 立账簿人。立账簿人是指开立并使用营业账簿的单位和个人。如某企业因生产需要，设立了若干营业账簿，该企业即为印花税的纳税人。

③ 立据人。立据人是指书立产权转移书据的单位和个人。

④ 使用人。使用人是指在国外书立，但在国内使用应税凭证的单位和个人。

同一应税凭证由两方以上当事人书立的，按照各自涉及的金额分别计算应纳税额。

2. 征税范围

我国经济活动中发生的经济凭证种类繁多、数量巨大，现行印花税采取正列举形式，只对《印花税法》中列举的凭证征收，没有列举的凭证不征税。列举的凭证分为四类，即合同类、产权转移书据类、营业账簿类和证券交易类。

1）合同类

合同，是指民事主体之间设立、变更、终止民事法律关系的协议[①]。按照《民法典》的规定，“印花税税目税率表”中列举了以下11类合同。

① 买卖合同。买卖合同是指出卖人转移标的物的所有权于买受人，买受人支付价款的合同。包括供应、预购、采购、购销结合及协作、调剂、补偿、易货等合同，还包括各出版单位与发行单位（不包括订阅单位和个人）之间订立的图书、报刊、音像征订凭证。

工业、商业、物资、外贸等部门经销和调拨商品、物资供应的调拨单（或其他名称的单、卡、书、表等），应当区分其性质和用途，即视其是作为部门内执行计划使用的，还是代替合同使用的，以确定是否贴花。凡属于明确双方供需关系，据以供货和结算，具有合同性质的凭证，应按规定缴纳印花税。

纳税人以电子形式签订的各类应税凭证按规定征收印花税。

发电厂与电网之间、电网与电网之间（国家电网公司系统、南方电网公司系统内部各级电网互供电量除外）签订的购售电合同，按买卖合同征收印花税。电网与用户之间签订的供用电合同不征收印花税。

企业之间书立的确定买卖关系、明确买卖双方权利义务的订单、要货单等单据，且未另外书立买卖合同的，应当按规定缴纳印花税。

② 借款合同。借款合同是指借款人向贷款人借款，到期返还借款并支付利息的合同。包括银行及其他金融组织和借款人（不包括银行同业拆借）所签订的借款合同。

③ 融资租赁合同。融资租赁合同是指出租人根据承租人对出卖人、租赁物的选择，向出卖人购买租赁物，提供给承租人使用，承租人支付租金的合同。

① 《民法典》第四百六十四条。

④ 租赁合同。租赁合同是指出租人将租赁物交付承租人使用、收益，承租人支付租金的合同。包括租赁房屋、船舶、飞机、机动车辆、机械、器具、设备等合同，还报刊企业、个人出租门店、柜台等所签订的合同，但不包括企业与主管部门签订的租赁承包合同。

⑤ 承揽合同。承揽合同是指承揽人按照定作人的要求完成工作，交付工作成果，定作人支付报酬的合同。包括加工、定做、修缮、修理、印刷、广告、测绘、测试等合同。

⑥ 建设工程合同。建设工程合同是指承包人进行工程建设，发包人支付价款的合同。包括勘察、设计合同的总包合同、分包合同和转包合同。

⑦ 运输合同。运输合同是指承运人将旅客或者货物从起运地点运输到约定地点，旅客、托运人或者收货人支付票款或者运输费用的合同。包括民用航空运输合同、铁路运输合同、海上运输合同、内河运输合同、公路运输合同和联运合同。

⑧ 技术合同。技术合同是指当事人就技术开发、转让、许可、咨询或者服务订立的确立相互之间权利和义务的合同。包括技术开发、转让、咨询、服务等合同。

技术转让合同包括专利申请转让、非专利技术转让所书立的合同，但不包括专利权转让、专利实施许可所书立的合同。后者适用于“产权转移书据”合同。

技术咨询合同是合同当事人就有关项目的分析、论证、评价、预测和调查订立的技术合同，而一般的法律、会计、审计等方面的咨询不属于技术咨询，其所立合同不贴印花。技术服务合同的征税范围包括技术服务合同、技术培训合同和技术中介合同。

⑨ 保管合同。保管合同是指保管人保管寄存人交付的保管物，并返还该物的合同。包括保管合同或作为合同使用的仓单、栈单（或称入库单）。对某些使用不规范的凭证不便计税的，可就其结算单据作为计税贴花的凭证。

⑩ 仓储合同。仓储合同是指保管人储存存货人交付的仓储物，存货人支付仓储费的合同。

⑪ 财产保险合同，包括财产、责任、保证、信用等保险合同。

2）产权转移书据类

产权转移即财产权利关系的变更行为，表现为产权主体发生变更。产权转移书据是在产权的买卖、交换、继承、赠与、分割等产权主体变更过程中，由产权出让人与受让人之间所订立的民事法律文书。

印花税税目中的产权转移书据包括土地使用权出让书据，土地使用权、房屋等建筑物和构筑物所有权转让书据（不包括土地承包经营权和土地经营权转移），股权转让书据（不包括应缴纳证券交易印花税的）以及商标专用权、著作权、专利权、专有技术使用权转让书据。

3）营业账簿类

印花税税目中的营业账簿归属于财务会计账簿，是按照会计制度的要求设置的，反映生产经营活动的账册。按照营业账簿反映的内容不同，分为记载资金的账簿（简称资金账簿）和其他营业账簿两类，对记载资金的营业账簿征收印花税，对其他营业账簿不征收印花税。资金账簿是反映生产经营单位“实收资本”和“资本公积”金额增减变化的账簿。其他营业账簿，是反映除资金资产以外的其他生产经营活动内容的账簿，即除资金账簿以外的，归属于财务会计体系的其他生产经营用账册。

4）证券交易类

证券交易是指在依法设立的证券交易所上市交易或者在国务院批准的其他证券交易场所

转让公司股票和以股票为基础发行的存托凭证。

证券交易印花税对证券交易的出让方征收，不对受让方征收。

10.10.3　印花税税率

印花税实行比例税率。按照凭证所标明的确定的金额按比例计算应纳税额，既能保证财政收入，又能体现合理负担的原则。

① 借款合同、融资租赁合同，适用税率为0.05‰。

② 营业账簿，适用税率为0.25‰。

③ 买卖合同、承揽合同、建设工程合同、运输合同、技术合同，商标专用权、著作权、专利权、专有技术使用权转让书据，适用税率为0.3‰。

④ 土地使用权出让书据，土地使用权、房屋等建筑物和构筑物所有权转让书据，股权转让书据，适用税率为0.5‰。

⑤ 租赁合同、保管合同、仓储合同、财产保险合同、证券交易，适用税率为1‰。

印花税税目税率如表10－5所示。

表10－5　印花税税目税率表

税目		税率	备注
合同（指书面合同）	借款合同	借款金额的0.05‰	指银行业金融机构、经国务院银行业监督管理机构批准设立的其他金融机构与借款人（不包括同业拆借）的借款合同
	融资租赁合同	租金的0.05‰	—
	买卖合同	价款的0.3‰	指动产买卖合同（不包括个人书立的动产买卖合同）
	承揽合同	报酬的0.3‰	—
	建设工程合同	价款的0.3‰	—
	运输合同	运输费用的0.3‰	指货运合同和多式联运合同（不包括管道运输合同）
	技术合同	价款、报酬或者使用费的0.3‰	不包括专利权、专有技术使用权转让书据
	租赁合同	租金的1‰	—
	保管合同	保管费的1‰	—
	仓储合同	仓储费的1‰	—
	财产保险合同	保险费的1‰	不包括再保险合同
产权转移书据	土地使用权出让书据	价款的0.5‰	转让包括买卖（出售）、继承、赠与、互换、分割
	土地使用权、房屋等建筑物和构筑物所有权转让书据（不包括土地承包经营权和土地经营权转移）	价款的0.5‰	
	股权转让书据（不包括应缴纳证券交易印花税的）	价款的0.5‰	
	商标专用权、著作权、专利权、专有技术使用权转让书据	价款的0.3‰	

续表

税目	税率	备注
营业账簿	实收资本（股本）、资本公积合计金额的0.25‰	—
证券交易	成交金额的1‰	对证券交易的出让方征收，不对证券交易的受让方征收

10.10.4 印花税的计税依据和应纳税额计算

1. 计税依据

1）应税合同的计税依据

应税合同的计税依据，为合同列明的价款或者报酬，不包括列明的增值税税款；合同中价款或者报酬与增值税税款未分开列明的，按照合计金额确定。具体包括买卖合同和建设工程合同中的支付价款、承揽合同中的支付报酬、租赁合同和融资租赁合同中的租金、运输合同中的运输费、保管合同中的保管费、仓储合同中的仓储费、借款合同中的借款金额、财产保险合同中的保险费以及技术合同中的支付价款、报酬或者使用费等。

2）应税产权转移书据的计税依据

应税产权转移书据的计税依据，为产权转移书据列明的价款，不包括列明的增值税税款；产权转移书据中价款与增值税税款未分开列明的，按照合计金额确定。

应税合同、应税产权转移书据未列明价款或者报酬的，按照下列方法确定计税依据：按照订立合同、产权转移书据时市场价格确定；依法应当执行政府定价的，按照其规定确定。不能按照上述规定的方法确定的，按照实际结算的价款或者报酬确定。

同一应税合同、应税产权转移书据中涉及两方以上纳税人，且未列明纳税人各自涉及金额的，以纳税人平均分摊的应税凭证所列金额（不包括列明的增值税税款）确定计税依据。

应税合同、应税产权转移书据列明的金额与实际结算金额不一致，不变更应税凭证所列金额的，以所列金额为计税依据；变更应税凭证所列金额的，以变更后的所列金额为计税依据。已缴纳印花税的应税凭证，变更后所列金额增加的，纳税人应当就增加部分的金额补缴印花税；变更后所列金额减少的，纳税人可以就减少部分的金额向税务机关申请退还或者抵缴印花税。

纳税人因应税凭证列明的增值税税款计算错误导致应税凭证的计税依据减少或者增加的，纳税人应当按照规定调整应税凭证列明的增值税税款，重新确定应税凭证计税依据。已缴纳印花税的应税凭证，调整后计税依据增加的，纳税人应当就增加部分的金额补缴印花税；调整后计税依据减少的，纳税人可以就减少部分的金额向税务机关申请退还或者抵缴印花税。

未履行的应税合同、产权转移书据，已缴纳的印花税不予退还及抵缴税款。

纳税人多贴的印花税票，不予退税及抵缴税款。

3）应税营业账簿的计税依据

应税营业账簿的计税依据，为营业账簿记载的“实收资本（股本）”与“资本公积”的合计金额。

4）证券交易的计税依据

证券交易的计税依据，为成交金额。以非集中交易方式转让证券时无转让价格的，按照办理过户登记手续前一个交易日收盘价计算确定计税依据；办理过户登记手续前一个交易日无收盘价的，按照证券面值计算确定计税依据。

同一应税凭证由两方或者两方以上当事人订立的，应当按照各自涉及的价款或者报酬分别计算应纳税额。

纳税人有以下情形的，税务机关可以核定印花税计税依据：

- 未按规定建立印花税应税凭证登记簿或未如实登记和完整保存应税凭证的；
- 拒不提供应税凭证或不如实提供应税凭证致使计税依据明显偏低的；
- 采用按期汇总缴纳办法的，未按税务机关规定的期限报送汇总缴纳印花税报告，经税务机关责令限期报告，逾期仍不报告的或者税务机关在检查中发现纳税人有未按规定汇总缴纳印花税情况的。

2. 应纳税额的计算

应税合同的应纳税额计算公式如下。

应纳税额＝价款或者报酬×适用税率

应税产权转移书据的应纳税额计算公式如下。

应纳税额＝价款×适用税率

应税营业账簿的应纳税额计算公式如下。

应纳税额＝实收资本(股本)、资本公积合计金额×适用税率

证券交易的应纳税额计算公式如下。

应纳税额＝成交金额或者依法确定的计税依据×适用税率

同一应税凭证载有两个或两个以上经济事项并分别列明价款或者报酬的，按照各自适用税目税率计算应纳税额；未分别列明价款或者报酬的，按税率高的计算应纳税额。

已缴纳印花税的营业账簿，以后年度记载的实收资本（股本）、资本公积合计金额比已缴纳印花税的实收资本（股本）、资本公积合计金额增加的，按照增加部分计算应纳税额。

【例 10－18】某公司 2024 年 8 月开业，领受房屋产权证、工商营业执照、商标注册证、土地使用证各一件；与其他企业订立加工承揽合同一份，合同载明该公司提供的原材料金额为 300 万元，需支付的加工承揽费为 20 万元；另外订立财产保险合同一份，保险金额为 1 000 万元，保险费 12 万元。要求：计算该公司 2024 年 8 月份应缴纳的印花税税额。

解　合同应纳税额＝200 000×0.3‰＋120 000×1‰＝180(元)

【例 10－19】2024 年 8 月，甲企业与 B 企业签订了一份合同，由 A 企业向 B 企业提供货物并运输到 B 企业指定的地点，合同标的金额为 300 万元，其中包括货款和货物运输费用。已知买卖合同适用的印花税税率为 0.3‰，运输合同适用的印花税税率为 0.3‰。要求：计算甲企业 8 月份应缴纳印花税税额。

解　应纳税额＝300×0.3‰＝0.09(万元)

【例 10-20】某电厂与某运输公司签订了两份运输保管合同：第一份合同载明的金额合计为 50 万元（运费和保管费并未分别记载）；第二份合同中注明运费 30 万元、保管费 10 万元。要求：分别计算该电厂第一份、第二份合同应缴纳的印花税税额。

解 第一份合同应缴纳印花税税额＝500 000×1‰＝500(元)

第二份合同应缴纳印花税税额＝300 000×0.3‰＋100 000×1‰＝190(元)

10.10.5 印花税税收优惠

1. 法定凭证免税

下列凭证免征印花税。

① 应税凭证的副本或者抄本。

② 依照法律规定应当予以免税的外国驻华使馆、领事馆和国际组织驻华代表机构为获得馆舍书立的应税凭证。

③ 中国人民解放军、中国人民武装警察部队书立的应税凭证。

④ 农民、家庭农场、农民专业合作社、农村集体经济组织、村民委员会购买农业生产资料或者销售自产农产品订立的买卖合同和农业保险合同。

⑤ 无息或者贴息借款合同、国际金融组织向我国提供优惠贷款书立的借款合同、金融机构与小型微利企业书立的借款合同。

⑥ 财产所有人将财产赠给政府[①]、社会福利单位、学校、慈善组织书立的产权转移书据免税。

⑦ 非营利性医疗卫生机构采购药品或者卫生材料书立的买卖合同。

⑧ 个人与电子商务经营者订立的电子订单。

2. 免税额

应纳税额不足一角的，免征印花税。

3. 特定情形免税

有下列情形之一的，免征印花税。

① 对商店、门市部的零星加工修理业务开具的修理单，免征印花税。

② 对铁路、公路、航运、水路承运快件行李、包裹开具的托运单据，暂免贴花。

③ 对企业车间、门市部、仓库设置的，不属于会计核算范围，或虽属于会计核算范围但不记载金额的登记簿、统计簿、台账等，不贴花。

4. 单据免税

办理一项业务，既书立合同又开立单据的，只就合同贴花。所开立的各类单据，不再贴花。

5. 企业兼并并入资金免税

对企业兼并的并入资金，凡已按资金总额贴花的，接收单位对并入的资金，不再补贴印花。

6. 租赁承包经营合同免税

企业与主管部门等签订的租赁承包经营合同，不属于财产租赁合同，不征收印花税。

① 如捐赠给北京 2022 年冬奥会所书立的产权转移书据。

7. 特殊情形免税

纳税人已履行并贴花的合同，发现实际结算金额与合同所载金额不一致的，一般不再补贴印花。

8. 书、报、刊合同免税

书、报、刊发行单位之间、发行单位与订阅单位或个人之间书立的凭证，免征印花税。

9. 外国运输企业免税

由外国运输企业运输进口货物的，外国运输企业所持有的一份结算凭证，免征印花税。

10. 特殊货运凭证免税

下列特殊货运凭证免征印花税。

① 抢险救灾物资运输结算凭证。

② 为新建铁路运输施工所需物料，使用工程临管线专用运费结算凭证。

11. 物资调拨单免税

对工业、商业、物资、外贸等部门调拨商品物资，作为内部执行计划使用的调拨单，不作为结算凭证，不属于合同性质的凭证，不征收印花税。

12. 同业拆借合同免税

银行、非银行金融机构之间相互融通资金，按照规定的同业拆借期限和利率签订的同业拆借合同，不征收印花税。

13. 借款展期合同免税

对办理借款展期业务使用借款展期合同或其他凭证，按信贷制度规定仅载明延期还款事项的，可暂不贴花。

14. 合同、书据免税

出版合同，不属于印花税列举征税的凭证，免征印花税。

15. 国库业务账簿免税

中国人民银行各级机构经理国库业务及委托各专业银行各级机构代理国库业务设置的账簿，免征印花税。

16. 委托代理合同免税

在代理业务中，代理单位与委托单位之间签订的委托代理合同，凡仅明确代理事项、权限和责任的，不属于应税凭证，不征收印花税。

17. 日拆性贷款合同免税

对中国人民银行向各商业银行提供的日拆性贷款（20 日以内的贷款）所签订的合同或借据，暂免征收印花税。

18. 铁道企业特定凭证免税

交通运输部所属单位的下列凭证，不征收印花税。

① 交通运输部层层下达的基建计划，不贴花。

② 企业内部签订的有关铁路生产经营设施基建、更新改造、大修、维修的协议或责任书，不贴花。

③ 在铁路内部无偿调拨固定资产的调拨单据，不贴花。

④ 由交通运输部全额拨付事业经费的单位，其营业账簿不贴花。

19. 电话和联网购货免税

对在经济活动中使用电话、计算机联网订货，没有开具书面凭证的，暂不贴花。

20. 股权转让行为免税

对国务院和省级人民政府批准进行政企脱钩、对企业进行改组和改变管理体制、变更企业隶属关系，以及国有企业改制、盘活国有资产，而发生的国有股权无偿转让划转行为，暂不征收证券交易印花税；对上市公司国有股权无偿转让，需要免征证券交易印花税的，须由企业提出申请，报证券交易所所在地税务局审批，并报国家税务总局备案。

10.10.6 印花税征收管理

1. 纳税义务发生时间

印花税的纳税义务发生时间为纳税人书立应税凭证或者完成证券交易的当日。

证券交易印花税扣缴义务发生时间为证券交易完成的当日。

2. 纳税地点

纳税人为单位的，应当向其机构所在地的主管税务机关申报缴纳印花税；纳税人为个人的，应当向应税凭证订立地或者居住地的税务机关申报缴纳印花税。

纳税人出让或者转让不动产产权的，应当向不动产所在地的税务机关申报缴纳印花税。

纳税人为境外单位或者个人，在境内有代理人的，以其境内代理人为扣缴义务人；在境内没有代理人的，由纳税人自行申报缴纳印花税，具体办法由国务院税务主管部门规定。

证券登记结算机构为证券交易印花税的扣缴义务人，应当向其机构所在地的主管税务机关申报解缴税款以及银行结算的利息。

3. 纳税期限

印花税按季、按年或者按次计征。实行按季、按年计征的，纳税人应当于季度、年度终了之日起15日内申报并缴纳税款。实行按次计征的，纳税人应当于纳税义务发生之日起15日内申报并缴纳税款。

证券交易印花税按周解缴。证券交易印花税的扣缴义务人应当于每周终了之日起5日内申报解缴税款及银行结算的利息。

4. 缴纳方法

根据税额大小、纳税次数多少及税源管控的需要，印花税分别采用自行贴花、汇贴汇缴和委托代征三种缴纳方法。

1）自行贴花

即实行“三自纳税”，纳税人在书立应税凭证时，自行计算应纳印花税税额，向当地税务机关或印花税票代售点购买印花税票，自行在应税凭证上一次贴足印花税票并自行注销，这是缴纳印花税的基本方法。印花税票一经售出，国家即取得了印花税收入，但不等于纳税人履行了纳税义务，只有在纳税人按规定将印花税票粘贴在应税凭证的适当位置后，经盖销或划销后才算完成了纳税手续。已完成纳税手续的凭证应按规定的期限妥善保管，以备核查。同时必须明确：已贴用的印花税票不得重用；已贴花的凭证，修改后所载金额有增加的，其增加部分应当补贴印花税票。

2）汇贴汇缴

一份凭证应纳税额超过500元的，纳税人应当向当地税务机关申请填写缴款书或者完税证，将其中一联粘贴在凭证上或者由税务机关在凭证上加注完税标记代替贴花。

同一种类应纳税凭证，需频繁贴花的，应向当地税务机关申请按期汇总缴纳印花税。税务机关对核准汇总缴纳印花税的单位，应发给汇缴许可证。汇总缴纳限期由当地税务机关确定，但最长期限不得超过 1 个月。凡汇总缴纳印花税的凭证，应加注税务机关指定的汇缴戳记，编号并装订成册后，将已贴印花或者缴款书的一联粘附册后，盖章注销，保存被查。

3）委托代征

为加强征收管理、简化手续，印花税可以委托有关部门代征，实行源泉控管。对通过国家有关部门发放、鉴证、公证或仲裁的应税凭证，税务部门可以委托这些部门代征印花税，发给代征单位代征委托书，明确双方的权利和义务。

10.11　船舶吨税

中华人民共和国船舶吨税法

10.11.1　吨税的概念

船舶吨税是对自境外港口进入境内港口的船舶（以下简称应税船舶）征收的一种税，简称吨税。

1952 年 9 月 29 日，经政务院财政经济委员会批准，海关总署发布了《中华人民共和国海关船舶吨税暂行办法》。2011 年 11 月 23 日，国务院第 182 次常务会议通过并公布了《中华人民共和国船舶吨税暂行条例》。2017 年 12 月 27 日，第十二届全国人大常委会第三十一次会议通过了《中华人民共和国船舶吨税法》（以下简称《吨税法》），自 2018 年 7 月 1 日起施行。这些构成了我国现行的吨税法律制度。

10.11.2　吨税的纳税人

对自中国境外港口进入中国境内港口的船舶征收吨税，以应税船舶负责人为纳税人。

10.11.3　吨税的税率

吨税税目按船舶净吨位的大小分等级设置为 4 个税目。吨税采用定额税率，按船舶净吨位分等级设置单位税额，分为 30 日、90 日和 1 年三种不同的税率，并实行复式税率，分为普通税率和优惠税率两类。其中，我国国籍的应税船舶，船籍国（地区）与我国签订含有相互给予船舶税费最惠国待遇条款的条约或者协定的应税船舶，适用优惠税率，如阿尔巴尼亚、朝鲜、加纳等；其他应税船舶，适用普通税率。我国现行吨税税目税率如表 10－6 所示。

表 10－6　吨税税目税率表

税目 （按船舶净吨位划分）	税率/（元/净吨）						备注
	普通税率 （按执照期限划分）			优惠税率 （按执照期限划分）			
	1 年	90 日	30 日	1 年	90 日	30 日	
不超过 2 000 净吨	12.6	4.2	2.1	9.0	3.0	1.5	拖船和非机动驳船分别按相同净吨位船舶税率的 50% 计征税款
超过 2 000 净吨，但不超过 10 000 净吨	24.0	8.0	4.0	17.4	5.8	2.9	
超过 10 000 净吨，但不超过 50 000 净吨	27.6	9.2	4.6	19.8	6.6	3.3	
超过 50 000 净吨	31.8	10.6	5.3	22.8	7.6	3.8	

10.11.4 吨税的计税依据

吨税以船舶净吨位为计税依据。拖船按照发动机功率每千瓦折合净吨位 0.67 吨，无法提供净吨位证明文件的游艇按照发动机功率每千瓦折合净吨位 0.05 吨。拖船和非机动驳船分别按相同净吨位船舶税率的 50%计征。

10.11.5 吨税应纳税额的计算

吨税按照船舶净吨位和吨税执照期限征收，应税船舶负责人在每次申报纳税时，可以按照“吨税税目税率表”选择申领一种期限的吨税执照。吨税应纳税额计算公式如下。

应纳税额＝应税船舶净吨位×适用税率

海关根据船舶负责人的申报，审核其申报吨位与其提供的船舶吨位证明和船舶国籍证书或者海事部门签发的船舶国籍证书收存证明相符后，按其申报执照的期限计征吨税，并填发缴款凭证交船舶负责人缴纳税款。

【例 10-21】 B 国某运输公司一艘货轮驶入我国某港口，该货轮净吨位为 30 000 吨，货轮负责人已向我国该海关领取了吨税执照，在港口停留期限为 30 天，B 国已与我国签订有相互给予船舶税费最惠国待遇条款。要求：计算该货轮负责人应向我国海关缴纳的船舶吨税。

解 根据船舶吨税的相关规定，该货轮应享受优惠税率，每净吨位为 3.3 元。

应缴纳船舶吨税＝30 000×3.3＝99 000(元)

10.11.6 吨税税收优惠

根据吨税法律制度的规定，下列船舶免征吨税。

① 应纳税额在人民币 50 元以下的船舶。

② 自境外以购买、受赠、继承等方式取得船舶所有权的初次进口到港的空载船舶。

③ 吨税执照期满后 24 小时内不上下客货的船舶。

④ 非机动船舶（不包括非机动驳船）。

⑤ 捕捞、养殖渔船。

⑥ 避难、防疫隔离、修理、终止运营或者拆解，并不上下客货的船舶。

⑦ 军队、武装警察部队专用或者征用的船舶。

⑧ 警用船舶。

⑨ 依照法律规定应当予以免税的外国驻华使领馆、国际组织驻华代表机构及其有关人员的船舶。

⑩ 国务院规定的其他船舶。

10.11.7 吨税征收管理

1. 纳税义务发生时间

吨税纳税义务发生时间为应税船舶进入港口的当日。应税船舶在吨税执照期满后尚未离开港口的，应当申领新的吨税执照，自上一次执照期满的次日起续缴吨税。

应税船舶在进入港口办理入境手续时，应当向海关申报纳税领取吨税执照，或者交验吨税执照（或者申请核验吨税执照电子信息）。应税船舶在离开港口办理出境手续时，应当交验吨税执照（或者申请核验吨税执照电子信息）。

应税船舶负责人申领吨税执照时，应当向海关提供下列文件：

① 船舶国籍证书或者海事部门签发的船舶国籍证书收存证明。

② 船舶吨位证明。

2. 纳税期限

应税船舶负责人应当自海关填发吨税缴款凭证之日起 15 日内向指定银行缴清税款。未按期缴清税款的，自滞纳税款之日起，按日加收滞纳税款 0.5‰的滞纳金。

应税船舶到达港口前，经海关核准先行申报并办结出入境手续的，应税船舶负责人应当向海关提供与其依法履行吨税缴纳义务相适应的担保；应税船舶到达港口后，按规定向海关申报纳税。

根据吨税法律制度的规定，下列财产、权利可以用于担保：

① 人民币、可自由兑换货币；

② 汇票、本票、支票、债券、存单；

③ 银行、非银行金融机构的保函；

④ 海关依法认可的其他财产、权利。

3. 其他相关规定

吨税由海关负责征收。

海关发现少征或者漏征税款的，自应税船舶应当缴纳税款之日起 1 年内，补征税款。但因应税船舶违反规定造成少征或者漏征税款的，海关可以自应当缴纳税款之日起 3 年内追征税款，并自应当缴纳税款之日起按日加征少征或者漏征税款 0.5‰的滞纳金。

海关发现多征税款的，应当在 24 小时内通知应税船舶办理退还手续，并加算银行同期活期存款利息。应税船舶发现多缴税款的，可以自缴纳税款之日起 3 年内以书面形式要求海关退还多缴的税款并加算银行同期活期存款利息；海关应当自受理退税申请之日起 30 日内查实并通知应税船舶办理退还手续。

10.12　车辆购置税

中华人民共和国车辆购置税法

10.12.1　车辆购置税的概念

车辆购置税是对在境内购置应税车辆的单位和个人征收的一种税。就其性质而言，车辆购置税属于直接税的范畴。车辆购置税由车辆购置附加费演变而来。它具有征收范围单一、征收环节单一、税率单一、征税方法单一、征收具有特定目的、价外征收、税负不易转嫁等特点。

2000 年 10 月 22 日，国务院颁布《中华人民共和国车辆购置税暂行条例》；2018 年 12 月 29 日，第十三届全国人民代表大会常务委员会第七次会议通过了《中华人民共和国车辆购置税法》（以下简称《车辆购置税法》），自 2019 年 7 月 1 日起施行。这些构成了我国现行的车辆购置税法律制度。

开征车辆购置税，有利于合理筹集建设资金，积累国家财政收入，促进交通基础设施事业的健康发展；有利于规范政府行为，理顺税费关系，深化和完善财税制度改革；有利于调节收入差别，缓解社会分配不公的矛盾；有利于配合打击走私，保护民族工业，维护国家权益。

10.12.2 车辆购置税的纳税人和征税范围

1. 纳税人

在中华人民共和国境内购置应税车辆的单位和个人，为车辆购置税的纳税人。购置是指以购买、进口①、自产、受赠、获奖或其他方式取得并自用应税车辆的行为。单位包括企业、事业单位、社会团体、国家机关、部队及其他单位；个人包括个体工商户及其他个人。

2. 征税范围

车辆购置税征税范围包括汽车、有轨电车、汽车挂车、摩托车（以下统称应税车辆）。具体征税范围依照《车船税法》所附车辆购置税征税范围表执行，具体范围见表 10－7。

表 10－7 车辆购置税征税范围

应税车辆	具体范围
汽车	各类汽车
有轨电车	以电能为动力，在轨道上行驶的公共车辆
汽车挂车	由汽车牵引才能正常使用且用于载运货物的无动力车辆；自 2018 年 7 月 1 日至 2021 年 6 月 30 日，对购置挂车减半征收车辆购置税
摩托车	排气量超过 150 毫升

注：车辆购置税范围的调整，由国务院决定并公布。

10.12.3 车辆购置税的税率和计税依据

1. 税率

车辆购置税采用比例税率，税率为 10%。

2. 计税依据

车辆购置税的计税依据为应税车辆的计税价格。计税价格根据不同情况，按照下列规定确定。

1）购买自用应税车辆的计税价格

纳税人购买自用应税车辆的计税价格，为纳税人购买应税车辆实际支付给销售者的全部价款②，不包括增值税税款。自 2020 年 6 月 1 日起，纳税人购置应税车辆，以电子发票信息中的不含增值税价款作为计税价格。纳税人依据相关规定提供其他有效价格凭证的情形除外。

2）进口自用应税车辆的计税价格

纳税人进口自用应税车辆的计税价格，为关税完税价格加上关税和消费税。其计算公式如下。

$$计税价格=关税完税价格+关税+消费税$$

① 直接从国外进口或者委托代理进口自用的应税车辆。

② 依据纳税人购买应税车辆时相关凭证载明的价格确定。

3）自产自用应税车辆的计税价格

纳税人自产自用应税车辆的计税价格，按照同类应税车辆的销售价格确定，不包括增值税税款；没有同类应税车辆销售价格的，按照组成计税价格确定。其计算公式如下。

组成计税价格＝成本×(1＋成本利润率)

属于应征消费税的应税车辆，其组成计税价格中应加计消费税税额。

4）以其他方式取得自用应税车辆的计税价格

纳税人受赠、获奖或者以其他方式取得并自用应税车辆的计税价格，按照购置应税车辆时相关凭证载明的价格确定，不包括增值税税款。

5）核定应税车辆计税价格

纳税人申报的应税车辆计税价格明显偏低，又无正当理由的，由税务机关依照《税收征收管理法》及相关规定核定应纳税额。

纳税人以外汇结算应税车辆价款的，按照申报纳税之日的人民币汇率中间价折合成人民币计算缴纳税款。

10.12.4 车辆购置税应纳税额的计算

车辆购置税实行从价定率的办法计算应纳税额。车辆购置税应纳税额的计算公式如下。

应纳税额＝计税价格×税率

【例10－22】宋某2024年10月从某汽车公司购买一辆小汽车供自己使用，支付了含增值税税款在内的款项226 000元。所支付的款项均由该汽车公司开具“机动车销售统一发票”和有关票据。要求：计算宋某应缴纳的车辆购置税税额。

解 计税依据＝226 000/(1＋13%)＝200 000(元)

应纳税额＝200 000×10%＝20 000(元)

【例10－23】某外贸进出口公司2024年10月从国外进口10辆某公司生产的某型号小轿车。该公司报关进口这批小轿车时，经报关地海关对有关报关资料的审查，确定关税完税价格为每辆185 000元人民币，海关按关税政策规定每辆征收了关税203 500元，并按消费税、增值税有关规定分别代征了每辆小轿车的进口消费税11 655元和增值税52 020.15元。要求：计算应缴纳的车辆购置税税额。

解 计税依据＝185 000＋203 500＋11 655＝400 155(元)

应纳税额＝400 155×10%＝40 015.5(元)

【例10－24】某客车制造厂将自产的一辆某型号的客车用于本厂后勤服务，该厂在办理车辆上牌落籍前，出具该车的发票注明金额为65 000元，并按此金额向主管税务机关申报纳税。经审核，国家税务总局对该车同类型车辆核定的最低计税价格为80 000元。要求：计算该车应缴纳的车辆购置税税额。

解 应纳税额＝80 000×10%＝8 000(元)

10.12.5 车辆购置税税收优惠

下列车辆免征车辆购置税。

① 依照法律规定应当予以免税的外国驻华使馆、领事馆和国际组织驻华机构及其有关人员自用的车辆。

② 中国人民解放军和中国人民武装警察部队列入装备订货计划的车辆。

③ 悬挂应急救援专用号牌的国家综合性消防救援车辆。

④ 设有固定装置的非运输专用作业车辆。

⑤ 城市公交企业购置的公共汽电车辆。

⑥ 对购置日期在2024年1月1日至2025年12月31日期间的新能源汽车①免征车辆购置税，其中每辆新能源乘用车②免税额不超过3万元；对购置日期在2026年1月1日至2027年12月31日期间的新能源汽车减半征收车辆购置税，其中每辆新能源乘用车减税额不超过1.5万元。

根据国民经济和社会发展的需要，国务院可以规定减征或者其他免征车辆购置税的情形，同时报全国人民代表大会常务委员会备案。

10.12.6 车辆购置税征收管理

1. 纳税申报

车辆购置税实行一次征收。购置已征车辆购置税的车辆，不再征收车辆购置税。

纳税人购买自用应税车辆的，应当自购买之日起60日内申报纳税；进口自用应税车辆的，应当自进口之日起60日内申报纳税；自产、受赠、获奖或者以其他方式取得并自用应税车辆的，应当自取得之日起60日内申报纳税。

2. 纳税环节

纳税人应当在向公安机关交通管理部门办理车辆登记前，缴纳车辆购置税。

纳税人应当持主管税务机关出具的完税证明或者免税证明，向公安机关交通管理部门办理车辆登记手续；没有完税证明或者免税证明的，公安机关交通管理部门不得办理车辆登记手续。

税务机关应当及时向公安机关交通管理部门通报纳税人缴纳车辆购置税的情况。公安机关交通管理部门应当定期向税务机关通报车辆登记注册的情况。

税务机关发现纳税人未按照规定缴纳车辆购置税的，有权责令其补缴；纳税人拒绝缴纳的，税务机关可以通知公安机关交通管理部门依法撤销车辆登记，并收缴车辆牌证。

免税、减税车辆因转让、改变用途等原因不再属于免税、减税范围的，纳税人应当在办理车辆转移登记或者变更登记前缴纳车辆购置税。计税价格以免税、减税车辆初次办理纳税申报时确定的计税价格为基准，每满1年扣减10%。

---

① 享受车辆购置税减免政策的新能源汽车，是指符合新能源汽车产品技术要求的纯电动汽车、插电式混合动力（含增程式）汽车、燃料电池汽车。

② 新能源乘用车，是指在设计、制造和技术特性上主要用于载运乘客及其随身行李和（或）临时物品，包括驾驶员座位在内最多不超过9个座位的新能源汽车。

纳税人将已征车辆购置税的车辆退回车辆生产企业或者销售企业的，可以向主管税务机关申请退还车辆购置税。退税额以已缴税款为基准，自缴纳税款之日至申请退税之日，每满1年扣减10%。

3. 纳税地点

纳税人购置应税车辆，应当向车辆登记地的主管税务机关申报纳税；购置不需要办理车辆登记的应税车辆，应当向纳税人所在地的主管税务机关申报纳税。

10.13　烟　叶　税

中华人民共和国烟叶税法

10.13.1　烟叶税的概念

烟叶税是向收购烟叶产品的单位征收的一种税。烟叶税为烟叶特产农业税的替代税种。2006年4月28日，国务院颁布《中华人民共和国烟叶税暂行条例》。财政部、国家税务总局于2006年5月18日印发《关于烟叶税若干具体问题的规定》。① 2017年12月27日，第十二届全国人大常委会第三十一次会议通过了《中华人民共和国烟叶税法》（以下简称《烟叶税法》），自2018年7月1日起施行。这些构成了我国现行的烟叶税法律制度。

10.13.2　烟叶税的纳税人和征税范围

1. 纳税人

烟叶税的纳税人为在中华人民共和国境内收购烟叶的单位。我国实行烟草专卖制度，因此烟叶税的纳税人具有特定性，一般是有权收购烟叶的烟草公司或者受其委托收购烟叶的单位。

2. 征税范围

烟叶税的征税范围包括晾晒烟叶、烤烟叶。晾晒烟叶包括列入晾晒烟名录的晾晒烟叶和未列入晾晒烟名录的其他晾晒烟叶。

10.13.3　烟叶税的税率和计税依据

1. 税率

烟叶税实行比例税率，税率为20%。

2. 计税依据

烟叶税的计税依据是纳税人实际支付的价款总额，包括纳税人支付给烟叶生产销售单位和个人的烟叶收购价款和价外补贴。价外补贴统一按烟叶收购价款的10%计算。价款总额的计算公式如下。

$$价款总额=收购价款\times(1+10\%)$$

① 2005年12月29日，第十届全国人大常委会第十九次会议决定，《农业税条例》自2006年1月1日起废止。

10.13.4 烟叶税应纳税额的计算

烟叶税的应纳税额按照纳税人收购烟叶的价款总额和规定的税率计算。烟叶税应纳税额的计算公式如下。

应纳税额＝价款总额×税率＝收购价款×(1＋10％)×税率

【例 10－25】 某烟草公司是增值税一般纳税人，8 月收购烟叶 100 000 kg，烟叶收购价格为 10 元/kg，总计 1 000 000 元，货款已全部支付。要求：计算该烟草公司 8 月收购烟叶应缴纳的烟叶税税额。

解 应纳烟叶税税额＝1 000 000×(1＋10％)×20％＝220 000(元)

10.13.5 烟叶税征收管理

烟叶税的纳税义务发生时间为纳税人收购烟叶的当日，即纳税人向烟叶销售者付讫烟叶款项或者开具收购烟叶凭证的当日。烟叶税在烟叶收购环节征收。纳税人收购烟叶时就发生纳税义务。

烟叶税按月计征。纳税人应当自纳税义务发生之日起 30 日内申报纳税。

纳税人收购烟叶，应当向烟叶收购地的主管税务机关申报纳税。

10.14 环境保护税

中华人民共和国环境保护税法

10.14.1 环境保护税的概念

环境保护税是对在我国领域及管辖的其他海域直接向环境排放应税污染物的企事业单位和其他生产经营者征收的一种税。环境保护税自 2018 年 1 月 1 日起开征，同时停征排污费。环境保护税是我国首个明确以环境保护为目标的独立型环境税税种，有利于保护和改善环境、减少污染物排放、推进生态文明建设，有利于解决排污费制度存在的执法刚性不足等问题，有利于提高纳税人环保意识和强化企业治污减排责任。

2016 年 12 月 25 日，第十二届全国人民代表大会常务委员会第二十五次会议通过《中华人民共和国环境保护税法》（以下简称《环境保护税法》）；2017 年 12 月 30 日，国务院发布《中华人民共和国环境保护税法实施条例》（以下简称《环境保护税法实施条例》）等。这些构成了我国现行的环境保护税法律制度。

10.14.2 环境保护税的纳税人

环境保护税的纳税人是在中华人民共和国领域和中华人民共和国管辖的其他海域直接向环境排放应税污染物的企事业单位和其他生产经营者。其他生产经营者是指从事生产经营活动的个体工商户和其他组织。

应税污染物，是指《环境保护税法》所附“环境保护税税目税额表”“应税污染物和当量值表”所规定的大气污染物、水污染物、固体废物和噪声。

有下列情形之一的，不属于直接向环境排放污染物，不缴纳相应污染物的环境保护税。

① 企事业单位和其他生产经营者向依法设立的污水集中处理、生活垃圾集中处理场所排放应税污染物的。

② 企事业单位和其他生产经营者在符合国家和地方环境保护标准的设施、场所贮存或者处置固体废物的。

③ 达到省级人民政府确定的规模标准并且有污染物排放口的畜禽养殖场，应当依法缴纳环境保护税，但依法对畜禽养殖废弃物进行综合利用和无害化处理的，不属于直接向环境排放污染物，不缴纳环境保护税。

10.14.3 环境保护税的税目和税率

1. 税目

环境保护税税目包括大气污染物、水污染物、固体废物和噪声四大类。其中，大气污染物是指向环境排放影响大气环境质量的物质；水污染物是指向环境排放影响水环境质量的物质；固体废物是指在工业生产活动中产生的固体废物和医疗、预防和保健等活动中产生的医疗废物，以及省、自治区、直辖市人民政府确定的其他固体废物；噪声是指在工业生产活动中产生的干扰周围生活环境的声音。上述大气污染物、水污染物、固体废物和噪声的具体范围依照《环境保护税法》所附“环境保护税税目税额表”（见表10－8）确定。

2. 税率

环境保护税实行定额税率。其中，对应税大气污染物和水污染物规定了幅度定额税率，具体适用税额的确定和调整由省、自治区、直辖市人民政府统筹考虑本地区环境承载能力、污染物排放现状和经济社会生态发展目标要求，在规定的税额幅度内提出，报同级人民代表大会常务委员会决定，并报全国人民代表大会常务委员会和国务院备案。

环境保护税税目税额表见表10－8。

表10－8 环境保护税税目税额表

税目		计税单位	税额
大气污染物		每污染当量	1.2～12元
水污染物			1.4～14元
固体废物	煤矸石	每吨	5元
	尾矿		15元
	危险废物		1 000元
	冶炼渣、粉煤灰、炉渣、其他固体废物（含半固态、液态废物）		25元

续表

税　　目		计税单位	税　　额
噪声	工业噪声	超标1～3分贝	每月350元
		超标4～6分贝	每月700元
		超标7～9分贝	每月1 400元
		超标10～12分贝	每月2 800元
		超标13～15分贝	每月5 600元
		超标16分贝以上	每月11 200元

说明：① 一个单位边界上有多处噪声超标，根据最高一处超标声级计算应纳税额；当沿边界长度超过100米有两处以上噪声超标，按照两个单位计算应纳税额。

② 一个单位有不同地点作业场所的，应当分别计算应纳税额，合并计征。

③ 昼、夜均超标的环境噪声，昼、夜分别计算应纳税额，累计计征。

④ 声源一个月内超标不足15天的，减半计算应纳税额。

⑤ 夜间频繁突发和夜间偶然突发厂界超标噪声，按等效声级和峰值噪声两种指标中超标分贝值高的一项计算应纳税额。

10.14.4 环境保护税的计税依据

1. 计税依据确定的基本方法

应税污染物的计税依据，按照下列方法确定。

① 应税大气污染物、水污染物按照污染物排放量折合的污染当量数确定。

应税大气污染物、水污染物的污染当量数，以该污染物的排放量除以该污染物的污染当量值计算。其计算公式如下。

应税大气污染物、水污染物污染当量数=该污染物排放量/该污染物的污染当量值

污染当量，是指根据污染物或者污染排放活动对环境的有害程度以及处理的技术经济性，衡量不同污染物对环境污染的综合性指标或者计量单位。同一介质相同污染当量的不同污染物，其污染程度基本相当。每种应税大气污染物、水污染物的具体污染当量值，依照《环境保护税法》所附“应税污染物和当量值表”执行（见表10-9～表10-13）。

表10-9　大气污染物污染当量值

污染物	污染当量值/千克	污染物	污染当量值/千克
1. 二氧化硫	0.95	7. 氰化氢	0.005
2. 氮氧化物	0.95	8. 硫酸雾	0.6
3. 一氧化碳	16.7	9. 铬酸雾	0.0007
4. 氯气	0.34	10. 汞及其化合物	0.0001
5. 氯化氢	10.75	11. 一般性粉尘	4
6. 氟化物	0.87	12. 石棉尘	0.53

续表

污染物	污染当量值/千克	污染物	污染当量值/千克
13. 玻璃棉尘	2.13	29. 酚类	0.35
14. 碳黑尘	0.59	30. 沥青烟	0.19
15. 铅及其化合物	0.02	31. 苯胺类	0.21
16. 镉及其化合物	0.03	32. 氯苯类	0.72
17. 铍及其化合物	0.0004	33. 硝基苯	0.17
18. 镍及其化合物	0.13	34. 丙烯腈	0.22
19. 锡及其化合物	0.27	35. 氯乙烯	0.55
20. 烟尘	2.18	36. 光气	0.04
21. 苯	0.05	37. 硫化氢	0.29
22. 甲苯	0.18	38. 氨	9.09
23. 二甲苯	0.27	39. 三甲胺	0.32
24. 苯并（a）芘	0.000002	40. 甲硫醇	0.04
25. 甲醛	0.09	41. 甲硫醚	0.28
26. 乙醛	0.45	42. 二甲二硫	0.28
27. 丙烯醛	0.06	43. 苯乙烯	25
28. 甲醇	0.67	44. 二硫化碳	20

表 10-10 第一类水污染物污染当量值

污染物	污染当量值/千克
1. 总汞	0.0005
2. 总镉	0.005
3. 总铬	0.04
4. 六价铬	0.02
5. 总砷	0.02
6. 总铅	0.025
7. 总镍	0.025
8. 苯并（a）芘	0.0000003
9. 总铍	0.01
10. 总银	0.02

表 10-11 第二类水污染物污染当量值

污染物	污染当量值/千克
11. 悬浮物（SS）	4
12. 生化需氧量（BOD5）	0.5
13. 化学需氧量（COD）	1

续表

污染物	污染当量值/千克
14. 总有机碳（TOC）	0.49
15. 石油类	0.1
16. 动植物油	0.16
17. 挥发酚	0.08
18. 总氰化物	0.05
19. 硫化物	0.125
20. 氨氮	0.8
21. 氟化物	0.5
22. 甲醛	0.125
23. 苯胺类	0.2
24. 硝基苯类	0.2
25. 阴离子表面活性剂（LAS）	0.2
26. 总铜	0.1
27. 总锌	0.2
28. 总锰	0.2
29. 彩色显影剂（CD－2）	0.2
30. 总磷	0.25
31. 元素磷（以P计）	0.05
32. 有机磷农药（以P计）	0.05
33. 乐果	0.05
34. 甲基对硫磷	0.05
35. 马拉硫磷	0.05
36. 对硫磷	0.05
37. 五氯酚及五氯酚钠（以五氯酚计）	0.25
38. 三氯甲烷	0.04
39. 可吸附有机卤化物（AOX）（以Cl计）	0.25
40. 四氯化碳	0.04
41. 三氯乙烯	0.04
42. 四氯乙烯	0.04
43. 苯	0.02
44. 甲苯	0.02
45. 乙苯	0.02
46. 邻-二甲苯	0.02
47. 对-二甲苯	0.02
48. 间-二甲苯	0.02
49. 氯苯	0.02

续表

污染物	污染当量值/千克
50. 邻二氯苯	0.02
51. 对二氯苯	0.02
52. 对硝基氯苯	0.02
53. 2. 4 -二硝基氯苯	0.02
54. 苯酚	0.02
55. 间-甲酚	0.02
56. 2. 4 -二氯酚	0.02
57. 2. 4. 6一三氯酚	0.02
58. 邻苯二甲酸二丁酯	0.02
59. 邻苯二甲酸二辛酯	0.02
60. 丙烯腈	0.125
61. 总硒	0.02

说明：① 第一、二类污染物的分类依据为《污水综合排放标准》(GB 8978—1996)。

②同一排放口中的化学需氧量（COD)、生化需氧量（BOD5）和总有机碳（TOC)，只征收一项。

表 10 - 12　pH 值、色度、大肠菌群数、余氯量污染当量值

污染物		污染当量值
1. pH 值	1. 0～1，13～14 2. 1～2，12～13 3. 2～3，11～12 4. 3～4，10～11 5. 4～5，9～10 6. 5～6	0.06 吨污水 0.125 吨污水 0.25 吨污水 0.5 吨污水 1 吨污水 5 吨污水
2. 色度		5 吨水·倍
3. 大肠菌群数（超标）		3.3 吨污水
4. 余氯量（用氯消毒的医院废水）		3.3 吨污水

说明：① 大肠菌群数和总余氯只征收一项。

② pH 值 5～6 指大于或等于 5，小于 6；pH 值 9～10 指大于 9，小于或等于 10，其余类推。

表 10 - 13　禽畜养殖业、小型企业和第三产业污染当量值

类　型		污染当量值
禽畜养殖场	1. 牛	0.1 头
	2. 猪	1 头
	3. 鸡、鸭等家禽	30 羽
4. 小型企业		1.8 吨污水
5. 饮食娱乐服务业		0.5 吨污水

续表

类型		污染当量值
6. 医院	消毒	0.14 床
		2.8 吨污水
	不消毒	0.07 床
		1.4 吨污水

说明：① 本表仅适用于计算无法进行实际监测或物料衡算的禽畜养殖业、小型企业和第三产业等小型排污者的污染当量数。

② 仅对存栏规模大于 50 头牛、500 头猪、5000 羽鸡、鸭等的禽畜养殖场征收。

③ 医院病床数大于 20 张的按本表计算污染当量。

每一排放口或者没有排放口的应税大气污染物，按照污染当量数从大到小排序，对前三项污染物征收环境保护税。每一排放口的应税水污染物，按照《环境保护税法》所附“应税污染物和当量值表”，区分第一类水污染物和其他类水污染物，按照污染当量数从大到小排序，对第一类水污染物按照前五项征收环境保护税，对其他类水污染物按照前三项征收环境保护税。

省、自治区、直辖市人民政府根据本地区污染物减排的特殊需要，可以增加同一排放口征收环境保护税的应税污染物项目数，报同级人民代表大会常务委员会决定，并报全国人民代表大会常务委员会和国务院备案。

纳税人有下列情形之一的，以其当期应税大气污染物、水污染物的产生量作为污染物的排放量：

- 未依法安装使用污染物自动监测设备或者未将污染物自动监测设备与环境保护主管部门的监控设备联网的；
- 擅自移动、改变污染物自动监测设备；
- 篡改、伪造污染物监测数据；
- 通过暗管、渗井、渗坑、灌注或者稀释排放、不正常运行污染物防治设施等逃避监管方式，违法排放应税污染物；
- 进行虚假纳税申报。

【例 10－26】 某企业 2024 年 10 月向水体直接排放第一类水污染物总汞 10 kg，根据第一类水污染物污染当量值表，总汞的污染当量值为 0.000 5 kg。要求：计算总汞的污染当量数。

解 总汞污染当量数＝10/0.000 5＝20 000

---

② 应税固体废物按照固体废物的排放量确定计税依据。固体废物的排放量为当期应税固体废物的产生量减去当期应税固体废物的综合利用量、贮存量、处置量的余额。其中，固体废物的综合利用量，是指符合国务院发展改革、工业和信息化主管部门关于资源综合利用要求、免征环境保护税的固体废物综合利用量；固体废物的贮存量、处置量，是指符合环境保护法律法规相关要求及国家和地方污染控制标准的固体废物贮存、处置量。其计算公式如下。

固体废物排放量＝当期固体废物产生量－当期固体废物综合利用量、贮存量和处置量

纳税人有下列情形之一的，以其当期应税固体废物的产生量作为固体废物的排放量：

- 进行虚假纳税申报的；
- 非法倾倒应税固体废物的。

③ 应税噪声按照超过国家规定标准的分贝数确定计税依据。工业噪声按超过国家规定标准的分贝数确定每月数额，超过国家规定标准的分贝数是指实际产生的工业噪声与国家规定的工业噪声排放标准限值之间的差值。

2. 排放量和噪声分贝数的确定方法

应税大气污染物、水污染物、固体废物的排放量和噪声的分贝数，按照下列方法和顺序计算。

① 纳税人安装使用符合国家规定和监测规范的污染物自动监测设备的，按照污染物自动监测数据计算。

② 纳税人未安装使用污染物自动监测设备的，按照监测机构出具的符合国家有关规定和监测规范的监测数据计算。

③ 因排放污染物种类多等原因不具备监测条件的，按照国务院环境保护主管部门规定的排污系数、物料衡算方法计算。

④ 不能按照①～③项规定的方法计算的，按照省、自治区、直辖市人民政府环境保护主管部门规定的抽样测算的方法核定计算。

10.14.5 环境保护税应纳税额的计算

1. 应税大气污染物应纳税额的计算

应税大气污染物应纳税额为污染当量数乘以具体适用税额。其计算公式如下。

应税大气污染物应纳税额＝污染当量数×适用税额

【例 10－27】 某企业 2024 年 10 月向大气直接排放二氧化硫、氟化物各 100 kg，一氧化碳 200 kg、氯化氢 80 kg，假设当地大气污染物每污染当量税额为 1.2 元，该企业只有一个排放口。要求：计算该企业 2024 年 10 月应缴纳的环境保护税税额。

解 ① 计算各污染物的污染当量数。

二氧化硫污染当量数＝100/0.95＝105.26

氟化物污染当量数＝100/0.87＝114.94

一氧化碳污染当量数＝200/16.7＝11.98

氯化氢污染当量数＝80/10.75＝7.44

② 按污染当量数排序。

氟化物污染当量数（114.94）＞二氧化硫污染当量数（105.26）＞一氧化碳污染当量数（11.98）＞氯化氢污染当量数（7.44）。

该企业只有一个排放口，排序选取计税前三项污染物为：氟化物、二氧化硫、一氧化碳。

③ 计算应纳税额。

应纳税额＝(114.94＋105.26＋11.98)×1.2＝278.62(元)

---

2. 应税水污染物应纳税额的计算

应税水污染物的应纳税额为污染当量数乘以具体适用税额。

① 一般水污染物应纳税额的计算。一般水污染物（包括第一类水污染物和第二类水污染物）的应纳税额为污染当量数乘以具体适用税额。其计算公式如下。

应税水污染物应纳税额＝污染当量数×适用税额

【例 10－28】甲化工厂是环境保护税纳税人，该厂仅有一个污水排放口且直接向河流排放污水，已安装使用符合国家规定和监测规范的污染物自动监测设备。监测数据显示，该排放口 2023 年 10 月共排放污水 6 万 t（折合 6 万 m^3），应税污染物为六价铬，浓度为六价铬 0.5 mg/L。已知该厂所在省的水污染物税率为 2.8 元/污染当量，六价铬的污染当量值为 0.02。要求：计算该化工厂 10 月份应缴纳的环境保护税税额。

解 六价铬污染当量数＝(排放总量×浓度值)/当量值

＝[(60 000 000×0.5)/1 000 000]/0.02＝1 500

应纳税额＝1 500×2.8＝4 200(元)

---

② pH 值、大肠菌群数、余氯量、色度应纳税额的计算。

pH 值、大肠菌群数、余氯量、色度的应纳税额为污染当量数乘以具体适用税额。

pH 值、大肠菌群数、余氯量污染当量数以该污染物的排放量除以该污染物的污染当量值计算。

应纳税额＝污水排放量(吨)/该污染物污染当量值(吨)×适用税额

色度污染当量数以污水排放量（吨）与色度超标倍数的乘积除以色度的污染当量值（吨·倍）计算。其计算公式如下。

色度污染当量数＝污水排放量(吨)×色度超标倍数/色度污染当量值(吨·倍)

应纳税额＝色度污染当量数×适用税额

③ 适用《环境保护税法》所附“禽畜养殖业、小型企业和第三产业水污染物当量值表”的纳税人应纳税额的计算。

禽畜养殖业的水污染物应纳税额为污染当量数乘以具体适用税额。其污染当量数以禽畜养殖数量除以污染当量值计算。

【例 10－29】某养殖场 2024 年 10 月养牛存栏量为 100 头，污染当量值为 0.1 头，假设当地水污染物适用税额为每污染当量 2.8 元。要求：计算该养殖场当月应缴纳的环境保护税税额。

解 水污染物当量数＝100/0.1＝1 000

应纳税额＝1 000×2.8＝2 800(元)

小型企业和第三产业的水污染物应纳税额为污染当量数乘以具体适用税额，其污染当量数以污水排放量（吨）除以污染当量值（吨）计算。其计算公式如下。

应纳税额＝污水排放量(吨)/污染当量值(吨)×适用税额

【例 10-30】某餐饮公司通过安装水流量监测得 2024 年 10 月排放污水量为 60 t，污染当量值为 0.5 t。假设当地水污染物适用税额为每污染当量 2.8 元，要求：计算该餐饮公司当月应缴纳的环境保护税税额。

解 水污染当量数＝60/0.5＝120

应纳税额＝120×2.8＝336(元)

医院排放的水污染物应纳税额为污染当量数乘以具体适用税额，其污染当量数以病床数或者污水排放量除以相应的污染当量值计算。其计算公式如下。

应纳税额＝(医院病床数/污染当量值)×适用税额

应纳税额＝(污水排放量/污染当量值)×适用税额

【例 10-31】某县医院床位 56 张，每月按时消毒，无法计量月污水排放量，污染当量值为 0.14 床，假设当地水污染物适用税额为每污染当量 2.8 元，要求：计算该医院当月应缴纳的环境保护税税额。

解 水污染物当量数＝56/0.14＝400

应纳税额＝400×2.8＝1 120(元)

3. 应税固体废物应纳税额的计算

应税固体废物的应纳税额为固体废物排放量乘以具体适用税额，其排放量为当期应税固体废物的产生量减去当期应税固体废物的综合利用量、贮存量、处置量的余额。其计算公式如下。

应税固体废物应纳税额＝(当期固体废物产生量－当期固体废物综合利用量、贮存量和处置量）×适用税额

【例 10-32】假设某企业 2024 年 10 月产生尾矿 1 000 t，其中综合利用的尾矿 300 t（符合国家相关规定），在符合国家和地方环境保护标准的设施贮存 300 t。要求：计算该企业当月尾矿应缴纳的环境保护税税额。

解 应纳税额＝(1 000－300－300)×15＝6 000(元)

4. 应税噪声应纳税额的计算

应税噪声的应纳税额为超过国家规定标准的分贝数对应的具体适用税额。

【例 10-33】假设某工业企业只有一个生产场所，只在昼间生产，边界处声环境功能区类型为 1 类，生产时产生噪声为 60 dB，《工业企业厂界环境噪声排放标准》规定 1 类功能区昼间的噪声排放限值为 55 dB，当月超标天数为 18 天。要求：计算该企业当月噪声污染应缴纳的环境保护税税额。

解 超标分贝数＝60－55＝5 dB

根据“环境保护税税目税额表”，可得出该企业当月噪声污染应缴纳的环境保护税税额为700元。

10.14.6 环境保护税税收优惠

1. 暂免征税项目

下列情形，暂予免征环境保护税。

① 农业生产（不包括规模化养殖）排放应税污染物的。

② 机动车、铁路机车、非道路移动机械、船舶和航空器等流动污染源排放应税污染物的。

③ 依法设立的城乡污水集中处理、生活垃圾集中处理场所排放相应应税污染物，不超过国家和地方规定的排放标准的。

④ 纳税人综合利用的固体废物，符合国家和地方环境保护标准的。

⑤ 国务院批准免税的其他情形。

2. 减征税额项目

① 纳税人排放应税大气污染物或者水污染物的浓度值低于国家和地方规定的污染物排放标准30％的，减按75％征收环境保护税。

② 纳税人排放应税大气污染物或者水污染物的浓度值低于国家和地方规定的污染物排放标准50％的，减按50％征收环境保护税。

10.14.7 环境保护税征收管理

1. 征管方式

环境保护税采用“企业申报、税务征收、环保协同、信息共享”的征管方式。纳税人应当依法如实办理纳税申报，对申报的真实性和完整性承担责任；税务机关依照《税收征收管理法》和《环境保护税法》的有关规定征收管理；环境保护主管部门依照《环境保护税法》有关环境保护法律法规的规定负责对污染物的监测管理；县级以上地方人民政府应当建立税务机关、环境保护主管部门和其他相关单位分工协作工作机制；环境保护主管部门和税务机关应当建立涉税信息共享平台和工作配合机制，定期交换有关纳税信息资料。

2. 数据传递和比对

环境保护主管部门应当将排污单位的排污许可、污染物排放数据、环境违法和受行政处罚情况等环境保护相关信息，定期交送税务机关。

税务机关应当将纳税人的纳税申报、税款入库、减免税额、欠缴税款以及风险疑点等环境保护税涉税信息，定期交送环境保护主管部门。

税务机关应当将纳税人的纳税申报数据资料与环境保护主管部门交送的相关数据资料进行比对。纳税人申报的污染物监测数据与环境保护主管部门传递的相关数据不一致的，税务机关应当按照环境保护主管部门交送的数据确定应税污染物的计税依据。

3. 复核

税务机关发现纳税人的纳税申报数据资料异常或者纳税人未按照规定期限办理纳税申报的，可以提请环境保护主管部门进行复核，环境保护主管部门应当自收到税务机关的数据资料之日起15日内向税务机关出具复核意见。税务机关应当按照环境保护主管部门复核的数据资料调整纳税人的应纳税额。

纳税人的纳税申报数据资料异常，是指下列情形。

① 纳税人当期申报的应税污染物排放量与上年同期相比明显偏低，且不能说明正当理由的。

② 纳税人单位产品污染物排放量与同类型企业相比明显偏低，且不能说明正当理由的。

③ 纳税申报数据资料明显异常的其他情形。

4. 纳税义务发生时间

环境保护税纳税义务发生时间为纳税人排放应税污染物的当日。环境保护税按月计算，按季申报缴纳。不能按固定期限计算缴纳的，可以按次申报缴纳。

纳税人按季申报缴纳的，应当自季度终了之日起15日内，向税务机关办理纳税申报并缴纳税款。纳税人按次申报缴纳的，应当自纳税义务发生之日起15日内，向税务机关办理纳税申报并缴纳税款。纳税人申报缴纳时，应当向税务机关报送所排放应税污染物的种类、数量，大气污染物、水污染物的浓度值，以及税务机关根据实际需要要求纳税人报送的其他纳税资料。

5. 纳税地点

纳税人应当向应税污染物排放地的税务机关申报缴纳环境保护税。应税污染物排放地是指应税大气污染物和水污染物排放口所在地、固体废物产生地、工业噪声产生地。

纳税人的应税大气污染物和水污染物排放口与生产经营地位于不同省级行政区的，由生产经营地税务机关管辖。

税务机关对纳税人跨区域排放污染物的税收管辖有争议的，由争议各方依照有利于征收管理的原则逐级协商解决；不能协商一致的，报请共同的上级税务机关决定。

纳税人从事海洋工程向中华人民共和国管辖海域排放应税大气污染物、水污染物或者固体废物，申报缴纳环境保护税的具体办法，由国务院税务主管部门会同国务院海洋主管部门规定。

【课程思政】

加快发展方式绿色转型，推动经济社会发展绿色化、低碳化是实现高质量发展的关键环节。加快推动产业结构、能源结构、交通运输结构等调整优化。实施全面节约战略，推进各类资源节约集约利用，加快构建废弃物循环利用体系。完善支持绿色发展的财税、金融、投资、价格政策和标准体系，发展绿色低碳产业，健全资源环境要素市场化配置体系，加快节能降碳先进技术研发和推广应用，倡导绿色消费，推动形成绿色低碳的生产方式和生活方式。深入推进环境污染防治。坚持精准治污、科学治污、依法治污，持续深入打好蓝天、碧水、净土保卫战。加强污染物协同控制，基本消除重污染天气。统筹水资源、水环境、水生态治理，推动重要江河湖库生态保护治理，基本消除城市黑臭水体。加强土壤污染源头防控，开展新污染物治理。提升环境基础设施建设水平，推进城乡人居环境整治。全面实行排污许可制，健全现代环境治理体系。严密防控环境风险，深入推进中央生态环境保护督察。

复习思考题

1. 什么是房产税？房产税的计税依据如何界定？
2. 如何确定房产税的纳税人？

3. 免征契税的房产有哪些？

4. 什么是车船税？车船税的税目有哪些？

5. 什么是资源税？资源税的税目有哪些？

6. 资源税的税收优惠有哪些？

7. 什么是土地增值税？土地增值税的征税范围包括哪些？

8. 如何计算土地增值税的增值额？

9. 什么是城镇土地使用税？城镇土地使用税的计税依据包括哪些？

10. 城镇土地使用税与房产税纳税义务发生时间是一致的吗？

11. 什么是耕地占用税？耕地占用税的税收优惠项目包括哪些？

12. 由受托方代扣代缴增值税的单位和个人，其代扣代缴的城市维护建设税如何确定适用税率？

13. 什么是印花税？印花税的税目包括哪些？

14. 是否所有的合同都需要缴纳印花税？

15. 什么是城市维护建设税？城市维护建设税有什么特点？

16. 什么是船舶吨税？船舶吨税的税率如何规定？

17. 什么是车辆购置税？车辆购置税的征税范围如何界定？

18. 车船税征税范围的车辆与车辆购置税征税范围的车辆是相同的吗？

19. 什么是烟叶税？烟叶税的纳税人如何界定？

20. 什么是环境保护税？环境保护税的税目包括哪些？

21. 个人向环境排放应税污染物是否也需要缴纳环境保护税？

22. 如何设计房地产税？

23. 如何理解资源环境约束趋紧、环境污染问题？

24. 土地增值税筹划的切入点是什么？

25. 城镇土地使用税筹划的切入点是什么？

26. 耕地占用税筹划的切入点是什么？

27. 城市维护建设税筹划的切入点是什么？

28. 印花税筹划的切入点是什么？

29. 船舶吨税筹划的切入点是什么？

30. 车辆购置税筹划的切入点是什么？

31. 烟叶税筹划的切入点是什么？

32. 环境保护税筹划的切入点是什么？

33. 基于税收视角如何体现“坚持房子是用来住的，不是用来炒的”定位？

34. 新车购置涉及哪些税种？

计 算 题

1. 某企业 2024 年 1 月 1 日将价值 200 万元的自有房产出租给 A 企业，每年租金 40 万元；3 月 1 日开始修建一座车间，10 月 1 日建成并投入使用，造价 500 万元。假设当地规定的扣除比例为 30%。要求：计算该企业 2024 年应缴纳的房产税税额。

2. 某企业经营用房原值为 5 000 万元，按照当地规定减除 30%后的余值计税，适用税率为 1.2%。要求：计算该企业应缴纳的房产税税额。

3. 某公司出租房屋 3 间，年租金收入为 30 000 元，适用税率为 12%。要求：计算该公司应缴纳的房产税税额。

4. 某运输公司拥有载重汽车（载重量 40 t）20 辆，载客用大客车 10 辆，其中载重汽车有 5 辆在公司内部行驶，不领取行使执照，也不上公路行使。已知载货汽车年税额为每吨 50 元，大客车年税额为每辆 180 元。要求：计算该公司全年应缴纳的车船税税额。

5. 某船运公司拥有净吨位 500 t 的机动船 8 艘，其中 1 艘用于港区内专门提供港务供应服务，1 艘破冰船，其余 6 艘用于运载货物（机动船年税额为每吨 1.6 元）；另有载重吨位 55.5 t 的非机动船 5 艘（每吨年税额 1 元）、载重吨位 44.8 t 的非机动船 4 艘（每吨年税额 0.8 元）。要求：计算该船运公司当年应缴纳的车船税税额。

6. 某运输公司拥有载货汽车 15 辆（货车载重净吨位全部为 10 t），乘人大客车 20 辆，小客车 10 辆。已知载货汽车每吨年税额 80 元，乘人大客车每辆年税额 800 元，小客车每辆年税额 700 元。要求：计算该公司应缴纳的车船税税额。

7. 甲某从乙某处购买一所住房，成交价格为 400 000 元。甲某将该住房与丙某交换成两处住房，并支付换房差价款 100 000 元。丙某取得该现值 300 000 元房屋和 100 000 差价款后，将该房屋等价交换给了丁某。假设契税税率为 4%。要求：计算甲某、乙某、丙某、丁某的相关行为应缴纳的契税税额。

8. 居民甲拥有两套住房，将一套出售给居民乙，成交价格为 200 000 元；将另一套两室住房与居民丙交换成两处一室住房，并支付给丙换房差价款 60 000 元。要求：计算甲、乙、丙的相关行为应缴纳的契税税额（假定契税税率为 4%）。

9. 某盐场 7 月自产液体盐 50 000 万 t，以自产液体盐 40 000 t 和外购液体盐 8 000 t（每吨已缴纳资源税 5 元）加工成固体盐 10 000 t 对外销售。已知固体盐每吨资源税额为 30 元。要求：计算该盐场当月应缴纳的资源税税额。

10. 某房地产开发公司参与开发市内新区建设项目，建成后的普通标准住宅销售收入为 5 000 万元，综合楼销售收入为 18 000 万元，公司按税法规定分别缴纳了销售环节各项有关税金及教育费附加。公司取得土地使用权所支付的金额为 3 000 万元，其中建造普通标准住宅占用土地支付的金额占全部支付金额的三分之一。该公司分别计算了普通标准住宅和综合楼的开发成本及开发费用，普通标准住宅增值额占扣除项目金额的 19%；综合楼开发成本为 6 000 万元。已知该公司不能提供金融机构贷款证明，其所在地政府规定允许扣除的房地产开发费用计算比例为 10%。要求：计算该公司应缴纳的土地增值税税额。

11. 假定某房地产开发公司转让商品房一栋，取得收入总额为 1 000 万元，应扣除的购买土地的金额、开发成本、开发费用、相关税金、其他扣除金额合计为 400 万元。要求：计算该房地产开发公司应缴纳的土地增值税税额。

12. 甲公司转让一栋 1998 年建造的公寓，当时的造价为 2 000 万元。经房地产评估机构评定，该楼重置成本为 6 000 万元，三成新。转让前为取得土地使用权支付的地价款和有关费用为 1 400 万元，现取得转让收入 5 600 万元。已知城建税税率为 7%，教育费附加征收率为 3%，印花税税率为 0.05%。要求：计算该公司应缴纳的土地增值税税额。

13. 2024 年某企业土地使用证标明实际占地 60 000 m^2，托儿所占地 1 000 m^2，厂区内有 2 000 m^2 环境绿地，对外开放。已知该厂所在地区城镇土地使用税年税额为 3 元/ m^2。要求：计算该企业应缴纳的城镇土地使用税税额。

14. 设在某城市的一家企业使用土地面积为 10 000 m^2，经税务机关核定，该土地为应税土地，每平方米年税额为 4 元。要求：计算该企业全年应缴纳的土地使用税税额。

15. 假设某市一家企业新占用 19 800 m^2 耕地用于工业建设，所占耕地适用的定额税率为 20 元/ m^2。要求：计算该企业应缴纳的耕地占用税税额。

16. 某市区一家企业 2024 年 3 月份实际缴纳增值税 300 000 元，缴纳消费税 400 000 元。要求：计算该企业应缴纳的城建税税额。

17. 某市区生产服装的纳税人本月应纳增值税 50 万元，补交上月应纳增值税 8 万元，取得先征后退增值税 2 万元，罚款 3 万元，取得出口退还增值税 2 万元，交纳进口关税 8 万元、进口增值税 20 万元、进口消费税 10 万元。要求：计算该生产企业本月应缴纳的城建税税额。

18. 某高新技术企业 2024 年 8 月开业，注册资金 220 万元，当年发生的经营活动如下。

① 领受工商营业执照、房屋产权证、土地使用证各 1 份。

② 建账时共设 8 个账簿，其中资金账簿中记载实收资本 220 万元。

③ 签订购销合同 4 份，共记载金额 280 万元。

④ 签订借款合同 1 份，记载金额 50 万元，当年取得借款利息 0.8 万元。

⑤ 与广告公司签订广告制作合同 1 份，分别记载加工费 3 万元、广告公司提供的原材料 7 万元。

⑥ 签订技术服务合同 1 份，记载金额 60 万元。

⑦ 签订租赁合同 1 份，记载租赁费金额 50 万元。

⑧ 签订转让专有技术使用权合同 1 份，记载金额 150 万元。

要求：计算该企业应缴纳的印花税税额。

19. 某企业 2024 年 2 月开业，当年发生以下有关业务事项。

① 领受房屋产权证、工商营业执照、土地使用证各 1 份。

② 与其他企业订立转移专用技术使用权书据 1 份，所载金额为 100 万元。

③ 订立产品购销合同 1 份，所载金额为 200 万元。

④ 订立借款合同 1 份，所载金额为 400 万元。

⑤ 企业记载资金的账簿，“实收资本”和“资本公积”为 800 万元。

⑥ 其他营业账簿 10 本。

要求：计算该企业当年应缴纳的印花税税额。

练习题 10

第 11 章

税收征收管理

【本章导读】

税收征收管理法是指调整税收征收与管理过程中所发生的社会关系的法律规范的总称。凡依法由税务机关征收的各种税收的征收管理，均适用《税收征收管理法》。

税收法律关系是指税法所确认和调整的税收征纳主体之间在税收分配过程中形成的权利与义务关系。税收法律关系由主体、客体和内容三部分组成。

税务管理是指税收征收管理机关为了贯彻、执行国家税收法律制度，加强税收工作，协调征税关系而对纳税人和扣缴义务人实施的基础性的管理制度和管理行为。税务管理主要包括税务登记管理、账簿和凭证管理、发票管理、纳税申报管理等。

税款征收是税务机关依照税收法律、法规的规定将纳税人应当缴纳的税款组织入库的一系列活动的总称，是税收征收管理工作的中心环节，是全部税收征管工作的目的和归宿。税款征收方式是指税务机关根据各税种的不同特点和纳税人的具体情况而确定的计算、征收税款的形式和方法。税款征收方式包括确定方式和缴纳方式。

税务检查是指税务机关根据税收法律、行政法规的规定，对纳税人、扣缴义务人履行纳税义务、扣缴义务及其他有关税务事项进行审查、核实、监督等的总称。税务检查主要包括纳税企业自查和税务专业检查两种形式。

税务行政复议是指纳税人和其他税务当事人对税务机关的税务行政行为不服，依法向上级税务机关提出申诉，请求上一级税务机关对原具体行政行为的合理性、合法性做出审议；复议机关依法对原行政行为的合理性、合法性做出裁决的行政司法活动。纳税人及其他当事人认为税务机关的具体行政行为侵犯其合法权益，可依法向税务行政复议机关申请行政复议。

税收法律责任是指税收法律关系主体违反税收法律制度规定的行为所引起的不利法律后果。税收法律责任分为行政责任和刑事责任。

本章教学思政视角：一是依法征税与依法纳税；二是高质量发展应该实现投资有回报、企业有利润、员工有收入、政府有税收，并且充分反映各自按市场评价的贡献；三是深化税收征管制度改革，建设智慧税务，推动税收征管现代化。

通过本章学习，要求掌握税务管理内容、税款确定方式、税款征收措施与纳税申报方法，了解税务行政复议与税收法律责任，具备纳税申报的能力，具有依法纳税的意识。

11.1 税收征收管理概述

11.1.1 税收征收管理法概念

税收征收管理法，是指调整税收征收与管理过程中所发生的社会关系的法律规范的总称，包括国家权力机关制定的税收征管法律、国家权力机关授权行政机关制定的税收征管行政法规和有关税收征管的规章制度等。税收征收管理法属于税收程序法，它是以规定税收实体法中所确定的权利、义务的履行程序为主要内容的法律规范，是税法的重要组成部分。税收征收管理法不仅是纳税人全面履行纳税义务必须遵守的法律准则，也是税务机关履行征税职责的法律依据。

1992年9月4日，第七届全国人民代表大会常务委员会第二十七次会议通过了《中华人民共和国税收征收管理法》（以下简称《税收征收管理法》），于1993年1月1日起施行。1995年2月28日，第八届全国人民代表大会常务委员会第十二次会议对《税收征收管理法》进行了修订。2001年4月28日，第九届全国人民代表大会常务委员会第二十一次会议对《税收征收管理法》进行了再次修订，自2001年5月1日起施行；2012年和2015年全国人民代表大会常务委员会对《税收征收管理法》又进行过两次修订；2010年12月20日公布了《中华人民共和国发票管理办法》（以下简称《发票管理办法》），国家税务总局也发布了《税务登记管理办法》《中华人民共和国发票管理办法实施细则》《税务行政复议规则》《国家税务总局关于纳税人权利与义务的公告》。2013年6月，第十二届全国人民代表大会常务委员会第三次会议通过了修订后的《税收征收管理法》，自2013年6月29日起施行。在全国范围内推行营业税改征增值税试点后，国家税务总局又发布了《关于全面推开营业税改征增值税试点有关税收征收管理事项的公告》《关于启用增值税普通发票（卷票）有关事项的公告》《关于增值税发票开具有关问题的公告》等。这些法律法规构成了我国税收征收管理法律制度的主要内容。

自2015年5月1日起，国家税务总局在全国范围内试行了《全国税收征管规范（1.0版）》。《全国税收征管规范（1.0版）》全面梳理了税收征管的所有具体业务，对每一个业务事项的流程、环节、操作要求做出了详细规定，明确了税收管理行为标准，压缩了自由裁量的空间，限定了税收管理行为的随意性，切实规范征税人，更好地服务纳税人。

11.1.2 《税收征收管理法》适用范围

凡依法由税务机关征收的各种税收的征收管理，均适用《税收征收管理法》。就现行税种而言，增值税、消费税、企业所得税、个人所得税、资源税、城镇土地使用税、土地增值税、车船税、车辆购置税、房产税、印花税、城市维护建设税、耕地占用税、契税、环境保护税、烟叶税等税种的征收管理均适用《税收征收管理法》。

由海关负责征收的关税及海关代征的进口环节的增值税、消费税，依照法律、行政法规的有关规定执行。

我国同外国缔结的有关税收条约、协定同《税收征收管理法》有不同规定的，依照条约、协定的规定办理。

11.1.3 税收法律关系

1. 税收法律关系要素

税收法律关系，简称税收关系，是指税法所确认和调整的税收征纳主体之间在税收分配过程中形成的权利与义务关系。与其他法律关系一样，税收关系也由主体、内容和客体3个要素组成。

1）税收关系主体

税收关系主体，是指在税收关系中依法享有权利和承担义务的当事人，即税收关系的参加者。税收关系主体包括征税主体和纳税主体。

（1）征税主体

征税主体是指在税收关系中代表国家享有征税权利的一方当事人，即税务主管机关，包括各级税务机关、海关等。国务院税务主管部门主管全国税收征收管理工作。税务机关是指各级税务局、税务分局、税务所和省以下税务局的稽查局。稽查局专司偷税（逃税）、逃避追缴欠税、漏税、抗税案件的查处。

（2）纳税主体

纳税主体是指税收关系中负有纳税义务的一方当事人，包括纳税人和扣缴义务人。纳税人和扣缴义务人必须依照法律、行政法规的规定缴纳税款，代扣代缴、代收代缴税款。

在税收关系中，双方当事人虽然是管理者和被管理者的关系，但法律地位是平等的。

2）税收关系内容

税收关系内容，是指税收关系主体所享受的权利和应承担的义务。税收征纳主体双方在税收征收管理中既享有各自的权利，也须承担各自的义务。

3）税收关系客体

税收关系客体，是指税收关系主体双方的权利和义务所共同指向的对象，如房产税征纳关系中的房屋、所得税征纳关系中的所得等。

2. 征纳主体的权利和义务

根据《税收征收管理法》及其他有关行政法规及规章的规定，税收征纳主体在税收征收管理中既享有各自的权利，也须承担各自的义务，它们共同构成了税收关系的内容。

1）征税主体的权利和义务

征税主体的权利和义务直接体现为税务机关和税务人员的职权和职责。

（1）征税主体的职权

征税主体作为国家税收征收管理的职能部门，享有税务行政管理权。税务机关和税务人员的主要权利包括以下6个方面。

① 税收立法权。税收立法权包括参与起草税收法律法规草案，提出税收政策建议，在职权范围内制定、发布关于税收征管的部门规章等。

② 税务管理权。税务管理权包括对纳税人进行税务登记管理、账簿和凭证管理、纳税申报管理等。

③ 税款征收权。税款征收权是征税主体享有的最基本、最主要的权利。税款征收权主要包括依法计征权、核定税款权、税收保全和强制执行权、追征税款权等。

④ 税务检查权。税务检查权是税务机关查处税收违法行为的职权，包括查账权、场地

检查权、询问权、责成提供资料权、存款账户核查权等。

⑤ 税务行政处罚权。税务行政处罚权是对税收违法行为依照法定标准予以行政制裁的权利，如罚款等。

⑥ 其他职权。如在法律、行政法规规定的权限内，对纳税人的减税、免税、退税、延期缴纳税款的申请予以审批的权利；委托代征权；估税权；代位权与撤销权；阻止欠税纳税人离境的权利；定期对纳税人欠缴税款情况予以公告的权利；上诉权等。

(2) 征税主体的职责

税务机关和税务人员在行使职权时，也要履行相应的职责。征税主体的职责主要包括以下 7 个方面。

① 宣传税收法律、行政法规，普及纳税知识，无偿地为纳税人提供纳税咨询服务。

② 依法为纳税人、扣缴义务人保守秘密，为检举违反税法行为者保密。纳税人、扣缴义务人的税收违法行为不属于保密范围。

③ 加强队伍建设，提高税务人员的政治业务素质。

④ 秉公执法、忠于职守、清正廉洁、礼貌待人、文明服务，尊重和保护纳税人、扣缴义务人的权利，依法接受监督。

⑤ 税务人员不得索贿受贿、徇私舞弊、玩忽职守、不征或者少征应征税款；不得滥用职权多征税款或者故意刁难纳税人和扣缴义务人。

⑥ 税务人员在核定应纳税额、调整纳税标准、进行税务检查、实施税务行政处罚、办理税务行政复议时，与纳税人、扣缴义务人或者其法定代表人、直接责任人有利害关系的，包括夫妻关系、直系血亲关系、三代以内旁系血亲关系、近姻亲关系、可能影响公正执法的其他利害关系的，应当回避。

⑦ 建立健全内部制约和监督管理制度。上级税务机关应当对下级税务机关的执法活动依法进行监督。各级税务机关应当对其工作人员执行法律、行政法规和廉洁自律准则的情况进行监督检查。

2) 纳税主体的权利和义务

在税收法律关系中，纳税主体处于行政管理相对人的地位，除须承担纳税义务外，也享有相应的法定权利。

(1) 纳税主体的权利

纳税主体的权利主要包括以下 8 个方面。

① 知情权。纳税人、扣缴义务人有权向税务机关了解国家税收法律、行政法规的规定，以及与纳税程序有关的情况。

② 要求保密权。纳税人、扣缴义务人有权要求税务机关为纳税人、扣缴义务人的情况保密。

③ 依法享受税收优惠权。

④ 延期申报和延期缴纳税款请求权。如果纳税人不能按期办理纳税申报，或有特殊困难不能按期缴纳税款的，有权提出申请，经税务机关核准，可以延期申报和延期缴纳税款。

⑤ 多缴税款申请退还权。纳税人超过应纳税额缴纳的税款，税务机关发现后应当立即退还；纳税人自结算缴纳税款之日起 3 年内发现的，可以向税务机关要求退还多缴的税款并加算银行同期存款利息，税务机关及时查实后应立即退还；涉及从国库中退库的，依照法

律、行政法规有关国库管理的规定退还。

⑥ 陈述权、申辩权。纳税人、扣缴义务人对税务机关做出的决定，享有采用一定的方式表达自己的意见，对自己的行为做出陈述与辩护的权利，如要求听证、申请行政复议和向法院提起诉讼等。

⑦ 承担赔偿责任权。纳税人、扣缴义务人认为税务机关具体行政行为不当，致使自己的合法利益遭受损失时，有权要求税务机关进行赔偿。

⑧ 其他权利。如当税务人员未出示税务检查证和税务检查通知书时，有权拒绝税务检查；对税务机关及其工作人员的各种违法违规行为进行检举、控告的权利等。

（2）纳税主体的义务

纳税主体的义务主要包括以下8个方面。

① 按期办理税务登记，及时核定应纳税种、税目。

② 依法设置账簿、保管账簿和有关资料，以及依法开具、使用、取得和保管发票的义务。

③ 按期、如实办理纳税申报的义务。

④ 按期缴纳或解缴税款的义务。

⑤ 按照规定安装、使用税控装置的义务。

⑥ 接受税务检查的义务。

⑦ 代扣、代收税款的义务。

⑧ 其他义务。如纳税人有歇业、经营情况变化、遭受各种灾害等特殊情况的，应及时向征税机关说明；财务会计制度和会计核算软件备案的义务；报告其他涉税信息的义务，如企业合并、分立的报告义务等。

11.2 税务管理

税务管理是指税收征收管理机关为了贯彻执行国家税收法律制度，加强税收工作，协调征税关系而对纳税人和扣缴义务人实施的基础性的管理制度和管理行为。税务管理是税收征收管理的重要内容，是税款征收的前提和基础。

税务管理主要包括税务登记管理、账簿和凭证管理、发票管理、纳税申报管理等。

11.2.1 税务登记管理

1. 税务登记的概念和申请人

1）税务登记的概念

税务登记，又称纳税登记，是指税务机关对纳税人的基本情况及生产经营项目进行登记管理的一项基本制度，是税务机关对纳税人的开业、变更、注销、外出经营报验、停业复业及生产经营活动进行登记管理的法定程序。

税务登记是整个税收征收管理的起点。税务登记的作用在于掌握纳税人的基本情况和税源分布情况。从税务登记开始，纳税人的身份及征纳双方的法律关系即得到确认。

2）税务登记对象

企业，企业在外地设立的分支机构和从事生产、经营的场所，个体工商户和从事生产、经营的事业单位（以下统称从事生产、经营的纳税人），都应当办理税务登记。

上述规定以外的纳税人，除国家机关、个人和无固定生产经营场所的流动性农村小商贩外（以下统称非从事生产经营但依照规定负有纳税义务的单位和个人），也应当办理税务登记。

根据税收法律、行政法规的规定负有扣缴税款义务的扣缴义务人（国家机关除外），应当办理扣缴税款登记。

【例 11－1】 2024 年 1 月，下岗职工赵某开办了一个商品经销部，按规定享受一定期限内的免税优惠。他认为既然免税就不需要办理税务登记。分析赵某的观点是否正确。

解　赵某的观点不正确。根据税收征收管理法律制度的规定，凡是从事生产经营的单位和个体工商户均应当办理税务登记。

---

2. 税务登记主管机关

县以上（含本级，下同）税务局（分局）是税务登记的主管机关，负责税务登记的设立登记、变更登记、注销登记和税务登记证验证、换证及非正常户处理、报验登记等有关事项。

税务局（分局）按照国务院规定的税收征收管理范围，实施属地管理。在有条件的城市，税务局（分局）可以按照“各区分散受理、全市集中处理”的原则办理税务登记。税务局（分局）之间对纳税人税务登记的主管机关发生争议的，由其上一级税务局共同协商解决。

税务局（分局）施行统一的纳税人识别号。纳税人识别号由省、自治区、直辖市、计划单列市税务局按照纳税人识别号代码行业标准联合编制，统一下发各地执行。已领取组织机构代码的纳税人，其纳税人识别号共 15 位，由纳税人登记所在地 6 位行政区划码加 9 位组织机构代码组成。以业主身份证件为有效身份证明的组织，即未取得组织机构代码证书的个体工商户以及持回乡证、通行证、护照办理税务登记的纳税人，其纳税人识别号由身份证件号码加 2 位顺序码组成。纳税人识别号具有唯一性。

各级工商行政管理机关应当向同级税务局定期通报办理开业、变更、注销登记及吊销营业执照的情况。

3. 税务登记制度改革

国务院在《关于促进市场公平竞争维护市场正常秩序的若干意见》（国发〔2014〕20 号）中指出，改革市场准入制度，简化手续，缩短时限，鼓励探索实行工商营业执照、组织机构代码证和税务登记证“三证合一”登记制度。随后，国务院办公厅发布了《关于加快推进“三证合一”登记制度改革的意见》（国办发〔2015〕50 号），国家工商总局等六部门发布了《关于贯彻落实〈国务院办公厅关于加快推进“三证合一”登记制度改革的意见〉的通知》（工商企注字〔2015〕121 号）。2015 年 9 月 10 日，国家税务总局发布《国家税务总局关于落实“三证合一”登记制度改革的通知》（税总函〔2015〕482 号），就税务部门落实“三证合一”登记制度改革做出了具体部署。

自 2015 年 10 月 1 日起，新设立企业、农民专业合作社（以下统称“企业”）领取由工商行政管理部门核发加载法人和其他组织统一社会信用代码（以下称“统一代码”）的营业执照后，无须再次进行税务登记，不再领取税务登记证。企业办理涉税事宜时，在完成补充信息采集后，凭加载统一代码的营业执照可代替税务登记证使用。除以上情形外，其他税务登记按照原有法律制度执行。改革前核发的原税务登记证件在过渡期继续有效。

工商登记“一个窗口”统一受理申请后，申请材料和登记信息在部门间共享，各部门数据互换、档案互认。各级税务机关要加强与登记机关的沟通协调，确保登记信息采集准确、完整。

各省税务机关在交换平台获取“三证合一”企业登记信息后，依据企业住所（以统一代码为标识）按户分配至县（区）税务机关；县（区）税务机关确认分配有误的，将其退回至市（地）税务机关，由市（地）税务机关重新进行分配；省税务机关无法直接分配至县（区）税务机关的，将其分配至市（地）税务机关，由市（地）税务机关向县（区）税务机关进行分配。

对于工商登记已采集信息的，税务机关不再重复采集；其他必要涉税基础信息，可在企业办理有关涉税事宜时，及时采集，陆续补齐。发生变化的，由企业直接向税务机关申报变更，税务机关及时更新税务系统中的企业信息。

已实行“三证合一、一照一码”登记模式的企业办理注销登记，须先向税务主管机关申报清税，填写《清税申报表》。企业可向税务主管机关提出清税申报，税务机关受理后应将企业清税申报信息同时传递给另一方税务机关限时办理清税。清税完毕后一方税务机关及时将本部门的清税结果信息反馈给受理税务机关，由受理税务机关根据清税结果向纳税人统一出具《清税证明》，并将信息共享到交换平台。

税务机关应当分类处理纳税人清税申报，扩大即时办结范围。根据企业经营规模、税款征收方式、纳税信用等级指标进行风险分析，对风险等级低的，当场办结清税手续；对于存在疑点情况的，企业也可以提供税务中介服务机构出具的鉴证报告。税务机关在核查、检查过程中发现涉嫌偷税、逃税、骗税、抗税或虚开发票的，或者需要进行纳税调整等情形的，办理时限自然中止。在清税后，经举报等线索发现少报、少缴税款的，税务机关将相关信息传至登记机关，纳入“黑名单”管理。

2016年6月30日，国务院办公厅发布《关于加快推进“五证合一、一照一码”登记制度改革的通知》（国办发［2016］53号），在全面实施工商营业执照、组织机构代码证、税务登记证“三证合一”登记制度改革的基础上，再整合社会保险登记证和统计登记证。

随着国务院简政放权、放管结合、优化服务的“放管服”改革不断深化，登记制度从“三证合一”推进为“五证合一”，又进一步推进为“多证合一、一照一码”。即在全国实施企业、农民专业合作社工商营业执照、组织机构代码证、税务登记证、社会保险登记证、统计登记证“五证合一、一照一码”登记制度改革和个体工商户工商营业执照、税务登记证“两证整合”的基础上，将涉及企业、个体工商户和农民专业合作社（以下统称企业）登记、备案等有关事项和各类证照进一步整合到营业执照上，实现“多证合一、一照一码”。使“一照一码”营业执照成为企业唯一“身份证”，使统一社会信用代码成为企业唯一身份代码，实现企业“一照一码”走天下。

11.2.2　账簿和凭证管理

账簿和凭证是纳税人进行生产经营活动和核算财务收支的重要资料，也是税务机关对纳税人进行征税、管理、核查的重要依据。纳税人所使用的凭证、登记的账簿、编制的报表及其所反映的内容是否真实可靠，直接关系到计征税款依据的真实性，进而影响应纳税款及时足额入库。账簿、凭证管理是税收管理的基础性工作。

1. 账簿设置管理

纳税人、扣缴义务人应按照有关法律、行政法规和国务院财政、税务主管部门的规定设置账簿，根据合法、有效凭证记账，进行会计核算。

① 从事生产、经营的纳税人应当自领取营业执照或者发生纳税义务之日起 15 日内，按照国家有关规定设置账簿。

② 生产经营规模小又确无建账能力的纳税人，可以聘请经批准从事会计代理记账业务的专业机构或者经税务机关认可的财务人员代为建账和办理账务。聘请上述机构或者人员有实际困难的，经县以上税务机关批准，可以按照税务机关的规定，建立收支凭证粘贴簿、进货销货登记簿或者使用税控装置。

③ 扣缴义务人应当自税收法律、行政法规规定的扣缴义务发生之日起 10 日内，按照所代扣、代收的税种，分别设置代扣代缴、代收代缴税款账簿。

纳税人、扣缴义务人会计制度健全，能够通过计算机正确、完整计算其收入和所得或者代扣代缴、代收代缴税款的，其计算机输出的完整的书面会计记录，可视同会计账簿。

纳税人、扣缴义务人会计制度不健全，不能通过计算机正确、完整计算其收入和所得或者代扣代缴、代收代缴税款的，应当建立总账及与纳税或者代扣代缴、代收代缴税款有关的其他账簿。

2. 财务制度管理

纳税人的财务会计制度及其处理办法，是其进行会计核算的依据，直接关系到计税依据的真实合理性。

1）备案制度

从事生产、经营的纳税人应当自领取税务登记证件之日起 15 日内，将其财务、会计制度或者财务、会计处理办法报送主管税务机关备案。纳税人使用计算机记账的，应当在使用前将会计电算化系统的会计核算软件、使用说明书及有关资料报送主管税务机关备案。

2）税法规定优先

从事生产、经营的纳税人、扣缴义务人的财务会计制度或者财务会计处理办法与国务院或者国务院财政、税务主管部门有关税收的规定相抵触的，依照国务院或者国务院财政、税务主管部门有关税收的规定计算应纳税款、代扣代缴和代收代缴税款。

3）使用计算机记账

纳税人建立的会计电算化系统应当符合国家有关规定，并能正确、完整地核算其收入或者所得。

3. 涉税资料保存

从事生产、经营的纳税人、扣缴义务人必须按照国务院财政、税务主管部门规定的保管期限保管账簿、记账凭证、完税凭证及其他有关资料。

账簿、记账凭证、报表、完税凭证、发票、出口凭证及其他有关涉税资料应当保存 10 年，但是法律、行政法规另有规定的除外。账簿、记账凭证、完税凭证及其他有关资料不得伪造、变造或者擅自损毁。

11.2.3 发票管理

1. 发票的概念和式样

1）发票的概念

发票，是指在购销商品、提供或者接受服务以及从事其他经营活动中，开具、收取的收付款凭证。它是确定经营收支行为发生的法定凭证，是会计核算的原始依据。

税务机关是发票的主管机关，负责发票印制、领购、开具、取得、保管、缴销的管理和监督。国家税务总局统一负责全国的发票管理工作，省、自治区、直辖市税务局负责做好本行政区域内的发票管理工作。财政、审计、工商、公安等有关部门在各自职责范围内，配合税务机关做好发票管理工作。

2）发票式样

在全国范围内统一式样的发票，由国家税务总局确定。在省、自治区、直辖市范围内统一式样的发票，由省、自治区、直辖市税务局确定。所谓发票的式样，包括发票所属的种类、各联用途、具体内容、版面排列、规格、使用范围等。

2. 发票的种类、联次和内容

发票的种类、联次、内容及使用范围由国家税务总局规定。

1）发票种类

全国范围内全面推行“营改增”试点后，发票的种类主要是增值税专用发票和增值税普通发票，还有特定范围继续使用的其他发票。

① 增值税专用发票。增值税专用发票包括增值税专用发票（折叠票）、增值税电子专用发票和机动车销售统一发票。

② 增值税普通发票。增值税普通发票包括增值税普通发票（折叠票）、增值税电子普通发票和增值税普通发票（卷票）。

③ 其他发票。其他发票包括农产品收购发票、农产品销售发票、门票、过路（过桥）费发票、定额发票、客运发票、二手车销售统一发票等。

2）发票联次和内容

发票的基本联次包括存根联、发票联和记账联。存根联由收款方或开票方留存备查；发票联由付款方或受票方作为付款原始凭证；记账联由收款方或开票方作为记账原始凭证。省以上税务机关可根据发票管理情况以及纳税人经营业务需要，增减除发票联以外的其他联次，并确定其用途。

发票的基本内容包括发票的名称、代码和号码、联次及用途、客户名称、开户银行及账号、商品名称或经营项目、计量单位、数量、单价、金额、开票人、开票日期、开票单位名称等。省以上税务机关可根据经济活动以及发票管理需要，确定发票的具体内容。

用票单位可以书面向税务机关要求使用印有本单位名称的发票，税务机关依法确认印有该单位名称发票的种类和数量。

3. 发票印制

增值税专用发票由国家税务总局确定的企业印制；其他发票，按照国家税务总局的规定，由省、自治区、直辖市税务机关确定的企业印制。禁止私自印制、伪造、变造发票。印制发票的企业应当具备下列条件。

① 取得印刷经营许可证和营业执照。

② 设备、技术水平能够满足印制发票的需要。

③ 有健全的财务制度和严格的质量监督、安全管理、保密制度。

印制发票应当使用国家税务总局确定的全国统一的发票防伪专用品。禁止非法制造发票防伪专用品。

发票应当套印全国统一发票监制章。全国统一发票监制章的式样和发票版面印刷的要求，由国家税务总局规定。发票监制章由省、自治区、直辖市税务机关制作，禁止伪造发票监制章。发票实行不定期换版制度。禁止在境外印制发票。

4. 发票领购

1）领购发票的程序

需要领购发票的单位和个人，应当持税务登记证件、经办人身份证明、财务印章或发票专用章印模，向主管税务机关办理发票领购手续。主管税务机关根据领购单位和个人的经营范围和规模，确认领购发票的种类、数量及领购方式，在5个工作日内发放发票领购簿。

单位和个人领购发票时，应当按照税务机关的规定报告发票使用情况，税务机关应当按照规定进行查验。

2）代开发票

需要临时使用发票的单位和个人，可以凭购销商品、提供或者接受服务及从事其他经营活动的书面证明、经办人身份证明，直接向经营地税务机关申请代开发票。依照税收法律、行政法规规定应当缴纳税款的，税务机关应当先征收税款，再开具发票。税务机关根据发票管理的需要，可以按照国家税务总局的规定委托其他单位代开发票。禁止非法代开发票。

3）外地经营领购发票

临时到本省、自治区、直辖市以外从事经营活动的单位或者个人，应当凭所在地税务机关的证明，向经营地税务机关领购经营地的发票。临时在本省、自治区、直辖市以内跨市、县从事经营活动领购发票的办法，由省、自治区、直辖市税务机关规定。

税务机关对外省、自治区、直辖市来本辖区从事临时经营活动的单位和个人申请领购发票的，可以要求其提供保证人或者根据所领购发票的票面限额及数量交纳不超过1万元的保证金，并限期缴销发票。按期缴销发票的，解除保证人的担保义务或者退还保证金；未按期缴销发票的，由保证人或者以保证金承担法律责任。税务机关收取保证金应当开具资金往来结算票据。

5. 发票的开具和使用

1）发票的开具

（1）开票主体

销售商品、提供服务及从事其他经营活动的单位和个人，对外发生经营业务收取款项，收款方应当向付款方开具发票；特殊情况[①]下，由付款方向收款方开具发票。

所有单位和从事生产、经营活动的个人在购买商品、接受服务及从事其他经营活动支付款项时，应当向收款方取得发票。

① 特殊情况，是指收购单位和扣缴义务人支付个人款项时或国家税务总局认为其他需要由付款方向收款方开具发票的。

在人民法院裁定受理破产申请之日至企业注销之日期间，企业因继续履行合同、生产经营或处置财产需要开具发票的，管理人可以以企业名义按规定申请开具发票或者代开发票。

（2）开票程序

开具发票应当按照规定的时限、顺序、栏目，全部联次一次性如实开具，并加盖发票专用章。

安装税控装置的单位和个人，应当按照规定使用税控装置开具发票，并按期向主管税务机关报送开具发票的数据。使用非税控电子器具开具发票的，应当将非税控电子器具使用的软件程序说明资料报主管税务机关备案，并按照规定保存、报送开具发票的数据。

（3）开票地域

除国家税务总局规定的特殊情形外，发票限于领购单位和个人在本省、自治区、直辖市内开具。省、自治区、直辖市税务机关可以规定跨市、县开具发票的办法。除国家税务总局规定的特殊情形外，任何单位和个人不得跨规定的使用区域携带、邮寄、运输空白发票。禁止携带、邮寄或者运输空白发票出入境。

使用电子计算机开具发票，须经主管税务机关批准，并使用税务机关统一监制的机外发票，开具后的存根联应当按照顺序号装订成册。

（4）禁止性规定

取得发票时，不得要求变更品名和金额。不符合规定的发票①，不得作为财务报销凭证，任何单位和个人有权拒收。

任何单位和个人不得有下列虚开发票行为：

- 为他人、为自己开具与实际经营业务不符的发票；
- 让他人为自己开具与实际经营业务不符的发票；
- 介绍他人开具与实际经营业务不符的发票。

2）发票的使用和保管

任何单位和个人应当按照发票管理规定使用发票，不得有下列行为：

- 转借、转让、介绍他人转让发票、发票监制章和发票防伪专用品；
- 知道或者应当知道是私自印制、伪造、变造、非法取得或者废止的发票而受让、开具、存放、携带、邮寄、运输；
- 拆本使用发票；
- 扩大发票使用范围；
- 以其他凭证代替发票使用。

开具发票的单位和个人应当建立发票使用登记制度，设置发票登记簿，并定期向主管税务机关报告发票使用情况。开具发票的单位和个人应当在办理变更或者注销税务登记的同时，办理发票和发票领购簿的变更、缴销手续。

开具发票的单位和个人应当按照税务机关的规定存放和保管发票，不得擅自损毁。已开具的发票存根联和发票登记簿，应当保存5年。保存期满，报经税务机关查验后销毁。发票丢失，应于丢失当日书面报告主管税务机关，并在报刊和电视等传播媒介上公告声明作废。

① 不符合规定的发票是指开具或取得的发票是应经而未经税务机关监制，或填写项目不齐全，内容不真实，字迹不清楚，没有加盖财务印章或发票专用章，伪造、作废及其他不符合税务机关规定的发票。

6. 发票检查

根据《发票管理办法》及其实施细则的规定，税务机关在发票管理中有权进行下列检查。

① 检查印制、领购、开具、取得、保管和缴销发票的情况。

② 调出查验发票。

③ 查阅、复制与发票有关的凭证、资料。

④ 向当事各方询问与发票有关的问题和情况。

⑤ 在查处发票案件时，对与案件有关的情况和资料，可以记录、录音、录像、照像和复制。

印制、使用发票的单位和个人，必须接受税务机关的检查，如实反映情况，提供有关资料，不得拒绝、隐瞒。税务人员进行检查时，应当出示税务检查证。

税务机关需要将已开具的发票调出查验时，应当向被查验的单位和个人开具发票换票证。发票换票证与所调出查验的发票有同等的效力，被调出查验发票的单位和个人不得拒绝接受。发票换票证仅限于在本县（市）范围内使用。需要调出外县（市）的发票查验时，应与该县（市）税务机关联系，使用当地的发票换票证。

税务机关需要将空白发票调出查验时，应当开具收据；经查无问题的，应当及时返还。

单位和个人从中国境外取得的与纳税有关的发票或者凭证，税务机关在纳税审查时有疑义的，可以要求其提供境外公证机构或者注册会计师的确认证明，经税务机关审核认可后，方可作为记账核算的凭证。

税务机关在发票检查中需要核对发票存根联与发票联填写情况时，可向持有发票或者发票存根联的单位发出“发票填写情况核对卡”，有关单位应当如实填写，按期报回。“发票填写情况核对卡”的式样由国家税务总局确定。

7. 违反发票管理行为及其处罚

纳税人应当按照发票管理的有关规定，切实履行有关义务。《发票管理办法》及其实施细则详细列举了违反发票管理规定的行为。

① 未按规定印制发票、生产发票防伪专用品的行为，包括未经省级税务机关指定的企业私自印制发票；未经国家税务总局指定的企业私自生产发票防伪专用品、私自印制增值税专用发票；伪造、私刻发票监制章，伪造、私造发票防伪专用品；印制发票的企业未按“发票印制通知书”印制发票，生产发票防伪专用品的企业未按“发票防伪专用品生产通知书”生产防伪专用品；转借、转让发票监制章和发票防伪专用品；印制发票和生产发票防伪专用品的企业未按规定销毁废（次）品而造成流失；用票单位私自印制发票；未按税务机关的规定制定印制发票和生产发票防伪专用品管理制度；其他未按规定印制发票和生产发票防伪专用品的行为。

② 未按规定领购发票的行为，包括向税务机关以外的单位和个人领购发票；私售、倒买倒卖发票；贩运、窝藏假发票；向他人提供发票或者借用他人发票；盗取（用）发票；其他未按规定领购发票的行为。

③ 未按规定开具发票的行为，包括应开具而未开具发票；单联填开或上、下联金额、增值税销项税额等内容不一致；填写项目不齐全；涂改发票；转借、转让、代开发票；未经批准拆本使用发票；虚构经营业务活动，虚开发票；开具票物不符发票；开具作废发票；未

经批准，跨规定的使用区域开具发票；以其他单据或白条代替发票开具；扩大专业发票或增值税专用发票开具范围；未按规定报告发票使用情况；未按规定设置发票登记簿；其他未按规定开具发票的行为。

④ 未按规定取得发票的行为，包括应取得而未取得发票；取得不符合规定的发票；取得发票时，要求开票方或自行变更品名、金额或增值税税额；自行填开发票入账；其他未按规定取得发票的行为。

⑤ 未按规定保管发票的行为，包括丢失发票；损（撕）毁发票；丢失或擅自销毁发票存根联及发票登记簿；未按规定缴销发票；印制发票的企业和生产发票防伪专用品的企业丢失发票或发票监制章及发票防伪专用品等；未按规定建立发票保管制度；其他未按规定保管发票的行为。

⑥ 未按规定接受税务机关检查的行为，包括拒绝检查；隐瞒真实情况；刁难、阻挠税务人员进行检查；拒绝接受《发票换票证》；拒绝提供有关资料；拒绝提供境外公证机构或者注册会计师的确认证明；拒绝接受有关发票问题的询问；其他未按规定接受税务机关检查的行为。

对有上述所列行为之一的单位和个人，由税务机关责令限期改正，没收非法所得，可以并处1万元以下的罚款。有上述所列两类或两类以上行为的，可以分别处罚。

对非法携带、邮寄、运输或者存放空白发票的，包括经税务机关监制的空白发票和伪造的假空白发票，由税务机关收缴发票，没收非法所得，可以并处1万元以下的罚款。

私自印制、伪造、变造、倒买倒卖发票（包括发票防伪专用品和假发票），私自制作发票监制章、发票防伪专用品的，由税务机关予以查封、扣押或者销毁，没收非法所得和作案工具，可以并处1万元以上5万元以下的罚款；构成犯罪的，依法追究刑事责任。

违反发票管理规定，导致其他单位或者个人未缴、少缴或者骗取税款的，由税务机关没收非法所得，可以并处未缴、少缴或者骗取的税款1倍以下的罚款。

上述所谓没收非法所得，是指没收因伪造和非法印制、生产、买卖、转让、代开、不如实开具及非法携带、邮寄、运输或者存放发票、发票监制章或者发票防伪专用品和其他违反规定的行为所取得的收入。

税务机关对违反发票管理法规的行为进行处罚，应将处理决定书面通知当事人；对违反发票管理法规的案件，应立案查处。对违反发票管理法规的行政处罚，由县以上税务机关决定；罚款额或没收非法所得款在1 000元以下的，可由税务所自行决定。

11.2.4　纳税申报管理

1. 纳税申报的概念

纳税申报，是指纳税人按照税法规定，定期就计算缴纳税款的有关事项向税务机关提交书面报告的法定手续。纳税申报是纳税人履行纳税义务、界定法律责任的主要依据。

纳税人必须按照法律、行政法规规定或者税务机关依照法律、行政法规的规定确定的申报期限、申报内容如实办理纳税申报，报送纳税申报表、财务会计报表及税务机关根据实际需要要求纳税人报送的其他纳税资料。

2. 纳税申报的内容

纳税人、扣缴义务人的纳税申报或者代扣代缴、代收代缴税款报告表的主要内容包括税种、税目、应纳税项目或者应代扣代缴、代收代缴税款项目、计税依据、扣除项目及标准、适用税率或者单位税额、应退税项目及税额、应减免税项目及税额、应纳税额或者应代扣代缴、代收代缴税额、税款所属期限、延期缴纳税款、欠税、滞纳金等。

3. 纳税申报的方式

纳税申报方式，是指纳税人和扣缴义务人在纳税申报期限内，依照规定到指定税务机关进行申报纳税的形式。纳税申报的方式主要有以下4种。

1）自行申报

自行申报，也称直接申报，是指纳税人、扣缴义务人按照规定的期限自行直接到主管税务机关（报税大厅）办理纳税申报手续。这是一种传统的纳税申报方式。

2）邮寄申报

邮寄申报，是指经税务机关批准，纳税人、扣缴义务人使用统一的纳税申报专用信封，通过邮政部门办理交寄手续，并以邮政部门收据作为申报凭据的方式。邮寄申报以寄出的邮戳日期为实际申报日期。

3）数据电文申报

数据电文申报，是指以税务机关确定的电话语音、电子数据交换和网络传输等电子方式进行纳税申报。这种方式运用了新的电子信息技术，代表着纳税申报方式的发展方向，使用范围逐渐扩大。纳税人、扣缴义务人采取数据电文方式办理纳税申报的，其申报日期以税务机关计算机网络系统收到该数据电文的时间为准，与数据电文相对应的纸质申报资料的报送期限由税务机关确定。

4）其他方式

实行定期定额缴纳税款的纳税人可以实行简易申报、简并征期等方式申报纳税。

4. 纳税申报的要求

1）纳税申报的基本要求

纳税人办理纳税申报时，应当如实填写纳税申报表，并根据不同情况相应报送下列有关证件、资料。

① 财务会计报表及其说明材料。

② 与纳税有关的合同、协议书及凭证。

③ 税控装置的电子报税资料。

④ 外出经营活动税收管理证明和异地完税凭证。

⑤ 境内或者境外公证机构出具的有关证明文件。

⑥ 税务机关规定应当报送的其他有关证件、资料。

扣缴义务人必须依照法律、行政法规规定或者税务机关依照法律、行政法规的规定确定的申报期限、申报内容如实报送代扣代缴、代收代缴税款报告表及税务机关根据实际需要要求扣缴义务人报送的其他有关资料。

2）无税及减免税期间的纳税申报

纳税人在纳税期内没有应纳税款的，也应当按照规定办理纳税申报。

纳税人享受减税、免税待遇的，在减税、免税期间应当按照规定办理纳税申报。

3）纳税申报的延期办理

纳税人、扣缴义务人按照规定的期限办理纳税申报或者报送代扣代缴、代收代缴税款报告表确有困难，需要延期的，应当在规定的期限内向税务机关提出书面延期申请，经税务机关核准，在核准的期限内办理。

纳税人、扣缴义务人因不可抗力不能按期办理纳税申报或者报送代扣代缴、代收代缴税款报告表的，可以延期办理；但是，应当在不可抗力情形消除后立即向税务机关报告。税务机关应当查明事实，予以核准。

经核准延期办理纳税申报、报送事项的，应当在纳税期内按照上期实际缴纳的税额或者税务机关核定的税额预缴税款，并在核准的延期内办理税款结算。

4）简并税费申报

自2021年6月1日起，纳税人申报缴纳城镇土地使用税、房产税、车船税、印花税、耕地占用税、资源税、土地增值税、契税、环境保护税、烟叶税中一个或多个税种时，使用“财产和行为税纳税申报表”。纳税人新增税源或税源变化时，须先填报“财产和行为税明细表”。

自2021年8月1日起，增值税、消费税分别与城市维护建设税、教育费附加、地方教育附加申报表整合，启用“增值税及附加税费申报表（一般纳税人适用）”“增值税及附加税费申报表（小规模纳税人适用）”“增值税及附加税费预缴表”及其附列资料和“消费税及附加税费申报表”。

【例11-2】小刘与小王就延期纳税申报问题进行了热烈的讨论。小刘说，因不可抗力造成申报困难的，纳税人、扣缴义务人无须申请即可延期申报，但需事后报告；纳税人、扣缴义务人遇有其他困难难以按时申报的，要先向税务机关提出延期申请，经税务机关核准后才能延期申报。小王说，延期申报的含义也就包含了延期纳税。分析小刘、小王的观点是否正确。

解 小刘的观点正确，小王的观点不正确。延期申报与延期纳税没有必然的联系，被核准延期申报并不意味着延期缴纳税款。经税务机关核准可以延期办理纳税申报、报送事项的，应当在纳税期内按照上期实际缴纳的税额或者税务机关核定的税额预缴税款，并在核准的延期内办理税款结算。

11.3 税款征收

税款征收是税务机关依照税收法律、行政法规规定将纳税人应当缴纳的税款组织入库的一系列活动的总称。它是税收征收管理工作的中心环节，是全部税收征管工作的目的和归宿。

11.3.1 税款征收法定原则

1. 税款征收主体法定

税务机关是征税的法定主体。除税务机关、税务人员以及经税务机关依照法律、行政法规委托的单位和个人外，任何单位和个人不得进行税款征收活动。

2. 税款征收依据法定

税务机关依照法律、行政法规的规定征收税款，不得违反法律、行政法规的规定开征、停征、多征、少征、提前征收、延缓征收或者摊派税款。

3. **税款征收权限和征收程序法定**

税务机关征收税款时，必须给纳税人开具完税凭证。税务机关扣押商品、货物或者其他财产时，必须开具收据；查封商品、货物或者其他财产时，必须开具清单。

税务机关应当将各种税收的税款、滞纳金、罚款，按照国家规定的预算科目和预算级次及时缴入国库，税务机关不得占压、挪用、截留，不得缴入国库以外或者国家规定的税款账户以外的任何账户。

11.3.2 税款征收方式

税款征收方式，是指税务机关根据各税种的不同特点和纳税人的具体情况确定的计算、征收税款的形式和方法。

1. **查账征收**

查账征收，是指税务机关对财务健全的纳税人，依据其报送的纳税申报表、财务会计报表和其他有关纳税资料，依照适用税率计算应纳税款的征收方式。这种征收方式较为规范，符合税收法定的基本原则，适用于财务会计制度健全、能够如实核算和提供生产经营情况、正确计算应纳税款、如实履行纳税义务的纳税人。

2. **查定征收**

查定征收，是指对财务制度不健全，但能控制其材料、产量或进销货物的纳税单位或个人，由税务机关依据正常条件下的生产能力对其生产的应税产品查定产量并据以征收税款的征收方式。这种征收方式适用于生产经营规模较小、产品零星、税源分散、会计账册不健全，但能控制原材料或进销货的小型厂矿和作坊。

3. **查验征收**

查验征收，是指税务机关对纳税人的应税商品、产品，通过查验数量，按市场一般销售单价计算其销售收入，并据以计算应纳税款的征收方式。这种征收方式适用于纳税人财务制度不健全，生产经营不固定，零星分散、流动性大的税源。

4. **定期定额征收**

定期定额征收，是指对小型个体工商户在一定的经营地点、经营期限、经营范围内的应纳税经营额（包括经营数量）或所得额进行核定，并以此为计税依据，确定其应纳税额的征收方式。这种征收方式适用于经主管税务机关认定和县以上税务机关（含县级）批准的生产、经营规模小，达不到《个体工商户建账管理暂行办法》规定的设置账簿标准，难以查账征收，不能准确计算计税依据的个体工商户（包括个人独资企业，简称定期定额户）。

5. **扣缴征收**

扣缴征收包括代扣代缴和代收代缴两种征收方式。扣缴义务人依照法律、行政法规的规定履行代扣、代收税款的义务。税务机关按照规定付给扣缴义务人代扣、代收手续费。对法律、行政法规没有规定负有代扣、代收税款义务的单位和个人，税务机关不得要求其履行代扣、代收税款义务。扣缴义务人依法履行代扣、代收税款义务时，纳税人不得拒绝；纳税人拒绝的，扣缴义务人应当及时报告税务机关处理。

6. **委托代征**

委托代征是指税务机关根据有利于税收控管和方便纳税的原则，按照国家有关规定，通过委托形式将税款委托给代征单位或个人以税务机关的名义代为征收，并将税款缴入国库的一种税款征收方式。税务机关向代征单位和个人发放委托代征证书，受托代征单位或个人按照代征证书的要求，以税务机关的名义依法征收税款，纳税人不得拒绝；纳税人拒绝的，受托代征单位或个人应当及时报告税务机关处理。这种征收方式适用于零星分散和异地缴纳的税收。

11.3.3 应纳税额的核定

1. 核定应纳税额的情形

根据《税收征收管理法》的规定，纳税人有下列情形之一的，税务机关有权核定其应纳税额。

① 依照法律、行政法规的规定可以不设置账簿的。

② 依照法律、行政法规的规定应当设置但未设置账簿的。

③ 擅自销毁账簿或者拒不提供纳税资料的。

④ 虽设置账簿，但账目混乱或者成本资料、收入凭证、费用凭证残缺不全，难以查账的。

⑤ 发生纳税义务，未按照规定的期限办理纳税申报，经税务机关责令限期申报，逾期仍不申报的。

⑥ 纳税人申报的计税依据明显偏低，又无正当理由的。

2. 核定应纳税额的方法

为了减少核定应纳税额的随意性，使核定的税额更接近纳税人实际情况和法定负担水平，税务机关有权采用下列任何一种方法核定应纳税额。

① 参照当地同类行业或者类似行业中经营规模和收入水平相近的纳税人的税负水平核定。

② 按照营业收入或者成本加合理的费用和利润的方法核定。

③ 按照耗用的原材料、燃料、动力等推算或者测算核定。

④ 按照其他合理方法核定。

当其中一种方法不足以正确核定应纳税额时，可以同时采用两种或两种以上的方法核定。纳税人对税务机关采取上述方法核定的应纳税额有异议的，应当提供相关证据，经税务机关认定后，调整应纳税额。

11.3.4 税款征收措施

为了保证税款征收工作的顺利进行，《税收征收管理法》赋予了税务机关在税款征收过程中针对不同情况可以采取相应征收措施的职权。

1. 责令缴纳

纳税人未按照规定期限缴纳税款的，扣缴义务人未按照规定期限解缴税款的，税务机关可责令限期缴纳，并从滞纳税款之日起，按日加收滞纳税款万分之五的滞纳金。

对未按照规定办理税务登记的从事生产、经营的纳税人，以及临时从事经营的纳税人，由税务机关核定其应纳税额，责令缴纳；不缴纳的，税务机关可以扣押其价值相当于应纳税款的商品、货物。扣押后缴纳应纳税款的，税务机关必须立即解除扣押，并归还所扣押的商品、货物；扣押后仍不缴纳应纳税款的，经县以上税务局（分局）局长批准，依法拍卖或者变卖所扣押的商品、货物，以拍卖或者变卖所得抵缴税款。

加收滞纳金的起止时间，为法律、行政法规规定或者税务机关依照法律、行政法规的规定确定的税款缴纳期限届满次日起至纳税人、扣缴义务人实际缴纳或者解缴税款之日止。

2. 责令提供纳税担保

纳税担保，是指经税务机关同意或确认，纳税人或其他自然人、法人、经济组织以保证、抵押、质押的方式，为纳税人应当缴纳的税款及滞纳金提供担保的行为，包括经税务机关认可的有纳税担保能力的保证人为纳税人提供的纳税保证，以及纳税人或者第三人以其未设置或者未全部设置担保物权的财产提供的担保。

1）适用纳税担保的情形

① 税务机关有根据认为从事生产、经营的纳税人有逃避纳税义务行为的，在规定的纳税期之前责令其限期缴纳应纳税款，在限期内发现纳税人有明显的转移、隐匿其应纳税的商品、货物及其他财产或者应税收入的迹象，责成纳税人提供纳税担保的。

② 欠缴税款、滞纳金的纳税人或者其法定代表人需要出境的。

③ 纳税人同税务机关在纳税上发生争议而未缴清税款，需要申请行政复议的。

④ 税收法律、行政法规规定可以提供纳税担保的其他情形。

2）纳税担保的范围

纳税担保范围包括税款、滞纳金和实现税款、滞纳金的费用。费用包括抵押、质押登记费用、质押保管费用及保管、拍卖、变卖担保财产等相关费用支出。

用于纳税担保的财产、权利的价值不得低于应当缴纳的税款、滞纳金，并考虑相关的费用。纳税担保的财产价值不足以抵缴税款、滞纳金的，税务机关应当向提供担保的纳税人或纳税担保人继续追缴。用于纳税担保的财产、权利的价格估算，除法律、行政法规另有规定外，参照同类商品的市场价格、出厂价格或者评估价格估算。

3）纳税担保的方式

纳税担保方式主要有纳税保证、纳税抵押和纳税质押。

（1）纳税保证

纳税保证，是指纳税保证人向税务机关保证，当纳税人未按照税收法律、行政法规规定或者税务机关确定的期限缴清税款、滞纳金时，由纳税保证人按照约定履行缴纳税款及滞纳金的行为。税务机关认可的，保证成立；税务机关不认可的，保证不成立。纳税保证为连带责任保证，纳税人和纳税保证人对所担保的税款及滞纳金承担连带责任。

纳税保证人，是指在中国境内具有纳税担保能力的自然人、法人或者其他经济组织。纳税保证人同意为纳税人提供纳税担保的，应当填写纳税担保书。纳税担保书须经纳税人、纳税保证人签字盖章并经税务机关签字盖章同意方为有效。纳税担保从税务机关在纳税担保书签字盖章之日起生效。

国家机关、学校、幼儿园、医院等事业单位、社会团体不得作为纳税保证人。企业法人的职能部门不得作为纳税保证人。企业法人的分支机构有法人书面授权的，可以在授权范围内提供纳税担保。此外，有以下情形之一的，也不得作为纳税保证人：

- 有偷税、抗税、骗税、逃税行为被税务机关、司法机关追究过法律责任未满 2 年的；
- 因有税收违法行为正在被税务机关立案处理或涉嫌刑事犯罪被司法机关立案侦查的；

- 纳税信用等级被评为C级以下的；
- 在主管税务机关所在地的市（地、州）没有住所的自然人或税务登记不在本市（地、州）的企业；
- 无民事行为能力或限制民事行为能力的自然人；
- 与纳税人存在担保关联关系的；
- 有欠税行为的。

保证期间为纳税人应缴纳税款期限届满之日起60日，即税务机关自纳税人应缴纳税款的期限届满之日起60日内有权要求纳税保证人承担保证责任，缴纳税款、滞纳金。纳税保证期间内税务机关未通知纳税保证人缴纳税款及滞纳金以承担保证责任的，纳税保证人免除担保责任。

履行保证责任的期限为15日，即纳税保证人应当自收到税务机关的纳税通知书之日起15日内履行保证责任，缴纳税款及滞纳金。纳税保证人未按照规定的履行保证责任的期限缴纳税款及滞纳金的，由税务机关发出责令限期缴纳通知书，责令纳税保证人在限期15日内缴纳；逾期仍未缴纳的，经县以上税务局（分局）局长批准，对纳税保证人采取强制执行措施。

（2）纳税抵押

纳税抵押，是指纳税人或纳税担保人不转移对所抵押财产的占有，将该财产作为税款及滞纳金的担保。纳税人逾期未缴清税款及滞纳金的，税务机关有权依法处置该财产以抵缴税款及滞纳金。提供担保的财产为抵押物，提供抵押物的纳税人或者纳税担保人为抵押人，税务机关为抵押权人。

下列财产可以抵押：

- 抵押人所有的房屋和其他地上附着物；
- 抵押人所有的机器、交通运输工具和其他财产；
- 抵押人依法有权处分的国有的房屋和其他地上附着物；
- 抵押人依法有权处分的国有的机器、交通运输工具和其他财产；
- 经设区的市、自治州以上税务机关确认的其他可以抵押的合法财产。

以依法取得的国有土地上的房屋抵押的，该房屋占用范围内的国有土地使用权同时抵押。以乡（镇）、村企业的厂房等建筑物抵押的，其占用范围内的土地使用权同时抵押。

下列财产不得抵押：

- 土地所有权；
- 土地使用权，但上面所述情况除外；
- 学校、幼儿园、医院等以公益为目的的事业单位、社会团体、民办非企业单位的教育设施、医疗卫生设施和其他社会公益设施；
- 所有权、使用权不明或者有争议的财产；
- 依法被查封、扣押、监管的财产；
- 依法定程序确认为违法、违章的建筑物；
- 法律、行政法规规定禁止流通的财产或者不可转让的财产；
- 经设区的市、自治州以上税务机关确认的其他不予抵押的财产。

学校、幼儿园、医院等以公益为目的的事业单位、社会团体，可以其教育设施、医疗卫生设施和其他社会公益设施以外的财产为其应缴纳的税款及滞纳金提供抵押。

纳税抵押财产应当办理抵押物登记。纳税人应当向税务机关提供由以下部门出具的抵押登记的证明及其复印件（简称证明材料）：

- 以城市房地产或者乡（镇）、村企业的厂房等建筑物抵押的，提供县级以上地方人民政府规定部门出具的证明材料；
- 以船舶、车辆抵押的，提供运输工具的登记部门出具的证明材料；
- 以企业的设备和其他动产抵押的，提供财产所在地的工商行政管理部门出具的证明材料或者纳税人所在地的公证部门出具的证明材料。

抵押期间，经税务机关同意，纳税人可以转让已办理登记的抵押物，并告知受让人转让物已经抵押的情况。纳税人转让抵押物所得的价款，应当向税务机关提前缴纳所担保的税款、滞纳金。超过部分，归纳税人所有，不足部分由纳税人缴纳或者提供相应的担保。在抵押物灭失、毁损或者被征用的情况下，抵押权所担保的纳税义务履行期未满的，税务机关可以要求将保证金、赔偿金或补偿金等作为担保财产。纳税人在规定的期限内未清缴税款、滞纳金的，税务机关应当依法拍卖、变卖抵押物，变价抵缴税款、滞纳金。纳税担保人以其财产为纳税人提供纳税抵押担保的，纳税人在规定的期限届满未缴清税款、滞纳金的，税务机关应当在期限届满之日起 15 日内书面通知纳税担保人自收到纳税通知书之日起 15 日内缴纳担保的税款、滞纳金。纳税担保人未按照上述规定期限缴纳所担保的税款、滞纳金的，由税务机关责令限期在 15 日内缴纳；逾期仍未缴纳的，经县以上税务局（分局）局长批准，税务机关依法拍卖、变卖抵押物，抵缴税款、滞纳金。

（3）纳税质押

纳税质押，是指经税务机关同意，纳税人或纳税担保人将其动产或权利凭证移交税务机关占有，将该动产或者权利凭证作为税款及滞纳金的担保。纳税人逾期未清缴税款、滞纳金的，税务机关有权依法处置该动产或权利凭证以抵缴税款及滞纳金。纳税质押包括动产质押和权利质押。动产质押包括以现金及其他除不动产以外的财产提供的质押。汇票、支票、本票、债券、存款单等权利凭证可以质押。对于实际价值波动很大的动产或权利凭证，经设区的市、自治州以上税务机关确认，税务机关可以不接受其作为纳税质押。

以汇票、支票、本票、公司债券出质的，税务机关应当在纳税人（或纳税担保人）背书清单上记载“质押”字样。以存款单出质的，应由签发的金融机构核押。以载明兑现或者提货日期的汇票、支票、本票、债券、存款单出质的，汇票、支票、本票、债券、存款单兑现的日期先于纳税义务履行期或者担保期的，税务机关与纳税人约定将兑现的价款用于缴纳或者抵缴所担保的税款及滞纳金。纳税人在规定的期限内缴清税款及滞纳金的，税务机关应当自纳税人缴清税款及滞纳金之日起 3 个工作日内返还质物，解除质押关系。纳税人在规定的期限内未缴清税款及滞纳金的，税务机关应当依法拍卖、变卖质物，抵缴税款、滞纳金。

纳税担保人以其动产或财产权利为纳税人提供纳税质押担保的，纳税人在规定的期限内缴清税款及滞纳金的，税务机关应当在 3 个工作日内将质物返还给纳税担保人，解除质押关系。纳税人在规定的期限内未缴清税款、滞纳金的，税务机关应当在期限届满之日起 15 日内书面通知纳税担保人自收到纳税通知书之日起 15 日内缴纳担保的税款、滞纳金。纳税担保人未按照前述规定的期限缴纳所担保的税款、滞纳金的，由税务机关责令限期在 15 日内缴纳；缴清税款、滞纳金的，税务机关自纳税担保人缴清税款及滞纳金之日起 3 个工作日内返还质物，解除质押关系；逾期仍未缴纳的，经县以上税务局（分局）局长批准，税务机关依法拍卖、变卖质物，抵缴税款、滞纳金。

3. 税收保全措施

1）适用税收保全的情形及措施

税务机关责令具有税法规定情形的纳税人提供纳税担保而纳税人拒绝提供纳税担保或无力提供纳税担保的，经县以上税务局（分局）局长批准，税务机关可以采取下列税收保全措施。

① 书面通知纳税人开户银行或者其他金融机构冻结纳税人的金额相当于应纳税款的存款。

② 扣押、查封纳税人的价值相当于应纳税款的商品、货物或者其他财产。其他财产是指纳税人房地产、现金、有价证券等不动产和动产。

2）不适用税收保全的财产

个人及其所扶养家属维持生活必需的住房和用品，不在税收保全措施的范围之内。个人所扶养家属是指与纳税人共同居住生活的配偶、直系亲属及无生活来源并由纳税人扶养的其他亲属。个人及其所扶养家属维持生活必需的住房和用品不包括机动车辆、金银饰品、古玩字画、豪华住宅或者一处以外的住房。

税务机关对单价 5 000 元以下的其他生活用品，不采取税收保全措施。

3）税收保全的执行与后果

税务机关执行扣押、查封商品、货物或者其他财产时，应当由两名以上税务人员执行，并通知被执行人。被执行人是自然人的，应当通知被执行人本人或者其成年家属到场；被执行人是法人或者其他组织的，应当通知其法定代表人或者主要负责人到场；拒不到场的，不影响执行。

税务机关实施扣押、查封时，对有产权证件的动产或者不动产，税务机关可以责令当事人将产权证件交税务机关保管，同时可以向有关机关发出协助执行通知书，有关机关在扣押、查封期间不再办理该动产或者不动产的过户手续。对查封的商品、货物或者其他财产，税务机关可以指令被执行人负责保管，保管责任由被执行人承担。继续使用被查封的财产不会减少其价值的，税务机关可以允许被执行人继续使用；因被执行人保管或者使用的过错造成的损失，由被执行人承担。

税务机关采取税收保全措施的期限一般不得超过 6 个月；重大案件需要延长的，应当报国家税务总局批准。纳税人在税务机关采取税收保全措施后，按照税务机关规定的期限缴纳税款的，税务机关应当自收到税款或者银行转回的完税凭证之日起 1 日内解除税收保全措施。

纳税人在限期内已缴纳税款，税务机关未立即解除税收保全措施，或因税务机关滥用职权违法采取税收保全措施及采取税收保全措施不当，使纳税人的合法利益遭受损失的，税务机关应当承担赔偿责任。

4. 强制执行措施

1）适用强制执行的情形及措施

根据《税收征收管理法》的规定，从事生产、经营的纳税人、扣缴义务人未按照规定的期限缴纳或者解缴税款，纳税担保人未按照规定的期限缴纳所担保的税款，由税务机关责令限期缴纳，逾期仍未缴纳的，经县以上税务局（分局）局长批准，税务机关可以采取下列强制执行措施。

① 强制扣款，即书面通知其开户银行或者其他金融机构从其存款中扣缴税款。

② 拍卖变卖，即扣押、查封、依法拍卖或者变卖其价值相当于应纳税款的商品、货物或者其他财产，以拍卖或者变卖所得抵缴税款。

税务机关采取强制执行措施时，对上述纳税人、扣缴义务人、纳税担保人未缴纳的滞纳金同时强制执行。对纳税人已缴纳税款，但拒不缴纳滞纳金的，税务机关可以单独对纳税人应缴未缴的滞纳金采取强制措施。

个人及其所扶养家属维持生活必需的住房和用品，不在强制执行措施的范围之内。税务机关对单价 5 000 元以下的其他生活用品，不采取强制执行措施。

2）强制执行措施的实施

为了规范税收强制执行中抵税财物的拍卖、变卖行为，保障国家税收收入，保护纳税人的合法权益，国家税务总局于 2005 年 5 月 24 日以国家税务总局令的形式发布了《抵税财物拍卖、变卖试行办法》，自 2005 年 7 月 1 日起施行。

抵税财物，是指被税务机关依法实施税收强制执行而扣押、查封或者按照规定应强制执行的已设置纳税担保物权的商品、货物、其他财产或者财产权利。拍卖，是指税务机关将抵税财物依法委托拍卖机构，以公开竞价的形式，将特定财物转让给最高应价者的买卖方式。变卖，是指税务机关将抵税财物委托商业企业代为销售、责令纳税人限期处理或由税务机关变价处理的买卖方式。国家税务总局发布的《抵税财物拍卖、变卖试行办法》对抵税财物的拍卖与变卖行为进行规范，以保障国家税收收入并保护纳税人的合法权益。

（1）适用拍卖、变卖的情形

适用拍卖、变卖的情形包括下列 6 个方面。

① 采取税收保全措施后，限期期满仍未缴纳税款的。

② 设置纳税担保后，限期期满仍未缴纳所担保税款的。

③ 逾期不按规定履行税务处理决定的。

④ 逾期不按规定履行复议决定的。

⑤ 逾期不按规定履行税务行政处罚决定的。

⑥ 其他经责令限期缴纳，逾期仍未缴纳税款的。

（2）拍卖、变卖的执行

税务机关按照拍卖优先的原则拍卖、变卖抵税财物。抵税财物按下列顺序拍卖、变卖。

① 委托依法成立的拍卖机构拍卖。

② 无法委托拍卖或者不适于拍卖的，可以委托当地商业企业代为销售，或者责令被执行人限期处理。

③ 无法委托商业企业销售，被执行人也无法处理的，由税务机关变价处理。

国家禁止自由买卖的商品、货物、其他财产，应当交由有关单位按照国家规定的价格收购。

拍卖、变卖抵税财物进行时，应当通知被执行人到场；被执行人未到场的，不影响执行。

税务机关及其工作人员不得参与被拍卖或者变卖商品、货物或者其他财产的竞买或收购，也不得委托他人为其竞买或收购。

拍卖或者变卖所得抵缴税款、滞纳金、罚款，以及扣押、查封、保管、拍卖、变卖等费用后，剩余部分应当在 3 日内退还被执行人。

税务机关滥用职权，违法采取强制执行措施，或者采取强制执行措施不当，使纳税人、扣缴义务人或者纳税担保人的合法权益遭受损失的，应当依法承担赔偿责任。

5. 阻止出境

欠缴税款的纳税人或者其法定代表人在出境前未按规定结清应纳税款、滞纳金或者提供纳税担保的，税务机关可以通知出境管理机关阻止其出境。

11.3.5 税款征收的其他规定

为保证税款的顺利征收，除税务机关根据法定情形可以实施的税款征收措施外，《税收征收管理法》还针对税款征收做了一些其他规定。

1. 税收优先权

税收优先权表现在以下 3 个方面。

① 税务机关征收税款，税收优先于无担保债权，法律另有规定的除外。

② 纳税人欠缴的税款发生在纳税人以其财产设定抵押、质押或者纳税人的财产被留置之前的，税收应当先于抵押权、质权和留置权执行。

③ 纳税人欠缴税款，同时又被行政机关决定处以罚款、没收违法所得的，税收优先于罚款、没收违法所得。

【例 11－3】甲公司欠缴税款 35 万元，税务机关在多次催缴无效的情况下，查封了其一处业务楼，准备以其拍卖所得抵缴税款。乙公司闻讯后，以该房产已经抵押给乙公司作为合同担保并且依法办理了抵押物登记手续为由，对税务机关的查封行为提出异议。分析在该案中，应如何处理税务机关征收税款与乙公司以房产抵押作为合同担保之间的关系。

解 在该案中，要正确处理税务机关征税与财产抵押的关系，必须看是甲公司欠税在前，还是该房产设定抵押在前。如果甲公司欠缴的税款发生在甲公司以其房产设定抵押之前，则税收应当先于抵押权执行，税务机关有权查封甲公司的房产并以其拍卖所得抵缴税款；如果甲公司欠缴的税款发生在财产抵押之后，则应保障债权人（乙公司）的合法权利，税务机关查封该房产的决定应予撤销。

---

2. 税收代位权与撤销权

为防止欠税的纳税人借债权债务关系逃避纳税，《税收征收管理法》引入了《民法典》中代位权与撤销权的概念，规定欠缴税款的纳税人因怠于行使其到期债权，或者放弃到期债权，或者无偿转让财产，或者以明显不合理的低价转让财产而受让人知道该情形，对国家税收造成损害的，税务机关可以依照《民法典》的规定行使代位权、撤销权。税务机关行使代位权、撤销权的，不免除欠缴税款的纳税人尚未履行的纳税义务和应承担的法律责任。

3. 税款的退还与追缴

为体现税收法定原则，对纳税人多缴的税款要予以退还，对纳税人少缴的税款要予以追缴。为了维护税收秩序的稳定，防止无限期地追索可能带来的工作量的巨大增长与证据的难以取得，法律对退还税款和追缴税款都做出了时间限制。

1）税款的退还

纳税人超过应纳税额缴纳的税款，税务机关发现后，应当自发现之日起 10 日内办理退还手续。纳税人自结算缴纳税款之日起3年内发现的，可以向税务机关要求退还多缴的税款并加算银行同期存款利息，税务机关应当自接到纳税人退还申请之日起30日内查实并办理退还手续。加算银行同期存款利息的多缴税款退税，不包括依法预缴税款形成的结算退税、出口退税和各种减免退税。退税利息按照税务机关办理退税手续当天中国人民银行规定的活期存款利率计算。

2）税款的补缴和追缴

因税务机关的责任，致使纳税人、扣缴义务人未缴或者少缴税款的，税务机关在3年内可以要求纳税人、扣缴义务人补缴税款，但是不得加收滞纳金。税务机关的责任，是指税务机关适用税收法律、行政法规不当或者执法行为违法。

因纳税人、扣缴义务人计算错误等失误，未缴或者少缴税款的，税务机关在3年内可以追征税款、滞纳金；有特殊情况的，追征期可以延长到5年。纳税人、扣缴义务人计算错误等失误，是指非主观故意的计算公式运用错误以及明显的笔误。特殊情况，是指纳税人或者扣缴义务人因计算错误等失误，未缴或者少缴、未扣或者少扣、未收或者少收税款，累计数额在10万元以上的。

补缴和追征税款、滞纳金的期限，自纳税人、扣缴义务人应缴未缴或者少缴税款之日起计算。对偷税、抗税、骗税的，税务机关追征其未缴或者少缴的税款、滞纳金或者所骗取的税款，不受上述规定期限的限制，即税务机关可以无限期追征。

在规定的期限内，纳税人多缴税款应当予以退还，少缴税款应当补缴。《税收征收管理法》规定，纳税人既有应退税款又有欠缴税款的，税务机关可以将应退税款和利息先抵扣欠缴税款；抵扣后有余额的，退还纳税人。

【例11-4】某公司2023年7月在清查账簿中发现，2022年6月该公司多缴了5 000元税款。于是该公司向税务局请求退还多缴的税款并加算相应的利息。税务局经过核对后，证实该公司多缴税款属实；同时发现，该公司2022年9月有一笔税款计算错误，少缴2 100元税款。分析税务局应如何处理。

解 税务局应退还该公司多缴的税款5 000元，并加算银行同期活期存款利息；同时应追缴该公司所欠税款2 100元。应退税款和利息抵扣欠缴税款后有余额的，应退还纳税人。

---

4. 欠税公告与报告

1）欠税公告

县级以上税务机关应当将纳税人的欠税情况，在办税场所或者广播、电视、报纸、期刊、网络等新闻媒体上定期公告。对纳税人欠缴税款的情况实行定期公告的办法，由国家税务总局制定。

2）欠税报告

纳税人有欠税情形而以其财产设定抵押、质押的，应当向抵押权人、质权人说明其欠税情况。抵押权人、质权人可以要求税务机关提供有关的欠税情况。

纳税人有解散、撤销、破产情形的，在清算前应当向其主管税务机关报告；未结清税款的，由其主管税务机关参加清算。

纳税人有合并、分立情形的，应当向税务机关报告，并依法缴清税款。纳税人合并时未缴清税款的，应当由合并后的纳税人继续履行未履行的纳税义务；纳税人分立时未缴清税款的，分立后的纳税人对未履行的纳税义务应当承担连带责任。

欠缴税款5万元以上的纳税人在处分其不动产或者大额资产之前，应当向税务机关报告。

11.4 税务检查

11.4.1 税务检查的概念

税务检查，又称纳税检查，是指税务机关根据税收法律、行政法规的规定，对纳税人、扣缴义务人履行纳税义务、扣缴义务及其他有关税务事项进行审查、核实、监督的总称。它是税收征收管理工作的一项重要内容，是确保国家财政收入和税收法律法规贯彻落实的重要手段。

11.4.2 税务检查的形式

1. 纳税人自查

纳税人自查是指税务机关会同主管部门组织纳税单位的财务人员按照税务检查要求进行自我检查的一种形式。企业的税务代理机构对企业进行的检查也属于纳税人自查范围。

纳税人自查的优点在于：纳税人对自己的情况熟悉，容易发现问题，检查内容广、耗时少、收效快，还可以增强纳税人的自觉性和弥补税务机关查账力量的不足。其缺点在于：税务机关组织指导的工作难度大，要求高，稍有疏忽，检查就会流于形式，查得不深不透，出现走过场的现象。特别是受纳税人自身利益的制约，对于一些深层次的问题，纳税人是不愿意暴露出来的。

2. 税务专业检查

税务专业检查是指由税务机关组织力量进行的检查，是税务检查的主要形式。

① 日常检查。日常检查是指税务机关在事前没有任何线索的情况下，按照检查计划的要求，对纳税人普遍进行的一种检查形式。它是税务机关加强日常监督的一种重要措施。

② 专案检查。专案检查是指税务机关在事先掌握了纳税人违法线索的情况下，有目的、有重点地针对某一特定纳税人进行的一种检查形式。这种检查，一般是在接到检举和举报的情况下开展的税务检查，检查的针对性比较强，效果比较好。

③ 联合检查。联合检查是指各级政府组织税务机关和其他机关协同配合、联合进行的一种检查形式。

11.4.3 税务检查的职责

1. 税务检查权

税务机关有权进行下列税务检查。

① 查账权，即检查纳税人的账簿、记账凭证、报表及有关资料，检查扣缴义务人代扣代缴、代收代缴税款账簿、记账凭证和有关资料。

② 场地检查权，即到纳税人生产、经营场所和货物存放地检查纳税人应纳税的商品、

货物或者其他财产，检查扣缴义务人与代扣代缴、代收代缴税款有关的经营情况。

③ 责成提供资料权，即责成纳税人、扣缴义务人提供与纳税或者代扣代缴、代收代缴税款有关的文件、证明材料和有关资料。

④ 询问权，即询问纳税人、扣缴义务人与纳税或者代扣代缴、代收代缴税款有关的问题和情况。

⑤ 交通邮政检查权，即到车站、码头、机场、邮政企业及其分支机构检查纳税人托运、邮寄应纳税商品、货物或者其他财产的有关单据、凭证和有关资料。

⑥ 账户检查权，即经县以上税务局（分局）局长批准，凭全国统一格式的检查存款账户许可证明，查询从事生产、经营的纳税人、扣缴义务人在银行或其他金融机构的存款账户。税务机关在调查税收违法案件时，经设区的市、自治州以上税务局（分局）局长批准，可以查询案件涉嫌人员的储蓄存款。

税务机关查询所获得的资料，不得用于税收以外的其他用途。

2. 税务检查措施

① 税务机关对从事生产、经营的纳税人以前纳税期的纳税情况依法进行税务检查时，发现纳税人有逃避纳税义务行为，并有明显的转移、隐匿其应纳税的商品、货物及其他财产或者应纳税收入的迹象，可以按法定权限采取税收保全措施或者强制执行措施。

② 税务机关依法进行税务检查时，有权向有关单位和个人调查纳税人、扣缴义务人和其他当事人与纳税或者代扣代缴、代收代缴税款有关的情况，有关单位和个人有义务向税务机关如实提供有关资料及证明材料。

③ 税务机关调查税务违法案件时，对与案件有关的情况和资料，可以记录、录音、录像、照相和复制。

3. 税务检查义务

① 税务机关派出的人员进行税务检查时，应当出示税务检查证和税务检查通知书，并有责任为被检查人保守秘密。

② 税务机关检查纳税人账簿、记账凭证、报表和有关资料，检查扣缴义务人代收代缴税款账簿、记账凭证和有关资料时，可以在纳税人、扣缴义务人的业务场所进行。必要时，经县以上税务局（分局）局长批准，可以将纳税人、扣缴义务人以前会计年度的账簿、记账凭证、报表和其他有关资料调回税务机关检查，但是税务机关必须向纳税人、扣缴义务人开具清单，并在3个月内完整退还。有特殊情况的，经设区的市、自治州以上税务局局长批准，税务机关可以将纳税人、扣缴义务人当年的账簿、记账凭证、报表和其他有关资料调回检查，但是税务机关必须在30日内退还。

11.5 税务行政复议

11.5.1 税务行政复议的概念

税务行政复议，是指纳税人和其他税务当事人对税务机关的税务行政行为不服，依法向上级税务机关提出申诉，请求上一级税务机关对原具体行政行为的合理性、合法性做出审议，复议机关依法对原行政行为的合理性、合法性做出裁决的行政活动。实行税务行政复议的目的是维护和监督税务机关依法行使税收执法权，防止和纠正违法或者不当的税务具体行政行为，保护纳税人和其他当事人的合法权益。

根据《中华人民共和国行政复议法》和其他有关法律、行政法规的规定，国家税务总局于1999年9月23日以国税发［1999］177号文发布了《税务行政复议规则（试行）》；经过试行、修改，2004年2月24日以国家税务总局第8号令的形式发布《税务行政复议规则（暂行）》。2010年2月10日国家税务总局以第21号令的形式发布《税务行政复议规则》（自2010年4月1日起施行），有效地防止和纠正了违法的或者不当的行政行为，监督和保障税务机关依法行使职权，保护公民、法人和其他组织的合法权益。

11.5.2　税务行政复议范围

纳税人及其他当事人（以下称申请人）认为税务机关（以下称被申请人）的具体行政行为侵犯其合法权益，可依法向税务行政复议机关申请行政复议。税务行政复议机关（以下称复议机关），是指依法受理行政复议申请，对具体行政行为进行审查并做出行政复议决定的税务机关。

1. 可以申请行政复议的行政行为

申请人对被申请人的下列具体行政行为不服，可以提出行政复议申请。

① 征税行为，包括确认纳税主体、征税对象、征税范围、减税、免税、退税、抵扣税款、适用税率、计税依据、纳税环节、纳税期限、纳税地点和税款征收方式等具体行政行为，征收税款、加收滞纳金，扣缴义务人、受税务机关委托的单位和个人做出的代扣代缴、代收代缴、代征税款等行为。

② 行政许可、行政审批行为。

③ 发票管理行为，包括发售、收缴、代开发票等。

④ 税收保全措施、强制执行措施。

⑤ 行政处罚行为，包括：罚款；没收财物和违法所得；停止出口退税权。

⑥ 不依法履行下列职责的行为，包括：开具、出具完税凭证；行政赔偿；行政奖励；其他不依法履行职责的行为。

⑦ 资格认定行为。

⑧ 不依法确认纳税担保行为。

⑨ 政府信息公开工作中的具体行政行为。

⑩ 纳税信用等级评定行为。

⑪ 通知出入境管理机关阻止出境行为。

⑫ 其他具体行政行为。

2. 可以一并申请行政复议的规范性文件

申请人认为被申请人的具体行政行为所依据的下列规定不合法，对具体行政行为申请行政复议时，可以一并向复议机关提出对该规定（不含规章）的审查申请。

① 国家税务总局和国务院其他部门的规定。

② 其他各级税务机关的规定。

③ 地方各级人民政府的规定。

④ 地方人民政府工作部门的规定。

申请人对行政行为提出行政复议申请时不知道该行政行为所依据的规定的，可以在行政复议机关做出行政复议决定以前提出对该规定的审查申请。

11.5.3 税务行政复议管辖

1. 复议管辖的一般规定

① 对各级税务局的具体行政行为不服的，向其上一级税务局申请行政复议。

② 对计划单列市税务局的具体行政行为不服的，向国家税务总局申请行政复议。

③ 对税务所（分局）、各级税务局的稽查局的行政行为不服的，向其所属税务局申请行政复议。

④ 对国家税务总局的具体行政行为不服的，向国家税务总局申请行政复议。对行政复议决定不服，申请人可以向人民法院提起行政诉讼，也可以向国务院申请裁决。国务院的裁决为最终裁决。

2. 复议管辖的特殊规定

对下列税务机关的具体行政行为不服的，按照下列规定申请行政复议。

① 对两个以上税务机关共同做出的具体行政行为不服的，向共同上一级税务机关申请行政复议；对税务机关与其他行政机关共同做出的具体行政行为不服的，向其共同上一级行政机关申请行政复议。

② 对被撤销的税务机关在撤销前所做出的具体行政行为不服的，向继续行使其职权的税务机关的上一级税务机关申请行政复议。

③ 对税务机关做出逾期不缴纳罚款加处罚款的决定不服的，向做出行政处罚决定的税务机关申请行政复议。但是对已处罚款和加处罚款都不服的，一并向做出行政处罚决定的税务机关的上一级税务机关申请行政复议。

申请人也可以向具体行政行为发生地的县级地方人民政府提交行政复议申请，由接受申请的县级地方人民政府依法转送。

11.5.4 税务行政复议申请与受理

1. 税务行政复议申请

申请人可以在知道税务机关做出具体行政行为之日起 60 日内提出行政复议申请。因不可抗力或者被申请人设置障碍等原因耽误法定申请期限的，申请期限的计算应当扣除被耽误的时间。

申请人对复议范围中征税行为不服的，应当先向行政复议机关申请行政复议；对行政复议决定不服的，可以向人民法院提起行政诉讼。

申请人按照前述规定申请行政复议的，必须依照税务机关根据法律、法规确定的税额、期限，先行缴纳或者解缴税款和滞纳金，或者提供相应的担保，才可以在缴清税款和滞纳金以后或者所提供的担保得到做出具体行政行为的税务机关确认之日起 60 日内提出行政复议申请。

申请人对复议范围中征税行为以外的其他具体行政行为不服的，可以申请行政复议，也可以直接向人民法院提起行政诉讼。

申请人对税务机关做出逾期不缴纳罚款加处罚款的决定不服的，应当先缴纳罚款和加处罚款，再申请行政复议。

申请人申请行政复议，可以书面申请，也可以口头申请。书面申请的，可以采取当面递交、邮寄、传真或者电子邮件等方式提出行政复议申请。口头申请的，复议机关应当当场制作行政复议申请笔录，交申请人核对或者向申请人宣读，并由申请人确认。

2. 税务行政复议受理

复议机关收到行政复议申请以后，应当在5日内审查，决定是否受理。对不符合规定的行政复议申请，决定不予受理，并书面告知申请人；对不属于本机关受理的行政复议申请，应当告知申请人向有关行政复议机关提出。行政复议机关收到行政复议申请以后未按照规定期限审查并做出不予受理决定的，视为受理。

对符合规定的行政复议申请，自复议机关收到之日起即为受理。受理行政复议申请，应当书面告知申请人。

对应当先向行政复议机关申请行政复议，对行政复议决定不服再向人民法院提起行政诉讼的具体行政行为，复议机关决定不予受理或者受理以后超过行政复议期限不做答复的，申请人可以自收到不予受理决定书之日起或者行政复议期满之日起15日内，依法向人民法院提起行政诉讼。

申请人向复议机关申请行政复议，复议机关已经受理的，在法定行政复议期限内申请人不得向人民法院提起行政诉讼；申请人向人民法院提起行政诉讼，人民法院已经依法受理的，不得申请行政复议。

行政复议期间具体行政行为不停止执行。但是有下列情形之一的，可以停止执行：

① 被申请人认为需要停止执行的；

② 复议机关认为需要停止执行的；

③ 申请人申请停止执行，行政复议机关认为其要求合理，决定停止执行的；

④ 法律规定停止执行的。

11.5.5　税务行政复议审查和决定

1. 税务行政复议审查

复议机关审理税务行政复议案件，应当由2名以上行政复议工作人员参加。行政复议工作人员应当具备与履行行政复议职责相适应的品行、专业知识和业务能力。税务机关中初次从事行政复议的人员，应当通过国家统一法律职业资格考试取得法律职业资格。

复议机关应当自受理行政复议申请之日起7日内，将行政复议申请书副本或者行政复议申请笔录复印件发送被申请人。被申请人应当自收到申请书副本或者申请笔录复印件之日起10日内提出书面答复，并提交当初做出具体行政行为的证据、依据和其他有关材料。

对国家税务总局的具体行政行为不服申请行政复议的案件，由原承办具体行政行为的相关机关向行政复议机关提出书面答复，并提交当初做出具体行政行为的证据、依据和其他有关材料。

行政复议原则上采用书面审查的办法，但是申请人提出要求或者行政复议机关认为有必要时，应当听取申请人、被申请人和第三人的意见，并可以向有关组织和人员调查了解情况。

对重大、复杂的案件，申请人提出要求或者复议机关认为必要时，可以采取听证的方式审理。听证应当公开进行，但是涉及国家秘密、商业秘密或者个人隐私的除外。行政复议听证人员不得少于 2 人，听证主持人由复议机关指定。听证应当制作笔录，申请人、被申请人和第三人应当确认听证笔录内容。第三人不参加听证的，不影响听证的举行。

复议机关应当全面审查被申请人的具体行政行为所依据的事实证据、法律程序、法律依据和设定的权利义务内容的合法性、适当性。

申请人在行政复议决定做出以前撤回行政复议申请的，经复议机关同意，可以撤回。申请人撤回行政复议申请的，不得再以同一事实和理由提出行政复议申请。但是，申请人能够证明撤回行政复议申请违背其真实意思表示的除外。

行政复议期间被申请人改变原行政行为的，不影响行政复议案件的审理。但是，申请人依法撤回行政复议申请的除外。

申请人在申请行政复议时，依据《税务行政复议规则》规定一并提出对有关规定审查申请的，复议机关对该规定有权处理的，应当在 30 日内依法处理；无权处理的，应当在 7 日内按照法定程序逐级转送给有权处理的行政机关，有权处理的行政机关应当在 60 日内依法处理。处理期间，中止对具体行政行为的审查。

复议机关审查被申请人的具体行政行为时，认为其依据不合法，本机关有权处理的，应当在 30 日内依法处理；无权处理的，应当在 7 日内按照法定程序逐级转送有权处理的行政机关依法处理。处理期间，中止对具体行政行为的审查。

2. 税务行政复议决定

复议机关应当对被申请人的具体行政行为提出审查意见，经复议机关负责人批准，按照下列规定做出行政复议决定。

① 具体行政行为认定事实清楚、证据确凿、适用依据正确、程序合法、内容适当的，决定维持。

② 被申请人不履行法定职责的，决定其在一定期限内履行。

③ 具体行政行为有下列情形之一的，决定撤销、变更或者确认该具体行政行为违法：

- 主要事实不清、证据不足的；
- 适用依据错误的；
- 违反法定程序的；
- 超越职权或者滥用职权的；
- 具体行政行为明显不当的。

决定撤销或者确认该具体行政行为违法的，可以责令被申请人在一定期限内重新做出具体行政行为。复议机关责令被申请人重新做出具体行政行为的，被申请人不得以同一事实和理由做出与原具体行政行为相同或者基本相同的具体行政行为；但是复议机关以原具体行政行为违反法定程序决定撤销的，被申请人重新做出具体行政行为的除外。

复议机关责令被申请人重新做出行政行为的，被申请人不得做出对申请人更为不利的决定，但是复议机关以原行政行为主要事实不清、证据不足或者适用依据错误决定撤销的，被申请人重新做出行政行为的除外。

复议机关责令被申请人重新做出行政行为的，被申请人应当在 60 日内重新做出行政行为；情况复杂、不能在规定期限内重新做出行政行为的，经复议机关批准，可以适当延期，但是延期不得超过 30 日。

申请人对被申请人重新做出的行政行为不服的，可以依法申请行政复议，或者提起行政诉讼。

申请人在申请行政复议时可以一并提出行政赔偿请求，复议机关对符合国家赔偿规定应当赔偿的，在决定撤销、变更具体行政行为或者确认具体行政行为违法时，应当同时决定被申请人依法赔偿。

申请人在申请行政复议时没有提出行政赔偿请求的，复议机关在依法决定撤销、变更原具体行政行为确定的税款、滞纳金、罚款和对财产的扣押、查封等强制措施时，应当同时责令被申请人退还税款、滞纳金和罚款，解除对财产的扣押、查封等强制措施，或者赔偿相应的价款。

复议机关应当自受理申请之日起60日内做出行政复议决定。情况复杂，不能在规定期限内做出行政复议决定的，经行政复议机关负责人批准，可以适当延期，并告知申请人和被申请人；但是延期不得超过30日。

复议机关做出行政复议决定，应当制作行政复议决定书，并加盖行政复议机关印章。行政复议决定书一经送达，即发生法律效力。

11.6 税收法律责任

11.6.1 税收法律责任概述

税收法律责任，是指税收法律关系主体违反税收法律制度规定的行为所引起的不利法律后果。税收法律责任分为行政责任和刑事责任。

行政责任，是指税收法律关系主体违反行政法规规定依法应承担的法律后果，包括行政处分和行政处罚两种。根据《公务员法》的规定，对违法违纪应当承担纪律责任的公务员给予的行政处分包括警告、记过、记大过、降级、撤职、开除六类。根据《行政处罚法》的规定，行政处罚包括警告、罚款、没收违法所得、没收非法财物、责令停产停业、暂扣或者吊销许可证、暂扣或者吊销执照、行政拘留等。

刑事责任，是指税收法律关系主体实施刑法所禁止的行为必须承担的法律后果。刑事责任与行政责任的不同之处：一是追究的违法行为不同，追究行政责任的是一般违法行为，追究刑事责任的是犯罪行为；二是追究责任的机关不同，追究行政责任由国家特定的行政机关依照有关法律的规定决定，追究刑事责任只能由司法机关依照《刑法》的规定决定；三是承担法律责任的后果不同，追究刑事责任是最严厉的制裁，可以判处死刑，比追究行政责任严厉得多。

11.6.2 征纳双方的法律责任

1. 税务管理相对人的法律责任

1）违反税务管理规定的法律责任

① 纳税人有下列行为之一的，由税务机关责令限期改正，可以处2 000元以下的罚款；情节严重的，处2 000元以上1万元以下的罚款：

- 未按照规定设置、保管账簿或者保管记账凭证和有关资料的；

● 未按照规定将财务、会计制度或者财务、会计处理办法和会计核算软件报送税务机关备查的；

● 未按照规定将其全部银行账号向税务机关报告的；

● 未按照规定安装、使用税控装置，或者损毁、擅自改动税控装置的。

② 扣缴义务人未按规定设置、保管代扣代缴、代收代缴税款账簿或者保管代扣代缴、代收代缴税款记账凭证及有关资料的，由税务机关责令限期改正，可以处 2 000 元以下的罚款；情节严重的，处 2 000 元以上 5 000 元以下的罚款。

③ 纳税人未按照规定的期限办理纳税申报和报送纳税资料的，或者扣缴义务人未按照规定的期限向税务机关报送代扣代缴、代收代缴税款报告表和有关资料的，由税务机关责令限期改正，可以处 2 000 元以下的罚款；情节严重的，可以处 2 000 元以上 1 万元以下的罚款。

④ 纳税人、扣缴义务人编造虚假计税依据的，由税务机关责令限期改正，并处 5 万元以下的罚款。

⑤ 非法印制、转借、倒卖、变造或者伪造完税凭证的，由税务机关责令改正，处 2 000 元以上 1 万元以下的罚款；情节严重的，处 1 万元以上 5 万元以下的罚款；构成犯罪的，依法追究刑事责任。

⑥ 银行和其他金融机构未依照《税收征收管理法》的规定在从事生产、经营的纳税人的账号中登录税务登记证件号码，或者未按规定在税务登记证件中登录从事生产、经营的纳税人的账户账号的，由税务机关责令其限期改正，处 2 000 元以上 2 万元以下的罚款；情节严重的，处 2 万元以上 5 万元以下的罚款。

⑦ 扣缴义务人应扣未扣、应收未收税款的，由税务机关向纳税人追缴税款，对扣缴义务人处应扣未扣、应收未收税款 50%以上 3 倍以下的罚款。

⑧ 税务代理人违反税收法律、行政法规，造成纳税人未缴或者少缴税款的，除由纳税人缴纳或者补缴应纳税款、滞纳金外，对税务代理人处纳税人未缴或者少缴税款 50%以上 3 倍以下的罚款。

2）首违不罚制度

首违不罚是行政处罚法的一项制度。依据《行政处罚法》的规定，初次违法且危害后果轻微并及时纠正的，可以不予行政处罚。为了进一步推进税务领域“放管服”改革，更好地服务市场主体，根据《行政处罚法》《税收征收管理法》等法律法规，国家税务总局推广“首违不罚”清单制度，制定并发布全国统一的“税务行政处罚首违不罚事项清单”（见表 11－1）。

表 11－1 税务行政处罚“首违不罚”事项清单

序号	事 项
1	纳税人未按照《税收征收管理法》等有关规定将其全部银行账号向税务机关报送
2	纳税人未按照《税收征收管理法》等有关规定设置、保管账簿或者保管记账凭证和有关资料
3	纳税人未按照《税收征收管理法》等有关规定的期限办理纳税申报和报送纳税资料
4	纳税人使用税控装置开具发票，未按照《税收征收管理法》《发票管理办法》等有关规定的期限向主管税务机关报送开具发票的数据且没有违法所得

续表

序号	事　项
5	纳税人未按照《税收征收管理法》《发票管理办法》等有关规定取得发票，以其他凭证代替发票使用且没有违法所得
6	纳税人未按照《税收征收管理法》《发票管理办法》等有关规定缴销发票且没有违法所得
7	扣缴义务人未按照《税收征收管理法》等有关规定设置、保管代扣代缴、代收代缴税款账簿或者保管代扣代缴、代收代缴税款记账凭证及有关资料
8	扣缴义务人未按照《税收征收管理法》等有关规定的期限报送代扣代缴、代收代缴税款有关资料
9	扣缴义务人未按照《税收票证管理办法》的规定开具税收票据
10	境内机构或者个人向非居民发包工程作业或劳务项目，未按照《非居民承包工程作业和提供劳务税收管理暂行办法》的规定向主管税务机关报告有关事项
11	纳税人使用非税控电子器具开具发票，未按照《税收征收管理法》《发票管理办法》等有关规定将非税控电子器具使用的软件程序说明资料报主管税务机关备案且没有违法所得
12	纳税人未按照《税收征收管理法》《税务登记管理办法》等有关规定办理税务登记证件验证或者换证手续
13	纳税人未按照《税收征收管理法》《发票管理办法》等有关规定加盖发票专用章且没有违法所得
14	纳税人未按照《税收征收管理法》等有关规定将财务、会计制度或者财务、会计处理办法和会计核算软件报送税务机关备查

自2021年4月1日起，对当事人首次发生清单中所列事项且危害后果轻微，在税务机关发现前主动改正或者在税务机关责令限期改正的期限内改正的，不予行政处罚。税务违法行为造成不可挽回的税费损失或者较大社会影响的，不能认定为“危害后果轻微”。

适用税务行政处罚“首违不罚”的，主管税务机关应及时做出不予行政处罚决定，充分保障当事人合法权益。对适用税务行政处罚“首违不罚”的当事人，主管税务机关应采取签订承诺书等方式教育、引导、督促其自觉守法，对再次违反的当事人应严格按照规定予以行政处罚。税务机关应将税务行政处罚“首违不罚”风险防范措施嵌入信息系统，依托信息系统开展“首违不罚”预警提醒、违法阻止和分析评估，定期对“首违不罚”施行情况进行总结，以取得“事前放、事中管、事后评”的效果。

3）偷税（逃税）行为的法律责任

偷税（逃税）行为，是指纳税人采取欺骗、隐瞒手段进行虚假纳税申报或者不申报，逃避缴纳税款的行为。

纳税人采取伪造、变造、隐匿、擅自销毁账簿、记账凭证，或者在账簿上多列支出或者不列、少列收入，或者经税务机关通知申报而拒不申报或者进行虚假的纳税申报，不缴或者少缴应纳税款的，由税务机关追缴其不缴或者少缴的税款、滞纳金，并处不缴或者少缴的税款50%以上5倍以下的罚款。

纳税人采取欺骗、隐瞒手段进行虚假纳税申报或者不申报，逃避缴纳税款数额较大并且占应纳税额10%以上的，处3年以下有期徒刑或者拘役，并处罚金；数额巨大并且占应纳税额30%以上的，处3年以上7年以下有期徒刑，并处罚金。对多次实施前述行为，未经处理的，按照累计数额计算。

有上述行为，经税务机关依法下达追缴通知后，补缴应纳税款，缴纳滞纳金，已受行政处罚的，不予追究刑事责任，但是5年内因逃避缴纳税款受过刑事处罚或者被税务机关给予两次以上行政处罚的除外。

扣缴义务人采取上述手段，不缴或者少缴已扣、已收税款，由税务机关追缴其不缴或者少缴的税款、滞纳金，并处不缴或者少缴税款50%以上5倍以下的罚款；构成犯罪的，依法追究刑事责任。

4）欠税行为的法律责任

欠税行为，是指纳税人欠缴应纳税款，采取转移或者隐匿财产的手段，妨碍税务机关追缴欠缴的税款的行为。

纳税人欠税的，由税务机关追缴欠缴的税款、滞纳金，并处欠缴税款50%以上5倍以下的罚款；构成犯罪的，依法追究刑事责任。

5）抗税行为的法律责任

抗税行为，是指纳税人、扣缴义务人以暴力、威胁方法拒不缴纳税款的行为。

对抗税行为，除由税务机关追缴其拒缴的税款、滞纳金外，依法追究刑事责任。情节轻微，未构成犯罪的，由税务机关追缴其拒缴的税款、滞纳金，并处拒缴税款1倍以上5倍以下的罚款。

6）骗税行为的法律责任

骗税行为，是指纳税人以假报出口或者其他欺骗手段，骗取国家出口退税款的行为。

纳税人有骗税行为，由税务机关追缴其骗取的出口退税款，并处骗取税款1倍以上5倍以下的罚款；构成犯罪的，依法追究刑事责任。

对骗取国家出口退税款的，税务机关可以在规定的期间内停止为其办理出口退税。

为纳税人、扣缴义务人非法提供银行账户、发票、证明或者其他方便，骗取国家出口退税款的，税务机关除没收其违法所得外，可以处未缴、少缴或者骗取的税款1倍以下的罚款。

7）纳税人等不配合税务检查的法律责任

税务检查期间，纳税人、扣缴义务人发生不配合税务机关进行税务检查的下列行为，由税务机关责令改正，可以处1万元以下的罚款；情节严重的，处1万元以上5万元以下的罚款。

- 逃避、拒绝或者以其他方式阻挠税务机关检查的；
- 提供虚假资料，不如实反映情况，或者拒绝提供有关资料的；
- 拒绝或者阻止税务机关记录、录音、录像、照相和复制与案件有关的情况和资料的；
- 转移、隐匿、销毁有关资料的；
- 不依法接受税务检查的其他情形。

2. 税务行政主体的法律责任

1）渎职行为的法律责任

① 税务人员徇私舞弊，对依法应当移交司法机关追究刑事责任的不移交，情节严重的，依法追究刑事责任。

② 税务人员利用职务上的便利，收受或者索取纳税人、扣缴义务人财物或者谋取其他不正当利益，构成犯罪的，依法追究刑事责任；尚不构成犯罪的，依法给予行政处分。

③ 税务人员徇私舞弊或者玩忽职守，不征或者少征税款，致使国家税收遭受重大损失，构成犯罪的，依法追究刑事责任；尚不构成犯罪的，依法给予行政处分。

④ 税务人员滥用职权，故意刁难纳税人、扣缴义务人的，调离税收工作岗位，并依法给予行政处分。

⑤ 税务人员对控告、检举税收违法违纪行为的纳税人、扣缴义务人及其他检举人进行打击报复的，依法给予行政处分；构成犯罪的，依法追究刑事责任。

2）其他违法行为的法律责任

① 税务机关违反规定擅自改变税收征收管理范围和税款入库预算级次的，责令限期改正，对直接负责的主管人员和其他直接责任人员依法给予降级或者撤职的行政处分。

② 税务人员在征收税款或者查处税收违法案件时，未按照《税收征收管理法》的规定进行回避的，对直接负责的主管人员和其他直接责任人员，依法给予行政处分。未按照《税收征收管理法》的规定为纳税人、扣缴义务人、检举人保密的，对直接负责的主管人员和其他直接责任人员，由所在单位或者有关单位依法给予行政处分。

③ 税务人员和纳税人、扣缴义务人勾结、唆使或者协助纳税人、扣缴义务人实施税收违法行为，构成犯罪的，依法追究刑事责任；未构成犯罪的，依法给予行政处分。

④ 税务人员私分扣押、查封的商品、货物或者其他财产，情节严重、构成犯罪的，依法追究刑事责任；未构成犯罪的，依法给予行政处分。

⑤ 违反法律、行政法规规定提前征收、延缓征收或者摊派税款的，由其上级机关或者行政监察机关责令改正，对直接负责的主管人员和其他直接责任人员依法给予行政处分。

⑥ 违反法律、行政法规的规定，擅自做出税收的开征、停征或者减税、免税、退税、补税以及其他同税收法律、行政法规相抵触的决定的，除按《税收征收管理法》的规定撤销其擅自做出的决定外，补征应征未征税款，退还不应征收而征收的税款，并由上级机关追究直接负责的主管人员和其他直接责任人员的行政责任；构成犯罪的，依法追究刑事责任。

【课程思政】

2021年3月，中办、国办印发《关于进一步深化税收征管改革的意见》，为“十四五”时期我国税收征管改革发展明确了总体规划和具体部署。三年来，税务系统聚焦“大力推行优质高效智能税费服务”，持续创新惠企利民服务措施，推动税费服务实现从无差别服务到精细化、智能化、场景化服务的突破。

税务部门服务着几千万企业纳税人、数亿自然人纳税人和13亿多缴费人，是与人民群众打交道最多、频度最高、联系最紧密的公共服务窗口单位之一。为了让纳税人缴费人享受到实实在在的税收征管改革红利，税务部门从做强便利化服务品牌、提升精细化服务水平、拓展场景化服务措施等方面系统发力。

今年是国家税务总局连续第11年开展“便民办税春风行动”，紧紧围绕推动国务院“高效办成一件事”部署在税务系统落地见效，集成推出四方面惠民利企服务举措。宁波市北仑区是宁波市制造业和开放型经济大区。北仑区委副书记、区长王程表示：“优化营商环境是‘拼经济’的关键一招。税务部门多年来扎实开展‘便民办税春风行动’，推出了一系列服务创新举措，为提升区域营商环境作出了重要贡献。”

日前，国务院印发《推动大规模设备更新和消费品以旧换新行动方案》，在税收方面明确要求推广资源回收企业向自然人报废产品出售者“反向开票”的措施。税务部门抓好落实，积极开展相关业务制度完善改进和信息系统改造升级等工作。4月25日，国家税务总局印发《关于资源回收企业向自然人报废产品出售者“反向开票”有关事项的公告》，明确具体操作办法，确保“反向开票”措施顺利落地，为资源回收利用行业全产业链加快发展营造良好的税收环境，助力提升国民经济循环质量和水平。

中央财经大学教授樊勇介绍，在资源回收行业内推行“反向开票”，不仅能有效降低企业税负，而且能降低企业因未取得税前扣除凭证而违规扣除的税务风险。同时，也进一步提振了市场信心，有助于吸引更多资本进入可再生资源行业。

深化税收征管改革带来越来越精细的税费服务，也让越来越多的纳税人缴费人感知到精简的便利。近年来，税务部门不断扩大“自行判别、自行申报、事后监管”范围，纳税人自行申报享受优惠政策占比达95.7%。2023年，国家税务总局建成上线并逐步推广全国统一新电子税务局，创新推出“新办智能开业”“简易确认式申报”等12个业务场景，实现业务相对简单的纳税人可一键提交申报。同时，创新实现跨境缴退库全程网办，2023年办理税费缴纳超180亿元，跨境税费入库时间由4个工作日压缩至1个工作日，更加便捷高效。

从这几年纳税人满意度调查看，综合得分由2020年的86.1分提升至2023年的89.24分，反映出深化税收征管改革取得阶段性成效。“税务部门持续推出的智慧化办税缴费服务举措，切实为经营主体减负增力，也为经济回升向好注入更多能量。”泰开集团有限公司财税部部长张学芳表示。

复习思考题

1. 什么是税收征收管理法？税收征收管理法的适用范围如何界定？
2. 什么是税收法律关系？税收法律关系由哪些要素组成？
3. 税务管理包括哪些内容？
4. 什么是税务登记？税务登记包括哪些内容？
5. 什么是发票？发票如何管理？
6. 什么是纳税申报？纳税申报方式有哪些？
7. 纳税申报的要求是什么？
8. 什么是税款征收？税款确定方式有哪些？
9. 税收保障措施有哪些？
10. 税收滞纳金如何计算？
11. 纳税担保、税收保全措施和税款强制执行措施有什么区别？
12. 对纳税人多征税款，税务机关如何退还？对纳税人未缴或者少缴的税款，税务机关如何追缴和补征？
13. 税收优先权表现在哪些方面？
14. 税务机关的税务检查权有哪些？
15. 检举人对被检举人涉嫌税收违法行为向税务机关检举，该事项被受理后，应当怎样处理？
16. 什么是税务行政复议？税务行政复议的范围是如何规定的？
17. 纳税人对税务机关做出的哪些行政行为不服，可以提起行政复议？其中属于必须先申请行政复议，再向人民法院提起行政诉讼的行为有哪些？
18. 税务行政复议案件的管辖权是如何确定的？
19. 什么是偷税？纳税人偷税需要承担哪些责任？
20. 什么是抗税？纳税人抗税需要承担哪些责任？

21. 什么是骗税？纳税人骗税需要承担哪些责任？

22. 如何优化税收征管措施以进一步降低征纳成本？

案例分析题

1. 某公司 2024 年 8 月份开业并办理了工商登记。两个月后，当地税务机关发来一份税务处理通知，通知称该公司未按规定期限办理纳税申报，并给予处罚。公司负责人到税务机关，要求取消对该公司的处罚，理由是公司开业以来没有收入，根本就无法申报。请依据《税收征收管理法》的规定，分析并指出该公司的做法是否正确。如果不正确，应如何处理？

2. 某公司于 2024 年 8 月 6 日在工商行政管理机关领取了营业执照，开业经营并有收入，9 月 18 日税务机关发现该公司未申报纳税。请问税务机关应当如何处理？

3. 某化妆品厂为增值税一般纳税人，2023 年已缴纳增值税 100 万元，消费税 200 万元，城建税 28 万元，企业所得税 50 万元。2024 年税务机关检查中发现该企业在 2024 年账簿上虚列成本费用 90 万元，对这种行为应如何处罚？

4. 某家具厂为增值税小规模纳税人，2024 年 3 月 1 日下午，该厂厂长到主管税务机关递交了一份当日上午丢失一本普通发票的报告，并在该市报纸上公开声明作废。对此，主管税务机关未发表任何意见，也未做任何处理。同年 5 月初，主管税务机关对另一纳税单位进行检查时，发现有一张购货发票是该厂开出的，对照发票号码，正是该厂声明作废的。经主管税务机关反复核对证实，该厂 2024 年 3 月至 5 月的多笔生意都是用“丢失”发票开出的，开出的总金额为 100 000 元，均未申报缴纳增值税。请依据《税收征收管理法》等法规分析该厂的上述行为属于什么行为？应如何处理？主管税务机关的做法有无错误？应如有错误，错在哪里？

练习题 11

参 考 文 献

[1] 杨斌．财政学．4版．大连：东北财经大学出版社，2021.
[2] 蒙丽珍，古炳玮．财政学．5版．大连：东北财经大学出版社，2019.
[3] 寇铁军，张晓红．财政学教程．大连：东北财经大学出版社，2018.
[4] 付志宇，陈龙．现代财政学．北京：机械工业出版社，2016.
[5] 马国强．中国税收．大连：东北财经大学出版社，2022.
[6] 薛刚．中国税制．大连：东北财经大学出版社，2021.
[7] 蒋洪．财政学教程．上海：上海三联书店，1996.
[8] 邓子基．现代西方财政学．北京：中国财政经济出版社，1994.
[9] 高培勇．市场经济体制与公共财政框架．北京：中国财政经济出版社，2000.
[10] 罗森．财政学．北京：中国人民大学出版社，2000.
[11] 布朗，杰克逊．公共部门经济学．北京：中国人民大学出版社，2000.
[12] 埃克斯坦．公共财政学．北京：中国财政经济出版社，1983.
[13] 詹姆斯，诺布斯．税收经济学．北京：中国财政经济出版社，1988.
[14] 刘冰，岳松．财政与税收．北京：中国商业出版社，2005.
[15] 萨缪尔森，诺德豪斯．经济学：第十六版．萧琛，等译．北京：华夏出版社，1999.
[16] 井首文雄．日本现代财政学．北京：中国财政经济出版社，1990.
[17] 郭庆旺．公共经济学大辞典．北京：经济科学出版社，1999.
[18] 刘永帧．西方财政学．北京：中国财政经济出版社，1996.
[19] 中国注册会计师协会．税法．北京：中国财政经济出版社，2024.
[20] 财政部会计财务评价中心．经济法基础．北京：经济科学出版社，2024.